재활상담과 사례관리

Richard T. Roessler · Stanford E. Rubin · Phillip D. Rumrill, Jr. 공저

이상훈 역

CASE MANAGEMENT AND
REHABILITATION COUNSELING

Procedures and Techniques, Fifth Edition

학지사

"멀쩡한 애들도 취업이 안 되는데……."   3

1993년, 재활원 100여 명 식구 중 시설 내 보호작업장으로 일하러 간 몇몇을 빼고는 아침 8시부터 종일토록 할 일이 없었다. 점심과 TV를 시청할 수 있는 저녁을 기다리는 것밖에. 그래서 성서공단을, 남산동을 돌고 돌아 조립일거리를 재하청받아 왔다. 고무링 20개 1원, 오이집게 1개 1원. 그래도 일이 필요했다.

2003년, 보호작업장에 취업한 직업훈련생이 첫 월급 3만 원으로 박카스를 사 왔다고 자랑하던 직업재활사 제자들. 2013년, 14년 동안 가르친 전공과 졸업생들이 집에서 TV 리모컨 돌리는 일만 한다고 눈물짓던 특수교사 제자들을 기억한다. 그리고 지금, 많은 법이 만들어지고, 많은 직업 관련 프로그램들이 생겨나고, 그래서…… 많이…… 취업한다, 옛날에 비해서.

"멀쩡한 애들도 취업이 안 되는데……."
그래서 우리에게 일이 더 필요하고, 꼭 필요하다.

그래도 분명 많이 좋아졌고 또 좋아지고 있다.

오늘이 있기까지 각고의 노력을 쏟은 많은 부모님, 직업재활사님, 사회복지사님, 특수교사님. 고맙습니다. 이 땅에 직업재활이 자리 잡도록 헌신하신 수많은 분. 그중 특별히 기억해야 할 한 분을 떠올린다.

1988년 처음 직업재활학과를 만들어 직업재활사를 양성하고, 직업재활학회를 만들어 학문적 체계를 정립하고, 직업재활사협회를 만들어 직업재활사 권익옹호의 기반을 다지신 분. 어쩌면 애써 성함을 기억하지 않아도 될 것이다. 그분의 열정과 애정, 헌신이 직업재활의 주춧돌이 되고 대들보가 되었으므로. 사실은 그저 그 속에 녹아 있기를 더 바라실 것이다.

1999년 직업재활상담 강의를 맡아 고민할 때 그분께서 추천해 주신 교재가 바로 이 책이었고 번역을 권유하셨다. 너무 오래 걸렸지만 더 늦기 전에 묵은 숙제를 제출할 수 있어서 다행이다. 그리고 이 자리를 빌려 그분께 새삼 감사의 말씀을 올린다.

"강위영 교수님, 고맙습니다."

자부심 넘치는 저자들이 서문에 언급한 바와 같이, 이 책은 오랫동안 널리 사용된 좋은 책이다. 특히 직업재활사가 '장애인직업재활상담사'라는 국가자격으로 거듭나고 있는 지금, 직업재활상담사가 무엇을, 왜, 어떻게 해야 하는지 상세하고 친절하게 설명하고 있다. 직업재활상담사라면 누구나 아는 교과서 같은 책이다. 또한 직업 전 교육부터 취업, 심지어 사후지도까지, 직업재활사와 다름없는 역할을 해야 하는 중등특수교사에게도 똑같이 유용하다. 그리고 취업과 퇴직을 반복하는 장애내담자들을 내내 보듬으며, 지치지 않고 사례관리를 해야 하는 사회복지사에게 오히려 더 중요한 책일 수도 있다.

"멀쩡한 애들도 취업이 안 되는데……."

맞다. 그렇지만 멀쩡하지 않아서 교육받고 훈련받고 오라는, 그 얘기는 도대체 언제까지 계속해야 하는가? 그리고 아무리 교육하고 훈련해도 멀쩡해지지 않는다.

원래부터 충분히 멀쩡하기 때문이다.

발달장애학생들이 학교를 마치고 취업을 하고 결혼을 하고 아이를 낳아 키우고 그렇게 살면 좋겠다. 아침 먹고 내내 TV 보는 일만 하는 것도 나쁘지 않지만, 오늘은 집 밖에서 더 좋아하는 일을 하며 더 즐겁게 지내면, 참 좋겠다.

　20년 걸린 이 책의 번역작업을 돌아보면, 직업재활도, 미국의 직업재활도, 영어도, 심지어 한국어도 잘 알지 못해서 내내 머뭇거렸지만 한편으로 그랬기에 오히려 가능했던 것도 같다. 그래서 이렇게 용감하게 내놓을 수 있는 것 같다. 그렇지만 이분들의 도움이 없었다면 어림도 없었을 것이다. 학지사 김진환 사장님과 박선민 선생님, 편집부 모든 선생님 그리고 박하얀 선생님. Muchas gracias!

2019년 8월
은의 길 위에서

듣봄 강위영 박사
(2018년 11월, 대구대학교 직업재활학과 30주년 기념행사)

1. 원서 전체를 직역했으며, 저자의 의도를 전하기 위해 가능한 한 원서의 편집체제
   와 문장 구성을 그대로 따랐고 윤문은 최소화했다.

2. 각주는 원서에 없지만 독자의 이해를 돕기 위해 추가했고, 같은 맥락에서 각 장별
   하위제목에 번호체계를 부여했다.

3. 원서의 이탤릭체는 고딕체로 표기했고, 원서에서 큰따옴표(" ")로 강조한 문장
   은 내용에 따라 일부 작은따옴표(' ')로 수정했다. 내용 구분을 위해 표(〈 〉), 그림
   (〔 〕), 법(「 」), 도서(『 』) 등 각각의 표기부호를 사용했다.

4. 저자들이 강조한 용어나 여러 용어로 번역되는 경우, 의미의 혼란이 예상되거나
   이해를 도울 필요가 있는 경우에는 영어를 병기했다.

  공공 및 민간 영역의 서비스 전달체계에서 재활상담사의 책임성이 커짐에 따라 상담 및 사례관리 주요 기술에 대한 최신의 설명이 필요하게 되었다. 『재활상담과 사례관리』 5판에서는 여러 재활환경의 공통적인 과정에 초점을 두고, 특히 진단, 정보처리, 계획, 서비스조정, 프로그램점검, 직업배치, 편의제공계획, 다문화상담, 사례량관리의 일반적 기술을 다룬다. 이 책에서는 상담과 사례관리 전략들을 주로 공공 재활프로그램의 요구와 관련지어 설명하지만 다양한 상담과 사례관리 장면에서도 널리 활용할 수 있을 것이다.

  이번 판은 지난 2006년 4판의 내용 중에서 30% 이상을 개정했고 349개의 새로운 자료를 추가했다. 최신의 새로운 자료들은 상담에 있어서 다문화적 고려점, 재활과정에서의 가족참여, 사례보고와 기록유지에서 공학의 사용, 직장에서의 정당한 편의제공 등에 대한 더 많은 정보를 제공한다. 그러므로 독자들은 현재 재활서비스의 실제 환경 내에서 이루어지는 상담과 사례관리 기술을 이해할 수 있을 것이다. 이 책에서 이러한 주요 주제들을 다루지 않는다면, 재활학을 공부하는 학생들이 자신의 역할을 단지 부분적으로만 이해할 수 있기 때문이다. 학생들은 문화적 요인이 상담 과정과 성과에 미치는 영향과 재활서비스 결과 향상에 있어서 가족의 역할, 생산성 저해 요소 파악을 통한 개인–환경 일치성 증진의 중요성, 나아가 이 장애물들을 제거하기 위한 정당한 편의제공의 법 조항 등을 이해해야 한다.

5판에서도 저자들의 촉진적 사례관리(Facilitative Case Management: FCM) 모델에 근거하여, 재활상담사들을 지역사회의 조력 전문가 중에서 장애 및 재활상담전문가로 본다. 그러므로 재활상담사들은 직업재활의 평가, 계획, 서비스, 직업배치, 편의제공의 각 단계에서 (1) 장애인의 참여 및 (2) 개인의 직업적 잠재력 사용을 극대화하기 위해 헌신해야 한다. 상담사들은 이 기술들을 장애인들의 정보에 근거한 삶의 선택을 돕는다는 기본적 사명을 성취하기 위해 사용한다. 상담사들은 특히 장애인들이 적절한 직업 목표, 즉 그들이 할 수 있고 하고 싶은 직업을 선택, 획득, 유지할 수 있도록 도와야 한다. 직업에 있어서 성공은 장애인의 전반적인 삶의 질 개선에 있어서 필수 단계이며 이는 직업재활과정의 궁극적 목적이기도 하다.

늘 그러하듯이 우리 작업에 기반을 제공하신 분들께 감사드린다. 5판에서는 Arkansas 대학교 '직업재활 연구 및 훈련센터(Arkansas Research and Training Center)'에서 수행한 연구를 많이 참고했고 Kent 주립대학교의 '장애학 센터(Center for Disability Studies)' 연구원들이 수행한 협동연구를 통해 내용을 보강했다. 5판에 제시된 개념과 기법의 개발에 많은 기여를 아끼지 않은 재활상담사, 슈퍼바이저, 현장훈련자들께 감사를 드린다.

『재활상담과 사례관리』 5판은 재활상담/사례관리와 슈퍼바이저드 실습의 두 가지 재활교육 프로그램 과정에 아주 적합한 교재이다. 이 책을 재활상담/사례관리 과정의 주교재로 삼고 사례와 사례량 관리를 위한 컴퓨터 시뮬레이션과 같은 보조 자료를 함께 사용할 수 있을 것이다. 교수자는 학생들에게 공공 또는 민간 재활현장의 사례에 맞는 양식과 절차를 개발하도록 지도함으로써 교재에 있는 원리와 실제 활용을 확대할 수 있다.

임상실습과정을 위해서, 학생들이 현장에서 수행해야 하는 일련의 경험들을 구조화했다. 학생들은 초기면접, 의료 · 심리 · 직업 평가, 정보처리, 재활계획, 직업배치, 편의제공 계획, 사례량관리, 다문화 상담, 가족재활의 개념에 대한 각 장을 공부함으로써 관련 현장경험에 참여할 수 있다. 이를 통해 학생들은 이 책에서 강조하는 원리들을 직접 연습할 기회를 가질 수 있을 것이다.

이 책은 저자들의 『직업재활과정의 기초(Foundation of Vocational Rehabilitation

Process)』 7판과 호환할 수 있다. 예를 들면, 『재활상담과 사례관리』의 Shirley Steed, Ted Johnson, Jed Pierce 사례에서는 초기면접, 의료ㆍ심리ㆍ직업 평가, 정보처리, 재활계획의 각 단계들을 통해 발전하는 모습을 볼 수 있다. Shirley와 Ted, Jed의 처치와 관련해서는 『직업재활과정의 기초』 8장에서 13장까지의 여러 원리를 적용하였다. 따라서 교수자와 학생들은 이 책의 내용이 『직업재활과정의 기초』 도입과정에 있는 실제와 일치하는 것을 보게 될 것이다. 재활교육가들이 이 두 책을 함께 사용한다면 재활과정의 기회, 요소, 작동 그리고 다양한 공공 및 민간서비스 환경의 재활과정관리를 위한 재활상담사들의 역할과 기능을 2개 학기에 걸쳐 효과적으로 공부할 수 있을 것이다.

마지막으로 이 책에 기여한 분들께 감사를 전한다. 6장은 1983년 비행기 사고로 돌아가신 Baker 교수의 재능과 추모를 위한 것이다. 우리는 5판에서도 Walter Chung, Roy Farley, Reed Greenwood, Weihe Huang과 Brent Williams의 지속적인 공헌에 감사한다. Kent 주립대학교의 Mykal Leslie 교수는 1장의 공저자로 참여했다. Pro-Ed에서 출판을 위해 수고해 주신 분들의 도움과 Kent 주립대학교 장애학센터 직원들의 헌신적인 지원에 감사를 전한다. 끝으로 우리 가족의 끊임없는 지원과 격려에 감사한다.

공저자

Richard J. Baker, Walter Chung, Roy C. Farley, Reed Greenwood, Weihe Huang,
Mykal Leslie, and Brent Thomas Williams

차
례

1장 재활상담사의 사명과 역할, 역량 _ 17

2장 재활상담사를 위한 직업 및 진로 상담기술 _ 45

1장

재활상담사의
사명과 역할, 역량

Stanford E. Rubin, Richard T. Roessler, Phillip D. Rumrill, Jr., and Mykal Leslie

전문직으로서 재활상담의 기원은 연방정부와 주 정부에서 민간 재활프로그램을 지원하도록 명시한 1920년 미국의 「Smith-Fess법」에서 찾을 수 있다. 이 법이 통과된 이후 1940년대까지는 미국 내에서 재활상담사들이 그다지 많지 않았지만, 1954년 「개정 직업재활법(Vocational Rehabilitation Act Amendments)」의 통과로 재활상담사의 수적인 증가와 전문성이 크게 활성화되었다. 이 법에서는 직업재활(Vocational Rehabilitation: VR)서비스에 대한 정부의 적극적인 재정지원을 인가했고, 많은 새로운 일자리에 합당한 재활전문가들을 양성하기 위해 관련 전문대학과 대학교에 보조금을 지원하도록 인가했다.

미국의 재활서비스 체계는 (1) 공공, (2) 민간 비영리, (3) 민간 영리 영역으로 구분할 수 있다. 초기 공공재활체계는 1920년 「Smith-Fess법」의 통과와 밀접한 관련성을 가진다. 1954년 이전까지는 재활상담사가 상당히 적었고 대부분 공공영역에 고용되어 있었지만 그 이후 공공영역과 민간(영리와 비영리)영역에 고용된 재활상담사 수가 엄청나게 증가했다. 민간영역에서의 증가는 1940년대 후반부터 시작된 재활시설의 팽창에 기인한 것이다(Danek, Wright, Leahy, & Shapson, 1987). 1970년대와 1980년대에는 영리 목적의 많은 재활회사를 포함한 민간 영리영역에 있어서 재활상담사의 큰 증가가 나타났다(Danek et al., 1987). 1980년대 중반까지 '5,500여 개 보호작업장과 2,000여 개 활동센터에서 매년 150만 명 이상의 장애인이 서비스를 받은 것'으로 추정된다(O'Brien, 1996, p.135).

2004년 1월까지 재활상담사인증위원회(Commission on Rehabilitation Counselor Certification: CRCC)는 미국의 15,250명과 캐나다의 460명에게 공인재활상담사(Certified Rehabilitation Counselor: CRC) 자격을 인증했다(CRCC, personal communication, January 4, 2004). 2016년 현재, 북미 지역의 공인재활상담사는 17,000명 이상이며 점차 증가하고 있다(CRCC, 2016). T. J. Smith, Reid, Henry와 Wright(2013)는 2008년에 비해 2018년에는 재활상담직이 19% 증가할 것으로 예상한 바 있다. McClanahan과 Sligar(2015)는 점차 증가하는 노령인구들과 부상 군인들 및 신경발달장애, 당뇨병, 통증장애, 자가면역질환 등과 같은 새로운 장애를 가진 사람들의 재활서비스 요구가 증가함에 따라 재활상담사의 취업 기회는 2022년까지 20%씩 증가할 것으로 추정한다(Koch & Rumrill, 2016).

재활상담사들의 직업환경은 최근 석사수준의 재활상담사 교육프로그램을 수료한 사람들의 2013년 고용현황을 통해 대략적으로 가늠할 수 있을 것이다(Smith et al., 2013). 직업환경별 재활상담사들의 고용비율을 살펴보면 주−연방 직업재활프로그램 37%, 지역사회기반 민간 비영리기관 30%, 기타 16.5%, 민간 영리회사 6.3%, 대학교 4.5%, 미고용 5.4%, 상위 학위취득 준비 3.9%, 재활분야 이외 취업 3.2%로 나타났다. 비록 최근 졸업자들이 가장 많이 취업하는 곳이 주−연방 직업재활기관이지만, 장기적으로 본다면 연방직업재활기관의 재활상담사 중 많은 수가 고용유지를 하지 않는다는 점에 주목할 필요가 있다. 최근 연방직업재활기관에서는 상담사의 이직률이 높게 나타나고 있으며 안정적인 직원 수급에 어려움을 겪고 있다(Lustig & Strauser, 2009). T. Chan(2003)의 전국단위 설문조사에 의하면, 주−연방 프로그램에 재직 중인 재활상담사의 41%가 5년 이내 이직할 마음을 가지고 있으며 이들 중 상당수는 민간 영리영역에서 일할 마음이 있다고 밝히고 있다. 연방직업재활기관을 대상으로 수행한 연구(Dew, Alan, & Tomlinson, 2008)에서 응답기관의 절반 이상이 최근 3년 동안 인력부족을 겪고 있는 것으로 나타났는데 그 이유를 이와 같은 상담사들의 높은 이직률을 통해 추론할 수 있다.

재활상담사의 역할과 기능에 대해 지난 60년 동안 많은 논문과 저서에서 논의해 왔다. 일반적으로 상담과 조정 기능을 많이 강조하고 있지만(Patterson, 1970; Remley, 1993), 일부에서는 문제해결모델(Angell, De Sau, & Havrilla, 1969)이나 사례관리모델(Roessler & Rubin, 2006; Zanskas & Leahy, 2007) 등도 강조해 왔다. 이 외에도 재활상담사는 재활임상가(Whitehouse, 1975), 직업전문가(상담, 조정, 자문, 사례관리, 비판 등의 책임을 가지는; Hershenson, 1988, 1996, 1998; Strauser, 2013), '수요자 중심(demand-side)'의 직업개발가(Gilbride & Strensrud, 1992)로 기술되어 왔다. Estrada-Hernandez와 Saunders(2005)는 20여 년 전에 비해 자문가로서 재활상담사의 역할이 강조되고 있다고 주장한다.

재활상담사의 역할과 기능에 관한 경험적 증거들도 있다. 성격유형검사(Personal Styles Inventory)를 이용한 Kunce와 Angelon(1990)의 연구에 의하면, 임상실습 중인 재활상담사들(N=56)이 '사례관리자(case manager)'(50%)나 '치료사(therapist)'(27%)의 성격유형을 가지고 있다고 한다. 성격유형에 상관없이, 재활상담사들은 다른 사람들을 돕는 일에 대한 관심과 장애인들이 삶의 의미 있는 성과를 성취할 수 있도록 돕기 위해 자신의 능력을 사용하기를 바라는 욕구 등과 같이, 장애인들과 함께 하는 일에 영향을 미치는 핵심 특성들을 가지고 있다(Koch & Rumrill, 2016; Smart, 2016).

이 장에서 설명하는 재활상담사의 사명에는 장애인의 삶의 질(Quality Of Life: QOL) 향상에 기여할 수 있는 상담과 사례관리 서비스들을 포함한다(Bishop, 2012). 재활의 성과를 평가하는 주요 기준으로 QOL을 채택하는 것이 타당한지에 대해서는 논란의 여지가 있다(Fleming, Fairweather, & Leahy, 2013; Livneh, 1986; Rubin et al., 2016). 20세기 후반, 의학의 발달과 같은 과학적 진보의 결과로 심각한 질병이나 외상을 입은 경우에도 생존하는 능력이 크게 증가해 왔다(Crystal & Espinosa, 2012; Koch & Rumrill, 2016; Wickert, Dresden, & Rumrill, 2013). 의료 및 재활 서비스에 대한 접근의 증가로 생존율도 개선되고 있다. 의학적 진보와 지원 서비스에 대한 접근을 유지하기 위해서는 사회가 심각한 장애를 가진 시민들의 QOL 향상을 지향하고, 한정된 자원의 일부를 할당해야 한다. Rubin, Chan, Bishop과 Miller(2003)는 이 점에 대해 "정당화가 필수적인데 그 이유는 우리 사회가 유한한 사회자원의 특별한 분배가 구성원들에게 바람직한 이익이라는 사실이 입증되어야 지지하는, 즉 공리주의적 윤리를 포용하기 때문이다"(pp. 54-

55)라고 말한다. 그러므로 "재활서비스와 관련된 비용을 정당화하려면, 소비자들이 그러한 서비스가 자신의 QOL에 긍정적인 영향을 준다는 기대를 가질 수 있어야 한다"(Rubin et al., 2003, p. 55)는 점에 대한 논란이 계속되고 있다. 따라서 재활상담사는 내담자의 QOL에 긍정적인 영향을 끼치기 위해 고품질의 사례관리와 직업사정, 직업상담, 정의적 상담, 직업배치 서비스들을 제공해야 한다.

사람들이 자신의 QOL을 판단할 때, 현재 자신이 가지고 있는 것과 자신이 가져야 한다고 생각하는 것을 비교한다. 이에 대한 불일치는 긍정적 또는 부정적인 영향을 야기하는데, 부정적으로는 부담감과 긴장감을 초래한다(Bishop, 2012; Campbell, 1981). 재활상담사들은 여러 직무기능을 통해 심한 장애로 인해 일상생활에서 겪는 부정적인 불일치를 경감할 수 있도록 돕는다. 장애인들의 QOL 평가와 관련된 요인에 대한 연구들을 통해, 재활상담사들이 장애인의 개인생활 중 어떤 부분에 주의를 기울여야 하는지 알 수 있다. 연구에 의하면, 장애인들의 QOL 평가는 (1) 고용유형, (2) 여가시간 사용, (3) 생활수준, (4) 건강상태, (5) 사회적 관계, (6) 재정적 안정성 수준, (7) 가족관계 등에 대한 만족과 정적상관이 있다(Arnold & Partridge, 1988; Bishop, Rumrill, & Roessler, 2015; Fitzgerald, Li, Rumrill, Bishop, & Merchant, 2015; Lehman, 1983; Lehman, Ward, & Linn, 1982).

장애인들이 비장애인들보다 자신의 QOL을 더 낮게 평가한다는 연구자들의 보고는 QOL에 대한 관심의 필요성을 시사한다(Bishop, 2012; Griffiths et al., 2013; Lehman et al., 1982). 장애인들의 QOL 평가를 종합해 보면, "미국 성인들 대부분은 삶의 가장 중요한 영역들에서 자신의 욕구와 필요가 잘 충족되고 있다고 응답한다"(pp. 140-141)는 Flanagan(1978)의 전국규모 개별조사 결과와 크게 차이가 있음을 알 수 있다. 그러므로 재활상담사들은 장애인들의 욕구와 필요를 만족시키기 위한 서비스의 지향점을 QOL 강조에 두어야 한다. 비록 많은 건강관리 분야의 주된 목표가 수명연장이지만, 재활서비스 목표는 이에 더하여 '연장된 수명에 삶을 더하는(adding life to years)'(Dijkers, 1997, p. 153) 방향을 지향해야 한다.

따라서 재활상담사라는 직업의 의의는 장애인들의 QOL 향상에 대한 기여정도라는 측면에서 평가해야 한다. 우리는 재활상담사의 역할과 기능에 관한 연구들에 근거하여, 4가지 특정영역의 직무목록을 통해 재활상담사의 다양한 의무(Emener & Rubin, 1980; Leahy, Chan, & Saunders, 2003; Rubin et al., 1984)와 직무를 수행하기 위해 갖추어야 하는 지식(Leahy, Chan, Sung, & Kim, 2013)에 대해서도 살펴볼 것이다. 재활상담사들은 이 직무들을 적절히 수행함으로써 장애인들이 자신의 QOL 향상을 위해 노력하도록 유용한 도움을 줄 수 있게 된다.

또한 이 장에서는 재활상담사라는 직업에 내재되어 있는 몇 가지 스트레스-유발 요인에 대해서도 논의할 것이다. 이 스트레스 요인에 유의하지 않으면 전문직으로서 소진의 문제가 야기될 수 있고 이직률이 증가할 수도 있다.

1. 재활상담사에게 필요한 직무와 역량에 대한 연구

최근 수행된 자기보고식 조사연구들을 통해 재활상담사들의 역할과 기능에 대해 더 많이 이해하게 되었다. 이들 연구에서는 재활상담사들이 사용하는 업무시간을 추정해 보고 또한 하는 일 중에서 어떤 활동을 중요한 부분이라고 생각하는지 밝히고 있다. 이들 연구의 참여자들은 직무 중에서 상담(counseling)이 가장 중요하며 그다음으로는 사정(assesment), 직업배치(placement), 사례조정(case coordination) 순으로 인식하고 있었다. 그러나 상담사들은 다른 어떤 직무보다 사례보고서 작성과 서류작업에 많은 시간을 사용하는 것으로 보고한다(Rubin & Emener, 1979; Zandy & James, 1977). Lustig와 Strauser(2008, 2009)의 연구는 재활상담사들이 선택한 직무에 사용하고 있는 시간에 대한 새로운 이해를 제공하고 있다. 이 연구에 의하면 주립재활기관 소속 상담사들의 경우, 서류작업과 서비스조정, 사례관리 직무에 사용하는 시간이 더 증가하고 있으며 상담 시간은 감소하는 것으로 나타났다. 구체적으로 살펴보면 다음과 같다.

> 상담사들은 자신의 업무시간에서 파일관리와 서류작업에 가장 많은 시간(26%)을 사용하고 있으며 상담과 지도 23%, 개별고용계획(Individualized Plan for Employment: IPE) 개발 14%, 적격성결정 14%, 그 나머지 시간에는 직업개발과 직업배치(11%), 직업평가(8%), 기타 여러 직무들(12%)을 수행하는 것으로 보고한다. (Lustig & Strauser, 2008, p. 29)

1970년대 수행된 직무관련 연구들의 주요 결과 중에서 적어도 다음 두 가지는 지금도 여전히 유효하다. 첫 번째, 재활상담사는 다양한 역할을 한다는 것이다. 두 번째, 재활상담사들은 상담과 지도 직무에 대해 강한 선호를 나타낼 뿐만 아니라 이 역할에 더 많은 시간을 보내기를 원하고 있음에도 실제로 사용하는 시간은 보고서와 서류작성 시간보다 적다는 것이다(Lustig & Strauser, 2009). Leahy 등(2013)에 의하면, 소속 직장과 상관없이 현장의 재활상담사들은 사례관리, 직업상담, 내담자옹호를 가장 중요한 역할로 인식한다.

1980년대, 재활상담사의 역할과 기능, 역량에 대한 4편의 전국규모 우편조사연구가 수행되었다. Emener와 Rubin(1980)은 주립 및 민간 재활시설과 민간복지기관 재활상담사들을 대상으로, Muthard와 Salomone(1969)가 개발한 '축약형 재활상담사 직무조사(Abbreviated Rehabilitation Counselor Task Inventory)'의 40개 직무에 대해 어느 정도 자신의 직무라고 생각하는지 조사했다. 그 결과, 재활상담사들은 정의적 상담, 직업사정 및 상담, 사례관리, 직업배치 직무가 자신의 직업에서 중요한 부분이라고 보고했다.

Rubin 등(1984)은 주립-연방 재활기관, 민간 비영리 재활시설, 정신건강 및 지적장애 센터, 병원, 민간재활회사, 민간 재활-상담 센터 등에 고용된 유자격 재활상담사들을 대상으로 종합적인 직무과제 조사지를 이용한 전국규모의 우편조사를 실시했다. 이 연구에 참여한 재활상담사들 또한 정의적 상담, 직업사정 및 상담, 사례관리, 직업배치 업무들이 직업의 중요한 요소들이라고 응답했다.

Wright, Leahy와 Shapson(1987)은 전국표본의 재활상담사들을 대상으로 '재활기술조사(Rehabilitation Skills Inventory)'를 통해 114개의 다양한 직무들을 제시하고, 각 직무수행 역량을 갖추는 것이 얼마나 중요한지를 조사했다. 이 연구에서는 **중요도**(importance)를 "응답자가 현 직장에서 주된 직업적 역할을 하는 데 있어서, 이 직무가 전문적 기술로서 어느 정도 중요하고, 내담자의 재활을 위한 응답자의 직무에 있어서 이 기술을 사용하는 것이 얼마나 중요한가"(p. 110)라고 조작적으로 정의했다. 그 결과, Wright 등(1987)은 이전의 Emener와 Rubin(1980), Rubin 등(1984)의 연구결과와 일관되게 재활상담사들이 정의적 상담, 직업 사정 및 상담, 사례관리, 직업배치와 관련된 직무들을 유능하게 수행하는 것이 내담자의 재활에 매우 중요하다고 인식하고 있음을 확인했다.

Beardsley와 Rubin(1988)은 재활상담사와 직업평가사, 직업적응전문가, 직업개발 및 배치 전문가, 재활간호사, 자립생활 서비스제공자 등을 포함한 이질적 재활전문가

집단을 대상으로 조사했다. 이 연구의 목적은 이들 6개 대상집단에게 필요한 일반적인 직무과제들과 지식을 파악하는 것이었다. 조사를 위해, 2천 명 이상의 전문가들에게 직무과제 조사지[재활전문가 직무조사(Rehabilitation Profession Job Task Inventory: RPJTI)]나 지식 조사지[재활전문가 지식역량조사(Rehabilitation Profession Knowledge Competency Inventory: RPKCI)] 중의 하나를 작성하게 했다. 6개 집단에서 공통적으로 확인한 직업기능들은 서비스계획과 평가활동, 치료서비스활동, 내담자 지원인력 구성, 전문적 연구활동 등이었다. 또한 6개 집단의 직무에서 공통적으로 활용하는 4가지 지식영역은 장애의 의료 및 심리적 측면과 재활에 있어서 법적 및 사회적 영향, 재활 및 복지 서비스, 인간 행동의 원리에 관한 것이었다.

보다 최근에 Leahy 등(2013)은 409명의 공인재활상담사를 대상으로 실시한 전국규모의 조사연구에서 7가지 주요 직무영역을 확인했다. 연구결과는 이전 연구에서 보고된 재활상담사 역할영역과 유사하게 (1) 직업 상담과 자문 제공, (2) 상담을 통한 중재 수행, (3) 지역사회 기반 재활서비스 활용, (4) 사례관리, (5) 현장실무에 연구결과 적용, (6) 사정 수행, (7) 전문적 옹호 실천 등으로 나타났다. 응답자들이 현장 전문성에서 가장 중요하다고 인식하는 지식 영역에는 진로 상담 및 사정, 자문서비스, 상담 이론 및 기법과 응용, 건강관리와 장애 체계, 장애의 의료적·기능적·환경적 영향 등을 포함한다.

재활상담사의 역할과 기능에 대한 오랜 연구결과의 결론은, 재활상담사는 다양한 역할을 가지며, 장애인들이 자신의 QOL을 향상시키도록 돕기 위해 많은 기술이 필요하다는 것이다. 경험적 연구들은 다음 4가지 직무영역에 대한 논의를 통해 재활상담사의 역할을 보다 구체화할 수 있는 기초자료를 제공하고 있다: (1) 사례관리, (2) 직업 사정 및 상담, (3) 정의적상담, (4) 직업배치. 재활상담사의 역할과 기능에 대한 최근 연구결과를 포함한, 4가지 영역의 직무들을 〈표 1−1〉부터 〈표 1−4〉까지 제시한다.

1) 사례관리 직무

사례관리(case management)는 '재활상담사가 내담자에게 최선을 다해 서비스하기 위해 제공하는 핵심적이고 광범위한 전문적 서비스'(Upton & Beck, 2002, p. 40)라고 설명되어 왔다. 〈표 1−1〉에는 세 가지 영역, 즉 초기면접과 서비스조정, 사례 기록과 보고

영역에서 재활상담사의 사례관리 직무들을 제시한다. 〈표 1-1〉에 제시한 바와 같이 적절한 초기면접을 통해 상담사는 (1) 내담자가 원하는 것이 무엇인지, (2) 기관이 내담자를 도울 수 있는지, (3) 내담자의 적격성과 실현가능성을 판단하기 위해 어떤 유형의 평가가 필요한지에 대해 명확히 파악할 수 있어야 한다. 초기면접이 효과적으로 이루어졌다면, 면접 종결시점에서 내담자는 재활과정에 있어서 자신의 책임뿐만 아니라 상담사의 역할과 책임도 이해할 수 있어야 한다. 또한 내담자-상담사 간의 비밀유지 수준도 이해해야 한다. 마지막으로 내담자는 자신이 활용할 수 있는 재활보조금과 서비스 유형에 대해서도 이해해야 한다.

〈표 1-1〉에는 서비스조정 또한 재활상담사가 수행해야 할 주요 사례관리 책임 중의 하나라는 점을 나타낸다. 예를 들어, 재활상담사는 의뢰협조를 위해 지역사회 지도자 및 단체들과 관계를 형성해야 한다. 평가과정 중에는 의사, 심리학자, 직업평가사들과 함께 내담자 평가계획을 조정해야 하며, 여러 영역의 유능한 전문가들을 파악해야 한다. 또한 상담사는 내담자에게 제공하는 회복 및 훈련 서비스들을 조정하고 점검하는 데 적극 참여해야 한다. 마지막으로 재활상담사는 사례 서비스조정과 관련된 회계관리 책임을 가진다. 그러므로 재활상담사는 사례관리의 역할에 있어서 '비용은 줄이고 서비스는 늘리는 두 가지 모순된 목표'를 달성해야 한다(Chan et al., 1998).

표 1-1 | **사례관리**

직무	출처*
초기면접	
상담사와 기관이 내담자를 어떻게 도울 수 있는지 결정하기 위해 초기면접을 수행한다.	2, 3, 4, 5, 6
재활서비스에 대한 내담자의 기대를 파악한다.	2, 5, 6
의뢰 기관 또는 기관들에서 제공한 내담자의 배경자료를 검토한다.	4, 5, 6
내담자에게 어떤 특별한 의료적 검사가 필요한지 결정한다.	1, 2, 5, 6
재활과정에 있어서 재활상담사의 역할과 책임에 대해 내담자와 논의한다.	2
내담자와 재활전문가 간의 의사소통에서 어느 정도 비밀유지가 되는지 설명한다.	2, 4, 5
내담자로 하여금 재활과정에서 부여되는 자신의 권리와 책임을 이해하게 한다.	2, 4, 5, 6
내담자에게 이용 가능한 재활 급여를 설명한다.	2, 5
내담자에게 다양한 지역사회자원들의 서비스와 제한점을 설명한다.	3, 5, 6

(계속)

표 1-1 (계속)

내담자에게 상호 기대와 상담 관계의 특성을 명확히 밝힌다.	3, 4
내담자에게 지역사회 내 서비스, 여가, 대중교통 등의 정보를 제공한다.	2, 5
서비스조정	
장애인에게 서비스를 제공하는 재활시설 및 센터, 기관, 프로그램들을 확인한다.	4, 5, 6
내담자 및 담당자와 함께 훈련프로그램에서 내담자의 진전 정도를 검토한다.	2, 5, 6
협력 서비스나 기관에 내담자를 의뢰할 때 간략하게 보고한다.	2, 5, 6
직업기술 개발을 위해서 훈련 프로그램에 내담자를 의뢰한다.	2
의뢰를 확실히 하기 위해 지역사회의 단체, 지도자들과 협력 관계를 확립한다.	1, 2, 5, 6
직업 평가를 위해 내담자를 의뢰한다.	2
신체적 제한점, 작업 인내력, 동기, 직업적 기능수준을 평가하기 위해 재활 기관에 내담자를 의뢰한다.	2
직업적응훈련을 위해 내담자를 의뢰한다.	2
의료평가를 위해 내담자를 의뢰한다.	2, 5, 6
심리 평가 및 검사를 위해 내담자를 의뢰한다.	1, 2
기관의 서비스에 적합하지 않거나 자격을 갖추지 않은 사람을 다른 기관에 의뢰한다.	2
재활계획에 포함된 모든 기관의 활동을 조정한다.	1, 2, 3
정신의학적 치료에 내담자를 의뢰한다.	1, 5, 6
현재 및 향후 서비스 의뢰 가능성이 있는 기관의 프로그램들에 관한 정보를 제공한다.	3
서비스들이 협력적이고, 바람직하며, 시기적절하도록 다른 제공자들과 협력한다.	3, 4
내담자의 기능적인 능력, 예후, 치료계획들에 관해서 의료 전문가들과 상담한다.	3, 5, 6
내담자를 위한 진단 팀 구성에 참여한다.	2, 5, 6
필요한 재활서비스들을 실행하기 위한 시간계획표를 작성한다.	2, 4
내담자의 재활계획 수립과 실행 시, 함께하는 재활사업가들과 협력한다.	2, 4
서비스 제공자들에게 의뢰할 때, 내담자의 문제 특성을 명확하게 이야기한다.	3, 5, 6
적절한 전문가들이나 전문 서비스에게 내담자를 의뢰한다.	3
진단 과정에서 내담자의 협력을 촉진한다.	2
재활계획서에 명시된 직업목표 달성과 관련하여 내담자의 진전을 점검한다.	2, 5, 6
타당하고 시기적절한 재정적 결정을 한다.	3, 5, 6
사례 기록과 보고	
관련인들이 내담자의 진전 상황을 알 수 있도록 사례 기록과 요약(분석, 추론, 의견 포함)을 작성한다.	1, 3, 4

(계속)

표 1-1 (계속)

재활 팀이나 협력자들에게 내담자의 진전에 관해서 구두, 전자기기 또는 서면으로 보고한다.	1, 2, 5, 6
협력 기관이나 전문가들에게 내담자를 설명하기 위해 전자문서나 인쇄물 형식의 요약 보고서 또는 편지를 준비한다.	1
사례의 진전에 관해서 의뢰 기관들에 보고한다.	3
사례와의 대화 및 기록의 윤리적 및 법적 고려점들을 준수한다(예: 비밀보장).	3, 5, 6
현재 사례의 기록을 유지하기 위해 내담자의 정보를 편집하고 해석한다.	3, 4
사례 회의에 참석한다.	4

* 1 = Emener & Rubin(1980); 2 = Rubin et al.(1984); 3 = Wright, Leahy, & Shapson(1987); 4 = Beardsley & Rubin(1988); 5 = Leahy, Chan, & Saunders(2003); 6 = Leahy et al.(2013).

〈표 1-1〉의 내용을 검토함으로써 기록과 보고의 직무 기능영역을 쉽게 이해할 수 있다. 즉, 이 영역에는 다음과 같이 (1) 내담자의 사례기록 유지하기, (2) 재활기관 내부 및 외부의 담당자들에게 내담자의 진전에 대해 보고하기, (3) 내담자의 재활프로그램에 참여하는 관련인사들과 기관에 내담자를 설명하기 위한 요약보고서 준비하기 등과 같은 활동들을 포함한다. 기록과 보고서 작성은 상담사의 효율성을 평가하는 수단으로 관리자의 사례검토 시 통용되기 때문에 특히 중요한 활동이다. 그러므로 상담사들은 이 업무들에 세심한 주의를 기울여야 한다. 또한 연구자들에 의하면 서류작업 및 사례기록, 재무회계, 자료입력 등의 요구가 재활상담사들의 의욕 저하와 관련있다고 한다(Gomez & Michaels, 1995; Rumrill & Koch, 2014).

2) 직업 사정 및 상담 직무

〈표 1-2〉에는 재활상담사의 직업사정(vocational assessment)과 직업상담(vocational counseling) 직무들이 제시되어 있다. 표에 제시한 바와 같이, 재활상담사는 관련 정보를 수집하고 처리하는 진단적 책임을 가진다. 내담자에 관한 포괄적 정보수집에 근거한 올바른 진단적 결정들은 재활계획의 최종 내용들을 구성한다. 예를 들어, 재활프로그램이 완성되기 전에 상담사는 장애의 직업적 의미 및 개인의 성격과 직업목표들과의 적합성, 필요한 재활서비스들을 결정해야 한다.

직업상담 직무들은 개인의 직업 선택을 촉진하기 위함이다. 직업상담을 하는 동안에 직업 정보와 내담자의 평가결과들을 함께 논의하고 개인의 장점 및 제한점과 일반 또는 특정 직업의 요구 사항들 간의 관련성을 검토한다. 또한 이 과정 동안 내담자와 함께 재활계획을 개발한다.

표 1-2 **직업사정과 직업상담**

직무	출처*
직업사정	
포괄적인 내담자 정보에 근거하여 합당한 직업, 직종, 또는 적응훈련을 권고한다.	3, 5, 6
내담자의 욕구와 직업적 강화요인, 내담자의 적성과 직업의 요구사항을 일치시킨다.	3, 5, 6
행동의 관찰을 통해 직업인성의 특성과 적응가능성을 판단한다.	3, 5, 6
특정 내담자에 적용할 적절하고 유용한 평가 도구들과 기법들을 선택한다.	3, 5, 6
실제 작업이나 모의 작업환경에서 관찰하고 평가할 수 있는 내담자의 직업인성 특성들을 확인한다.	3, 5, 6
직업배치에 필요한 개입 수준을 결정한다(예: 직업훈련, 지원고용, 직무환경 편의제공, 현장훈련).	3, 5, 6
내담자를 전체적으로 이해하는 과정에서 진단적 보조자료로서 검사 결과들을 활용한다.	1, 2, 5, 6
내담자의 직업력, 기능적 장점과 제한점을 분석함으로써 전환 가능한 직업기술들을 확인한다.	3, 5, 6
유급 고용에 대한 내담자의 준비도를 사정한다.	3, 5, 6
내담자의 재활 동기에 영향(긍정적, 부정적)을 미칠 수 있는 사회적, 경제적, 환경적 요소들을 확인한다.	3, 5, 6
내담자의 직업적 선택이 성격과 일치하는지를 사정한다.	1, 2
내담자의 장애 유무, 발병 시기, 심각성, 예상 기간 등에 관한 정보를 이끌어 낸다.	2, 5, 6
내담자의 장애를 직업적 측면에서 사정한다.	1, 2, 5, 6
현실적 직업선택을 돕기 위해 내담자가 할 수 있는 훈련의 수준과 유형을 판단한다.	1, 2
직업선택과 관련해 내담자의 과거 훈련, 직업 경험, 과거 수입 수준, 취미, 교육 수준, 사회경제적 요인 등을 사정한다.	2, 5, 6
내담자의 특정한 욕구에 적절한 지역사회 서비스를 결정한다.	3, 5, 6
실현가능한 직업목표 결정을 돕기 위해 내담자에 관한 의료적 정보를 검토한다.	2, 5, 6
훈련이나 교육 프로그램 추천에 앞서, 특정 분야의 배치에 대한 내담자의 성공가능성을 판단하기 위해 그 분야의 전문가들과 상의한다.	2, 5, 6
내담자를 전체적으로 이해하는 과정에서 진단적 보조자료로서 사정 결과들을 활용한다.	2, 5, 6

(계속)

표 1-2 (계속)

재활 프로그램에 대한 내담자의 심리적 준비도를 평가한다.	1, 2
내담자에 대한 심리평가 보고서들을 검토한다.	2, 5, 6
의료적 또는 심리적 서비스들이 직업적 또는 기능적 제한성 감소에 도움이 되는지 결정한다.	1, 2
지역사회기반 평가, 시험고용 또는 교육 프로그램 등을 통해 적절한 직업적응 대안을 파악한다.	3
직업상담	
직업적, 의료적, 심리적 진단 보고서들의 정보를 통합한다.	2, 5, 6
재활계획을 목적으로 내담자의 잔존 능력들을 기술한 사정 자료들을 통합한다.	3
재활계획에 근거하여 내담자에 관한 정보를 통합하는 포괄적인 진단을 준비한다.	2, 5, 6
내담자에 대한 진단 정보를 해석한다(예: 검사결과, 직업 및 교육 기록, 의료보고서 등).	3, 5, 6
내담자의 흥미와 가치들을 직업선택과 관련시킨다.	3, 5, 6
내담자의 기능적 수행능력에 대한 의료적 정보와 시사점을 검토한다.	3
검사와 면접정보의 교육적 및 직업적 시사점에 관해서 내담자와 상담한다.	3, 5, 6
내담자에게 직업평가 결과를 해석해 준다.	2, 3
내담자의 선택 적합성을 높이기 위하여 관련 직업적, 심리적, 사회적 정보를 수집한다.	1, 2
내담자와 함께 장애의 결과와 직업적 의미를 검토한다.	1, 2
현실적 이해와 수용 정도를 확인하기 위해 내담자와 함께 직업적 강점과 제한점들을 탐색한다.	1, 2
내담자의 훈련과 경험에 적합한 특정 직업적 대안들을 내담자와 함께 논의한다.	2, 5, 6
상호 동의할 수 있는 직업상담 목표들을 개발한다.	3, 4, 5, 6
고용가능성 증가에 도움이 될 수 있는 바람직한 직업행동들에 관해서 내담자와 상담한다.	3
내담자와 특정 직업의 취업가능성에 영향을 끼칠 수 있는 노동시장의 조건들에 대해서 논의한다.	3, 5, 6
내담자의 직업계획들이 비현실적으로 보일 때 이에 대해 논의한다.	3, 5, 6
자신의 능력, 흥미, 재활목표들에 부합하는 직업들을 선택하도록 내담자에게 조언한다.	3, 5, 6
특정 직업의 교육 및 훈련 요구사항들을 확인한다.	3, 5, 6
내담자가 직업적 대안을 탐색할 수 있도록 직업 및 교육 자료들을 추천한다.	3
내담자의 고용가능성을 증진시키는 직업적응 관련 요소들에 대해서 논의한다.	1, 2
상담 면접과정에서 도출된 특정 직업과 광범위한 직업영역에 대한 정보를 통합한다.	1, 2
내담자의 일반적 직업목표들과 관련된 직업명, 직무, 요구사항들을 설명하기 위해 O*NET와 같은 직업 정보원들을 사용한다.	2, 5, 6

(계속)

표 1-2 (계속)

내담자의 일반적 직업목표들과 관련된 직업명, 직무, 요구사항들을 설명하기 위해 직업정보를 활용하고 추천한다.	2, 5, 6
검사결과들을 해석하고, 측정도구들과 사정절차의 유용성과 목적에 대한 내담자의 질문에 답한다.	2, 5, 6
내담자와 재활계획을 개발한다.	2, 4, 5, 6

* 1 = Emener & Rubin(1980); 2 = Rubin et al.(1984); 3 = Wright, Leahy, & Shapson(1987); 4 = Beardsley & Rubin(1988); 5 = Leahy, Chan, & Saunders(2003); 6 = Leahy et al.(2013).

3) 정의적 상담 직무

〈표 1-3〉에는 재활상담사의 정의적 상담(affective counseling) 직무들이 제시되어 있다. 정의적 상담은 장애인들이 재활프로그램의 참여와 관련해서 가지는 걱정뿐만 아니라 자신의 장애에 대한 감정들을 잘 다룰 수 있도록 돕기 위함이다. 따라서 상담사들은 장애인들이 자신의 장애와 관련된 낙인과 제한점들을 탐색하고, 이해하고, 처리할 수 있도록 돕는다. 무엇이, 어떻게 변화될 수 있는가뿐만 아니라 변화될 수 없는 것들에 대한 개인의 인식 촉진도 강조한다.

재활상담사는 내담자가족과 상담할 때, 내담자의 장애 및 관련문제점들과 필요한 재활서비스들의 특성을 자주 설명해야 한다. 많은 경우, 상담사들은 가족구성원들과의 상담을 통해 내담자의 재활에 방해가 되는 가족 내의 문제들을 해결하고, 재활과정 동안 내담자에 대한 가족의 지지를 격려하고, 가족구성원들에게 내담자의 재활프로그램 진전 정도를 알린다(Koch & Rumrill, 2016).

표 1-3 정의적 상담

직무	출처*
상담이나 의뢰가 필요한 심리적 문제들(예: 우울증이나 자살 충동)을 파악한다.	3, 5, 6
내담자가 자신의 대인관계 성격과 특성을 더 잘 이해하도록 돕기 위해 함께 논의한다.	1, 2, 4, 5, 6
내담자가 자신과 다른 사람들에 대한 감정을 이해하고 변화시킬 수 있도록 돕는다.	1, 2, 4, 5, 6
장애의 경제적 및 사회적 영향을 명확히 하기 위해 내담자와 상담한다.	4, 5, 6
내담자가 자신의 장애에 인한 제한점을 정서적, 인지적으로 수용하도록 돕는다.	1, 2, 4, 5, 6
내담자가 극복하기 어려운 듯이 보이는 문제점들에 직면하게 하고 그것들을 현실적으로 평가하는 것을 도움으로써 내담자의 불안을 감소시킨다.	2, 4

(계속)

표 1-3 (계속)

행동 변화를 돕기 위해 내담자의 행동에 영향을 끼치는 요소들을 해석한다.	2, 4, 5, 6
장애에 대한 정서적 반응들을 파악하기 위해 상담한다.	3, 5, 6
내담자의 자기탐색을 촉진하기 위해 상담 기법들(예: 반영, 해석, 요약 등)을 사용한다.	3, 5, 6
내담자가 긍정적인 태도로 상담을 종결하도록 지원함으로써 독립적 기능을 위한 내담자의 능력을 향상시킨다.	3, 5, 6
내담자가 개인적 적응을 위한 구체적 행동목표들을 말로 표현하도록 돕는다.	3, 5, 6
내담자가 기능적 제한성 조절을 위해 자신의 생활양식을 수정하도록 돕는다.	3
내담자가 스트레스를 이해하고 대응기제를 사용하도록 돕는다.	3, 5, 6
내담자가 개인적 역동성에 대한 통찰(예: 부정, 왜곡)을 가질 수 있도록 사정 정보를 사용한다.	3
내담자가 자신의 장애에 대한 다른 사람들의 질문에 대답하는 것을 돕기 위해 정보를 제공한다.	3, 5, 6
내담자의 사회적 지지체계(가족, 친구들, 지역사회 관계)를 평가한다.	3, 5, 6
개인, 집단 또는 가족 상담에 대한 내담자의 욕구를 탐색한다.	3, 5, 6
자립생활 활동 수행을 위한 내담자의 능력을 판단한다.	3, 5, 6

* 1 = Emener & Rubin(1980); 2 = Rubin et al.(1984); 3 = Wright, Leahy, & Shapson(1987); 4 = Beardsley & Rubin(1988); 5 = Leahy, Chan, & Saunders(2003); 6 = Leahy et al.(2013).

4) 직업배치 직무

〈표 1-4〉에는 직업배치(job placement)와 관련해서 재활상담사가 노력해야 할 직무들이 제시되어 있다. 표에 제시한 바와 같이, 이 책임에는 배치상담(placement counseling)과 직업개발(job development) 직무들을 포함한다. 배치상담은 주로 직업탐색과 취업 후 적응기간 중에 이루어진다. 배치상담은 (1) 직업탐색기술 훈련, (2) 직업탐색 동안의 지지 상담, (3) 이용 가능한 취업기회에 대한 정보, (4) 지역사회 고용기관들에 대한 안내, (5) 취업 후 발생하는 직업적응의 문제점들을 내담자가 처리하도록 도와주는 취업 후 상담 등에 초점을 둘 수 있으며, 직업적 편의제공의 요구와 시행 과정에 대한 지식도 포함한다(Roessler & Rumrill, 2015). 직업개발 직무는 고용주들에게 적절한 내담자-직업의 적합성 정보를 제공하고, 현장훈련 기회들을 배정함으로써 장애인 고용에 대한 태도장벽 해소를 포함한다.

| 표 1-4 | 직업배치 |

직무	출처*
배치상담	
내담자에게 배치관련 정보(예: 공·사립 고용기관의 기능, 노동조합 정책과 절차, 「산업재해보상보험법」)를 제공한다.	1, 5, 6
구직 스트레스에 대해 내담자를 정서적으로 준비시키기 위해 지지적 상담기법들을 사용한다.	1, 2, 3, 5, 6
회사를 찾아가는 방법들을 알려 준다.	2, 5, 6
고용주의 장애에 대한 질문에 대답하는 대안적 방법들을 내담자와 토의한다.	2, 5, 6
내담자의 욕구와 능력에 가장 부합하는 취업기회들에 관한 직접적인 정보를 제공한다.	2, 5, 6
유급고용에 대한 동기를 높이기 위해 동기저하된 내담자와 계속해서 상담한다..	2
지지와 확신을 주기 위해 취업 후에도 내담자와의 접촉을 유지한다.	2
내담자가 입사지원서와 이력서를 준비하도록 돕는다.	2, 5, 6
내담자가 가지고 있는 특정 직업이나 직업군들에 제한되지 않는 기술들의 전이가능성을 평가한다.	2, 5, 6
내담자의 취업면접 준비(예: 응시원서, 복장, 면접 기술들)를 지도한다.	3, 5, 6
취업 기회 찾기, 취업 및 승진을 위해 관련된 노동시장 정보를 활용한다.	3, 5, 6
내담자에게 자신의 욕구와 능력에 적합한 취업 기회들을 알린다.	3, 5, 6
배치에 대해 도움이 되는 지역 자원들(예: 고용주와의 접촉, 동료 상담사, 장애인고용공단 등)을 활용한다.	3, 5, 6
체계적인 직업탐색 기술의 방법을 지도한다.	3, 5, 6
직업개발	
고용주와 함께 내담자의 직업기술들을 논의하고 내담자가 할 수 있는 특정 직무들을 열거한다.	2, 5, 6
고용주와 내담자로부터 새로운 직업에 대한 내담자의 수행과 적응에 대한 정보를 수집한다.	2
직업을 찾고 있는 내담자를 위해 개인적인 의뢰를 제공한다.	2
내담자를 위해 현장훈련 프로그램들을 마련한다.	2, 5, 6
내담자의 작업기술들과 능력들에 관한 적절한 정보를 고용가능성이 있는 고용주들에게 제공한다.	3, 5, 6
장애인 고용에 대한 고용주들의 편견들과 우려에 대응한다.	3, 5, 6
필요한 추가적인 서비스를 결정하기 위해 내담자의 취업 후 적응을 점검한다.	3, 5, 6

* 1 = Emener & Rubin(1980); 2 = Rubin et al.(1984); 3 = Wright, Leahy, & Shapson(1987); 4 = Beardsley & Rubin(1988); 5 = Leahy, Chan, & Saunders(2003); 6 = Leahy et al.(2013).

2. 재활-상담 직무 수행에 필요한 지식

재활상담사들이 〈표 1-1〉부터 〈표 1-4〉까지 제시한 많은 직무를 수행하기 위해서는 계속적인 훈련과 현장 경험을 통해 획득하는 광범위한 지식이 필요하다. Leahy 등 (2013)은 재활전문가들을 대상으로 지식의 근거영역과 이 지식영역의 중요도를 규명했다. 연구자들은 409명의 공인재활상담사를 대상으로 재활상담 실무와 관련된 92개 지식영역을 5점 척도(자신의 직업 환경에서 재활상담사로서의 역할에 있어서, 0 = **중요하지 않음**, 1 = **거의 중요하지 않음**, 2 = **보통 중요함**, 3 = **매우 중요함**, 4 = **대단히 중요함**)로 평정하도록 요청했다. 또한 응답자들에게 92개 각 지식영역에 대한 준비도를 평정하게 했다. 주성분분석(principal component analysis)을 통해 92개 항목을 다음의 4가지 지식영역으로 구분할 수 있었다: (1) 직업 배치·자문·사정, (2) 사례관리와 지역사회자원, (3) 개별·집단·가족 상담과 증거기반 실제, (4) 장애의 의료적·기능적·심리사회적 측면. 현장 재활상담사들의 관점에서 도출된 재활상담의 주요 지식영역 체계는 〈표 1-1〉에서 〈표 1-4〉까지 제시한 바와 같이 오랜 시간에 걸쳐 입증되어 온 재활상담사들의 직무 및 직업 기능들과 놀랍도록 유사하다.

현장 상담사들이 중요하다고 생각하는 지식유형을 이해하기 위해, Leahy 등(2013)의 연구에서 파악된 9개 각 분야에 대한 전체 평정과 각 분야의 개별항목들에 대한 평정, 두 가지 모두를 검토하였다. 그 결과, 모든 9개 하위지식 분야는 현장 재활전문가에 의한 중요도와 유사하게 평정되었으며 그 분야는 다음과 같다. 직업개발과 직업배치 서비스, 사업주를 위한 직업관련 상담과 서비스, 장애관리[1], 사정과 평가(직업 배치 및 자문, 사정 영역으로 구성됨), 정신건강/건강-관리 옹호와 사례관리, 지역사회자원 활용 (사례관리 및 지역사회자원 영역으로 구성됨), 개별·집단·가족 상담, 증거기반 실제(개별·집단·가족 상담 및 증거기반 실제 영역으로 구성됨), 장애의 의료적·기능적·심리사회적 측면(자체 영역임)이며 이 가운데 중요도가 가장 높게 평정된 3개 하위 분야는 장애의 의료적·기능적·심리적 측면(M = 3.23, 4점 중 평균), 직업개발과 직업배치 서비스(M = 2.99), 사정과 평가(M = 2.64)이다.

---

1) disability management, 고용주가 손상이나 질병으로 일할 수 없게 된 고용인을 지원하는 프로그램.

이와 같이 재활상담사의 역할과 기능에 대한 연구결과와 지식에 대한 연구결과 간에 관련성이 있음을 쉽게 알 수 있다. Leahy 등(2013)의 연구결과에서는 재활상담사들이 사례관리, 직업 사정 및 상담, 정의적 상담, 직업배치 등의 직업적 역할 수행에 있어서 필수적인 지식을 갖출 필요가 있음을 시사한다. 또한 재활상담사들이 재활상담의 윤리적 기준들뿐만 아니라 가족과 성, 다문화 문제에 대한 지식을 갖추는 것이 중요하다는 점을 밝히고 있다(이 영역들은 이 책의 뒷부분에서 설명함). 그리고 Leahy 등(2013)은 소속 기관에 따른 지식 중요도의 평정을 검토했다. 예를 들어, 주립 직업재활기관에서 일하는 응답자들은 민간 비영리기관이나 다른 기관 응답자들보다 직업개발과 직업배치 서비스를 더 높게 평정했다. 민간 재활회사에서 일하는 응답자들은 주립 직업재활시설이나 민간 비영리재활기관, 전문대/대학교, 기타 기관들에서 일하는 응답자에 비해 장애 관리를 더 중요한 지식영역으로 일관성 있게 평정했다. 반대로 민간 재활회사에서 일하는 응답자들은 주립 직업재활시설이나 민간 비영리재활기관, 전문대학/대학교, 기타 기관 응답자에 비해 정신건강/건강-관리 옹호를 덜 중요한 영역으로 일관성 있게 평정했다.

문헌 분석과 개인적 경험에 기반한 Fabian와 Coppola(2001) 연구의 결과는 비록 이 연구가 정신장애인을 위해 일하는 재활상담사들에게 필요한 역량에 초점을 두고 있지만, Leahy 등(2013)이 파악한 지식영역과 〈표 1-1〉에서 〈표 1-4〉까지 제시한 직무들, 이 둘과 비교할 수 있다. Fabian와 Coppola는 재활상담사들이 정신장애인을 위해 직업재활서비스를 제공할 때 필요한 지식 및 기술과 관련되는 4가지 핵심역량 영역을 확인했다. 이들 역량 영역들과 관련 지식 및 기술의 일부를 기술하면 다음과 같다.

- 역량 #1: 장애가 직업적 선택·목표·수행에 미치는 영향을 고려한, 생애주기별 진로개발에 대한 이해를 발휘함.
  - 진로 선택이 장애 요인에 의해 얼마나 위축되거나 영향을 받는지 아는 것, 특히 이들 요인들을 해결하고자 중재를 계획할 때 필요함.
  - 관련 진로이론에 근거한 의사결정과 선택을 촉진하기 위해 구체적인 진로 중재를 계획할 수 있음.

- 역량 #2: 직업세계 및 장애인과 관련된 특정 측면을 이해함.

－성공적 취업을 위해 가장 효과적인 직업탐색과 직업개발 접근법을 찾아낼 수 있음.
　　－정신장애인의 노동과 관련하여 의사결정에 영향을 줄 수 있는 관련 사회보장제
　　　도와 시민권을 포함한 특정 법률들을 알고 있음.

• 역량 #3: 정신장애인과 그 가족을 직업재활 체계로 잘 이끌기 위해 효과적인 교육
　방법을 개발함.
　　－직업재활 체계에 대한 이해 및 이 체계와 정신건강 서비스 전달체계의 연관성에
　　　대한 이해를 유지함.
　　－직업재활 체계 내의 추세와 요구되는 적격성, 지원 등의 변화를 점검함.

• 역량 #4: 정신건강 장애를 가진 사람에 대한 낙인의 영향과 취업관련 활동 및 성과
　의 관련성을 이해함.
　　－경제계의 언어와 용어의 영향을 자각함.
　　－장애 공개[2]를 포함해서, 복지 분야에 종사하는 전문가들의 낙인 행동과 태도의
　　　실재 여부와 서비스 전달에 미치는 영향을 인식함. (2001, pp. 137-138)

　　앞서 언급한 바와 같이 재활상담사의 직무 역할에 대한 연구들에 의하면, 사례관리
를 위한 역할에는 초기면접, 서비스조정, 사례기록이라는 3개 영역의 직무가 포함된
다. 일반적으로 **사례관리**는 '성과의 질과 비용대비 효과를 높이기 위해 활용 가능한 자
원들과의 교류를 통해 개인의 건강 요구에 맞는 방법과 서비스를 사정, 계획, 시행, 조
정, 점검, 평가하는 협력적 과정'(Mullahy: Leahy, Chun, Shaw, & Lui, 1997, p. 53에서 재인
용)으로 정의되어 왔다. Leahy 등(1997)은 1,208명의 재활상담사를 대상으로 '오늘날
장애/건강관리 현장에서 사례관리 실무를 수행하는 데 있어서 중요하다고'(p. 54) 인
식하는 특정 지식에 대해 조사했다. 응답자 1,208명의 소속 직업환경을 빈도순으로 나
열하면 다음과 같다: '(1) 재활/보험회사, (2) 사례관리회사, (3) 산업재해보상보험회사,
(4) 연방/주립 기관, (5) 재활시설프로그램'(Leahy et al., 1997, p. 54). 응답자들은 Leahy,
Szymanski와 Linkowski(1993)가 사용한 5점 중요도 척도를 활용하여, 재활상담사들이

---

2) disclosure of disability, 주로 취업지원 혹은 직무 현장에서 자신의 장애를 의도적으로 밝히는 행위.

사례관리자로서 역할을 수행함에 있어서 각 사례관리 지식들의 중요성을 평정했다. 요인분석을 통해 83개 항목을 사례관리 실무의 기본적 5가지 지식영역으로 분류하면 다음과 같다: (1) 의료적 처치와 서비스, (2) 지역사회 자원과 서비스, (3) 전문적 의사결정과 문제해결, (4) 비용 억제, (5) 장애의 심리사회적 측면. 또한 5가지 사례관리 지식분야의 중요도 평정에서 상대적으로 평균보다 높게 평정된 항목들을 예시하면 다음과 같다(Leahy et al., 1997):

의료적 처치와 서비스
−치료계획 개발을 위해 임상적 정보를 사정하는 방법
−의뢰 요구사항뿐만 아니라 내담자의 건강관리와 안전을 위해 치료 목표를 수립하는 방법

지역사회 자원과 서비스
−공공 영역으로 의뢰하는 절차
−약물 의존자를 위한 치료 자원

전문적 의사결정과 문제해결
−사례의 목표에 대해 알 필요가 있는 관련인사들과 의사소통하는 방법
−정확한 이력(history)을 알 수 있는 방법

비용 억제
−비용 억제(cost containment)를 위해 필수적인 의료적 서비스를 평가하는 방법
−민간 영역에서 자금지원을 받을 수 있는 적격성 기준

장애의 심리사회적 측면
−질병의 심리적 특성
−건강관리 및 자립과 관련된 심리적 요인과 사회적 요인의 상호작용 (p. 56)

보다 최근, Leahy 등(2013)이 수행한 지식분야 연구에서는 사례관리가 재활상담가

의 주요 직무라는 사실을 입증할 수 있는 증거들을 제시하고 있다. 이 연구의 응답자들은 다음과 같이 사례관리와 지역사회자원 분야 내 많은 지식영역의 중요도를 높게 평정했다:

- 사회보장 프로그램, 보조금, 근로 유인책(work incentive), 근로 역유인효과(work disincentive)(4점 중 평균 = 3.03)
- 팀으로서 또는 다른 분야와 효과적으로 함께 일하기 위한 기법들(평균 = 2.91)
- 사례관리의 과정과 도구들(평균 = 2.87)
- 노동시장 조사를 수행하기 위해 사용되는 도구와 기법들(평균 = 2.74)
- 고용, 직장복귀, 고용유지 등 수요자 중심의 취업관련 문제들(평균 = 2.63)
- 의료보험 혜택과 전달 체계(평균 = 2.53)

이와 같이 Leahy 등(1997)과 Leahy 등(2013)의 지식분야 연구결과와 〈표 1-1〉에 제시된 역할 및 기능 연구들에서 제시하는 사례관리 직무 간에 관련성이 있다는 사실을 쉽게 알 수 있다.

3. 역할과 기능: 추가적인 생각

지난 50년간, 1973년 「재활법(Rehabilitation Act)」과 일련의 개정 법률들, 예를 들면 가장 최근의 2014년 「노동인력혁신 및 기회법(Workforce Innovation and Opportunity Act)」이나 1990년 「미국장애인법(American With Disabilities Act: ADA)」, 2008년에 개정된 「미국장애인법(ADA)」 등과 같은 입법화의 결과로 재활서비스 전달체계 내에서 장애인들이 더 많은 권한을 가지게 되었다(Toriello & Keferl, 2012). 그러므로 Zola(1993)가 지적한 바와 같이, 장애인들이 '자신의 재활과정에서 적극적 역할과 적극적 목소리를'(p. 803) 더 많이 낼 수 있게 되었고 재활상담사와의 의사결정과정에서 참여가 증가했다. 의심의 여지 없이, 지난 40년 동안 미국 사회의 소비자 권리에 대한 관심의 증가는 내담자와 재활서비스 제공자 간에 "재활서비스의 개발과 실시, 이용에 소비자가 최대한 참여함으로써 더 나은 성취가 가능하다."(Chan, Shaw, McMahon, Koch, & Strauser,

1997, p. 123)는 일반적인 동의를 촉진해 왔다.

증가된 장애인의 권한부여(empowerment)와 자기결정(self-determination)은 재활서비스 전달체계에서 도움을 받는 장애인을 지칭하는 용어의 변화를 가져왔다. 대표적인 예로 내담자(client) 보다는 소비자(consumer), 고객(customer)이라는 용어의 확대사용을 들 수 있다. Rumrill과 Koch(2014)에 의하면, 내담자라는 용어에는 대개 서비스의 수동적 수혜자라는 의미가 함축되어 있지만 소비자나 고객이라는 용어는 이러한 거래과정에 보다 적극적인 참여한다는 의미를 내포한다. 이 책에서는 비록 이 용어와 관련된 관점들을 알고 있지만 내담자, 소비자, 고객이라는 용어를 상호교환적으로 사용하며, 특히 전문적 서비스제공과 관련하여 관계를 시작하는 개인을 기술할 때는 내담자라는 용어를 사용한다. 기본 전제는 법률서비스를 받는 사람(예: 변호사−내담자 관계)의 경우와 유사하게 그 과정에 있어서 내담자는 자율적이며 자발적, 동등한 상대자라는 것이다.

오늘날 재활전문가들이 내담자에게 어떻게 서비스해야 하는지를 알기 위해서는 앞서 언급한 소비자 권한부여와 더불어 내담자가 서비스를 어떻게 받고자 하며, 어떤 기대를 가지고 있는지 직접 정보를 얻는 것이 매우 중요하다. 이러한 요지는 다음에 언급한 Nufer, Rosenberg와 Smith(1998)의 진술에서도 찾아볼 수 있으며, 이는 오늘날에도 여전히 유효하다:

> 재활의 전문성은 소비자들의 선택에 의해 더욱 더 구체화되고 있으며, 이에 따라 기관에서 소비자들의 높은 기대수준에 맞는 서비스를 개발하는 것이 필수적이다. 나아가 재활 분야는 커져 가는 소비자들의 불만에 직면하고 있으며 이 중 상당수는 소비자−전문가의 관계에 대한 기대를 명확하게 이해하지 못하는 것과 관련이 있다. (pp. 40−41)

Nufer 등(1998)은 재활 사례관리자가 무엇을 알고 있어야 하고, 어떻게 행동해야 하는지에 대한 소비자의 기대를 알기 위해, 75명의 재활서비스 소비자들을 대상으로 재활서비스 제공자에게 바라는 특성을 설문조사했다. 그 결과, 재활 사례관리자와 재활 상담사에게 다음에 제시한 18가지 특성의 중요성을 확인했다.

1. 소비자들과 이야기를 나눌 수 있는 충분한 시간 배정하기.
2. 좋은 경청자되기.

3. 소비자의 요구에 민감해지기.

4. 재활계획 수립에 선입견적 관점을 가지지 않고 소비자의 요구에 대해 관심 보이기.

5. 사려깊게 배려하기.

6. 전화 요청(전자기기 응답)에 즉시 응답하기.

7. 즉시 약속 잡기.

8. 소비자를 존중하고 품위 있게 응대하기.

9. 믿고 의지할 수 있도록 하기.

10. 자신이 제공하는 장애 서비스 분야 잘 알기.

11. 노동시장 알기.

12. 소비자의 진전상황 점검하기.

13. 소비자가 자신감을 가질 수 있도록 지원하기.

14. 재활과정에 대한 동기 제시하기.

15. 재활과정이 어떻게 진행되는지 설명하기.

16. 가족과 지역사회가 소비자를 지지하도록 지원하기.

17. 소비자가 편하고 쉽게 올 수 있도록 약속 잡기.

18. 소비자에게 시간을 충분히 내어 줄 수 있을 만큼 적절한 수의 사례를 담당하기.

   (1998, pp. 42-43)

이 목록 중에서 소비자들이 가장 높게 평정한 5개 항목을 순서대로 열거하면, 8, 9, 10, 2, 3번이다. 재활서비스 소비자들이 생각하는 바람직한 제공자의 특성과 관련해서 앞서 수행된 Patterson과 Marks(1992)의 연구결과는 Nufer 등(1998)의 결과와 유사하다. Patterson과 Marks가 제안하는 바람직한 재활상담사의 특성으로 고려할 점들을 예시하면 다음과 같다(Chan et al., 1997에서 재인용):

• 적절한 시기에 신뢰할 수 있는 서비스 제공하기.

• 내담자의 요구와 바람, 어려움 알기.

• 내담자와 함께 일할 수 있는 지식과 기술 입증하기.

• 내담자가 현명하게 결정할 수 있도록 재활과정에 대한 필수 정보 제공하기.

• 능숙한 상담 및 대인관계 기술 갖추기. (p. 132)

4. 상담사의 직무 수행에 영향을 미치는 요인: 소진의 문제

재활상담사의 역할을 정의하는 것은 **전문가 이탈**[3]이나 보다 일반적으로 **상담사 소진** (counselor burnout)이라고 말하는 것들을 경험하지 않고, 자신의 경력 내내 그러한 도전적인 역할을 수행하는 것보다 쉬울지 모른다. 재활관련 연구들에서는 재활상담사의 소진에 영향을 미치는 몇 가지 요인들을 밝히고 있다.

Merriman(2015)은 재활상담사라는 직업에 내재된 스트레스 유발요인들, 즉 내담자와의 과도한 접촉, 많은 사례에 대한 책임감, 사례의 부정적인 결과들에 대해서 언급하고 있다. 이 요인들은 Miller와 Robert(1979)의 상담사 소진에 대한 분석을 상기시킨다. 예를 들면, 이 연구자들은 상담사들이 내담자들에게 제공하는 서비스, 즉 효과에 대한 확신을 가지지 못한 채 서비스 전달을 결정하고 실행해야 하는 점에 대해 언급한다. 상담사들은 이와 같은 모호성에 의해 유발된 스트레스를 끊임없이 처리해야 한다. 면담에서 내담자의 정서적 반응을 다루고, 재활계획 내 직업목표의 실현가능성을 결정하고, 필요한 모든 평가자료를 수집했는지를 판단하는 일 등은 상담사에게 긴장을 유발하는 요인들 중의 일부에 불과하다. 또한 Miller와 Robert는 상담사들이 자신의 많은 경쟁적 직업요구 중에서 다음에 해야 할 것을 결정하도록 끊임없이 요구받는 것으로 인해 긴장을 경험한다고 말한다. 상담사들은 오랜 기간 동안 지속적으로 관심을 기울여야 하는 사례들을 포함한, 과다한 사례들을 다루어야 하기 때문에, 결코 모든 내담자들에게 필요한 모든 과제들을 완결할 수 없다(Koch & Rumrill, 2016). 그러므로 상담사들은 마무리하지 못한 많은 서비스과제들을 항상 가지고 있으며, 또한 그중 상당수는 그들의 관심을 요구하는 것들이다. 또 다른 긴장 유발요인으로는 '**무용 증후군**(futility syndrome)'을 들 수 있으며 이는 불치병을 가진 사람들을 위한 서비스의 결과에서 비롯된다(Case, Blackwell, & Sprong, 2016). 어떤 사람들은 상담사가 아무리 내담자의 성공을 원한다 하더라도, 직업재활프로그램의 장기적 성과 측면에서 성공 가능성이 거의 없을 수도 있다(Cranswick, 1997). 이와 같은 실망스러운 결과를 잘 다루지 못하는 재활상담

---

3) professional disengagement, 전문가로서 전문성 발휘나 자율성 발휘를 저해할 경우 그러한 조직 상황에서 벗어남으로써 전문가로서의 전문성과 자율성을 발휘할 수 있도록 만드는 것.

사들은 최중증 장애를 가진 내담자들에게 효과가 없을 가능성이 높다는 사실에 압도되거나 우울해할 수 있다.

DeLoach와 Greer(1979), 그리고 Smits와 Ledbetter(1979)에 의해서 확인된 재활상담사 직무에 내재하는 역할긴장의 한 요인, 즉 '양 대 질(quantity versus quality)' 딜레마는 여전히 오늘날에도 사실이다. 직업재활 체계에서 장애가 심한 사람들에게 포괄적인 서비스들이 필요하다는 사실을 인식하고 있음에도 불구하고, 체계는 상담사들에게 신속히 '할당(quota)' 사례를 성공적으로 종결하도록 압력을 가한다. 이러한 압력은 의심할 여지 없이 최적의 일관된 서비스 전달을 방해한다. 그 결과, 경우에 따라서는 '최적의 고용(optimal employment)'보다는 오히려 '어떤 고용(any employment)'이 재활상담사 사례서비스의 성과목표가 될 수도 있다. 재활상담사들이 하는 일을 통해 강화받는 것과 해야 한다고 믿는 것 사이의 불일치는 자신의 전문성에 대한 상당한 갈등과 스트레스를 유발할 수 있다.

또한 연구(Bloom, Buhrke, & Scott, 1988)에서는 재활상담사로서 자신의 성취에 대한 기대 수준과 전문가 이탈(소진) 간의 관계를 밝히고 있다. 높은 기대, 즉 지지적 상황을 기대하고 현장에 들어온 상담사들은 몇 년간 일한 후에 다른 상담사들에 비해 더 높은 수준의 정서적 탈진과 자아감 상실을 경험한다. 그리고 그들은 종종 이러한 자신의 감정에 대처하기 위해서 직무수행에 대한 기대를 낮춘다. 그러나 만약 현장에서 높은 수준의 전문직업의식(professionalism)이 유지되기를 원한다면, 낮아진 임상가들의 기대 수준에 대해 긍정적인 방법으로 대응해야 한다. Merriman(2015)은 예비 재활상담사로서, 경력을 시작하기 이전인 대학원 수준의 훈련프로그램에서 소진예방 평가를 시작해야 한다고 주장한다. 그는 향후 소진 위험요인을 인지할 때 대응전략들을 개발할 수 있도록, 대학원 교육과정의 현장실습과 연수기간 동안에 교수진의 임상적 슈퍼비전을 통해 소진관련 스트레스요인들을 다루도록 제안한다.

일부 스트레스 유발요인들은 재활상담사의 직무역할에 있어서 어쩔 수 없는 것들이기 때문에(Riggar, Flowers, & Crimando, 2002), 그러한 스트레스 유발요인에 대처하는 방법을 살펴볼 필요가 있다. 스트레스에 대한 대처(Allen & Miller, 1988; Cooper & Marshall, 1978; Martz & Livneh, 2007; Tache & Selye, 1978)와 소진(Merriman, 2015)에 관한 연구들에서는 다음과 같은 세 가지 일반적 접근법을 제시한다:

- 직장환경 변화시키기. 개인의 능력과 요구에 더 많은 도움이 되도록 조건들을 수정하기. 목표에는 직장 내의 사회적, 심리적, 조직적 환경을 포함할 수 있다. 예를 들어, 재활기관들의 행정처리 개선에 관심을 쏟는 것은 직장환경 내에서 재활상담사의 의사소통과 개방성, 신뢰를 격려할 뿐 아니라 참여와 자율성을 향상시킬 수 있다. 기관들은 상담사의 전문성 개발을 강조하고 강화하며, 직무 역할과 현실적인 목표들을 명확히 하고, 동료 관계를 증진하며, 상담사가 사용할 수 있는 사무자원을 늘리는 등의 활동을 통해 기관의 환경을 개선할 수 있다(Gomez & Michaels, 1995).
- 상담사들에게 직무스트레스 유발요인들을 보다 효과적으로 다루는 방법 가르치기. 문제상황들에 대한 상담사들의 해석과 평가를 바꾸거나 보다 효과적으로 반응하는 데 필요한 기술과 역량 제공하기, 상담사들이 불치병과 죽음에 대처하도록 준비시키기(Case et al., 2016).
- 개인들에게 변화될 수 없는 직무상의 스트레스로부터 기분 전환하는 방법 제시하기. 변화가 어려운 스트레스유발 상황의 한 가지 예는 최상의 재활서비스를 받고도 건강을 회복하지 못하는 진행성 중증장애를 가진 내담자들의 계속되는 비극적 사건을 들 수 있다. 상담사들은 이처럼 변화시킬 수 없는 상황에 대처하기 위해서 명상, 이완, 운동, 여러 유형의 자기쇄신 활동과 같은 전환이 필요하다(Koch & Rumrill, 2016).

스트레스대처에 대한 이 책의 접근법은 상담사들에게 다양한 직무역할 수행에 필요한 기술들을 가르치는 것이다. Landy(1985)가 언급한 것처럼, 개인들이 직무관련 스트레스를 처리하도록 도와주는 중요한 한 가지 방법은 보다 효율적이고 생산적으로 일하는 방법을 가르치는 것이다. 앞으로 이 책의 여러 장에서 재활상담사의 다양한 역할수행을 위한 많은 실용적 지침들을 제공할 것이다. 이 지침들은 재활내담자 예시사례들을 통해 입증된 활용에 초점을 두고 구체적으로 개발한 것이다.

5. 맺음말

재활－상담직은 1920년 「Smith-Fess법」이 주－연방 재활프로그램을 규정했을 때부터 시작되었다. 그러나 재활상담사의 전문화는 1954년 「개정 직업재활법」에서 재활－상담 훈련프로그램 개설을 위해 대학교와 전문대학에 보조금을 인가한 이후부터 본격화되었다. 1954년 이후, 재활전문가들은 상담사의 역할에 대한 여러 의견을 지지해 왔다. 많은 경험적 연구를 통해, 재활상담은 장애를 가지고 있는 사람들의 QOL을 향상시킨다는 궁극적인 목적을 가지고 있으며 광범위한 지식기반의 다기능적 전문분야라는 사실을 인식하게 되었다.

재활상담사들은 장애인의 QOL에 긍정적인 영향을 미치기 위해, 사례관리, 직업사정 및 상담, 정의적상담, 직업배치의 핵심적 기술들을 갖춰야 한다. 재활상담사의 책임은 내담자에 대한 관련평가 정보를 수집, 조직하는 것과 재활계획과정에 내담자를 참여시키는 것이다. 재활상담사는 내담자참여를 기반으로 재활기관의 서비스들과 다른 기관들 및 지역사회 민간전문가들의 서비스들을 통합한 재활계획을 개발해야 한다. 비록 이것 자체도 어려운 과제이지만, 단순히 계획 개발만으로 충분하지 않다. 또한 상담사들은 그 계획들이 실행되고, 그것을 통해 내담자들이 자신의 직업목표를 성취하고, 제공된 서비스들에 만족하고, 그 서비스들이 내담자의 QOL을 향상시키는지 지켜봐야 한다. 이처럼 상담사들이 많은 직무를 계속 실행하기 위해서는 직업 상담과 자문, 장애에 대한 의료 및 심리적 측면, 개인 및 집단 상담, 프로그램 평가와 연구, 사례관리와 서비스조정, 가족·성·다문화적 문제, 재활관련 재원, 산업재해보상보험, 환경 및 태도의 장벽들, 사정 등과 같은 분야의 지식을 제공하는 종합적인 현장훈련이 필요하다.

또한 상담사들은 업무를 효과적으로 수행하기 위해서, 재활 및 산업의 최근 동향에 대한 공부를 통해 전문성을 계속 개발해야 한다. 또한 만약 간과한다면, 저하된 기대나 전문가 이탈 등을 야기할 수 있는 많은 직업관련 스트레스요인들에 대처해야 한다. 상담사들이 소진을 피하고 업무를 더 효과적으로 수행하기 위한 변화들이 가능하다. 예를 들어, 직업재활에서 요구하는 기록과 보고 과정은 컴퓨터 소프트웨어와 하드웨어, 스마트폰, 태블릿 컴퓨터, 노트북, 무선통신을 통해 간소화되고 있다. 상담사들에게 규정된 절차적 의무를 완고하게 고집하지 않고 사례처리에 더 많은 자율성을 부여한 후,

이에 따른 구체적인 성과 기준의 성취에 대한 책임을 물을 수 있다. 상담사들은 스트레스에 대한 자신의 반응을 관찰하고 생활에 자기쇄신을 위한 활동을 통합시킬 수 있는 방법을 배울 수 있다. 마침내 상담사들은 자신의 직무역할을 보다 효율적이면서 효과적으로 수행할 수 있다. 이 책은 장애를 가진 사람들이 자신의 삶의 질을 향상시킬 수 있도록 돕고자 하는 상담사들의 효율적, 효과적, 윤리적(예: 재활상담사를 위한 전문가 윤리규준[Code of Professional Ethics for Rehabilitation Counselors], www.crccertification.com 참조) 실천에 도움을 주고자 저술했다.

2장
재활상담사를 위한
직업 및 진로 상담기술

고용을 통한 이점은 비장애인들과 마찬가지로 장애를 가진 사람에게도 똑같이 중요하다. 직업은 삶의 가장 구조화된 역할의 하나로 개인으로 하여금 자신감과 자기주도, 사회적 지지를 갖도록 하고 또한 고립, 낙인, 가난에 대응할 수 있도록 한다(Strauser, 2013). 연구에 의하면, 다양한 장애를 가진 내담자들에게 우선순위목록 작성을 요청했을 때, 그들은 삶에 있어서 직업의 중요성과 그러한 목표달성을 돕는 직업재활서비스의 필요성을 강조하였다(Nary, White, Budde, & Yen Vo, 2004). 다른 연구에 의하면, 장애인들은 직업복귀에 전념하기 위해서 담당 재활상담사가 심리상담보다는 직업상담과 배치서비스에 더 집중하기를 원한다고 한다(Murphy, 1988). 물론 이들도 심리사회적 성과의 필요성도 인식하고 있지만 그러한 서비스는 다른 전문가에게 도움을 구하는 것으로 보고되고 있다. 더욱이 그들은 심리적 문제의 많은 것이 현재 자신의 미고용이나 불완전고용에 기인한 것으로 인식한다. 같은 맥락에서 Dunn, Wewiorski와 Rogers(2008)는 정신장애를 가진 성인들이 취업의 여러 이득 중에서, 자신의 증상 대처에 필요한 기술을 배울 수 있고 나아가 전체적으로 회복이 증진된다는 점을 강조한다고 보고한다.

장애인들은 재활 참여가 취업 때문이라는 점을 강조함으로써, 재활상담사들에게 취업이 경제 및 각종 사회적 혜택의 모든 것을 제공하며 삶의 질(QOL) 향상에 결정적 요인이라는 사실을 상기시킨다. 또한 재활상담사가 제공하는 많은 서비스는 장애인들에게 QOL의 핵심이 되는 취업의 필수요소인 개인적 독립, 건강, 적응, 교육수준 등에 중요한 이득을 가져다준다(Bishop, Rumrill, & Roessler, 2015; Dutta, Gervey, Chan, Chou, & Ditchman, 2008). 상담사들은 그러한 준비가 성공적으로 진행되고 내담자가 일자리를 찾으면 재활이 성공했다고 생각한다(Nary et al., 2004).

직무만족에 대한 연구에서는 고용과 QOL의 관련성에 대한 여러 근거를 제시한다. 첫째, 일을 통해 돈, 권력, 타인의 인정 등과 같은 외적 강화물을 얻을 수 있다는 것이다. 둘째, 안정감, 만족, 자아실현, 긍정적 시간활용 등 내적 특성을 가진 강화물을 얻을 수 있기 때문이다(Putnam et al., 2003; Szymanski & Parker, 2010). 개인이 실직을 하게 되면 많은 내·외적 강화물을 얻을 수 없고 그로 인해 상당한 스트레스를 가지게 된다. 그러므로 성공적인 직업재활상담은 장애인 삶의 의미 있는 스트레스 감소경험을 제시한다.

여러 연구에서 고용과 장애인 QOL의 상관관계를 입증하고 직업재활서비스의 중요성을 강조한다(Hall, Jurth, & Hunt, 2013; Ra & Kim, 2016). Bishop 등(2015)은 다발성경화증 성인의 QOL 예측요인 연구에서, 직업재활서비스 제공이 왜 주요 예측요인이 되는지 그 이유를 설명할 수 있는 몇 가지 변인을 확인했다. 특히 높은 교육수준, 고용상태, 높은 직업만족도, 높은 직업-개인 적합성 등은 QOL의 주요 긍정적 예측요인으로 나타난 반면 다발성경화증 증상의 수와 심각성, 스트레스 수준은 QOL의 부정적 예측요인으로 나타났다.

Krause와 Crewe(1987)는 척추손상 장애인에 대한 11년간의 종단연구를 통해 장기 생존과 관련 있는 몇몇 주요 변인을 밝혀냈다. 척추손상 장애인으로 11년 이상 생존하고 있는 사람들은 처음(예: 11년 전 연구시작단계에서), 심리학자 팀에 의해 연령과 장애 발생 나이의 영향을 고려한 직업적응과 개인적응 영역 평가에서 다른 사람들보다 높게 평정된 것으로 나타났다. 또한 그들은 추수 연구기간 중에도 취업이나 학교공부 등 사회적으로 적극적인 역할참여 시간이 다른 사람들보다 더 많았다. 다른 연구들에서는 장애인들의 일반적인 행복감에 대한 평정과 고용상태 간에 정적상관이 있음을 입증하고 있다(예: Aronson, 1997; Crisp, 1990; Koch, Rumrill, Roessler, & Fitzgerald, 2001; Rumrill,

Roessler, & Fitzgerald, 2004). 그리고 일부 연구에서는 현재 직업의 주당 근무시간과 급여, 만족도는 QOL과 정적상관이 있다고 보고한다(Krichman, 1986; Lehman, 1983).

QOL과 취업 간 관계의 중요성은 재활상담사들이 고도의 숙련된 직업상담사가 되어야 함을 시사한다. 재활상담사들은 장애인들이 자신과 잘 일치하는 직업(예: 만족하고 만족시키는 노동자가 될 수 있는 직업)을 선택하도록 돕기 위해 필요한 기술과 훈련을 갖추어야 한다. 실제로 재활내담자들의 성격적 측면과 취업한 직업환경 특성 간의 일치정도는 직업만족도와 정적상관이 있다고 한다. Jagger, Neukrug와 McAuliffe(1992)에 의하면, 개인의 성격적 특성에 부합하는 직무수행 직업을 가진 장애인은 미네소타 직업만족도 조사(Minnesota Job Satisfaction Questionnaire)에서 직업만족도가 더 높게 나타나며, 비장애인의 경우에도 이와 유사한 결과가 나타난다고 한다(Assouline & Meir, 1987).

재활상담사는 장애인들이 자신의 만족뿐 아니라 고용주도 만족시키는 직업을 선택하도록 돕기 위해서 내담자들이 진로−상담 과정에 적극적으로 참여하도록 촉진해야 한다. Kosciulek(2003, 2004b)에 의하면, 이러한 권한부여(empowerment) 과정은 장애인이 자신과 직업세계에 대한 정보를 수집하고 통합하며, 다양한 직업대안과 계획을 개발하며, 실현가능한 직업목표를 선택하고, 목표성취계획 개발과정에 참여하는 것이다. 재활상담사는 구조화된 상담을 통해 장애인이 이러한 탐색, 의사결정, 단계계획을 완수할 수 있게 함으로써 장애인의 직업과 삶에 있어서 장기적인 만족을 위한 준비를 한다. 그러나 상담사는 직업상담을 통한 권한부여 과정에 있어서 선결되어야 할 요구들에 민감할 필요가 있다. Zunker(2015)에 의하면 진로계획의 첫 번째 단계에는 직업탐색과 선택 과정에 대한 개인의 준비정도를 판단하는 것이 포함된다고 한다. 준비도에 영향을 미치는 요인들은 다음과 같은 질문을 통해 밝힐 수 있다: (1) 기본적인 생존욕구를 가지고 있는가?, (2) 충분한 자아존중감을 가지고 있는가?, (3) 자신의 생활에 대한 타인의 사적인 통제를 긍정적으로 받아들일 수 있는가?. 이 질문들에 대해 긍정적으로 답할 수 있다는 것은 직업계획에 대한 준비가 되었음을 시사한다.

재활상담사는 직업상담과정을 시작할 개인의 준비여부를 판단한 후, 체계적인 직업선택 전략이나 의사결정 전략을 통해 내담자를 이끌어 간다. 이러한 전략은 내담자가 선택할 수 있는 직업들의 확인, 관련 개인 및 직업−교육적 정보의 조사, 잠정적 직업에서 나타날 수 있는 환경적 장애물 평가, 장애물 극복을 위한 접근법, 각종 정보에 근거한 선택가능 직업의 평가, 직업목표의 선택 등을 확인하기 위해 필요하다. 직업상담 과정에서 재활상담사는 (1) '잠재적 진로에 대한 직접적인 정보와 직업-교육적 정보 자원들에 대한 출처'(Solly, 1987, p. 298)를 제공하는 전문가(expert)로서, (2) 내담자의 자기탐색을 촉진하는 사람(facilitator)으로서, (3) 내담자로 하여금 직업역할 선택과 관련된 모든 정보를 고려하도록 이끄는 안내자(guide)로서 기능해야 한다.

재활상담사는 내담자로 하여금 직업에 대한 자기탐색과정을 통해 직업적 의사결정과 그 과정에서 요구되는 정보를 수집하도록 함으로써 실제적 요인들에 대한 정확한 평가가 반영된 직업선택을 할 수 있도록 돕는다. 직업상담과정 동안에 찾고 수집해야 할 정보에는 개인적 특성과 환경적 특성을 포함한다. 직업선택의 적합성은 단지 개인의 장애 이전 및 이후 능력이나 흥미만을 기초로 결정할 수 없다. 장애유형에 따라 다를 수 있지만, 환경적 특성은 특정 직업을 얻고 유지하는 개인의 능력에 크게 영향을 미칠 수 있다(Chapin, 2012; Reinke-Scorzelli, 2004; Rumrill & Koch, 2014).

Dorbren(1994)은 장애를 가진 사람들이 직면하는 새로운 적응과제와 장애발생이 개인-환경 상호작용의 특성을 어떻게 변화시키는지를 규명했다. 예를 들어, 장애를 가지게 됨에 따라 개인은 지리적 어려움(예: 접근가능하고 믿을 수 있는 교통수단의 요구에 직면함), 태도적 어려움(예: 타인의 인식과 반응 방식, 자신에 대한 인식 등의 변화에 대처해야 함), 서비스 어려움(재활서비스 체계와 타협하고 장애인정책의 고용에 대한 의욕을 꺾는 것들에 대응해야 함)에 직면할 수 있다.

개인과 환경 간의 높은 적합성은 노동자의 수행력과 만족감을 높여 주며 또한 스트레스를 줄인다(Szymanski & Parker, 2010). 일반적으로 개인과 환경 간에는 두 가지 측면에서의 적합성, 즉 (1) 개인의 요구 및 가치관과 환경이 제공하는 기회 간, 그리고 (2) 환경적 요구와 그러한 요구에 부합하는 개인 능력 간의 적합성을 고려해야 한다(Pope, 2014). 미네소타 직업적응이론(Minnesota theory of work adjustment; Swanson & Schneider, 2013)에서 강조하듯이, 개인과 환경 모두 요구를 가지고 있으며, 어느 쪽이라도 요구를 충족시키지 못하면 노동자나 고용주 중의 어느 한쪽은 만족하지 못하는 결과가 야기된다.

개인과 직업을 연결해 주는 것이 직업상담의 핵심 사항이기는 하지만 효과적으로 연결이 되었는지를 판단하는 것은 복잡한 측정의 문제이다. 예를 들어, 개인의 어떤 특성과 환경의 어떤 측면이 고려되어야 하는가? Hernandez(2009)는 이 질문에 답할 수 있는 수단을 개발했다. 연구자는 다양한 인종/민족 집단의 장애인이 취업을 위해 노력할 때 직면할 것으로 예상되는 장애물들을 신뢰롭고 타당하게 측정할 도구(The Disability and Employment Survey: DES)를 개발했다. 요인분석을 통해 이 장애물들을 다음 4가지 범주로 구분했다: 직업준비 문제(예: 입사지원서 작성, 직업기술 부족), 언어문제(예: 영어 이해하기, 말하기, 듣기, 쓰기), 환경적 문제(예: 가정과 직장의 장애물, 고용주의 차별, 교통수단 부족), 건강 및 재정, 가족 문제(예: 가족지원, 현금 급여, 의료 및 양육자원 등의 상실). 동시에, 상담사와 내담자는 개인과 직업의 연결 과정이 개인이나 환경에 대한 고정된 생각에 기초하지 않는다는 사실을 명심해야 한다. 그 어느 것도 고정되어 있지 않다. 개인은 훈련과 교육을 통해 새로운 기술과 지식을 개발할 수 있다. 고용주들은 개인의 역량에 보다 적합하도록 수정과 편의제공, 보조공학을 통해 작업환경과 직무요구를 바꿀 수 있다. 실제로 다양한 범위의 환경적(예: 직무 수정) 전략들, 예를 들면 장비의 설치와 개조, 일정과 직무의 변경, 낭독자와 수어통역사 제공 등을 통해 개인과 환경의 조화를 가져올 수 있다(Brodwin, Parker, & DeLaGarza, 2010). 공학은 일부 유형의 장애(예: 맹, 농, 뇌전증)를 가진 사람들이 직무관련 전자정보에 접근할 수 있도록 지원하고 있다. 아쉽게도 정보개발자들이 종종 장애를 가진 사람들의 요구를 이해하지 못해서 적절한 전자매체와 사용자 단말기를 설계하지 않는 결과가 나타나기도 한다. 예를 들어, Whitney와 Upton(2004)은 전자매체 개발자들이 반짝거리는 아이콘(flashing icon)의 뇌전증 유발 가능성을 인지하지 못했을 수도 있다고 지적한다. 이와 유사하게 워크스테이션 설계자들이 화면의 글자를 읽어 주거나 글자를 말로 변환시켜 주는 소프트웨어를 지원할 수 있는 장비를 제공하지 못하고 있다.

장애인의 요구를 염두에 두고 개발된 미네소타 직업적응이론은 고용에서 정년의 가능성에 영향을 주는 개인과 직업의 특성에 대한 설명을 통해, 개인과 직업의 상호작용에 대한 역동적 이해를 보여 준다(Swanson & Schneider, 2013). 이론의 구성개념은 개인과 직업이 어느 한쪽도 고정적이지 않기에 각각 상대에게 맞출 수 있는 체제를 제공함으로써 그 방법을 분명하게 하는 것이다. 예를 들어, 개인과 환경, 모두는 융통성(예: 행동을 취하기 전, 각자가 참을 수 있는 '부조화[discorrespondence]'의 양)이나 인내심(관계를 끝내기 전, 각자가 참을 수 있는 '부조화'의 양)과 같은 여러 속성의 측면에서 변할 수 있다. 고용인과 고용주가 상대에게 맞추려는 노력을 할 때, 고용유지의 가능성이 높아진다. Chartrand(1991)는 다음 원칙을 통해 직업상담을 더욱 역동적으로 이해할 수 있게 한다:

- 개인은 분명히 이성적 결정을 내릴 능력이 있음에도 불구하고 정서적 요인에 영향을 받아서 결정을 내리기도 한다.
- 개인과 직업 환경은 측정 차원과 의미의 차원에서 볼 때 각각 다르다.
- 개인의 특성들과 직업환경의 요인들 간의 유사성이 클수록 직업적 성공의 가능성은 커진다.
- 적합성은 고정된 개념이 아니다. 개인과 환경은 변화하고 서로를 만들어 갈 능력을 가지고 있다.
- 개인들은 선호하는 특성을 발휘할 수 있는 환경을 찾고 창조한다.

그러므로 만약 상담사가 장애를 가진 내담자로 하여금 (1) 자신(특성)과 환경(요인)에 대한 이해를 촉진하도록 돕고, (2) 개인과 환경 사이의 부적합성을 줄이는 데 필요한 문제해결기술과 편의제공기술을 습득할 수 있도록 돕는다면 그들은 보다 효과적으로 진로결정을 할 수 있을 것이다.

1. 직업선택 과정에서 고려해야 하는 환경적 요인

앞선 논의에서 강조한 것처럼, 재활상담사와 내담자는 업무환경을 개인에게 보다 적합하게 만들 수 있는 환경적 요인들이 있음을 상기해야 한다. 확실히 최근 전자정보의 급증은 장애인의 접근성을 보장하기 위해 보조공학과 컴퓨터 워크스테이션의 새로운 요구를 주문한다. 직장의 생산성에 영향을 주는 환경적 요인에는 직장마다 차이가 있지만 직장의 위치, 구조, 보조공학 및 편의제공의 활용가능성, 동료지원의 정도 등을 포함한다. 예를 들면, 업무는 일반적으로 지역사회 내의 특정 장소에서 행해지지만 대개 내담자의 집과 상당히 떨어진 곳에 있다. 다수의 장애내담자, 특히 교외에 거주하는 경우, 대중교통 체계가 부족하고 가정에서 교통수단을 가지고 있지 못하기 때문에 직장의 위치는 중요한 고려사항이다.

신체장애를 가진 많은 개인에게 있어서 활용가능한 보조공학의 종류와 유형을 포함한 직장의 구조적인 측면은 중요하게 고려해야 한다. 장애노동자를 위해 계단을 대체할 경사로 설치, 컴퓨터에 음성출력과 확대화면의 첨가, 장비와 기계의 조작변경 등의 정당한 편의제공을 통한 직장 내 수정이 필요하다. 휴식의 빈도, 일일 노동시간, 병가와 무급휴직 규정 등을 포함하여 회사의 정책과 근무일 체계는 또 다른 중요한 고려점이다.

물리적인 장애물로 인해 고용기회가 제한된다는 사실은 환경이 직업선택과정에 영향을 주는 하나의 예이다. Mace(1980)는 물리적 환경 내의 장애물과 관련하여, 개인의 장애 특성에 따라 **접근성**(accessibility)의 의미가 어떻게 달라지는지를 설명했다. 예를들어, 휠체어를 이용해야 하는 사람에게 있어서 접근성은 '딱딱한 지면, 점진적인 경사로, 낮은 식수대, 폭이 넓은 문' 등을 의미하며, 걷는 능력에 제한이 있는 사람들에게는 '핸드레일, 앉아서 쉬는 장소, 이동을 위한 추가시간 허용' 등이 필요할 수 있다. 시각장애인에게는 '정보표시와 경보의 점자나 음성 출력 제공, 보조자, 안내견 동반 허용' 등이 필요하다(Mace, 1980, pp. 131-132). 청각장애인들은 정보의 시각적 제시나 수어통역사를 통해 접근하게 된다. 그러므로 직무환경의 구조적 요인들이 문제가 될 때, 직업선택 시 직무수정의 가능성을 충분히 고려해야 할 것이다. 예를 들어, 다발성경화증을 가진 목장 노동자는 적절한 편의제공이 가능하지 않아서 가축을 이동시키고 건초를 저장하고 사료를 섞는 일과 같은 책무를 수행할 수 없다. 따라서 이 사람은 목장이나 농장, 지역 농업조합의 영업관리인과 같이 신체적 요구가 다소 적은 직업들을 탐색할 필요가 있다.

특정 직업에 따라 동료들이 제공해 줄 수 있는 도움의 정도와 개인의 요구수준 또한 직업선택 시 중요하게 고려해야 한다. 직무수행 시 다른 사람들의 도움을 많이 필요로 하는 사람은 직무지도나 동료직원들로부터 지원을 받을 수 있는 지원고용의 적절한 대상이 될 수 있다(Wehman, 2013). 그러나 지원고용서비스가 제공되는 조건을 선택할 때 내담자의 참여를 간과하는 실수가 생길 수 있다. 연구에 의하면, 중증장애인들은 스스로 직업유형 및 직무지도원, 서비스를 선택할 수 있는 기회를 가질 때 지원고용환경에서 성공할 가능성이 더 높은 것으로 나타났다(Hanley-Maxwell, Maxwell, Fabian, & Owens, 2010).

재활상담사는 장애인들과의 재활상담을 위해, 고용가능성뿐만 아니라 직장의 위치, 구조, 직장 내에서의 지원 등 지역사회 내 노동시장에 대해 잘 알아야 한다. 상담사는 이러한 노동세계에 대한 실제적인 이해를 내담자 평가와 재활계획개발을 위한 계획에 통합해야 한다.

2. 직업상담에서 고려해야 하는 장애 특성

장애에 대한 해석은 개인이 추구하는 가치에 크게 영향을 받으며, 직업선택 과정과 관련된다. 예를 들면, 신체적 활동에 높은 가치를 두는 신체장애인들은 신체적 활동에 가치를 덜 두는 신체장애인들에 비해 삶의 방향전환 과정에서 더 많은 어려움에 직면한다(Kunce, 1969). 이와 유사하게 Rybarczyk, Szymanski와 Nicholas(2000)는 절단장애인의 경우에도 개인적 태도의 중요성을 확인할 수 있었다. 연구자들은 가치의 우선순위를 신체적 특징이나 다른 사람과의 비교로부터 비신체적인 개인의 특성과 내적 자아존중감으로 옮길 수 있는 사람들이 더 높은 긍정적 대처수준을 나타낸다고 보고한다. 또한 이들은 자신의 보철물을 절단으로 인한 능력상실의 측면보다는 활동을 가능하게 해 주는 것으로 인식한다.

Rohe와 Athelstan(1982)는 외상성 척수손상으로 인해 사지마비나 하지마비를 가진 성인남성들에 대한 연구에서, 손상 이전의 직업적 흥미와 손상 이후의 직업적 능력 간에 상당한 불일치가 나타난다는 사실을 밝혔다. 이 집단의 대부분은 손상 이전에 중장비와 관련된 신체적 직종에 종사했었다. 이들은 손상 이전에 학문적 측면의 흥미가 적었던 것과 일관되게 손상 이후에도 자료나 사람을 다루는 것이 요구되는 직업을 갖고자 하는 경향을 거의 보이지 않았다. 따라서 척수손상을 가진 일부 남성들은 추상적인 직업계획 과정이나 장기간의 교육이 요구되는 직업에 대해 흥미가 거의 없을 수도 있다는 점을 예상해야 한다.

연구들에서 의료적 상태가 직업적 성과에 중요한 영향을 미칠 것이라는 상식적인 기대를 지지하는 결과들을 보고하고 있다. 외상성 뇌손상 연구에서 혼수상태나 외상후 기억상실상태의 지속시간, 외상후 인지와 신체 기능손상의 정도는 1년 이내의 직장복귀 가능성에 대한 주요 예측요인이라고 한다(Rosenthal & Ricker, 2000). 이와 유사한 변인들이 다발성경화증 성인의 직장복귀에 대한 예측요인인 것으로 밝혀졌다. 증상의 지속성과 심각성, 인지적 문제의 여부, 개인의 교육수준 등이 고용상태에 대한 주요 예측요인이다(Roessler, Fitzgerald, & Rumrill, Koch, 2001). Bishop(2004)에 의하면 가장 고용가능성이 높은 뇌전증 장애인은 뇌전증을 잘 통제할 수 있고, 항경련제 약물치료를 많이 이용하고, 뇌전증으로 인한 기능적 영향이 적은 사람이라고 한다. 전반적으로 고용

관련 연구에 의하면 외상성 손상과 만성적 질병의 경우에는 조기 요구사정, 의학적 요법과 인지 및 물리치료 지속, 중증장애인의 고용유지를 위한 편의제공 계획 등이 중요하다고 한다.

질병의 침습성(intrusiveness)에 대한 Devin의 연구와 유사하게, Goldberg, Bigwood, MacCarthy, Donaldson과 Conrad(1972)는 신장병 말기 치료와 관련된 개인의 상황이 직업계획 역량에 영향을 미친다는 사실을 발견했다. 신장 이식수술을 기다리는 사람들은 이식수술을 마친 사람들에 비해 넓은 범위의 직업흥미를 가지고 있었다. 아쉽게도 직업계획수립에 있어서는 보다 비현실적이었는데 이러한 결과가 나온 이유는 신장 이식수술을 기다리는 사람들은 이식수술의 효과에 대해 불확실성을 가지기 때문일 것이다. 신장이식을 받지 못한 채 혈액투석을 하고 있는 사람들은 불안과 불확실성으로 인해 불안정한 심리상태에 놓이기 때문에 비현실적 희망을 추구하려는 경향을 보인다. Goldberg 등에 의하면, 이미 수술을 받은 사람들은 '고용기회에 관한 자신의 포부를 적절한 수준으로 감소시키는'(1972, p. 33) 경향이 있다고 지적하였다. Goldberg 등의 연구에서는 의료적 질환을 가지고 있는 내담자들은 더 안정될 수 있기 때문에 안정될 때까지 직업선택을 늦추는 것이 바람직하다고 주장한다.

J. Cook(2003)은 정신과 진단을 받은 재활내담자에 대한 연구에서 정신질환과 같은 특정 유형의 장애와 관련된 사회적 낙인이 직업선택에 어떻게 영향을 주는지를 설명한다. 정신장애의 경우, 직장 관리자와 동료들이 개인의 진단명을 알게 되면 직장 내에서 사회적 고립이 발생할 수 있다. 많은 정신장애인이 직장 내 고립뿐 아니라 직장 외부에서도 사회적 상호작용이 거의 없다고 보고한다. 직업유지에 대한 낙인과 고립의 내면화로 인한 부정적 영향은 정신장애인의 직업재활에 있어서 지지집단으로서 가족의 지지와 참여가 왜 고용성공의 두 가지 예측요인이 되는지를 설명한다. Cook은 결론적으로 '정신건강 내담자의 취업 노력에 대한 자연적 지지'(2003, p. 31)를 강화하기 위해 취업후서비스의 개선이 필요하다고 강조한다.

장애가 시작된 연령은 직업상담과정에서 중요하게 고려해야 한다(Nardone et al., 2015; Szymanski, 2000). 예를 들면, 선천성 혹은 초기 아동기부터 장애가 발생한 경우, 부모나 지역사회의 과잉보호는 청소년기나 초기 성인기 동안에 개인의 역량과 직업적 요구의 관련성에 대한 이해 능력을 크게 제한할 수 있다(Wehman, 2013). 이 경우 상담사는 내담자가 자신의 장점으로부터 유용한 직업기술을 이끌어 낼 수 있도록 내담자의 자기분석을 직업상담에 포함시켜야 한다. 또한 자기분석은 직업에 대한 내담자의 가치와 신념에 초점을 두어야 한다. 이는 (1) 직업 자체에 대한 개인의 방향성에 근거한, 일반적 수준, (2) 직종에 대한 개인의 방향성에 근거한, 중간 수준, (3) 특정 직업의 책무와 책임성에 대한 태도에 근거한, 구체적 수준에서 확인해 볼 수 있다(Wise, Charner, & Randour, 1976). 그러므로 상담사는 개인의 삶에 있어서 직업윤리의 중요성(일을 하거나 하지 않음)에 대해 함께 논의해야 할 경우도 있고 다른 한편으로는 특정 직업이 지역사회와 다른 사람에게 미치는 바람직한 영향에 대해 논의할 수도 있어야 한다.

장애가 생의 초기에 발생한 경우는 다른 의미를 가진다. 많은 장애는 시간이 지나면 심각한 합병증들과 관련된다. 예를 들어, 소아당뇨는 장기적으로 관상동맥 심장병, 고혈압, 시각장애, 신장병, 당뇨성 신경장애와 같은 손상을 초래할 가능성이 있다 (Nashita, Uehara, & Tom, 2011; Van der Bijl, van Poelgeest-Edltink, & Shortridge-Baggett, 1999). 그러므로 직업계획 시, 장애 후기단계에 합병증의 영향을 예상해야 한다. 이 병은 장기적인 영향이 예상되기에 이들에게는 '시각적 민감성이 필요한 직업이나 직종, 불규칙적인 작업일정과 작업시간, 과도한 신체적 활동이 요구되는 직업이나 직종' (Stone & Gregg, 1981, p. 288)은 피해야 한다. 만약 내담자가 현기증을 경험하거나 당뇨증상과 관련이 있다면, 중장비 조작이 요구되는 직업은 위험하다. 당뇨병을 가진 사람의 재활상담과정에서, 상담사와 내담자는 직업과 관련된 스트레스가 합병증이나 혈당의 불균형을 유발하는지를 판단하는 것이 필수적이다(Chiu et al., 2015).

생의 초기에 장애가 발생했고 경제적 어려움도 있는 경우, 재활상담사는 더 많은 문제에 직면할 수 있다. 예를 들면, Smith와 Chemers(1981)에 의하면 경제적으로 어려움이 있고 '고용되기 어려운' 직업훈련생들은 고용주, 감독자, 관리자들을 적대적이고, 냉담하고, 비우호적이라고 보는 경향이 있다고 한다. 또한 이들은 많은 경우 승진이나 지위 향상과 관련된 주장적, 독립적 행동이 부족하다. 그러므로 자기파괴적인 잘못된 인식이나 행동적 결함들은 직업상담 동안 자기탐색을 통해 다루어야 할 중요한 영역이 될 수 있다.

마지막으로 발달장애와 같이 생의 초기에 장애를 가지게 된 사람은 독립적 직업선택에 필요한 의사결정기술의 결함을 가질 수도 있다(Rubin, Roessler, & Rumrill, 2016; Wehman, 2013). 이 경우, 재활상담사는 직업상담이 시작되기 전에 의사결정기술을 가르쳐야 할지도 모른다. 발달장애 내담자의 대다수는 직업상담과정에서 부모가 학생들의 참여를 강화하는 데 도움을 줄 수 있다. Wehman 등(2015)은 부모들이 고등학교를 졸업하는 특수교육대상학생들의 직업적 성과에 중요한 영향이 미친다는 사실을 지지하는 연구결과를 발표했다. 이들 연구자들은 고등학교 시절의 취업경험과 졸업 이후의 취업에 대한 부모들의 긍정적 기대가 성공적인 고용을 예측하는 가장 강력한 요인이라고 보고한다.

생의 후기에 발생한 장애는 개인에게 일련의 부정적 상황을 야기한다. 예를 들면, 중년기 장애는 개인이 가지고 있는 특정 직업이나 진로 적합성을 붕괴시킨다(Martini & Stebnicki, 2012). 그러므로 상담사와 내담자는 진로재개발 과정을 통해 협력해야 한다. 장애의 영향과 관련해서 많은 중요 영역, 예를 들어 기능적인 측면에서 장애의 영향, 현재 자신에 대한 평가의 정확성, 노동의 현실, 개인과 직업의 적합성을 위해 필요한 변화 등을 검토해야 한다. Marshark와 Seligman(1993)에 의하면, 이러한 재검토 과정은 종종 개인의 자존감을 위협하는 경험이 될 수 있으며, 위협은 직업상담과정에 참여함으로써 악화될 수 있다. 생의 후기에 발생한 장애에 대처하는 개인들은,

> 자신이 이전 직업적 역할로 돌아갈 수 있는지, 자신의 나이나 장애가 대안적 직업 갖는 것을 어렵게 하는지 등에 대한 의문을 가진다. 그러나 이것들은 내적인 고민에 그치는데 그 이유는 이 질문들을 직접적으로 탐색하는 것은 불안을 야기하기 때문이다. 그들은 시장성이 거의 없는 자신을 발견하게 되는 것을 두려워한다. (Marshark & Seligman, p. 114)

그러므로 상담사는 생의 후기에 장애를 가지게 되었고 참여에 흥미를 보이지 않는 내담자와 직업상담을 시작할 때, '실제로 흥미가 없는 것인지 아니면 두려움 때문에 흥미가 차단된 것인지'(Marshark & Seligman, 1993, p. 114) 구분해야 한다.

Hershenson(1996)은 중도장애의 영향에 대한 분석에서, 장애는 먼저 개인의 작업수행능력에 영향을 주며, 이로 인해 개인의 직업목표나 직업특성이 영향을 받게 된다고 설명한다. 상담사는 Hershenson의 '4R' 접근법, 즉 '(1) 직업성격의 재통합(reintegrating), (2) 상실 또는 개발하지 못했던 능력들의 대체(replacing) 또는 회복(restoring), (3) 직업목표의 재설정(reformulating), (4) 지원의 최대화와 장애물의 최소화를 위한 직업환경의 재구조화(restructuring)'(Hershenson, 1996, p. 7)를 통해 내담자가 일치성을 재확립하도록 도울 수 있다. '4R' 접근법 사용을 위한 기초는 직업상담의 전체

적인 과정에서 야기되는 다른 체제(system)의 영향을 이해하는 것이다. 내담자가 가족 및 교육적, 사회적인 환경 내에서 경험하는 역사적이고 동시대적인 경험들은 개인의 가치와 우선순위를 형성하고 또한 독립생활과 직업환경의 요구에 반응하는 개인의 능력을 제한하거나 강화한다(Szymanski, Enright, Hershenson, & Ettinger, 2010).

생의 후기에 발생하는 장애는 개인적 전망과 직업안정성에 대해 부정적인 영향을 가져올 수 있다. 일부 내담자들은 자신의 현재 질병에 대해 비관적으로 보기 때문에 직업적 포부수준을 낮추기도 한다. Nashita 등(2011)에 의하면 연구에 참여한 성인 당뇨환자의 1/3이 자신의 당뇨병은 향후 자신의 직업적 능력, 특히 인지와 신체적 직무 수행 능력에 영향을 미칠 것으로 생각하고 있었다. 또한 참여자 대다수는 당뇨병이 미래의 독립성을 제한할 것으로 예상하고 있었다. Thurer(1980)는 관상동맥우회로 이식수술을 받은 사람들에 관한 연구에서, '일을 쉬엄쉬엄 하는 것'에 과도한 관심으로 인해 회복 후에도 이전의 직업으로 복귀하는 비율이 낮다고 한다. Engblom 등(1994)은 관상동맥 우회로 이식수술을 받은 사람들 중에서 일로부터 벗어난 기간이 짧았거나, 직업 및 직업으로 복귀하기 위한 자신의 능력에 대해 긍정적인 기대를 가지고 있는 사람들은 직업으로 복귀할 가능성이 높다고 보고한다.

Goldberg(1992)는 장애와 직업개발에 관한 연구들을 검토한 결과에 근거해서 장애의 초기발생과 후기발생이 진로개발에 미치는 영향에 대한 유용한 개관을 제공한다. 상담사는 장애인 직업상담을 잘 이끌기 위해 Goldberg(1992)의 연구에서 제시한 다음과 같은 점들을 고려해야 한다:

- 현재 나타나는 장애의 심각성보다 장애 이전에 개인이 가지고 있던 직업계획과 흥미, 일에 대한 가치 등이 직업선택에 더 많은 영향을 미친다.
- 일에 대한 동기, 역량과 제한점에 대한 현실적인 자기평가, 회복에 대한 낙관주의(포괄적으로 **직업개발**로 지칭함)는 고용을 유지하거나 복귀할 가능성과 관련되기 때문에 직업평가의 주요 변인들이다.
- 입원, 의료적 처치와 치료 기간, 장애 적응을 위해 보낸 시간들은 진로패턴을 단절시킨다.
- 비가시적 장애는 가시적 장애보다 사회적 낙인과 고용상의 차별을 덜 야기하기 때문에 비가시적인 장애를 가지고 있는 사람은 가시적 장애를 가진 사람에 비해 더

구체적이고 현실적으로 계획한다.

- 문화적 기대와 부모 및 교사들의 기대는 장애인의 직업계획에 큰 영향을 미친다.
- 높은 사회경제적인 상황에 있는 장애인들은 낮은 사회경제적 상황에 있는 장애인들보다 더 성숙된 직업계획을 가진다.
- 신체장애인들은 발달장애인들보다 교육적 계획, 현실성, 주도성, 직업에 대한 가치, 직업개발 면에서 더 높게 평가되는 경향이 있다.
- 후천적 장애인들은 이미 직업경험을 가지고 있기 때문에 이전의 목표, 흥미, 가치와 일치하는 직업을 선택하려는 경향이 있다.
- 선천적 장애인들은 이전의 직업경험이 제한되어 있기 때문에 부모의 희망과 사회적 계층에 일치하는 직업을 선택한다.

3. 미네소타 직업적응이론

직업상담에서 개인−환경 일치 개념의 중요한 이론 및 실증적 정교화는 미네소타직업적응이론(Minnesota Theory of Work Adjustment)의 연구기반 명제에서 찾을 수 있다 (Dawis, 2005; Dawis & Lofquist, 1984; Swanson & Schneider, 2013). 이는 개인−환경−일치 이론(Person-Environment-Correspondence: PEC Theory)을 통해 입증된 바와 같이 모든 개인−환경 상호작용에 활용할 수 있다(Dawis, 2002). 이 이론의 기본 가정은 개인들이 자신의 환경과 일치(correspondence)를 확립하고 유지하고자 한다는 것이다. 이러한 일치는 개인이 환경의 요구를 충족시킬 역량을 가지고 있다는 사실과 환경 또한 개인의 요구를 충족시킬 역량을 가지고 있다는 사실을 시사한다. 좀 더 구체적으로 살펴보면, 만약 개인이 만족할만한 노동자가 되려고 한다면, 개인은 그 직업의 기술적 요구에 상응하는 기술을 가지고 직업상황에 들어가야 할 것이다. 동시에, 만약 개인이 만족하는 노동자가 되려고 한다면 직업은 노동자가 선호하는 강화인자를 충분히 제공해야 한다. 개인과 환경의 요구가 충족될 때, 그 상황은 균형적이거나 일치되었다고 할 수 있다.

재활상담사를 위한 PEC 이론의 주요 개념들은 **만족**(satisfied)과 **만족하지 못한** (dissatisfied) 그리고 **만족한**(satisfactory)과 **불만족한**(unsatisfactory)이라는 거울상(mirror-image) 용어다. 만약 개인이 직업을 유지하려고 한다면(예: **정년 보장**), 일의 유형과 일을 통해 얻는 강화물에 만족해야 한다. 같은 식으로, 만약 정년을 보장하려고 한다면, 직업(예: 고용주)은 노동자에 대해 만족해야 한다. 달리 말하면 노동자는 고용주가 만족한 시선으로 볼 수 있도록 직업 역할의 요구를 충족해야 한다. 이와 반대되는 시나리오에는 **만족하지 못한** 그리고 **불만족한**이라는 용어를 사용한다. 만족하지 못한 노동자는 일을 통해 원하는 보수(예: 보상, 안정성, 능력 발휘 기회)를 얻지 못한 것이며, 반면 만족하지 못한 고용주는 고용인을 통해 원하는 생산성을 얻지 못한 것이다. 어떤 관점을 취하는가에 따라 달라지지만, 재활상담사는 직장 내 문제의 핵심이 불만족한 노동자인지 아니면 만족시키지 않는 직업인지 파악해야 한다.

만족은 개인의 입장에서 행동으로 그리고 환경의 입장에서는 반응으로 나타나며 이는 현재 관계를 유지한다. 반면, 불만족은 관계조정을 위한 노력과 연관되며, 개인이나 상황의 변화가 필요하다. 이처럼 개인-환경 상호작용에 있어서, 개인과 환경 모두 적극적 및 반응적이 될 수 있는 역량을 가진다. 어떤 경우, 재활상담사는 내담자가 행동패턴의 변화를 주도하거나 새로운 직업기술을 개발하도록 격려할 필요가 있다. 다른 경우, 상담사는 고용주에게 회사의 병가 정책이나 특정 작업요구 및 장비의 변화를 촉구할 필요가 있다. 어느 쪽이 참여하든지, 변화의 최종 목표는 노동자와 고용주의 만족 가능성을 높일 수 있는 일치의 증가, 즉 개인과 직업 간의 일치성을 크게 하는 것이다. 직업재활상담사는 직업의 강화물(예: 보수, 다양성, 안정성)과 능력 요구뿐만 아니라 개인의 적성, 기술, 흥미에 대한 사정을 통해, 고용의 장기유지 가능성을 높이도록 내담자의 직업훈련과 배치를 위한 계획수립을 도울 수 있다(Swanson & Schneider, 2013).

상담사는 직업을 통한 개인의 만족가능성을 평가하기 위해 내담자로 하여금 외적보상, 내적보상, 사회적보상과 같은 직업으로부터 얻을 수 있는 다양한 강화자원들을 고려하도록 도와야 한다. 외적보상은 매우 중요한 요인이다. 금전적 보수는 개인이 기본적인 욕구를 해결할 수 있게 하고 일을 하지 않는 시간에 좋아하는 활동을 할 수 있게 한다. 그러나 직업은 월급과 같은 단순한 외적보상 그 이상의 것이다. 직업을 통해 얻는 개인적 만족과 같은 내적보상도 매우 중요하다. 또한 사회적 보상(예: 직장의 다른 사람과 접촉)도 중요하다. 개인-환경-일치 이론의 개발자들은 다음과 같은 6가지 가치 영역에 근거해서 고용으로부터 얻는 보상들을 요약했다: (1) 성취(직무 완수와 직무에 대한 피드백), (2) 안락감(안락하고 스트레스가 없는 직업환경), (3) 지위(타인으로부터의 인정이나 특권), (4) 이타심(타인에 대한 봉사), (5) 안전성(안정적이고 예측가능한 직업환경),

(6) 자율성(일에 있어서 주도성이나 자기통제 발휘).

그러므로 재활상담사들은 직업상담에서 다음과 같은 점들을 이해해야 한다:

- 각 직업에서 제공하는 내적, 사회적, 외적 보상의 양이 다르다.
- 개인마다 보상의 유형에 대한 선호가 다르다
- 각 직업에서 요구하는 기술의 종류가 다르다.
- 개인이 가지고 있는 기술의 종류가 다르다.

따라서 상담사와 내담자는 각 직업에서 개인의 선호 강화물과 선호 강화물의 취득가능성을 세심하게 사정해야 한다. 이 두 가지 요인, 즉 선호강화물과 선호강화물 취득가능성 사이의 적합성은 직업만족의 중요한 지표다. 동시에 상담사와 내담자는 각 직업의 요구와 내담자의 기술도 세심하게 사정해야 하는데 이 두 가지 요인 사이의 일치성은 고용주 만족의 주요 지표다. 정년 보장은 고용주와 고용인의 만족에 따라 결정된다.

미네소타 직업적응이론의 명제(Swanson & Schneider, 2013) 중에는, '개인에 대한 만족감은 개인의 능력과 환경의 직업적 요구능력 간의 일치로부터 예측된다'(p. 31)는 것이 있다. 그러므로 상담사와 내담자는 직업요구와 개인의 현재 및 미래의 능력을 세심하게 고려해야 한다. 직업요구에 부합하기 위한 필요기술은 몇 가지로 해석될 수 있다. 예를 들어, Herr(1987)는 직업적 성공에 있어서 특정 직종기술의 훈련보다 기본적인 문해능력, 직업에 대한 책임감 있는 태도, 의사소통능력, 학습능력 등이 더 중요하다고 강조했다. 실제로 직업재활 내담자의 고용성과에 영향을 미치는 요인에 대한 종단연구 결과에 의하면, 내담자의 문해기술(기본적 읽기와 수학 능력)과 임금 간의 높은 정적상관이 있다고 한다(Kosciulek, 2004c).

노동자특성과 직업특성 간의 관계는 고정적이라고 보기 어렵기 때문에, 특정 직업을 계속 유지한다는 것은 개인과 직업 간의 초기 일치성뿐만 아니라 개인과 직업상황이 서로 조정을 위해 쏟는 일련의 노력(예: 정당한 편의제공 실시)을 반영한다. 그러므로 직업재활계획 수립과정에서는 불일치(discorrespondence)에 대한 내담자의 인내심뿐만 아니라 불일치 대처양식도 중요하게 고려해야 한다. 예를 들면, 어떤 사람들은 다른 이들보다 불일치에 대해 더 많이 참을 수(예: 융통성) 있다. 융통성이 많은 사람일수록 불일치의 감소를 위한 노력 이전에 인내하는 불일치의 양이 더 많을 것이다(Dawis, 2002;

Swanson & Schneider, 2013).

　사람마다 불일치를 감소시키기 위한 전략이 다를 수 있다. 어떤 이들은 환경을 자신의 욕구에 맞도록 변화시키기 위해 적극적으로 방향을 잡고 노력한다. 다른 이들은 환경에 적응하기 위해 자신의 욕구를 조정하는 반응적 태도를 취하기도 한다. 물론 그냥 가만히 있는 사람도 있을 것이다(Swanson & Schneider, 2013). 상담사는 효과적인 직업적 진단을 통해 직업상황의 불일치에 대한 내담자의 반응양식을 파악할 수 있다. 이와 관련하여 Dawis(1976)는 다음과 같이 말한다.

> 　모든 사람이 두 가지 양식 모두를 사용하는 것이 아니라는 점, …… (적극성과 반응성) …… 직업진로의 어느 시점에 따라 그리고 상황에 따라 이것 또는 다른 것을 활용한다는 사실을 인식해야 한다. 그러나 사람들은 개인의 반응과 강화역사에 따라 한 가지 양식의 적응방법을 더 선호하거나 덜 선호하게 되었다고 가정하는 것이 합리적일 것이다. (p. 243)

　그러므로 적극적인 방법을 지향하는 내담자에게는 불일치가 크고 완고한 고용주가 있는 직장은 피하게 하는 것이 현명할 것이다. 나아가 상담사는 이 내담자가 자신의 진로목표를 좌절시킬 것으로 예상되는 상황에서 사회적으로 적절하게 반응하도록 학습을 도울 수 있다.

　요약하면 PEC이론과 이론의 직업적 활용, 미네소타 직업적응이론 등에서는 상담사의 역할 중에서 개인이 일치하는 고용상황을 찾을 수 있도록 돕는 것을 강조한다. 개인과 직업 간의 일치는 개인이 직업에 대해 만족하는 것과 고용주가 개인에 대해 만족하는 것을 말한다. 여러 요인이 장애인과 직업의 일치정도에 영향을 미치기 때문에 재활상담사의 책임은 개인과 직업의 더 나은 적합성을 이끌어내기 위한 중재를 결정하는 것이다. 경우에 따라서 내담자의 지식과 기술의 향상에 초점을 두는 중재가 필요할 수 있다. 다른 한편으로는 「개정 ADA(ADAAA)」에서 규정하고 있는 절차에 따라 장애인이 직장에 편의제공을 요청하도록 준비시키는 것을 강조하는 중재가 필요할 수도 있다(Nissen & Rumrill, 2016; Rubin et al., 2016).

4. 크룩스모델

크룩스모델(crux model, [그림 2–1] 참조)은 재활에 있어서 직업상담과정의 역동성을 설명한다. 이 모델은 크게 평가와 계획의 두 단계로 나눠지며, 내담자의 주요 사회–직업력 정보를 수집하고 이를 직업요구와 관련짓는 상담자의 노력을 강조한다. 크룩스모델의 평가와 계획 단계 간의 관계는 [그림 2–1]을 통해 확인할 수 있다.

상담사는 초기면접과 의료, 심리, 직업 평가를 통해 내담자의 과거, 현재, 잠재적인 신체적 기능과 심리사회적 기능, 교육 및 직업적 기술개발에 대한 정보를 수집한다. 또한 재활상담사는 내담자의 현재 경제적 상황에 대해 명확하게 파악하고 있어야 한다. 재활상담사가 〈표 2–1〉의 대부분 질문에 답할 수 있을 때, 크룩스모델에서 점선 윗부분을 적절히 채울 수 있을 것이다.

〈표 2–1〉의 관심 내용들은 내담자에게 직접 질문하기보다는 초기면접, 의료평가, 심리평가, 직업평가로부터 도출된 정보를 재활상담사가 세심하게 고려함으로써 해결할 수 있다. 재활상담사는 〈표 2–1〉의 질문들을 세심하게 검토함으로써 내담자의 평가에서 나타난 정보들 간의 공백을 찾을 수 있다. 가능한 한 내담자와 함께하는 계획개발단계로 진행하기 전에 남아있는 모든 문제에 대한 해답을 얻어야 한다.

다음으로, 상담사는 여러 직업적 선택을 위해 평가자료의 시사점들을 연구해야 한다. 이 과제를 잘 수행하기 위해서, 상담사는 내담자의 장점과 제한점, 개인의 발달에 대한 사회문화적 요인의 영향(예: 사회계층, 인종이나 민족, 젠더, 성적지향성), 지역사회 내 직업들의 요구와 특성을 이해해야 한다.

상담사가 평가정보 분석을 통해 도출한 직업적 가능성은 '직업적 결정사항(vocational imperative)'으로 볼 수 없으며, 단지 직업계획과정의 고려사항을 제안한 것으로 생각해야 한다. 직업계획과정에는 내담자의 특성과 직업적 요구에 부합하는 직업목표 설정과 잠재적인 직업선택 가능성에 대한 상담사와 내담자의 논의를 포함한다. 또한 이 논의에는 필수적인 재활서비스들(예: 신체적, 심리사회적, 교육–직업적, 배치, 직무수정, 경제적 지원)에 대해서도 초점을 둔다. 각 서비스는 특정 직업역할을 만족시키고, 만족하는 노동자라는 최종 목표 달성의 필수적 디딤돌인 중간목표 달성을 지향해야 하며, 이는 장기적이고 성공적인 진로의 첫 단계다.

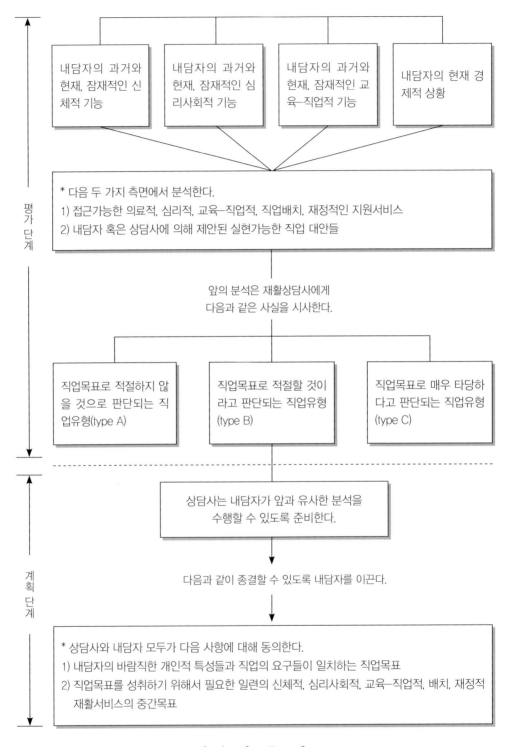

평
가
단
계

계
획
단
계

[그림 2-1] 크룩스모델

출처: *Goal-Setting: Guidelines for Diagnosis and Program Development* by R. Roessler & S. Robin, 1980,
Fayetteville: University of Arkansa, Arkansa Research and Training Center in Vocational Rehabilitation.

| 표 2-1 | 프로그램 개발을 위해 필요한 정보 |

신체적 요인

장애의 범위

1. 장애가 고용 가능성에 어떤 영향을 미치는가?
2. 장애가 안정적인가, 진행성인가?
3. 일상생활활동(ADL) 기능들은 개선될 수 있는가?
4. 일상생활활동을 위해 어느 정도의 도움이 필요한가?
5. 재활프로그램을 시작할 수 있을 정도로 장애가 안정되어 있는가?

서비스

1. 장애의 영향을 감소시키기 위해 어떤 신체적 회복 서비스(예: 수술, 의지 및 보조기구, 물리치료, 작업치료)가 필요한가?
2. 직무수정을 통해 고용을 위한 신체적 제한 정도를 감소시킬 수 있는가?

심리사회적 요인

장애에 대한 심리적 반응

1. 장애에 어느 정도 적응하고 있는가?
   1) '장애'를 실패의 구실로 사용하는가?
   2) 심리적 측면에 기인된 신체적 증상은 없는가?
   3) 자신의 건강에 대해 과도한 관심을 보이는가?
   4) 고용되지 않음으로써 얻는 부수적 이득은 무엇인가?
   5) 지금 또는 가까운 장래에 직업재활프로그램에 참여할 수 있을 정도로 정서적 안정성을 가지고 있는가?

가족과 친구

1. 재활과정에 있어서 가족과 친구는 어떤 긍정적 혹은 부정적인 역할을 하는가? (예: 내담자의 가능성에 대해 지지적, 과잉보호, 비현실적 기대)

서비스

1. 어떤 개인 상담 그리고/또는 가족 상담서비스가 필요한가? (예: 심리치료, 적응훈련, 이완훈련)

교육–직업적 요인

교육적 고려점

1. 교육적 배경에 근거할 때 어떤 직업훈련이나 직종이 적합한가?
2. 직업적 희망과 교육적 배경은 일치하는가?

직업적 기술과 흥미에 대한 고려점

1. 현재 어떤 직업기술을 가지고 있는가?
2. 개발할 수 있는 직업기술 중에서 장애로 인해 기능적 제한을 받을 수 있는 것들은 무엇인가?
3. 적절한 새로운 직업기술을 개발했는가?
4. 직업목표는 현재 직업흥미와 일치하는가?

(계속)

표 2-1 (계속)

직업적 자아개념

1. 현재 _____에 대한 현실적인 인식을 가지고 있는가?

   1) 직업인으로서의 강점과 약점

   2) 직업기술개발의 가능성

   3) 실직 상태의 이유

직업 획득

1. 혼자서 일자리를 찾을 수 있는가?

2. 입사지원서를 잘 작성할 수 있는가?

3. 고용주에게 좋은 인상을 줄 수 있는가?

직업유지의 고려점

1. 경쟁적 노동의 요구를 충족시킬 수 있는가? (예: 감독받기, 독립적으로 일하기, 동료들과 어울리기, 적절한 생산율 유지하기)

2. 현재 여가시간 활용이 직업유지에 부정적 영향을 주는가?

서비스

1. 어떤 교육적, 직업적 서비스가 필요한가? (예: 치료교육, 직업훈련, 직업적응훈련, 직업탐색기술훈련)

경제적 요인

재정적인 고려점

1. 재활참여를 방해하는 장애관련 재정 급여(예: SSI,[1] SSDI,[2] Medicare,[3] 산업재해보상보험)를 받고 있는가?

2. 현재 재활프로그램 수료에 영향을 줄 만한 채무를 가지고 있는가?

3. 재정을 관리할 수 있는가?

4. 현재 충분한 재정적 지원을 받고 있는가?

서비스

1. 재활프로그램 진행과정 중이나 종결 후, 어떤 경제적 지원(예: SSI, food stamp,[4] 저소득 임대주택)이 필요한가?

---

[1] Supplemental Security Income, 장애보험을 받을 수 있을 정도의 노동시간을 채우지 못했거나 일을 한 기록이 없는 극빈자에게 제공되는 생활보조금으로 일상에 필요한 최소한의 경비를 지급한다.

[2] Social Security Disability Insurance, 장애로 인해 일을 할 수 없는 사람들에게 주는 근로자 장애보험으로, 자격이 되려면 일정 노동기간을 채웠어야 하며 장애 발생 6개월 이후부터 지급한다.

[3] 일반적으로 65세 이상에게 제공되는 연방정부 건강보험 프로그램이다. 65세 미만이지만 일정 질병이나 장애를 가진 사람들 중에서 자격조건을 갖춘 경우에는 혜택을 받을 수 있다.

[4] 취약계층에게 식품 구입용 바우처(쿠폰)나 전자카드 형태로 식비를 제공하는 지원 제도로, 정부가 지정한 업체에서 식품을 일정액까지 살 수 있다.

5. 진로상담과 재활상담사

재활에 있어서 직업상담의 기능은 종종 '한 사람/한 직업'의 목표에 초점을 둔다. 달리 말하면 상담사의 정당한 목표는 만족을 이끌어 낼 개인적 선호에 잘 맞고 동시에 만족함을 이끌어 낼 개인의 기술과 능력에 잘 맞는 직업을 장애인이 찾을 수 있도록 돕는 것이다(미네소타 직업적응이론 참조; Swanson & Schneider, 2013; 홀랜드 직업적응이론 [Nauta, 2013]). 그러므로 일부 진로개발이론에서도 재활상담사들이 이런 방식으로 직업배치를 생각하는 것이 가치가 있다고 밝히고 있다. 그러나 직업배치서비스를 단지 직업을 찾아내고 획득하는 것만으로 이해하는 것은 개인의 직업생활이 장기간에 걸쳐 일련의 직업들을 통해 확대되기 때문에 충분하지 않다(Hartung, Savickas, & Walsh, 2014). 따라서 직업배치를 일련의 장기적 개념으로 고려하는 방법들과 이러한 고려를 증진시킬 수 있는 적절한 상담중재는 재활상담사에게 있어서 중요한 우선사항이며 직업상담 및 진로상담 전문가에게도 필수적이다. 2장의 앞부분에서는 대체로 직업상담의 역할을 설명했었고, 이 부분에서는 재활상담의 실제를 진로의 관점으로 기술한다.

장애인을 대상으로 하는 진로상담(career counseling)의 목표는 장애인들이 자신의 직업생활 궤적을 고려하도록 이끄는 것이다. 이는 장애인이 적절한 직업을 찾고 가지도록 돕는 것이 중요하지 않은 목적이라는 말이 아니다. 그와 반대로 이는 재활상담과정의 또 다른 성과로서 진로인식을 형성하는 기초다. 개인이 가지고 있는 진로에 대한 개념을 고찰하지 않고 관계를 끝내는 것은 미래를 위한 직업적 방향을 구상하는 과정을 배울 수 없게 한다. 이 과정을 통해 습득한 자기이해는 몇 가지 이점이 있다. 첫째, 개인은 잘 이루어진 최초 배치를 통해 직책의 변화가능성에 대한 아이디어를 가진다. 둘째, 이보다 더 중요한 것은 사람들이 미래 자신의 상황변화(예: 새로운 기술과 흥미 습득, 장애상태와 기능의 변화, 경제적 상황의 변동)에 따라서 진로수정 방법을 배운다는 점이다.

Savickas(2013)는 진로구성이론[5]을 통해, 재활상담사들로 하여금 장애인이 진로의 개념과 일관되게 자신의 직업생활에 대한 발달적, 진보적 이해를 구축하도록 도울 수

---

5) career construction theory, 개인이 자신의 진로관련 행동과 직업적 경험에 의미를 부여하면서 스스로의 진로를 구성해 간다는 점을 강조하는 이론.

있는 방법에 대한 통찰을 제공한다. Savickas는 이제 사람들 대부분이 직업생활 내내 한 고용주와 함께 한 경력 사다리[6]를 오른다고 기대하지 않는다고 주장한다. 보다 전형적인 승진에는 다수의 고용주와 다양한 역할수행이 포함되며, 이 모든 것은 시간에 따라 축적된 개인의 기술, 경험, 흥미와 일치한다. 장애인은 이와 같은 직업세계의 변화하는 관계를 이해하기 위해, '이제 더 이상 한 직장에서 30년간 경력을 쌓고 연금과 건강서비스를 받으며 은퇴하는 것을 확신할 수 없는 시대를 살고 있기 때문에 경험에 근거한 자신만의 이야기'(p. 149)를 창조할 능력을 가져야 한다. 따라서 재활상담과정을 개인이 평생학습과 직종 전환의 변화에 적응하여 '고용가능성을 유지할 수 있도록 돕는 것으로 보는 것이 그 어느 때보다 적절하다. 개인들은 계획을 세우는 것보다 가능성에 대비해야 한다'(p. 149). 따라서 진로구성이론에서 설명하는 자신의 진로이야기를 고려하는 것이 중요하다.

1) 진로 이야기

정의에 의하면, **진로이야기**(the career story)는 개인으로 하여금 특정 직업배치가 자신의 포부와 흥미, 적성, 자아개념에 부합하는지를 평가할 수 있게 하는 개인의 과거, 현재, 미래 직업생활의 주관적 구성물이다. Savickas(2013)는 자신의 진로이야기를 이해하는 것은 개인으로 하여금 직업변화와 직종전환을 이해할 수 있게 하는 지속적인 준거의 틀을 제공한다는 점을 강조했다. 그러므로 재활상담은 장애인들이 적절하게 편의 제공된 직장을 선택할 수 있도록 돕는 것뿐만 아니라 미래에 발생할 만일의 사태에 적응할 수 있게 진로이야기를 만들도록 돕는 이중의 책임을 가진다.

진로구성이론(Savickas, 2013)에서 개인이 자신의 진로이야기를 개발하도록 돕는 단계는 재활상담사에게 익숙한 것이다. 상담사는 먼저 장애인이 과거 경험, 현재 및 예상되는 기능 수준, 현재 및 미래의 직업적 역할에 대한 선호의 측면에서 노동자로서 자신을 정의하도록 돕는다. 장애인이 과거의 직업역할에 대한 의미를 탐색하고, 임박한 직업 및 미래가능한 직책에 관련된 평가결과와 직업정보를 고려함으로써, '노동자로서

---

6) career ladder, 한 직업에서 책임과 보수가 많은 직업으로 단계적으로 올라가는 과정 또는 조직에서 책임의 정도, 보수 등의 면에서 하위직에서 고위직까지 배열해 놓은 일련의 직책 또는 직급들을 지칭하기도 함.

자신(self-as-worker)'에 대한 이해를 구성할 수 있도록 돕는다. 두 번째, 상담사는 장애인이 '자신(self)'의 역할, 구체적으로 '설계자로서 자신(self-as-planner)'을 살펴보도록 도울 수 있다. 이 단계에서 개인은 직업생활에 대한 개인적 희망을 명료화하고, 희망을 성취할 방법을 탐색하고, 이 전략들을 사용해서 미래 목표 달성가능성을 평가하고, 마지막으로 자신의 진로를 시작하고 발전시킬 수 있는 최적의 계획을 개발하게 되는데, 이 모든 과정에서 예기치 못한 사건에 대처할 필요성을 염두에 두고 융통성 있게 이 계획을 유지하는 것이 중요하다. Savickas(2013)는 이러한 진로이야기 작성의 융통성 측면을 '작가로서 자신(self-as-author)'이라고 지칭한다. 상담사는 '작가' 역할에 대한 개인의 가정(assumption)을 촉진하기 위해, 시간경과에 따라 자신의 진로이야기를 구성, 재구성하는 것에 대한 개인과 기관의 책임을 내담자가 인식하도록 강화한다.

개인의 직업생활에서 시간 경과에 따른 의미를 요약하고 진로이야기의 의미를 통합하기 위해서는 때로 지원이 필요하다. 진행성 장애, 고용차별, 노령, 재정적위기, 예상할 수 없는 경제상황 등에 직면할 경우 특히 그러하다. 장애인은 재활상담사의 지원에 힘입어 생활사건들을 구술하여 자신의 진로이야기를 만들고 수정해 나갈 수 있다. 동시에 재활상담사는 다른 유용한 진로상담 역할을 수행할 수 있다. 상담사들은 장애인이 자신의 이야기에서 어디에 있는 지(예: 자신이 있는 '시기[chapter]') 그리고 다음 시기로 가기 위해 해결해야 할 즉각적인 요구를 판단하도록 도울 수 있다. Hershenson(2005, 2010)의 'INCOME' 모델은 개인 진로이야기의 시기를 명명하고 진로상담가로서 재활상담사의 역할을 규정하는 데 유용한 틀이다.

2) 진로 상담: 이야기와 시기

모든 이야기는 그 과정에서 시작과 끝에 중요한 사건을 포함한다. 진로상담을 활용함으로써, 장애를 가진 사람이 각기 다른 직무요구와 각기 다른 촉진경험을 제시하는 여러 진로상황(career statuses)을 어떻게 통과했는지 시기 유추(chapter analogy)가 가능하다. Hershenson(2005, 2010)은 두문자어 'INCOME'을 사용해서 다음과 같이 일련의 상황에 따른 단계를 개념화한다:

• Imagining(상상하기)−일의 의미를 이해하고 미래의 일 역할에 대해 공상하기

- INforming(정보제공하기)−자신의 적성, 기술, 흥미를 파악하고 각기 다른 직업적 역할과 관련짓기
- Choosing(선택하기)−가능한 직업적 선택사항 중 개인적 특성과 요구에 가장 잘 부합하는 하나를 고르기
- Obtaining(획득하기)−직업탐색기술을 직업 찾기와 획득 과제에 적용하기
- Maintaining(유지하기)−새로운 직업에 정착하고 시간경과에 따라 승진하기
- Exiting(나가기)−직업적 역할로부터 은퇴하고 은퇴자로서 또 다른 진로 시작하기

INCOME 모델은 재활상담사의 진로상담 역할을 명료화하는 데 매우 유용하다. 먼저 이야기의 각 시기별로 진로이야기의 폭을 기술한다. 이는 장애인들이 자신의 이야기에서 여러 가지 삶의 어려움을 끄집어내어 설명하는 것처럼 그들이 진로이야기를 확대하고 수정하도록 상담사가 도와야 한다는 점을 시사한다. Hershenson(2010)은 INCOME 모델이 개인들로 하여금 사정에 따라 상황 간 앞뒤로 움직이고 동시에 두 개 상황을 가질 수 있게 하기 때문에(예: 한 직업을 유지하면서 새로운 직업을 획득하기 위해 시도함) 발달적 단계라기보다는 진로과정상의 상황들을 나타낸다는 점을 강조한다. 상담사를 위한 진로상담의 측면에서 보면, INCOME은 상담사들이 개인의 상황이나 상황들 그리고 그 상황에서 개인이 경험하는 요구 파악을 강조한다.

상담사는 장애인의 현재 INCOME 상황 혹은 상황들을 파악함으로써 두 가지 추가이득을 취할 수 있다. 하나는 현재 사용되는 진로이론들(Brown & Lent, 2013; Pope, 2014)로부터 각 상황의 성과와 관련된 생활요인에 대한 통찰을 빌려올 수 있다는 점이다. 다른 이득은 각 상황의 특별한 어려움들을 성공적으로 해결할 중재법이 있다는 점이다. 예를 들어, 진로에 대한 Super(Hartung, 2013; Super, Savickas, & Super, 1996)의 전생애, 생애공간(life-span, life-space) 이론은 직업적 자아개념의 발달적 기원, 즉 **상상하기** 상황과 그 상황 동안 장애인들이 자신의 일반직업 및 특정직업의 역할을 상상하는 능력에 영향을 끼쳤을 결핍된 경험에 대한 통찰을 제공한다. 사회인지 진로이론(social cognitive career theory; Lent, 2013)은 재활상담사와 장애인으로 하여금 초기 발달경험들(예: 자기효율성의 근원)이 의욕적인 미래목표 설정 의지에 영향을 주는 삶의 동기에 어떻게 작용했는지 탐색하도록 이끈다.

정보제공하기 상황은 진로개발을 위한 직업지도 접근법처럼, 상담사로 하여금 직업정

보와 자기인식의 중요성을 일깨운다. 개인이 직업세계에 대해 이해하고자 한다면 정확한 직업정보가 필요하며, 또한 개인이 자신의 적성과 흥미를 이해하고 각기 다른 직업들의 요구에 적합한지를 이해하기 위해서 정확한 자기인식이 필수적이다. Szymanski 등(2010)이 지적한 바와 같이 이러한 '연속적 논리 일치 과정(linearly logical matching process)'(p. 88)은 여러 진로이론의 토대를 제공한다.

여러 진로이론에서 선택의 결정요인과 그 선택의 긍정적 결과 가능성을 설명하는 방식은 **선택하기, 획득하기, 유지하기** 상황과 밀접한 관련이 있다. 예를 들어, 사회인지진로이론(Lent, 2013)은 진로선택 행동(예: 자기효율성과 성과 기대)에 영향을 주는 심리학적 특성과 선택한 직업을 획득하고 유지할 가능성에 영향을 주는 원거리(distal) 변인(예: 부모의 사회경제적 지위, 과거 교육기회) 및 근거리(proximal) 변인(예: 현재 경제적, 사회적, 환경적 조건)에 대한 통찰을 제공한다. 미네소타 직업적응이론(Swanson & Schneider, 2013) 및 홀랜드의 직업선택과 적응이론(Nauta, 2013)은 직업-개인 일치이론들로서 개인과 직업 특성의 적합성 정도를 판단하기 위해 특성을 파악하고 비교할 수 있는 도구를 제공하며, 또한 직업유지 가능성(예: 직업에서의 정년)과 관련해서 개인(예: 기술 개발)과 직업(예: 직업적 편의제공) 양쪽 모두가 직업적 적합성을 높일 수 있는 융통성이 있음을 강조한다. 미네소타 및 홀랜드 진로선택이론은 개인과 직업 요인을 측정할 타당하고 신뢰로운 도구를 제공함으로써 임시 직업선택사항을 만드는 확고한 경험적 기반을 제공한다.

실제적 측면에서 본다면, 직업탐색과 설득을 위한 성공적인 기법 자원들은 **획득하기** 상황의 과제를 해결하기 위해 필수적인 정보를 제공한다(Jome & Phillps, 2013). 직업탐색 노력에는 직업 광고인쇄물, 구전(예: 인적 정보망), 인터넷(예: 이력서 개발 팁 얻기, 일자리 검색, 이력서 올리기, 회사나 직업탐색 사이트에 게시된 직업에 지원하기) 사용을 포함한다. **획득하기** 상황의 설득 단계는 개인으로 하여금 전문적 이력서 준비와 배부 방법 그리고 고용주들이 자신을 고급 인력으로 생각할 수 있도록 자신을 드러내는 방법을 알도록 요구한다.

장애인의 경우, **획득하기** 상황의 과제들을 성공적으로 완수하기 위해 전통적인 직업탐색전략을 능가하는 기술이 필요하다. 서비스제공자들에 따르면(Petcu, Chezan, & Van Horn, 2015), 중등이후 장애학생들은 종종 교육프로그램에서 사용했던 편의제공을 직장으로 전이하는 방법을 이해하지 못하거나 채용 승낙 이전에 고용-대리인들과 논의해야 할 편의제공의 유형에 대한 정보가 결여되어 있다. 심지어 이 정보들을 가지고 있는 경우에도 종종 직업적 편의제공에 대한 자신의 요구를 알리기 위한 주장기술이 부족하다(Nardone et al., 2015). 이러한 기술부족은 일자리 획득의 주요 방해물이며, 젊은 장애 성인들이 비장애 또래들에 비해 미고용이나 불완전고용 비율이 높은 이유에 대한 설명도 될 수 있다(Lindstrom, Kahn, & Lindsey, 2013).

유지하기 상황의 성과는 선택하기와 획득하기의 과제 요구를 얼마나 성공적으로 충족 시켰는가에 크게 좌우된다. 직업-개인 일치이론들에서 강조한 것처럼, 만약 새로 고 용된 사람의 기술이 그 직책의 요구에 일치하고(만족함) 그리고 직업활동이 자신의 선 호와 흥미에 일치한다면(만족) 그 직업에서의 고용유지와 승진의 가능성은 커진다. 그 러나 직업-개인 일치가 고정적 구성요인이 아니라는 점을 빨리 알리는 것은 중요하 다. 사람들은 나이가 들고 장애 상태가 진행되기 때문에 변하며 그리고 직업들은 경제 상황과 기술발달, 회사 재구조화 때문에 변한다는 사실은 직업을 유지하기 위해서 취 업후 일부 유형의 지속적 지원이 필요하다는 점을 시사한다. 중증장애와 만성적 질병 을 가진 사람들의 경우에는 특히 그러한 지원이 필요하다. 만성질환자의 직업력에 대 한 연구자들은 재활상담사들이 직업배치를 넘어 직업유지까지 서비스를 확대하도 록 권고해 왔다. 이들은 여러 명칭으로 불린다(예: 직업전문가[work specialist], 직업옹호 자[work advocate], 진로개발전문가[career development specialist]; Rumrill & Roessler, 1999; Sweetland, Riazi, Cano, & Playford, 2007). 장애노동자와 일할 때, 직업전문가들은 장애 노동자들이 직무수행과정에서 직면할 수 있는 문제들을 예상하는 방법과 새로운 기술 개발 및 효과적인 증상관리 등의 어려움들을 감소시키거나 제거하기 위해 필요한 직업 적 편의제공에 대한 조언을 제공할 수 있다. 종종 다발성경화증과 같은 중증 만성질병 을 가진 노동자들은 편의제공에 대한 도움을 구하기 위해 오랜 시간을 기다려야 한다 (Johnson, Amtmann, Klasner, & Kuehn, 2004; Simmons, Tribe, & McDonald, 2010). 한 연구 에서 권고한 바와 같이, 재활상담사는 직업배치에 대한 노력만큼 직업유지를 고려해 야 하며, 직장의 대우에 불만을 가지거나 생산성의 문제가 야기되는 것과 같은 결정적 순간에 개입해야 한다(예: 편의제공을 받지 못함, 공정하지 못한 계약과 조건, 동료작업자나 관리자의 괴롭힘; Neath, Roessler, McMahon, & Rumrill, 2007; Roessler, Hennessey, Neath, Rumrill, & Nissen, 2011).

Hershenson(2010)의 나가기 상황은 사직, 승진, 은퇴와 같이 다양한 결과를 망라한다. 사직이나 승진의 경우, 개인은 이전의 진로상황으로 돌아가는 것을 선택할 수 있고 이전 권고사항을 적용할 수 있다. 은퇴 사례의 경우, 인생의 새로운 단계를 위해 자신의 진로이야기를 수정하고 재창조하는 과정으로 권고할 점이 많다. 구체적으로 개인은 상상하기 상황으로 재진입하고 새로운 진로이야기 창조의 도전에 직면하고, 은퇴자로서 자신 및 설계자로서 자신, 저자로서 자신에 대한 명료화와 요약이 요구된다. 이는 '개별은퇴계획(Individual Plan for Retirement)'으로 불리는 과정을 통해 촉진될 수 있다(Hershenson, 2015). Hershenson에 의하면, 재활상담사는 장애와 직업세계에 대한 깊이 있는 지식에 기반하여 취업에서부터 은퇴로의 전환을 맞이하는 노령장애인에게 필요한 생애계획에 주목해야 한다.

6. 맺음말

많은 장애인이 재활상담사에게 도움을 구하는 주된 이유는 직업상담과 직업배치 서비스를 받기 위함이다. 재활과정의 성과는 개인의 훈련 및 경험에 상응하는 직업을 갖는 것이다(예: 적합한 고용). 그러나 고용의 적합성은 개인과 환경의 특성과 관련된 많은 요인에 의해 영향을 받는다. 초기 조화로운 수준을 성취했다고 하더라도 개인과 환경은 서로의 요구에 더 잘 부응할 수 있도록 계속해서 조절해 나갈 수 있으며, 조정과정을 촉진하는 것이 재활상담사의 가장 중요한 역할이다.

2장은 개인과 직무 특성 간 일치의 중요성 그리고 상담과정에서 이러한 요인들의 검증을 촉진하는 상담사의 역할을 강조했다. **만족** 그리고 **만족함**과 관련하여 설명하였듯이 적합한 직업-개인 간의 일치는 장애인이 직업의 기술적 요구를 충족시킬 수 있고(만족함) 직업활동이 장애인의 심리적 요구를 충족시킬 수 있다는(만족) 사실을 의미한다.

개인의 요구를 충족시키기 위해 직업은 특정 강화물을 제공해야 한다. 개인의 강화요구는 크게 3가지 범주로 나눠지는데 이는 내적, 사회적, 외적 만족이다. 내적만족은 직업활동 자체가 개인에게 주는 자기충족감과 자신감에서 비롯된다. 또한 일을 함으로써 개인은 사회적 혹은 대인관계에 의한 보상을 받는다. 직업의 외적가치는 급여와 복리후생 등이다. 상담사는 내담자가 직업세계에서 내적, 외적, 사회적 강화물을 얻을 수 있는 기회뿐만 아니라 강화물에 대한 자신의 요구를 명확히 하도록 도와야 한다.

직업의 요구를 만족시킬 수 있는 개인의 능력은 또 다른 중요한 요인이다. 실제로 직업경험이 없는 일부 재활내담자들의 경우에는 정시에 출근 보고를 하고 직무를 수행하며 관리자와 동료들에게 적절하게 반응하는 것과 같은 기본적인 고용가능기술이 결여될 수도 있다. 이들의 경우에는 이런 결함을 줄이기 위해 지원고용프로그램에서 직업준비서비스나 직무지도가 필요할 수 있다. 또 다른 사람들은 기본적인 고용가능기술을 가졌지만 의료적 안정성을 확보하지 못해 일정기간 동안 직업선택을 미뤄야 할 수도 있다. 의료적 안정성을 확보한 일부 내담자들은 이미 숙련직에서 전문직에 상응하는 전이가능한 기술을 가지고 있고 이전 직업이나 약간의 수정만으로 관련 직종으로 복귀할 수 있다. 마지막으로 일부 내담자들은 기본적인 문해와 산술적 기술의 부족으로 인해 직업세계에서 성공하고자 한다면 치료교육이 필요할 수도 있다. 재활상담사가 가능한 한 직업준비를 광범위하게 이해함으로써 상담과정을 내담자의 요구에 더 적합한 방향으로 이끌어갈 수 있다. 상담사는 직업상담의 과정에서 내담자의 많은 정보를 검토해야 한다. 내담자와 상담사는 개인의 장애, 적성, 심리사회적 발달, 흥미, 가치, 기본적인 고용가능 및 문해기술 수준 그리고 자연적, 사회적, 직장의 환경적 요인의 영향 등을 고려해야 한다.

이 장에서 직업상담의 결과로서 개인과 직업 간의 적합성 결정에 초점을 맞추기는 했으나, 상담사는 논의한 이 정보를 내담자의 '직업적 결정사항' 개발을 위해 사용하기보다는 오히려 이 요인들을 직업탐색에서 중요한 고려 영역으로 생각해야 한다([그림 2-1]의 크룩스모델 참조). 재활상담사는 내담자가 직업성공에 영향을 미치는 요인들의 역할을 이해하도록 도움으로써 바람직한 직업선택을 돕는 진정한 촉진적 역할을 수행한다. 촉진적 역할은 상담사가 의료, 심리, 직업 평가와 같은 평가기법을 사용할 뿐 아니라 내담자가 직업선택을 위해 평가정보들을 이용하도록 도와야 한다는 것을 의미한다. 사람들이 현명하게 직업선택을 하도록 돕는 것은 분명 직업상담과정의 주된 목표다. 그러나 많은 경우 몇 가지 이유로 인해 직업선택의 구체화가 재활과정의 종결을 의미하는 것이 아니다. 신체 및 인지 회복, 직업훈련, 직업배치, 직무분석, 직무수정 서비스는 여전히 필요하다. 나아가 상담사는 장애인이 자신의 과거, 현재, 미래 직업생활의 전체적 궤적에서 선택한 직업의 타당성을 고려하도록 도울 수 있다. 이를 위해 재활상담사는 장애인이 현재와 미래의 직업생활과 자신의 자아상 및 포부와의 적합성 이해에 활용할 진로이야기를 만들도록 격려한다.

이 장에서 강조한 바와 같이 재활상담사는 유능한 직업상담사 및 진로상담사가 되어야 한다. 이 책의 다음 장들을 통해 사례관리와 직업 및 진로 상담역할의 필수적인 상호작용이 보다 명확해질 것이다. 더 나아가 지역사회 내의 조력전문가들을 돕는 재활상담사의 독특한 수행능력과 역할도 분명하게 드러날 것이다.

3장

초기면접

Roy C. Farley and Stanford E. Rubin

재활내담자들은 어떤 환경에서도 초기면접을 할 수 있다. **초기면접**은 상호 명확한 목적을 가진 상담사와 내담자 사이의 대화로 정의할 수 있다. 초기면접의 주요 목적은 정보에 입각한 의사결정과 "내담자의 요구와 이에 따른 중재전략 수립의 방향을 결정하기" (Zunker, 2002, p. 162) 위함이다. 초기면접은 효과적인 업무관계의 기초와 분위기를 형성하기 때문에 매우 중요하다. 그러나 초기면접은 재활상담사의 강한 집중력이 필요하기 때문에 "모든 면접 중에서 가장 어렵다"(Nugent, 1990, p. 70)고 한다.

초기면접의 내용은 앞서 언급한 목표들을 성취하도록 선택해야 한다. 초기면접 목표의 성취는 재활상담사의 책임이기 때문에 상담사는 상호작용을 주도할 준비를 해야 한다. 어떤 측면에서 보면 상호작용을 주도할 준비가 되어있다는 것과 초기면접에 대한 명확한 목표계획을 가지는 것은 다소 같은 것을 의미한다.

일반적으로 모든 내담자에게 해당하는 초기면접 목표들이 있다. 이 목표에는 (1)기관의 역할, 이용가능한 서비스와 자원, 내담자의 권리와 책임 등과 같이 정보에 입각한 의사결정을 돕기 위해 내담자에게 핵심적인 정보 제공하기, (2) 진단 과정 시작하기(정보수집), (3) 적절한 라포 형성하기 등을 포함한다. 만약 내담자가 자신이 표현의 자유를 가지고 있다고 믿거나 상담자가 자신을 이해하고 있다고 느끼거나, 상담사의 지원능력에 대해 신뢰를 가진다면 적절한 라포가 형성된 것이다(Wagner & McMahon, 2004). 다음과 같은 일반적인 질문은 재활상담사가 초기면접을 계획하는 데 도움이 될 수 있다:

- 면접에서 나의 목표는 무엇인가(3가지 일반적 목표 참조)?
- 초기면접 동안에 내담자에게 제공해야 하는 정보는 무엇인가?
- 초기면접 동안에 내담자로부터 수집할 필요가 있는 정보는 무엇인가?
- 정보교환의 가장 효과적인 방법은 무엇인가?

재활상담사가 초기면접 이전에 수립하는 계획은 정보교환 과정을 촉진한다. 초기면접 계획을 수립하지 않는다면 시간낭비, 부적절한 정보수집, 라포 손상 가능성 등을 초래할 수 있다. 효과적인 초기면접계획은 내담자에게 수집해야 하는 정보와 제공해야 하는 정보를 결정하는 것, 그 이상을 요구한다. 또한 수집하거나 제공하는 정보는 궁극적으로 내담자의 재활을 촉진하기 위해 작용할 것이라는 목적을 명백히 달성할 수 있어야 한다. 이 장에서는 초기면접의 세 가지 일반적 목표들, 즉 (1) 내담자에게 기관과 기관의 서비스에 대해 오리엔테이션 하는 것, (2) 진단 과정을 시작하는 것, (3) 적절한 라포개발에 대해 논의할 것이다.

1. 서비스 오리엔테이션 기간으로서의 초기면접

내담자는 초기면접을 통해 (1) 기관의 목적과 제공서비스 및 서비스 수혜기준, (2) 내담자의 권리, (3) 재활상담사의 역할, (4) 자신(내담자)에게 요구되는 책임성 등을 이해해야 한다(Parker & Patterson, 2012; Rumrill & Koch, 2014). 이 4가지 영역의 내용은 내담자가 직면하고 있는 문제와 기관 및 재활상담사에 대한 내담자의 기대에 따라 달라진다. 재활상담사가 이와 같은 정보에 근거해서 개별화된 오리엔테이션을 실시한다면 상담사를 기록전문가보다는 지원전문가로 볼 것이다.

내담자는 기관의 정책과 일반적인 서비스에 대한 논의는 원치 않는다. 단지 자신의 상황에 적합한 서비스들과 자신의 문제와 직접 관련된 정책에 대해서만 알고 싶어 하며, 자신의 특정 관심사와 관련지어 서비스와 정책을 설명해 주기를 원한다. (Kadushin, 1972, p. 31)

그러므로 재활전문가는 기관의 목적, 제공되는 서비스, 서비스 수혜기준에 대한 진술을 각 내담자가 원하는 서비스의 측면에서 구체적으로 설명해야 한다. 내담자의 요구와 관련성이 높고, 상세하고, 의미있는 서비스 오리엔테이션이 될 수 있도록 내용을 구성한다면, 내담자들은 설명받은 내용을 오래도록 기억할 것이다. 건강관리연구에 따르면 환자들은 건강관리 면접에서 제공받았던 정보의 상당부분을 기억하지 못하는 것으로 나타났다(Crystal & Espinosa, 2012).

초기면접 동안에, 재활상담사들은 서비스의 직접 제공자로서, 내담자를 위한 서비스조정자로서, 내담자의 지지자로서 자신의 역할을 설명해야 한다(Parker & Patterson, 2012; Strauser, 2013; Wehman, 2013). 재활상담사가 상담서비스(예: 개인상담, 진로상담) 제공뿐 아니라 필수적인 서비스들(예: 의료서비스, 직업훈련, 생활비)을 조정하는 능력을 가지고 있다고 인식하는 내담자들은 재활계획 작성에 보다 적극적으로 참여할 가능성이 높다(Hartung, Savickas, & Walsh, 2014; Toriello & Keferl, 2012). 그러므로 무엇이 가능한지 알 수 있도록 가장 단순하게 이야기할 필요가 있다.

초기면접 초기에, 상담자와 논의하는 것 중에서 비밀이 유지되는 범위에 대해 알려 주어야 한다(Parker & Patterson, 2012; Rumrill & Koch, 2014). 내담자에게 비밀이 보장된다는 사실을 알리지 않음으로써 개인적 특성에 대한 많은 정보가 드러나지 않을 수 있다(Johnson, 2016). 내담자가 자신이 밝히는 사적인 내용들이 "보다 공개적으로 활용되지" 않을 것이라는 사실을 어느 정도 확신할 수 있을 때, 내담자의 자아 위협수준이 감소되며, 그 결과 더 자유로운 의사소통이 가능해진다(Kadushin, 1972, p. 54). 비밀유지에 대한 어떤 제한도 내담자에게 명확히 밝혀야 한다. 이러한 관점에서, Benjamin(1981)은 다음과 같이 말한다:

만약 비밀보장을 확신하지 못한다면, 우리는 도덕적으로, 가치관, 태도, 행동을 숨기지 않도록 격려할 수 없다. 만약 비밀보장을 할 수 없다면, 이 점을 명확히 이야기하는 것이 필수적이다. 왜냐하면 내담자는 어떤 것들이 비밀로 유지되어야 하고, 어떤 것들이 비밀로 유지될 수 있으며, 어떤 것들이 비밀로 유지될 수 없는지를 알 모든 권리를 가지기 때문이다. 내담자는 이들 정보에 근거해서 어떻게 할 것인지 결정한다. (p. 56)

초기면접 동안에, 내담자들이 초기면접 이후에 필수적으로 참여해야 하는 진단평가 활동의 이유와 무엇이, 언제, 어디에서 진행될 것인가 등을 포함하여, 그 활동들에 대한 간략한 설명을 제공해야 한다(Wagner & MaMahon, 2004). 정보는 이후 평가활동에 대한 내담자의 우려를 감소시킬 수 있다. 어떤 특정 진단서비스들이 재활목표 성취에 어떤 도움을 줄 것이라는 상담사의 설명이 도움이 될 수 있다. 예를 들어서, 직업평가서비스가 내담자의 적절한 직업선택을 촉진할 수 있기 때문에, 재활상담사들은 "직업평가과정의 참여는 적합한 직업목표 설정을 위해 우리가 알아야 하는 당신의 흥미와 능력에 대해 더 잘 이해하게 합니다"라고 말할 수 있다.

또한 내담자에게 초기면접 동안에 서명을 해야 하는 서류양식들에 대해 설명하는 것도 중요한 일이다. 각 양식의 목적과 내용, 서명이 필요한 이유를 설명하는 일은 재활상담사의 기본적 업무 중 하나다.

재활상담사가 내담자에게 초기면접의 목표를 알려 줄 필요가 있다. 사실, 내담자를 위해 초기면접의 경험을 구조화하는 것은 내담자로 하여금 목표를 향해 체계적으로 면접에 임하게 한다(Wehman, 2013; Zunker, 2015). 비록 아직까지는 재활상담사의 초기면접 구조화와 그 성과의 관계에 관한 연구가 부족하지만, 심리치료와 관련된 몇몇 연구들은 심리치료에 있어서 관계의 초기 구조화가 내담자의 치료 결과에 의미있는 긍정적 영향을 미친다고 밝히고 있다(Principe, Marci, Glick, & Ablon, 2006; Richmond, Jordan, Bischof, & Sauer, 2014). 역으로 Heppner, Wampold, Owen, Thompson과 Wang(2015)은 상담사가 내담자의 면접목표를 구조화하지 않는 것과 면접 질문반응에서 나타나는 내담자의 불확실성 및 혼돈 간의 관계를 밝히고 있다. 이들 연구에서는 재활상담사들이 내담자와 함께 초기면접을 구조화하는 것이 중요하다는 사실을 지지한다. 내담자들이 피면접자들의 역할과 책임을 잘 이해할 때, 면접 동안 덜 불안해한다. 무엇보다도 초기면접의 효과적인 구조화는 내담자로 하여금 재활상담사의 능력에 대해 더 많은 확신을 가지게 한다(Kadushin, 1972).

이상과 같은 사실에서 알 수 있듯이, 초기면접 동안에 많은 정보를 내담자에게 전달한다. 따라서 내담자가 많은 정보에 압도당해서 정보를 올바로 알기보다는 오히려 혼란스러워 할 가능성도 있다. 이 같은 부정적인 결과가 발생하지 않도록 재활상담사는 다음의 경험적 사실을 유념할 필요가 있다:

- 내담자의 배경과 이해 수준에 부합하는 언어를 사용하라. 혼란을 일으키는 전문 용어와 은어의 사용을 피하라.
- 면접 동안 한 번에 너무 많은 정보를 제공하지 않도록 주의하라. 한 번에 너무 많은 정보를 제공받은 내담자들이 압도당할 수 있다.

단지 정보를 제공하는 것만으로는 정보를 이해했을 것이라고 확신할 수 없기 때문에, 재활상담사는 초기면접을 종결하기 전에 제공한 정보를 내담자가 이해했는지 알아볼 필요가 있다. 확인할 수 있는 한 가지 방법은 내담자에게 제공한 정보의 해석을 요구하는 것이다. 이를 통해 내담자의 이해 정도를 판단할 수 있다(Wehman, 2013).

면접이 종결되어 갈 때, 논의한 주요 내용을 요약하는 것이 바람직하다. 요약을 통해, 재활상담사는 상담사가 취하기로 동의한 조치들과, 내담자가 다음 면접에 앞서 취하기로 동의한 조치들을 내담자에게 명확히 해야 한다(Wagner & McMahon, 2004). 이 요약과정에서 이후 진행할 면접들의 목적을 다룰 수 있다.

2. 진단 과정 시작하기

재활상담사는 내담자에 대한 진단적 이해를 얻기 위해 많은 정보를 수집해야 한다. 초기면접은 내담자가 상담사에게 진단 및 예후에 필수적인 사회력과 직업력을 제공하기 때문에 정보수집을 위한 중요한 수단이다. 초기면접 동안에 내담자의 사회력과 직업력에 대해 충분히 이해하지 못할 경우, 재활상담사는 이후 수반되는 외부 평가를 통해 다루어야 하는 질문들을 결정하는 데에 어려움을 갖게 된다. 초기면접 종료 시점에도 내담자에 대한 정보가 부족할 경우, (1) 의료적, 심리적, 교육−직업적 평가 준비의 필요성을 인식하지 못하거나, (2) 최적에 미치지 못하는 재활계획의 개발 등 바람직하지 못한 상황이 발생할 수 있다. 재활상담사가 내담자에 대한 종합적인 사회력 및 직업력을 가지게 되면 다음 질문 및 〈표 3-1〉에 제시된 대부분의 질문에 답할 수 있게 된다.

- 내담자는 특정 직업목표를 가지고 있는가?

- 내담자는 한 가지 이상의 잠재적인 직업목표를 가지고 있는가?

- 내담자는 각 직업의 성취를 위한 자신의 능력에 관해서 얼마나 낙관적 혹은 비관적인가?

- 내담자는 직업훈련에 흥미가 있는가?

- 내담자는 어떤 특정 유형의 직업훈련에 흥미가 있는가?

표 3-1 초기면접을 위한 주제별 정보수집 지침

신체적 요인

1. 어떤 특정 신체적 손상이 있는가?
2. 장애의 원인은 무엇인가?
3. 얼마 동안 장애를 가지고 있었는가?
4. 과거 장애와 관련된 치료(예: 물리치료, 작업치료, 보장구)를 받은 적이 있는가?
5. 장애상태가 과거보다 더 악화되고 있는가?
6. 장애와 관련해서 현재 어떤 치료를 받고 있는가?
7. 부작용이 나타날 수 있는 어떤 약물을 복용하고 있는가?
8. 신체적 손상의 정도를 확인할 수 있는 최근의 의료적 검사결과가 있는가?
9. 신체적 장애는 일상적인 생활기능에서 어떤 어려움을 야기하는가?

심리사회적 요인

1. 개인 적응
   1) 최근의 심리검사 결과들에서 심리적응상의 문제가 나타나는가?
   2) 현재 심리서비스를 제공하는 기관이나 전문가가 있는가?
   3) 개인 적응문제와 관련해서 전문적인 치료를 받은 적이 있는가?
   4) 진정제나 수면제를 복용하고 있는가?
   5) 장애를 가진 이후로, 직업 또는 사회적 상황에서 불필요한 회피를 보고하는가?

2. 가족 및 친구 관계
   1) 결혼 또는 관계상태(marital or relationship status)는 어떠한가?
   2) 자신의 가족과 함께 살고 있는가?
   3) 양육해야 할 아동들이 있는가?
   4) 가장 주요한 가족구성원들(예: 배우자)은 재활계획을 지지할 것인가?
   5) 자신의 가정 환경에 대해서 어떻게 느끼는가?
   6) 가족 구성원들과 잘 지내고 있는가?
   7) 가까운 친구들이 있는가?
   8) 자신의 사회 생활에 만족하는가?
   9) 하루 중 대부분의 시간을 어떻게 보내는가?
   10) 가족은 내담자가 직업을 얻을 수 있도록 이사할 생각이 있는가?

(계속)

표 3-1 (계속)

교육-직업적 기술개발 요인

1. 교육력

   1) 최종 학력은 어떠한가?

   2) 학교 다닐 때, 좋아한 것과 싫어한 것은 무엇인가?

   3) 학교를 떠난 이유는(예: 졸업, 기타) 무엇인가?

   4) 고등학교를 중퇴했다면, 고등학교 검정고시를 통과했는가?

   5) 특정 직종의 취업을 위해 직업훈련을 받은 적이 있는가?

2. 직업력

   1) 내담자가 가졌던 최종 3가지 직업은 무엇인가?

   2) 3가지 각 직업에서 다음 항목들을 확인하시오.

     (1) 주급

     (2) 고용기간(특정 기술들을 습득하기에 충분한 기간인가?)

     (3) 퇴직 후의 시간(중요한 기술들을 상실할 만큼 많은 시간이 지났는가?)

     (4) 직업 수행에서 자신이 생각하는 잘했던 면과 어려웠던 면

     (5) 그 직업에서 가장 좋아하고 가장 싫어했던 측면과 그 이유

     (6) 고용 종결의 이유

   3) 장애 발생 이전의 직업력에서 오래 단절된 기간이 있었는가? 이유는?

   4) 현재 미고용 상태인가? 만약 그렇다면, 그 기간은 어느 정도인가?

   5) 장애를 가진 이후 고용된 적이 있는가?

경제적 요인

1. 생활비의 주요 원천은 무엇인가?

2. 생활비의 또 다른 원천이 있는가?

3. 갚지 않은 많은 채무가 있는가?

4. 약값과 같이 줄일 수 없는 고정 생활비는 무엇인가?

5. 계류 중인 근로자보상 소송이 있는가?

6. 복지 급여 또는 사회보장보험 연금을 받고 있거나 신청 중인가?

7. 어떤 의료 보험을 가지고 있는가?

8. 경제적 상황에 대해서 걱정하고 있는가?

9. 직업을 통해 받아야 하는 최저 수준의 임금은 얼마인가?

출처: Rubin, S. E., & Farley, R. C. (1980). *Intake Interview Skills for Rehabilitation Counselors* (pp. 64-66). Fayetteville: Arkansas Rehabilitation Research and Training Center.

다음 제시된 Shirley Steed의 초기면접 요약을 통해 포괄적인 초기면접의 결과에 대한 이해를 높일 수 있을 것이다.

사례 연구: Shirley Steed

초기면접의 요약

Shirley Steed는 38세의 이혼한 백인 여성이다. 4명의 자녀가 있는데, 15세와 17세의 아들 2명과, 결혼한 19세와 20세의 딸 2명이다. 18세에 결혼한 Shirley는 결혼 후 10년 동안은 일하지 않았다. 28세 때 옷 가게에 취업했다. 옷 가게에서 6개월 동안 일한 후, 플라스틱 제조회사에서 조립원으로 6년간 근무했다. 그 후 두 번째 제조회사에 취업해서 2주 전까지 근무하다가 질병으로 인해 사직했다. 현재 상당한 재정적 부담이 있어서 '빈곤가정 임시지원(TANF)[1]'을 신청 중이다.

Steed 씨는 자료입력 전문가(data-entry specialist)가 되는 데 필요한 직업 기술을 갖추기 위해 재활서비스를 요청한다. 그녀는 건강 때문에 더 이상 조립라인에서 요구하는 신체적인 일을 할 수가 없으며, 악성 하지정맥류(varicose vein), 만성 기관지염(chronic bronchitis), 폐기종(emphysema), 신경과민(nervousness), 우울증(depression) 등이 자신의 주요 증상이라고 진술했다.

비록 Steed 씨가 자료입력 전문가로서 정식 직업경험이 없더라도, 고등학교 때 사무원 훈련을 받았고 1분에 60단어를 타이핑할 수 있으며, 최신의 공학(예: 스마트폰, 태블릿 컴퓨터와 노트북)과 인터넷에 능숙하다. 직업력은 조립 회사와 옷 가게의 판매원에 국한되지만, 한 회사에서 6년 이상을 근무한 적이 있다.

고등학교 3학년 때 학교를 그만두었지만 3년 전에 고등학교 졸업검정시험(GED)에 합격함으로써 고등학교 학위를 취득했다. 고등학교 재학 시, 상업-사무 과정을 이수했고 이 분야의 기술을 갖춘 것으로 기록에 남아 있다.

Steed 씨의 의료적 합병증은 10년 전, 옷 가게에서 일하기 시작했을 때 발생했다. 그때 모직물에 대한 알레르기로 천식 증상이 악화되었고 이로 인해 건강이 나빠지기 시작했다. 앞서 언급한 것처럼 옷 가게에서 6개월 동안만 일을 했다. 옷 가게를 그만두고, DP Plastic에서 일하기 시작했다. 그 직장에서는 의료용품, 음료, 식료품을 담는 작은 플라스틱 용기를 조립하고, 자동화된 상표 부착 소프트웨어를 이용해서 상표를 용기에 부착하고, 유통을 위해 큰 상자에 포장된 용기를 담았다. 그녀는 신체적으로 그 업무들을 처리할 능력이 있었고, 그곳에서 일하는 것을 좋아했다. 그러나 DP Plastic에서 근무하는 6년 동안에, Steed 씨는 급성 건강문제 때문에 직장에 자주 결근했다. 그곳에서 근무한

---

1) Temporary Aid for Needy Families, 근로연계복지 제도의 일환으로, 단순한 물질보조가 아니라 직업을 구하고 장기 고용가능성을 높이기 위한 기술습득을 목표로 함. 수급개시 24개월 이내에 노동활동에 참여해야 하며 수급기간은 평생 60개월(5년)을 초과할 수 없음.

지 4년 후에, 만성기관지염으로 인해 양측 폐렴에 걸렸다. DP Plastic에서의 남은 근무기간 동안, 만성기관지염으로 인해 되풀이되는 폐감염 때문에 자주 결근했다. 약 3년 전에, Steed 씨는 부부 갈등, 남편과의 별거와 악화되는 건강 탓으로 야기된 신체 및 신경 과로로 급기야 입원을 했다. 그 시점, 잦은 결근으로 인해 결국 DP Plastic에서 해고당했다.

그때쯤 남편과 이혼했다. 그녀는 만성기관지염이 발병할 때부터 남편이 음주를 시작했으며, 종종 자신을 신체적으로 학대했다고 말했다. 실제로 DP Plastic에서 해고당하기 약 한 달 전에, 그녀는 남편이 자신을 폭행한 혐의로 체포하게 했다. 이혼 후 남편을 본 적도 연락받은 적도 없다고 한다. 이들 요인들이 복합되어 Steed 씨의 우울증을 초래했으며, 그로 인해 지난 1년 동안 정신건강센터에서 상담사에게 치료를 받았다. 그녀는 상담이 이혼에 대한 적응과 우울증 극복뿐 아니라 직장으로 복귀하는 것을 도와주었다고 느끼고 있다.

Steed 씨는 DP Plastic에서 해고된 후 3개월 동안 실직 상태로 지냈다. 그 후 T&J Rubber Products에 채용되었고 그곳에서 고무 쓰레기통과 내구성 용기 조립하는 일을 했다. 대부분의 조립은 기계를 통해 이루어졌지만 Steed 씨는 때로 30파운드(13.6kg)를 들어야 했고 근무일에는 거의 하루 종일 서서 일해야 했다. 물건을 들고 내내 서서 해야 하는 일은 몹시 힘들었고, 지치게 만들었으며 몇 가지 병을 가지게 되었다. 그녀의 기관지 상태는 악화되었고, 폐기종이 발병했다. 또한 양다리에 심각한 하지정맥류가 발생해서 하루 종일 서 있는 것이 매우 힘들게 되었다. 2주 전에는 마침내 건강상의 이유로 T&J Rubber Products를 그만두어야만 했다.

Steed 씨의 폐기종은 힘든 일을 할 수 없게 하고, 하지정맥류는 장시간 서서 일하는 것을 매우 힘들게 만든다. 그녀는 가능한 한 편안한 상태로 있기 위해서 앉는 것과 서는 것을 교대할 수 있는 융통성 있는 작업절차가 필요하다고 한다. 또한 자신의 건강이 향상될 때까지는, 아마도 체력적으로 주당 40시간 동안 일하기는 어려울 것 같다고 말했다.

전체적으로, Steed 씨의 노동능력은 건강과 관련된 문제 외에는 좋은 것 같다. 판매원 일과 생산품 조립에 포함된 직무를 습득해서 옷 가게와 2곳의 조립회사에서 성공적으로 일을 했다. 또한 Steed 씨는 자신이 직장에서 대인관계를 즐긴다고 말했으며 특히 DP Plastic과 T&J Rubber Products에서 경험한 대인관계를 높이 평가했다. 그러나 옷 가게의 판매직 같이 많은 부담이 주어지고 경쟁적인 상황에서 일하는 것을 즐기지 않았으며 옷 가게에서 상사가 판매원들 사이에 경쟁을 야기하는 것을 싫어했다. 다른 직업을 전혀 얻을 수 없다면 모르지만 가능하면 판매원으로 취업하는 것은 원하지 않는다고 말했다.

Steed 씨는 옷 가게에서 같이 일한 지나치게 경쟁적인 태도를 지닌 직원들에 대한 부정적인 반응을 제외하고 동료나 상사들과의 갈등은 없었다고 말한다. 좋은 직업습관을 가지고 있으며, 건강이 허락한다면 정규직에서 일하는 것을 원한다.

Steed 씨는 두 딸이 비록 결혼을 해서 집을 떠났지만, 두 딸과 가깝다고 느낀다. 현재 딸과 살고 있지만 사위가 다음 달 군대에서 전역하기 전에 새로운 거주지를 찾아야 한다.

Steed 씨는 아직까지 직접 돌봐야 하는 15세 아들이 있다. 학교를 그만두고 선원학교(seaman school)에 가려고 하는 아들의 흥미에 대해 걱정한다. 비록 아들이 고등학교에서 어려움을 가지고 있고, 선원학교에서 더 잘 생활할 수 있을지라도 앞으로 1년 동안은 법적으로 고등학교를 그만둘 수 없다. 17세의 또 다른 아들은 현재 절도죄로 교도소에 있다. 처음에는 자동차 절도죄로 1년의 판결을 받았지만, 탈옥을 해서 형기가 추가되었다. 두 아들의 이러한 문제들은 Steed 씨를 매우 긴장하고 걱정하게 만든다.

앞에서 언급한 것처럼, Steed 씨는 곧 새로운 거주지가 필요하다. 어떤 형태의 보험도 없으며, 현재 한 달에 약 50달러의 의료비를 지불하고 있다. 현재 Steed 씨는 실업상태에 있으며, 가족에게서 들어오는 어떠한 돈도 없어서 재정적 지원을 받을 필요가 있다.

이러한 문제를 처리하기 위한 Steed 씨의 선택은 TANF를 신청하고, 직업재활 프로그램을 이수하는 것에 국한된 것처럼 보인다. 그녀는 복지에 의존하고 싶지 않으며, 가능한 빠른 시일 내에 보건이나 금융 회사의 자료입력 전문가로서 직장에 복귀하기를 희망한다고 말한다. 막내아들이 선원학교에 입학할 수 있을 때까지, 아들과 자신의 요구를 충족시키기 위해 자료입력 전문가로 적절한 임금을 벌 수 있을 것으로 생각하고 있다.

초기면접은 내담자들이 재활상담사에게 자신의 상황과 재활 요구를 말할 수 있는 기회를 제공한다. 재활상담사의 역할은 효과적으로 경청하고, 필요할 때 질문하는 것이다. Stewart와 Cash(1994)는 효과적인 경청의 특징을 적극적인 경청으로 묘사했다. 적극적인 경청을 "단어와 논지, 근거를 주의 깊게 비판적으로 듣고, 목소리, 얼굴표정, 몸짓, 응시, 동작 등 모든 비언어적 단서들을 관찰하는 것"(p. 31)으로 정의했다. 효과적으로 경청하는 것은 아무런 말을 하지 않는 것을 의미하는 것이 아니다(Wagner & McMahon, 2004; Wolffe, 2012). Cormier와 Hackney(2016)는 경청 반응으로 다음과 같은 상담사의 4가지 반응을 제시했다: (1) 명료화(clarification), "'당신의 말은 ~을 의미하십니까?' 또는 '당신은 ~라고 말씀하셨습니까?'로 시작하는 질문", (2) 의역(paraphrase),

"내담자 메시지의 내용을 바꾸어 말하기", (3) 반영(reflection), "내담자 메시지의 정서적 부분을 바꾸어 말하기", (4) 요약(summarization), "내담자의 메시지들이나 상담회기를 간략하게 정리하는 것"(p. 111).

이 4가지 반응 모두는 적어도 세 가지 공통적인 목적을 가지고 있다. 첫째, 상담사가 내담자의 말을 듣고 있음을 전달한다. 둘째, 내담자가 이야기하고 있는 것에 대해 상담자가 정확하게 이해하고 있음을 확인하는 역할을 한다. 셋째, 내담자가 전달하고 싶어 하는 것에 대한 내담자의 명료화를 촉진한다. 재활상담사가 이들 4가지 반응과 시기적절한 개방형 탐색적 질문(예: 당신의 마지막 직업에 대해서 당신이 좋아했고, 싫어했던 점들에 관해서 말씀해 주시겠습니까?)을 효과적으로 사용한다면, 초기면접 동안에 내담자의 자기탐색을 충분히 촉진할 것이다. 이러한 반응들은 앞서 언급한 초기면접에서 해야 하는 질문들에 대해 상담사가 직접 물을 필요도 없이 대부분의 답을 제공해 줄 것이다. 또한 면접하는 동안 내담자를 세심하게 관찰할 필요가 있으며 이를 통해 관련정보를 추가적으로 얻을 수 있다. Hartung 등(2014)과 Zunker(2015)는 관찰을 통해 내담자의 성격, 정서, 사회적 기능, 기타 특성들에 대한 통찰을 가질 수 있다고 말한다. 초기면접에서 일반적 외양, 행동, 감정, 영양상태, 위생과 복장, 눈맞춤, 심리운동적 활동, 언어, 태도 등의 특성들은 중요한 정보를 제공한다(Zunker, 2015). 초기면접을 통한 최적의 결과는 상담사가 내담자의 상황에 대해 더 많은 것을 이해하고 내담자 또한 자신의 상황에 대해 더 많이 이해하는 것이다(Power, 2011). Zunker(2015)는 직무역할과 관련하여 초기면접에서 다루어야 할 많은 요인이 있으며 이 요인들은 〈표 3-1〉에 제시된 주제별 정보수집의 범위와 유사하다는 점을 확인했다. Zunker는 이 요인들이 내담자의 이전 직업력에 따라 차이가 있다고 한다. 예를 들어, 이전에 직업을 가진 적이 없는 내담자의 경우, 상담사가 초기면접 동안에 내담자가 자신의 일상적 역할에 영향을 주는 직업에 대해 어떻게 생각하는지, 이상적인 직업역할에 대한 내담자의 생각, 삶에 있어서 직업의 역할, 노동자로서 자신을 인식하는 내담자의 능력 등의 요인들을 사정하는 것이 중요하다(Zunker, 2015). 한편, 직업경험이 있으며 진로를 변경하고자 하는 내담자의 경우, 상담사가 초기면접에서 다루어야 할 주제는 새로운 상황에 대한 내담자의 적응가능성과 회복탄력성, 새로운 기술 습득능력, 선호하는 관리자의 감독 스타일, 진로관련 자원에 대한 지식 등을 포함한다(Zunker, 2015).

불충분한 정보수집은 재활계획수립을 위해 내담자를 완전히 이해하는 데 필요한 통찰을 제공할 수 없는 사회-직업력을 이끌어 낸다. 그러나 이 말은 재활상담사가 내담자로부터 사회 및 직업력에 대한 가능한 모든 정보를 수집해야만 한다는 뜻이 아니다. 일부 정보는 상담사가 정확한 진단을 내리는 데 필요하지 않을 수 있다. 내담자로부터 관련 없는 정보를 수집하는 것은 귀중한 초기면접 시간의 낭비일 뿐만 아니라, 이로 인해 내담자가 재활상담사를 "정보수집가(information voyeur)" 또는 "종교재판소장(grand inquisitor)"으로 인식하기 시작한다면 내담자-상담사의 라포에 부정적인 영향을 끼칠 수도 있다. 따라서 재활상담사는 중요한 정보와 불필요한 정보를 구별할 수 있어야 한다. 중요한 정보는 재활상담사나 재활팀으로 하여금 (1) 성공적인 종결과 내담자 만족, (2) 발생가능한 잠재적 어려움들, (3) 그런 어려움을 극복하는 데 필요한 개입들, (4) 그런 개입들이 어려움을 극복할 가능성 등과 관련하여 잠재적인 대안적 재활계획들에 대한 차별적 예측을 가능하게 한다(Rubin & Farley, 1980).

다음 Donald Jones의 사례는 차별적 예측과 관련해서 주요 정보수집의 실패로 인한 결과를 보여 준다.

 ## 사례 연구: Donald Jones

Donald Jones는 재활을 위해 2년 과정의 컴퓨터 프로그래밍 교육프로그램에 다니기를 원했고 흥미와 적성도 그러한 직업선택과 일치했다. 그러나 상담사는 이 재활목표에 대한 Donald 씨 부인의 의견을 묻지 않았다. Donald 씨는 6주 후 훈련프로그램에서 중도 포기했고 그 이유를 내담자에게 확인한 결과, 지난 1년 동안 부부를 힘들게 했던 경제적인 문제에 대해 부인이 매우 분개해 왔고, 만약 Donald 씨가 계속 그 프로그램에 참가한다면 이혼하겠다고 위협했었음을 알 수 있었다. 상담사가 부인의 그런 태도를 미리 알았었다면, 가족상담을 준비했거나 Donald 씨가 현장훈련을 통해서 달성할 수 있는 직업목표를 준비하도록 제안했을 것이다.

Donald Jones의 예는 재활상담사의 피상적인 정보수집방식의 위험성을 지적한다. 〈표 3-1〉의 내용들은 초기면접 과정에 앞서 그리고 과정 동안에 상담사가 답을 얻지 못한 중요 질문들을 확인하도록 도움으로써, 재활상담사가 피상적인 정보수집방식을 피하게 한다. 예를 들어, 〈표 3-1〉의 목록은 상담사가 초점을 가지고 초기면접을 이끌

수 있게 하는 내담자에 대한 내적질문(covert question)들, 즉 마음속으로 혼자 하는 질문들을 도출하도록 돕는다. 일반적인 예는 다음과 같은 것이 될 수 있다:

A. "내담자에 대해서 무엇을 알고 있는가?"
B. "내담자에 대해서 아직 무엇을 알 필요가 있는가?"

이 질문들은 면접의 상호작용을 이끄는 방향성을 제공할 수 있다. 이 질문들은 재활상담사가 초기 정보수집 과정에서 자신이 어디에 있는지(이미 무엇을 알고 있는지), 그리고 다음에 어디로 가야 하는지(여전히 무엇을 알 필요가 있는지)를 알게 도울 수 있다.

많은 내적질문은 상담사가 내담자 또는 내담자의 상황에 대해 수집한 정보를 기초로 만든 가설에 의해 활성화된다. 내적질문들은 가설을 확증하거나 가설이 틀렸음을 증명하도록 의도된 외적 정보수집 행동을 자극한다. 따라서 내적질문들은 재활상담사의 외적 정보수집 행동에 대해 "과학적(scientific)" 안내자의 역할을 할 수 있다. 이런 질문들은 내담자에 대한 이해의 가능성을 크게 증가시킨다(Bellini & Rumrill, 2009). 다음 두 사례를 통해 적절한 내적 질문들이 어떻게 생성되는지를 살펴볼 수 있다(Rubin & Farley, 1980).

1. 다음 내적질문은 내담자가 자신의 비기능적인 성형 손(cosmetic hand)을 대체하기 위해 최근 기능적인 보철 손(hand prosthesis)을 제작하고 있다는 사실에서 도출할 수 있었다: 내담자는 사람들 앞에서 그 기능적 보철물을 끼는 것을 어떻게 생각할까? 예를 들면, 내담자는 다른 사람들의 시선을 너무 의식해서 많은 사회적 상황에서 그것을 끼지 못하겠다고 생각할까?
2. 내담자가 작년 1년 동안 적응문제로 인해 심리치료를 받고 있다는 것을 아는 것은 다음 내적질문을 자극할 수 있는 중요한 사실이다: 내담자는 심리치료사로부터 도움을 받았다고 생각하는가? 어떤 면에서? 내담자가 직면하고 있는 추가적인 스트레스 상황은 무엇인가?

앞의 예에서 쉽게 알 수 있는 것처럼, 재활상담사가 초기면접을 하는 동안 중요한 내적질문들을 만들어 내지 못하거나, 이 질문들을 통해 면접을 잘 이끌어 가지 못하면 결국에는 진단의 부정확성을 초래할 수 있다.

재활상담사가 내담자에 대해서 진심으로 알고 싶은 것보다 기관의 서류양식 작성에 더 관심을 가질 때, 초점의 피상성이 발생할 가능성이 많다. 이는 다음의 대화 예시에서 관찰할 수 있는데, 여기에서는 서류작성이 초기면접의 상호관계를 통제하는 주된 고려사항이 된 것처럼 보인다.

상담사: 몇 살입니까?

내담자: 스물여덟 살입니다.

상담사: 직업을 갖기 위해 훈련받은 적이 있습니까?

내담자: 예, 고등학교 때 비서훈련을 받았습니다.

상담사: 전에 직업재활과 관련해서 연락하신 적이 있습니까?

내담자: 없습니다.

상담사: 주치의는 누구십니까?

내담자: Russell 박사입니다.

상담사: 어떤 의료적 문제를 가지고 있습니까?

내담자: 신경과민이 있습니다.

상담사: 약을 복용하고 있습니까?

내담자: 예, 바륨을 복용하고 있습니다.

상담사: 치료 중입니까?

내담자: 예.

상담사: 누구에게?

내담자: 정신건강센터의 Mildred Sorvino 박사입니다.

상담사: 이 지역에서 얼마나 사셨습니까?

내담자: 여기에서 태어났습니다.

상담사: 아, 그래요.

내담자: 그러나 여기에서 산 것은 1년이 채 되지 않습니다.

상담사: 지금 전세 살고 있습니까?

내담자: 예.

상담사: 그렇군요. 여기로 다시 온 이후 일을 하셨습니까?

내담자: 예, 약 한 달 동안 Kelly Services에서 일을 했습니다.

상담사: 그전에 누구 밑에서 일한 적이 있습니까?

내담자: 아니요, 여기 온 이후로는 없습니다.

상담사: 알겠습니다. 여기 오기 전에는요?

내담자: Speedi-Mart 식품점에서 판매원으로 일했습니다.

상담사: 그게 언제죠?

내담자: 2008년 무렵이라고 생각합니다.

상담사: 오랫동안 했습니까?

내담자: 아니요, 단지 잠시.

상담사: 좋습니다. 지금 어떤 TANF 지원을 받고 계시나요?

내담자: 겨우, 딸 양육비로 한 달에 405달러를 받고 있습니다.

상담사: 지금 TANF 진행 중이신거죠?

내담자: 예.

상담사: 고등학교를 졸업했습니까?

내담자: 2006년에 고등학교 검정고시를 통과했습니다.

상담사: 정규 교육은 언제까지 받으셨나요?

내담자: 9학년까지 다니고 그만뒀습니다.

상담사: 그랬군요. 그때 일하신건가요??

내담자: 아닙니다. 그냥 그만뒀어요.

상담사: 혹시 군대 갔다 오셨어요?

내담자: 아닙니다.

상담사: 신청서 바로 여기에 서명해 주시면 좋겠습니다.

내담자: 예.

3. 적절한 라포 개발하기

상담사와 내담자 간의 라포는 저절로 생기지 않는다. 오히려 라포개발은 면접을 위한 상담사의 효과적인 준비와 내담자의 사무실 도착 이후 상담사의 면접 반응양식에 크게 달려 있다. 재활상담사가 면접을 잘 준비하고 그리고 면접에서 내담자가 상담사를 좋아하고, 상담사가 유능하고 자신에게 관심을 가진다고 느끼도록, 상담사가 효과적으로 반응할 때 라포개발의 가능성이 높을 것이다(Pope, 2014; Wagner & McMahon, 2004).

1) 면접 준비

면접 환경의 물리적 준비는 초기면접의 진단적 목표 성취와 상담사-내담자 라포개발을 촉진하거나 방해할 수 있다. 재활상담사는 내담자와의 첫 접촉이 자신의 사무실이 아닌 다른 장소에서 있을 때, 환경을 구조화하기 위해 할 수 있는 일이 제한될 수 있다. 그러나 첫 접촉이 사무실에서 이루어질 때, 재활상담사가 라포를 증진하고 관심과 염려를 전달하기 위해 할 수 있는 일은 (1) 효율적인 가구배치, (2) 불필요한 방해 예방, (3) 적절한 시간계획 등을 포함한다.

(1) 효율적인 가구배치

가구배치가 상담 면접의 라포 수준에 미치는 영향에 대한 연구들로부터 어떤 분명한 결론을 이끌어 낼 수는 없지만 가구배치와 관련해서 연구자-상담사들의 전통적이고 상식적인 결론을 참조할 수 있다. 일부 연구자들(Cormier & Hackney, 2016; George & Cristiani, 1995)은 경험에 의한 일반적 규칙(절대적 규칙에 대한 반대로서)으로서, 상담사들이 자신과 내담자 사이에 책상이나 상담 중 정보를 입력하기 위해 사용하는 컴퓨터 같은 물리적 장애물을 놓지 않도록 제안한다(Rosen, Nakash, & Alegria, 2015). 상담사와 내담자 사이의 장애물들은 개방적 의사소통을 방해할 수도 있다. 이는 특히 비언어적 의사소통에서 더욱 그러하다. 이런 관점에서, Kadushin(1972)은 다음과 같이 진술한다.

> 면접자와 피면접자 사이의 책상은 피면접자 신체의 절반을 관찰할 수 없다는 것을 의미한다. 하체 부분의 어떤 몸짓은—발을 떠는 것, 무릎을 모으는 것, 무릎 위에 깍지 낀 손—시야에서 가려진다. 그러나 어떤 사람들은 면접자의 관찰로부터 탁자나 책상에 의해 가려지는 제한된 보호가 필요하다. 이들은 만약 자신의 너무 많은 부분이 관찰에 노출된다면 불안해한다. (p. 117)

재활상담사들이 사무실 가구와 공학기구를 상담사-내담자의 라포를 가장 촉진하는 방식으로 배치하려고 한다면, 앞으로 충분히 많은 연구가 이루어지기까지는 상식에 근거해야 할 것이다. 신체장애를 가진 사람들과 함께 일하는 재활상담사들을 위한 간단한 결론은 접근성에 장애가 되지 않도록 사무실을 배치하는 것이다(예: 내담자가 사무실의 장애물을 요리조리 피하지 않고 곧장 들어올 수 있도록 책상과 파일 캐비닛 같은 가구 재배치하기). 신체장애를 가진 내담자에게 접근성의 문제가 있는 면접환경은 자신이 "2등급 시민" 같은 느낌을 갖게 할 수 있다.

(2) 기타 면접 전 고려 사항

다른 경험적 상식은 내담자의 주의를 흩뜨릴 수 있거나 또는 내담자가 보지 않아야 할 것들, 예를 들어 사례파일, 서류, 양식지, 의료 및 심리 보고서 같은 것들을 치우는 것이다(Ivey, Ivey, & Zalaquett, 2010). 또한 재활상담사들은 비밀을 보장할 수 있는 공간에서 내담자와 만나야 한다(Koch & Rumrill, 2016; Parker & Patterson, 2012). 내담자들이 프라이버시가 충분히 보장되지 않는 곳에서 의미 있고 적절한 개인정보를 많이 제공할 가능성은 적다(Corey, 2013; Stewart & Cash, 1994). 재활상담사들은 면접목표 달성에 충분한 시간을 할애해야 한다. 따라서 짧은 기간에 많은 사람을 면접할 계획을 하는 것은 피해야 한다.

일단 내담자가 도착하면, 재활상담사의 관심을 받고 있다는 생각이 들도록 하는 것이 중요하다. 그러므로 면접 이전에 전화와 문자 진동, 노크 소리 같이 주의를 흩뜨릴 가능성이 있는 것들을 처리해야 한다(Cormier & Hackney, 2016; Ivey et al., 2010). 심지어 비서와 함께 미리 그렇게 준비했더라도, 내담자의 면전에서 비서에게 다시 상기시킴으로써 내담자에게 면접동안 상담사의 전적인 관심을 받을 자격이 있고, 받을 것이라는 점을 명확하게 전달한다(Bernstein, Bernstein, & Dana, 1974; Roessler & Rubin, 2006).

2) 재활상담사의 면접 반응양식

만약 재활상담사들이 초기면접의 목표를 성취하려면(예: 정보 제공, 진단 과정 개시, 라포개발), 효과적인 면접 반응양식을 가져야 한다. 이 양식은 상담사-내담자 라포의 개발과 유지를 촉진하는 상담사의 비언어적, 언어적 반응에 녹아들어 있다(Corey, 2013;

Wagner & McMahon, 2004). 최적의 상담사 반응은 이해와 온정, 존중, 진심을 전달하고 내담자에게 표현의 자유와 자기탐색을 격려하는 것이다.

(1) 비언어적 행동

일단 상담사의 사무실에 들어오면, 내담자는 전적인 관심을 받아야만 한다. 또한 상담사는 내담자를 편안하게 만들기 위해서 필요한 모든 것을 해야 한다. 예를 들어, 상담사와 내담자 사이에 편안한 거리간격이 필요하다. 내담자와 정면으로 마주 보는 것과 자신의 상체를 내담자 쪽으로 다소 기울이는 것, 표정 있는 얼굴로 적절한 눈맞춤을 유지하는 것은 상담사가 내담자에게 열중하고 있음을 전달할 수 있다(Goodman, 2001; Ivey et al., 2010). 연구에 의하면 상대방 쪽으로 몸을 기울이는 것은 내담자로 하여금 상담사가 자신의 말을 경청한다고 느끼게 하는 것과 상관이 있다(Genther & Moughan, 1977). 눈맞춤은 더 복잡한 문제다:

> 서양 문화에서 눈맞춤은 상담사가 관심을 기울이고 있다는 표시다. 사람들은 어떤 사람에 대해 긍정적 느낌을 가질 때, 눈맞춤을 더 많이 하는 경향이 있다. 그러나 10초 이상의 꾸준한 주시(노려봄) 같은 지속적인 눈맞춤은 내담자를 불안하게 만들 수 있거나, 적대감의 신호로 해석될 수도 있다. …… 상담사로서, 노려보지 않고 내담자와 눈맞춤을 유지하는 것이 필요하다. (Cormier & Cormier, 1979, p. 43)

그러나 12장에서 논의하겠지만, 눈맞춤의 적절한 정도는 문화에 따라 다를 수 있다.

편안한 간격을 취하고, 내담자를 정면으로 마주보고, 내담자 쪽으로 상체를 숙이고, 적절하게 눈맞춤을 하는 것에 덧붙여, 상담사는 개방되고, 편안한 자세를 유지해야 한다(Corey, 2013). McGinley, LeFevre와 McGinley(1975)의 연구에서는 개방된 자세(예: 팔짱을 끼거나, 다리 꼬기 등을 하지 않음)의 중요성과 "열린 몸, 열린 마음(open body, open mind)"이란 구호를 지지하는 결과를 제시한다. 연구자들은 사람들이 개방적 신체자세를 가진 사람을 좋아하고, 또한 자신의 의견을 변화시키는 데 폐쇄적 신체자세보다 개방적 자세를 가진 사람들로부터 더 많은 영향을 받는 경향이 있다는 점을 발견했다.

또한 주의를 분산시키는 동작이나 몸짓, 예를 들면 검지 흔들기, 하품, 눈감기, 얼굴 찡그리기, 비웃음, 안달하기, 팔을 거칠게 흔들기, 손가락 두드리기, 다리 흔들기 등을 자제해야 한다(Ivey et al., 2010; Okun, 1976). 이 몸짓들은 흥미부족, 불만, 조바심을 전달할 수 있다. 반면, 적절한 동작은 라포 형성에 중요한 것들을 전달할 수 있다. Ivery 등과 Okun은 긍정적인 의사소통 행동으로서 이따금씩 머리 끄덕이기와 손의 움직임을 제시했으며, Bayes(1972)는 미소뿐만 아니라 몸, 머리, 손동작이 온정적 평가의 주요 표시라고 말했다. LaCross(1975)는 상담사의 긍정적인 머리 끄덕임, 몸짓하기, 미소가 상담사의 매력과 설득력에 대한 평정과 정적상관이 있음을 확인했다.

이와 같이 초기면접 동안에 내담자와 적절한 라포를 개발하고자 하는 상담사의 목표와 관련해서 비언어적 행동의 중요성을 명확하게 알 수 있다. 상담사의 적절한 거리, 신체자세, 신체움직임, 미소, 눈맞춤 등은 존중과 몰두, 관심, 온정, 이해 등을 전달하는 데 도움이 되며, 이 모든 것이 라포 개발과 유지에 중요하다.

(2) 언어적 행동

비언어적 행동과 마찬가지로 재활상담사의 언어적 면접행동은 상담사-내담자 라포 수준에 영향을 미칠 수 있다. Nugent(1990)는 초기면접을 시작할 때 잡담을 통해 내담자를 편안하게 하려는 시도는 추천하지 않는다고 말한다. 대다수 내담자의 경우, 재활상담사가 내담자에게 찾아온 이유에 대한 질문을 미루는 것은 역효과를 가져올 수 있고 내담자의 불안을 야기할 수 있다. Nugent는 "어떤 재활상담 서비스를 위해 여기에 오셨는지 말씀해 주세요." 같은 간단한 말로 시작할 것을 제안했다. 그러나 비형식적 잡담을 하지 않도록 하는 권고가 모든 문화권의 내담자들에게 동일하게 타당한 것은 아닌 것 같다. 예를 들어, Zuniga(1992)는 상담사가 적어도 처음에는 더 개인적이고 덜 업무지향적인 형태로 의사소통을 하는 것을 선호하는 일부 히스패닉계 내담자들에게는 반대의 접근법을 추천한다.

많은 연구자(Benjamin, 1981; Corey, 2013; Ivey et al., 2010; Landefeld, 1975; Miller, 1972)는 상담사의 언어적 면접 반응을 다양한 범주로 분류해 왔다. 분류체계들은 많은 동일한 언어반응에 대해 각기 다른 범주의 명칭을 사용하는 경향이 있기 때문에, 여기에서 그 모두를 언급하는 것은 독자들을 지루하고 혼란스럽게 할 것이다. 저자들은 이후 논의의 기초로서 체계들 중에서 명확한 특징을 가지는 Miller(1972)의 분류체계를 선택했다. Miller는 언어적 반응을 5가지 분류 또는 유형으로 구분했다. 그 유형 중 3가지는 상담사가 내담자로부터 정보를 수집하기 위해 사용할 수 있다. 이는 계속반응(continue responses), 초점반응(focus responses), 확인반응(check responses)이다.

계속반응(예: "으흠" "예" "그래요")은 특정 주제 또는 형식에 국한하지 않고 내담자에게 더 많은 말을 하도록 격려하는 발언이다. 이는 내담자에게 상담사의 전적인 관심을 받고 있음을 느끼게 한다. 계속반응은 내담자가 계속 이야기하도록 "허락(green lights)" 하는 것이다(Rubin & Farley, 1980). Ivey 등(2010)은 계속반응을 "가벼운 격려(minimal encouragers)"라고 지칭한다. 계속반응은 상담사가 경청하고 있음을 나타낼 뿐만 아니라 관심, 몰입, 수용, 온정, 긍정적 존중을 전달한다. 계속반응은 내담자가 자신의 생각과 감정을 표현하도록 격려함으로써 면접이 중단 없이 지속되도록 한다.

초점반응은 내담자에게 이미 제시된 주제에 대해 더 많이 이야기하도록 촉구하는 것이다. Miller(1972)는 이 반응을 이분(binary) 초점반응과 비이분(nonbinary) 초점반응으로 분류했다. 이분 초점반응은 '예/아니요'로 대답하는 폐쇄형 질문이다. 이는 내담자에게 상담사가 특정 정보를 찾고 있다는 것을 나타내고, 제한된 방식으로 내담자의 언어적 행동을 이끄는 경향이 있다. 비이분 초점반응은 개방형 질문이고 서술적인 대답을 요구한다. 이는 내담자에게 더 많은 표현의 자유를 허용함으로써 내담자의 언어적 행동에 있어서 이분 초점반응보다 더 많은 유연성을 부여한다. 초기 유사상담 면접에서 개방형 질문이 내담자의 정서적 자기참조(self-reference) 진술의 빈도에 미치는 영향에 대한 연구들(Heppner et al., 2015; Highlen & Baccus, 1977; Hill & Gormally, 1977; Richmond et al., 2014)에서는 재활상담의 초기면접에서 상담사가 비이분 초점반응을 통해 내담자의 감정에 대한 논의를 촉진하도록 제안한다.

정보수집 반응의 세 번째 유형인 확인반응은 의사소통에 대해 "확인(check)"하고 있음을 나타내는 기능을 한다. 종종 "반영(reflection)"(Corey, 2013; Cormier & Hackney, 2016)으로 지칭되는 확인반응은 상담사가 내담자의 이야기를 이해하고 있으며 계속해서 정보를 제공해야 한다는 점을 내담자에게 전달한다. Goodman(2001)은 이 반응에 대해 다음과 같이 설명한다:

> 반영은 …… 내담자의 진술을 바꾸어 말하는 반응을 의미한다. 이 반응은 종종 "당신이 말한 것은……" 또는 "저는 당신이 말한 것을 이렇게 …… 들었습니다."와 같은 말들을 먼저 하게 된다. 이 언어적 거울반응(mirroring)은 내담자로 하여금 상담사가 잘 듣고 있는지를 알게 한다. (p. 241)

Ivey(1971)는 이 반응이 다음과 같은 3가지 목적을 수행한다고 말한다:

(1) 상담사가 내담자와 함께 하고 있으며 말을 이해하려고 애쓰고 있다는 사실을 내담자에게 전달하기, (2) 내담자가 한 말을 보다 명확한 방식으로 다시 반복함으로써 내담자의 견해를 확고히 하기, (3) 내담자의 설명을 제대로 이해하고 있는지 상담사 자신의 인식을 점검하기. (p. 156)

후자와 관련하여 내담자는 상담사의 확인반응에 대해, 만약 상담사가 자신의 말을 잘못 알아들었거나 또는 상담사가 내담자로 하여금 "자신의 전달 의도를 다시 생각하게 만들어서" 말을 반복하게 하는 경우, "아닙니다. 제가 말하고자 하는 것은……"이라고 반응할 수 있다(Goodman, 2001, p.241). 초기 유사상담 면접에서 확인반응이 내담자의 정서적 자기참조 진술의 빈도에 미치는 영향에 대한 연구(Highlen & Baccus, 1977)에서는 재활상담의 초기면접에서 상담사가 감정반영(reflection-of-feeling) 반응들을 통해 내담자의 감정에 대한 논의를 촉진하도록 제안한다.

내담자의 문제에 대한 초점을 유지하고 내담자에게 표현의 자유를 최대한 허용하는 재활상담사의 언어적 반응은 라포개발을 촉진한다(Principe et al., 2006). 개방형 질문과 진술, 예를 들면 "……에 대해서 좀 더 말씀해 주십시오." "……에 대해 어떻게 느끼셨습니까?" "그 직업은 …… 때문에 좋아하지 않는다고 말씀하시는 것 같습니다." 등은 내담자에게 자신의 생각과 감정을 말하고 탐색하게 한다. 상담사의 이러한 반응들은 내담자로부터 서술적인 진술(짧은 대답의 반대되는)을 요구하며 더 많은 표현의 자유를 허용한다(Corey, 2013; Ivey et al., 2010). 따라서 반응들은 내담자의 자기탐색을 촉진한다.

개방형 질문과 진술들은 또한 초기면접을 시작하는 데 도움이 된다(Cormier & Hackney, 2016; Zunker, 2015). "자, 그러면 이곳에 오신 이유를 말씀하시는 것부터 시작해 볼까요?"와 같은 진술은 면접의 초점을 즉시 내담자의 관심사에 집중시킨다. 또한 내담자에 대한 상담사의 이해를 반영하는 진술들은 내담자중심의 면접을 유지하게 하는데 유용한 언어적 반응이다. 라포를 구축하고, 강화하고, 유지시키기 위해서는 이해하고 있음을 자주 전달해야 한다(Corey, 2013).

상담사는 폐쇄형 질문(예: 짧고 즉각적인 내담자의 응답을 요구하는 문항들)의 과도한 사용을 자제해야 한다. 질문들은 초기면접에서 서류양식을 채우기 위해 특정항목의 정보가 필요할 때 사용될 수 있다. 폐쇄형 질문들은 이름, 나이, 주소, 사회보장번호 등의 사실적 정보를 모으는 가장 직접적인 수단이다(Goodman, 2001; Zunker, 2015). 그러나 폐쇄형 질문들이 내담자의 정보를 수집하는 주된 방법이 되어서는 안 된다. 폐쇄형 질문의 잦은 사용은 내담자로 하여금 상담사는 단지 사실만을 알고자 하고, 자신이 어떻게 생각하고, 느끼며, 행동하는지에 대해서는 관심이 없는 사람으로 인식하게 만들 수 있다. 그러므로 내담자들은 깊이 있는 정보를 제공하지 않아야겠다고 생각하게 되고, 따라서 적절하고 중요한 많은 정보를 공유하지 않을지도 모른다.

L. Miller(1972)는 내담자에게 외부 정보를 제공하는 기능을 하는 상담사의 반응을 **진술반응**(declarative response)이라고 지칭한다. 상담사가 내담자에게 정보를 알릴 필요가 있을 때, 이 유형의 반응이 사용된다.

L. Miller(1972)에 의해 제안된 다섯 번째 유형은 대화를 다른 주제로 이끄는 **전환 반응**(switch response)이다. 바뀌는 주제는 새롭게 소개되는 것이나 기존 주제를 다시 언급하는 것일 수도 있다. 이 유형의 반응은 **방향수정**(redirection)이라고 알려져 있으며(Ivey et al., 2010), 내담자를 고갈된 주제 밖으로 이동시키는 데 매우 적절하며, 때로 상담사가 면접의 목표를 성취하려면 필요하다.

초기면접에서 앞의 모든 반응을 사용한다고 해서 반드시 라포가 증진되는 것은 아니다. 그러나 다양한 반응의 적절한 사용은 충분한 라포개발에 긍정적으로 영향을 끼칠 것이다. **적절한 사용**(appropriate use)은 "제대로 된 균형(proper balance)"과 유사하며, 이는 언제나 그 상황과 내담자, 그리고 재활상담사의 타당한 판단에 의해 결정될 것이다.

앞선 논의에서 설명한 바와 같이, 상담사의 언어적 반응사용은 충분한 라포개발에 중요하다. 내담자의 문제에 초점을 두고 면접 진행하기, 최대한 자기표현을 할 수 있도록 반응하기, 폐쇄형 질문의 과도한 사용 피하기, 반영적 반응과 짧고 즉각적인 반응 등은 상담사의 관심과 몰두, 흥미, 존중, 온정, 진실성, 이해 등을 전달하는 데 도움이 되는 경청과 라포의 개발, 향상, 유지를 촉진한다.

4. 맺음말

장애를 가진 내담자와의 정보교환과 라포개발은 재활 초기면접의 주된 초점이다. 상담사가 정보교환을 이끄는 책임을 가지므로, 기관에 대한 오리엔테이션과 진단 과정

개시, 적절한 라포개발을 촉진하는 방식으로 내담자와 상호작용할 준비를 해야 한다.

초기면접 과정에서 내담자는 많은 정보가 필요하다. 내담자는 재활기관이 자신의 요구를 충족시키는지를 결정하기 위해 그리고 정보에 근거한 의사결정을 하기 위해, 재활기관과 재활과정 및 제공되는 서비스, 서비스의 목표, 적격성의 요구사항 등에 대한 정보가 필요하다. 상담사의 역할과 내담자의 권리 및 책임은 초기면접 동안에 내담자와 논의해야 할 또 다른 영역이다. 상담사는 내담자가 필요로 하는 정보를 알고, 그 정보를 전달하는 가장 효과적이고 효율적인 방법을 이해함으로써, 내담자에게 더 효과적으로 기관에 대한 오리엔테이션을 할 수 있다.

내담자는 상담사가 초기면접 동안에 수집해야 하는 많은 정보를 가지고 있다. 상담사가 탐색해야 하는 모든 정보수집 영역을 인식하고 있으며 내담자의 자기표현과 자기탐색을 증진시킬 때, 효과적으로 정보를 수집할 수 있다.

정보교환과 라포개발은 재활상담사의 효과적인 비언어적 및 언어적 초기면접 행동과 초기면접에 대한 재활상담사의 적절한 준비를 통해서 크게 촉진된다.

4장

의료평가

재활과정에서 의료평가의 목적은 내담자의 의료적 제한점과 잔존능력을 파악하기 위함이다(Rumrill & Koch, 2014). 특히 재활상담사는 다양한 유형의 직업적 요구를 충족시킬 수 있는 내담자의 능력에 대한 정보에 관심이 있다. 의료평가 결과의 직업적 시사점은 재활계획개발에 있어서 필수적인 진단자료의 중요한 부분을 차지한다(Falvo, 2014). 이 장에서는 의료평가에 초점을 맞추어, 다음 몇 가지 주요 사항에 대해 논의한다: (1) 의료평가를 위한 의사 선택하기, (2) 효과적인 의료평가 의뢰하기, (3) 평가 의사에게 기대해야 하는 것 알기, (4) 의료자문가 이용하기.

1. 의사 선택하기

적절하지 않은 의사의 선택은 적절하지 않은 의료 보고서로 이어지기 때문에, 효과적인 의료적 의뢰를 위한 첫 번째 지침은 평가 의사를 현명하게 선택하는 것이다. 의료평가를 위해 어떤 의사에게 의뢰할지를 결정하는 것은 재활상담사의 핵심적인 수행능력으로 간주된다(Leahy, Chan, Sung, & Kim, 2013). 의료평가를 위해 의사에게 의뢰할 때 항상 고려해야 하는 첫 번째 기준은 환자들과 라포를 형성할 수 있는 의사의 능력이다. 의뢰한 내담자와 의사 사이에서 이루어지는 의사소통의 효과성은 어느 정도 그들의 라포 수준에 달려 있다. 라포 수준은 문서화된 의료평가보고서의 타당성에 기반이 되는 정보의 질과 양에 영향을 미칠 수 있다(Wickert, Dresden, & Rumrill, 2013).

과거 내담자를 치료해 왔던 사람을 적절한 의사로 간주할 수 있다. 이 의사를 선택하는 것이 어느 정도 적절한지는 다음 세 가지 요인에 달려 있다: (1) 내담자의 병력에 대한 친숙성, (2) 내담자가 가지고 있는 특정장애에 대한 전문지식, (3) 내담자와 형성한 라포 수준. 물론 이전에 내담자와 어떤 접촉도 없었지만 내담자와 라포를 발전시킬 수 있고 내담자의 특정 장애를 치료할 수 있는 전문가도 적절한 의사로 고려된다. 그러므로 재활상담사는 여러 의료 전문분야에 친숙해야 한다. 재활상담사는 내담자의 의료평가 과정에서 다양한 전문의와 접촉할 수 있다. 〈표 4-1〉에는 미국의사협회(American Medical Association: AMA, 1989, 2016)와 굿 하우스키핑(Good Housekeeping[1], 1989), Wickert 등(2013), 미국인사관리처(U.S. Office of Personnel Management: OPM, 2003) 자료에 근거한 전문의에 대한 설명이 제시되어 있다.

| 표 4-1 | 의료 전문가 |

전문가	기능
알레르기	알레르기 혹은 알레르기 반응 및 기타 면역체계 장애에 대한 진단과 치료(AMA, 2016; OPM, 2003)
심장	심장과 관련혈관의 진단과 치료(심장혈관계). "관상동맥성 심장질환, 고혈압성 심장질환, 류마티스성 심장질환, 전염성 심장질환, 선천성 심장 결함" 등을 포함한 장애 치료(Good Housekeeping, 1989, p. 352)
피부과	피부, 머리카락, 손톱, 외부 생식기의 암 또는 비암성 장애의 진단과 치료(U.S. OPM, 2003)
내분비과	당뇨병 혹은 갑상선 장애와 같은 호르몬 분비의 불균형으로 인한 질환의 진단과 치료(Wickert et al., 2013)
위장	위궤양, 위암, 췌장암, 궤양성 대장염, 간과 담낭의 장애와 같은 소화기계 질병과 장애에 대한 진단과 치료(AMA, 2016)

(계속)

1) 1885년에 창간된 미국 중년 여성들의 관심사 및 상품평, 건강 등 관련 분야를 다루는 월간지.

표 4-1 (계속)

산부인과	여성의 출산계통 장애에 대한 진단과 치료
혈액	혈액관련 장애 및 밀접하게 연관된 림프계 전문(Good Housekeeping, 1989, p. 359)
신경	신경계 질환 치료
신경외과	뇌와 척수 그리고 말초신경계와 자율신경계 진료(Wickert et al., 2013)
종양	양성, 악성 종양의 진단과 치료
안과	눈의 장애에 대한 진단과 치료
정형외과	"골절된 뼈를 깁스로 고정하기; 탈골, 추간판 헤르니아, 관절염, 척추 문제 등과 같은 관절 장애 치료하기; 골종양과 선천성 두개골 결함 치료하기; 외과적인 수술로 둔부, 무릎, 손가락 관절의 교정 또는 교체하기 등을 수행"(AMA, 1989, p. 752)
이비인후과	귀, 코, 목구멍 질환의 약물 및 수술적 치료
소아과	아동의 의료적 돌봄 전문
성형외과	"기능 및 가능하다면 상해나 질병, 화상, 암, 자동차 사고로 인한 피부의 상실과 손상에 따른 외양" 회복을 위한 수술 시행(Good Housekeeping, 1989, p. 374)
재활	"상해(특히 관절이나 근육), 병 혹은 뇌졸중과 같은 신경학적 장애로 인한 손상이나 장애를 극복하거나 회복하려는 환자"를 위한 재활프로그램 계획과 시행(AMA, 1989, p. 793)
정신과	정신적, 정서적, 약물중독, 행동적 문제의 진단과 치료
호흡기내과	폐 장애와 기침이나 흉통, 호흡곤란과 같은 관련 증상의 진단과 치료
류머티즘	관절염, 류머티즘, 관절과 근육 또는 결합조직의 통증 진단과 치료(AMA, 1989, p. 871)
흉부외과	폐, 식도, 기도의 수술 시행
비뇨기과	비뇨생식기 계통 질환의 치료

출처: American Medical Association(1989, 2016), Felton et al.(1969), Good Housekeeping(1989), Wickert, Dresden, & Rumrill(2013), U.S. Office of Personnel Management(2003)의 자료에 근거함.

2. 효과적으로 의뢰하기

재활상담사는 효과적인 의료적 의뢰를 위해 의사로부터 제공받고자 하는 정보를 구체화해야 한다. 필요한 정보는 의뢰질문 목록을 통해 전달할 수 있다. 의뢰질문은 개별 사례에 따라 다르지만, 다음과 같은 몇몇 사항은 모든 내담자에게 공통된다: (1) 내담자의 일반적인 건강, (2) 장애의 진행성, 안정성 혹은 통제가능성, (3) 추천 치료법, 타당한 근거, 치료 장소, (4) 상태를 악화시킬 가능성이 있는 생활상황 유형과 스트레스 요인,

(5) 장애로 인한 일상활동의 제한점, (6) 처방약물이 직무수행에 미치는 잠재적 영향, (7) 장애로 인해 발생할 수 있는 잠재적 합병증, (8) 필요한 부가적 의료평가.

　의료평가에서 고려해야 할 기본적인 문제는 장애로 인한 제한성이 특정 직무요구를 수행하기 위한 개인의 능력에 어느 정도 영향을 주는가 하는 것이다(Schultz & Gatchel, 2016). 예를 들어, 상지기능과 하지기능의 장애는 각각 직무상의 제한성을 가진다. 상지기능의 제한성은 손의 미세한 움직임, 움켜잡기, 파지, 어깨 위에서의 작업, 촉감으로 구별하기, 밀기, 어깨를 기준으로 위 혹은 아래로 뻗기, 쓰기 등에 영향을 미친다. 하지기능의 제한성은 무릎 굽히기, 상체 굽히기, 서 있기, 균형 잡기, 기어오르기, 걷기 등에 영향을 미친다(Andrew & Andrew, 2012). 그 외 의료평가에서 자주 언급되는 기능적 제한성들은 앉기, 나르기, 들어 올리기의 내성, 그리고 습도, 연기, 추위, 더위, 먼지, 곰팡이, 건조함 등 환경에 대한 내성에 영향을 미치는 것들이다(Andrew & Andrew, 2012).

　Shirley Steed의 사례를 예로 들어 보면(3장, Ms. Steed의 초기면접요약 참조), 재활상담사는 〈표 4-2〉와 같은 의뢰질문들(Andrew, 2004)을 미리 준비해야 한다. 목록의 질문들은 의사로부터 적절하고 포괄적이고 구체적인 피드백이 요구되는 것들이다. 그러므로 〈표 4-2〉의 목록은 재활상담사가 내담자에 대한 의료평가 정보를 의사에게 요구할 때 모델로 활용할 수 있을 것이다.

　상담사는 적절한 의뢰질문과 더불어 필요하다고 생각되는 내담자의 관련 배경정보를 의사에게 제공해야 한다(Schultz & Gatchel, 2016). 이 정보에는 내담자의 의료 및 사회-직업적 이력(history)을 포함해야 한다(Rumrill & Koch, 2014). 이 이력에는 초기면접에서 수집된 개인적, 사회적, 심리적, 직업적 자료의 개요뿐만 아니라 최근(또는 만성장애의 경우 오래전; E. K. Johnson, 2016)에 치료를 받았던 관련 의료기록도 포함해야 한다. 평가과정에서 의사에게 내담자의 임시 직업목표에 관련된 정보를 제공한다면, 의사는 더 효과적으로 평가를 수행할 수 있을 것이다. 관련 정보는 의사가 의료적 관점에서 내담자의 직무적합성 여부를 더 명확하게 설명할 수 있게 한다. 의사에게 내담자에 대한 관련정보를 제공할 때, 정보공개를 위해 내담자로부터 서면허가를 받아야 한다는 점에 유의해야 한다(Crimando, 1996).

| 표 4-2 | 의사에게 제시할 의뢰질문들: Shirley Steed의 사례 |

호흡기 장애와 관련된 질문
(만성폐쇄성 폐질환[2]으로 지칭되는 질병 중 폐기종)

1. Steed 씨가 현재 겪고 있는 폐기종의 심각성은 어느 정도인가?
2. 어떤 조건이 Steed 씨의 일상에서 호흡기 장애를 더 악화시키는가?
3. Steed 씨의 호흡기 장애가 5년, 10년 후에는 어느 정도 더 심해질 수 있는가?
4. Steed 씨가 특별히 피해야만 하는 작업조건(예: 들어 올리기, 서 있기, 알레르기 물질, 특정 작업 일정)이 있는가?
5. Steed 씨의 호흡기 장애를 개선할 수 있는 단기, 중기, 장기 치료법은 있는가?
6. Steed 씨가 구직에 앞서 도달해야 할 호흡기 장애의 안정성 수준은?

혈액 순환(하지정맥류)과 관련된 질문

1. Steed 씨의 하지정맥류의 치료에 대한 의료적 권고 사항은 무엇인가?
2. Steed 씨가 하지정맥류 때문에 피해야 하는 특별한 작업 조건(예: 장시간 서 있기, 앉아 있기, 걷기)이 있는가?

3. 평가 의사에게 기대해야 하는 것

재활상담사는 의료평가를 통해 (1) 신체적 혹은 정신적 장애의 존재 여부, (2) 장애가 개인의 활동을 제한하는 정도, (3) 신체적 회복서비스를 통해 장애상태가 교정되거나 개선될 수 있는 정도나 방법 등을 판단하는 데 도움이 되는 모든 의료적 의뢰질문에 대한 구체적인 답을 얻어야 한다(Falvo, 2014; Wehman, Arango-Lasprilla, Kunz, & Targett, 2016). Nagi(1969, p. 210)는 의료평가과정에 대한 조사를 통해, 의료평가로부터 기대할 수 있는 정보를 파악했다. Nagi에 의해 확인된 정보유형들은 최근의 신체의학과 재활 현장의 기준과 유사하다(Schultz & Gatchel, 2016). 예를 들면, 병리과정은 "단일증세, 재발성 급성증세, 장기적인 기능부전, 혹은 재발성 급성증세가 수반되는 장기적 기능부전"(Nagi, 1969, p. 210) 등으로 파악할 수 있다. 병리과정은 다음 패턴과 같이 척도에 따라 달라질 수 있다: "급성단계, 회복상태, 통제된 급성단계, 안정을 위해 계속적인 관리가 요구되는 통제된 급성단계, 재발하거나 전이되거나 다른 기능에 연루될 수 있는 통제된 급성단계, 통제할 수 없으나 느리게 진행함, 통제할 수 없고 급속히 진행함"(Nagi,

---

2) Chronic Obstructive Pulmonary Disease(COPD), 만성적으로 기도의 폐쇄를 가져오는 만성기관지염, 기관지천식, 폐기종의 3가지 병을 지칭함.

1969, p. 210).

의료평가보고서는 장애의 후유증 정도에 대해서도 설명할 수 있어야 하는데, 그 범위는 "없음, 일부 있음, 확실하지 않은 특성의 후유증, 확실하고 안정된 후유증"에서 "점진적인 후유증"(Nagi, 1969, p. 210)에 이르기까지 다양하다. 의료평가보고서에서 예후를 논의할 때, 의사는 장애가 "향후 재발 없이 완전 통제됨, 계속적 관리하에 통제가능, 현재 통제가능하지만 이후 합병증 위험 있음, 훈련이나 보장구 사용을 통해 기능보상 가능, 부분적 기능보상 가능, 개선 가능, 확실치 않음(현재 물리치료의 지식에 근거한 성과측면에서)"인지 또는 "현재 알려진 방법으로 개선불가능"인지 알려 줘야 한다(Nagi, 1969, p. 210).

재활상담사는 내담자들에 대한 구두 혹은 문서화된 의사들의 보고서를 이해할 수 있도록 의학적 용어에 대한 충분한 이해가 있어야 한다(Falvo, 2014). Felton(1993a)은 다음과 같이 지적한다.

> 많은 의사는 일상적 용어로 환자를 설명하는 것을 어려워하며 전문적인 단어, 구, 문장에 의존한다. 의사들은 전문용어를 이해하는 사람과 이야기할 때 조금 더 쉽고 완벽하게 설명할 수 있을 것이다. 따라서 상담사가 더 많은 도움을 받기 위해서는 내담자의 의학적 상태를 이해할 필요가 있다. (p. 21)

축적된 의료정보는 재활상담사와 내담자가 내담자의 노동 잠재력과 내성에 대한 실제적인 결정을 내리는 데 매우 유용하다(Schultz & Gatchel, 2016). 예를 들어, 개인은 신체적 장애와 관련된 제한성의 유형에 따라 다음과 같이 다른 수준의 작업을 할 수 있을 것이다:

• 심한 육체 노동: 정기적인 파기, 들기, 오르기 등이 주요 작업임
• 육체노동, 부수적이거나 가끔씩 심한 노동이 포함됨
• 심한 작업을 제외한 모든 일을 함, 식사시간 통제됨
• 규칙적인 작업시간과 식사시간이 지켜지며 앉아서 작업함
• 특정 조건하에서 작업함
• 가정에서만 작업함

• 적합한 작업 없음

작업 능력은 지구력에 따라 달라질 수 있으며 시간제 근무만 가능한 사람도 있다.

중증 신체장애인의 평가 시, 의사는 반드시 개인의 독립생활 능력에 대한 적절한 정보를 상담사에게 제공해야 한다. 예를 들어, 의료평가보고서에 개인의 일상생활활동(예: 몸단장, 식사, 옷 입기, 배변, 이동) 수행 역량에 있어서 장애관련 제한점 그리고 의료적 자기관리뿐만 아니라, 독립적 기능을 향상시킬 수 있는 의료서비스(보조기와 의지) 등이 설명되어야 한다(Wehman, 2016). 내담자가 기능적 제한성으로 인해 집을 벗어날수 없는 경우, 의료평가에서 다루어야 할 추가적인 진단질문들이 있다. 이 내담자들의 경우, 상담사가 적절한 지원서비스를 통해 집 밖에서 할 수 있는 활동들을 파악하도록 의사들이 도움을 줄 수 있다(Wickert et al., 2013).

아쉽게도 의료평가보고서가 항상 명확한 예후를 알려 주지는 못한다. 내담자의 능력, 제한점 혹은 환경적 내성 등에 대한 평가의사들의 명확한 진술이 없는 경우가 많다. 이러한 경우, 상담사는 의료자문가의 도움을 받아 재활계획과 서비스 제공의 토대가 되는 의료정보의 직업적 시사점을 해석해야 할 책임을 가진다(Andrew & Andrew, 2012).

4. 의료자문가의 이용

상담사가 효과적으로 의료자문가(medical consultant)를 이용하기 위해서는 장애의 영향, 질병, 상해에 대한 기본적인 이해를 가지고 있어야 한다. 또한 상담사들은 의료 진단과 치료 과정, 그 과정에서 의료전문가들의 역할과 의학 전문용어에 대해서도 충분한 이해와 지식을 가지고 있어야 한다(Falvo, 2014). 하지만 의료적 사실에 대한 지식만으로는 충분하지 않다. 상담사는 내담자가 독립생활과 직업적 기능의 장·단기 제한점과 관련해서 자신의 장애를 어떻게 인식하고 있는지를 이해해야 한다.

상담사는 의료자문가와의 협의를 준비하기 위해 매우 실제적인 단계를 거쳐야 한다. 첫째, 상담사는 의료자문가와 논의해야 할 것들을 파악하기 위해 모든 사례를 검토하고 질문할 것들을 구체화한다. 보통 의료자문가에게 의뢰하는 사례들은 중복장애를 가졌거나 전문적인 의료적 처치, 수술 혹은 보장구가 필요한 사람들이다(Schultz & Gatchel, 2016; Wehman, 2016). 일부 사례의 경우, 사례파일에서 상충되는 정보를 다루기 위해 의료자문가의 도움이 필요할 수 있다. 상담사가 의사 및 내담자, 초기면접에서 얻은 자료들을 비교할 때 내담자의 제한점과 예후에 대한 상이한 의견들이 드러날 수 있다(Roessler & Rubin, 2006; Rumrill & Koch, 2014).

상담사는 의료자문가와 회의하는 동안 여러 측면에서 도움을 기대할 수 있다(Hylbert & Hylbert, 1979; Johnson, 2016). 의료자문가는 내담자의 기능적 제한점, 예후, 직업적 장애물에 대한 기술적 자료가 담겨 있는 보고서의 내용을 명확히 설명해 줄 수 있다. 또한 의료자문가는 사례 자료에 대한 검토를 통해 추후 의료전문가들에게 진단 혹은 치료적 서비스를 받으라고 권고할 수 있다. 의료자문가와 협의를 통해 (1) 상담사에게 질환, 진단, 치료법의 특성에 대해 가르치기, (2) 상담사가 의료서비스들을 조정할 수 있게 도움으로써 내담자가 재활의 의료적 단계에 머무르는 시간을 최소화하기, (3) 상담사가 적절한 의료프로그램이 있는 재활시설을 선택할 수 있도록 돕기 등의 또 다른 이득을 얻을 수 있다.

5. 맺음말

의사의 역할은 상담사가 내담자의 현재 및 잠재적인 장애관련 제한점과 다양한 직업적 요구 사이의 관계를 잘 이해하도록 돕는 것이다. 상담사는 의료평가과정을 계획하고 결과보고서를 활용하기 위해 의학적 전문용어와 서비스뿐만 아니라 각 장애상태의 시사점에 대해 이해해야 한다.

만약 재활상담사가 지침을 잘 따른다면 의료적 의뢰과정은 더 많은 바람직한 결과를 가져올 것이다. 재활상담사는 과거에 내담자를 치료한 적이 있거나 아니면 내담자의 의학적 상태를 파악할 수 있는 전문의에게 의뢰해야 한다. 의사는 내담자의 제한성이 직업에 어떤 영향을 미치는지를 설명하기 위해 내담자가 고려하고 있는 특정 직업이나 직업들을 알아야 한다. 또한 내담자의 직업력, 사회력, 병력은 의사가 결정을 내리는 데 도움을 줄 수 있다.

무엇보다 중요한 것은, 재활상담사가 얻고자 하는 정보를 구체적으로 요청하는 것이다. 의사에게 요청해야 하는 자료에는 내담자의 일반적인 건강, 장애의 범위와 안정성, 장애와 관련된 기능적 제한점, 요구되는 추가 검사들, 추천하는 치료법 및 기관, 장소 및 기대효과, 피해야 할 작업조건, 직장복귀를 위한 예후 등을 포함한다. 개별 내담자에 따라 이 질문 중 일부 혹은 전부가 달라질 수 있다. 구체적인 질문을 제공함으로써 의료평가에서 장애의 제한점 또는 개인의 기능적 손상에 대한 명확한 진술을 도출할 가능성이 높아진다. 이에 따라 상담사는 장애로 인한 직업관련 제한점을 극복하는 데 필요한 서비스들을 보다 잘 확인할 수 있을 것이다.

구체적인 예시를 위해 Shirly Steed 씨의 사례를 활용한다. 〈표 4-3〉은 Shirly Steed에 대한 의료평가보고서가 제시되어 있다. 만약 의료평가보고서가 〈표 4-3〉에 제시된 기준에 도달하지 못한다면 이는 의사에게 지침을 충분히 제시하지 않았거나 적합하지 않은 의사에게 내담자를 의뢰한 것이라고 생각할 수 있다.

| 표 4-3 | Ms. Shirly Steed의 의료평가 보고서 |

Ms. Shirly Steed는 폐와 혈관 기능의 문제로 인해 진료실에서 검사를 받았습니다. 검사결과, Steed 씨는 현재 **만성폐쇄성 폐질환(COPD)**으로 지칭되는 질환 중 하나인 폐기종의 초기단계인 것으로 나타났습니다. 또한 하지정맥류를 가지고 있습니다.

시각적으로 다리를 살펴본 결과, 다리의 혈관들이 확장되고 뒤틀려 있는 것이 확인되었습니다. 특히 오른쪽 다리에 현저하게 나타났습니다. Steed 씨는 다리가 자주 피로하며 가끔씩 발목이 붓고, 밤에는 경련도 일으킨다고 하소연했습니다. 만약 Steed 씨가 고탄력 스타킹을 신고 오래 서 있는 것을 피하고 주기적으로 다리를 들어 올릴 수 있다면 외과적인 수술을 피할 가능성이 높습니다. 그러나 오른쪽 다리의 정맥들이 아주 뚜렷이 나타나면 결국에는 결찰술(ligation)이나 정맥절제(stripping) 혹은 둘 다를 해야 할지도 모릅니다. 혈관이 더 이상 확장되는 것을 막거나 피부 상태를 바꾸기 위해서는 계속적인 주의를 기울여야 할 것입니다. 명백한 것은 Steed 씨가 장시간 서서 일해야 하는 직업으로 복귀하지 못할 것이라 점입니다.

초기 단계로 보이는 폐의 환기기능 손상이 있습니다. 폐활량 기록을 보면, 호흡률은 정상수준보다 낮습니다. 그러므로 Steed 씨는 COPD 초기단계, 구체적으로 폐기종입니다. 여기에는 많은 요인이 관련되지만, 가장 주된 원인은 폐를 감염시키는 만성적인 천식과 기관지염입니다. Steed 씨는 가쁜 호흡을 내쉬며 기침을 몇 번 한 후 다시 정상적인 호흡 상태로 돌아오곤 합니다.

화농성의 변색에 더하여 비정상적인 백혈구 수는 폐감염을 나타내는 것입니다. 3주 동안 아지트로마이신(azithromycin)을 투여했고 박테리아 감염은 2주 내에 치료되었습니다.

Steed 씨의 자료를 보면 약간의 불안증세가 있고 현재는 우울증 증세도 있으며 수면에도 어려움을 겪고 있다고 합니다. 우울증 치료를 위해 졸로푸트(Zoloft)와 불안 치료를 위해 바륨(Valium)을 처방했습니다. 하지만 바륨은 단기 처방이므로 가능한 한 빨리 심리치료를 받을 수 있

(계속)

표 4-3 (계속)

도록 심리평가를 받도록 권고합니다.

우울과 불안한 심리상태와 COPD로 인해 저하된 신체상태의 상호작용에 근거하여, 미국 폐협회(American Lung Association: AML)의 폐기종 환자 분류에서 레벨Ⅲ로 진단을 내렸습니다. 아직까지 가정에서나 자기관리 능력에 제한을 받지는 않지만 Steed 씨는 정상적인 활동과 직장에서 일하기가 어렵습니다. 하지만 신체적 문제는 철저한 음식 조절과 신체적 활동에 더하여 이소에탈린 메타프로터리놀(isoetharine metaproterenol)과 같은 기관지확장제제를 복용함으로써 상당히 개선될 수 있을 것입니다. 몸무게를 7kg 정도 줄이는 것은 좀 더 정상적인 활동수준으로 돌아오는 데 도움을 줄 것입니다. Steed 씨가 이러한 의료적 권고들을 잘 따른다면 30일 내에 AML 수준이 레벨Ⅱ로 개선될 것으로 기대됩니다. 하지만 그때가 되어도 여전히 신체적 활동에 있어 일부 제한점들이 있겠지만 약간의 신체적 노력만으로 가능한 앉아서 하는 직업(쉬운 작업)으로의 복귀는 가능할 것입니다. 물론 이러한 예측은 심리상태가 뚜렷이 개선된다는 점을 전제로 한 것입니다.

Steed 씨는 린트천, 의복, 천 염색 등에 알레르기 반응이 있기 때문에 알레르기 요인이 있는 직업환경을 피해야만 합니다. Steed 씨의 호흡상태로 보아 연기나 이물질이 없는 직장을 세심하게 선택할 필요가 있습니다. 또한 습기가 많거나 춥거나 지나치게 건조한 직장도 피해야 합니다.

폐기종이 진행성 질병이기는 하지만, 적절한 의료적 관리와 건강한 생활습관, 상대적으로 적은 스트레스, 가벼운 작업이라는 조건을 지킨다면, Steed 씨는 곧 직업목표를 성취하고 앞으로 적어도 5년에서 10년 정도는 직업을 유지할 것으로 사료됩니다.

Claude R. Rasmussen, MD
Rehabilitation Consulting Physician

5장

심리평가

이 장에서는 다음 주제들을 논의한다: (1) 심리평가로부터 기대하는 것 이해하기, (2) 자문심리학자 선택하기, (3) 효과적인 심리평가 의뢰하기, (4) 심리평가보고서 활용하기. 심리적 정보를 수집하는 것은 지적장애, 학습장애, 정서장애 등과 같은 장애상태를 입증하는 것에서부터 직업적 역할의 요구와 관련해서 개인의 지적, 신경심리학적, 성격적, 행동적 기능에 대해 잘 이해하기 위함이다. 심리평가에서 도출된 결과들은 상담사들이 내담자의 요구를 파악하고, 요구에 맞는 서비스를 선택하고, 마침내 적절하거나 충분한 개인-직업 일치를 유지할 가능성이 있는 직업적 역할을 제안할 수 있게 돕는다.

1. 심리평가로부터 기대하는 것

심리평가의 궁극적 목적은 직업 및 사회적 상황과 관련된 일상적 요구에 대한 개인의 대처능력을 판단하는 것이다. 그러므로 심리평가는 다양한 상황에서 개인의 행동에 관한 예언적인 진술을 도출할 수 있어야 한다. 재활상담사의 책임은 이러한 예측의 적합성을 판단하고 직업 및 사회적 역할에 따른 개인의 행동역량 개발에 필요한 서비스를 찾아내는 것이다.

재활상담사가 심리평가를 의뢰하는 것은 내담자의 대인관계기술, 새로운 직무 학습능력, 정서적 안정성, 직업목표에 대한 열정 등의 구체적인 정보에 관심을 가지기 때문이다. 그러므로 심리적 기능에 대해 전문적 또는 이론적 용어로 기술한 설명은 거의 의미가 없다. 상담사는 심리학자로부터 특정 상황에서 예상되는 개인의 반응, 효과적 혹은 비효과적으로 기능할 가능성이 있는 장소와 방법, 기능의 효과성을 높일 수 있는 재활서비스나 상황의 유형 등에 대한 구체적인 진술을 얻고자 한다(Marini & Stebnicki, 2012).

심리평가는 개인의 특성과 상황적 요구, 특히 개인이 직업으로부터 얻고자 하는 것들(예: 욕구들)과 그 직업에서 제공하는 것들(예: 높은 급여, 의료보험, 아동 양육) 간의 관계뿐만 아니라 직업의 요구들(예: 성과 요구)과 그러한 요구를 충족시키는 개인의 능력들(예: 기술들; Dawis, 2005; Hartung, 2013) 간의 일치성 또는 적합성에 대한 근거를 제공해야 한다. 그러므로 심리평가보고서에는 내담자의 장점, 약점, 갈등, 개인적 기능에 영향을 주는 방어기제 등에 포괄적으로 초점을 두기보다는 내담자가 여러 직업적 역할에 필요한 대인관계 기술과 적성의 요구를 어느 정도 충족시킬 수 있는지 상세히 설명해야 한다. 심리학자의 보고서는 일반적인 직업과 상담사가 요청한 특정 직업의 적응 요구와 관련해서 내담자의 잠재적인 문제를 기술해야 한다. 또한 진단된 심리적 문제와 관련해서 추천하는 재활서비스를 제시해야 한다.

2. 자문심리학자 선택하기

재활상담사는 장애가 심리적 적응과 개인적 기능에 미치는 영향을 이해하는 심리학자를 선택해야 한다. 심리학자는 장애가 행동에 미치는 영향이 기질적일 수도 심리적일 수도 있다는 사실을 인식해야 한다. 또한 행동이 장애 그 자체로 인한 것일 수도 있다는 점을 인식하고 있어야 한다. 뇌손상, 말기신장병, 중추신경계 손상(예: 뇌성마비)과 같은 문제들은 특정 행동반응을 야기할 수도 있다. 게다가 외상성 뇌손상과 같은 장애는 신경심리학적 검사를 전문으로 하는 심리학자가 필요하다(Hendricks et al., 2015).

지능검사나 기억력검사 등으로 구성된 종합심리검사에는 신경심리학적 평가를 포함하지 않는다. 신경심리학적 평가는 인지적 기능뿐만 아니라 지능, 언어이해, 언어추론, 기억과 학습, 시각과 공간 지각력, 문제해결력 등의 측정에 의한 고차적 뇌기능에 초점을 맞추고 있다. 감각 기능(촉각, 청각, 시각), 운동협응력, 정서적인 기능은 검사의 또 다른 중요 요인이다. 신경학적 평가에서 널리 사용되는 종합검사에는 개정된 **할스테드-라이탄 신경심리학적 검사**(Halstead-Reitan Neuropsychological Test)와 **우드콕 존슨 검사 4판**(Woodcock Johnson IV) 등을 포함한다.

심리학자는 재활상담사가 특정 장애에 대한 일시적 적응반응인지 사회적 학습에 의한 기능적 반응인지 구별하도록 도울 수 있다. 예를 들면, 자신의 장애에 대한 개인의 태도는 크게 다음과 같은 요인에 영향을 받는다: (1) 장애 이전의 경험, (2) 장애를 유발하는 질병이나 사고의 발생과 경과기간 동안 경험한 불안이나 공포, (3) 장애와 관련해서 알고 있는 정보, (4) 가족과 친구, 고용주에게 받는 대우, (5) 회복에 대한 희망(Marini & Stebnicki, 2012; Rubin, Roessler, & Rumrill, 2016; Smart, 2016). 재활상담사는 장애인의 직업적 잠재력에 대해 잘 알고 있고 낙관적인 자문심리학자를 선택해야 한다. 때로 심리학자들이 현실적인 입장에서 잠재력을 불필요하게 제한할 수도 있다. 예를 들어, Szymanski, Enright, Hershenson과 Ettinger(2010) 및 Brodwin, Parker와 DeLaGarza(2010)에 의하면 심리전문가와 진로상담전문가들 중에는 직장에서 정당한 편의제공을 가능하게 하는 전략과 장비들에 대해 잘 알지 못하는 사람들이 있다고 한다. 그 결과, 이 사람들은 개인과 환경이 서로의 요구에 부합하기 위해 변화할 수 있다고 가정하는 상호작용적인 모델보다는 정적인 "일치(matching)"모델에 근거해서 일하는 경향을 보인다. 이들은 정당한 편의제공 여부를 고려해서 실현가능한 다양한 직업적 선택사항을 파악할 가능성이 낮다. 전체적으로 심리학자가 내담자의 제한점을 과도하게 강조하지 않도록 격려해야 한다(Marini & Stebnicki, 2012; Rumrill & Koch, 2014). 내담자의 제한점에 대한 지나친 강조는 심리학자를 B. Wright(1980)가 언급한 "굴복하는(succumbing)" 관점에 빠지게 하며, 이는 내담자의 재활가능성을 과소평가하는 결과를 초래한다.

장애를 제한점 중심으로 인식하는 것은 실제 손상보다 그 이상은 아니지만, 물리적 및 태도적 장애 요인으로 작용할 수 있다(B. Wright, 1980). 우리 사회의 장애인에 대한 호의적이지 않은 태도는 많은 연구가 입증해 왔다(Safilios-Rothschild, 1970; Smart,

2016; Strauser, 2013; Wright, 1968). 장애인에 대한 부정적인 반응은 문화적으로 완벽함, 신체적 외양, 유사성을 강조하기 때문이다(Gatens-Robinson & Rubin, 2001; Marini & Stebnicki, 2012). 이러한 사회적 가치는 고용주가 장애인고용에 대해 낙관적이지 않은 태도를 가지게 하는 원인이 될 가능성이 있다. 고용주의 태도에 대해서는 오랫동안 논의해 오고 있는데(Gilbride, Sternsrud, Ehlers, Evans, & Peterson, 2000), 최근의 추세는 특정 장애집단의 고용에 대해서는 다소 덜 긍정적이지만, 장애인고용에 대한 전반적인 태도는 긍정적인 것으로 나타나고 있다(Hernandez, Keys, & Balcazar, 2000; Strauser, 2013). Vandergoot와 Engelkes(1980)는 눈에 잘 띄는 장애를 가진 사람일수록 직업탐색과정에서 더 많은 차별을 경험한다고 보고한다. 이와 유사하게 McMahon, West, Mansouri와 Blonia(2016)는 가시적 장애를 가진 사람들이 눈에 덜 드러나는 장애를 가진 사람에 비해 고용의 모든 측면에서 더 많은 차별을 경험한다고 주장한다. 비장애인은 가시적 장애를 가진 사람들과 상호작용할 때 불안을 느끼고 긴밀한 사회적 접촉을 피하거나(Bolton, 1981; Smart, 2016) 지나치게 염려하거나 걱정하는 반응을 보이기도 한다(Marini & Stebnicki, 2012; Safilios-Rothschild, 1970). 부정적인 사회적 태도는 성공적인 장애인 직업재활의 보이지 않는 장벽이 될 수 있다(Chan, Brodwin, Cardozo, & Chan, 2002). Hanna와 Rogovsky(1991)에 의하면 나아가 다른 사람들의 부정적 반응은 장애인, 특히 여성장애인으로 하여금 평가절하감과 낮은 자아존중감을 가지게 한다.

심리학자는 또한 장애가 검사수행능력에 어떤 식으로 영향을 미치는지 그리고 그로 인한 심리측정 사정결과의 영향에 대해 잘 알고 있어야 한다. 예를 들면, 반응기입에 눈−손 협응이 요구되는 지필검사의 사용은 협응에 영향을 주는 장애상태(예: 뇌졸중, 뇌성마비)를 가진 사람들의 적성과 잠재력에 대한 정확한 측정치를 제공하지 못할 수 있다. 다른 문제는 시각장애나 청각장애, 언어나 의사소통의 제한성(청각장애인의 경우)이 사정에 선입견으로 작용할 수 있다는 점이다(Power, 2013). 그리고 심리학자는 내담자의 복용약물과 그로 인해 사정 결과가 영향을 받을 수 있다는 점을 인지하고 있어야 한다. 마지막으로 가능한 최적의 결과를 얻을 수 있도록 검사시행 방법에 대한 수정을 고려해야 한다.

또한 심리학자는 재활과정의 목표와 목적에 대해 이해해야 한다. 재활의 목표가 직업배치이기 때문에, 자문심리학자는 심리, 사회, 인지 영역에서 개인의 장점과 제한점이 가지는 직업적 시사점을 묻는 의뢰질문에 답변해야 한다. 전체적으로, 심리학자는 재활계획단계에서 상담사와 내담자가 성취가능한 직업적 역할을 고려할 수 있도록 도와야 한다.

결국, 적절한 평가결과를 제공하지 못하는 심리학자는 활용할 수 없다. 의뢰된 모든 내담자의 평가보고서가 유사하다면 이는 적절하지 못함을 나타내는 하나의 지표가 될 수 있다. Bush(1992)는 다음과 같이 주립 재활기관이 심리학자의 활용을 중단한 사례를 제시한다.

> ······ (그의) 심리평가 중 98%에는 "혼합형 성격장애(mixed personality disorder)" 진단이 포함되어 있다. 그 심리학자는 매우 제한된 관찰(때로 매우 제한된 자료)을 토대로 진단할 뿐만 아니라, 의미 없고 활용하기 어려운 "쓸모없는(garbage can)" 진단을 내리고 있다. (1992, p. 101)

3. 효과적으로 의뢰하기

심리학자에게 의뢰하는 것과 관련하여 몇 가지 고려할 점이 있다. 첫째, 심리평가가 필요한 사람들을 확인해야 한다. 둘째, 심리학자에게 의뢰할 사람들을 적절하게 준비시켜야 한다. 마지막으로, 심리학자에게 내담자의 주요 사회력 정보와 주요 의뢰질문을 제공해야 한다.

1) 심리평가의 필요성 결정하기

일부 유형 사람들의 능력, 적성, 흥미, 성격-행동 패턴에 관한 정보는 필수적이다. 주립 직업재활기관에서는 적격성 판단을 위해 지적장애와 정서장애 그리고 1985년 이후에는 학습장애로 진단된 사람까지 심리평가를 첨부하도록 요구하고 있다(Biller & White, 1989; Rubin et al., 2016). 심리평가는 또한 다음과 같은 내담자에게 제안한다: (1) 직업경험이 없는 분야의 장기간 또는 고비용 훈련에 참여할 경우, (2) 명백히 드러나는 실현가능한 직업대안이 없는 경우, (3) 적절할 것으로 보이는 직업목표가 여러 개일 경우, (4) 내담자가 제안하는 직업목표가 실현하기 어렵다고 생각되거나 적절성을 판단하기 위해 정보가 필요한 경우, (5) 서류상 교육력이나 사회력에서 상충되는 정보 또는 주요 정보에서 차이가 있는 경우, (6) 어떤 확인되지 않은 장점이나 제한점을 가지고 있을지도 모른다고 짐작되는 경우, (7) "뇌 또는 두부손상, 맹, 농, …… 중추신경계의 손상이 있어서 역량, 능력, 기술, 흥미, 성격에 대한 전문적 평가"가 요구되는 장애를 가진 경우(McGowan & Porter, 1967, p. 66; Patterson, 1960; Rubin et al., 2016).

어떤 사람들의 경우에는 심리평가가 크게 중요하지 않을 수 있다. 예를 들면, 긍정적 직업력을 가진 사람이 의료재활을 마치고 이전 직업으로 복귀하고자 하는 경우에는 대부분 심리평가를 필요로 하지 않는다. 또한 심리평가에 대해 비협조적이고 부정적이어서 그러한 태도를 고집하는 한, 심리학자에게 의뢰하는 것이 역효과를 가져올 수 있는 사람들의 경우도 그러하다.

2) 심리평가에 대해 준비시키기

심리평가를 위해 내담자를 준비시킬 때, 상담사는 어떤 검사질문이 재활계획 개발 과정에 도움을 주는 지를 포함해서, 심리검사 실시의 목적을 설명해야 한다. 또한 누가 평가 비용을 부담하는지, 언제 어디서 평가가 이루어지며, 심리학자의 이름이 무엇인지를 설명해야 한다. 재활상담사는 심리평가의 결과가 다음과 같은 도움을 준다고 일상적인 용어로 설명해야 한다: (1) 자기-인식 수준의 증가, (2) 행동적 장점과 제한점 파악, (3) 직업목표와 계획 개발, (4) 추가 검사와 치료 프로그램 결정(Groth-Marnat, 1984; Power, 2013).

이와 같은 설명이 타당하다고 생각하는 사람들이 있는 반면 어떤 사람들은 자신을 심리평가에 의뢰하는 것은 자신이 심각한 문제가 있기 때문이라고 느낄 수도 있다. 상담사는 그러한 감정이 생기지 않도록 심리평가가 성공적인 직업 훈련과 배치를 방해할 수 있는 문제점들을 파악하고 해결하도록 돕는다는 점을 강조해야 한다.

3) 자문심리학자에게 제공하는 정보

재활상담사는 완벽한 심리평가가 이루어질 수 있도록, 의뢰하는 내담자의 사회-직업력, 병력, 직업목표에 대한 구체적인 정보를 심리학자에게 제공해야 한다. 상담사는 심리학자가 상담사에 의해 이미 수집된 개인의 정보를 얻는 데 시간을 소모하지 않도록 다음의 영역에 대한 간단한 개요를 제공해야 한다: (1) 신체—개인의 장애 이력, 이전 치료, 현재 약물치료, 최근 의료검사 결과, (2) 교육-직업—교육력, 좋아하고 싫어했던 과목, 이전 직업훈련, 과거직업, 좋아하고 싫어하는 직업유형, (3) 심리사회—이전 심리치료 이력, 현재 약물치료, 가족 및 친구들과의 관계의 질, (4) 경제—현재 재정상태, 재정지원의 출처, 장애 및 기타 이유로 인한 현재 또는 예상되는 채무, 사회보장이나 근로자보상과 같은 다른 지원의 출처, (5)직업선택—진술한 직업흥미와 직업목표, 희망하는 직업훈련 유형, 직업목표 성취와 관련하여 자신의 능력에 대한 인식, 희망 급여수준(Rubin et al., 2016). 상담사가 심리학자에게 임시 서비스와 직업목표에 대한 정보를 주는 것도 중요하다.

또한 재활상담사는 심리평가보고서를 보다 잘 활용하기 위해 구체적인 의뢰질문을 제공해야 한다(Rubin et al., 2016). 이 질문들은 개인의 신체적 기능(신경학적), 심리사회적 기능(성격-행동패턴의 특성, 여러 상황적 요구에 대한 반응), 지적 기능, 직업적 흥미와 목표 등과 관련해서 모호한 영역에 초점을 두어야 한다. 이들 각 영역의 적절한 질문에는 다음과 같은 것을 포함해야 한다(이 질문들과 관련하여 직업평가사가 유용한 통찰력을 제공할 수 있다는 점도 유의할 필요가 있다):

신체적 기능

1. 심리검사 결과에서 뇌 또는 중추신경계의 손상이 나타나는가? 만약 그렇다면 이 손상들이 개인의 기능에 어떻게 영향을 미치는가?

심리사회적 기능

1. 현재 개인의 심리적응에서 재활을 방해하는 장애물들이 있는가?

2. 개인의 판단, 추론, 이해 수준에 어떻게 영향을 미치는가? 그 영향들이 행동으로 어떻게 나타나는가?

3. 정신질환의 징후가 있는가? 얼마나 심각하며 어떤 유형인가?

4. 개인적 적응의 문제가 직업훈련과정의 성취나 훈련 수료뿐만 아니라 관련 직업기능에 어떤 식으로 영향을 미치는가?

5. 환경에 대한 개인의 인식 중 어떤 측면이 직장 상황의 적응에 영향을 미칠 수 있는

가(예: 상급자에 대해 어떻게 생각하는가)?

6. 직업적응을 저해하는 대인관계기술 결함을 가지고 있었거나 가지고 있다는 증거가 있는가?

7. 직업생활이 아닌 상황의 어떤 측면이 직업적응을 위해 중요한가(예: 특이한 가정 스트레스가 있는가)?

8. 성격적 특성이 직업선택과정에 어떻게 영향을 미치는가(예: 개인적으로 크게 불안해하는 특정 직업상황이 있는가)?

9. 업무 성과에 영향을 미치는 어떤 행동들이 있는가(예: 개인의 주의력 지속시간이 특정 직무수행에 적절한가, 외상후스트레스장애에 해당할 만한 반응을 유발하는 심한 스트레스를 경험한 적이 있는가)?

10. 어떤 직업 환경이 더 적합한가(예: 많은 사람과 함께 있는 상황이 적절한가)?

11. 경쟁적인 직업 상황에 적응할 수 있는가(예: 생산 속도, 질적 기준, 판매 수수료 등의 기대를 충족해야 하는 압박 속에서 일할 수 있는가)?

인지적 기능

1. 지적장애의 증거가 있는가?

2. 학습장애의 징후가 있는가?

3. 지적 기능의 어떤 측면을 재활계획에서 고려해야 하는가?

4. 지적 역량이 새로운 직업기술을 배우기 위한 능력에 영향을 미치는가? 직업훈련의 수준을 어느 정도로 제한해야 하는가?

직업 흥미와 목표

1. 직업흥미는 무엇인가?

2. 직업흥미가 자신이 진술한 직업목표와 일치하는가?

3. 흥미와 목표가 다른 영역(교육-직업, 사회심리, 신체)의 기능수준과 상응하는가?

상담사는 심리학자에게 이 질문들과 이전 단락에서 권고한 정보들을 함께 제공하기 위해 정리양식을 개발할 필요가 있다. 한 가지 가능한 접근은 심리학자가 처리해야 할 의뢰질문들과 적절한 배경정보를 심리학자에게 보낼 수 있도록 표준화된 양식을 개발하는 것이다. 그 예시로 〈표 5-1〉에 Shirley Steed의 사례 양식을 제시한다.

| 표 5-1 | 심리평가 의뢰양식 예시 |

내담자 성명: Shirley Steed
초기면접 정보의 개요

신체

만성기관지염, 폐기종, 하지정맥류의 병력. 직물 알레르기에 의해 호흡기 상태 악화됨. 건강상의 문제로 인한 잦은 결근. 최근 과도한 작업을 견디지 못함. 현재 졸로푸트(Zoloft) 복용하고 있음.

심리사회

잦은 불안과 신경쇠약 증세로 인한 소진 때문에 입원한 적 있음. 주기적인 우울증을 보고함. 부부 및 가족 문제와 관련된 불안과 우울증 때문에 2년 전 상담사로부터 치료받았음. 현재 너무 불안해서 일할 수 없음.

교육 및 직업

금융, 보험, 보건 관련회사의 자료입력전문가에 흥미 있음. 3년 전 GED 취득. 약 20년 전, 고등학교에서 타이핑과 속기 익힘. 스마트폰, 태블릿, 노트북, 인터넷 등 공학기기에 능숙함. 1분에 60타 가능함. 옷 가게(단기간) 및 2곳의 제조회사(장기간)에서 잘 근무함. 건강 문제로 권고 사직함.

경제

현재 아무런 재정적 지원 없음. TANF 신청 중이며 생활비와 약값 때문에 일하기를 원함. 막내아들을 1년 이상 경제적으로 보살펴야 함.

직업

자료입력 직업 찾고 있음: 이 직업은 신체적 요구가 가볍기에 가능함.

임시 목표

재활서비스

약물치료, 음식조절, 적절한 직업환경을 통해 호흡기 문제를 통제할 필요 있음. 불안과 주기적 우울 증상은 추가적인 치료가 필요할 수 있음. 하지정맥류는 통제 가능함.

직업

컴퓨터훈련을 위해 지역 상업학교에 배치할 필요 있음.

의뢰 질문

신체적(신경학적) 기능

1. 폐기종에 어떻게 대처할 수 있는가?
2. 어떤 요인들이 불안감을 증가시키는가?
3. 상태의 예후를 위해 어떤 정보들이 필요한가?

(계속)

표 5-1 (계속)

심리사회적 기능(성격-행동 패턴의 특징; 상황별 요구에 대한 반응)

1. 명백한 정신질환이 있는가? 만약 그렇다면, 어떤 것인가?

2. 자료입력 직업의 스트레스에 어떻게 대처할 수 있는가?

3. 어떤 조건이 불안과 우울증을 촉발하는가?

4. 일을 할 수 있을 정도로 정서가 안정되어 있는가? 만약 아니라면, 직업 준비를 위해 얼마나 시간이 필요한가?

5. 자료입력 기술을 향상시키고 사무실에서 성공적으로 일하는 것과 관련해서 자신의 능력을 어떻게 인식하는가?

6. 불안과 우울증에 어떤 유형의 치료를 추천하는가?

7. 가족문제에 어떤 유형의 치료를 추천하는가?

인지적 기능

1. 자료입력 직업을 수행할 수 있는 인지적 역량이 있는가?

2. 적성은 자료입력 직업의 요구에 상응하는가?

직업 흥미와 목표

1. 직업흥미는 자료입력 직업과 일치하는가?

4. 심리평가보고서 활용하기

Isett와 Roszkowski(1979)는 심리평가보고서를 12가지 영역으로 구분했다. 40여 년이 지났지만 이 영역은 다음과 같이 여전하다.

1. 배경정보(예: 발달력, 교육력, 사회력)

2. 심리평가를 하는 동안의 행동

3. 심리학자가 내담자와 다른 접촉을 하는 동안의 행동

4. IQ검사 결과

5. 지각운동 기능 정보

6. 사회적 기술과 사회적 성숙도

7. 학업성취 자료

8. 객관적 성격검사 결과(예: 행동평정척도, 행동차트)

9. 투사적 성격검사 결과

10. 요약 및 결론

11. 교육적 결손 보완을 위한 권고사항

12. 행동관리를 위한 권고사항

Groth-Marnat(1984)는 더 간략한 심리평가보고서의 개요를 제시한다. 추천 영역에는 (1) 의뢰질문에 대한 논의, (2) 실시 검사목록과 다른 평가절차들, (3) 행동 관찰, (4) 주요 이력, (5) 검사 결과, (6) 인상과 해석, (7) 권고사항 등을 포함한다. 물론 심리학자는 Groth-Marnat가 제안한 형식 내에 Isett와 Roszkowski(1979)의 양식을 통해 확인한 정보들을 통합할 수 있다.

심리학자의 보고서에 대한 재활상담사들의 만족도와 관련한 최근의 연구는 거의 없지만, Rumrill과 Koch(2014) 및 Marini와 Stebnicki(2012)는 보고서에 사용된 언어의 모호성, 심리학자가 재활상담사에게 보고서를 제출하기까지 걸리는 시간, 보고서의 길이, 기술적 용어나 전문 용어의 과도한 사용 등이 여전히 문제라고 지적한다. Amble과 Peterson(1979)이 재활상담사를 대상으로 한 조사연구를 통해 제시한, 효과적인 심리평가의 특성은 의심의 여지 없이 오늘날에도 타당하다. 그들은 먼저 간결한 보고서, 3쪽 내지 5쪽 분량, 2주 이내에 완성을 권고했다. 그리고 효과적인 보고서에는 상담사의 의뢰질문에 대한 구체적인 답변과 다음 정보들을 포함해야 한다: (1) 내담자를 위한 직업적 추천, (2) 구체적인 대인관계기술과 직업기술, (3) 지역사회 내에서 이용가능한 취업 기회, (4) 평가에서 확인된 예상되는 기능적 제한점. Power(2013)는 심리평가보고서에는 부부와 가족치료, 약물남용 치료, 개인 및 집단 심리치료와 같은 구체적인 심리치료 방법들을 추천해야 한다고 주장한다. Gill(1972)은 심리학자들이 치료의 적절한 자원과 장소를 제시하도록 제안했다.

〈표 5-2〉에는 Shirley Steed의 심리평가보고서가 예시되어 있다. 이 보고서는 긍정적인 점과 부정적인 점을 함께 가지고 있는데 긍정적 측면에서 본다면, 간결하고 적절하다고 말할 수 있다. 이 보고서는 전문용어를 최소화하고 정신의학적 진단(급성 우울 반응)을 내리고 있으며, 심리적 치료목표를 달성했을 때 Shirley에게 적절한 직업환경에 대해서도 논의하고 있다. Shirley의 역량이 자료입력 작업에 충분할 것으로 보이지만 일부 직무관련 상황에서는 긴장을 경험할 것이라고 한다. 그리고 가족 문제뿐만 아니라

긴장을 처리할 수 있도록 도움을 주는 서비스들이 제시되어 있다.

일부 재활상담사들은 이 보고서를 검토한 후, 약간의 부족한 점들을 지적했다. 상담사들은 Shirley의 반응과 감정에 대한 더 많은 정보가 필요하다고 말한다. 또한 보고서를 통해서 Shirley의 목표에 대해 알 수 있는 것이 거의 없기 때문에 검사 점수프로파일을 요청했다.

1) 재활상담사의 책임

심리학자가 구체적인 보고서를 신속하게 제출하면, 재활상담사는 보고서를 잘 활용할 책임이 있다. 달리 말하면, 재활상담사는 사용한 기법들 및 신뢰도와 타당도, 내담자에게 적용한 규준의 유형에 대해 충분히 이해해야 한다(Maki, Pape, & Prout, 1979; Rumrill & Koch, 2014). 이러한 이해는 상담사로 하여금 심리적 정보에 대해 적절하게 판단할 수 있게 하며 상담사와 내담자를 재활과정의 계획단계로 나가게 한다.

표 5-2   Ms. Shirley Steed: 심리평가보고서

실시한 검사
웩슬러 성인용 지능검사, 4판(Wechsler Adult Intelligence Scale-Fourth Edition: WAIS-IV; Wechsler, 2008)
미네소타 다면적 인성검사, 2판(Minnesota Multiphasic Personality Inventory-Second Edition: MMPI-2; Ben-Porath, Graham, & Tellegen, 2009)
주제통각검사(Thematic Apperception Test: TAT; Murray, 1993)

면접 동안의 관찰 결과
Ms. Steed는 단정한 옷차림을 하고 왔으며, 예의 바르고 협조적이었다. 그녀는 자신의 문제해결 및 직장 복귀와 경제적 자립을 원했다. 최근 처방약물 복용 후, 신체적 건강이 좋아졌다고 한다. 그러나 Steed 씨는 아들들에 대한 이야기를 나눌 때 특별히 긴장하고 불안해했다. 만약 아들들이 "잘되지" 않는다면 "부모로서" 실패한 것이라는 생각 때문에 걱정이 많았다. 분명한 것은 현재 큰아들이 수감되어 있고 작은아들은 학교를 그만두겠다고 하는 상황이 걱정을 가중시키고 있다.

검사 결과
Ms. Steed의 WAIS-IV 점수는 언어성 113, 동작성 106, 종합 IQ 111로, 지능이 평균 이상의 범위에 해당함을 나타낸다. 언어성 지능은 동작성보다 다소 높지만 그 차이는 유의하지 않다. Steed 씨의 MMPI-2 결과는 중간수준의 불안과 신경증적 성격특징을 나타낸다. 미래에 관한 불안

(계속)

표 5-2 (계속)

을 특징으로 하는 MMPI-2(2-7)의 이 프로파일은 종종 신체적 증상(흉통, 신경성 복통, 설사, 어지럼증)과 연관된다. 종종 신경증, 긴장, 무기력, 우울, 강박 등을 호소한다. MMPI-2는 장애인에 대한 규준을 가지고 있지 않기 때문에 만성질환을 가진 사람들의 경우 이 영역들의 점수가 더 높게 나올 가능성이 있다는 점에 유의해야 한다.

2-7프로파일을 나타내는 사람은 자신에게 높은 기준을 부여하는 경향이 있고, 그로 인해 수행력이 높다. 그러나 높은 기준과 만성적 불안 때문에 다양한 생활스트레스 처리를 매우 힘들어한다. 아들들과의 관계뿐 아니라 재정, 직업, 건강상태의 불확실성은 생활에서 상당한 스트레스를 야기한다.

MMPI-2 프로파일에 기초해서, TAT를 실시하였다. Steed 씨 이야기의 내용분석에서는 긴장감과 불안감이 혼합된 불안정 수준이 나타났다. 잘할 필요가 있고 다른 사람의 기대를 충족시켜야 한다는 말을 여러 번 했다. 그녀는 종종 다른 사람들이 이야기 속 중심인물을 어떻게 평가하고 그것이 그 사람에게 어떤 영향을 미치는 지에 초점을 두었다. 또한 그녀의 이야기에는 "자기-충족적 예언"이나 성공하기를 바란다고 말하지만 "사실 본심"은 실패할 것을 알고 있다는 식의 내용들이 포함되었다. Steed 씨는 분명 자신의 비현실적이고 자기-패배적인 기대에 대해 깊이 탐색할 필요가 있다. 비록 TAT가 중증의 만성질환을 가진 사람에 대한 규준을 갖고 있지 않지만 TAT에서 불안이 근본적인 문제로 나타났다.

MMPI-2 및 TAT, 면담 등의 논의에 근거해 볼 때, Steed 씨는 주기적 우울반응을 동반한 불안으로 인해 개인적응의 문제를 경험하고 있는 것으로 생각할 수 있다. 가장 적절한 진단범주는 '일반적 의학상태로 인한 불안장애(Anxiety Disorder Due to a General Medical Condition, ICDM-10-CM Code F06.4)' 혹은 '일반적 불안장애(General Anxiety Disorder, ICDM-10-CM Code F41.1)'이다. Steed 씨는 긴장과 불안 반응을 잘 다룰 수 있도록 개인상담, 이완 및 스트레스관리 훈련을 받는 것이 유익할 수 있다.

결론 및 권고

Ms. Steed는 과거 고용경험에 대해 거의 불만이 없었다. 평균 이상의 인지수준과 직업요구에 잘 적응해온 경력이 있으므로, 확실한 고용가능성이 있지만 현재 몇 가지 문제가 있다.

Steed 씨는 면접에서 나타난 바와 같이 활동력과 정서에 영향을 주는 주기적 우울증상을 동반하는 중도의 불안에 대처해야 한다. 재발성 호흡기 문제와 더불어 이러한 심리적 상태는 직장 복귀와 유지에 적절하지 않다. Steed 씨는 의료적 처치와 개인상담을 통해 신체와 심리 상태를 개선해야 한다.

Steed 씨가 피해야 할 직업상황을 고려해야 한다. 압박이 심한 업무나 판매 및 실적을 요구하는 직업은 적절하지 못하다. Steed 씨에게는 컴퓨터나 사무작업 기술이 요구되는 안정적인 직업이 적합할 것으로 보인다.

물론 긴장은 어떤 직업상황에서도 나타날 수 있고 적응문제를 유발할 수 있다. 따라서 스트레스 관리방법을 배울 수 있도록 지원이 필요하다. 예를 들면, Steed 씨는 다음과 같은 상황에서 직무 스트레스를 경험할 수 있다: (1) 타이핑하거나 파일정리를 하는 동안에 전화응답과 같은 방해를 다루는 것, (2) 마감시간 맞추기, (3) 관리자의 지시에 따라 업무 전환하기. 만약 가능하다면 Steed 씨가 자료-입력 기술에 자신감이 생길 때까지, 관리자의 업무지지 중재를 포함한 지원고용서비스를 제공하는 것이 업무에 있어서 최선일 것으로 생각한다.

(계속)

표 5-2 (계속)

Steed 씨와 막내아들은 가족상담에 참여할 필요가 있다. 막내아들은 자신의 교육과 직업 계획에 대해 재활상담사로부터 지속적으로 자문을 구해야 한다. Ms. Steed의 심리서비스는 라르크스파 정신건강센터(Larkspur Mental Health Center)에서 최소 비용으로 가능하다.

요약

현재, Ms. Steed는 중증 만성질환(일반적 의학상태로 인한 불안장애, F06.4; 일반적 불안장애, F41.1)과 관련된 불안장애 증상을 나타내고 있다. 만약 상담서비스를 받고 가족문제를 해결할 수 있다면, 자료-입력 직업을 위한 직업훈련과 배치에 좋은 결과를 예상할 수 있다.

5. 맺음말

심리평가는 장애의 존재와 장애의 직업적 시사점, 심리서비스 추천, 인지 및 심리적 기능의 가능성 수준에 대한 유용한 정보를 제공해 준다. 상담사의 기본 목표는 다양한 직업적 요구 충족을 위한 개인의 능력에 초점을 두고 이 정보들의 시사점을 해석하는 것이다. 물론 재활서비스를 받는 모든 사람이 심리평가를 받는 것은 아니다. 성공적인 직업력을 가지고 있으며 의료적 회복과 사례관리 같은 재활서비스를 제공받은 사람들은 동일 직장으로 복귀할 능력을 가지고 있다. 반면, 어떤 사람들의 경우 상담사가 반드시 심리평가를 통해 답을 얻어야 하는 문제를 가지고 있을 수도 있다.

바람직한 자문심리학자는 장애가 직업기능에 미치는 영향에 대한 이해뿐만 아니라 직업재활 과정에 대한 이해를 갖춘 사람이다. 따라서 심리학자의 보고서를 통해 개인의 인지기능, 성격, 행동에 대한 프로파일과 특정 직업역할 수행에 있어서 그 프로파일의 관련 정도를 알 수 있어야 한다. 또한 심리학자는 장애 그 자체의 심리적 영향과 장애에 대한 개인의 지각에 따른 심리적 영향, 타인의 부정적 반응에 대한 심리적 충격 등을 이해해야 한다.

심리학자에게 의뢰할 때, 재활상담사들은 신체 및 심리, 교육-직업적 영역의 개인기능에 대한 요약자료를 제공해야 한다. 제공되는 이 정보들은 자문심리학자의 시간을 절약할 뿐만 아니라 심리학자가 개인의 심리적 기능을 직업적 가능성에 초점을 두고 설명할 수 있게 한다. 또한 구체적인 의뢰질문을 제공함으로써 더욱 적절하고 구체적인 심리평가가 이루어질 가능성이 높아진다.

상담사는 내담자에게 심리 검사와 평가의 목적과 특성을 설명함으로서 심리평가에 대해 준비할 수 있게 한다. 상담사는 심리학자에게 의뢰하는 구체적인 이유, 즉 (1) 자신의 문제를 파악할 수 있도록 돕기 위해, (2) 자신의 장점과 단점을 더 잘 이해할 수 있도록, (3) 합리적인 계획과 의사결정을 돕기 위한 것이라는 점에 대해 내담자와 논의해야 한다.

마지막으로 상담사는 심리평가보고서에 대한 명확한 기대를 가져야 한다. 보고서는 구체적인 특정 용어로 진술되어야 하며 내담자에게 적절한 직업적 역할과 필요한 심리서비스에 대한 일련의 추천으로 귀결되어야 한다. 심리서비스 추천에는 지역사회 내에서 이용 가능한 서비스의 기관과 위치를 포함해야 한다. 자문심리학자는 타당한 직업추천을 위해, 추천하는 직업이 실제 지역사회 내에서 가능해야 한다는 점과 지역노동시장의 현실을 잘 알고 있어야 한다. 심리학자는 사례처리가 불필요하게 늦어지지 않도록 즉시(약 2주 이내) 보고서를 제출해야 한다. 또한 보고서는 가능한 간략하게, 3~5쪽 정도의 분량으로 작성하는 것이 적절하다.

6장

직업평가

Brent Thomas Williams, Richard T. Roessler, and Richard J. Baker

이 장에서는 직업평가의 목적과 평가과정의 바람직한 특성 및 절차에 대해서 논의한다. 또한 직업평가 의뢰와 직업평가 자원을 효과적으로 사용하기 위한 제안들도 제시한다. 이 장의 주요 논의사항에 대한 설명을 돕기 위해, Shirley Steed의 평가계획과 평가보고서를 예시한다.

125

1. 직업평가: 목적과 전략

비장애인에 비해 장애인의 높은 미고용과 불완전고용 비율이 여전히 지속되고 있다 (Bureau of Labor Statistics, 2016). 이러한 격차는 진로개발 및 지역사회 통합이 더욱 더 필요하다는 점을 시사하며, 장애인은 통합을 통해 직업적, 개인적, 사회적 영역에서 더 높은 수준의 자아실현을 성취할 수 있게 된다. 재활상담의 목적을 가장 단순하게 정의하면, 개인이 직업세계에 통합되고 나아가 지역사회로 더 많이 통합될 수 있도록 촉진하는 것이다. 이와 같은 개괄적인 사명에 부합하는 직업평가의 목적은 진로개발과 지역사회 통합의 목표를 파악하기 위해 개인의 능력, 적성, 행동, 흥미를 사정하고 또한 이를 달성하기 위해 필요한 편의제공과 서비스를 사정하는 것이다. 일반적으로 직업평가는 내담자가 오랫동안 일하지 않았기 때문에 직업 혹은 직업재활과 관련해서 개인의 능력이나 가능성을 알지 못하는 경우 그리고 일하지 않은 기간은 짧지만 직장 복귀의 준비정도를 알지 못하는 경우에 실시한다. 직업평가를 통해 수집하는 정보는 개인의 현재 직업 기술과 행동, 추가적인 직업기술과 관련 직업행동을 개발하고 유지할 수 있는 능력, 진로 흥미와 선호 등이다. 또한 직업평가는 가능한 직업목표 및 진로방향, 이러한 포부를 실현하기 위해 필요한 편의제공 등을 결정하는 데 도움을 준다.

이 장에서 모든 평가도구들의 종합적인 목록을 제시할 수 없지만 활용가능한 도구 목록을 정리해서 제공하는 여러 웹기반 자원들이 있다. 뷰로스 검사센터[1]는 두 가지 온라인 자원을 제공한다. 그중 **심리측정연감**(Mental Measurement Yearbook; http://buros.org/mental-measurement)은 검사 선택에 도움을 받을 수 있도록 사용자중심의 최신 검사리뷰를 제공하며, **출판된 검사**(Test in Print; http://buros.org/tests-print)는 영어로 출판되어 현재 상업적으로 통용되고 있는 도구들의 종합적인 참고문헌으로 활용된다. 직업평가과정은 개인에 따라 달라지겠지만, 대개 다음에 제시하는 보다 일반적인 도구들과 절차들을 조합해서 시행한다.

적성과 능력에 대한 심리측정 사정(Psychometric Aptitude and Ability Assessments)

1. 적성과 능력에 대한 측정도구는 인지 및 학업, 성취, 신경심리 기능을 사정한다.
2. 적성과 능력 사정은 서비스의 적격성을 다른 방법으로 입증할 수 없거나 종합적 검사를 통해 재활계획 수립을 촉진할 수 있을 때 사용한다.
3. 적성과 능력 검사들을 통해 수집하는 정보에는 학습장애의 세부유형 판별과 같이 개인의 지능, 학업 성취, 인지 · 정서 · 심리운동 · 신경심리 기능의 측정 결과를 포함한다.
4. 적성과 능력 검사를 통해 수집한 정보는 재활상담사가 필요한 편의제공과 재활 서비스뿐만 아니라 가능한 교육적 또는 직업적 대안을 파악할 수 있도록 돕는다.

---

1) Buros Center for Testing, 미국 Nebraska-Lincoln 대학에 설치되어 있는 독립된 비영리 기관으로 자문과 교육을 통해 검사와 사정, 측정에 대한 연구 및 실제의 증진을 목적으로 한다.

5. 적성과 능력을 검사하기 위해 사용하는 도구에는 **웩슬러 성인용 지능검사, 4판**(Wechsler Adult Intelligence Scale-Fourth Edition: WAIS-IV; Wechsler, 2008), **우드콕-존슨 검사, 4판**(Woodcock-Johnson Test -Fourth Edition: WJ-IV; Wilkinson & Robertson, 2014), **광역 성취도검사, 4판**(Wide Range Achievement Test-Fourth Edition: WRAT-4; Schrank, McGrew, & Mather, 2006), **할스테드-라이탄 종합신경심리검사**(Halstead-Reitan Neuropsychological Test Battery: HRB; Reitan, 1985), **기호잇기 검사**(Trail Marking Test: TMT; Reitan, 1986), **레이븐 지능검사**(Raven's Progressive Matrices; Raven & Court, 1996), **할펀 비판적사고 검사**(Halpern Critical Thinking Assessment: HCTA; Halpern, 2010), **카푸만 간편 지능검사, 2판**(Kaufman Brief Intelligence Test-Second Edition: KBIT-2; Kaufman, 2004), **레이놀드 지능검사**(Reynolds Intelligence Assessment Scales: RIAS-2; Reynolds & Kamphaus, 2015), **스텐포드-비네 지능검사, 5판**(Stanford-Binet Intelligence Scales-Fifth Edition: SB-5; Roid & Barram, 2004) 등을 포함한다.

학습양식에 대한 심리측정 사정(Psychometric Learning Style Assessments)

1. 학습양식에 대한 측정도구는 지각 및 조직 능력과 선호를 사정하며 학습장애의 하위유형을 사정하기 위해 고안된 도구와는 다르다. 개인들은 각기 다른 지각 및 조직 능력으로 인해 각자 독특한 방식으로 정보를 처리한다. 이 도구들은 개인이 가장 효율적으로 학습하는 방법과 전략 및 가장 어려워하는 교과를 파악한다.

2. 학습양식 사정은 적성 및 능력 검사의 하위영역에서 다루기도 하지만 대부분은 지능이나 학업성취와 학습양식의 각기 다른 특성을 강조하기 위해 별개의 범주로 구분한다.

3. 학습양식의 사정은 개인이 자신의 학습양식을 알고자 할 때나 직업훈련 담당자가 개별 학습자에게 가장 적합한 자료 제시의 양식을 판단할 때 유용하다.

4. 학습양식 사정과정을 통해 수집하는 정보에는 시각, 청각, 운동 정보와 같이 개별 학습자가 선호하는 정보 양식과 지식의 전이가 가장 잘 일어나는 조건을 포함한다.

5. 학습양식 사정을 통해 수집한 정보는 직업훈련 또는 교육훈련의 제공이나 개인의 행동 변화를 위한 최적의 방법 추천에 사용할 수 있다.

6. 학습양식 측정도구로는 **시각 · 청각 · 운동감각 · 문해능력 검사**(Visual-Aural-Read/Write-Kinesthetic Questionnaire: VARK; Fleming & Mills, 1992), **학습양식검사**(Index of

Learning Styles: ILS; Felder & Soloman, 1992), **지각양식 선호도검사**(Perceptual Modality Preference Survey: PMPS; Cherry, 1997) 등을 포함한다.

성격에 대한 심리측정 사정(Psychometric Personality Assessments)

1. 성격에 대한 측정도구는 기질 및 행동의 특성과 상태를 사정한다.
2. 성격 측정도구는 외향성 대 내향성 그리고 불안 대 자신감 등과 같은 주된 기질과 행동을 파악하기 위해 사용한다.
3. 성격검사는 양극성 장애나 우울증과 같은 정신건강 특성과 상태를 사정하기 위해 사용한다.
4. 성격 사정을 통해 수집한 정보는 성공적인 직업 및 지역사회 통합에 필요한 지원과 서비스를 파악하는 데 활용한다.
5. 정신질환과 관련된 특성을 사정하기 위해 가장 널리 사용하는 검사는 미네소타 다면적 인성검사, 2판(Minnesota Multiphasic Personality Inventory-Second Edition: MMPI-2)이다. **벡 우울척도**(Beck's Depression Inventory)는 우울증의 정신 상태를 사정하는 대표적인 도구다. 성격 사정도구로 **다요인 인성검사, 5판**(Cattell's 16 Personality Factors Test-Fifth Edition, 16PF), **신 인성검사, 개정판**(Neo Personality Inventory-Revised: NEO PI-R), **캘리포니아 성격검사**(California Psychological Inventory: CPI) 등을 널리 활용한다.

흥미에 대한 심리측정 사정(Psychometric Interest Assessments)

1. 흥미에 대한 사정은 직업 흥미와 선호를 밝힌다.
2. 흥미 검사는 장기 직업배치에서 주요 고려사항인 직업 흥미들과 잠재적 직업목표들의 우선순위를 정하는 데 사용한다. 이 검사들은 직업 활동 및 목표들과 관련하여 내담자가 좋아하는 것과 좋아하지 않는 것을 효과적으로 평가한다.
3. 흥미를 파악하는 것은 항상 중요하지만 즉시 직업배치를 해야 하지만 마땅한 추진 요인이 없을 때에는 특히 그러하다. 만약 직업배치팀이 충분히 준비할 시간이 있어서 내담자의 흥미에 맞는 배치가 이루어진다면 직업 유지의 가능성이 높아진다.
4. 흥미를 파악하는 가장 일반적인 체계는 직업정보네트워크(Occupational Information Network: O*NET)이다. O*NET는 가장 널리 사용하는 사정 도구이며 노동부에서 사

용하는 주된 도구이기도 하다. 현재 **진로 사정검사**(Career Assessment Inventory: CAI), **스트롱 흥미검사**(Strong Interest Inventory: SII), **진로직업 선호체계−전문가용**(Career Occupational Preference System-Professional: COPS-P), **캠벨 흥미기술검사**(Campbell Interest and Skill Survey: CISS) 등을 많이 사용한다.

작업표본 분석(Work Sample Analysis)

1. 작업표본 분석은 실제 혹은 모의 작업과제의 수행을 사정한다.
2. 작업표본 분석을 통해 수집하는 정보에는 특정 작업과제나 일련의 작업과제 수행 있어서 개인의 현재 기능수준을 포함한다. 이들 과제는 특정 직무의 한 부분으로 수행하는 실제 과제 또는 모의 과제다. 또한 작업표본 분석은 새로운 과제 학습과 관련된 개인의 흥미와 능력에 대한 정보를 제공한다.
3. 작업표본 분석과정을 통해 수집한 정보는 재활계획과 직장복귀 과정에서 유용하다. 분석결과는 내담자의 실현가능한 직업대안을 확인하고 이전에 고려한 다른 대안을 배제하는데 도움을 준다. 또한 작업표본 분석은 재활전문가들이 편의제공을 확인하는데 도움을 줄 수 있다.
4. 일부 작업표본에는 발파 3000(VALPAR 3000), 마이크로타워(Micro-TOWER), 맥카론−다이얼 평가체제(McCarron-Dial Evaluation System: MDS)를 포함한다. 이 외 다른 작업표본 체제들은 대개 특정 직업이나 직무에 초점을 맞춰 구성한 것이다. 그러나 이들 체제의 대부분은 "자체 제작한(home-made)" 것으로 신뢰도와 타당도가 부족하다.

기능적 직무분석(Functional Job Analysis)

1. 기능적 직무분석은 특정 직무에서 요구하는 실제 과제와 역량을 사정한다.
2. 기능적 직무분석을 통해 수집하는 정보에는 직무수행에 필수적인 신체적 요구, 적성, 성격, 훈련뿐만 아니라 직무와 관련된 과제들과 특성, 환경조건을 포함할 수 있다.
3. 기능적 직무분석 과정을 통해 수집한 정보는 특정 직업이 특정 개인에게 적합한지를 결정하는 데 사용할 수 있으며 내담자가 이 직업을 가지기 위해 필요한 훈련 영역을 확인할 수 있게 한다.

4. 일부 기능적 직무분석 도구에는 **일반 측정조사**(Common Metric Questionnaire: CMQ), **프레쉬만 직무분석조사**(Fleishman Job Analysis Survey: F-JAS), **직업분석검사** (Occupational Analysis Inventory: OAI)를 포함한다. 기능적 직무분석은 종종 이러한 도구를 사용하지 않고 엄격한 관찰 자료에 근거하여 수행한다. 아쉽게도 이 접근법들은 표준화되어 있지 않아서 신뢰도와 타당도가 부족하다.

직업면담(Vocational Interview)

1. 직업면담은 내담자나 보호자로부터 직접 정보를 수집할 필요가 있을 때 사용한다.

2. 직업면담을 통해 수집되는 정보는 개인의 흥미, 태도, 가치관, 미래에 대한 계획뿐만 아니라 개인의 직업적, 교육적, 사회적 배경을 포함한다.

3. 직업면담을 통해 수집된 정보는 직업평가 계획과 직업 탐색에 사용할 수 있으며 또한 내담자와의 라포 형성에도 사용한다.

4. 직업면담을 구조화하기 위해 사용되는 양식은 내담자와의 경험을 통해 기관에서 개발하거나 내담자와의 이전 면담에 근거해서 개발한다. 그러나 **직업적 의사결정 면담**(Vocational Decision-Making Interview)과 같은 표준화된 방법도 활용한다.

상황평가(Situational Assessment)

1. 상황평가는 심리측정 검사로 실제 혹은 모의 작업과제 수행을 선택한 경우나 평가와 관련하여 시간이나 비용이 허락하는 경우에 사용한다.

2. 상황평가를 통해 수집되는 정보에는 특정 직무과제에 대한 내담자의 현재 수행 수준, 특정 직업과 관련된 개인의 인지적 · 신체적 · 정서적 기능 능력, 동료 및 관리자와의 상호작용 능력 등을 포함한다.

3. 상황평가를 통해 수집된 정보는 직업탐색과 계획의 촉진, 부족한 기술 및 훈련 요구영역 파악, 직장복귀의 준비도 판단, 필요한 편의제공 확인 등을 위해 활용한다.

4. 상황평가에는 다음 3가지 평정 양식, 즉 **직업적응기술 척도**(Work Adjustment Skills Scale), **대인관계기술 척도**(Interpersonal Skills Scale), **월간 직업역치 평가척도** (Thresholds Monthly Work Evaluation Form)를 많이 사용한다.

기능적 생활기술 평가(Functional Living Skills Assessment)

1. 기능적 생활기술 평가는 독립적인 생활에 필요한 기술들을 사정하며 특히 직업평
가의 지역사회 통합 목표와 관련된다. 이 평가는 개인의 생활상황이 변화되거나
변화가 예상될 때 사용한다.

2. 기능적 생활기술 평가를 통해 수집되는 정보는 일상생활, 금전관리, 지역사회 이
동 등의 활동 수행과 보건 및 교통수단 서비스와 같은 지역사회 자원이용에 대한
개인의 능력과 관련된다.

3. 기능적 생활기술 평가를 통해 수집한 정보는 내담자와 가족, 재활상담사가 내담
자에게 최적의 생활상황(최소 제한적)을 파악하거나 개인이 제한적 생활상황에서
덜 제한적인 생활상황(전환 생활시설 프로그램에 참여하고 있는 경우)으로 전환할 준
비를 판단하는 데 도움을 준다.

4. 기능적 생활기술을 사정하기 위해 사용하는 도구에는 **기능적 독립성 평가**
(Functional Independence Measure: FIM), **기능적 자율성 평정척도**(Functional Autonomy
Rating Scale: FARS), **기능적 평가목록**(Functional Assessment Inventory: FAI), **개인역량
조사**(Personal Capacities Questionnaire: PCQ) 등을 포함한다.

1) 직업평가를 위한 재원

직업평가 자원(resources)은 흔하지도 않고, 미국 각 주들 간에 또는 특정 프로그램
내에서도 공평하거나 동등하게 활용할 수 있는 것이 아니다. 전문직으로서 재활상담
은 아무것도 없는 진공상태에서 존재하는 것이 아니다. 사회적, 경제적, 정치적 요인들
이 재활상담 및 직업평가 영역에 영향을 미친다. 직업평가의 두 가지 주요 재원(funder)
은 민간 보험회사와 연방 및 주 정부의 공적 직업재활 체계다. 직업평가의 거의 대부
분은 주립직업재활기관으로부터 자금을 지원받는다. 미국 교육부 내의 재활서비스국
(Rehabilitation Services Administration: RSA)에서 각 주의 직업재활프로그램을 감독한
다. 각 주의 서비스들은 재활서비스국으로부터 대응자금과 감독을 받지만, 종종 주 차
원의 주도권과 주 예산의 상대적인 재정적 건실함에 따라 큰 차이를 보인다. 또한 사회
적, 경제적, 정치적 요인이 연방차원의 법제정과 주도권을 촉진한다. 이 책의 출간 시
점에서 직업재활서비스의 방향을 변경할 분수령이 되는 입법은 2014년 7월 22일, 법안

에 서명된 「노동인력혁신 및 기회법(Workforce Innovation and Opportunity Act: WIOA)」이다. WIOA는 장애인이 흥미에 맞는 경쟁고용을 성취할 수 있도록 필요한 고용, 교육, 훈련, 지원 서비스를 지원하기 위해 발의되었다. WIOA의 프로그램 자금과 조정은 교육부와 노동부, 두 부처에서 시행한다. WIOA에 기반한 다양한 프로그램은 대체로 직업평가를 위해 활용가능한 자원을 재할당하는 것이다. 이제 자원은 전환연령 청소년과 특정 소외집단, 즉 직업단[2] 및 유스빌드[3] 프로그램과 그리고 인디언과 미국 원주민 및 이민자와 계절 농장노동자 프로그램에 참여하는 사람에게도 제공될 것이다(Smith, Dillahunt-Aspillaga, & Kenney, 2016). 재활상담사들이 직업평가를 위해 제공되는 자금을 활용하려면 사회, 경제, 정치적 추세와 변동에 대응해야 하는 기관들, 즉 계속 변화하는 평가자원들의 최근 정황에 대해 잘 알고 있어야 한다.

2) 평가 지침

직업평가의 다양한 접근법들을 포함한 평가지침(evaluation protocols)을 선택하고 내담자의 흥미 및 선호, 요구에 부합하게 실시해야 한다. 평가절차의 영역과 범위는 다음과 관련된 정보를 얻기 위해 충분히 종합적이어야 한다: 신체 및 심리운동 역량; 지적 역량; 정서적 안정성; 흥미 및 태도, 적성; 개인사, 사회력, 직업력; 성취(교육 및 직업); 직업기술과 직업인내력; 직업습관(정확성, 출근률, 집중력, 개인위생, 금전관리 등); 직업탐색기술; 정보와 지시 교환의 가장 효과적인 양식.

진단적 관점에서 본다면, 직업평가의 목적은 진로개발과 지역사회 통합을 위한 목표 및 목표 달성에 필요한 서비스들을 파악하기 위해 자료를 수집하는 것이다. 한편, 내담자중심 관점에서 본다면, 직업평가는 후속서비스에 참여함으로써 얻을 수 있는 잠재적인 이득뿐만 아니라 다양한 상황에서 자신의 기능적 역량에 대한 이해를 촉진하는 목적을 가진다. 물론 직업평가계획의 책임이 오직 평가사와 상담사에게만 있는 것은 아니다. 내담자는 평가계획에 있어서 중요한 역할을 한다. 개인들이 평가계획에 적극 참

---

2) Job Corps, 도시 빈민가, 침체지역의 청년들에게 일정 규율, 감독하에 직업훈련, 보건 서비스를 제공하는 프로그램.

3) Youth Build, 연방정부의 주택 및 도시개발부의 자금지원으로 실시되며 청년들을 낙후된 지역의 주택건설 분야에 취업시키는 한편 직업교육훈련 및 교육, 상담 등의 서비스를 제공하는 프로그램.

여할 때, 평가에서 도출하는 정보가 자신의 지역사회목표와 직업목표를 결정하는 데 어떻게 관련되는지 그리고 그 정보가 재활과 직업서비스 선택에 어떻게 활용되는지를 더 잘 이해할 수 있을 것이다. 또한 향후 재활프로그램 작성에 있어서도 더 적극적으로 역할하게 될 가능성이 높다(Cutker & Ramm, 1992; Vash, 1984; Wagner, Wessel, & Harder, 2011). 아쉽게도, 직업평가의 내담자중심 목적은 때로 간과된다. 재활상담사와 직업평가사는 서비스에 내담자를 참여시키려는 생각 때문에 내담자가 평가프로그램의 합리성을 이해하도록 도와주는 것을 잊어버릴 수 있다. 이러한 경우, 재활계획에 있어서 내담자의 진정한 참여는 상당히 제한된다.

2. 직업평가 프로그램의 바람직한 특징

평가의 질은 (1) 평가진의 전문적 기술, (2) 평가 도구와 기법의 활용가능성, (3) 평가 과정에 내담자를 참여시키는 평가진의 능력, (4) 평가 결과를 효과적으로 보고하는 평가사 능력 등의 상호작용에 의해 결정된다.

1) 직업평가사

직업평가프로그램의 효과성이 거의 전적으로 평가진의 전문적 기술에 달려있기 때문에, 직업평가에 있어서 훈련의 중요성은 아무리 강조해도 지나치지 않다. 비록 직업평가사와 재활상담사의 대학원 훈련이 많은 면에서 유사하더라도(예: 모두가 기본적인 재활철학, 장애의 의료 및 심리적 측면, 심리측정검사와 대인관계기술 훈련의 다양한 측면 등에 대한 훈련을 받는다), 직업평가사는 작업표본의 사용과 해석, 관련 직업환경에서의 행동 관찰과 분석, 전문적인 개인 및 집단 심리측정검사, 평가자료의 해석과 종합, 종합적인 평가보고서 개발 등에 대한 전문적인 훈련을 받는다. 직업평가사들은 재활상담사자격인증위원회(CRCC, 2017)에 의해 인증된다. 비록 평가기관 내의 인증된 평가사의 유무를 통해 이용가능한 직업평가 서비스의 질을 예상할 수 있지만, 이것만으로는 의뢰의 적절성을 보장하지 못한다. 상담사는 내담자의 욕구에 따른 특정 평가의 활용가능성과 같은 많은 요인을 고려해야 한다.

2) 프로그램의 일반적 고려사항: 도구와 기법

대부분의 평가프로그램이 여러 유형의 장애인에게 서비스가 가능하지만, 모든 프로그램이 다양한 내담자의 직업 잠재력을 평가하는 모든 도구를 갖추고 있는 것은 아니다. 무엇보다 평가기관은 기능이 높은 사람뿐만 아니라 기능이 낮은 사람에 대해서도 의미 있는 정보를 제공할 수 있도록 다양한 언어성 및 비언어성 검사들을 구비해야 한다. 또한 평가프로그램은 보행가능한 사람과 그렇지 않은 사람에게 적절한 상황평가가 가능하도록 접근 가능한 기관 내 그리고 지역사회 직업현장이 필요하다.

프로그램에서는 도구의 편향성에 대해 알고 있고 또 대비해야 한다. 경우에 따라 심리측정 도구와 절차가 특정 장애를 가진 사람들에게 편향성을 가지기도 한다. 적성이나 능력, 신경심리도구들 중 많은 것이 시각이나 청각 손상과 같은 감각장애 또는 뇌성마비나 다발성경화증과 같은 운동 손상을 가진 사람을 정확하게 사정할 수 없다(Sligar, Cawthon, Morere, & Moxley, 2013). 비주류 또는 소수 집단의 인구통계학적 변인들은 심리측정평가들에서 일관되게 많은 편향성을 가지게 된다. 문화, 계층, 교육, 인종, 젠더, 성, 연령 등의 측면에서 이 집단들의 적성과 능력을 과소평가하는 것으로 밝혀지고 있다(Barkely & Murphy, 2010; Kaplan & Saccuzzo, 2013). 따라서 평가프로그램에서 평가계획을 구성할 때 내재된 편향성을 인식해야 한다.

가장 제한적인 프로그램들은 단지 표준화된 지필검사를 사용하는 것이다. 이들 프로그램들은 다양한 유사작업 환경 또는 상황에서 수행 관찰을 통해서 내담자의 직업적성을 평가할 수 없다. 따라서 이 프로그램들은 특히 학교 시험상황에서 잘 수행하지 못했고, 왜 해야 하는지가 분명하지 않은 지필검사에 부정적으로 반응하는 어린 내담자들의 평가에 제한점을 가진다(Hagner, 2010; Weldon & McDaniel, 1982). 표준화된 많은 지필검사가 피검사자의 불안을 유발하고, 학습양식의 차이나 특정 장애조건들이 예언타당도에 미치는 영향을 고려하지 않기 때문에(Barkely & Murphy, 2010; Bonaccio, Reeve, & Winford, 2012; Power, 2013; Roinson & Drew, 2014), 이 검사들에서 개인의 부정적인 수행결과는 진단적 관점에 다소 혼돈을 가져올 수도 있다.

작업표본평가 및 모의작업환경평가, 현장평가가 통합된 평가프로그램들은 기능적인 직업문제들을 적절하고 정확하게 찾아낼 가능성이 크다. 이 프로그램들은 개인의 장애가 가지는 기능적 의미를 완전히 탐색하고, 직업배치 추천 이전에 개선되어야 하는 특정 직업적응 문제들(예: 능숙한 노동자로서 갖추어야 할 일반적 기술과 특정 직업 기술의 결여)을 파악할 수 있다. 그러나 다양성을 갖춘 직업평가프로그램들도 제한점이 없는 것은 아니다. 왜냐하면 기관에서 활용할 수 있는 작업표본이나 작업환경의 유형에 따라 추천할 수 있는 직업선택의 범위가 제한되기 때문이다. 많은 경우, 직업평가사의 권고는 그 기관에서 이용할 수 있는 직업프로그램의 유형에 의해 크게 좌우된다. 만약 프로그램에서 이용할 수 있는 작업과제가 낮은 수준의 직업활동에 한정된다면, 그 평가프로그램은 높은 기능의 개인들을 평가하는 데 적절하지 않을 수 있다.

직업평가 결과의 실제적 의미를 높일 수 있는 개별화되고 지역사회와 관련된 전략들이 있다(Ditty & Reynolds, 1980; Hagner, Kurtz, May, & Cloutier, 2014; Van Reusen, 1996; Wehman, 2011). Ditty와 Reynolds(1980)는 보다 개별화된 접근을 위해 표준화된 능력검사와 작업표본의 일부를 단순화하고 재구성하도록 제안한다. 그들은 개인에게 적합한 지역 내 직업선택을 촉진하는 지역사회관련 작업표본의 개발 필요성을 강조했다. 내담자는 그 과제(실제 직업에서의 주요 직업기능과 유사한)를 가지고 미리 검사받고, 강점과 제한점에 대해 평가받은 후, 처방적 평가에 따라 개별화되고 편의제공된 직업훈련을 신청하게 된다.

종합적인 평가를 완료하는 데 걸리는 시간은 평가프로그램 선택에 있어서 또 다른 고려점이다. 전통적인 검사절차에 의존하는 프로그램은 작업표본과 상황평가 기법을 사용하는 프로그램보다 보통 더 적은 시간이 걸린다. 그러나 재활상담사는 최종 분석에서 지역사회에서 이용 가능한 평가프로그램들의 강점과 제한점을 잘 알고 있어야 하고, 내담자의 특별한 평가요구에 따른 프로그램의 적합성을 기초로 선택해야 한다.

상담사들은 적성 및 능력, 흥미 측정에서 소요시간이 문제일 때 활용할 수 있는 효율적인 웹기반 평가체제들을 알고 있어야 한다. 직업정보네트워크(O*NET)는 직업중요도탐색(Work Importance Locator: WIL; 지필검사, 카드기반 형식)과 직업중요도검사(Work Importance Profiler: WIP; 컴퓨터 기반)뿐만 아니라 O*NET 흥미검사(O*NET Interest Profiler: IP)와 O*NET 능력검사(O*NET Ability Profiler: AP) 등 몇 가지 무료 검사도구들을 제공하고 있다. 흥미검사(IP)는 직업탐색활동에 초점을 맞춰 직업관련 흥미를 파악하고 직업흥미를 O*NET-SOC[4]의 직업과 연계한다. 직업중요도검사(WIP)는 성취, 독

---

4) 표준직업분류 매뉴얼(Standard Occupational Classification Manual)

립, 인정, 관계, 지원, 직업조건의 6가지 직업가치 유형을 사정한다. O*NET 데이터베이스에서 활용할 수 있는 또 다른 유용한 자원은 미국 진로정보네트워크(America's Career Infonet)다. 이는 미국 노동부에서 제공하는 웹기반 캐리어원스탑(CareerOneStop)의 일부다. 진로정보네트워크는 급여와 채용 추세, 직업요건, 각 주의 노동시장 상황 등을 확인하는 데 이용할 수 있다. "직업평가(vocational evaluation)"에 대한 간단한 웹 검색을 통해 다양한 공급자로부터 수백 가지의 결과를 얻을 수 있다. 이들 중 어떤 자원의 경우에도 "비록 무료일지라도 구입할 때 주의하라"는 오래된 충고를 적용해야 한다. 온라인을 통해 많은 훌륭하고 잘 연구된 자원들을 활용할 수 있지만, 재활상담사는 타당도와 신뢰도를 확인할 수 있는 도구만을 사용해야 한다.

3) 평가 계획의 개발

직업평가는 재활상담사가 제시한 의뢰질문에서 시작한다. 상담사의 의뢰질문들은 직업평가사의 전체 평가계획 개발을 돕고, 이후 의뢰질문에 답하기 위한 평가활동으로 이어진다.

평가 도구와 기법을 결정하기 위한 계획에서 질문과 문서화된 목표를 활용하는 프로그램들은 효율적이고 효과적인 서비스를 제공할 가능성이 더 많다(Beveridge & Fabian, 2007; Cutler & Ramm, 1992; Power, 2013). Shirley Steed(3장의 사례 연구 참조) 사례에서, 기본적인 의뢰질문들(〈표 6-1〉 참조)은 (1) 자료입력직 및 다른 직업유형의 일, (2) 추가 직업훈련의 이득, (3) 독립적 직업탐색 등 Steed 씨의 잠재력에 관련된 것이다. 상담사의 요청에 따른 평가계획(〈표 6-2〉 참조)에는 의뢰질문에 답하기 위해 필요한 정보와 그 정보 수집에 사용되는 도구와 기법을 구체적으로 제시한다. 이 계획은 직업적성, 신체적 내성, 활용 가능한 현재 기술수준, 흥미, 대인관계기술, 다양한 스트레스 상황에 대한 반응, 예상되는 약물의 영향, 직업탐색기술 등을 다룬다. 〈표 6-3〉에는 직업평가 과정 동안 Shirley Steed에게 시행한 검사들에 대한 간략한 설명을 제시한다.

표 6-1 Shirley Steed의 직업평가를 위한 의뢰 질문들

1. Ms. Steed의 진로 흥미와 선호는 무엇인가?
2. Ms. Steed는 진로개발과 지역사회 통합을 촉진할 수 있는 어떤 장점들을 가지고 있는가?
3. Ms. Steed의 진로개발과 지역사회 통합을 저해하는 요소는 어떤 것들인가?
4. 추가적인 직업훈련이나 성인교육이 Ms. Steed에게 이득이 될 수 있는가?
5. Ms. Steed는 어떤 유형의 직업이 가능한가?
6. Ms. Steed의 독립적 직업탐색 능력은 어느 정도인가?
7. Ms. Steed의 장애는 직업훈련이나 성인교육을 받는 데 어떤 영향을 미치는가?
8. Ms. Steed의 장애는 장기적인 진로개발과 지역사회 통합에 어떤 영향을 미치는가?
9. 어떠한 다른 훈련이나 교육 활동, 기타 강화 활동들이 Ms. Steed의 장기 진로개발과 지역사회 통합을 최대화할 수 있는가?
10. 어떤 편의제공과 서비스들이 Ms. Steed의 장기 진로개발과 지역사회 통합을 최대화할 수 있는가?

표 6-2 평가 계획: 초기 질문과 평가 방법(〈표 6-3〉의 실시된 각 검사에 대한 간략한 설명 참조)

평가사가 할 수 있는 초기 질문	평가 방법
1. Ms. Steed는 어떤 진로 흥미와 선호가 있는가?	O*NET 흥미검사(The O*NET Interest Profiler)
2. Ms. Steed의 현재 일반 적성과 능력 수준은 어떠한가?	일반적성검사(General Aptitude Test Battery: GATB)
3. Ms. Steed가 추가 훈련이나 성인교육을 통해 얻을 수 있는 잠재적인 이득은 어떠한가?	차별적성검사(언어, 수, 철자)(Differential Aptitude Test: DAT; verbal, numerical, spelling)
4. Ms. Steed의 앉고 서는 것에 대한 내성은 어떠한가?	발파 모의조립(VCWS 8), 좌식작업의 행동관찰
5. 자료입력직에 대한 Ms. Steed의 적성과 능력은 어떠한가?	Kenexa Prove It의 자료입력 알파벳 숫자 검사 (Kenexa Prove It's Data Entry Alpha Numeric Test)
6. 사무직에 대한 Ms. Steed의 적성과 능력은 어떠한가?	Psychological Corporation의 사무능력종합검사 (Psychological Corporation's Clerical Abilities Battery)
7. Ms. Steed는 사무기기를 다루고 컴퓨터 소프트웨어를 사용할 수 있는가?(예: 복사기, 병합기, 컴퓨터, 워드프로세스 소프트웨어, 스프레드시트)	기관 내 현장평가
8. Ms. Steed의 근로환경에 대한 기대와 흥미는 어떠한가?	직업세계 목록(World of Work Inventory: WOWI)
9. Ms. Steed의 대인관계 기술과 외모는 경쟁고용에 적절한가?	행동에 대한 직원들, 내담자들, 일반 대중의 관찰

(계속)

표 6-2 (계속)

10. 스트레스와 압박감에 대한 Ms. Steed의 반응은 어떠한가?	작업 및 검사 상황에서의 행동관찰
11. Ms. Steed의 복용약물은 근무 수행에 어떤 뚜렷한 영향을 미치는가?	행동관찰, 개별면담, 의료보고서
12. Ms. Steed의 신경증이나 우울증(계속된다면) 이 직업계획에 어떤 영향을 미치는가?	개별면접과 심리보고서
13. Ms. Steed는 입사지원서를 빠르고 정확하게 작성할 수 있는가?	**직업탐색기술평가**(Job Seeking Skills Assessment: JSSA)
14. Ms. Steed의 면접 기술은 독립적인 직업탐색에 적절한가?	**직업탐색기술평가**(Job Seeking Skills Assessment: JSSA)

표 6-3 직업평가에서 Shirley Steed에게 실시한 검사에 대한 간략한 기술

O*NET 흥미검사(The O*NET Interest Profiler)

직업정보네트워크(Occupational Information Network: O*NET)의 흥미검사는 진로 흥미와 선호를 확인할 수 있는 무료 온라인 도구이며 미국 노동/고용 및 훈련국(U.S. Department of Labor/Employment and Training Administration: USDOL/ETA)의 직업명 데이터베이스와 연계하고 있다. 온라인 주소는 다음과 같다. https://www.mynextmove.org/explore/ip

일반적성검사(General Aptitude Test Battery: GATB)

미국 고용서비스국(U.S. Employment Services)에 의해 개발된 GATB는 12개의 하위 검사로 구성되어 있으며, 광범위한 직업군의 성취도에 관련된 9개의 중요한 적성 점수를 제공한다. 온라인 주소는 다음과 같다. https://psychology.iresearchnet.com/counseling-psychology/career-assessment/general-aptitude-test-battery/

차별적성검사(Differential Aptitude Test: DAT)

DAT는 다음 영역의 적성 수준을 평가한다: 언어 추론, 수리 능력, 추상적 추론, 사무적 속도와 정확성, 기계적 추론, 공간관계, 철자와 언어 사용에서의 적성 수준을 평가한다. 검사 결과는 일반적으로 개인에게 적합한 훈련과정과 현실적인 직업목표 선택을 돕기 위해 사용한다. 온라인 주소는 다음과 같다. https://psycentre.apps01.yorku.ca/drpl/commercial-test/differential-aptitude-tests-dat-with-career-interest-inventory-5th-edition/

발파 작업표본검사 8(Valpar Component Work Sample Eight: VCWS 8)

VCWS 8은 반복적인 신체적 조작을 요구하는 조립 업무의 작업 능력을 측정하고, 상지 양쪽의 사용을 평가하기 위해 개발되었다. 온라인 주소는 다음과 같다. https://www.thevalpar.com/index.htm

(계속)

표 6-3 (계속)

알파벳 숫자 자료입력검사(Data Entry Alpha Numeric Test)

Kenexa Prove It에서 제공하는 알파벳과 숫자 자료의 분당 타이핑 속도와 정확성에 대한 평가도구다. 온라인 주소는 다음과 같다.

https://www.jobtestprep.com/kenexa-test?gclid=CJfpoa2o-tMCFZWHaQodgcwKrg

사무능력 종합검사(Clerical Abilities Battery)

모든 사무 작업에서 중요한 적성을 측정하기 위해 고안된 도구다. 검사는 사무, 숫자, 언어 적성과 관련된 하위 점수를 산출할 수 있는 6개 부분으로 구성되어 있다. (The Psychological Corporation, 1987)

직업세계목록(World of Work Inventory: WOWI)

WOWI는 진로선택을 위해 개인의 선호활동과 진로 선택을 연계할 수 있도록 하는 진로 및 직업 평가다. 개인에 있어서 직업의 가능성을 높음, 보통, 낮음으로 제시한다. 온라인 주소는 다음과 같다.
https://www.wowi.com/

직업탐색기술 평가(Job Seeking Skills Assessment: JSSA)

JSSA는 입사신청서 작성과 입사면접에 필요한 기술에 대한 행동평가 도구다.

〈표 6-2〉와 〈표 6-3〉에 제시한 바와 같이, 종합적인 평가프로그램은 다양한 평가도구와 기법을 사용한다. 평가사는 각 질문의 근거와 이에 상응하는 도구와 기법들을 설명함으로써 평가기간 동안 내담자의 참여동기를 높인다. 이러한 내담자중심 접근의 추가적인 이득은 내담자가 평가결과와 서비스권고에 대해 더 잘 이해할 수 있다는 점이다.

내담자중심 접근에서도, 평가사들은 문화 및 계층, 교육, 인종, 젠더, 성, 연령이 평가과정에 미치는 중요한 영향에 민감하지 않을 수 있다. 이 문제와 관련하여, Parker와 Schaller(1996) 및 Sligar와 Thomas(2015)는 장애여성들과 소수 및 소외 집단 장애인들의 직업적성과 직업흥미 검사의 타당도에 부정적인 영향을 끼칠 수 있는 몇 가지 요인들을 밝혀냈다. 영향을 끼치는 주요 변인은 "수행동기(performance motivation), 문화적응(acculturation), 부적절한 규준(inappropriate norms), 젠더 제한성(gender restrictiveness)"(Parker & Schaller, 1996, p. 135) 등이다.

수행동기는 지필검사와 같은 평가에서 응답자들이 기꺼이 노력하는 자발성이다. 응답자들이 검사결과의 사용에 대한 의문을 가지게 될 때 평가자나 평가도구에 대한 불신이 생긴다(예: "그 결과들이 어떻게든 나를 차별하는 데 사용되지 않을까?"). 불신은 수행동기 감소를 야기하고 이는 부정확한 검사결과로 이어진다.

검사결과들은 또한 문화적응의 한 가지 기준인, 영어유창성에도 영향을 받는다. 영어를 잘하지 못하는 사람들에게 영어로 된 적성 및 흥미 검사를 시행한 경우, 그 결과에 의문이 제기될 수 있다. 그러므로 평가사들은 먼저 대상자와 그 가족 또는 상담사를 면접함으로써 개인의 영어 사용수준을 판단해야 한다. 또한 대상자의 "단어인지, 단어의미, 이해력, 철자" 기술을 파악하기 위해 언어유창성 검사가 제안된다(Martin & Swartz, 1996). 다양한 자원을 통해 수집한 자료는 평가사로 하여금 전형적인 종합검사 도구의 적절성을 판단할 수 있게 한다. 아쉽게도 언어적 장벽에 대처하는 것은 단순히 평가도구를 그 개인의 모국어로 번역하는 것으로 쉽게 해결되지 않는다. 신뢰도 및 타당도, 규준의 적절성 등에 대한 정보 또한 평가 번역판에 필요하다(Parker & Schallar, 1996).

그러나 문화적응은 단순히 언어적 유창성을 고려하는 것보다는 넓은 개념이다. 문화적응은 문화마다 가지고 있는 다른 가치관 및 신념 체계와 관련이 있고, 직업의 중요성, 가족의 의사결정 유형, 개인의 삶에 있어서 장애와 성 관련 변인들의 의미 등과 같은 직업평가의 중요한 문제들에 영향을 미친다. 그러므로 평가사들은 다양한 인종-민족 집단에 속한 사람들의 관습과 우선순위에 대해서 알아야 한다(Martin & Swartz, 1996; Sue & Sue, 2008). 장애를 가진 사람들, 특히 장애여성들의 점수 해석에 적절한 규준을 적용하는 것은 대부분 불가능하다. 그 이유는 규준이 장애를 가지지 않은 표본집단의 남성과 여성을 합친 전체점수에 기반하기 때문이다. 해당 직업영역에서 제한된 경험을 가진 장애인들은 그 분야에서 약간의 경험을 가진 비장애인들과 비교할 때 수행이 저조할 수 있다. 게다가 남성과 여성을 합친 표본에 기초한 규준은 여성의 비전통적인 직업적 역할과 그 역할의 성공가능성에 대해 정확한 결론을 제시하지 못할지도 모른다. 동일한 성(same-sex)의 규준, 장애인 집단에 기초한 규준, "성적 균형을 갖춘(sex-balanced)" 문항(예: 남성과 여성 간 성역할의 사회화 차이를 반영하는 문항)에 근거한 검사 규준 등이 "규준설정(norming)"의 문제(Parker & Schaller, 1996, p. 137), 나아가 타당하지 않은 결과보고서에 대한 실현가능한 해결책이다.

4) 평가보고서

평가보고서는 직업평가서비스의 최종 산물이다. 보고서는 평가의뢰가 정말 필요했는지를 반영한다. 평가보고서는 내담자의 평가에 대한 상담사의 기록이며, 내담자를 프로그램에 의뢰한 재활상담사의 목적을 구체적으로 다루어야 한다.

종합적인 평가보고서는 (1) 의뢰 이유에 대한 간단한 요약, (2) 장애와 다른 관련 배경정보, (3) 주요행동의 관찰과 그것의 직업적 시사점, (4) 평가기간에 실시한 검사들과 작업표본의 결과 및 그 결과들의 기능적인 직업적 시사점, (5) 일상생활활동 또는 사회적 기능기술 관련정보, (6) 관찰과 검사결과들의 종합에 근거한 장점 및 전이 가능한 기술, 제한점, 향후 프로그램 계획에서 고려해야 할 편의제공 등에 대한 일반적인 요약 진술, (7) 활용 가능한 정보에 근거하여 가장 실현가능한 직업 또는 기타 측면에서의 잠재적인 선택사항을 제시하고 또한 선택사항을 성취하기 위한 단계를 제안하는 권고 영역 등을 포함한다(Cutler & Ramm, 1992; Homa & DeLambo, 2014; Power, 2013; Sligar & Betters, 2012; Thomas, 1986; Tidwell, Kraska, Fleming, & Alderman, 2016).

권고사항은 특히 초기 의뢰질문들과 관련되어야 하며, 추후서비스를 성공적으로 다 받았을 경우에 실현가능한 선택사항뿐만 아니라, 추후서비스를 제공하지 않은 경우에 가장 실현가능한 선택사항을 제시해야 한다. 이렇게 진술된 권고사항들은 재활상담사가 추후서비스들의 잠재적인 직업적 이득을 더 잘 이해하도록 돕고 또한 내담자가 잠재적인 서비스 성과와 장기적인 직업목표 사이의 관계를 이해할 수 있도록 돕는다. Shirley Steed(〈표 6-4〉 참조)의 평가 보고서는 추후 훈련을 받거나 또는 받지 않고도 가능한 고용기회에 대한 상담사의 권고요청을 포함하고 있으며, 초기 의뢰질문(〈표 6-1〉 참조)에 따라 평가를 어떻게 수행했는지도 보여 준다.

Power(2013) 및 Thomas(1986)는 평가보고서의 질을 평가하기 위해 확인해야 할 필수 요소들을 제시했다. 효과적인 직업평가보고서는 다음 질문들에서 긍정적으로 높은 점수를 받는다.

1. 보고서는 의뢰질문들에 답하는가?
2. 보고서가 재활계획에 주는 시사점은 명확한가?
3. 권고사항들이 잘 정리되었는가?
4. 자료와 권고사항들 사이에 불일치가 있는가?
5. 여러 평가결과 간에 불일치가 있는가?
6. 권고사항들은 구체적이고 현실적인가? 그것들은 내담자의 직업 잠재력과 직업 준비도에 대해 이해할 수 있는 프로파일을 제공하는가?

7. 훈련 및 고용에 대한 권고사항들은 지역사회 내에서 가능한가?

8. 보고서는 짧고 간결한가?

표 6-4	Shirley Steed의 직업평가 보고서

수신: 재활상담사
발신: 직업평가사
제목: Shirley Steed의 평가보고서

의뢰 이유

Ms. Steed는 18세에 결혼한 이후 10년 동안은 직업을 갖지 않았다. 28세 때 처음 옷 가게에서 6개월 간 일했고 이후 플라스틱 제조회사인 DP Plastics에서 6년간 조립원으로 일했다. 잦은 결근으로 인해 DP Plastic에서 해고당했는데 Ms. Steed는 자주 결근하게 된 이유에 대해 생활스트레스와 악화된 의료 문제 때문이었다고 말한다. DP Plastics에서 해고된 후 3개월 동안은 실직 상태로 지냈다. 가장 최근에 취업한 T&J Rubber Products에서는 고무 휴지통과 내구성 용기 조립을 했다. T&J Rubber Products에서 3년 정도 일하다가 대략 4주 전에 사직했는데 그 이유에 대해 본인은 장애로 인해 "일을 그만둘 수밖에 없었다"고 말한다.

의뢰 질문

1. Ms. Steed의 진로 흥미와 선호는 어떠한가?
2. Ms. Steed는 진로개발과 지역사회 통합을 촉진할 수 있는 어떤 장점들을 가지고 있는가?
3. Ms. Steed의 진로개발과 지역사회 통합을 방해하는 요소들은 무엇인가?
4. Ms. Steed는 추가 직업훈련 또는/그리고 성인교육을 통해 이득을 얻을 수 있는가?
5. Ms. Steed에게 어떤 유형의 직업이 실현가능한가?
6. Ms. Steed는 어느 정도의 독립적 직업탐색 역량을 가지고 있는가?
7. Ms. Steed의 장애가 직업훈련 또는/그리고 성인교육 참여에 어떻게 영향을 미칠 수 있는가?
8. Ms. Steed의 장애가 장기적인 진로개발과 지역사회 통합에 어떻게 영향을 미칠 수 있는가?
9. 어떠한 다른 훈련이나 교육 활동, 기타 강화 활동들이 Ms. Steed의 장기적인 진로개발과 지역사회 통합을 최대화할 수 있는가?
10. 어떤 편의제공과 서비스들이 Ms. Steed의 장기적인 진로개발과 지역사회 통합을 최대화할 수 있는가?

장애

1. 폐기종
2. 만성 기관지염
3. 불안 장애
4. 하지정맥류

평가 기간

Ms. Steed의 평가는 3주에 걸쳐 진행했다. 폐기종 그리고 그로 인한 신체적 쇠약 때문에 하루에 4시간 정도만 평가에 참여할 수 있었다.

(계속)

표 6-4 (계속)

행동 관찰

Ms. Steed는 평가기간 동안에 빠지지 않았고 언제나 시간을 지켰다. 평가를 시작할 때, 몹시 불안하고 당황한 것처럼 보였지만 평가가 진행되면서 긴장을 푸는 것처럼 보였다. Ms. Steed는 때때로 졸음 때문에 힘들어했는데 이는 졸로푸트(Zoloft) 탓이라고 말했다. 그러나 어느 날 이 약을 먹지 않았을 때, 상당히 불안해하고, 초조해했다.

Ms. Steed는 제시된 과업을 더 빨리 하도록 요청받았을 때, 눈에 띄게 불안해했고 수행은 나빠졌다. 자신이 잘하고 있지 못하다는 생각이 들 때, 울면서 집에 일찍 갈 수 있도록 요청하기도 했다. 그녀는 몹시 스트레스를 받는 것처럼 보였으며, 개인 면담에서 두 아들에 대한 걱정과 자신이 그들과 자신을 부양할 능력을 가질 수 있는지에 대해 걱정했다.

평가기간 동안, Ms. Steed는 깨끗하고, 수수하게 옷을 적절히 입고 있었다. 초기의 신경과민이 사라진 후에는 평가진 및 다른 사람들과 잘 지냈다. 필요할 때 평가 과제에 도움을 요청할 수 있었으며, 과제들을 완료했을 때 평가사들에게 즉시 알렸다. 대부분의 불안은 노동자로서 자신의 모습에 대한 걱정보다는 오히려 가족과 생계 상황에 관련된 것 같았다.

실시한 검사

1. O*NET 흥미검사(The O*NET Interest Profiler)
2. 일반적성검사(General Aptitude Test Battery: GATB)
3. 차별적성검사(Differential Aptitude Test: DAT)
4. 발파 작업표본검사 8(Valpar Component Work Sample Eight: VCWS 8)
5. 알파벳 숫자 자료입력 검사(Data Entry Alpha Numeric Test)
6. 사무능력 종합검사(Clerical Abilities Battery)
7. 직업세계 목록(World of Work Inventory: WOWI)
8. 직업탐색기술 평가(Job Seeking Skills Assessment: JSSA)

검사 결과

O*NET 흥미검사와 WOWI 검사결과에 의하면, Ms. Steed는 흥미와 능력의 일치점이 자료입력직, 좀 더 넓게는 사무직종 영역에 있는 것으로 나타났다. 다음에 Ms. Steed가 탐색해야 할 WOWI의 진로 권고사항을 제시한다. 이는 각 진로영역과 관련된 활동에 있어서 선호도를 반영한다. 가장 높게 측정된 진로 흥미 영역은 향후 진로개발 필요성의 근거를 제공한다.

진로 활동

흥미 있음

- 자료입력
- 사무 작업
- 판매
- 자료 처리
- 관리/감독 직무

(계속)

표 6-4 (계속)

보통

- 기계/전기 작업
- 구조화된 작업
- 공공 서비스

흥미 없음

- 과학적 작업
- 공학 및 관련 작업
- 영업 및 관련 작업
- 작업대 작업

진로 추천	O*NET 코드
• 자료 입력원	43-9021
• 청구 및 발송 사무원	43-3021
• 통신장비 조작원	43-2021
• 일반 사무직원	43-9061
• 의료기록 및 건강정보원	29-2071
• 급여 및 근무 기록원	43-3051
• 생산 일정 관리원	43-5061
• 접견 및 안내 사무원	43-4171
• 비서 및 행정 보조원	43-6011

Ms. Steed의 GATB 점수를 살펴보면 인지(116), 수리(108), 사무인식(115) 능력은 평균이상이고 다른 점수들은 평균(100)에 가깝지만, 손가락 기민성(82)과 손 기민성(92)은 평균이하로 나타났다. 그러나 2가지 기민성 점수는 불안과 약물의 복합적인 영향으로 인해 다소 낮아졌을 가능성이 있다.

학문적인 잠재력을 검토하기 위해 시행한 DAT에서, 12학년 여성규준에 근거해 볼 때 언어와 수리는 70%tile, 철자는 80%tile의 점수를 획득했다. 이는 일반적성검사의 수행도와 일치하며, Ms. Steed가 상당한 언어 및 수리 능력을 요구하는 학문적 또는 직업적 훈련을 수행할 능력이 있다는 것을 나타낸다.

개정판 일반사무능력검사에서, 사무직 근로자와 비교할 때 Ms. Steed는 사무 70%tile, 수리 65%tile, 언어 70%tile의 백분위 점수를 획득했다. 전문직 규준과 비교할 때, 사무 60%tile, 수리 55%tile, 언어 50%tile이다. 이 결과는 Ms. Steed가 사무직종의 취업에 상당한 경쟁력이 있으며, 일반 비서와 비교할 때 평균적인 사무 능력을 가지고 있다는 것을 나타낸다.

Ms. Steed는 Kenexa의 **알파벳 숫자 자료입력검사**에서 분당 30단어를 4개의 오타만으로 타이핑할 수 있었는데, 이는 지난 20년 동안 타이핑한 적이 없다는 점을 고려할 때 상당히 우수한 것으로 여겨진다. 그러나 사무직 타이피스트로 취업하기 위해서는 적어도 분당 40단어까지, 비서로는 분당 60단어까지 속도를 높여야 한다. Ms. Steed가 불안과 긴장 수준을 낮추고 약물의 영향을 대처할 능력을 갖춘다면 사무직과 자료입력직을 성공적으로 수행할 수 있을 것이다.

(계속)

표 6-4 (계속)

Ms. Steed의 발파 작업표본검사 결과는 평균에서 평균이상의 수행을 나타냈고, 병합기가 부착된 복사기 및 다기능 프린터/스캐너/팩스, LCD 프로젝터가 부착된 노트북과 같은 기관 내 다양한 사무기기의 작동법을 어렵지 않게 습득했다. "현장" 평가 동안 마이크로소프트 워드, 엑셀, 파워포인트의 기본 학습을 잘 수행했지만 쉽게 피곤해 했고 자신이 사무실에서 이루어지는 모든 활동을 잘 배울 수 있을 지에 대해 약간의 우려를 나타냈다.

모의 입사지원서와 입사면접에서의 수행은 대체로 만족스러웠지만 몇 가지가 지적되었다. 입사지원서의 모든 문항을 정확히 작성했지만, 통상적인 권장 시간보다 15분 이상 더 소요되었다. 지원서 작성연습과 지원서 보조자료(고용과 배경정보 자료가 기록된 카드)를 활용해서 합당한 시간 내에 입사지원서를 작성해야 한다.

Ms. Steed의 모의 입사면접에서 행동상의 몇 가지 강점과 약점이 드러났다. 그녀는 자신의 교육적 훈련과 고용력, 특정 직업기술들을 적절하게 설명했지만 필요한 편의제공의 유형에 대한 고려사항을 제시할 필요가 있다. 또한 면접동안에 불안해하는 것처럼 보였고(예: 몸짓의 지나친 사용, 고조된 어조), 면접에서 크게 말해야 한다는 점을 명심해야 한다(목소리가 너무 작았음).

현재 고용과 훈련에 있어서 Ms. Steed의 가장 큰 방해물은 체력부족과 높은 수준의 불안이다. 만약 신체상태가 좋아지고 불안이 효과적으로 치료되면, 앉아서 업무를 수행하는 사무직종 훈련에 참여하거나 훈련을 받을 능력이 있다.

고용가능성의 정도와 관련해서, Ms. Steed는 사무직종을 탐색하고 추진할 수 있는 흥미와 능력을 가지고 있는 것으로 나타났다. 그러나 Ms. Steed는 신입사무직 급여가 최저임금 이상을 거의 받지 못하기 때문에 자신과 아들 양육의 재정문제에 대해 매우 걱정하고 있다. 따라서 훈련을 받고 좀 더 높은 직위에 배치하는 것이 가장 적절하며, 심리평가보고서의 권고를 유념해야 한다. 개인 및 가족의 문제들에 대처할 수 있도록 상담을 받는 것이 도움이 될 수 있다. 단기 인지치료가 불안에 대한 통제를 제공할 수 있으며 이에 따라 경쟁고용에 대한 준비를 최대화할 수 있다. 가정생활이 조금 더 안정될 때까지 지지적인 감독사와 함께 비교적 스트레스가 적은 직업 환경에서 일하는 것이 최선이다.

권고사항

1. 심리평가

Ms. Steed가 제공한 개인사적 정보에 의하면 심리학자와 주치의로부터 불안장애로 진단받고 졸로푸트를 처방받았다. 평가동안의 행동관찰에 의하면 Ms. Steed의 불안이 주된 장애상태인 것으로 나타났다. 추가 심리평가를 통해 현재 복용하고 있는 졸로푸트 30mg보다 더 효과적인 치료법(예: 대안적 약물치료와 병행한 대화치료/상담)을 결정할 수 있을 것이다. 진행 중인 불안장애가 진로개발과 지역사회 통합의 장기성공에 가장 중요한 요인일 수 있다.

2. 적응상담

Ms. Steed와 그 가족은 적응상담을 통해 도움을 받을 수 있다. Ms. Steed는 실직과 더불어 오랜 기간에 걸친 장애와 가족 문제를 가지고 있다.

또한 Ms. Steed의 자아개념이 낮아지고 있는데 이는 불안장애를 악화시킬 뿐만 아니라 진로개발과 지역사회 통합에 심각한 영향을 미칠 수 있다. Ms. Steed와 가족은 상담을 통해 재활목표를 더 잘 지지할 수 있는 대응전략 개발과 이 목표를 위해 함께 노력하는 것이 가족에게 어떤 영향을 미치는지를 이해하는 데 도움을 받을 수 있다.

(계속)

표 6-4 (계속)

3. 음주/중독 선별

Ms. Steed는 최근 들어 밤에 때로 집에서 술을 마신다고 보고하고 있으나 "통제하에 있고 문제가 되지 않는" 상태. 음주의 잠재적인 부정적 영향뿐 아니라 불안과 음주의 이전 내력을 고려할 때 건강 관련 문제가 나타날 수 있음으로 추후 약물과 음주에 대해 확인해 보기를 강력히 권고한다.

4. 기능역량 평가

Ms. Steed는 평가기간 동안 폐기종과 만성기관지염으로 인한 건강상의 문제를 보고했다. 치료과정이 끝난 후, 적절한 작업 수준(예: 앉아서 하는 작업, 가벼운, 중간정도)을 결정하기 위한 기능역량평가가 필요하다. 그 결과를 통해 제한해야 할 그리고 무리 없이 할 수 있는 활동에 대한 구체적인 정보를 얻을 수 있을 것이다.

5. 영양 및 운동 자문

Ms. Steed는 체력감소로 인해 이동성이 매우 제한되어 있다. 매우 천천히 걷고 약간의 격한 활동에도 숨이 가쁘고 땀을 많이 흘린다. 피로감을 호소함에 따라 의료진들과 식이요법과 운동프로그램에 대해 의견을 나눴다. 지금의 치료과정을 마친 후, Ms. Steed는 피로와 체력 문제를 해결하기 위해 체력단련 프로그램의 도움을 받을 필요가 있다.

6. 보조공학평가

Ms. Steed는 직장과 작업장의 보조공학평가를 통해 도움을 받을 수 있다. 평가에서 Ms. Steed의 타이핑 속도는 분당 25내지 30 정도로 나타났다. Ms. Steed가 어떤 사무직에 취업하더라도 자료입력과 많은 타이핑이 요구되기 때문에 음성입력장치와 인체공학적 인터페이스를 통해 컴퓨터 접근성이 증가될 수 있다. Ms. Steed의 제한된 이동성을 고려한다면 짧은 호흡과 전체적인 피로감을 완화하기 위한 전동 스쿠터나 다른 공학기기가 도움이 될 수 있을 것이다.

7. 진로개발

Ms. Steed는 진로상담과 진로개발·활동을 통해 도움을 받을 수 있다. Ms. Steed는 과거 10여 년 동안 제조업 분야에서 조립원으로만 일했기 때문에 다른 분야의 직업에 대해서는 상대적으로 잘 알지 못한다. 진로상담을 통해 다양한 진로선택과 관련된 직무와 책임에 대해 잘 이해할 수 있을 것이다. 다양한 직종에 대한 직접적인 현장방문 등의 진로활동은 다른 직업에 대한 통찰력을 제공하며 추후 의사결정에서 매우 유용할 수 있다.

8. 교육 및 훈련

Ms. Steed는 사무관리 기술 증진 및 키보드 및 워드프로세스 효율성 개선, 사무용 소프트웨어 활용 기술 향상, 그리고 보다 구체적인 진로탐색 이전에 사무기기 작동훈련 등을 위해 기술학교나 지역사회대학에 입학할 수 있도록 노력해야 한다.

(계속)

표 6-4 (계속)

전문적 훈련은 Ms. Steed로 하여금 새로운 직업환경의 미묘한 차이로 인해 야기될 수 있는 불안과 스트레스를 경감시켜 주고 직업환경과 직무에 대한 경험을 제공한다. 또한 이런 고용환경에서의 수행에 대한 피드백은 Ms. Steed에게 진로개발계획에 대한 또 다른 통찰력을 제공할 수 있다.

저희 프로그램에 의뢰해 주셔서 감사합니다. 내담자에 대해 추가적인 질문이 있다면 언제든지 연락 주십시오.

 - 직업평가사

3. 적절하게 의뢰하기

직업평가를 위한 의뢰의 적절성은 주로 2가지 요인, 즉 의뢰된 사람의 특성과 이용 가능한 직업평가프로그램들의 특성에 대한 상담사의 지식에 달려 있다. 예를 들어, 일부 직업평가프로그램들은 평균 또는 평균 이상의 지적능력을 가진 신체장애인의 직업 잠재력을 평가하기 위해 설계되었기 때문에 적절하지 않은 의뢰가 일어날 수 있다. 이 평가프로그램들은 주로 기술훈련이나 현장교육 프로그램들의 참가 또는 노동시장에 바로 진입하려는 사람들을 평가하는 데 주된 강조점을 두기 때문에, 중도 지적장애 또는 정신장애를 가진 사람들의 평가에 적합하지 않을 수 있다. 이러한 특성을 가진 사람들은 관리감독 수용 및 동료들과 어울리기, 적절한 생산성 유지, 좌절에 대한 인내 등과 같은 일반적인 고용가능성 요인을 평가할 수 있는 직업평가기관에 의뢰하는 것이 더 적절하다. 제시되는 권고사항들도 내담자에게 기본 직업기술을 가르치기 위한 직업 준비 프로그램에서부터 지원고용, 고용시장 진입 등에 초점을 두어야 한다.

비록 상담사가 특정 대상(예: 어떤 유형의 내담자)에게 어느 프로그램이 가장 효과적으로 서비스를 제공할 수 있는지를 아는 것이 어렵지만, 다른 상담사들이나 의뢰자원들에 대한 확인을 통해 관련정보를 얻을 수 있다. Shirley Steed의 사례에서, 적절한 평가 프로그램은 사무 또는 관련 직종 기술과 직업관련 행동평가 도구 및 인력을 갖춘 기관이며 일반적인 고용가능성 행동만을 평가할 수 있는 직업평가프로그램은 적절하지 못하다.

개인에 대한 재활상담사의 지식이 적절한 평가프로그램 결정에 반드시 필요하다. 재활과정에 대한 내담자의 기대와 장애, 흥미, 직업력, 현재 직업능력 등의 특별한 고려사항에 대한 이해는 직업평가를 통해 설명되어야 할 질문을 결정하는 데 중요한 역할을 한다. 최종 분석에서, 적절한 직업평가프로그램의 선택은 내담자의 사회−직업−병력 및 내담자와 재활상담사가 논의한 잠재적인 재활계획 목표에 의해 결정된다.

직업평가기관은 의뢰를 받을 때, 재활상담사로부터 필요정보의 유형에 대해 명확한 설명을 제공받아야 한다. 또한 직업평가기관은 평가사가 효과적인 평가계획을 개발하는데 도움이 될 수 있는 내담자의 모든 정보를 전달받아야 한다(Homa & DeLambo, 2014; Power, 2013; Sligar & Betters, 2012; Tidwell et al., 2016). 예를 들어, 직업평가사가 내담자의 의료적 상태를 잘 알고 있을 때, 내담자의 신체와 정서적 상태에 적합한 평가활동들을 선택할 가능성이 더 높다. 나아가 직업평가보고서에서 의료적 시사점에 대해 적절하게 논의할 가능성이 더 높다. Shirley Steed의 사례에서, 약물 복용량에 대한 상세한 정보는 그녀의 졸음 및 운동협응과 작업속도를 요구하는 과제에서 받은 낮은 점수에 대해 더 정확한 해석을 가능하게 한다. 그녀의 호흡기 상태와 하지정맥류에 대한 정보는 Steed 씨가 직업평가 동안에 해로울 수 있는 과제수행을 하지 않도록 하는 데 도움이 된다. 또한 이는 직업평가사가 권고하는 직업유형에도 영향을 끼친다. 이와 유사하게, Steed 씨의 가족상황과 정서상태에 대한 이해도 직업평가사에게 중요하다. 다른 평가자료들과 함께, 이러한 정보분석은 정서적으로 지지적인 직업환경에 배치할 필요성을 제안한다. 이는 또한 Steed 씨가 가족에게 경제적으로 더 많이 지원하기 위해서는 자신의 능력을 높여서 보다 높은 수준으로 고용될 수 있도록 추가 훈련을 제안하게 한다. Steed 씨의 교육력과 직업력에 관련된 정보들은 훈련에 대한 동기가 지속된다고 가정했을 때, 직업훈련을 통해서 예상할 수 있는 타이핑 수준과 속도에 대한 단서를 제공한다.

재활상담사가 직업평가사에게 적절한 사회력 및 직업력, 교육력, 병력 정보를 제공하지 않는 것은 심각한 결과를 초래할 수 있다. 이는 기존 정보를 활용하지 않음으로써 내담자로 하여금 불필요하게 많은 평가를 받게 만들 수 있으며 더 큰 문제는 평가사가 관련된 모든 사항을 제대로 고려하지 못한 채 권고사항을 제안할 수도 있다는 점이다.

후속서비스 권고사항에 사용되는 평가정보는 내담자의 현재 기능에 기초하기 때문에 직업평가 의뢰 시 내담자는 신체적, 정서적으로 어느 정도 안정되어야 한다. 만약 이것이 완전하게 가능하지 않다면 이용 가능한 회복서비스들을 받은 후, 가까운 미래에 내담자의 신체적, 정서적 기능이 어떠할 것인지에 대한 예측이 있어야 한다. 이렇게 함으로써 평가정보가 내담자의 잠재력 예측뿐만 아니라 직업준비나 직업훈련 계획의 설계를 권고하는 근거로서 훨씬 큰 타당성을 가지게 될 것이다. 예를 들어, 만약 내담자가 직업평가를 종결한 후에 도수 있는 안경을 처방받았다면, 평가기간 동안에 그 안경을 썼을 때 내담자의 수행에 어떻게 영향을 미쳤을지 판단할 방법이 없다. 이와 유사하게, 만약 내담자의 생활환경, 신체조건, 약물복용, 기타 요인들에 있어서 중요한 변화가 임박해 있다면, 평가 의뢰는 그 변화가 일어나고, 내담자가 적응할 기회를 가진 후에 하는 것이 더 적절하다. 만약 이렇게 의뢰를 늦추는 것이 가능하지 않다면, 직업평가사에게 변화 시점과 예상되는 영향을 다른 의뢰정보와 함께 제공해야 한다.

요약하면 적절한 의뢰를 위해서 평가프로그램이 내담자의 요구에 맞는지, 그 적절성을 결정하는 것뿐만 아니라 평가프로그램에 상담사와 내담자의 기대가 담긴 명확한 평가목표와 함께 내담자의 관련 의료, 정서, 교육, 직업적 정보를 전달해야 한다. 일상적인 업무로서 또는 단순히 내담자가 수행해야 하는 활동으로서 의뢰하는 것은 가치가 거의 없다(Homa & DeLambo, 2014; Power, 2013; Sligar & Betters, 2012; Tidwell et al., 2016).

4. 직업평가를 위해 내담자 준비시키기

내담자의 직업평가에 대한 기대는 평가서비스 시행과 목적에 대한 재활상담사의 설명에서 비롯되기 때문에, 상담사의 오리엔테이션은 내담자가 이후 경험하게 될 평가경험을 정확히 반영해야 한다. 이 둘 사이의 불일치는 내담자를 혼란스럽게 하고, 직업평가 및 수반되는 재활프로그램에 참여하는 내담자의 동기에 심각한 영향을 미친다. 예를 들어, 만약 예상결과와 실제결과 모두가 직업준비 유형을 권고하기 위함임에도, 내담자는 평가결과가 곧바로 취업배치로 이어질 것이라고 기대한다면 내담자의 사기가 저하될 수 있다. 또 다른 문제는 합격−불합격 증후군(pass-fail syndrome)으로 인해 야기될 수 있다. 만약 어떤 개인이 평가에 합격이나 불합격이 있다고 생각한다면 즉, 만약 상담가가 내담자에게 추후서비스는 평가에서 얼마나 잘하느냐에 달려 있다고 믿게 했다면, 내담자는 큰 불안을 가지고 직업평가과정에 임할지도 모른다. 불안은 개인의 잠재 역량을 최대한 발휘하는 데 영향을 줄 수 있다.

재활상담사가 직업평가를 위해 내담자를 잘 준비시키는 것은 매우 중요하다. 오리엔

테이션에서 재활상담사는 다음 사항들을 다루어야 한다:

1. **직업평가의 목적에 대한 설명.** 상담사는 평가의 주된 목적이 현실적인 직업목표를 찾을 수 있도록 직업적 장점을 파악하는 것이라는 점을 강조해야 한다. 평가에 합격이나 불합격이 없으며, 내담자에게 가장 적합한 직업과 훈련프로그램들을 결정하기 위해 계획된다는 점을 세심하게 알려야 한다.

2. **평가의 특정 목표.** 상담사는 내담자와 함께 필요한 특정 정보 및 직업평가프로그램이 정보제공에 어떤 도움이 되는 지를 논의해야 한다. Shirley Steed의 경우, 사무직 또는 자료입력직의 고용가능성과 가장 적절한 훈련 및 재훈련 유형을 중점적으로 논의했을 것이다. 그리고 상담사와 Steed 씨의 논의에서 그녀의 앉고 서기의 내성을 보다 정확히 확인하고, 호흡기 상태에 가장 적합한 직업환경을 탐색하는 이유도 다루었을 것이다. 또한 Steed 씨는 평가의 모든 목표들이 재활프로그램 계획수립의 유용한 정보를 제공하기 위함이라는 사실을 이해해야 한다.

3. **내담자가 경험할 수 있는 기법의 종류.** 지필검사 및 컴퓨터기반 평가, 작업표본, 상황평가에 대해서도 논의가 필요한데 이는 일반적인 검사불안을 완화시키고 오해의 소지를 없애기 위함이다. 이 정보가 본 평가프로그램에 의해 사용된 실제 기법과 일치하는 것이 중요하다.

4. **절차의 문제.** 상담사는 의뢰에 앞서 평가 시작일과 종료일, 수당, 교통, 주거, 출석과 관련된 기대, 문제가 발생한다면 연락할 사람 등과 같은 문제를 명확히 해야 한다. 절차상의 문제에 대한 세심한 논의와 문제해결이 개인의 순조로운 평가참여에 크게 도움이 될 수 있다. 그러므로 내담자를 준비시키는 것은 일차적으로 내담자의 평가과정에 대한 현실적인 기대를 발전시키고 평가과정에서 일어날 수 있는 외부적인 문제를 최소화할 수 있는 가능성을 최대한 보장하기 위함이다.

5. 더 많은 것을 얻는 방법

상담사와 평가사, 모두가 서로의 전문성을 존중할 뿐만 아니라 원활하게 의사소통하는 것은 재활상담사와 내담자가 "가장 안성맞춤(most for their money)"의 서비스를 받을 가능성을 크게 높일 수 있다. 다음에 제시한 해야 할 것과 하지 말아야 할 것의 목록은 재활상담사가 직업평가사와의 유익한 관계를 확립하는 데 도움이 될 것이다.

해야 할 것

- 내담자의 흥미와 선호에 대해 논의하기. 평가에 앞서 내담자가 언급한 흥미와 선호에 대한 대략적인 설명 제공하기.
- 의뢰에 앞서 직업평가사와 내담자의 목표와 요구에 대해 논의하기. 의뢰 시 동봉하는 설명서에 특별한 관심사항들을 적시하고 요점들을 반복해서 언급하기. 평가가 완료되기 이전에 기대를 명확히 하기.
- 내담자가 평가를 시작하기 전에 평가사에게 관련 배경정보 보내기. 이는 내담자에 대한 평가계획 개발에 크게 도움이 될 것이다.
- 만약 요청받는다면, 초기 평가진 구성에 참석하기. 요청받지 않았다면, 요청이 오도록 하기.
- 평가사에게 평가 보고서와 권고사항의 유용성이나 적절성에 대해서 건설적인 피드백 제공하기.
- 평가사에게 그들이 평가한 내담자의 장기재활 성과에 대한 피드백 제공하기.
- 보고서에 제시된 평가 자료와 일치하지 않는 권고사항에 대해 구체적인 설명 요구하기.

하지 말아야 할 것

- 평가사들에게 그들의 업무 처리에 대해 이야기하지 않기. 평가사들은 재활상담사들처럼 자신의 업무에 대해 잘 알고 있고 자부심을 가지고 있다. 평가서비스 개선 제안은 내담자를 위한 더 나은 서비스제공이라는 관점으로 표현하기.
- 문제점들을 어떤 방법으로 해결할 수 없다면, 의뢰한 평가사 이외의 다른 사람들에게 서비스에 대한 불만을 토로하지 않기.
- 관련된 다른 사람들과 그 상황에 대해 먼저 검토하지 않고 내담자들의 부정적인 피드백을 믿지 않기.
- 긍정적인 제안을 할 수 없다면 평가과정에 대해 비난하지 않기.
- 평가 동안에 다루지 않은 문제가 있다면 답변 요구를 두려워하지 않기.

이것이 모든 목록은 아니지만, 해야 할 것들과 하지 말아야 할 것들의 의도를 지키는 것이 재활상담사와 직업평가사 사이의 유대관계 형성에 많은 도움이 될 수 있다. 이는 두 전문가 집단의 의견 차이나 의사소통 부족이 일반적으로 재활서비스의 효과와 직결되기 때문에 매우 중요하다.

6. 맺음말

결론적으로, 직업평가 자원의 사용은 중중장애를 가진 사람들의 직업잠재력을 평가하는데 필수적이다. 평가의 목적은 현실적인 직업목표 설정과 내담자들이 설정한 특정 목표 성취에 도움이 되는 가장 효과적인 서비스를 파악하도록 돕는 것이다.

이 평가는 내담자의 재활목표와 부합해야 한다. 상담사는 가능하다면 내담자가 평가 결과들을 잠재적인 목표들과 관련지을 수 있도록 도와야 한다. 이를 위해 재활상담사는 내담자의 요구와 적절한 평가자원들을 연결할 수 있어야 하며, 내담자 및 직업평가사와 필요한 수준의 전문적인 라포를 개발할 수 있어야 한다.

7장

직업평가에 의뢰하지 않은
내담자의 직업적 대안

Shirley Steed 씨의 경우는 다양한 평가자원을 활용한 사례다. 예를 들어, 4장과 5장에서 Steed 씨의 의료평가와 심리평가를 제시했다. 6장 직업평가에서는 사회-직업, 의료, 심리 정보들과 연계하여 내담자에게 적합한 직업대안을 찾아내는 방법을 보여 주었다. 그러나 모든 지역사회에서 직업평가프로그램을 활용할 수 있는 것이 아니다. 따라서 평가가 필요한 경우라도 종합적인 직업평가프로그램이 가능하지 않을 수도 있다. 또 다른 경우, 직업평가기관에 의뢰하지 않고도 적절한 직업대안을 확인할 수 있는 특성을 가진 내담자들도 있다. 이러한 이유들로 재활상담사는 흥미검사와 직업정보자원의 이용을 포함한 직업분석기술을 가지고 있어야 한다. 재활상담사는 여러 자원으로부터 얻은 정보를 종합하여 내담자들이 직업을 선택하고 재활계획수립에 참여하도록 준비시킬 수 있다.

과거, 재활상담사들은 업무 기능적 측면에서 중간 정도의 중요도를 가지는 것으로 간주하는 사정(assessment) 영역에 약 13%의 시간을 쏟고 있다고 보고했다(Leahy, Shapson, & Wright, 1987). 하지만 21세기에 들어와서 상담사의 사정 역할은 그 중요성이 한층 더 강조되고 있다(Strauser, 2013). 사람들은 문화적, 경제적, 기술적인 변화로

153

인해 급변하는 직업현장에 대처해야 한다. 재활상담사들은 장애를 가진 사람들이 확대되고 까다로워지는 직업세계로 진입할 수 있도록, 적성과 흥미 등 직업과 관련된 개인의 주요 특성뿐만 아니라 "직무요구, 취업기회, 정당한 편의제공, 직업에 대한 사회적 상황"(Vander Kolk, 1995, p. 45) 등에 대한 정확한 지식을 가지고 있어야 한다.

상담사가 직업정보자원과 흥미검사를 이용하여 직업분석을 하는 방법을 보여 주기 위해 Ted Johnson의 사례를 소개한다. 다음에 상담사가 초기면접(사례연구 참조)과 의료평가(〈표 7-1〉 참조)를 통해 수집한 정보들을 요약 제시하였다. 상담사는 Ted의 직업분석을 시작하기 위해, 초기면접과 의료적 진단자료에서 직업적 시사점을 다시 살펴보았다.

 사례 연구: Ted Johnson
···

초기면접 요약

Ted Johnson은 31세의 아프리카계 미국인이다. 고등학교 졸업 후 바로 결혼해서 인구 20만 정도의 도시에 살고 있다. 현재 부인과 세 자녀가 함께 아파트에 거주한다. 그는 작은 이발소를 운영하면서 주당 평균 800달러 정도를 벌었지만 최근 들어 수입이 주당 575달러 정도로 감소했다. 운전면허와 자동차를 가지고 있고 부인은 의료기록사무원으로 전일제 근무를 한다.

Ted 씨는 고교시절에 목공, 상업교육, 자동차 정비 등의 직업교과를 이수했다. 이 수업들에서 주로 B와 C 학점을 받았지만 지금 돌이켜 보면 더 잘할 수 있었을 것이라고 생각한다. 또한 그때 대학준비 과정을 이수하고 지역대학의 전문학사 과정에 등록했으면 좋았을 것이라고 아쉬워한다.

Ted 씨가 재활서비스를 찾아온 것은 당뇨병(diabetes)으로 인한 순환기와 시력의 문제 및 류머티즘성 관절염(rheumatoid arthritis)으로 인한 이동성 문제 때문에 더 이상 이발사 일을 계속할 수 없다고 느꼈기 때문이다. 오랫동안 서 있은 후에는 다리의 통증을 경감하기 위해 항염증성 약을 두세 알 복용해야 한다. 다리의 의료적 문제는 류머티즘성 관절염으로 진단된 8세 때부터 시작되었다. 학창시절 무릎의 염증 때문에 자주 체육수업에 참여하지 못했고 8년 전에는 무릎 상태가 악화되어 침대에서 방향을 바꾸지 못하거나 도움 없이 걷지 못하기도 했다.

Ted 씨가 자신에게 당뇨병이 있다는 사실을 처음 안 것은 약 5년 전, 당시 그의 부친이 주치의로부터 당뇨병 판정을 받았을 때였다. 의사는 다른 가족들에게도 검사를 받게 했고 Ted 씨도 당뇨병 경계선상에 있다는 사실을 확인했다. 그 후부터 식이요법과 약물복용으로 혈당량을 조절해 오고 있다.

지금까지는 인슐린 주사가 필요하지 않았지만 의사 말에 의하면 병세가 점점 진행되고 있기 때문에 조만간 시작할 것 같다고 한다(〈표 7–1〉 참조).

Ted 씨는 자진해서 직업재활센터로 왔고 당시 평상복 바지에 스포츠 셔츠로 단정한 옷차림이었다. 훌륭한 말솜씨와 사회적 기술을 가지고 있었고, 지난 12년 동안 이발사로서 성공할 수 있었던 것도 분명 이러한 성격이 기여했을 것이다. Ted 씨는 오토바이 수리에 관심이 있다고 말했는데 이발소 옆에 오토바이 수리점이 있어서 자주 지켜봤다고 한다. 그는 오토바이 수리를 하는 동안 작업을 서서도 할 수 있고 앉아서도 할 수 있다는 점에 주목하고 있었다. 직업으로서, 소형엔진 수리는 나중에 정비소를 차려 직접 운영할 수도 있기에 이 가능성은 그에게 매우 중요하다.

그는 또한 가능한 직업으로 부기(bookkeeping)도 제안했다. 작년에 지역 2년제 대학교의 회계과정에 등록했었다고 한다. 하지만 부기 일은 하루 종일 사무실에 머물러야 하고 사무실을 직접 운영할 수도 없기 때문에 이 일을 직업선택에 있어 첫 번째 목표로 삼지는 않는다고 말했다. Ted 씨는 주중 일정 시간만 사무실에서 할 수 있는 일을 원하는데 이는 이발 일에 대한 불만 중 하나인 업소를 비울 수 없다는 점 때문인 것 같다. Ted 씨는 아이들과 함께 일하는 레크리에이션전문가나 캠프상담사 직종이 다양한 환경에서 일할 수 있는 하나의 방법이 될 수 있다고 생각한다. 비록 그런 종류의 일을 좋아해서 어린이 야구팀 코치로도 활동하고 있지만 이런 일은 승진의 가능성이 거의 없는 말단직부터 시작해야 한다는 단점도 인식하고 있다. 또한 사회복지 분야에 대한 탐색도 고려했다. 이 일에 대해 흥미를 보이는 것은 사무실에서도 일정 시간 일하고 일부는 현장에서도 일할 수 있기 때문이다.

Ted 씨는 또한 가구수리에도 관심이 있다고 했다. 친척 중에 가구수리 사업을 하는 사람이 있어서 훈련도 시켜 주고 장비도 넘겨줄 수 있다고 한다. 아내도 이런 종류의 일은 도울 수 있을 것이라고 말한다.

Ted 씨는 당뇨병과 관절염의 심각성을 잘 알고 있기에 더 이상 하루 종일 서서 하는 일은 할 수 없다는 점을 이해하고 있다. 앉아서 머리를 자를 수 있도록 의자를 개조하는 것은 고려하지 않는다. 그는 건강상의 징후들이 신체적으로 보다 적합한 직종으로 변경해야 할 필요성을 명확히 시사하고 있다고 생각한다. 다행스럽게도 Ted 씨는 사업관리 능력을 입증하는 긍정적인 직업력을 가지고 있다. 그가 적성을 나타내는 분야의 일들은 어느 정도의 기술이 요구되지만 현재 가진 기술은 이발 기술을 제외하고는 아주 기초적 수준이다. Ted 씨가 직업세계의 다양한 요구를 수용하기 위해서 합당한 능력을 갖추어야 한다. 현재 Ted 씨의 가족상황은 재활에 아무런 문제가 되지 않는다. 부인은 Ted 씨의 의료적 문제들에 대해 잘 대처를 하고 있으며 또한 취업해서 살림을 돕고 있다. 자녀들도 잘 적응하고 있고 학교에서도 아무 문제가 없다고 한다.

노동자로서 그의 기본 기술과 숙련직에 대한 적성에 근거해 볼 때, Ted 씨는 다양한 직종의 요구를 충족시킬 수 있는 역량을 갖추고 있다. 또한 자신이 처한 상황에 대한 불안이나 우울 증상도 보이지 않는다. 사실 그는 새로운 유형의 일을 시작하기 위해서 가능한 빨리 직업훈련이나 교육프로그램을 시작해야겠다고 마음먹은 것 같다. 그는 몇 년간 관절염과 당뇨병으로 인해 발생하는 건강 문제들을 조절하기 위해 부단히 노력해 왔다. 이 스트레스에 대처해 온 그의 능력은 장기간 안정적인 직업력에서 입증되고 있다.

Ted 씨는 직업훈련이나 교육훈련을 받을 수 있고 또한 훈련기간 동안 재정적 지원을 받을 수 있는 곳에서 재활프로그램을 시작하고 싶어 한다. 그는 '빈곤가정 임시지원(TANF)'에 의존해서 살 생각은 없으나 지난 수년에 걸쳐 세금을 충분히 납부해 왔기에 지금 필요한 지원을 받을 자격이 있다고 생각한다. 이발소는 임대료와 공과금들을 감안할 때 시간제 운영이 가능하지 않기 때문에 훈련받는 동안에 유지할 수는 없다.

| 표 7-1 | Ted Johnson의 의료 보고서 |

Mr. Johnson은 최근 나타난 양쪽 다리의 혈액순환 문제와 흐릿한 시력을 제외하고 최근 6년 동안 통제가능 수준의 당뇨병을 앓아 왔다. 순환계의 문제는 때로 통증과 이동의 어려움으로 나타난다. 양쪽 무릎이 붓는 것은 류머티즘성 관절염 때문이다. 환자는 특히 오전에 무릎이 뻣뻣하고 아프다고 호소했다. 통증과 붓는 증상을 완화시키기 위해 필요시 이부프로틴(ibuprofen)과 코르티코스테로이드(corticosteroids)를 복용하도록 처방했다.

이 두 가지 질환은 하지기능에도 영향을 미치기 때문에 Mr. Johnson은 과다하게 걷는다거나 서 있어야 하는 작업은 반드시 피해야 한다. 이런 이유들로 인해 현재 직업인 이발사는 매우 부적절하다. 직무에 있어서 서 있기, 걷기, 들기, 웅크리기 등과 같이 신체적 스트레스가 될 수 있는 요인들은 신중히 평가해야 한다. 또한 심한 추위 및 습기 또는 급격한 기온 변화에 노출되는 것을 피해야 한다.

Mr. Johnson이 지금은 식이요법으로 혈당을 조절할 수 있지만, 혈액순환계의 문제로 인해 조만간 정기적인 인슐린 투여가 필요할 수도 있다. 그런 상황이 되면 작업 요구나 시간이 크게 변동되지 않고 규칙적인 작업속도를 유지하며, 규칙적인 식사가 가능한 작업스타일이 필요하다. 현재 Mr. Johnson의 전반적인 건강상태는 언급된 사항들을 제외하고는 좋은 편이다. 시력 혹은 상지 기능의 문제 같은 당뇨병으로부터 올 수 있는 다른 합병증의 징후는 없다. 본인도 현재 류머티즘성 관절염은 다리에만 국한되고 손과 팔꿈치, 어깨에는 문제가 없다고 한다.

따라서 Mr. Johnson은 적절한 작업조건이 제공되고 건강습관을 잘 지킨다면 전일제 근무가 가능할 것이다. 또한 정기 검진을 통해 당뇨병과 관절염 상태를 지속적으로 점검하기를 권고한다.

이와 같은 Ted 씨의 능력과 제한점을 이해한 상담사는 O*NET(http://online.O*NET center.org), 『증보된 직업전망서(Enhanced Occupational Outlook Handbook)』(Farr & Ludden, 2009), 『새로운 직업탐색안내서(New Guide for Occupational Exploration)』(Farr & Shatkin, 2006), 『직업전망서(Occupational Outlook Handbook)』(U.S. Department of Labor, 2016b) 등을 통해 추가적인 직업대안을 선별했다. 또한 홀랜드 진로탐색검사(Holland's Self-Directed Search: SDS, Form R; Holland & Messer, 2013)도 실시했다. 이러한 각각의 자원들은 가능한 직업목표에 대한 상담사와 내담자의 생각을 넓혀줄 수 있는 유용한 정보를 제공한다. 물론 9장에서 언급하겠지만, 상담사는 지역사회 내에서 그 직업의 특성에 대한 개인적 지식을 바탕으로 이 자료들에 근거한 결론을 조정해야 한다.

1. O*NET

Ted 씨는 상담사의 도움을 받으며 직업평가의 첫 단계를 시작했다. 상담사는 Ted씨가 온라인 O*NET[1]와 직업편의제공 네트워크(Job Accommodation Network: JAN)를 이용할 수 있도록 다음과 같은 단계를 안내했다.

- 검색엔진을 이용하여 O*NETonline.org/skills/를 찾고, 자신이 가지고 있다고 생각하는 기술을 선택한다. '기술검색(the skills search)' 내용을 출력하고 직업계획 서류에 포함한다.
- '기술검색' 하단의 "Go"를 누르고, 자신이 가진 기술과 일치하는 점이 많다고 제안되는 직업들을 살펴본다. 그중에서 더 많은 정보를 알고 싶은 직업에 대해서는 "Summary(요약)"를 눌러 정보를 살펴보고, 흥미 있는 직업은 출력해 둔다. 또한 '기술검색' 결과에 따라 선택된 직종에 대한 추가정보가 필요한 경우, "Detail(상세)"과 "Custom(맞춤)"을 통해 살펴볼 수 있다.
- 검색엔진을 이용하여 "askjan.org"(JAN은 직업편의제공네트워크를 지칭한다)를 찾

---

1) Occupational Information Network(직업정보네트워크), 미국 고용노동부의 후원으로 제작된 무료 온라인 데이터베이스로 직업에 필요한 기술과 지식, 작업방식, 작업환경을 확인할 수 있음.

고 JAN 웹사이트로 들어간다. 하단의 "For Individuals(개인)"에서 "Job Seekers(구직자)" 또는 "Employees(노동자)"를 클릭하고, 그다음에 SOAR(Searchable Online Accommodation Resource[온라인으로 검색 가능한 편의제공 자원])를 클릭한다. 좌측 하단 검색창에서 관심 있는 장애(당신의 경우, 관절염)와 편의제공이 필요하다고 생각하는 직무관련 제한점을 선택한다.

- 제한점에 대한 편의제공과 편의제공 구입을 위해 SOAR의 정보를 검토하고 관심 정보를 직업계획 서류에 포함한다.

온라인 O*NET 검색에서 Ted 씨가 고려할 흥미로운 직업적 대안들을 파악했다. 이 대안들은 Ted 씨가 스스로 가지고 있다고 선택한 다음 21가지 기술에 근거해서 추출된 것이다: 능동적 학습(active learning), 경청(active listening), 비판적 사고(critical thinking), 학습전략(learning strategies), 점검하기(monitoring), 독해(reading comprehension), 말하기(speaking), 쓰기(writing), 복잡한 문제해결(complex problem solving), 재정자원관리(management of financial resources) 물적자원관리(management of material resources), 인적자원관리(management of personnel resources), 시간관리(time management), 조정(coordination), 지도(instructing), 협상(negotiation), 설득(persuasion), 서비스제공(service orientation), 사회적 감수성(social perceptiveness), 의사결정(judgment and decision making), 체계분석(systems analysis). 온라인 O*NET 검색 결과에서 도출된 직종 및 Ted 씨 보유 기술과 일치하는 기술의 개수는 다음과 같다: 사회 및 지역사회 서비스 관리자, 21(social and community service manager); 건강 및 보건 서비스 관리자, 21(medical and health service manager); 정신보건 및 물질남용 사회복지사, 19(mental health and substance abuse social worker); 정신보건상담사, 19(mental health counselor); 치안업무 초급관리자, 19(first-line supervisor/manager of police and detectives); 응급간호, 19(acute care nursing); 재활상담사, 18(rehabilitation counselor); 대출상담사, 18(loan counselor); 산불방재사, 16(forest firefighter).

O*NET 결과는 Ted 씨에게 직업적 가능성으로 조력(helping) 직종과 지역사회 서비스 직종에 대한 몇 가지 아이디어를 제공했다. 그러나 그는 법집행이나 간호 직종에 대해서는 생각해 본 적도 없었고 관련해서 더 많은 정보를 요구하지도 않았다. 처음에는 방재원에 대해서 흥미를 보였으나 곧 자신이 그 직종의 신체적 요구를 감당할 수 없다는

것을 알았다. 전체적으로 Ted 씨는 O*NET 결과, 특히 다른 사람을 돕는 것에 대한 자신의 흥미를 지지하는 결과들을 통해 용기를 얻었다. 그러나 그는 여전히 지역사회에서 기회를 가질 수 있는 가구수리원과 오토바이수리원 등 가능한 몇 가지 다른 대안에 대해서도 알고 싶어 했다. 따라서 상담사는 Ted 씨와 (1) 업무수행에 대한 흥미, (2) 직업적 편의제공을 받거나 받지 않고도 그 업무들을 수행할 능력을 가지고 있는지, 이 두 가지 기준에 근거하여 논의하기 위해 Ted 씨가 2가지 직종에 대한 O*NET의 직종 설명을 찾을 수 있도록 도왔다(가구수리원과 모터사이클수리원에 대한 O*NET의 다음 설명 참조).

51-6093.00 가구수리원(Upholsterers)

업무:

- 손 도구, 전동 공구, 접착제, 시멘트 또는 스테이플을 사용하여 프레임에 재료를 장착하고 설치하고 고정하기
- 스케치 및 설계 시방서에 따라 패턴 및 측정 및 절단 장비를 사용하여 새 커버링 재료를 측정하고 자르기
- 부드럽고 둥근 표면을 형성하기 위해 섬유 재료, 면, 펠트 또는 폼 패딩(foam padding)을 가구에 채워 넣기
- 손 도구와 직물 및 실내 장식품 방법에 대한 지식을 사용하여 고객의 수리 가구를 제작하거나 복원하거나 만들기
- 제품 수리에 필요한 재료의 유형과 양을 결정하기 위해 작업지시서를 읽고 재료에 대한 지식과 경험을 적용하기

도구:

- 망치(Hammers)−자석 망치(Magnetic hammers); 리핑 망치(Ripping hammers); 압정 망치(Tack hammers)
- 핸드 클램프(Hand clamps)−캔버스 펜치(Canvas pliers)
- 핸드 스프레이어(Hand sprayers)−사이펀 건(Siphon guns)
- 열선 총(Heat guns)
- 육각 키(Hex keys)−육각 키 렌치 세트(Hex key sets)

- 홀드 다운 클램프(Hold down clamps)−압정 스페이서(Tack spacers)

- 나무 망치(Mallets)−생지 망치(Rawhide mallets)

- 금속 커터(Metal cutters)−스프링 커터(Spring cutters)

- 패턴 커팅 매트 또는 보드(Pattern cutting mats or boards)−커팅 패드(Cutting pads)

- 동력 톱(Power saws)−발포 고무 커터(Foam rubber cutters)

- 플라이 바(Pry bars)−긴 끌(Ripping chisels)

- 풀러(Pullers)−클립 제거 도구(Clip remover tools); 스테이플 제거 도구(Staple removers); 압정 뽑기(Tack pullers); 압정 제거제(Tack removers)

- 펀치 또는 못 세트, 드리프트(Punches or nail sets or drifts)−아치 펀치(Arch punches); 패브릭 펀치(Fabric punches); 스냅 세터(Snap setters); 터킹 도구(Tucking tools)

- 고정 링 펜치(Retaining ring pliers)−호그 링 펜치(Hog ring pliers)

- 고무 망치(Rubber mallet)−고무 망치(Rubber mallets)

- 가위(Scissors)−쪽 가위(Thread nippers)

- 실 따개(Seam ripper)−실 따개(Seam rippers)

- 재봉틀(Sewing machines)−산업용 재봉틀(Industrial sewing machines)

- 재봉 바늘(Sewing needles)−다용도 재봉 바늘(Multipurpose sewing needles); 실내장식용 바늘(Upholstery needles); 실내장식 터프팅 바늘(Upholstery tufting needles

- 대 가위(Shears)−실내장식용 대 가위(Upholstery shears)

- 자(Squares)−콤비네이션 자(Combination squares)

- 스탬핑 다이(Stamping dies) 또는 천공기(punches)−단추 기계(Button machines)

- 스테이플 건(Staple guns)−에어 스테이플 건(Air staple guns)

- 시침 핀(Straight pins)

- 텐셔너(Tensioners)−솔기 스트레처(Seam stretchers); 웨빙용 스트레처(Webbing stretchers)

능력:

- 팔−손 안정성(Arm-Hand Steadiness)−팔을 움직이거나 팔과 손을 잡고 있을 때 손과 팔을 단단하게 유지하는 능력

- 손가락 민첩성(Finger Dexterity)—한 손 또는 양손 손가락의 움직임을 정확하게 조율하여 매우 작은 물체를 잡거나 조작하거나 조립하는 능력
- 손 민첩성(Manual Dexterity)—손이나 팔과 손을 함께 움직이거나 양손으로 물건을 잡거나 조작하거나 조립할 수 있는 능력
- 근거리 시야(Near Vision)—관찰자의 가까운 거리에서 세부 사항을 볼 수 있는 능력
- 제어 정밀도(Control Precision)—정확한 위치로 기계 또는 차량의 제어를 신속하고 반복적으로 조정하는 능력

작업 활동:

- 사물 조작 및 옮기기(Handling and Moving Objects)—손과 팔을 사용하여 재료의 취급, 설치, 위치 지정 및 옮기거나 물건 조작하기
- 장비, 구조 또는 재료 검사하기(Inspecting Equipment, Structures, or Material)—오류의 원인 또는 기타 문제나 결함을 식별하기 위해 장비, 구조물 또는 재료 검사하기
- 정보수집하기(Getting Information)—모든 관련 출처에서 정보 관찰하기, 모으기, 획득하기
- 일반적인 신체적 활동 수행하기(Performing General Physical Activities)—오르기, 들어 올리기, 균형 잡기, 걷기, 몸을 굽히기 및 재료 조작하기 등과 같이 팔과 다리를 많이 사용하고 몸을 움직여야 하는 신체 활동 수행하기
- 제품, 사건 또는 정보의 정량가능한 특성 추정하기(Estimating the Quantifiable Characteristics of Products, Events, or Information)—크기, 거리 및 수량 예측하기; 작업 활동 수행에 필요한 시간, 비용, 자원 또는 재료 결정하기

작업 상황:

- 물건, 도구, 조정기 등을 다루거나 조종하거나 만지기 위해 손을 사용하는 시간—89%가 "계속적으로 또는 거의 지속적(Continually or almost continually)"이라고 응답함
- 서서 보내는 시간—80%가 "계속적으로 또는 거의 지속적"이라고 응답함
- 정확성 또는 정확성의 중요성—48%가 "매우 중요함(Extremely important)"이라고 응답함

- 반복적인 동작을 하는 시간—50%가 "계속적으로 또는 거의 지속적"이라고 응답함
- 안전화, 안경, 장갑, 청력 보호 장치, 안전모 또는 구명조끼와 같은 일반적인 보호 또는 안전 장비 착용—57%가 "매일(Every day)"로 응답함

Ted 씨는 O*NET의 설명을 검토한 후, 가구수리원은 관절염 때문에 적합성이 매우 낮다고 즉각 결론 내렸다. 이 직종은 장시간 서서 손과 팔로 많은 활동을 하도록 요구하는데, 이 모든 것을 편의제공 하는 것이 불가능하지는 않지만 어려울 것으로 보인다. Ted 씨는 오토바이 수리도 이와 유사할 것으로 추측되지만 이 직종에 대한 설명도 자세히 살펴보기를 원했다.

49-3052.00-모터사이클수리원(Motorcycle Mechanics)

업무:

- 타이어의 장착, 균형 조정, 교환 또는 상태 또는 압력 점검하기
- 오작동이나 손상의 정도와 특성을 판단하기 위해 엔진 소리를 듣거나, 차량 프레임을 검사하거나, 고객과 협의하기
- 손 공구, 아버 프레스, 플렉시블 전동 프레스 또는 전동 공구를 사용하여 결함 부분을 교체하기
- 바큇살, 변속기, 브레이크 또는 체인과 같은 오토바이의 하위 부품을 사양에 따라 수리하거나 조정하기
- 전조등, 경적, 손잡이, 연료 또는 오일 탱크, 스타터 또는 머플러와 같은 기타 부품을 수리하거나 교체하기

도구:

- 엔진 튜닝 검사기(Engine tune up tester)—기화기 진단 도구(Carburetor diagnostic tools); 전기 진단 도구(Electrical diagnostic tools); 유동 벤치(Flow benches); 피크 전압 검사기(Peak voltage testers)
- 그리스 윤활 장치(Grease lubricator)—케이블 윤활 장치(Cable lubers)
- 핸드 리머(Hand reamer)—로켓 암 리머(Rocket arm reamers)

- 육각 렌치(Hex keys)−육각 비트(Hex bits)
- 홀드 다운 클램프(Hold down clamps)−클러치 홀더(Clutch holders)
- 임팩트 스크루드라이버(Impact screwdriver)−임팩트 드라이버(Impact drivers)
- 마그네틱 공구(Magnetic tools)−마그네틱 비트 홀더(Magnetic bit holders)
- 수동 프레스 브레이크(Manual press brake)−아버 프레스(Arbor presses)
- 금속 절단기(Metal cutters)−체인 절단기(Chain breakers); 오토바이 체인 절단기 (Motorcycle chain breakers)
- 금속 불활성 가스 용접기(Metal inert gas welding machine)−금속 불활성 가스 MIG 용접기(Metal inert gas MIG welders)
- 멀티 전류계(Multimeters)−디지털 멀티 전류계(Digital multimeters)
- 오일 교환기(Oil changer)−오일 필러(Oil fillers)
- 유량계(Oil gauges)−오일 레벨 게이지(Oil level gauges)
- 오일 펌프(Oil pumps)−오일 추출기(Oil extractors)
- 풀러(Pullers)−부싱 풀러(Bushing pullers); 플라이휠 풀러(Flywheel pullers); 인감 제거제(Seal removers); 스프링 훅 도구 세트(Spring hook tool sets)
- 래칫(Ratchets)−래칫 세트(Ratchet sets); 래칫 렌치(Ratcheting wrenches)
- 고정 링 펜치(Retaining ring pliers)−잠금 링 공구(Lock ring tools); 스냅 링 펜치 (Snap-ring pliers)
- 리베트 도구(Rivet tools)−리베터(Riveters)
- 스크루 드라이버 비트(Screwdriver bits)−큰 슬롯 비트(Large slotted bits); 필립스 비트(Phillips bits); 작은 슬롯 비트(Small slotted bits)
- 소켓 부착물 및 액세서리(Socket attachments and accessories)−슬라이딩 T 핸들(Sliding T-handles); 소켓 어댑터(Socket adapters); 소켓 확장기(Socket extensions)
- 소켓 세트(Socket sets)−소켓 렌치 세트(Socket wrench sets)
- 소켓(Sockets)−드래그 링크 소켓(Drag link sockets); 소켓 드라이버(Socket drivers)
- 사운드 측정 장치 또는 데시벨 측정기(Sound measuring apparatus or decibel meter)−데시벨 측정기(Decibel meters)
- 스패너 렌치(Spanner wrenches)−클러치 허브 스패너(Clutch hub spanners)
- 점화 플러그 갭 게이지(Spark plug gap gauge)−점화 플러그 갭 테스터(Spark plug

gap testers)

- 점화 플러그 렌치(Spark plug wrench)−점화 플러그 소켓(Spark plug sockets)
- 전문 렌치(Specialty wrenches)−배터리 케이블 렌치(Battery cable wrenches); 오일 필터 렌치(Oil filter wrenches); 타이밍 커버 플러그 렌치(Timing cover plug wrenches); 밸브 스템 삽입 장치(Valve stem inserters)
- 타이밍 표시등(Timing light)−타이밍 검사등(Timing test lights)
- 타이어 교환 기계(Tire changing machines)−타이어 체인저(Tire changers)
- 타이어 깊이 계측기(Tire depth gauge)−트레드 깊이 계측기(Tread depth gauges)
- 타이어 스프레더(Tire spreader)−타이어 스프레더(Tire spreaders)
- 토크 렌치(Torque wrenches)−전자 토크 렌치(Electronic torque wrenches)
- 토르 키(Torx keys)−목 조절 조절기(Neck bearing adjusters); 토르 비트(Torx bits)
- 아르곤 가스 용접기(Tungsten inert gas welding machine)−아르곤 가스 TIG 용접기(Tungsten inert gas TIG welders)
- 밸브 리페이서(Valve refacer)−오토바이 밸브 리페이서(Motorcycle valve refacers)
- 밸브 스프링 압축기(Valve spring compressor)−밸브 스프링 압축기(Valve spring compressors)
- 차량 잭(Vehicle jack)−리프트 암 잭(Lift-arm jacks)
- 차량 리프트(Vehicle lift)−에어 리프트(Air lifts); 크레이트 리프트(Crate lifts); 유압 차량 리프트(Hydraulic vehicle lifts); 스포츠바이크 리프팅 암(Sportbike lifting arms)
- 자동차 부품 세척기(Vehicle parts washing machine)−자동 부품 세척제(Automatic part cleaners); 스프레이 세척기(Spray washers); 초음파 부품 클리너(Ultrasonic parts cleaners)
- 전압 또는 전류 미터(Voltage or current meters)−클램프 미터(Clamp meters)
- 휠 밸런싱 장비(Wheel balancing equipment)−버블 밸런서(Bubble balancers); 타이어 평형기(Tire balancers); 휠 밸런서(Wheel balancers)

능력:

- 청력 민감도(Hearing Sensitivity)−소리 간의 높이와 크기의 차이를 감지하거나 찾을 수 있는 능력

- 손 민첩성(Manual Dexterity)−손이나 팔과 손을 함께 움직이거나 양손으로 물건을 잡거나 조작, 조립할 수 있는 능력
- 연역적 추론(Deductive Reasoning)−특정 문제에 일반적인 규칙을 적용하여 의미 있는 해답을 산출할 수 있는 능력
- 손가락 민첩성(Finger Dexterity)−한 손 또는 양손 손가락의 움직임을 정확하게 조율하여 매우 작은 물체를 잡거나 조작, 조립하는 능력
- 근거리 시야(Near Vision)−관찰자의 가까운 거리에서 세부 사항을 볼 수 있는 능력

작업 활동:

- 차량 및 기계화 장치 또는 장비 작동하기−지게차, 승용차, 항공기, 선박과 같은 차량 또는 기계화된 장비를 주행, 조종, 운전하기.
- 기계 장비 수리 및 유지 보수하기−주로 기계적(전자가 아님) 원칙에 따라 작동하는 기계, 장치, 작동 부품 및 장비의 정비, 수리, 조정, 검사하기.
- 장비, 구조물 또는 재료 검사하기−장비, 구조물 또는 재료를 검사하여 오류 또는 기타 문제 또는 결함의 원인 찾아내기.
- 의사결정 및 문제해결하기−최상의 해결책을 선택하고 문제를 해결하기 위해 정보를 분석하고 결과 평가하기.
- 정보수집하기−모든 관련 자원에서 정보를 관찰, 수신 및 획득하기.

작업 상황:

- 물건, 도구, 조정기 등을 다루거나 조종하거나 만지기 위해 손을 사용하는 시간−90%가 "계속적으로 또는 거의 지속적"이라고 응답함
- 서서 보내는 시간−69%가 "계속적으로 또는 거의 지속적"이라고 응답함
- 오염 물질에 노출−64%가 "매일"이라고 응답함.
- 대면 논의−61%가 "매일"이라고 응답함.
- 정확성 또는 정확성의 중요성−61%가 "매우 중요함"이라고 응답함.

모터사이클수리원에 대한 O*NET 직종의 설명은 앞선 가구수리원처럼 Ted 씨의 신체적 질병과 건강상태를 악화시킬 수 있는 것으로 나타났다. 항상 손을 사용하고 장시

간 서 있는 것이 Ted 씨가 더 이상 이발사를 하지 못하는 두 가지 이유였는데 모터사이클수리원 직무에서는 오히려 이것들이 더 많이 요구될 수도 있었다. Ted 씨는 "사람들과 어울리기 좋아하는 사람(people person)"으로서 자신이 가진 기술과 장애관련 제한점에 맞는 직업을 갖도록 심사숙고할 필요가 있다. 그는 자신의 O*NET 기술 프로파일에 기반한 직업선택사항 출력물에서 지역사회와 대인 서비스 흥미와 관련된 3개의 직업, 즉 자신이 가진 21개 기술 중 19개를 요구하는 '정신보건 및 약물 남용 사회복지사(21-1023.00)', 21개 모두를 요구하는 '사회 및 지역사회 서비스 관리자(11-9151.00)', 18개를 요구하는 '대출상담사(18-2071.00)'를 선택했다. 그는 이들 직종에 대한 O*NET의 설명을 검토했고 그 결과 편의제공 유무와 관계없이 모든 직무요구를 충족시킬 수 있다는 사실을 파악했다. 물론 이 직종 모두가 실제 취업을 위해서는 추가 교육이 필요할 것이라는 점도 인식하고 있었다.

상담사는 Ted 씨의 O*NET 개인기술 추정치와 본인의 흥미, 과거 직업력에 대한 평가를 활용함으로써 Ted 씨가 폭넓고 다양한 직업목표들의 가능성을 고려할 수 있게 도와주었다. 상담사는 가능성 있는 각 직업의 직무요구와 관련하여 Ted 씨가 초기면접 및 평가자료(신체, 심리사회, 교육–직업적 기능)를 통해 관련성을 명확하게 인식할 수 있도록 도와야 한다. 이 과정을 통해 Ted 씨는 자신의 개별고용계획(Individualized Plan for Employment: IPE)을 위한 직업목표를 선택할 수 있다. 그러나 Ted 씨가 O*NET만을 이용하여 직업탐색을 끝마칠 필요는 없고 『새로운 직업탐색안내서』(Farr & Shatkin, 2006)와 홀랜드의 '진로탐색검사'(Holland's SDS; Holland & Messer, 2013)와 같은 도구들을 활용할 수도 있다.

2. Ted 씨의 직업흥미: '새로운 직업탐색 안내서'와 '진로탐색 검사' 활용하기

연구에 의하면 일은 (1) 능력의 활용, (2) 성취, (3) 항상 분주하게 하는 것 등과 같은 내적강화와 (1) 승진, (2) 급여, (3) 성과에 대한 인정 등과 같은 외적강화를 망라한 만족의 원천에 접근할 수 있게 한다(Dawis, 2005; Hartung, 2013; Zunker, 2015). 내외적 강화요인에 대한 개인의 선호는 자신의 직업선택이나 즐겨 왔던 일들에 내재되어 있다. 그러므로 상담사는 Ted 씨가 좋아했던 직업경력이나, 신뢰할 수 있고 타당한 흥미검사의 흥미프로파일에 근거하여 흥미를 가질 수 있는 직무를 확인하게 함으로써 직업범위를 넓히는 데 도움을 줄 수 있다. 이러한 직업탐색전략은 『새로운 직업탐색 안내서』와 '홀랜드 진로탐색검사'(SDS)를 통해 설명한다.

1) '새로운 직업탐색안내서'의 활용

『새로운 직업탐색 안내서』(Farr & Shatkin, 2006; 이하 '안내서'라고 지칭함)에는 미국 경제에서 가장 중요한 900가지 이상의 직업에 대한 설명을 포함하고 있다. 이 직업들은 다음과 같은 16개의 직업군으로 구성되어 있다: 농업과 천연자원; 건축과 건설; 예술과 의사소통; 경영과 행정; 교육과 훈련; 금융과 보험; 정부와 공공행정; 보건; 숙박, 관광, 여가; 복지사업; 정보공학; 법과 공공안전; 제조; 도·소매와 서비스; 과학연구, 공학기술, 수학; 수송, 유통, 물류. 이 안내서는 내담자와 상담사로 하여금 내담자가 좋아했던 직업들을 찾고 현재 지위보다 더 나은 선택을 위해 관련 직업들을 고려할 수 있게 하기 때문에 유용하다.

상담사는 Ted 씨가 그동안 이발사로서 잘해 왔다는 것을 알고 있다. 따라서 Ted 씨와 함께 이발사가 포함되어 있는 흥미분야에서 다른 비슷한 유형의 일을 찾아볼 수 있다.

다음 두 가지 전략은 이발 일에 대한 적당한 흥미범주를 찾는 데 이용할 수 있다. 첫째, 상담사는 안내서 뒤쪽 찾아보기의 이발과 미용 서비스 영역에서 "이발(barber)"을 찾을 수 있고 이는 숙박, 관광 및 여가 흥미 영역(흥미영역 9) 내에 있다. 또한 안내서의 목차를 살펴보고 이발이 숙박, 관광 및 여가 영역(9.07)내에 있음을 확인할 수 있다. Ted 씨와 상담사는 이 정보들을 가지고 가능한 직업목표를 찾기 위해 숙박, 관광 및 여가 영역 내의 다른 직종들을 탐색할 수 있다.

Ted 씨는 이발 같은 개인서비스와 관련된 자신의 흥미 분야를 탐색한 후, 캠프상담사, 사회복지사, 레크리에이션 지도자 혹은 보조자와 같은 직무에서도 어느 정도 동일한 직업적 만족을 얻을 수 있음을 알게 되었다. 또한 Ted 씨는 판매직에서도 이와 유사한 수준의 개인적 성취를 얻을 수 있지 않을까 고민했지만, 다른 사람이 물건이나 서비스를 사도록 설득하는 일을 좋아하지 않기 때문에 판매직에 대해서는 더 이상 알아보지 않기로 했다. Ted 씨는 교육과 훈련(흥미영역 5) 및 복지사업(흥미영역 10) 영역에 있는 다른 직업들도 검토했는데 이 중에는 많은 교육을 요구하는 직종들이 있어서 이에 대해 걱정하게 되었다.

2) 진로탐색검사의 활용

만약 Ted 씨와 상담사가 O*NET나 『새로운 직업탐색안내서』를 이용해서 파악한 가능 직업들에 대해 만족하지 못하면, 직업탐색을 위해 흥미검사를 사용할 필요가 있다. 홀 랜드의 SDS는 비용효과도 있고 상담사가 사용하기에 효율적인 검사 중의 하나다. SDS 의 결과로부터 Ted 씨는 현실형(realistic), 탐구형(investigative), 예술형(artistic), 사회형 (social), 진취형(enterprising), 관습형(conventional)과 같은 6개의 직업적 성격유형 중에 서 자신의 성향을 알 수 있다. 현실적 성향을 가진 사람은 외부 활동과 기계, 도구, 사물 다루는 것을 좋아하며, 탐구적 유형은 사물이나 사건의 탐색이나 이해를 더 좋아한다. 예술적인 사람들은 읽기, 쓰기, 뮤지컬이나 창조적 활동참여를 좋아하고 사회적인 사 람들은 가르치거나 치료적인 활동을 더 좋아한다. 진취적인 사람들은 다른 사람을 설 득하거나 지시하는 것을 즐기며 관습형 사람들은 질서정연한 일상과 명확한 기준을 선 호한다.

일의 세계에서, 직업은 이들 6가지 차원의 일부 결합에 의해 특징지어진다. 따라서 SDS의 결과로부터 내담자의 우선적인 흥미뿐 아니라 특정 흥미영역들이 결합된 직종 도 파악할 수 있다. 이처럼 개인의 성향과 직무프로파일의 연결은 넓은 범위의 직업대 안을 탐색할 수 있게 한다. 예를 들어, SDS 결과에서 Ted 씨는 진취형-사회형-현실 형(ESR) 프로파일을 가진 것으로 나타났는데 이는 이발사와 미용사의 직업특성과 일 치한다. 비록 진취형(E)이 Ted 씨의 주된 기질로 나타났지만 Ted 씨는 진취형 영역에 속하는 판매직에 거의 흥미를 보이지 않았다. 또한 SDS의 결과는 그가 이미 회의적으 로 생각했던 부기(관습형-현실형-진취형; CRE)에 대한 부정적인 견해를 더욱 강화시켰 다. 왜냐하면 하루 종일 책상에 앉아서 숫자와 씨름하는 것을 원하지 않기 때문이다.

상담사는 Ted 씨에게 『홀랜드 직업코드사전(Dictionary of Holland Occupational Codes)』 (Gottfredson & Holland, 1996)과 ESR 범주의 포함되어 있는 직종목록을 소개하였다. Ted 씨와 상담사는 이 사전을 이용하여 코치, 호텔 혹은 모텔 관리자, 교사, 구매계원, 배차원, 헬스클럽 관리자, 공원 경비원 직종에 대해 상당히 자세하게 검토했다.

3) 직업전망서

Ted씨는 O*NET와 『새로운 직업탐색안내서』, SDS 결과를 검토한 후, 다른 많은 직업에 흥미와 역량이 있다는 것을 알 수 있었다. 이들 직업에 대한 보다 구체적인 정보를 얻기 위해 상담사는 각 직업의 교육적 요구, 필요한 훈련, 급여, 장기전망 등을 알 수 있는 『증보된 직업전망서』(Farr & Ludden, 2009)뿐만 아니라 매년 갱신되는 직업자원인 『직업전망서』(U.S. Department of Labor, 2016b; www.bls.gov/OCO)를 살펴야 한다. 물론 상담사는 이미 고용주와의 개인적인 접촉과 직업현장의 관찰을 통하여 지역사회의 많은 직업에 대한 주요 정보들을 가지고 있어야 한다.

상담사는 그 직업들 중에서 Ted 씨가 흥미 있다고 말한 사회복지사, 가구수리원, 레크리에이션활동가(캠프상담사 포함), 소형엔진정비사(모터사이클수리원 포함)를 먼저 확인해야 한다. 〈표 7-2〉에 제시한 것은 각 직업에 대한 상담사의 프로파일과 개인적인 지식 및 『직업전망』(U.S. Department of Labor, 2016b)로부터 얻은 정보를 통합한 것이다. Ted 씨가 언급했던 직업 중에서 레크리에이션활동가/캠프상담사, 사회복지사, 소형엔진정비사/모터사이클수리원은 지역사회 내에서 가능성도 있고 장기적인 전망도 좋은 것으로 보였다. 그렇더라도 상담사는 다음과 같은 점들을 상기해야 한다. 첫째, Ted 씨는 가능한 빨리 돈을 벌어야 하기 때문에 장기간 많은 비용이 드는 교육적 준비를 요구하는 직종(예: 사회복지사)에 대해서는 부담스러워 한다는 점이다. 둘째, Ted 씨의 친척 중에 가구사업을 하는 사람이 있어서 앞으로 Ted 씨가 직접 가게를 낼 경우와 가구수리를 포함한 서비스 확대를 도울 수 있다는 점이다. 셋째, Ted 씨가 기계공과 가구수리원 직무에서의 신체적 요구와 자신의 신체적 제한성의 관계를 명심해야 한다는 점이다. 상담사는 Ted 씨가 SDS 분석에서 제안된 판매원, 코치, 구매원, 배차원, 헬스클럽 관리자 같은 직업대안에 대해서도 흥미를 나타냈기 때문에 『직업전망서』를 통해 각 직업들의 고용계획, 훈련, 급여와 임금수준 등의 부가적인 정보들도 확인해야 한다.

상담사는 가능한 직업대안을 파악하기 위해 『새로운 직업탐색안내서』와 SDS, 『직업전망서』와 같은 자료를 활용하여 내담자와 직업특성 사이의 일치점을 찾을 수 있다. 만약 상담사가 이 직종들에 대해 충분히 이해하지 못했다면 상담사는 각 직업의 신체적, 인지적 요구와 내담자의 신체적, 인지적 역량 사이의 적합성을 확인하기 위해 다시 O*NET로 돌아가야 한다.

표 7-2 선택한 직종의 직업적 전망

사회복지사
교육: 대졸 이상, 사회복지 석사학위 소지자 선호
훈련: 교육을 통한 준비 및 실무
급여: $28,530~$76,820
전망: 평균 이상
지역 내 취업기회: 보통에서 좋음

가구수리원
교육: 직업훈련을 받은 고졸자
훈련: 직업 및 현장 훈련
급여: $18,000~$24,000
전망: 제한적
지역 내 취업기회: 좋음

레크리에이션활동가/캠프상담사
교육: 준학사 혹은 대학 졸업자 선호
훈련: 고교 이후의 교육을 거침
급여: $17,660~$40,880(정규직의 경우)
전망: 평균 이상
지역 내 취업기회: 나아지고 있음

소형엔진정비사
교육: 고졸 이상으로 정규 직업훈련을 받은 자
훈련: 오토바이 정비 관련 직업학교 프로그램 및 현장훈련
급여: $21,610~$54,880
전망: 평균보다 다소 낮음; 계절에 따라 차이가 있음, 겨울에는 시간이 줄어듦
지역 내 취업기회: 좋음

3. 균형감 가지기

상담사는 직업분석을 종결하면서 Ted 씨가 직업선택에 대한 생각을 정리할 수 있도록 돕기 위해 직업탐색과정을 실시했다. 상담사는 『직업탐색안내서(Guide for Occupational Exploration)』(Harrington & O'Shea, 1984)에 있는 다음과 같은 직업군 평가표(Work Group Evaluation Chart) 질문들을 이용하여, Ted씨가 〈표 7-2〉의 직업들을 다시 고려하도록 했다.

1. 흥미: 진로로서 이 일을 충분히 좋아할 수 있는가?

2. 가치: 직업 가치에 비추어 만족할 수 있는 가?

3. 기술과 능력: 필요한 기술과 능력이 있거나 개발할 잠재력이 있는가?

4. 신체적 역량: 신체적으로 이 일을 할 수 있는가?

5. 작업 조건: 작업조건을 견딜 수 있는가?

6. 작업 환경: 좋아할 만한 환경에서 이 일들을 하는가?

7. 준비: 필요한 교육이나 훈련을 이수할 수 있는 능력이나 의지가 있는가? 기꺼이 시간과 돈을 투자하고 필요하다면 이사도 할 수 있는가?

8. 고용 기회: 이 직업을 가질 수 있는 기회는 어느 정도인가? 직업을 얻기 위해 경쟁 할 마음이 있는가?

9. 승진 기회: 이 분야에서 더 높은 수준의 직장을 얻을 기회가 있는가?

10. 자격증과 면허증: 요구되는 자격증과 면허증을 기꺼이 취득할 마음이 있는가?

　(p. 23)

Ted 씨는 10가지 질문에 근거하여 4개 직업의 가능성을 검토하면서, 다시 이전 주제로 돌아갔다. 그는 여전히 사회복지사에 흥미가 있었지만 돈과 시간이 많이 들기 때문에 고려대상에서 일단 제외시켰다(7번 질문). 가구수리원은 현실적이지만 제한적인 성장뿐 아니라 흥미와 가치를 만족시키기 어려울 것 같다(1, 2번 질문). 레크리에이션활동가는 Ted 씨에게 잘 맞을 것으로 보인다. 그 이유는 레크리에이션 일에 관해서는 10가지 질문 모두에 긍정적으로 대답했다. Ted 씨는 또한 『**직업전망서**』의 레크리에이션활동가 하위영역 목록에 있는 캠프상담사에 대해서도 긍정적으로 답했지만 살고 있는 지역사회 내에서 캠프상담사가 적기 때문에 취업과 승진의 기회는 좋지 않은 것으로 생각되었다(8, 9번 질문). 마지막으로 Ted 씨는 소형엔진/모터사이클수리원에 대해서도 고려했으나 직무 수행능력, 작업조건에 대한 우려, 계절에 따른 일의 특성, 다른 작업환경에 대한 선호 등으로 인해 심각한 의구심을 가지게 되었다.

직업정보자원과 흥미사정 결과는 Ted 씨가 직업선택을 세심하게 분석하도록 도왔다. 첫째, 이들 정보는 Ted 씨가 선택 범위를 넓히도록 했을 뿐 아니라 선택을 좁히도록 도움을 주었다. 예를 들어, 판매직종에는 자신이 좋아하지 않는 설득이 포함되기 때문에 적절하지 못하다고 결정할 수 있게 했다. Ted 씨는 상담사의 도움을 받아 4가지 잠재적인 목표에 대해 스스로 직업분석을 시행할 수 있었다. 더 나아가 각 대안들을 직업-개인 일치와 고용전망의 관점에서 고려함으로써 Ted 씨로 하여금 레크리에이션 분야에 전념하게 했다. 이제 Ted 씨와 상담사는 Ted 씨가 레크리에이션전문가로서 취업할 수 있도록 재활프로그램 개발방법을 논의하고 있다.

4. 맺음말

상담사는 몇 가지 이유로 인해 내담자를 직업적 정보자원과 흥미사정을 이용한 직업분석과정으로 안내할 준비를 해야 한다. 첫째, 상담사가 일하는 지역 내에 직업평가기관이 존재하지 않을 수 있다. 둘째, 내담자가 긍정적인 직업력을 가지고 있고 이전의 직무와 유사한 직업을 원하는 경우에는 비록 그들이 이전 직장으로 복귀하지 않는다 해도 집중적인 직업평가를 할 필요가 없다. 그러므로 상담사는 내담자와 함께 적절한 편의제공을 통해 강화된, 직업-개인 적합성의 개념에 근거한 직업분석을 주도할 수 있다.

Ted Johnson의 사례를 통해 직업분석의 과정을 살펴보았다. Ted 씨는 당뇨병으로 인한 순환계의 문제와 시각적 손상, 그리고 류머티즘성 관절염으로 인한 염증 때문에 더 이상 이발사로 일할 수 없어서 새로운 직업을 찾을 필요가 있었다. Ted 씨는 긍정적인 직업력과 전이가능한 많은 기술을 가지고 있었기 때문에 상담사는 온라인 O*NET, 『새로운 직업탐색안내서』, SDS, 『직업전망서』를 이용한 간략한 유형의 직업분석을 선택했다.

8장
재활프로그램을 위한
준비와 계획

내담자가 고려할 수 있는 가능하고 적절한 직업대안을 찾아내는 상담사의 능력은 초기 면접, 의료평가 그 밖에 필요한 전문평가(심리와 직업)로부터 정보를 충분히 수집했는가에 달려 있다. 그러므로 재활상담사는 내담자와 직업대안에 대해 검토하기에 앞서, 2장의 〈표 2-1〉에 제시된 관련질문들에 답할 수 있어야 한다. 〈표 2-1〉의 질문은 내담자와 함께 목표를 계획하기에 앞서 상담사가 반드시 검토해야 하는 체크리스트라고 말할 수 있다.

〈표 2-1〉의 질문에 답하는 것은, 개인의 기술과 정보에 근거한 선택을 반영한 잠재적 직업대안목록 개발뿐만 아니라 최적의 대안에 이르기까지 목록을 좁히는 데 유용하다. 비록 실현가능한 최적의 직업목표를 수립해야 하는 중요한 단계지만, 상담사는 이 선택사항들이 단지 내담자가 고려할 수 있는 합리적인 제안에 불과하다는 사실을 유념해야 한다. 상담사가 내담자와 함께 재활계획(개별고용계획, Individualized Plan for Employment: IPE)을 개발하기 이전에 진행하는, 즉 가능한 직업목표 파악을 위한 진단과정은 이미 Shirley Steed 사례를 통해 제시한 바 있다(3장 사례연구 참조).

173

1. 재활계획 면담을 위한 준비

재활상담사는 Shirley Steed의 재활계획 면담을 준비하기 위해, 초기면접과 의료, 심리, 직업 평가를 통해 수집된 정보를 검토해야 한다. 이는 상담사로 하여금 Shirley의 개인적 특성 및 선호와 환경적 특성을 기반으로 사전에 파악한 직업들의 실현가능성을 판단할 수 있게 한다.

초기면접 동안, Shirley는 직업으로서 자료입력전문가(data-entry specialist)에 흥미를 보였기 때문에 여러 평가단계를 통해 관련정보를 개발했다. 예를 들어, 의사는 그녀의 하지정맥류와 폐기종 때문에 과도한 작업을 배제했다(〈표 4-2〉 참조). 그러나 적절한 의료적 치료와 자기관리가 이루어진다면, 약간의 신체적인 노력이 요구되는 앉아서 하는 직업을 가질 수 있을 것이다. Shirley의 심리평가결과에서는 비록 자료입력직종에서 성공할 수 있는 능력을 가지고 있지만, 직장으로 돌아가기 전에 해결해야 할 개인적응 문제가 드러났다(〈표 5-2〉 참조). 또한 심리평가보고서에 따르면, Shirley는 높은 수준의 긴장과 압박이 야기되는 직업을 피해야 한다.

진단 프로그램의 최종단계로서, 직업평가에서는 특정 직업역할에 대한 Shirley의 고용잠재력을 해석하는 것에 초점을 두었다. 그 결과, 자료입력/사무 직종 취업에 경쟁력이 있다고 나타났다. Shirley가 타이핑과 컴퓨터 사용에 대한 훈련을 받는다면 행정비서, 회계사무원, 청구서담당자, 의료기록사무원, 자료입력전문가 등의 자격을 갖출 수 있다. 만약 즉시 취업해야 한다면, 단기 컴퓨터 활용과정을 수료하고 보험사무원, 행정사무원, 호텔사무원, 서류정리원 등의 직종에 지원할 수 있다.

상담사는 지역노동시장과 Shirley의 신체, 심리사회, 교육, 인지, 흥미 영역의 특성들에 근거하여, Shirley의 정보처리활동을 안내하기 위해 직업평가결과와 일치하는 몇 가지 직업목표를 선택했다. 이 직업대안에는 의료기록사무원, 회계사무원, 자료입력전문가를 포함한다. 이 직업들은 발전가능성과 지역사회 내 취업가능성을 고려해서 임시로 선택한 것이다. 물론 Shirley는 이들 직업에 합당한 자격을 갖추기 위해서는 추가 훈련을 이수해야 한다. 만약 Shirley가 즉시 취업하기를 원한다면 보험사무원을 고려할 수 있다. 상담사는 직업의 구체적 요구사항을 검토하기 위해 O*NET에서 정보를 수집했고, 다음 설명은 각 직업에 대한 이해를 도울 것이다.

29-2071.00 의료기록사무원(Medical Records Clerk)

(의료기록 및 보건정보 전문가[Medical Records and Health Information Technician]라고도 불림)

의료 시스템의 의학, 행정, 윤리, 법률 및 규제 요건에 맞게 병원 및 진료 환자의 의료기록을 작성, 처리, 유지한다. 의료산업 계정정리 시스템의 의료적 요구와 기준에 맞게 환자의 정보를 처리, 유지, 작성, 보고한다.

43-3031.00 회계사무원(Accounting Clerk)

(부기, 회계, 감사 사무원[Bookkeeping Accounting, Auditing Clerks]이라고도 불림)

재무제표를 작성하기 위해 수치를 계산하고 분류하고 기록한다. 회계기록 유지에 사용할 1차 재무자료를 얻기 위해 일상적인 계산, 게시 및 확인 업무를 조합하여 수행한다. 또한 다른 작업자가 기록한 사업거래에 관한 수치, 계산 및 게시물의 정확성을 확인한다.

43-9021.00 자료입력전문가(Data-Entry Specialist)

(자료입력원[Data-Entry Keyer]이라고도 불림)

키보드와 같은 데이터 입력장치 또는 사진식자 천공기 등을 조작한다. 업무에는 자료 확인 및 인쇄 자재 준비 등을 포함할 수 있다.

43-9041.00 보험 사무원(Insurance Clerk)

(보험청구 및 보험증권 처리 사무원[Insurance Claims and Policy Processing Clerk]이라고도 불림)

신규 및 기존 보험의 수정, 청구서 양식 등을 처리한다. 보험계약자로부터 정보를 입수하여 청구서 양식, 신청서 및 관련 문서, 회사 기록에 대한 정보의 정확성과 완전성을 확인한다. 보험계약자와 보험회사대표가 요청한 변경사항을 반영하도록 기존 정책 및 회사 기록을 갱신한다.

상담사는 이 선택사항들과 더불어 '금융사무원'(financial clerk, O*NET 43-3099.00)의 직종설명도 살펴보았고, Shirley가 흥미를 가질 만한 '청구서 및 장부 정리원'(bill and account collector, 43-3011.00), '물품명세 사무원'(statement clerk), '청구, 비용, 요금 처리 사무원'(billing, cost and rate clerk, 43-3021.02)에 대한 설명도 포함했다.

상담사는 이와 같이 Shirley에게 적합한 선택사항들을 찾기 위해 많은 평가정보를 처리했다. 〈표 8-1〉에는 상담사가 사용할 수 있는 정보처리의 한 가지 방법이 제시되어 있다. 이 표에는 직업목표를 위한 진단의 타당성 개발에 필수적인 지지근거의 유형들을 제시하고 있다. 예를 들어, 〈표 8-1〉에는 반드시 고려해야 하는 신체적, 심리사회적, 교육-직업적 영역의 잠재적 장점과 제한점의 유형을 열거하고 있다. 또한 직업적 성공에 영향을 미치는 여러 가지 특별한 요구(주거, 교통, 양육, 재정)에도 주목하고 있다. 그리고 〈표 8-1〉에는 재활프로그램에 필요한 서비스목록들이 제시되어 있다. 내담자의 장점과 제한점에 대해 면밀히 검토함으로써 해당직업의 신체적, 심리사회적, 교육-직업적 제한점을 제거하거나 줄이기 위해 필요한 서비스를 파악할 수 있다. 실제적 관점에서 보면 이 재활서비스들은 지역 내 또는 이동가능한 적당한 거리 내에서 이용할 수 있어야 한다. 상담사는 서비스 공급자와 비용도 염두에 두고 있어야 한다. 주립-연방 재활프로그램 내담자들의 경우, 서비스들을 내담자의 선택에 따라 가능한 통합된 환경 내에서 제공해야 한다. 〈표 8-1〉에는 신체적, 심리사회적, 교육-직업적, 특별한 고려점 등의 영역에서 필요한 서비스들을 제시했고, Shirley Steed에 대한 정보처리의 최종 결과물은 〈표 8-2〉에서 확인할 수 있다.

| 표 8-1 | 정보처리요약서 구성요소 |

직업 목표

1. 근거 평가자료
   1) 내담자의 직무수행 역량과 관련된 신체적 장점과 제한점. 예를 들면:
      - 신체적인 지구력
      - 손과 손가락의 민첩성
      - 이동
      - 상체 근력
      - 하체 근력
      - 말하기, 듣기, 보기
   2) 내담자의 직무수행 역량과 관련된 심리사회적 장점과 제한점. 예를 들면:
      - 장애에 대한 적응

(계속)

표 8-1 **(계속)**

- 장애로부터 이차적 이득[1]의 증거
- 정신신체증[2] 성향
- 건강에 대한 과도한 염려
- 현재 정서적 안정성
- 가족과 사회적 환경의 영향

3) 내담자의 직무수행 역량과 관련된 교육−직업적 장점과 제한점. 예를 들면:

- 교육적 기술(기초적인 읽기기술, 계산기술)
- 직업적 기술 수준 (현재와 잠재적)
- 직업 흥미:
    사람이나 사물 다루기
    개인적 책임감 정도
    작업환경 유형
    창의력 발휘 기회
    정해진 일 또는 변화가 많은 일
    작업 시간
    수입
    신체적 에너지 소모량
    승진 기회
- 직업적 자아개념, 즉 다음 사항에 대한 현실적인 지각:
    장점
    단점
    직업적 잠재력
    미고용 이유
    취업 또는 유지의 문제

4) 특별한 고려점:

- 재정
- 교통수단
- 주거
- 아동 양육
- 배치
- 접근성
- 현장 적응의 요구

(계속)

---

1) secondary gain, 신체적 및 정신적 장애로부터 야기될 수 있는 이득 또는 장점을 의미한다. 예를 들어, 관심의 대상, 어떤 책임과 의무로부터의 회피, 또는 장애인연금지급의 대상자가 되는 것.

2) psychosomatic, 정신과 신체의 상호연관 관계와 관련된 것으로, 신체적 요인에 의한 것처럼 보이지만 부분적 또는 전적으로 심리적 요인에 기인된 증상.

표 8-1 **(계속)**

2. 직업목표 성취에 필요한 서비스
    1) 해당 직업을 위해 신체적 제한성을 제거하거나 감소시키기 위해 필요한 서비스:
- 의지
- 보조기
- 물리치료
- 작업치료
- 생체공학
- 수술
- 일반 의료
- 언어치료

    2) 해당 직업을 위해 심리사회적 제한성을 제거하거나 감소시키기 위해 필요한 서비스:
- 직업적응훈련
- 개인적응훈련
- 개별심리치료
- 집단치료
- 가족상담

    3) 해당 직업을 위해 교육-직업적 제한성을 제거하거나 감소시키기 위해 필요한 서비스:
- 교정적 읽기교육
- 교정적 수학교육
- 직업훈련
- 직업탐색기술훈련
- 현장훈련

    4) 특별한 고려점을 위한 서비스:
- 지원고용
- 재정 유지
- 교통수단(자동차 혹은 자동차 개조)
- 주거
- 아동 양육
- 배치(직무 수정과 접근가능성)

표 8-2 **정보처리요약서 예시 - Shirley Steed**

성명: Shirley Steed

1. 평가 자료를 고려하여 제안된 잠재적 직업목표:
    1) 최적: 의료기록사무원(내담자에 의해 제안된 적이 ___ 있음 × 없음)
- 근거 평가자료:

(계속)

표 8-2 (계속)

신체적: 직업적 요구를 만족시키는 신체적 지구력을 가지고 있음. 기본적으로는 앉아서 하지만 잠시 서서 하는 것도 허용됨(하지정맥류 상태에 적합함). 작업환경은 연기, 먼지, 염료 등과 무관함. 작업환경 내에서는 금연임.

심리사회적: 판매업과 같은 직업에서의 심리적 요구에 잘 대처하지 못한 경험이 있음. 또한 자기패배적 사고와 기대를 조심해야 함. 건강에 대한 과도하거나 비현실적인 걱정을 가진다는 증거는 없음. 두 아들이 지속적인 걱정의 원인임.

교육-직업적: 예전에 사무직 업무와 관련한 약간의 교육적 훈련 경험이 있지만 최신 정보처리 기기에 능숙해지기 위해서는 컴퓨터 관련기술을 갱신할 필요가 있음. 이 직업은 직업흥미 및 능력 수준과 일치함. 독립적 구직이 가능함. 관리자로부터 직업에 관한 초기 지원이 필요할 수도 있음.

특별한 고려점: 재정적 지원이 필요함.

2) 둘째: 회계사무원(내담자에 의해 제안된 적이 ___ 있음 × 없음)
  • 근거 평가자료:
  신체적: '최적' 내용참조.
  심리사회적: '최적' 내용참조.
  교육-직업적: 회계 소프트웨어를 배울 능력 있음. 이 직책에 필요한 언어, 수리, 사무 적성을 충분히 갖추고 있음. 이 직업과 직업흥미가 일치함.
  특별한 고려점: '최적' 내용참조

3) 셋째: 자료-입력전문가(내담자에 의해 제안된 적이 ___ 있음 × 없음)
  • 근거 평가자료:
  신체적: '최적' 내용참조.
  심리사회적: '최적' 내용참조.
  교육-직업적: '최적' 및 '둘째' 내용참조.
  특별한 고려점: 재정적 지원 요구를 충족시키기 위해서 조기 취업이 필요할 수 있음.

2. 직업목표 성취에 필요한 서비스:
1) 최적: 의료기록사무원
  신체적: 의료적 관리, 하지정맥류 보호용 스타킹.
  심리사회적: 개인상담, 가족치료.
  교육-직업적: 컴퓨터 훈련.
  특별한 고려점: 재정상담과 재정원조(임대주택, 식량배급표, 빈곤가구 임시지원).

2) 둘째: 회계사무원
  신체적: '최적' 내용참조.
  심리사회적: '최적' 내용참조.
  교육-직업적: 부가적으로 회계 소프트웨어 활용 중심의 컴퓨터 훈련.
  특별한 고려점: '최적' 내용참조

3) 셋째: 자료-입력전문가
  신체적: '최적' 내용참조.

표 8-2 **(계속)**

심리사회적: '최적' 내용참조.

교육-직업적: 단기 컴퓨터 과정, 현장훈련.

특별한 고려점: '최적' 내용참조.

3. 내담자가 언급한 바 있지만 평가 자료에 근거하여 적절하지 않을 것으로 간주한 직업목표에 대한 논의.

장시간 앉거나 서 있거나 심한 신체적 요구가 있는 직업은 주의해야 함. 하지정맥류에 대한 의료적 결과 참조하기.

〈표 8-2〉에 제시한 3개 직업은 몇 가지 이유에 의해 Shirley에게 적합한 것으로 나타났다. 이 직업들의 업무요구는 폐기종과 하지정맥류에 부정적인 영향을 미치지 않을 것이며, 각 직업은 Shirley의 직업흥미 및 능력 수준에 일치한다. 이 직업들의 성공적 수행을 어렵게 하는 신체적, 심리사회적, 교육-직업적 장애물들은 재활서비스를 활용하여 해결가능하다. 그리고 이 직업들은 지역사회 내에서 취업이 가능하다.

선행 자료를 열거하는 목적은 상담사의 업무에서 정보처리단계의 구조를 보여 주기 위함이다. 처리할 정보는 〈표 2-1〉의 질문과 평가단계에서 도출되고 다듬어진 질문에 대한 답을 통해 수집한다. 이후 상담사는 이 정보들을 정보처리요약서 구성요소(Element of the Information-Processing Summary Form)를 통해 직업적 관점으로 조직화한다(〈표 8-1〉 참조). 이 과정을 통해 상담사는 크룩스모델(2장, 〈그림 2-1〉 참조)의 전반부를 완성한다. 예를 들어, 정보처리요약서의 여러 영역에 대한 고찰을 통해 (1) 각 직업에 대한 내담자의 장점, (2) 필요한 재활서비스, (3) 내담자가 제안한 직업목표 중 현실성이 없는 것으로 보이는 것 등에 대한 구체적인 결론을 도출할 수 있다. 추천사항이 많더라도 상담사가 생각한 실현가능한 직업목표들이 Shirley에게 직업적 필수사항으로 제시되어서는 안 된다. Shirley 또한 분명 염두에 두고 있을 다른 직업들도 이 정보처리단계를 적용하여 함께 탐색해 볼 수 있다.

여기서 확실히 짚고 넘어갈 점은, 이런 문서양식을 소개하는 것은 상담사에게 부담을 주는 새로운 보고나 기록을 요구하려는 것이 아니다. 오히려 이러한 논의의 목표는 진단적인 사고과정을 구체화하기 위한 것이다. 재활상담사는 정보처리요약서의 요구사항에 따라 생각함으로써, 직업상담 역할에서 중요한 요소인 정보통합을 하게 된다. 다시 말해서 내담자를 평가결과와 직업대안, 그리고 최종적으로 재활계획에 대한 의미 있는 논의에 참여시키고자 한다면, 상담사는 이 문서양식에서 요구하는 정보를 확보하고 있어야 한다(크룩스모델의 후반부; 2장, 〈그림 2-1〉 참조).

2. 재활계획 개발

이 장의 나머지 부분은 재활프로그램개발에 내담자를 의미있게 참여시키는 과정에 초점을 둔다. 직업계획의 문제해결모델을 제시하고 Shirley Steed 사례에 이 개념을 적용한다.

1) 공동관리: 직업계획의 필수조건

직업계획 모델을 논의하기에 앞서, 직업과 삶에 대한 계획에 있어서 내담자가 "정보에 기반한 의사결정(informed choice)"을 할 수 있도록 내담자의 의미있는 참여(meaningful involvement)라는 개념에 주목해야 한다(Kosciulek, 2004c). 정보에 기반한 의사결정이 가능한 가장 적절한 상담사-내담자 관계는 **공동관리**(comanagement; Rubenfeld, 1988), **동료로서 내담자**(client as colleague; Heinssen, Levendusky & Hunter, 1995), **내담자 권한부여**(client empowerment; Kosciulek, 2005), **상담사-내담자 작업동맹**[3] (counselor-client working alliance; Sackett & Lawson, 2015; Wagner, Wessel, & Harder, 2016) 등과 같은 용어로 요약할 수 있다. 공동관리나 권한부여 모델은 의학적 모델의 위계적 접근과는 달리 정보처리와 의사결정 과정에서 소비자가 중추적인 역할을 하는 팀접근을 강조한다. Heinssen 등(1995)은 정신재활에 있어서 "동료로서 내담자" 접근에 대해 다음과 같이 설명한다. 내담자의 역할을 재정립하는 것은,

> 더 효과적이고 비용효율이 높은 치료서비스 체계를 만드는 중요한 단계다. 심각한 정신질환이 있는 사람들은 기존의 보건네트워크에서 이용하지 않는 자원이며 내담자들이 자

---

[3] 상담과정에서 상담자와 내담자가 문제해결이나 증상개선이라는 공통의 목적을 위해 현실적으로 협력하고 함께 작업하는 일.

기주도적, 목적지향적인 행동을 선호한다는 사실을 치료프로그램들이 알게 될 때까지 이런 상태가 지속될 것이다. (p. 523)

Kosciulek(2003)이 강조한 바와 같이, 직업 및 진로 계획은 "내담자에게 하는 또는 내담자를 위한(done to or for a client)"(p. 145) 과정이 아니다. 대신 상담사의 역할은 현재와 미래의 독립성을 최대화하기 위한 과정에 내담자가 직접 관여하도록 준비시키는 것이다.

목표계획에 내담자가 참여하는 것은 여러 이유에서 치료적 성과를 향상시킨다. 내담자는 참여를 통해 서비스계획에 대해 더 많이 알게 되고, 계획을 발전시킬 수 있는 많은 기회를 가지게 된다(Power, 2013; Wagner et al., 2016). 이는 목표의 정확성을 높이고 목표성취에 대한 개인의 동기를 강화시킨다. 특히 내담자가 대안을 찾는 과정에 집중한다면, 대안들 간의 갈등해소 및 선택에 대한 책임감, 선택에 따른 행동추진 등이 나타난다(Rumrill & Koch, 2014; Wagner & McMahon, 2004). 보다 넓은 관점에서 본다면, 내담자 참여는 문제해결사의 역할을 하는 경험 많은 상담사가 내담자의 적극적인 노력을 지지해 주는 장기적인 인간관계에서 일어난다(Colling & Davis, 2005).

재활-계획 과정에서 나온 경험적 증거들은 내담자의 참여와 관련된 긍정적인 기대를 입증한다. 상담사의 선택을 따른 내담자에 비해 직업목표를 스스로 선택하고 재활에 참여한 내담자들이 훈련에 더 많은 시간을 투자했고 나중에는 더 많은 수입을 올리는 경향을 보였다. 한 연구에서는 약 75%의 내담자가 재활상담사의 노력에 힘입어, 자신의 포부와 경험에 기반한 직업을 스스로 선택했다고 보고한다(Walls & Dowler, 1987). 개인의 흥미에 일치하는 직업목표를 선택하는 것은 장기적으로 볼 때 매우 중요하다. 왜냐하면 재활내담자에게 있어서 선호활동과 최종 직업배치의 일치성이 직업만족도와 관련되기 때문이다(Jagger, Neukrug, & McAuliffe, 1992; Strauser, 2013).

2) 직업계획에 대한 이해

직업계획수립을 간략히 말하면, 목표설정과 정보처리, 의사결정, 계획, 실행 및 자기평가의 단계로 구성된 문제해결과정이다(Colling & Davis, 2005; Kosciulek & Wheaton, 2003). 이 단계들은 다음과 같이 정의할 수 있다.

목표 설정(goal setting)−내담자−상담사 상호작용의 일차목표, 즉 고용을 목표로 설정하기

정보 처리(information processing)−평가과정을 통해 수집된 모든 관련자료 고려하기

의사결정(decision making)−재활프로그램개발을 위한 직업목표 선택하기

계획하기(planning)−직업목표와 관련된 중간목표 및 재활서비스를 확인하고 실행계획 단계 개발하기

실행 및 자기평가(action and self-evaluation)−실행계획을 따르고, 진전을 평가하기 위해 유용한 정보를 활용하고, 결과에 따라 필요한 경우 과정 수정하기

(1) 목표 설정하기

Szymanski와 Parker(2010, p. 1)에 의하면, "직업은 개인의 삶에 있어서 가장 중요한 부분이다". 그러므로 장애인들이 재활서비스를 찾는 가장 주된 이유가 고용이라고 말하는 것은 전혀 놀랄 만한 일이 아니다(Murphy, 1988). 우리 사회에서 직업을 갖는다는 것은 매우 중요하다. 왜냐하면 직업은 성인이 삶의 질을 위하여 성취해야 할 목표, 즉 경제적 독립, 사회 통합, 독립생활 등의 주된 수단이기 때문이다. 취업을 함으로써 안정과 성취(Swanson & Schneider, 2013) 그리고 자아정체성 및 자기효율성, 자기존중(Szymanski & Parker, 2010)과 같은 기본적 욕구를 충족할 수 있다. 이는 재활−상담 과정이 목표설정에서부터 시작해야 할 근거가 되며, 이 과정은 생애설계상담(life-design counseling; Cardoso, Goncalves, Duarte, Silva, & Alves, 2016)과 합리적 정서치료(Rational Emotive Therapy: RET; Glasser, 1981)라고도 불린다. 생애설계상담에서는 진로계획을 명확히 하기 위해 삶의 의미와 지속성을 만들어 내는 자기인식과 직업목표에 과거, 현재, 미래의 생애이야기를 통합하도록 요구한다. 목표는 현실의 자신을 정의할 뿐만 아니라 미래의 자신을 투사하는 방식으로 나타난다. RET에서 Glasser는 목표설정을 "자신이 그리는 모습에 초점을 맞추는(focusing your pictures)", 즉 내담자가 노동자로서 개인적 이미지와 이상화된 자신의 이미지를 탐색하는 과정이라고 말한다. 이처럼 이미지를 떠올리게 하는 것은, 미래의 가능성이 목표와 행동을 탐색하고 파악하는 기반을 제공한다는 사실을 고려할 때, 동기를 부여하는 면담의 중요한 부분이다(Wagner & McMahon, 2004).

(2) 정보처리하기

공동관리나 정보에 기반한 의사결정 모델에 의하면, 내담자와 상담사는 다음 영역에서 정보의 의미를 함께 탐색한다: (1) 직업계획과 관련된 평가결과, (2) 직업정보, (3) 내담자 정서. 상담사는 정보처리요약서 구성요소(〈표 8-1〉 참조)에 있는 정보를 제시함으로써, 내담자가 평가자료(신체적, 심리사회적, 교육-직업적, 경제적)와 다양한 직업대안의 관계를 고려할 수 있게 한다. 또한 정보처리요약서의 내용을 내담자가 이미 표현했거나 잠재된 직업흥미에 비추어 함께 논의함으로써 의사결정, 계획하기, 배치단계에 대한 현실적인 방향과 목표설정을 격려할 수 있을 것이다(Wagner et al., 2016).

직업정보는 직업세계의 일상적 요구사항과 보상, 어려움 등에 대한 내담자의 이해를 돕기 위해 제공한다. 정보는 특히 내담자와 상담자가 제안한 각기 다른 직업들의 다음과 같은 점들을 다룬다: (1) 직업만족과 관련된 내적 강화인자, (2) 급여 수준 및 복리후생과 같은 외적 강화인자, (3) 직업의 기술적 요구, (4) 승진가능성, (5) 지역사회 내 고용기회. 특정 직업에 대한 설명이 구체적일수록 내담자들은 다양한 직업적 역할에서 자신이 어떻게 기능할 수 있으며, 다양한 직업환경에 어떻게 적응할 수 있을 지 더 잘 상상할 수 있다(Strauser, 2013).

내담자와 상담사는 직업선택의 실현가능성에 영향을 미칠 수 있는 다른 문제들도 고려해야 한다. 예를 들어, 직장의 위치가 내담자의 집에서 너무 멀지 않아야 한다. 거리에 대한 문제는 대중교통 수단이 부족하거나 도시 스프롤[4] 현상 때문에 일어날 수 있다. 교외에 사는 사람들은 통근에 더 많은 어려움을 겪는다.

취업기회는 경제상황과 해당 지역의 천연자원이나 특성과 밀접한 관련이 있다. 경제적 불황 시기에는 생산이 줄고 실업률이 높아지며, 따라서 장애인의 취업이 더욱 어려워진다(Harrington, Fogg, & McMahon, 2010). 일의 특성과 고용인의 유형 변화는 장애인으로 하여금 고용성과를 높일 수 있는 일을 수행하도록 요구한다. 예를 들면, 세계화와 정보통신 시대에는 보다 융통성 있고, 보다 숙련된 노동자를 원하는 경향이 있다(Feller & Gray Davies, 2004; Hendricks et al., 2015). 한 나라의 어떤 지역은 특정 산업에 대한 의존도가 높아서 이용 가능한 직업대안이 제한될 수 있다(예: 애팔래치아와 석탄 산업, 시애틀과 공학). 반면, 출산율 감소는 궁극적으로 노동력 부족을 초래하므로 직장을 구하는

---

4) urban sprawl, 도시 개발이 근접 미개발 지역으로 확산되는 현상.

데 어려움을 겪었던 사람들의 취업 기회가 증대된다.

또한 재활상담사는 내담자의 정서적 반응이 직업선택에 미치는 영향을 알아야 한다. 내담자가 직업의 의미에 대한 자신의 감정을 탐색하도록 돕기 위해서는 개인의 직업적 자아개념을 검토할 필요가 있다. 예를 들어, 내담자와 상담사는 다음과 같은 질문을 통해 논의할 수 있다: 현재 당신이 실직상태인 가장 큰 이유는 무엇입니까?, 자신을 한 사람으로 또한 노동자로 어떻게 묘사하시겠습니까?, 어떤 유형의 일을 선호합니까?. 내담자의 감정과 인식을 명확히 알기 위해 다음의 질문들이 유용할 수 있다: (1) 직업을 통해 어떤 것들을 얻고자 합니까?, (2) 만족감을 주는 개인적 성취는 어떤 것입니까?, (3) 현재 하고 있는 활동 중에서 만족감을 주는 것은 무엇입니까?, (4) 일생의 목표를 성취할 수 있는 미래의 계획은 무엇입니까?. 상담사는 내담자의 적절한 직업적 선택을 돕기 위해 내담자가 자기 자신과 세상을 받아들이는 방법을 이해해야 한다. 서로 감정을 드러낼 수 있는 개방된 논의를 통해 내담자가 행동하도록 동기를 부여할 수 있고, 내담자가 직업을 갖기 위해 반드시 극복해야 하는 장애물들을 파악할 수 있다.

재활상담사는 정보처리단계를 통해 내담자를 위한 잠재적 직업대안의 수를 늘이거나 줄일 때 현실을 반영해야 한다. 예를 들어, 내담자의 직업선택 범위는 치료적 관계 및 기법의 특성과 더불어 상담 성과에 영향을 주는 여러 생애사적 요인에 의해 결정된다(Sackett & Lawson, 2015). 내담자의 사회계층 배경 즉 부모의 교육, 수입, 직업, 거주지는 직업개발에 영향을 준다. 부모와 형제자매의 목표, 가족 내에서 개인의 역할, 가족 가치의 수용 등은 내담자의 포부에 영향을 준다. 또한 동료나 기관의 가치와 관련된 교육적 배경이나 내담자가 받은 특별한 훈련 등은 직업목표 형성에 영향을 준다 (Dobren, 1994; Lent, 2013; Power & Hershenson, 2001). 비록 이 요인들이 변할 수 없다 하더라도 내담자는 자신의 직업선호에 영향을 미친 요인들을 보다 잘 이해하기 위해 다시 검토할 필요가 있다.

(3) 의사결정하기

의사결정과정을 통해, 개인은 선택사항들을 파악하고, 예비 선택을 하고, 이전 단계에서 수집한 정보에 근거하여 선택의 결과들을 평가한다. 따라서 앞으로 추구할 특정 직업목표를 선택하기 위해서는 (1) 지역사회 내 취업기회, (2) 내·외적 강화인자에 대한 개인의 선호, (3) 기술, 자아상, 직업흥미, (4) 각 선택이 자신과 가족의 생활에 미치는 영향 등에 대한 정확한 이해가 필요하다(Wehman, 2013). 이 의사결정의 최종 결과는 직업계획개발을 이끄는 직업목표다.

재활계획을 이끄는 실현가능한 직업목표를 선택할 때, 대차대조표(balance sheet)를 활용하여 촉진할 수 있다(Hanna & Guthrie, 2000; Janis & Mann, 1977). 대차대조표의 첫 단계는 직업목표들을 개인의 기대에 따라 순서를 정하는 것이다. 그다음은 상위목표들의 장단점을 대차대조표의 4가지 범주에 따라 정리한다:

- 자신에게 있어서 이득과 손실
- 타인에게 있어서 이득과 손실
- 타인의 승인과 비승인(사회적 승인)
- 자신의 승인과 비승인

내담자와 상담사는 직업대안들의 영향을 자신과 타인에 있어서의 이득과 손실, 사회적 승인과 비승인, 자신의 승인과 비승인의 맥락에서 분석할 때 여러 문제를 고려해야 한다. 개인의 이득과 손실에 대한 주요 고려사항에는 수입, 일의 난이도, 일에 대한 흥미, 직무선택의 자유, 승진기회, 안정성, 취미활동을 할 수 있는 시간적 여유 등을 포함한다. 타인에 대한 이득과 손실에서는 가족의 측면에서 수입, 지위, 가용시간, 거주환경, 복리후생을 검토하고 또한 공동체의 측면에서 조직이나 집단을 도울 수 있는 능력 등과 관련하여 논의할 수 있다. 사회적 승인과 비승인은 내담자가 특정 직업을 선택했을 때 다른 사람들이 어떻게 반응할지를 고려함으로써 예측할 수 있다. 여기서 "다른 사람들(others)"이란 부모, 친구, 배우자, 직장 동료, 공동체, 정치적 · 종교적 · 사회적 집단 등을 포함한다. 마지막으로 내담자는 해당 직업대안에 대한 자신의 반응(자기 자신의 승인 혹은 비승인)을 고려할 수 있다(예: 좋은 일에 공헌하고 있다는 자아존중감, 직무가 윤리적으로 정당하다는 판단 혹은 반대로 자기자신과 타협하고 있다는 생각, 업무의 창의성과 독창성, 장기적 삶의 목표 달성기회 등).

내담자는 직업적 의사결정을 위해 상담사의 도움을 받아 다양한 장단점의 의미를 논의한다. 만약 이 활동이 유용하다고 생각하면, 내담자는 자신과 주변 사람들을 위해 바람직하다고 생각되는 직업대안의 장단점을 적고 각 요인을 5점 척도로 평가한다(5=매우 중요, 1=거의 중요하지 않음). Shirley의 대차대조표는 〈표 8-3〉에서 제시되어 있다. 내담자와 상담사는 대차대조표 분석과 평정된 장단점에 대한 토론을 통해, 재활계획의 핵심이 될 직업목표 선택 활동의 시사점을 고려하게 된다.

내담자가 반드시 대차대조표를 완성해야 하는 것은 아니다. 어떤 사람들의 경우 대차대조표를 설명하거나, 사본을 보여 줄 수도 있고 내담자와 각 단계를 말로 진행할 수도 있다. 또 다른 경우에는 대차대조표를 개인의 직업적 전망에 대해 심사숙고하기 위한 하나의 형식으로 사용할 수 있다. 이 경우 대차대조표는 직업선택에 대한 내담자의 준비 정도를 파악할 때 점검표로 활용할 수 있다.

표 8-3 Shirley Steed의 대차대조표

고려점	대안 1: 의료기록사무원	중요도 척도	대안 2: 회계사무원	중요도 척도	대안 3: 자료-입력전문가	중요도 척도
자신의 이득	좋은 급여	4	좋은 급여	4	하고 싶은 일	4
	직업 흥미	4	승진 기회	4	조기 취업 가능	5
	승진 기회	4	최상의 복리후생	4	적절한 급여	3
	일하기 좋은 건물	4				
자신의 손실	일에 대한 걱정	−4	압박감에 대한 걱정	−3	제한된 승진 기회	−3
타인의 이득	가족을 위한 정기적 소득	4	가족을 위한 정기적 소득	4	가족을 위한 정기적 소득	3
타인의 손실						
사회적 승인						
사회적 비승인	훈련 없이 일하는 것	−4	훈련 없이 일하는 것	−4		
자신의 승인	일에 대한 호감	4	일에 대한 호감	4	일에 대한 호감	4
자신의 비승인	고객의 의료정보를 면밀히 살피지 못함	−4				
긍정적 기대 합계		24		20		19
부정적 기대 합계		−12		−7		−3
최종 점수		12		13		16

(4) 계획하기

계획하기 단계의 목적은 재활목표 성취를 위한 프로그램 개발이다. 재활프로그램은 더 높은 수준의 목표를 성취하기 위한 하향식 계획이라고 볼 수 있다(Heppner &

Krauskopf, 1987). 다시 말하면 계획에는 여러 목표와 목적의 위계적 순서 및 목표에 도달하기 위한 단계 등을 명시한다. 최상위 목표는 그 직업목표 달성에 따른 내담자의 삶의 질(QOL) 향상을 의미한다(Bishop, 2012). 그러나 직업목표(일차목표)를 성취하는 것은 신체적, 심리적, 교육적, 직업적 목표의 측면에서 정의되는 중간목표 또는 이차목표를 어떻게 실행하느냐에 달려 있다. 내담자와 상담사는 기대되는 성과의 정도를 판단하기 위해 실행 결과를 지속적으로 점검한다.

상담사는 목표분석(goal analysis)을 통해 내담자가 프로그램 계획에 참여하도록 유도할 수 있다. 목표분석은 내담자가 그 직업목표를 성취하기 위해 무엇이 필요한지를 파악하는 방향을 설정한다. 목표분석을 하는 동안 내담자는 다음 영역의 요구와 우려사항들(재활과정에서 주목할 필요가 있는)을 확인한다:

- 신체적 기능(의료적 상태)
- 심리적 기능(개인적 문제)
- 교육-직업적 기능
- 특별한 고려점

각각의 요구와 우려사항들은 직업재활목표에 도달하기 위해 성취해야 할 중간목표가 된다.

신체적 기능 영역(회복)에서 개인은 수술, 보장구 등을 필요로 하는 기능적 제한점들을 검토한다. 상담사는 프로그램 계획의 다음 단계에서 "다리의 통증 때문에 오래 서 있을 수 없음"과 같은 기능적 제한점을 프로그램의 중간목표로 설정할 것인지를 결정한다. 이 우려사항을 중간목표로 정한 다음, 상담사는 내담자의 요구가 충족되기 위해 내담자와 상담사가 취해야 할 단계에 대해 논의한다. 예를 들어, 만약 어떤 내담자가 "저는 제 신체적 문제를 해결할 필요가 있어요."라고 말한다면, 그 사람의 신체적 목표 진술은 다음과 같이 더 작은 단계로 나눌 필요가 있다:

1. Dr. Wanamaker에게 진료예약을 한다.
2. 의사에게 다음에 대해 질문한다.
   1) 인슐린 복용

2) 식이요법

3) 손발의 상태

4) 손을 수술하는 것

3. 특수 신발을 제작하기 위해 발 치료사(podiatrist)에게 예약한다.

교육-직업적(훈련) 영역과 심리사회적(상담) 영역의 추가적인 요구 또한 중간목표로 개발하고 구체적인 단계로 나눌 수 있다. 따라서 목표분석은 내담자가 스스로 해결책을 개발할 수 있도록 돕는다. 즉, 내담자가 (1) 자신의 요구, (2) 요구와 중간목표와의 관계, (3) 요구 충족을 위해 취해야 할 단계, (4) 취해야 할 단계의 순서 등을 파악하도록 돕는다.

Shirley Steed를 예시한 〈표 8-4〉의 목표분석은 "직업재활목표에 도달하기 위해 무엇을 해야 하는가"라는 질문에 대한 Shirley의 대답을 나타낸다. 이러한 목표분석 연습은, Shirley가 기본적인 신체적, 심리사회적, 교육-직업적, 경제적 요구를 진술하도록 돕는다. Shirley는 상담사의 도움으로 각 영역의 요구사항과 그러한 요구를 충족시키기 위해 취해야 할 단계 간의 관계를 탐색하게 되었다.

표 8-4 Shirley Steed의 목표분석

필요한 이차목표			
신체적	심리사회적	교육-직업적	특별한 고려점 (경제적 요구)
• 폐기종 호전 • 하지정맥류 통증 경감	• 아들과 잘 지내기 • 아들의 고교 졸업 및 선원학교 입학 돕기 • 스트레스 잘 대처하기	• 컴퓨터업무 훈련 수료	• 수입 증가*

* 훈련기간 동안

또한 목표분석은 상담사에게 중간목표의 진전정도를 측정하기 위한 기준관련 정보를 제공한다. 기준은 다음과 같은 행동목표(Mager, 1984) 진술의 기본 원칙을 따라야 한다:

• "자급자족하기, 좀 더 적극적으로 행동하기, 좀 더 효과적으로 행동하기" 등과 같이 추상적인 진술에 머무는 것을 경계하라. 추상적인 목표 진술은 목표를 달성하

기 위해 개인이 무엇을 해야 하는 지를 알려 주지 않는다.

- 다른 사람들이 목표에 대한 진전 정도를 볼 수 있도록 개인이 완수해야 하는 행동, 활동, 수행을 강조하라. 예를 들어, 좀 더 효과적으로 행동할 필요가 있는 내담자의 경우, "직업학교에서 용접자격증을 따기"와 같은 것을 직업훈련 분야의 중간목표로 설정할 수 있다.

- 중간목표 진술에서 두 가지 고려할 점은 (1) 원하는 행동의 범위, 수준, 양과 (2) 내담자가 목표를 달성해야 하는 날짜를 구체화하는 것이다. 예를 들면, 당뇨조절의 일반적인 목표를 성취하기 위해, "내담자는 10월 15일까지 혈당을 혈액 100ml당 120mg에서 150mg의 수준으로 안정시킬 수 있다."라고 진술할 수 있다.

이 원칙들을 Shirley의 상황에 적용하면, 상담사는 다음과 같이 재활프로그램의 목표 목록을 개발할 수 있다.

Shirley Steed의 직업 목표(Goal)와 중간 목표(Objectives)

직업 목표
10월 1일까지 한 달에 2,200달러를 벌 수 있는 자료입력직에 취업하기.

신체적 목표
10월 17일부터 60일 동안 건강문제로 인한 결근을 2일 이상 하지 않기.

심리사회적 목표
1월 1일까지 아들과의 다툼을 1주일에 5번 이하로 줄이기.
5월까지 아들이 고등학교를 졸업하도록 돕기.
9월까지 아들이 선원학교에 입학하도록 돕기.
12월 1일부터 60일 동안 우울증으로 인한 결근하지 않기.

교육-직업적 목표
9월 1일까지 기능대학에서 컴퓨터 훈련과정 수료하기.

내담자와 상담사는 정보처리요약서, 대차대조표, 목표분석, 행동목표에 기초함으로 써, 정보에 근거한 선택 원칙에 부합하는 재활계획을 완성할 최적의 위치에 놓이게 된다. 재활프로그램을 설계하는 과정은 **프로그램 개발**(program development)이라고 부를 수 있으며, 이는 다음과 같은 몇 가지 기본적인 과제를 포함한다: (1) 실행가능한 직업목표 선택하기, (2) 근거 영역에서 의미있는 중간목표 선택하기, (3) 직업목표와 중간목표 성취에 필요한 단계 기술하기, (4) 각 단계를 완수하는 최종기한 설정하기, (5) 목표 성취 노력으로 기대하는 성과 명시하기. 상담사와 내담자는 프로그램개발 목표들을 염두에 두고, 이전에 논의하고 개발했던 자료들을 내담자의 직업목표와 일치하는 하나의 계획으로 통합해야 한다.

(5) 실행과 자기평가

실행−점검 단계 동안, 내담자는 목표계획 단계를 마치고 성과의 수용여부를 판단한다. 연구에 따르면 직업목표와 같이 복잡한 성과를 성취할 수 있는 가능성은 전략과 계획을 구체적으로 설정함으로써 증가된다고 한다(D'Zurilla & Nezu, 1999; Locke, Saari, Shaw, & Latham, 1981). 마찬가지로 어떤 계획도 완전하지 않기에, 개인은 의도한 결과에 긍정적 또는 부정적으로 영향을 미치는 심리적, 환경적 요인에 유연하게 대처해야 한다.

개인의 주요 심리적 요인이나 속성에는 연령, 제한점의 특성, 성공에 대한 기대, 인생의 내적통제에 대한 믿음, 성취에 대한 욕구, 외상후 스트레스장애 유무 등을 포함한다(Hobfoll, Schwarzer, & Koo Chon, 1998; Miller, 2000; Strauser & Lustig, 2001; Wagner et al., 2016). 환경적 요인들, 즉 배우자 및 가족의 지지와 도움, 직업훈련과 같은 서비스의 질과 활용가능성, 고용주의 태도와 기대, 교통수단의 이용가능성, 훈련장소와 근무지의 접근성 등도 목표계획 성과와 관련된다(Dillahunt-Aspillaga et al., 2015; Dobren, 1994). 상담사의 특성과 서비스 전달체계도 성과에 영향을 미친다. 예를 들어, 연구에서 보고된 바와 같이, 보다 경험 많은 상담사는 경험이 적은 상담사에 비해 더 나은 성과를 가져오며(McCarthy, 2014), 상담사가 흑인내담자보다 백인내담자와 더 많이 성공한다는 사실은 재활성과에 상담사의 편견이 부정적인 영향을 끼친다는 점을 시사한다(Moore et al., 2009). 다른 연구에서는 재활상담과 복지상담[5], 두 가지 서비스를 다 받은 내담자는 하나만 받은 내담자에 비해 급여수준이 더 높은 곳에 취업하는 것으로 나타났다(Gruman et al., 2014).

내담자와 상담사는 심리적, 환경적 요인의 영향을 점검하고, 필요한 경우 전략을 수정해서 계획에 포함시켜야 한다. 결과가 기대에 미치지 못할 경우, 내담자와 상담사는 문제점을 파악하여 특정 단계로 되돌아가 반복하거나 새로운 단계를 시작해야 한다. 나아가 개인의 목표지향적 수행은 여러 계획단계의 결과에 대한 주기적인 피드백에 의해 강화된다. 계획실행에 대한 효과적인 점검은 내담자의 성공가능성을 높인다.

계획의 성과에 대한 점검은 신체, 심리사회, 교육, 직업 영역의 중간목표 달성과정에서도 이루어진다. 또한 점검은 개인이 직장에 처음 적응하는 시기뿐만 아니라 승진에 관심을 가지는 취업후 단계에서도 중요하다(Ottomanelli, Barnett, Goetz, & Toscano, 2015; Rumrill & Roessler, 1999; Salomone, 1996). 대개 재활계획의 모든 노력을 최종 목표로 간주되는 신규 취업준비에 집중하기 때문에 승진의 가능성은 매우 자주 간과된다. 또한 상담사는 고용으로부터 얻을 수 있는 보상이나 승진 기회를 최대화할 수 있도록, 내담자가 진로개발을 위한 추가적인 직업훈련이나 이직을 선택하도록 도울 수 있다.(Hagner, Fesko, Cadigan, Kiernan, & Butterworth, 1996; Pumpian, Fisher, Certo, & Smalley, 1997).

3. 개별고용계획

많은 민간 · 공공 재활기관에서 직업상담서비스를 제공한다. 이 모든 환경에서 상담 과정의 궁극적인 성과는 취업을 가능하게 하는 직업계획이다. 널리 사용되는 직업계획의 예는 주립-연방 직업재활기관의 업무지침이 되는 재활법규에서 규정하는 개별고용계획(Individualized Plan for Employment: IPE)이다. 재활서비스 수혜자격을 갖춘 개인은 상담사의 도움과 다른 이들의 자문을 받아 자신의 IPE를 개발해야 한다. IPE는 내담자와 상담사 등이 함께 개발하지만 재활상담사의 승인이 필요하며, 다음 사항들을 포함한다.

---

5) benefits counseling, 장애급여 신청자들이 근로 기회를 알고, 관련 서비스를 받고, 생산적으로 시간을 관리하고, 목표 달성을 위해 돈을 관리하고, 치료를 받을 수 있도록 돕는 상담.

- 재활목표(예: 구체적인 일차 직업목표)와 목표달성 일자
- 고용목표(일차목표)를 성취하기 위해 필요한 재활서비스와 제공자 및 각 서비스의 시작과 종료일자
- 고용목표를 성취하기 위해 필수적인 이차목표(예: 신체적, 심리사회적, 교육-직업적, 특별한 고려점)
- 이차목표를 성취하기 위해 필요한 재활서비스와 제공자 및 각 서비스의 시작과 종료일자
- 재활목표와 이차목표 성취여부를 판단하기 위한 목표기준, 평가 절차와 일정
- 내담자, 상담사, 기관, 다른 참여당사자의 책임 설명 및 참여자와 관련된 기타 계약 조건
- 고용계획을 위해 참여하는 다른 프로그램이나 기관의 기여에 대한 설명
- 계획된 목표와 서비스들에 대한 내담자의 견해
- 계획의 주기적(연간) 검토 일정
- 내담자, 상담사, 프로그램개발을 지원한 다른 사람의 서명

IPE에는 다음 사항들을 포함할 수 있다: (1) 상담사와 내담자의 식별정보, (2) 직업재활의 일차목표에 대한 O*NET의 설명(매년 갱신됨; Rubin, Roessler, & Rumrill, 2016), (3) 내담자의 관점을 포함한, 직업목표에 대한 진단적 근거, (4) 계획 요소들과 개인적 책임에 대한 내담자의 진술, (5) 재활프로그램을 위한 프로그램 및 내담자, 또는 수당 등의 비용, (6) 실질적인 서비스 성과. 또한 IPE에는 내담자가 계획과 관련해서 동의하지 않는 점이 있을 때 주립 '내담자지원 프로젝트'[6]와 접촉하는 절차 및 항소 등을 포함한 권리에 대해 충분한 설명을 받았다는 확약을 포함해야 한다.

1) 재활목표

모든 직업계획에서와 같이, 내담자가 선택한 직업목표는 IPE 개발의 전체적인 지침

---

6) Client Assistance Project, 재활법에 근거해서 자금지원을 받는 기관과 분쟁이 있는 장애인을 옹호, 지원하는 주립 기관.

이 된다(Rubin et al., 2016; Rumrill & Koch, 2014; Struser, 2013). 이 재활목표는 내담자의 장점과 선호 및 정보에 근거한 자신의 선택과 일치하며 나아가 이차 또는 중간 목표 및 재활서비스의 적절성을 결정하는 기준이 된다. 내담자의 재활목표 달성에 도움이 되지 않는 중간목표나 서비스를 계획에 포함하지 않도록 한다. 고용성과라는 측면에서, 재활목표는 주로 경쟁노동시장, 자영업, 주립기관이 운영하는 사업체, 지원고용으로 구분할 수 있다.

계획의 특정 직업목표가 확인되면 이어서 재활 예상일 및 직업선택의 진단적 근거 등을 제시해야 한다. 진단적 근거에는 선택된 재활목표의 실현가능성과 관련된 신체적, 심리적, 교육-직업적 기능영역의 내담자 장점과 제한점을 포함한다. 이와 같은 논리에 근거하여 프로그램에서 선택한 직업목표를 지지하는 개인의 직업흥미와 지역사회 경제에 대한 정보도 포함해야 한다.

2) 중간목표 또는 이차목표

직업목표를 달성하기 위해서는 일반적으로 신체적, 심리사회적, 교육-직업적, 특별한 고려점 등의 영역에서 내담자의 많은 노력이 필요하다. 중간목표 선택의 이론적 근거는 목표분석에서 나온다. 목표분석을 통해 상담사와 내담자는 전문 평가자원들이 파악한 요구를 다시 살펴보고 주요 우려사항들과 요구들을 적절한 중간목표로 변환한다. 적절한 목표에 내담자가 할 수 있을 것으로 기대하는 활동이나 행동, 기대하는 행동의 정도 및 수준, 양, 기대행동 수행일자 등을 진술한다. 따라서 목표들을 성취하기 위해 IPE에 다양한 재활프로그램을 포함한다.

3) 진전 평가

잘 진술된 재활목표와 중간목표에는 목표달성을 향한 진전을 측정할 수 있는 기준을 포함한다. 즉, 내담자가 기대하는 행동을, 적절한 수준으로, 기대하는 날짜까지 수행할 수 있을까 하는 것이다. 이 정보를 수집하기 위해 내담자의 진전과 관련한 성과정보의 자원들을 파악해야 한다. 이 자원들에는 물리치료사, 작업치료사, 심리학자, 의사, 상업대학의 성적표, 급여명세서, 내담자의 자기보고 등을 포함한다. 예를 들어, "서 있는 능력 증가시키기"라는 신체적 중간목표에 대한 피드백을 얻기 위해서 내담자 및 의사, 또는 고용주가 제공하는 정보가 필요하다. 서비스의 실제적인 성과에 대한 정보는 IPE에 기입해야 한다.

계획과정은 다소 복잡하기 때문에 상담사는 이 업무에 논리적으로 접근해야 한다. 특히 (1) 직업목표 확인, (2) 진단근거 상세화, (3) 주요 중간목표 개발, (4) 재활서비스 선택 등의 단계에 유의해야 한다. 동시에 계획에 대한 내담자의 적극적 참여가 중요하다는 사실을 잊어서는 안 된다. 따라서 계획의 종결단계에서 내담자가 프로그램에 대해 가지고 있는 우려사항, 주요 타인들에 대한 프로그램의 영향, 프로그램의 필수단계, 프로그램 수행을 통한 내담자와 다른 사람들의 이득 등에 대해서 논의해야 한다. Shirley와 상담사는 이러한 점들에 대해 논의한 후, 〈표 8-5〉에 제시된 IPE를 개발했다.

표 8-5 ┃ **재활서비스사무국(Division of Rehabilitation Services, DRS)의 IPE**

성명: Shirley Steed	사례: DVR144	사회보장번호: 0000-000-0000

주소: Anytown, Anystate	전화번호: 123-456-7890	E-mail: ssteed@email

나는 이 계획 개발에 참여했으며 계약 조건에 동의합니다:

내담자 성명:　　　　　　　　상담사 성명:

1. 직업목표: 나는 의료기록사무원을 취업 목표로 선택했습니다.
2. 직업목표 달성에 필요한 단계: 나는 나의 건강과 가족, 재정적 필요에 따른 서비스와 지원을 원합니다.
3. 상담사 계획의 당위성:
   1) 직업적 제한점: 폐기종으로 인해 힘이 많이 드는 활동에 제한이 있음. 직장은 쉽게 접근할 수 있는 곳이어야 함(예: 경사가 심한 계단 오르기는 피해야 함). 하지정맥류로 인해 앉고 서기가 자유로운 업무일정이어야 함. 현재 신체 및 심리사회적 장애로 인하여 하루 5시간을 초과하는 일이나 훈련 일정은 감당하기 어려움. 스트레스가 불안과 우울증을 가중시키기 때문에 영업이나 판매 실적과 관련된 직업은 피해야 함. 연기, 담배, 알레르기 유발물질이 없는 곳에서 일할 필요가 있음.
   2) 직업목표: 의료기록 사무원. Ms. Steed는 상담과 의료 서비스를 통해 자료입력 업무를 수행할 수 있는 체력과 역량을 갖추어야 함. 3년 전 검정고시를 통해 고교 졸업 자격 취득함. 일반적성검사에 있어 평균 이상의 인지 기능을 보임. 언어성 영역에서 높은 점수를 나타냄. 흥미는 자료-입력 직무와 일치하지만, 기술 향상을 위해 단기 직업훈련이 필요함.
   3) 경제적 상황: 훈련기간 동안 생활비가 필요함.

(계속)

표 8-5 (계속)

4. 제공 서비스	비용 부담		
1) 진단 평가:	DRS	내담자	기타
신체적 장애 규명을 위한 내과전문의의 건강진단	X		
심리적 장애 규명을 위한 전문심리학자의 심리검사	X		
공인직업평가사에 의한 직업평가	X		
2) 상담과 지도:			
개인상담: 라스퍼거 정신건강센터			
목표: 우울증상 감소, 우울증으로 인한 결근 없이 60일 근무(10/18~12/18)	X		
상담: 재활상담사			
목표: 내담자의 IPE 단계 완결 및 취업 성공	X		
가족상담: 라스퍼거 정신건강센터			
목표: 1월 1일까지 15세 아들과 다툼 빈도감소(1주 5회 이하)	X		
아들의 고교 졸업(5월)과 선원학교 등록(9월) 돕기	X		
3) 훈련:	X		
의료기록사무원 훈련, 메트로폴리탄 기능대학			
목표: 9월 1일까지 의료기록 사무원 과정 수료			
4) 회복:	X		
의료서비스, 하몬드 재활센터			
목표: 폐기종과 기관지 상태의 치료와 점검, 60일 동안 2일 이하의 질병으로 인한 결근(10/18~12/18)			
5) 훈련 자료:	X		
교재와 관련 자료 구입			
목표: 내담자를 직업훈련에 참여할 수 있게 함			
6) 생활비와 교통 수단:	X		
기능대학, 재활센터 이동 교통수단 및 훈련기간 동안 비용 지원			
목표: 내담자로 하여금 훈련과 의료 서비스를 받을 수 있게 함			
7) 장비, 설비, 자격증			
8) 배치(직업배치 및 추수 지도)			
9) 기타			

표 8-5 (계속)

5. 내담자의 책임: 나는 재활기관 및 훈련기관에 보고할 것이며, 성공적으로 의료기록 사무원 프로그램을 수료할 것이며 자료−입력 직업을 찾을 것입니다.

6. 나는 나의 취업 계획을 지원할 수 있는 다음과 같은 다른 급여도 신청할 것입니다:

나는 이 IPE 계획 과정에 참여했으며, 계획서 사본을 받았습니다. 나는 적어도 우리가 1년에 한 번 계획을 검토하는 것 그리고 이 계획의 어떤 변화라도 나의 승인뿐 아니라 내가 지정하는 대리인과 상담사의 승인이 필요하다는 것을 알고 있습니다.

의견:

_____

내담자의 동의 (서명) _____ 날짜 _____
상담사의 승인 (서명) _____ 날짜 _____
내담자 대리인 또는 증인 (서명) _____ 날짜 _____

4. 맺음말

효과적인 직업계획은 요구분석과 정보처리, 목표설정, 의사결정, 계획, 실행 및 자기평가의 과정에 내담자가 의미 있게 참여하는 문제해결과정이다. 상담사는 계획과정을 준비하기 위해 잠재적 직업목표의 적절성을 판단할 수 있는 평가정보를 충분히 수집해야 한다. 준비를 위해 상담사는 내담자와의 초기면접과 의료 및 심리사회, 직업 평가를 통해 수집된 정보를 정리해야 한다(2장, 〈표 2−1〉의 크룩스모델 참조).

상담사는 평가자료에 대한 충분한 이해를 가지고, 내담자가 프로그램(목표 설정)을 위한 일차목표(고용/직업)와 이차목표(중간목표)를 확인하도록 참여시킨다. 고용목표는 정보에 기반한 내담자의 선택이며 내담자의 장점, 제한점, 직업흥미, 선호와 일치하는 것이어야 한다. 이 목표는 내담자의 자아상 및 직업상에 맞게 개발하며 관련 정보들에 대한 고려를 통해 정교화한다. 이차목표는 고용성과 달성에 직접적으로 영향을 미치는 신체적, 심리사회적, 교육−직업적, 특별한 고려점 등의 영역에서 나타난 내담자 요구를 반영한다.

내담자는 정보처리를 통해 신체적, 심리사회적, 교육−직업적 기능 측면에서 자신의 장점과 제한점을 고려한, 실현가능한 직업대안을 파악한다. 또한 교통, 양육, 주거, 경제적 지원 등의 영역에서 자신의 특별한 요구도 고려해야 한다. 내담자의 입장에서 볼 때, 정보처리는 재활프로그램개발의 지침이 될 직업목표를 선택하는 의사결정단계의 준비과정이다. 적절한 직업목표는 직업의 요구 및 강화 요인 그리고 개인의 기술과 선호 사이의 일치성에 기반한다. 물론 현실적으로 최종 직업선택은 지역사회 내의 직업훈련과 고용의 기회를 감안하여, 이상적 대안과 성취가능한 대안 간의 타협을 통해 결정되는 경우도 종종 있다.

계획단계에서, 상담사와 내담자는 직업목표뿐만 아니라 타당한 신체적, 심리사회적, 교육−직업적 중간목표 또는 이차목표도 명확히 한다. 직업목표와 중간목표를 달성하기 위한 단계들은 다양한 재활서비스를 통해 구체화된다. 상담사는 내담자가 직업적 요구를 충족시키는 역량을 높일 수 있고 또한 직업적 성공에 방해가 될 수 있는 문제의 발생가능성을 줄일 수 있는 서비스를 선택하도록 전문적으로 안내한다.

마지막으로 재활프로그램의 공동관리자로서, 내담자와 상담사는 일차목표와 이차목표 성취에 필요한 활동을 실행할 뿐만 아니라 활동 성과를 점검해야 한다. 실행단계의 모든 당사자들이 유연성을 가지는 것은 매우 중요하다. 점검결과를 통해 어떤 단계는 수정하거나 제거해야 하며 또 새로운 단계나 서비스를 추가할 수도 있다. 본 장에서 언급했듯이, 내담자가 고용된 이후에도 재활계획의 성과를 계속 점검해야 한다. 내담자가 고용상태를 유지하고 향상시킬 수 있는 가능성을 높이기 위해 종종 직무수정 및 접근성 고려, 직업훈련, 이직 등의 추가적인 지원이 필요하다. 상담사는 IPE를 완성하면서 필요한 취업후서비스 유형도 제시할 수 있다.

8장에서는 IPE 작성을 통해 문제해결 방식과 내담자−참여 과정의 실제적 적용을 설명했다. 주립 및 연방 재활기관에서 규정하고 있는 IPE는 공공 및 민간 재활기관에 근무하는 직업상담사의 기본적 역할과 기능에 초점을 맞춰 만든 위계적(하향식) 표준직업계획이다. 계획은 직업목표 설명에서 시작해서 목표달성에 필수적인 중간목표와 서비스들을 제시한다.

9장

직업배치

앞서 재활과정의 주요 요소인 평가(4장에서 7장까지)와 계획(8장)에 대해 논의한 바 있다. 평가결과에 기초한 개별고용계획에는 장애인의 삶의 질(QOL)과 생산성을 높이기 위한 필수서비스들을 상세히 기술한다. 그러나 장애인이 재활과정 중 직업배치 이전단계(평가, 계획, 치료)에서 얼마나 효과적으로 서비스를 받았는가와 상관없이, 직업배치단계에서 상담사가 효과적으로 업무를 수행하지 않는다면 결과적으로 내담자는 불완전고용이나 미고용 상태로 남게 될 수 있다.

1. 직업배치에 있어서 상담사의 역할

직업배치서비스, 즉 "직업개발(job development)과 직업탐색(job search) 지원"은 직업재활의 매우 중요한 기능이다(Hanger, 2003, p. 343). 장애인들은 직업을 건강과 안녕을 위한 중요한 수단으로 인식하기 때문에, 전일제 경쟁고용을 가능케 하는 이 서비스들을 강조한다(Hershenson, 2010; Kirsch, 2000; Koch & Rumrill, 2016). 가장 최근에 「개정 재활법」, 특히 2014년 「2014 노동인력혁신 및 기회법(WIOA)」에서도 통합환경의 경쟁고용 배치(지원고용과 자영업, 소상공인 등 포함)를 강조하고 있다(Rubin, Roessler, & Rumrill, 2016; Rumrill & Koch, 2014). 실제로 지난 수십 년에 걸친 법 개정의 경향을 살펴보면, 주-연방 직업재활 서비스의 우선사항이 기존 고용가능성 개발에서 고용성과 달성으로 분명히 바뀌고 있다. 이처럼 동일고용주와 동일직업으로 복귀하는 것과 같은 고용성과에 대한 강조는 민간 재활서비스에서도 이미 중요한 특징으로 간주하고 있다(Brodwin, 2016).

Hanger(2003) 및 다른 연구자들(Gilbride & Stensrud, 2003; Stauser, 2013; Wehman, 2013)에 의하면, 고용성과의 개선을 위해서 상담사는 두 가지 측면에서 노력해야 한다. 재활상담사의 배치책임에는 직업탐색(예: 고용인 중심)과 직업개발(예: 고용주 중심) 지원을 포함한다. 이 두 가지 역할은 종종 경제 용어로 **수요-공급 활동**(supply-and-demand activity)으로 지칭된다. 직업배치에 있어서 이와 같이 둘로 나눠지는 재활상담사의 역할이 주는 분명한 시사점은 배치에 쏟는 시간을 늘려야 한다는 것이다. 예를 들면, 과거 연구에서 상담사들은 20% 내지 30% 정도의 많은 시간을 직업배치를 위해 사용하는 것으로 보고했다(Leahy, Spapson, & Wright, 1987). 그러나 보다 최근 Lustig 와 Strauser(2008)에 의하면, 주립 직업재활기관의 상담사들이 서류관리와 문서작업에 26%의 시간을 사용하는 것에 비해 직업배치에는 11%의 시간만을 사용하는 것으로 나타났다. 상담사들이 수요자 및 공급자의 두 가지 측면에서 서비스를 제공하기 위해서는 적어도 자신의 시간 중 1/3 이상을 직업배치 활동에 쏟아야 한다.

1) 수요자 및 공급자 측면의 직업배치 역할

수요자 및 공급자 측면의 직업배치모델은 여러 연구들(예: Gilbride & Stensrud, 2003; Millington, Miller, Asner-Self, & Linkowski, 2003)에서 많은 관심을 가졌다. 공급자측면(supply-side)의 직업배치에 있어서, 재활상담사는 장애인들이 자신의 능력 및 흥미와 직업의 요구 및 활동 간의 적합성이 높은 직업을 찾도록 돕는다(Chapin, 2012). 재활상담사들은 이러한 목표를 유념하여, 장애인을 비어 있는 자리에 직접 배치하거나 스스로 그 자리를 찾을 수 있도록 준비시킨다. 공급자 측면의 직업배치 활동에 있어서, 상담사들은 개인의 흥미와 적성에 맞는 자리에 취업하도록 하는 것이 주요 목표이기 때문에 내담자에게 주된 초점을 둔다.

Salomone(1996)는 공급자측면 모델을 상담사중심(counselor-centered) 배치와 내담자중심(client-centered) 배치로 구분한 바 있는데, 이는 지금도 여전히 유효하다. 상담사중심 배치에 있어서, 재활상담사는 내담자에게 맞는 일자리를 찾기 위해 직업분석, 직업개발, 직무수정-재구조화, 영업, 전환기 취업프로그램, 지원고용 등의 전략들을 사용한다. 재활상담사는 직업배치에 있어서 보다 직접적인 역할을 수행하기 위해 직업탐색을 하거나 필요시 입사지원서를 작성하고, 면접일정을 잡고, 채용여부에 대한 확인전화를 한다. 내담자중심 배치접근에서, 재활상담사는 직업탐색기술훈련이나 잡클럽(job club) 등과 같은 기술획득과 지원서비스를 제공한다. 이는 개인이 독립적인 구직자가 되기 위해 필요한 기술을 개발할 수 있도록 지원하기 위함이다. 이 접근법은 만약 장애인들이 직업 탐색하기, 이력서 개발하기, 입사지원서 작성하기, 효과적으로 취업 면접 일정을 잡고 참석하기, 합격여부 확인 전화하기 등의 방법을 알게 되면 다시 서비스를 받으러 올 가능성이 낮아질 것이라는 가정에 근거한다(Nissen & Rumrill, 2016).

직업배치에 있어서 또 다른 주요 접근법은 수요자측면(demand-side) 전략이다. 수요자 측면에서 볼 때, 상담사는 먼저 사업주, 그리고 내담자라는 두 명의 고객과 일하게 된다(Brodwin, 2016; Buys & Rennie, 2001). 상담사는 수요자측면에서도 그들이 고려하는 그 직업 수행에 필수적인 기술과 적성을 내담자가 가지고 있는지 확신할 수 있어야 한다. 그러나 공급자측면과 수요자측면 접근의 차이는 상담사가 사업주와 만날 때, 한 사람의 내담자만을 위해서 일하는 것이 아니라는 점이다. 수요자측면의 직업배치에 있어서 상담사는 사업주를 위한 최선이 무엇인지 그리고 사업주가 현재 또는 향후 예상되는 공석에 적합한 지원자를 채용할 수 있도록 돕는 방법에 집중한다. 실제로 수요자측면 직업배치에 있어서 상담사는 장애인 채용가능성이 높은 유망 사업주들과의 장기적 관계개발에 우선순위를 둔다(Strauser, 2013). 이러한 관계를 통해 장애인은 좋은 직업을 선택할 기회를 더 많이 가지게 되고 사업주는 채용할 수 있는 보다 폭넓은 지원자 인력풀을 가지게 된다(Wehman, 2013).

수요자중심 직업배치활동의 일환으로, 상담사는 상호 유익한 관계개발의 가능성을 높이기 위해 사업주에게 제공할 수 있는 다른 서비스들도 파악해야 한다. 서비스에는 사업주에게 (1)「미국장애인법(ADA)」과「개정 미국장애인법(ADAAA)」의 고용 보호와 규정, (2) 직장복귀와 고용유지를 위한 개입, (3) 정당한 편의제공 파악과 실시를 위한 전략, (4) 인체공학 및 직무재구조화 실시, (5) 장애이해훈련 실시(예: 직원을 대상으로 배치된 장애인의 능력과 장애에 대해 교육하기) 등에 대한 자문을 포함한다(Buys & Rennie, 2001; Nissen & Rumrill, 2016; Schultz & Gatchel, 2016). 상담사는 고용주와 내담자 모두의 관심사인 고용유지 서비스의 요구에 따라 장애를 가진 고용인이 자신의 직업에 만족하는지 그리고 업무수행이 적절한지를 판단하기 위해 취업후서비스를 제공할 수 있다. 만약 내담자가 자신의 직무에 만족하지 못하고 고용주의 기대에 부합하지 못한다면, 내담자를 돕기 위해 필요한 편의제공을 파악하고, 요청하고, 실시하도록 개입할 필요가 있다(Hemdricks et al., 2015). 만약 최종적으로 내담자가 기대하는 수준의 수행을 할 수 없다면, 고용인 해고의 과제를 안고 있는 고용주의 걱정을 해소해 줄 수도 있다. 상담사는 내담자의 훈련기간 초기에 직무지도원이나 다른 지원을 제공할 수 있다.

독립적인 직업탐색능력을 가진 사람들과 일할 경우, 그들이 적절한 취업 자리를 찾을 수 있도록 준비시키기 위해 내담자중심 접근법을 적용해야 한다. 또한 재활상담사는 수요자측면의 우선순위에 맞게 사업주들과의 관계를 개발해야 한다. 그 이유는 내담자들의 제한점뿐만 아니라 능력을 알아볼 수 있는 잠재적인 고용주 인력풀을 내담자에게 제공하기 위함이다. 만약 사업주들과 관계를 형성하고 장애인고용의 잠재적 이점을 잘 이해시키며 동시에 내담자들에게 취업자리를 찾아내고 취업기회를 얻는 데 필수적인 기술을 적절하게 훈련시킨다면, 일하기를 원하지만 고용되지 않는 장애인은 감소할 것이다.

취업과정에서 보다 직접적인 지원을 많이 필요로 하는 사람들과 일할 경우에는 사업주와의 관계가 더 중요해질 수 있다. 만약 상담사들이 내담자들에게 작업관련 어려움들을 극복할 기회를 제공한다면 사업주들은 그러한 어려움에 따른 편의제공의 방법과 문제점을 이해하게 된다. 또한 내담자가 수용가능한 수준으로 일할 수 있는 직업을 찾을 수 있도록 직업개발이나 직무재구조화와 같은 상담사중심 전략을 사용해야 할 경우도 있다. 현재 공석인 자리의 일을 내담자가 수행할 수 있는 경우, 내담자의 취업과 고용유지를 돕기 위해 입사지원서 작성과 면접준비, 면접 후 확인전화 걸기 등과 같은 상담사중심 직업배치 전략들을 사용한다. 사업주와의 관계 개발과 상담사중심 직업배치 전략을 병행함으로써 장애인 고용이 늘어나는 성과를 얻을 수 있다.

2) 직업배치를 위한 기본 지식

상담사가 수요자 및 공급자의 두 가지 측면에서 기능을 수행하기 위해서는 폭넓은 지식을 가져야 한다. 공인재활상담사를 대상으로 한 Leahy, Chan과 Saunders(2003) 및 Leahy, Chan, Sung과 Kim(2013)의 연구에서는 다음과 같은 지식영역과 관련기능의 중요성을 강조한다(〈표 9-1〉 참조).

표 9-1 직업배치에 필요한 주요 지식과 관련 기능

지식 영역	관련 기능
장애인의 직장 복귀나 고용에 영향을 주는 고용주의 업무	사업주의 방침과 업무에 따라 재활 및 작업장 개입 조정하기
인체공학	재해 예방을 위한 직장 재설계에 대해 자문하기
직무수정과 직무재구성 기법	정당한 편의제공과 직무수정에 대해 자문하기
직무분석	필수적 기능 및 ADA에 기반한 직무 진술에 도움이 되도록 직무 과제 확인하기
사업주를 위해 재활상담사가 활용할 수 있는 자문서비스	ADA 1장의 규정과 보호제도에 대한 정보 제공하기
노동시장 조사수행에 사용되는 기법	지역사회 내의 고용 선택권 확인하기
작업조건 또는 작업강화 전략	재활치료뿐 아니라 내담자의 체력, 지구력에 대한 정보 얻기
사업-기업 관련 용어	고용과 직장 복귀 정책에 대해 사업주에게 자문하기
편의제공과 재활공학	직무-개인 일치와 직업유지 성과 높이기
직장 문화와 환경	장애 이해, 편의제공, 지원고용에 대해 자문하기
사업주 개발과 직업배치	직업 활용가능성과 고용에 대한 사업주의 준비도 높이기
내담자의 직업탐색 기술 개발	내담자에게 입사지원서 작성과 면접 준비시키기
내담자의 직업유지 기술	내담자에게 생산성과 편의제공 요구의 방해물을 파악하도록 준비시키기
직업배치 전략	수요자와 공급자 측면의 직업배치 과제 이행하기
직업과 사업주 개발	직업 창출과 수정 및 사업주 교육하기
추수 및 취업후 서비스	내담자의 직업유지 및 진로개발 계획실행 돕기
직종과 노동시장 정보	직업수요와 고용경향 전달하기
기능적 제한성의 직업적 시사점	선택적 배치와 직무수정을 통해 직업-개인 일치 보장하기

(계속)

표 9-1 (계속)

컴퓨터기반 직업매칭 시스템	고용주와 고용인을 연결시키기 위해 인터넷 사용하기
보조공학	장애물 제거 및 직업 성취 증진을 위해 최신의 공학 적용하기
진로개발 및 직업적응 이론	직업선택 및 직업만족과 관련하여 내담자와 상담하기
지원고용 전략과 서비스	직무지도 및 자연적 업무지원 제공하기

2. 누가 무엇을 필요로 하는가? 끊임없는 논쟁

재활상담사들이 직업배치과정에 사용하는 시간의 양이 차이가 나는 이유는 수요자 및 공급자 측면 배치에 얼마나 관여하는가에 따른 것보다는 다른 요인에 기인한 것일 수 있다. 또한 이는 제공하는 배치지원의 유형에 대한 철학적 차이가 반영된 것일 수도 있다. 상담사가 내담자를 위해 사업주와 폭넓게 관여하는 것이 상담사의 지원에 대한 구직자의 의존성을 높이는 결과를 낳는지에 대해서는 오랫동안 논쟁해 왔다. 직업탐색 과정에서 직업탐색기술훈련과 같은 특별한 서비스를 통해 개인의 독립적 기능을 향상 시키는 제한된 배치지원이 의존성을 최소화할 수 있을 것이라는 점에 대해서도 논쟁이 계속되어 왔다.

비록 독립적인 직업탐색을 위한 준비가 상당히 매력적이지만 이것이 직업배치과정 에서 실행 가능한 유일한 개입 전략은 아니다. 중증장애인 중 많은 사람은 이전 직업 으로 돌아갈 수 없고 직업시장에서 다른 접촉들이 결여되어 있거나 직업적 단서를 얻 기 위해 지역사회 연결 네트워크의 사용방법을 알지 못할 수도 있다(Koch & Rumrill, 2016; Wehman, 2013). 이들의 경우, 고용주와 상담사의 적극적인 배치지원이 없으면 불 완전고용이나 고용되지 못하는 결과를 초래할 수 있다. 실제로 상담사가 "관여하지 않 는 태도(hands-off attitude)"를 가지고 내담자의 자기의존, 즉 독립심을 형성시키고자 한 다면, 중증장애인들은 일자리를 찾기 위해 "개인이나 공동체의 접촉을 통한 숨겨진 직 업시장"을 활용할 능력이 있는 비장애인에 비해 불리한 처지에 놓일 수 있다(Jackson, Hanger et al., 1996, p. 311에서 재인용). "관여하는 태도(hands-on attitude)"를 취한다면, "숨겨진 직업시장(hidden job market)"에 다가가기 위해 내담자의 어떤 자연적 지지자원 이라도 활용하려는 시도를 해야 한다. 직업배치 전략과 관련하여 Hanger, Butterworth

와 Keith(1995)가 매사추세츠의 직업서비스기관과 중등학교 전환프로그램을 대상으로 조사한 결과에 의하면, "잠재적인 고용주를 찾기 위해 개인적으로 내담자의 친구나 가족 네트워크에 접촉해서 물어보는 것이 가장 흔한 접근방법이라고 한다. 예를 들어, 한 내담자의 부모는 아들의 직업을 구하기 위해 동네 상점에 문의했다"고 한다(p. 113). 보다 최근에 Wehman(2013)은 직업경험이 제한되어 있는 지적장애와 발달장애를 가진 사람들의 경우, 지금도 친구와 가족구성원, 비공식적 사회적 접촉이 이들의 직업을 찾는 효과적인 방법이라고 말한다.

중증장애인이 직업배치를 위해 고용기관에 전적으로 의존한다면 불이익을 받을 수도 있다. 진로전문가들(Hansen, 2003)은 구직자들이 하나의 직업창출원(source of job leads)에만 의존하지 않도록 강조한다. 전일제직업을 찾기 위해서는 취업기관뿐만 아니라 가족과 친구, 전문가나 노동조합, 학교 취업지원실, 전화접촉, 취업설명회, 취업사이트, 구인광고 등 다양한 정보원을 활용해야 한다. 많은 사업주는 취업기관으로부터 받는 정보의 타당성에 대해 의문을 가지기도 하는데 그 이유는 이들 기관들이 내담자와 짧게 관계했기 때문이다. 이렇게 제한된 관계로 인해 취업알선기관은 내담자에 대한 매우 한정된 정보만을 제공할 수밖에 없다. 다행스럽게도 재활상담사는 직업재활에서 포괄적인 평가를 실시하기 때문에 잠재적인 고용주들과의 중재에서 더 신뢰로운 위치에 있다(Strauser, 2013). 더욱이 재활상담사가 내담자(구직자)와 사업주 사이에서 정보조정자 또는 중개인으로서의 역할을 맡음으로써 노동시장에서 특정유형의 직업적 요구와 내담자의 능력과 기술, 흥미 사이의 조화를 고려하는 장애인 사전선별의 비용을 줄일 수 있다(Chapin, 2012; Hanger, 2003; Rumrill & Koch, 2014). 재활상담사는 유용한 비용절약형 서비스를 제공하고 잠재적인 구직자에 대한 관련정보를 종합적으로 전달할 수 있기 때문에, 내담자를 위한 매우 효과적인 취업 옹호자가 될 수 있다.

3. 직업세계에 대한 상담사의 정통성

재활상담사는 사업주들과의 개인적인 접촉을 통해, 지역노동시장 내 많은 직업의 구체적인 특성들을 알게 된다. 이러한 접촉은 일부 독특한 직업이 존재하는 민족공동체에서 더욱 중요하다. 예를 들면, 딤섬 수레를 끄는 직업(dim sum cart-pusher)은 주로 중국인 공동체 내 식당에서 볼 수 있는 직업이다. 재활상담사가 지역노동시장에 대한 지식이 없으면 중증 장애인의 재활 평가와 계획 책무를 효과적으로 수행하는 데 많은 어려움을 가질 수 있다. 예를 들면, 재활과정 중 평가와 계획 단계에서, 직업세계에 대한 상담사의 정통성은 내담자가 실현가능한 다양한 직업을 찾을 수 있도록 돕기 위한 전제조건이다(Hershenson, 2010). 상담사가 내담자로 하여금 적절한 직업을 파악하도록 돕고 실현가능성과 관련된 문제를 해결하기 위해서는 내담자의 능력과 지역사회 직업들의 환경적 특징 및 요구 간의 일치정도를 판단할 수 있어야 한다(Chapin, 2012; Hendricks et al., 2015).

[그림 9-1]은 직업개발과 직업배치에 있어서, 상담사의 활동과 지역사회 내 직업들의 특성 및 취업기회에 대한 상담사의 정통성(familiarity) 정도 간의 관계를 나타내고 있다. 상담사는 자신의 지식을 내담자 평가 및 계획수립 단계에서 직업탐색과 의사결정을 할 때 사용한다(Hartung, 2013; Zunker, 2015). 따라서 한 사람에 대한 직업개발과 직업배치 활동을 통해 직업적 정보를 이끌어 내는 하나의 주기(cycle)가 만들어지고, 이는 향후 많은 다른 내담자를 위한 재활과정에서 사용된다.

상담사는 문서자료와 온라인 자원들, 예를 들면 O*NET(http://online.O*NETcenter.org), 『증보된 직업전망서』(Farr & Ludden, 2009), 『새로운 직업탐색안내서』(Farr & Shatkin, 2006), 『직업전망서』(U.S. Department of Labor, 2016b)나 지역신문 등을 통해 지역 내 직업들에 대해 조사하고 싶어 하지만, 이들 자원들은 직업정보원으로서 실제적인 직업적

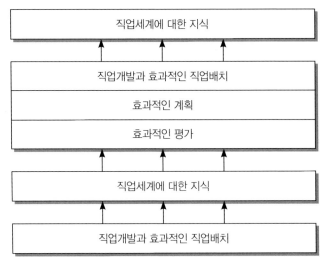

[그림 9-1] 재활과정에서 직업배치의 주요 역할

요구의 부분적인 단면만을 보여 준다. 현장마다 직무와 작업환경이 다르기 때문에 문서화된 자료와 웹사이트의 정보는 지역사회 내의 지식을 통해 보완해야 한다. 예를 들면, 생산량은 심리적 및 신체적 스트레스 요인의 차이를 반영하기 때문에 작업장에 따라 다를 수 있다. 어떤 부서의 노동자는 거의 하루 종일 서서 일하는 반면 다른 부서의 노동자는 거의 앉아서 일할 수도 있다. 어떤 현장에서는 노동자가 공장 내 다른 부서로부터 작업을 넘겨받지만 다른 직장에서는 노동자가 작업을 직접 가지고 올 수도 있다. 그러므로 지역노동시장 내의 직업적 특성에 대한 포괄적이며 정확한 정보를 가지기 위해서 사업주들과 직접 접촉하고 시설을 돌아볼 필요가 있다. 상담사는 이와 같은 방문을 통해서 수요가 증가할 것으로 예상되는 일자리뿐만 아니라 이직률이 높거나 취업하기 어려운 일자리를 파악할 수 있다(Ford & Swett, 1999; Strauser, 2013).

직업현장 방문을 통해서 지역사회 내의 특정 직업에 대한 관련정보를 획득하는 것은 직업분석에 있어서 다방면에 걸친 훈련을 필요로 하지는 않는다. 상담사는 직업현장을 방문함으로써 업무현장, 건물접근성, 직장에 출퇴근하기 위한 교통수단 등 물리적 환경에 대한 정보를 얻을 수 있다. 재활상담사들은 사업장에 대한 직접적인 관찰을 통해 다음 질문들의 답을 찾아낼 수 있어야 한다(Patterson, 2003):

1. 노동자가 하는 작업유형과 작업활동은 무엇인가?
2. 그 작업은 어떤 절차와 과정, 장비를 통해 이루어지는가?
3. 그 작업의 목적은 무엇인가?
4. 노동자가 생산하는 것은 무엇인가?
5. 그 작업을 수행하기 위해서는 어떤 능력, 기술, 지식이 필요한가?
6. 그 일자리의 직업 환경과 조직의 분위기는 어떠한가?

이 질문들에 답을 얻은 후, 구직자와 상담사는 다음 세 가지 영역에서 편의제공의 필요성을 탐색할 수 있다: (1) 장애요인 제거를 통한 환경 수정, (2) 지원 장치와 개조된 도구들을 통한 장비 수정, (3) 업무, 작업도구, 작업일정 변경 등을 통한 절차 수정. 신체적 장애를 가진 사람들은 장비나 환경 수정에 의한 지원을 필요로 하는 경향이 있으며 인지적 장애(예: 지적장애, 학습장애, 외상성 뇌손상)와 정신적 장애를 가진 사람들은 종종 융통성 있는 작업일정과 개별적인 감독방식(예: 서면 혹은 개인적인 작업지시 제공)과 같은 절차상의 수정을 통해 도움을 받는다.

상담사는 직업현장을 방문하는 동안 업무환경의 심리사회적 특성을 이해하게 된다. Minton(1977)은 이 특성들을 두 가지로 구분한다: (1) 심리적 환경-동료직원들과의 상호작용의 양, 감독받는 형태와 정도, 일의 스트레스와 중압감의 크기, 확립된 작업 절차의 양; (2) 사회적 환경-내담자가 접촉하게 될 다른 고용인들의 유형, 직장 내외에서 일어나는 사회적 활동의 범위와 수. 또한 개인과 특정 직업 간의 적합성을 결정하기 위해서 직업의 심리사회적 요구도 고려해야 한다.

1) 맞춤 직업배치 서비스

재활상담사는 평가와 재활계획, 치료서비스가 종료된 이후에도 상당한 현장 지원을 필요로 하는 많은 사람에게 서비스한다. 이들은 다음과 같은 어려움을 가진 사람들이다: (1) 일시적 또는 진행성의 만성적 건강장애(예: 당뇨병, 근위축증), (2) 정신장애, (3) 지적장애, (4) 자폐스펙트럼장애와 기타 발달장애, (5) 심한 신체장애를 가진 고령자(특히 직업기술이 제한되고 직업력이 좋지 않은 사람들). 종종 이들 중에는 고도의 숙련된 직업훈련이 적합하지 않은 사람도 있을 수 있다. 그러나 이들도 적절한 재활서비스를 통해 초보수준의 비숙련직이나 이동작업대(mobile work crew), 지원고용을 통한 소기업 계약 등 고용가능성이 증가될 수 있다(Cimera, 2011; Degeneffe, 2000). 그럼에도 아직까지 이런 직업을 가지기 위해서는 사업주들로 하여금 지원고용 계약을 맺고 나아가 직무지도의 일부 책임까지 감수하도록 관심을 이끌어 낼 수 있는 대단히 적극적인 재활상담사의 도움이 필요하다.

1980년 중반, 직업적으로 장애를 가진 청년의 수는 장애를 가진 생산가능인구(working-age population)의 8% 내지 9%에 불과했다. 실제로 25세에서 56세까지의 주류 장애인들은 "전환서비스를 통해 도움 받을 정도로 젊지도 않고 조기은퇴가 가능할 정도로 나이가 들지도 않은"(Bowe, 1987, p. 19) 사람들이다. 이들 중 대다수는 직업생활에 익숙해진 후에 장애를 가지게 되었기 때문에 갑작스러운 장애로 인한 문제대처에 어려움을 가진다. 연구에 의하면 이 직업재활내담자, 특히 30대와 40대 노동자들은 자발적으로 서비스를 찾을 가능성이 낮다(Bowe, 1987; Olsheski & Growick, 1987). 이 같은 중간경력자에게 적절한 직업배치서비스를 제공하기 위해서는 직무수정(대부분 부분적인), 재훈련, 임시적 혹은 경감된 직무배치, 융통성 있는 일정 등과 같이 직장 내 개입이 필요하다(Schultz & Gatchel, 2016). 전통적인 민간영역의 고용목표, 즉 "가능한 빠른 시일 내에 동일 업종의 동일 직장으로"(Brodwin, 2016; Pimentel, 1995)가 이 집단의 성공적인 직업배치 성과의 핵심이다.

최근 재활서비스를 찾는 사람들의 대표적인 유형은 전환서비스를 필요로 하는 중증장애 젊은이들이다. 이 서비스는 성인서비스 수혜, 중등이후 교육등록, 취업, 지역사회 참여 등의 측면에서 개선된 성과를 산출한다(Cimera, 2011; Hendricks et al., 2015; Nuehring & Sitlington, 2003). 종단적 전환 연구(National Longitudinal Transition Study)의 통계자료에 의하면, 2014∼2015학년도 13∼18세 전체학생 중에서 특수교육을 받은 청소년은 약 14%다(Koch & Rumrill, 2016). 이 집단의 취업성과는 일반적으로 좋지 않은 편이며 이러한 특성은 실제 지난 수십 년 동안 거의 변화가 없었다(Cimera, 2011; Wehman, 2013). 이 집단을 위한 배치지원은 현장실습 및 여름방학 프로그램을 통한 실제 직업경험과 진로교육에 초점을 둔 학교 프로그램에서부터 시작된다(Hendricks et al., 2015). 상담사는 학교 졸업이후 필요한 배치개입의 정도를 결정할 때, 각 학생의 독립적 구직능력을 고려해야 한다. 재학 중 직장 현장실습은 학생들의 직업탐색을 돕는 매우 효과적인 수단이다. Luecking과 Mooney(2002)에 의하면 재학 중 기간제 현장실습에 참여한 1,500명의 장애학생 중 77%가 현장실습 사업주로부터 일자리를 제안 받았다고 한다.

직업재활을 필요로 하는 내담자 집단이 확대됨에 따라 취업기회에 대한 보다 창의적인 사고가 필요하다. 특히 직장 내 성(gender)과 장애에 대한 고정관념이라는 이중의 낙인과 씨름하는 여성장애인의 경우가 그러하다. 여성장애인은 선입견의 결과로 남성장애인에 비해 취업의 가능성이 낮다(National Organization on Disability, 2002; Smart, 2016). 또한 만성질병에 직면할 때, 여성들은 동일한 장애를 가진 남성에 비해 조기퇴직하곤 한다(Nissen & Rumrill, 2016). 이러한 문제는 "여성의 일[1]"과 관련한 사회적 고정관념에 의해 보다 복잡해진다. 물론 낮은 기대와 고정관념은 여성뿐 아니라 남성 장애인의 취업에도 동일하게 오랫동안 영향을 끼쳐왔다. 다행스럽게도 재활상담사는 이러

---

1) women's work, 독점적으로 여성의 영역으로 여겨지는 일이며 여성의 젠더와 특정 과제를 관련시킨다. 주로 어머니 또는 아내가 가족 및 가정 내에서 수행하는 일과 관련하여 사용한다.

한 유감스러운 고정배역을 깨뜨릴 수 있다. 그 방법에는 장애인들이 종사하고 있는 다음과 같은 넓은 범위의 직업들에 대해서 사업주와 이야기를 나누는 것이 포함된다: 컴퓨터 프로그래머와 조작원, 전자기구 조립원, 전문적·기술적·관리 전문가, 제트엔진 조립원, 오프셋기기 조작원, 설계제도원, 코딩사무원, 기상 기술자, 도서관 보조원, 엑스레이 기술자(Parent & Everson, 1986).

어떤 집단의 내담자이든지 직업배치의 효과성은 고용주의 협조 여부에 크게 좌우된다. 어떤 고용주들에게는 지원고용 프로그램 유지가 필요할 수 있고, 다른 고용주들에게는 작업현장의 의료서비스, 재훈련서비스 등을 통한 신속한 개입이 필요할 수도 있다. 또 다른 고용주들의 경우에는 젊은이와 여성장애인들의 능력에 대한 기대를 높일 필요가 있다. 재활상담사는 고용주와 협력관계를 강화하기 위해 각 사업체에 성공가능성이 매우 높은 내담자를 배치할 수 있도록 최선을 다해야 한다. 사업주가 한번 긍정적인 경험을 하게 되면 이후 장애인 고용에 대한 망설임이 줄어들 것이다. 상담사는 그러한 경험이 고용주에게 긍정적인 특성으로 남을 수 있도록, 고용주와 내담자를 대상으로 주기적인 사후점검을 실시하고 직업배치 이후에 발생하는 문제들을 해결할 수 있도록 돕는 등 확대된 서비스를 제공할 필요가 있다(Gilbride, Stensrud, Vandergoot, & Golden, 2003; Rubin et al., 2016; Rumrill & Koch, 2014).

2) 사업주의 공통적 관심사 다루기

재활상담사가 장애인고용과 관련된 사업주의 많은 걱정거리에 직면할 것이라는 점은 쉽게 예상할 수 있다(Peck & Kirkbride, 2001). 예를 들면, 사업주들은 장애인을 고용하는 것이 근로자재해책임보상보험률[2]을 증가시킬 것이라는 염려 때문에 장애를 가진 지원자를 선발하지 않는다. 이 경우 재활상담사가 사업주들에게 정확한 정보를 제공함으로써 문제를 해결할 수 있다. 근로자재해책임보상보험률은 두 가지 요인에 기반한다. 첫째, 보험가입 사업체에서 수행하는 일의 특성, 즉 업무수행에 연관된 위험수준에 기초한다. 둘째, 보험률은 사업체의 이전 사고율과 보험사에 청구된 보상액 및 의료비

---

2) wokers' compensation insurance rates, 근무 중 사고를 당한 경우, 업무상 재해를 인정받게 되면 산업재해보상을 받을 수 있고 사업주가 이 보험을 가입한 경우 민사적 손해배상도 받을 수 있다.

용에 기초한다(Schultz & Gatchel, 2016; U.S. Department of Labor, 2003b). 다행스럽게도 연구결과들에서 장애를 가진 노동자들이 비장애 노동자들에 비해 사고율이 높지 않은 것으로 나타나고 있다(U.S. Department of Labor, 2003b).

게다가 미국의 대부분 주에는 2차재해로 인한 추가비용을 보상하기 위해 기금을 제공하는 2차재해법(second-injury laws)이 있다. 이들 법에서는 재해를 입은 노동자들이 자신의 장애 전체에 대해 보상받을 수 있도록 허용하며 고용주는 노동자가 고용되어 있는 동안에 발생하는 재해에 대해서만 보상하도록 규정한다. 2차재해기금은 이전부터 있었던 손상에 2차재해가 합쳐져 장애가 더 커짐에 따라 발생하는 문제를 해결하기 위해 개발되었다. 이 기금은 신체장애인 고용과 그러한 노동자에게 제공하는 수당을 보다 공정하게 책정하도록 장려한다. 2차재해 고용주들은 노동자들이 자신의 복합된 장애와 관련한 수당을 받더라도 결과적으로 2차재해에 의해 야기되는 장애에 국한해서 보상한다. 이유는 그 차액을 2차재해기금에서 충당하기 때문이다(Schultz & Gatchel, 2016).

사업주는 종종 장애인의 생산 잠재력에 대해 의문을 가진다. 사실 장애인을 고용한 고용주의 반응에 대한 연구에 의하면 고용주의 주된 염려는 개인의 직업적 자격요건과 생산잠재력에 관한 것이라고 한다(Chapin, 2012; Greenwood, Johnson, & Schriner, 1988). 따라서 재활상담사는 고용주에게 비장애 노동자와 비교할 때, 생산율, 전직, 장기결근의 측면에서 장애인 노동자의 업무성과가 좋은 편이라는 연구 결과를 알려 줘야 한다. 장애노동자와 비장애노동자(Parent & Everson, 1986), 그리고 중증 장애노동자(예: 뇌손상, 뇌전증, 시각, 청각, 척수 장애)와 비장애노동자(Gade & Toutges, 1983; Goodyear & Stude, 1975) 간의 작업 양과 질을 비교한 예전 연구들에서 양호한 연구결과를 찾을 수 있다. 샌프란시스코와 포트랜드에서 조사한 고용주대상 연구에서, 고용주의 90% 이상이 장애인 노동자들의 업무수행이 "다른 노동자들과 비교해서 평균 또는 그 이상" (Zandy, 1980, p. 167)이라고 평정했다. 미국 남부와 중서부 지역 고용주들(Gilbride et al., 2003)은 장애를 가진 사람들을 채용할 때 그들의 장애뿐만 아니라 그들이 좋은 성과를 가져올 것을 알고 있었다고 한다. Harris의 연구(Louis Harris & Associates, 1987)에서, 관리자들은 장애를 가진 노동자와의 경험을 다음과 같이 말한다:

관리자들 거의 대부분이 장애직원들의 전반적인 업무수행에 대해서 좋음이나 매우 좋음으로 평가했다. 20명의 관리자 중 한 사람만이 장애직원들의 업무수행능력이 단지 보통이라고 평가하였으며, 어느 누구도 나쁨으로 평가하지 않았다. 상급관리자 중 88%가 장애직원들의 업무수행능력을 좋음이나 매우 좋음으로 평가했다. …… 거의 모든 장애직원은 업무수행 면에서 동일한 업무를 하는 다른 직원들과 같은 수준으로 일하거나 오히려 더 낫다. (p. 7)

ADA 이후에 수행된 장애인고용에 대한 고용주들의 경험관련 연구들에서도 일부 긍정적인 결과들이 보고되고 있다. 한 연구에 의하면, 감독자나 인사담당자들이 255명의 장애직원을 대상으로 근무태도, 복장, 작업 일관성, 작업 속도 등의 직업성과 영역을 평정한 결과, 만족하는 것으로 나타났다. 실제 장애직원들은 작업속도만을 제외하고 모든 영역에서 비장애 동료들과 유사하거나 더 낫다는 평가를 받았다(Unger, Kriegel, Wehman, & Brooke, 2001). 이와 유사하게 E. K. Johnson(2016)은 뇌전증을 가진 사람을 고용하더라도 건강보험료나 근로자재해책임보상보험 비용이 증가하지 않았다고 보고한다. Cimera(2011)는 지적장애를 가진 노동자들의 무단결근과 병가기록이 다른 노동자들과 유사하다고 보고했다.

최근 연구에 의하면 사업주들이 특히 지적, 정서, 의사소통이나 감각 장애를 가진 노동자들의 고용을 꺼릴 수 있다고 한다(Becker & Drake, 1994; Cimera, 2011; Cimera, Rumrill, Chan, Kaya, & Bezyak, 2015; Gilbride et al., 2003; Thomas, Thomas, & Joiner, 1993). 그러므로 이 장애를 가진 사람들의 직업배치에 있어서 직업재활기관이나 지원고용기관이 제공할 수 있는 이전 근무경력에 대한 정보는 매우 중요하다(Johnson, 2016; Johnson, Greenwood, & Schriner, 1988; Wehman, 2013). 안타깝게도 많은 사업주가 이 기관들과 이들이 제공하는 서비스에 대한 지식을 거의 가지고 있지 않다. 더구나 사업주들은 직업편의제공네트워크(JAN)와 국립 ADA센터 네트워크(National ADA Centers Network)와 같은 자원들을 거의 알지 못한다(Nissen & Rumrill, 2016; Rubin et al., 2016). 그러므로 상담사는 채용과 취업에 있어서 내담자를 옹호할 뿐만 아니라 장애인들이 취업과 고용유지에 성공할 가능성을 높일 수 있도록 사업주들에게 관련자원들을 적극적으로 알려야 한다(Brodwin, 2016).

재활상담사들은 장애인들이 정당한 편의제공을 통해 많은 직무를 수행할 수 있다는 점을 사업주들이 과소평가하지 않도록 격려해야 한다. 개인이 정당한 편의제공을 통해 실제로 직무수행하는 것을 보지 않고 장애와 관련된 전형적인 기능적 제한성에만 초점을 맞춘다면, 개인이 무엇을 할 수 있고 할 수 없는지에 대해 잘못된 가정을 내릴 수 있다(Brodwin, Parker, & DeLaGarza, 2003). 고용주들에게 장애인을 위한 정당한 편의제공을 추천할 때, 먼저 내담자의 장점과 그 사람이 그 자리에 적합한 이유를 강조해야 한다(Leslie, Kinjanui, Bishop, Rumrill, & Roessler, 2015). 그리고 나서 상담사는 (1) 장애와 관련된 기능적 제한점들, (2) 확실하지는 않지만 그러한 기능적 제한점이 그 직무의 필수적 기능을 수행하는 개인의 능력을 어떻게 방해하는지, (3) 장애와 관련된 기능적 제한점이 있음에도 불구하고 정당한 편의제공이 개인으로 하여금 필수적인 직무수행을 어떻게 가능하게 하는지를 충분히 설명해야 한다. 이와 같은 상담사의 사전 준비는 개인의 제한점뿐만 아니라 장점을 볼 수 있게 함으로써 장애인고용에 대한 사업주들의 염려를 줄이는 데 도움이 된다.

Muller(1990)는 장애 상태와 관련된 기능적 제한성을 다음과 같이 15가지로 범주화한 바 있는데 이는 지금도 유효하다:

- 정보 해석의 어려움
- 시력의 제한과 전맹
- 청력의 제한과 농
- 말의 제한
- 실신, 현기증, 발작의 가능성
- 협응 부족
- 체력의 제한
- 머리 움직임의 제한
- 감각의 제한
- 들기, 뻗치기, 옮기기의 어려움
- 조작과 손가락 움직임의 어려움
- 상지 사용의 어려움
- 앉기의 어려움
- 하지 사용의 어려움
- 균형감 부족 (Brodwin, Parker, & DeLaGarza, 1996, p. 175에서 재인용)

정당한 편의제공은 앞서 언급한 기능적 제한성을 가진 사람들로 하여금 여러 가지 일을 수행할 수 있게 해 준다. Brodwin 등(2003)은 전맹이 아닌 시각장애인을 위한 직장 내 편의제공에 대해 다음과 같이 설명한다.

> 조명, 색상과 명암, 공간과 배열, 크기와 거리 등에 있어서 조정을 포함한다. …… 가장 일반적인 광학기기로는 확대경과 망원경이 있다. 전형적인 비광학적 보조기기로는 전자 장치를 통해 출력물을 확대해 주는 폐쇄회로 텔레비전과 개인용 컴퓨터 및 문자 확대, 구어 출력, 광학적 스캔을 가능하게 하는 주변 장치 등이 있다. (p. 280)

Leslie 등(2015) 그리고 Roessler와 Rumrill(2015)은 다발성경화증(MS)과 같은 중증 만성질병과 관련된 일반적 제한성이 직업기능에 어떻게 영향을 끼치는지를 설명했다. 〈표 9-2〉에 제시한 바와 같이, 연구자들은 개정 ADA에 예시된 정당한 편의제공 전략을 사용하여 다발성경화증으로 인한 기능적 제한성들을 조정하는 방법을 보여 주고 있다.

재활상담사들은 정당한 편의제공 비용과 관련해서 사업주들의 비현실적인 예상을 줄이도록 노력해야 한다. 민간영역에서 고용주가 제공한 대부분의 정당한 편의제공이 매우 적은 비용으로 가능했던 것으로 밝혀지고 있다(Brodwin, 2016; Rubin et al., 2018). 예를 들면, 편의제공의 약 50%는 비용이 전혀 들지 않았다(Leslie et al., 2015). 그럼에도 불구하고 많은 사업주는 직장 내 정당한 편의제공을 꺼리고 있다. Cichy, Li, McMahon과 Rumrill(2015)에 의하면, 1992년 이후 ADA 1장에 근거하여 장애인들이 소송한 직장 차별사건의 약 20%는 요청한 편의제공을 고용주들이 제공하지 않은 것과 관련 있다고 한다. 이러한 결과는 사업주들이 일반적으로 ADA에 대해 지지할지라도 일상의 개인적 실천에 있어서는 ADA 1장의 구체적 함의에 대해 여전히 우려하고 있다는 사업주관련 연구들의 결과와 일치한다(Hernandez, Keys, & Balcazar, 2000; Strauser, 2013).

표 9-2	직업 기능에 있어서 다발성경화증(MS)로 인한 제한적 요인에 대한 편의제공		
직업 기능	MS 요인	가능한 편의제공
기존 시설 재구조화		
사업장 진입	근력 약화	자동문
직무재구조화		
체육관 내 활동 감독	하지 근력의 손실	체육관 활동 대신 자습 시간 감독
업무 일정 조정		
하루 8시간 이상 의료검사 수행	피로	8시간 작업과 휴식 병행
다른 직책으로 재배치		
농장 운영과 활동 감독	피로와 신체 조정력 문제	사업관리자와 같이 사무실 내 앉아서 하는 직무 배정
장비 개조		
음성 녹음 장비 끄기	손의 마비, 눈-손 협응 문제	통제 장비에 발 페달 장착
새로운 장비 설치		
세부사항 기억하기, 우선순위 정하기, 생산 일정 정하기	인지 기술과 단기기억 손상	프린터 연결된 휴대용 컴퓨터
자격을 갖춘 낭독자나 통역자 제공		
보고서 읽기와 타이핑하기	흐릿한 시력	필요시 사무실에 낭독자나 교정사 제공

　　다행히도 ADA 1장의 영향력과 개정 ADA의 실행은 정당한 편의제공에 대한 개인의 권리를 뒷받침하고 있다(Roessler & Rumrill, 2015; Rubin et al., 2016). 정당한 편의제공은 공정한 경쟁의 장을 만들기 위함이며(O'Keeffe, 1994), 이를 통해 장애를 가진 노동자는 "직업적 필수기능 수행에 있어서 동등한 기회"(Satcher & Dooley-Dickey, 1992, p. 15)를 가지게 된다. 그러므로 고용주들은 "최상의 편의제공을 예상하지 않아도 되며, 편의제공은 직업적 요구를 해결하는 데 효과적이고, 고용주와 고용인이 수용할 수 있으며, 회사에 과도한 부담을 주지 않아야 한다"(O'Keeffe, 1994, p. 7). 〈표 9-2〉에 제시한 바와 같이 「개정 ADA」에서는 현장의 생산성 저해요인들을 해결하기 위해 기존 시설의 재구조화, 직무의 재구조화, 작업일정의 조정, 다른 직책으로 재배치, 장비의 개조, 새로운 장비의 설치, 자격을 갖춘 낭독자나 교정사 제공 등과 같은 몇 가지 처방을 설명하고 있다(Leslie et al., 2015).

일부 사업주들이 언급하는 또 다른 염려는 장애를 가진 노동자가 잘 수행하지 못해서 해고해야 할 때 직면하는 불편한 경험에 관한 것이다(Koch & Rumrill, 2016; Louis Harris & Associates, 1987). 재활상담사는 고용주에게 비록 성공을 보장할 수는 없다 하더라도, 내담자는 그 직책과 관련하여 흥미와 능력, 신체적, 심리적인 가능성의 측면에서 철저하게 평가된 사람이라는 점을 밝힐 수 있다(Power, 2013). 재활상담사는 자신이 고용이후에 발생하는 문제들을 해결하기 위해 현장 지지집단 개발(Gade & Toutges, 1983; Marini & Stebnicki, 2012)이나 추가적인 직무지도, 직장의 자연적 지원(예: 동료 작업자의 도움)(Degeneffe, 2000; Wehman, 2013) 등과 같은 활동을 통해 지원할 능력이 있다는 점도 고용주에게 주지시켜야 한다.

상담사가 직접적인 배치과정에서 내담자를 옹호하는 역할을 수행하기도 하지만, 전문가적 의무로서 직업배치를 위한 내담자의 준비정도에 대해 고용주에게 솔직해야 한다. 만약 솔직하지 못하다면 이는 비윤리적일 뿐만 아니라 향후 그 고용주에게 다른 내담자를 배치하는 것을 스스로 망치는 결과를 초래하는 것이다. 이와 관련하여 Mund(1981)는 다음과 같이 말한다.

> 상담사가 지역사회 고용주 및 인사담당자들에게 쌓아 가는 평판은 종종 배치노력이 얼마나 성공할 수 있을지를 알려 준다. 만약 배치될 내담자에 대한 설명이 솔직해서 상담사를 신뢰할 수 있다고 느끼게 되면, 고용주는 자신의 최대 관심사인 배치문제에 대해 협조하고자 노력할 것이다. (p. 36)

그러나 솔직하다는 것은 상담사가 내담자를 설명하기 위해 **지적장애나 조현병** 등과 같은 일반적인 진단명칭을 사용해야 한다는 뜻이 아니다. 그렇게 하는 것은 부정적인 측면을 불필요하게 강조하는 것이다. 그러므로 진단명칭은 피하도록 하고 특정 직업이나 논의가 되고 있는 직업들과 관련해서 내담자의 직업적 강점과 약점에 직접적으로 초점을 맞추도록 한다(Andrew & Andrew, 2012; Borgen, Amundson, & Biela, 1987).

4. 법률: 근본적인 촉진자

1973년 「재활법」 5장의 501조와 503조 그리고 가장 의미있는 「ADA」와 「개정 ADA」, 특히 1장은 재활상담사의 배치직무를 더 용이하게 만든다. 501조에는 연방기관에 소수집단 우대정책(affirmative action)의 일환으로 장애인고용을 명하고 있으며 503조는 1만 달러를 초과하여 연방정부와 계약을 맺는 개인기업에 대하여도 동일하게 지시한다. Rudstam 등(2014)에 의하면 503조는 상당한 영향력을 발휘했으며, 연방정부와 계약하는 기업들의 장애인 고용가능성을 높였고 이와 관련된 고용정책을 확립했다고 한다.

그러나 1990년 「ADA」와 이어서 2008년 「개정 ADA」의 통과로 법적인 측면에서 가장 확고한 수단을 가지게 되었다(Rubin at al., 2016; Smart, 2016). 「ADA」는 장애인을 위한 시민권 법안의 가장 중요한 법률 중의 하나다. 고용뿐 아니라 공공 편의시설과 서비스 문제해결을 위한 「ADA」와 「개정 ADA」에는 재활상담사들을 지지하는 몇 가지 주요 조항이 있다:

- 장애인의 고용차별은 특별히 법적으로 금지된다. 더욱이 15명 이상이 근무하는 사업체에는 장애인을 위한 "정당한 편의제공(resonable accommodation)"을 명령한다. 장애인은 연방고용기회평등위원회(Equal Employment Opportunity Commission, EEOC)에 고용 차별을 고발할 수 있다.
- 공공 편의시설(예: 호텔, 식당, 극장, 박물관, 학교, 사회서비스 기관)은 접근가능성을 "쉽게 성취할 수 있는(readily achievable)" 장소에 위치함으로써 장애인들이 접근가능해야 한다. 법무부(Department of Justice)는 공공 편의시설의 접근성에 대한 불만을 처리한다.
- 「ADA」 통과 이후에 개발된 교통서비스는 접근가능해야 한다(예: 새로 도입하는 대중버스, 철도시설 및 기차 객실). 공공 교통수단과 관련된 문제는 연방교통부(Federal Transit Administration)에 제기하고 민간 교통수단과 관련된 문제는 법무부에 제기한다.
- 청각장애나 언어장애가 있는 장애인들은 전자통신을 사용할 수 있어야 하며, 전자

통신과 관련된 모든 불만은 연방통신위원회(Federal Communications Commission)에 제기할 수 있다(EEOC, 2016).

또한 재활상담사는 장애인을 고용하고 편의제공을 하는 고용주를 위해 우대책을 제공하는 최근의 세제법안도 알려 주어야 한다. 예를 들면, 소기업은 '장애인 접근권 세액공제(the Disabled Access Tax Credit)'(미국 내국세법 26장, 44조, Title 26, U.S. Internal Revenue Code, Section 44)에 근거하여 250달러에서 10,250달러까지의 적격한 접근권 지출비용 중 50%를 해당 과세연도에 공제받을 수 있다(Job Accommodation Network, 2015; Rumrill, 2009). 이러한 공제를 받을 수 있는 자격은 전년 회계에서 총수입이 백만 달러 이하이며 전일제 노동자가 30명 이하인 기업이어야 한다.

적격한 접근권 지출비용(eligible access expenditure)은 기업으로 하여금 다음과 같은 것을 포함한 ADA의 요구사항을 준수할 수 있게 한다:

- 건축물, 의사소통, 물리적, 교통수단에 있어서의 장애물 제거하기
- 시각장애인을 위해 낭독자, 녹음자료, 기타 지원 등을 제공하기
- 청각장애인을 위해 통역사와 기타 지원 등을 제공하기
- 장애인을 위해 장비를 교체하거나 추가하기

'장애인 및 노령자를 위한 건축물과 교통 장벽해소를 위한 세금 감면(The Tax Deduction to Remove Architectural and Transportation Barriers to People with Disabilities and Elderly Individuals)'(미국 내국세법 26장, 190조, Title 26, U.S. Internal Revenue Code, Section 190) 조항에 의하면 "적합한 건축과 교통 장벽해소(qualified architectural and transportation barrier removal)"(Rumrill, 2009, p. 1)에 지불한 비용 중 연간 15,000달러까지 공제가 가능하다. 적합한 지출에는 기업이나 회사에서 소유하거나 임대한 차량을 공공 교통용으로 개조한 경우도 포함한다. 개조하는 차량은 장애인과 고령자들이 더 잘 접근할 수 있도록 해야 하며 미국국세청(Internal Revenue Service: IRS)의 기준에 부합해야 한다.

'노동기회 세액공제(The Work Opportunity Tax Credit)'[3](미국 내국세법 26장, 51조, Title 26, U.S. Internal Revenue Code, Section 51)에서는 사업주들이 다음 8개 집단 출신자들의

고용 및 고용 유지를 돕기 위해 납부세액을 감면한다(Rumrill, 2009):

A. 빈곤가정 임시지원 수혜자(Recipients of Temporary Assistance for Needy Families): 근무 시작 전 18개월 중 9개월 이상 빈곤가정 임시지원(TANF)을 받은 가정의 구성원

B. 퇴역군인(Veterans): 일하기 전 15개월 중 3개월 이상 식료품 구매권을 받은 가정의 퇴역군인

C. 범죄경력자(Ex-offenders): 고용 전 12개월 내에 출옥했거나 유죄 선고를 받아 경제적으로 어려움이 있는 사람

D. 청소년(Youth): 연방고용창출지구(federal empowerment zone) 및 산업활성화지구(enterprise community)에 거주하는 18세에서 24세까지의 고위험 청소년

E. 장애인(Persons with disabilities): 직업재활 프로그램에 의뢰되었던 노동자 혹은 재활행정청(RSA)이나 재향군인부(VA) 프로그램에 내담자였던 노동자

F. 여름 청소년 노동자(Summer youth employees): 연방 고용창출지구 및 산업활성화지구에 거주하고 있으며 5월 1일에서 9월 15일 사이에 고용된 16세에서 17세까지의 고위험 청소년

G. 식료품 구매권 수혜자(Food stamp recipients): 근무일 이전에 6개월 동안 식료품 구매권을 받은 가정이나 근무일 이전 5개월 동안 적어도 3개월 이상 식료품 구매권을 받은 가정의 18세에서 24세까지의 청소년

H. 생활보조금 수혜자(Supplemental Security Income recipients): 근무일 이전 60일 동안 사회보장국(SSA)으로부터 생활보조금을 받은 사람

대부분의 대상집단 고용주는 노동자 첫해 임금의 40%, 6천 달러까지 공제를 요청할 수 있다. 이 공제는 과세연도에 최소 400시간 이상 일한 노동자에게만 적용된다. 노동자당 최대 공제액은 과세연도에 2,400달러(40% × 6,000달러)다. 여름 청소년 노동자의 경우, 고용주는 노동자에게 지급한 임금 중 최초 3,000달러의 40%를 공제 신청할 수 있다(최대 공제액 = 1,200달러[40% × 3,000달러]). 여름 청소년 노동자는 최소 20일 혹은 120

---

3) 취업이 힘든 특정집단 대상들의 고용을 장려하도록 대상자들에게 고용의 기회를 주는 동시에 고용한 업체와 사업주에게는 세금 공제 혜택을 주는 프로그램

시간 이상 일해야 한다. 대상집단 노동자가 과세연도에 120시간 이상 400시간 이하로 일한 경우, 고용주는 적정 임금의 25%를 세액공제 할 수 있다. 그러나 120시간 이하로 일한 노동자가 활용할 수 있는 공제는 없다.

고용주가 세액공제의 자격을 갖기 위해서는 신입 노동자가 일을 시작하기 전에 '사전선별 질문지(IRS Form 8850)'를 작성해야 한다. 고용주는 대상노동자가 근무를 시작한 21일 이내에 해당 주의 '근로기회 세액공제(Work Opportunity Tax Credit)' 담당자에게 서류를 제출해야 한다. 근로기회 세액공제는 소매업이나 기업에 고용된 노동자에게만 적용되며 고용주의 친척이나 가정부, 자가용 운전사 또는 기타 가사 고용인에게는 적용되지 않는다. 이 프로그램은 미국노동부(Employment and Training Administration: ETA)와 미국국세청에 의한 연방차원에서 시행한다(Job Accommodation Network, 2015; Rumrill, 2009).

같은 일자리의 장애를 가지지 않은 사람에 비해 생산성이 낮은 장애인을 채용한 고용주는 장애인에게 최저임금 이하로 지급할 수 있는 특별한 자격을 가질 수 있다. 이 지침은 미국노동부의 임금과 근로시간 부서(Wage and Hour Division of the U.S. Department of Labor)(2016a)에 근거한다. 예를 들어, 장애노동자가 그 직책의 비장애노동자에 비해 75%의 생산성을 보인다면 장애노동자의 시간당 임금을 비장애노동자에 비해 3/4만을 지급할 수 있다. 그러나 장애를 가졌다는 그것만으로 최저임금 이하를 지급해도 되는 노동자 자격을 가지는 것이 아니라, 장애를 가지고 있고 **그리고**(and) 동일 일자리의 다른 노동자에 비해 생산성이 낮은 경우에만 해당한다는 점을 주지해야 한다 (U.S. Department of Labor, 2016a).

일부 중증장애인의 경쟁고용으로의 움직임은 처음에는 지원고용을 통해 그들을 배치함으로써 용이해질 수 있었다. **지원고용**(supported employment)은 다음과 같이 정의되어 왔다.

> 매우 심각한 장애를 가진 사람들이 통합된 직장에서 경쟁적인 노동을 하는 것; (i) (I) 지금까지는 경쟁고용되지 않았던 사람들 (Ⅱ) 중증의 장애로 인해 경쟁고용이 간헐적이거나 중단되었던 사람들; (ii) 장애의 특성과 심각성으로 인해 집중적인 지원고용 서비스가 필요한 사람(Rehabilitation Act Amendments, 1986; Hanley-Maxwell, Bordieri, & Merz, 1996, p. 343에서 재인용)

지원고용은 1987년 주립재활기관의 보충적 서비스로 처음 자금지원을 받았으나, 1992년 「개정 재활법」을 통해 주립-연방 재활기관에서 제공하는 일반적 서비스가 되었다(Danek et al., 1996). 「2014 노동인력혁신 및 기회법」(WIOA) 내의 「개정 재활법」에서는 중중 장애청소년의 전환서비스를 강조하고 있으며 미국 내 대부분 보호작업장의 운영을 2016년 말까지 종료하도록 명령하는 것을 포함하여 지원고용에 대한 연방정부의 책무를 강화했다(Rubin et al., 2016; Rudstam et al., 2014). 지역사회 내 통합 환경에서의 경쟁고용에 대한 우선권이 강조되고 강화됨에 따라 맞춤 지원고용서비스가 더욱 더 널리 활용될 것으로 기대된다(Cimera, 2011).

1) 사업주가 장애인 구직자 면접 시, ADA 준수하도록 준비시키기

현재 구인 중이거나 향후 구인할 가능성이 있는 사업주들이 장애인 구직자 선발 시 ADA를 준수할 준비가 부족할 수 있다. 따라서 재활상담사는 사업주들이 장애인 구직자들과 면접할 때 법을 준수할 수 있도록 준비시킴으로써 사업주들과의 관계를 강화할 수 있으며 그 결과, 사업주들에게 자격을 갖춘 내담자들의 취업을 효과적으로 주장할 수 있다.

재활상담사는 연방고용기회평등위원회(EEOC, 2016)의 자료를 활용하여 장애인 구직자 면접 시, 사업주들이 해야 할 것과 하지 않아야 할 것에 대해 교육할 수 있다. EEOC는 사업주들이 구직자에게 조건부 채용을 제안하기 전에 법적으로 가능한 질문에 대한 지침을 발표했다. 〈표 9-3〉에 제시된 바와 같이 EEOC의 예시 지침은 면접에서 허용되거나 허용되지 않는 질문의 특성을 명확히 하고 있다. 사업주들은 이 지침을 준수함으로써 장애를 가진 구직자들의 권리를 침해하지 않도록 해야 한다.

| 표 9-3 | 장애를 가진 구직자의 면접 지침 |

- 법에 따라 사업주는 지원자에게 장애와 관련된 질문을 할 수 없으며, 조건부 채용을 제안하기 전까지는 어떤 의료적 검사도 실시할 수 없다. (p. 2)
- 사업주는 채용 제안 전 단계에서 장애에 대한 정보를 유추해 낼 수 있는 질문을 할 수 없다. 여기에는 지원자가 어떤 장애를 가지고 있는지에 대해 직접적으로 질문하는 것도 포함된다. (p. 3)

(계속)

표 9-3 **(계속)**

- 사업주들은 특정 직업기능의 수행능력이 있는지 질문할 수 있다. 예를 들어, 사업주는 직무의 신체적 요구사항(예: 일정 무게를 들어 올릴 수 있는 능력이나 사다리를 타고 올라갈 수 있는 능력)을 설명하고 지원자가 이러한 요구조건들을 충족시킬 수 있는지 질문할 수 있다. (p. 2)
- 사업주는 근무 요건에 대해 설명하고 지원자가 이를 이행할 수 있는지 질문할 수 있다. 또한 사업주는 지원자의 이전 근무 기록과 휴가를 남용했는지를 알기 위해 질문할 수 있는데 이러한 질문은 장애에 대한 정보를 도출할 가능성이 없기 때문이다. (p. 5)
- 사업주는 모든 손상이 장애가 아니기 때문에 지원자의 손상에 대해 질문할 수 있다. 손상은 일상의 주요 활동에 실질적인 제한을 가져오는 경우에만 장애가 된다. 그러므로 사업주는 부러진 다리가 보통 일시적인 상태이기 때문에 지원자의 다리가 어떻게 부러졌는지를 질문할 수 있다. 그러나 "다리가 정상적으로 회복될 것으로 기대합니까?" 또는 "뼈가 쉽게 부러지는 편입니까?"와 같은 질문은 장애와 관련된다. (p. 6)
- 사업주는 교육력, 직업력, 요구되는 자격증 및 면허증 등과 같은 비의료적 자격요건과 기술에 대해 질문할 수 있다. (p. 2)
- 사업주는 해당 직무를 어떻게 수행할 것인지 설명하거나 시연하도록 요구할 수 있다. (p. 2)
- 이미 알고 있는 장애 때문에 지원자가 직업기능을 수행하지 못할 것이라는 사업주의 믿음이 합당하게 여겨질 때, 사업주는 그 지원자에게 해당 직업기능을 어떻게 할 것인지 설명하거나 시연해 보라고 요구할 수 있다. 지원자의 장애를 "알고 있는 장애"라고 말할 수 있는 경우는 장애가 분명하게 식별되거나(예: 지원자가 휠체어를 사용하는 경우) 또는 지원자가 자신에게 숨겨진 장애가 있다고 자발적으로 털어놓은 경우다. (p.3)
- 사업주는 지원자에게 고용과정에 포함되는 사항들을 말해 줄 수 있으며(예: 면담, 시간제한이 있는 필기시험, 직무시연), 이 과정에서 정당한 편의제공이 필요한지 질문할 수 있다. (p. 3)
- 편의제공의 필요성이 분명히 드러나지 않지만 만약 내담자가 고용 과정을 위해 편의제공(예: 사업주에게 시험의 형식 변경을 요청하거나 직무 시연과 관련해서 어떤 편의제공을 요청하는 것과 같은)을 요청한다면 지원자에게 자신의 장애에 대한 근거 서류를 요구할 수 있다. 사업주는 지원자가 어떤 드러나지 않는 장애가 있고 편의제공을 필요로 하는지 알 권리가 있다. (p. 6)
- 지원자에게 주요 일상적 활동을 할 수 있는지를 질문하는 것은 장애에 대한 정보를 도출할 수 있기 때문에 거의 대부분 장애와 관련된다. 예를 들면, 지원자가 서거나 걸을 수 없다면 이는 장애의 결과일 가능성이 높다. 그러므로 이 질문은 확실히 직무 수행능력에 대한 것이 아니라면 조건부 채용을 제안하기 전 단계에서는 금지된다. (p. 9)
- 사업주는 지원자에게 직무관련 재해나 근로자보상 경력에 대해 질문하면 안 된다. 이 질문은 지원자의 손상정도와 직접 관련되기 때문에 장애에 대한 정보를 도출할 가능성이 높다. (p. 10)
- 사업주는 현재나 과거의 합법적 약물 이용에 대한 질문들이 장애에 대한 정보를 도출할 가능성이 높기 때문에 채용제안 이전단계에서는 사용할 수 없다는 점을 알고 있어야 한다. 예를 들어, "지금 어떤 약을 복용하고 있나요?" 또는 "AZT[4]를 복용한 적이 있나요?"와 같은 질문은 확실히 지원자의 장애 유무에 대한 정보를 도출할 수 있다. (p. 10)

(계속)

---

4) Azidothymidine(아지도티미딘), AIDS(후천면역결핍증후군) 치료제

표 9-3 (계속)

- 사업주가 지원자에게 직접 물어볼 수 없는 어떤 질문도 제삼자(예: 근로자보상보험 청구에 대한 정보 서비스, 정부기관, 지원자의 친구나 가족, 이전 고용주 등)에게 해서는 안 된다. (p. 13)
- (사업주가 약물사용을 근거로 의사결정을 내릴 때) 사업주는 불법약물 사용에 대해 질문할 수 있다. 현재 불법약물을 사용하고 있는 사람은 ADA의 보호를 받을 수 없다. (p. 6)
- 사업주는 장애로 간주되는 알코올중독에 대한 정보를 도출한 가능성이 높은 특정 질문을 제외하고 음주 습관에 대해 질문할 수 있다. 예를 들어, 사업주는 술을 먹는지, 음주운전으로 입건된 적이 있는지를 질문할 수 있지만 술을 얼마나 많이 마시는지 또는 알코올중독 재활프로그램에 참여한 적이 있는지 등은 질문할 수 없다. (p. 7)
- 사업주는 체포되거나 유죄판결을 받을 적이 있는지를 질문할 수 있다. (p. 5)

출처: *Enforcement Guidance: Preemployment Disability-Related Questions and Medical Examination*(The U.S. Equal Employment Opportunity Commission, 2016, http//www.eeoc.gov/policy/docs/preemo.html)

5. 취업면접을 위해 내담자 준비시키기

이전 연구들에 의하면, 상담사들은 지원자들이 직업탐색을 할 수 있도록 준비시킬 책임이 있음에도 불구하고 이와 관련된 적절한 서비스를 제공하지 않는 것으로 나타났다. McCarthy(1986)가 200명의 젊은 장애성인을 대상으로 조사한 결과, 응답자의 75%가 재활과정에서 받았던 직업의뢰와 직업탐색기술훈련에 대해 만족하지 않았다. 2015년 다발성경화증을 가진 미국인 1,900명을 대상으로 취업관련 고충에 대해 조사한 결과, 절반에 가까운 응답자들이 재활전문가로부터 받은 직업획득과 진로재진입(예: 직업배치) 서비스에 대해 만족하지 못하는 것으로 나타났다(Rumrill, Roessler, Li, Daly, & Leslie, 2015). 이 연구들에서 특히 문제라고 지적한 직업배치서비스가, 최근 연구에 의하면 주립직업재활기관의 서비스들 중에서 직업재활 내담자의 성공적인 취업성과를 이끌어 내는 가장 중요한 것으로 밝혀지고 있다(Cimera et al., 2015; Hendricks et al., 2015). 상담사는 내담자들의 이러한 평가를 개선하기 위해, 유망한 구직자들이 적어도 (1) 취업면접에서 기대하는 것 대해 적절하고 정확하게 이해하기, (2) 입사지원서를 효과적으로 작성하는 방법 배우기, (3) 적절한 취업면접 기술 연습하기를 돕는데 집중해야 한다.

1) 내담자에게 면접 시 기대하는 사항을 알려 주기

재활상담사는 필요하다고 판단될 때, 취업면접에서 무엇을 기대하는지 내담자가 정확하게 이해하도록 도와야 한다. 예를 들면, "기대하는 급여수준은 어느 정도입니까?" "이 자리와 관련해서 어떤 기술을 가지고 있습니까?" "왜 이 자리에 지원했습니까?" "취업의 장단기 목표는 무엇입니까?" 등 면접에서 사업주들이 일반적으로 물어보는 질문 목록을 내담자에게 제공할 수 있다. 또한 구직자들은 다른 유형의 질문에 대해서도 준비해야 한다. Ryan(2004)은 "어떤 일을 위해 규칙을 어겨야 했던 때를 말씀해 주십시오." "합리적이지 않은 사람들에 대해 어떻게 대처하는지 말씀해주십시오."(p. 174) 등과 같이 전형적이지 않은 가상질문들을 예시했다.

2) 입사지원서 작성에 대해 가르치기

재활상담사는 (필요한 경우) 내담자에게 대부분의 입사지원서 양식(인쇄물 혹은 전자식)에 포함되어 있는, 예를 들면 개인정보, 교육력, 직업력, 추천인 등의 항목 작성을 교육할 수 있다. 지원자들은 질문에 대해 해당직업과 무관한 정보를 쓰지 않고 자신의 능력을 정확히 강조하는 방식으로 입사지원서를 작성해야 한다. 답변은 질문에 대해 정확하면서 적합해야 하며, 손으로 쓰는 경우 읽을 수 있어야 하고, 철자가 정확해야 하며, 해당란에 기재해야 한다(Mathews & Fawcett, 1984). 만약 입사지원서를 온라인으로 작성해야 할 경우, 지원서 양식에 채우지 못한 부분이 남지 않도록 제시된 모든 란을 채우는 것이 필수적이다(Ryan, 2004; Strauser, 2013).

연구에 의하면 지원자의 취업면접 행동여부와 무관하게 입사지원서 양식에 제시된 내용이 취업면접자의 채용결정에 큰 영향을 미칠 수 있다고 한다. Stone과 Sawatzki(1980)는 MBA 학생들을 대상으로 장애와 직업력 등의 취업면접 전 정보가 피면접자의 수행과 고용가능성 평정에 미치는 영향을 조사했다. 그 결과, 사전정보가 피면접자의 수행에 대한 MBA 학생들의 평정에 유의미한 영향을 끼치지 않은 것으로 나타났다. 반면, 직업력과 장애유형은 집단 내 고용가능성 점수에 유의미한 영향을 미치는 것으로 나타났다. 예를 들면, 정신장애를 가진 사람은 신체장애를 가진 사람보다 유의미하게 낮은 고용가능성 점수를 받았다. 이로 인해 취업면접훈련의 중요성이 줄어들지는 않겠지만, 직업탐색전문가들(예를 들어, Ryan, 2004; Stone & Sawatzki, 1980)은 입사지원서(어떤 경우에는 이력서도) 내용이 채용제안 가능성을 증가시키거나 감소시킬 수 있다는 점을 강조한다.

3) 내담자의 취업면접 기술

재활상담사는 (필요한 경우) 여러 가지 방법으로 구직자들의 취업면접 기술향상을 도와야 한다. 예를 들어, 복장, 시간엄수, 면접에서의 특정 행동이 취업면접관의 결정에 미치는 영향에 대해 이야기해야 한다. 왜냐하면 사업주들은 면접시작 처음 몇 분 이내에 고용여부를 결정하기 때문에 복장과 외모를 통해 만들어지는 첫인상이 매우 중요하다(Arvey & Campion, 1982; Ryan, 2004). 적절한 면접복장에 대한 지침은 시간이 지나면서 많이 바뀌고 있지만 오랫동안 이어져 온 경험적 원칙은 가능한 보수적인 복장 또는 구직자가 원하는 일자리의 노동자들에게 기대되는 것보다 더 격식을 차린 복장을 갖추어야 한다는 것이다(Ryan, 2004). 이전 연구(Galassi & Galassi, 1978)와 최근의 사회적 통념(Strauser, 2013)에 의하면, 첫인상을 좋게 만들기 위해서는 시간엄수가 외모보다 훨씬 더 중요하다고 한다. 기본적인 원칙은 면접 시작시간보다 10분 정도 일찍 도착하는 것이다. 사업주들은 면접시간에 늦게 도착한 지원자들이 출근시간에도 역시 지각할 것이라고 속단한다.

구직자들은 직무의 요구와 관련해서 자신의 기술 및 대인관계 기술을 이야기할 준비를 해야 한다. 미리 작성한 인쇄자료나 전자형식의 자료를 제출하는 것이 답변에 도움이 될 것이다. 남은 면접시간 동안, 사업주는 지원자들의 개인사, 개인적인 기술 및 능력, 대인관계, 교육배경, 직업력, 직업적 욕구·포부·계획 등에 대한 세부 정보를 얻기 위해 많은 질문을 할 것이다. 구직자들은 모의면접을 통해 적절하게 답변하는 연습을 할 때, 자신이 무엇을 말하는지 그것을 어떻게 말하는지, 이 두 가지 모두가 중요한 것임을 명심해야 한다. 지원자가 말하는 것들은 그 직무에 대한 자신의 특별한 자질을 전달하게 된다. 구직자는 사업주의 질문에 대한 답변을 통해 자신이 장애와 같은 어려움을 성공적으로 극복해 낸 생산적이고 성실하며 믿음직한 직원이라는 상을 그릴 수 있게 해야 한다. 물론 지원자들은 자신의 장애를 공개할지, 어떻게 공개할지에 대해서 스스로 결정해야 할 것이다. 지원자들은 장애를 공개할 의무가 없다는 점을 알고 있어야 한다. 실제로 지원자들은 사업주의 채용제안 이후, 직무상 편의제공의 측면에서만 직무와 관련된 자신의 기능적 제한점을 설명할 필요가 있다. 그러나 일부 사람들은 면접에서 보다 중요한 점들을 논의하기 위해서 미리 장애를 공개하는 것을 선호하기도 한다. 제안된 공개 전략에는 다음과 같은 것들을 포함한다:

- 처음 면접하기 전에 고용가능성이 있는 사업주에게 장애 알리기
- 이력서나 입사지원서 혹은 두 군데 모두에 장애 언급하기
- 면접 일정을 결정할 때 사업주나 담당자에게 말하기
- 면접 초기에 면접관에게 알리기. 장애가 현장 업무수행에 영향을 끼치지 않는 이유 설명하기

다시 말하지만 지원자들에게 자신의 장애에 대한 직접적인 질문에 답변할 필요가 없으며, 편의제공을 통해 또는 편의제공을 받지 않고 필수직무 기능을 어떻게 수행할 수 있는지만 설명하도록 강조하는 것이 중요하다. 구직자들은 채용제안을 받은 후, 정당한 편의제공의 필요가 있을 때만 자신의 장애를 언급하며, 일반적으로 장애구직자들이 필요한 편의제공에 대한 논의를 주도해야 한다(Roessler & Rumrill, 2015; Ryan, 2004).

상담사는 또한 내담자에게 질문에 대한 답변 방법(예: 구어 및 비구어적 행동)도 중요한 것임을 상기시켜야 한다. 준언어적(예: 스타일) 요인들, 즉 발화의 성량, 발화의 유창성, 발화상의 장애, 장황함, 문장의 복잡성 등이 취업면접 결과에 영향을 미친다. 단정한 차림새와 외모뿐만 아니라 신체자세, 적절한 몸동작, 침착함, 눈맞춤, 미소 등과 같은 비구어적 행동도 중요하다. 또한 상담사는 내담자가 준언어적 행동과 비구어적 행동을 사회적으로 적절한 방식으로 발전시킬 수 있도록 도울 수 있다(Roessler & Johnson, 1987).

재활내담자들은 취업면접 기술과 관련해서 각기 많은 차이가 있다. 그러므로 재활상담사는 자신이 취업면접관 역할을 하고 내담자가 구직자 역할을 하는 모의면접을 통해 내담자에게 필요한 것을 사정해야 한다. 재활상담사는 사정 결과를 토대로 가장 효과적인 서비스 개입전략을 파악할 수 있다. 이 결정을 통해 내담자를 직업탐색기술 훈련집단에 위탁할 수도 있지만 재활상담사가 시간과 공학(예: 스마트폰이나 태블릿 컴퓨터를 이용한 비디오 녹화기술), 훈련 기술 및 자료를 가지고 있다면, 내담자를 대상으로 직접

취업-면접 기술을 향상시킬 수도 있다.

4) 직업배치에 대한 재활상담사의 태도와 실천

예전부터 재활상담사가 내담자와 직업배치 상담하는 것을 업무의 중요한 부분으로 간주하고 있을지라도 사업주와 직접적인 관계를 맺는 것에 대해서는 동등한 책임감을 가지지 않는 것으로 보고되고 있다(Emener & Rubin, 1980; Rubin et al., 1984; Thomas et al., 1993). 사업주들과 긴밀한 직업적 관계를 맺어야 할 필요성은 분명하지만 상담사들이 직업배치활동을 일종의 영업활동으로 보기 때문에 그러한 개입을 회피하는 경향을 보이고 있다. Granovetter(1979)는 이러한 관점에 대해 다음과 같이 설명하고 있다:

> 이는 진공청소기 판매원이 현관문 틈에 발을 밀어 넣고, 제품시연을 촉진하기 위해 카펫에 흙을 뿌리는 이미지를 떠올리게 한다 …… 어떤 한 사람의 인격은 전적으로 다른 누군가의 의사결정에 달려있기 때문에 항상 위태롭다 ……
>
> Arthur Miller의 유명한 희곡인 「세일즈맨의 죽음(Death of a Salesman)」에서 주인공 Willy Loman은 이러한 사회적 지위를 극명하게 반영하듯 "low man(천한 사람)"이라는 이름까지 얻게 된다. (pp. 94-95)

다행스럽게도 상담사들이 일자리를 찾는 장애인과 좋은 직원을 찾는 사업주들이 참여하는 거래과정에서 적극적으로 중개역할 하는 것에 대해 점점 더 많은 격려를 받고 있다(Chapin, 2012; Gilbride & Stensrud, 2003; Millington et al., 2003). 이 거래과정에서 상담사는 구직자와 사업주 둘 다에게 자원으로서 도움을 제공한다. 구직자를 위해서 앞서 언급한 여러 가지 직업탐색기술 훈련기능을 제공하고, 개인으로 하여금 탐색한 결과를 조직하고, 적합직업을 파악하고, 입사지원서 작성과 취업면접을 준비하고, 정당한 편의제공의 필요성과 해결책을 파악하도록 돕는다(Strauser, 2013). 그리고 사업주를 위해서 장애를 가진 사람의 모집, 선발, 이직 예방 등에 관여할 뿐만 아니라 채용과정의 여러 단계에서 자문가로서 도움을 제공한다(Nissen & Rumrill, 2016). 상담사는 장애인식 및 「ADA」 보호제도와 규정, 세금혜택 프로그램, 정당한 편의제공 등과 같은 문제에 대해 사업주에게 조언한다.

나아가 비록 상담사들이 직업배치기술을 완전히 습득하지 못하고 있지만, 이 기술에 정통하게 되면 긍정적인 결과가 도출될 것이라는 가정은 연구들에 의해 지지되고 있다. Zandy와 James(1977)가 미국 서부 7개 주, 208명의 재활상담사를 조사한 결과, 상담사들이 일주일 중 직업배치활동에 할애하는 시간 비율과 내담자의 성과 사이에 통계학적으로 (비록 약하지만) 의미 있는 상관이 있음을 발견했다. 재활상담사가 직업배치나 직업개발 활동에 할애하는 시간이 증가할수록 내담자가 고용된 상태에서 종결하는 사례의 비율도 증가했다. 또한 재활상담사들이 "직업개발에 투자한 시간 양의 증가는 중증 장애 내담자 중에서 재활한 사람 수의 증가와 관련이 있다"(Zandy & James, 1977, p. 33)는 사실도 발견했다. 직업배치 및 직업개발을 위한 출장 횟수도 재활상담사의 재활 후 종결 사례비율과 의미 있는 상관을 나타내고 있다. 최근 Cimera 등(2015)은 재활계획의 일환으로 주립직업재활기관에서 직업배치서비스를 받은 전환기 연령의 시각장애 내담자들이 직업배치서비스를 받지 않은 통제집단에 비해 경쟁고용 상황(status 26[5])에서 종결한 사례가 2배 이상인 것을 확인했다. 그러나 이처럼 중요한 직업배치서비스가 재활상담사의 업무일정에서 차지하는 비율이 Lustig와 Strauser의 2009년 조사연구에서 11%로 나타난 바와 같이, 감소하고 있다는 문제가 남아 있다. 따라서 재활소비자들의 장기적인 직업성공에 대한 전망을 개선하려면 이러한 추세가 반전되어야 한다.

직업배치 실행의 증가를 위해서는 적극적인 다양한 노력이 필요하다. 예를 들어, Salomone과 Usdane(1977)은 직업배치 관련활동 및 성과에 대한 강화전략으로 "연말 보너스, 종사자 대회와 해마다 개최되는 주정부 만찬 및 시상식 참가지원, 승진 보장"(p. 101) 등을 제안했다. Usdane(1976)은 재활상담사 훈련프로그램에서 직업배치를 더 강조하도록 요구했는데, 이는 현재 재활서비스국(RSA)에서 장기 훈련보조금 지급과 관련해서 계속적으로 우선순위에 두고 있는 사안이다. 다른 이들(Hershenson, 1996, 1998, 2010; Leahy et al., 2013; Lustig & Strauser, 2007; Rubin et al., 2016; Strauser, 2013)은 상담사 역할의 이러한 불균형을 바로잡기 위해, 상담 및 조정, 조언, 고용주와의 직접적인 직업관계를 위한 자문을 포함하여 상담사의 기능을 구체적으로 정의하는 시도를 하고 있다. Hershenson(1988)은 "직장의 사회심리학, 직업 적응 및 재적응, 직업 재설계"(p. 215)에 대해 더 많이 교육할 것을 제안한다.

---

5) 미국 직업재활 코드 체계에서 'status 26'은 성공적인 사례 종결을 나타낸다.

재활실무자, 교육자, 직원개발 전문가, 정부기관 관리자, 시설전문가 등은 직업배치 과정에서 상담가의 참여를 증가시키는 것이 대학원 훈련과정에서 시작되어야 한다는 점을 지적한다(Lustig & Strauser, 2008; Sink, Porter, Rubin, & Painter, 1979). Rubin(1979)은 Sink 등(1979)의 재활상담사 필수 역량에 대한 연구결과에 근거하여 대학원 과정의 재활상담사 교육프로그램에서 다음과 같은 지식을 충분히 가르쳐야 한다는 결론을 내렸다:

- 진로개발 이론
- 고용가능성을 높이는 일반적인 행동
- 장애인 직업배치에 대한 주요 사회적 장벽
- 직종 정보자원
- 직무 수정과 재구성 절차
- 소수집단 우대 법률

나아가 석사학위 과정의 사람들은 학위를 마치기 전까지 다음과 같은 역량을 갖추어야 한다.

- 직종 정보자원 활용하기
- 직업배치 정보 개발하기
- 직무분석 수행하기
- 특정 직무에 필요한 교육과 훈련 요구 파악하기
- 내담자의 훈련계획 작성과 직업선택 추천을 위해 직업정보 활용하기
- 장애인 고용에 대한 사업주들의 우려사항 해결하기
- 장애인 구직자들의 직업탐색을 위해 사업주와 노동조합의 도움 구하기
- 배치의 효과성을 평가하기 위하여 고용주들과 사후 면담 시행하기

Gilbride와 Stensrud(2003) 그리고 Rumrill과 Koch(2014)는 재활상담사들이 보다 직접적으로 직업배치에 관여해야 한다는 점은 분명하지만 그들도 도움이 필요하기 때문에 향후 보다 많은 직업배치전문가의 필요성을 예상하고 있다. 그러나 상담사들은

이 전문가들이 참여하게 될 때, 고용주들과의 신뢰성에 대한 문제가 생길 수 있다는 Granovetter(1979)의 다음과 같은 지적을 유념해야 한다:

> 사업주들에게 있어서, 고용할 가능성이 있는 사람들에 대한 가장 확실하고 신뢰할 수 있는 정보는 지원자들을 가장 잘 알고 있는 사람들, 즉 지원자들의 재활프로그램을 계획하고 시행했던 사람들에게서 얻을 수 있다 …… 직업배치전문가를 활용하게 되면, 배치될 사람들과 개인적인 접촉이 있다는 점에서 그들의 가치가 커지게 된다. 이는 직업배치전문가를 "마무리(mop-up)" 작업의 일환으로 재활의 마지막 부분에 참여하는 사람이 아니라, 처음부터 끝까지 재활과정 전체를 완성하는 기술을 가진 사람으로 인식하는 것에 대한 논쟁을 불러온다. (pp. 96-97)

6. 맺음말

재활상담사 대부분이 직업배치 활동의 중요성을 강조하지만 지원범위에 대해서는 의견이 일치하지 않는다. 일부는 상담사의 도움이 내담자의 직업과 직업탐색 준비에 한정해야 한다고 생각한다. 다른 이들은 상담사가 직업탐색과 취업 초기단계 동안 직업현장에 개입해야 한다고 주장한다. 전체적으로 특정 직업배치 활동의 적합성은 내담자의 요구에 근거해야 한다. 직업배치활동을 수행할 때 그러한 결정은 상담사의 책임이다. 동시에 상담사는 사업주들을 서비스의 중요 고객으로 인식해야 한다. 이제 더 이상 상담사가 자신의 역할에 있어서 내담자측면(공급자중심)이나 상담만을 강조하는 것으로 충분하지 않고 사업주나 수요자측면의 요구도 해결해야 한다. 상담사들이 사업주들과 긴밀하게 일할수록 지역노동시장에 대한 더 많은 지식을 갖게 된다. 일자리에 대한 수요와 특정직업의 특성에 대한 직접적인 지식은 다른 어떤 직업정보자원을 통해 얻을 수 없는 것이다. 상담사는 지역사회 일자리에 대한 인식을 통해 평가, 정보처리, 직업계획, 직무조정 등과 같은 재활과정의 다른 측면들도 보다 효과적으로 다룰 수 있게 된다.

재활상담사들이 내담자들의 요구와 재활 관련법의 규정을 따른다면, 직업배치과정의 모든 측면에 적극 참여해야 한다. 배치서비스가 성공적인 취업과 고용유지의 결과를 산출한다는 점은 재활의 타당하고 필수적인 결론이다. 그러나 다음과 같이 재활상담사의 도움으로 일자리를 찾은 중증장애인의 말[6]을 통해 그보다 더 큰 지지를 찾을 수 있다:

이 나라에서 직업을 가지지 못한다면 아무것도 아닌 사람이 됩니다. 그러므로 만약 누군가 직업을 구하기 위해 당신을 찾아온다면 그들은 의미 있는 삶을 찾기 위해 온 것입니다. 이는 매우 중요한 책임감을 가지는 것입니다. 저는 장애인들이 의미 있는 삶을 찾을 수 있도록 돕기 위해 자신의 삶을 헌신하는 사람들에게 감사하고 싶습니다. 저는 당신이 후천적 장애를 가진 사람들의 회복과정이나 선천적 장애를 가지고 마침내 일자리를 찾아가는 전환과정 중 어디에서 더 큰 역할을 할 수 있는지는 잘 알지 못합니다. (Joyce Sheehy, 미국 교육부의 특수교육및재활서비스 담당 차관보의 특별보좌관[Special Assistant to the Assistant Secretary, Office of Special Education and Rehabilitation Services], Rigger, 2003, p. 35에서 재인용)

---

6) Joyce Sheehy 씨는 대학 재학 중 사고로 C-5/6번 척수손상을 가지게 되었지만 재활상담사(Jo Bond)의 지지와 지원을 통해 대학을 졸업하고 지금의 직업적 성취를 할 수 있게 된 것에 대해 감사를 전하고 있다(Rigger, 2003, p. 35).

10장

직장 내 정당한 편의제공을 통한 고용의 환경적 장벽 극복

　　미국 경제에서 장애인 고용통계는 좋은 소식과 나쁜 소식을 모두 포함하고 있다. 오랜 기간에 걸쳐 수행된 국가차원의 조사연구에서는 나쁜 소식이 드러난다. 1986년, 1994년, 1998년, 2000년, 2004년, 2014년에 각각 수천 명의 장애인을 무선표집해서 조사한 결과, 고용참여는 대략 3명 중 1명 또는 30%에서 머물고 있다. 지난 30년간, 6번의 조사에서 장애를 가진 노동연령의 실업률은 65%에서 78% 범위였다(National Organization on Disability, 1998, 2002, 2004; Office of Disability Employment Policy, 2014). 최근 Rubin, Roessler와 Rumrill(2016)의 연구에 의하면 장애를 가진 아프리카계 미국인이나 아메리카 원주민, 히스패닉계 장애인의 고용률은 그보다도 더 낮다고 한다. 이것이 나쁜 소식이다.

　　반면, 좋은 소식은 장애인고용정책국(Office of Disability Employment Policy, 2014)의 최근 통계에 의하면, 최중증장애인의 경제활동이 늘어나고 있으며 중증장애인 중에서 유급노동자가 2004년에서 2012년 사이에 약 90만 명 정도 증가했다는 사실이다. 연구자들은 중증장애인의 고용증가에는 직장에서의 비차별적 고용절차와 정당한 편의제공을 강조한 1990년의 「미국장애인법(ADA)」과 2008년의 「개정 미국장애인법(ADAAA)」이 기여한 것으로 보고 있다(Coelho, 1997; Koch & Rumrill, 2016; Langton & Ramseur, 2001; Rubin et al., 2016; Strauser, 2013). 장애인의 정당한 편의제공을 위한 「미국장애인법」 제정을 통해 직장에서 공학사용 시대가 열리게 되었다. Galvin과 Langton(1998)은 보조공학 서비스를 받은 개인과 가족들을 대상으로 한 국가장애위원회(National Council on Disability: NCD)의 조사연구를 근거로 공학의 유익한 효과를 설명한다. 조사참여자 중 보조공학을 사용한 장애인 대다수는 보조공학이 더 빠르고 더 나은 작업, 더 많은 수입, 더 쉬운 취업을 가능하게 해 주었다고 말한다. 이와 유사한 결과가 Leslie, Kinjanui, Bishop, Rumrill과 Roessler(2015) 및 Scherer(2012)의 최근 연구에서도 보고되었다. 1997년에 개정된 「미국장애인교육법(Individuals With Disabilities Education Act Amendments)」에 의하면 "보조공학(assistive technology)"의 범주에는 광범위하고 다양한 전략, 즉 사람들로 하여금 자신의 기능적 능력을 유지하거나 개선하는 것을 돕는 모든 유형의 기기, 장비, 물품이 이 범주에 포함된다(Lewis, 1998).

직장에서의 정당한 편의제공에는 컴퓨터 소프트웨어, 음성-작동 기구, 화면확대기, 화면보호기와 같은 보조공학의 선택과 실행을 넘어서는 접근법들을 망라한다. 또한 여기에는 직무환경수정, 직무재구조화 및 직무지도와 같은 접근법들을 포함한다. **직무환경수정**(Job-site modification)은 소리차단을 위해 이동식 칸막이를 설치하는 것이나 산만함을 줄이기 위해 사무실 배치를 변경하는 것 또는 짧은 휴식이 필요한 고용인을 위해 개별 휴식공간을 만드는 것과 같은 환경적 변화를 말한다(Rubin et al, 2016). **직무재구조화**(Job restructuring)에는 수행할 사람을 위해 필수 기능을 줄이거나 특정 업무를 다른 사람에게 위임하거나 개인의 기술에 보다 잘 맞도록 직무를 바꾸는 것과 같은 전략들을 포함한다(Roessler & Rumrill, 2015). **직무지도**(Job coaching)란 훈련 초기단계에는 특정한 사람이 고용인 가까이에서 돕는 것이며 나중에는 현장에서 스트레스가 많은 기간 동안 개인을 돕는 것을 말한다(Wehman, 2013). 흔히 감각장애를 가진 사람들은 생산성을 높이기 위해 보조공학과 직무재구조화를 사용한다. 심한 신체장애를 가진 사람들은 작업장이나 화장실, 식당, 개인사무실 등과 같은 일반적인 장소의 접근이 용이하도록 환경적 수정을 필요로 한다. 중증장애를 가진 사람들은 직장 내 편의제공과 더불어 Donald Super(Super, Savickas, & Super, 1996)와 다른 진로 이론가들(Hartung, 2013;

Hershenson, 2010; Savickas, 2013)이 언급한 진로발달[1]의 전형적 단계를 완성하기 위한 지원이 필요하다.

중증장애를 가진 사람들의 고용에 대해 논의할 때, 10대 후반부터 60대 후반에 이르는 연령대 사람들의 요구를 고려해야 한다. 이 연령대는 Super의 탐색기(exploration), 확립기(establishment), 유지기(maintenance) 단계와 같이 복합적인 진로발달단계를 망라한다(Savickas, 2013; Super et al., 1996). 일반적으로 14세에서 24세에 나타나는 탐색기 동안, 청소년들은 다양한 진로선택을 검토하고 자신의 선호와 능력에 가장 잘 맞는 진로를 파악한다. 확립기(24~44세) 동안, 고용된 사람들은 자신의 직책에 대한 기대를 배우고 역할성공에 필요한 기술을 획득한다. 마지막으로 유지기(44세에서 퇴직 때까지)에는 생산성 목표를 달성하고 직무를 혁신하는 숙련된 노동자로서의 역할을 한다. 달리 말하면 진로발달은 3가지 핵심 과정, 즉 직업을 고르고 탐색하기, 그리고 자신의 직책에서 숙련되고 나이가 들어가고 나아가 은퇴할 때까지 고용을 유지하고 쇄신하는 과정에 참여하는 것이다(Hershenson, 2010; Zunker, 2015).

진로발달의 전형적인 패턴에 의하면, 사람들은 탐색, 확립, 유지의 단계를 거쳐 지속적으로 나아간다. 안타깝게도 만성적 질병과 장애는 개인의 생산성 유지능력에 장애물을 야기하기 때문에 이 패턴을 단절시킬 수 있다(Bishop, 2012; Livneh, 2016). 그러므로 많은 사람의 경우, 진로단계를 통해 성공적으로 나아가기 위해서는 장애물 제거를 위한 어느 정도의 지원이 필요하다. 이 장애물들은 자의식이나 직업기술 부족과 같이 개인 내에 실재하는 심리적 상태로 구성될 수 있다. 개인 내 장애물을 제거하기 위한 중재는 장애에 보다 잘 대처하도록 돕기 위한 상담이나 보다 나은 직업을 갖도록 준비시키는 직업훈련의 형식을 취할 수 있다. 또한 장애물은 고용주나 동료 직원들의 부정적 태도 또는 접근이 용이하지 않은 직장과 같은 환경 내에 존재할 수 있다. 이 경우에는 보조공학과 직무환경수정, 직무재구조화, 직무지도를 통해 직업-개인의 일치성을 개선시킬 수 있으며, 그 결과 노동력의 측면에서 장애인의 생산성을 증진할 수 있다. 업무수행의 장애물에 대한 이러한 수정이 없다면, 만성질병이나 장애를 가진 사람들은 노동자에서 실업급여와 장애연금을 받는 신분으로 전락할 가능성이 높다(Fraser,

---

1) career development, 넓게는 직업만이 아니라 개인의 삶의 역할이 일생에 걸쳐 변화하고 발달해 가는 것으로 정의된다. 성인 대상에서는 '경력개발'이라고 번역되는 경우가 많음.

McMahon, & Danczyk-Hawley, 2003).

Super 등(1996)은 비록 장애나 편의제공의 문제를 결코 완전히 해결할 수는 없지만, 진로발달을 저해하고 그로 인해 개인을 초기 단계로 돌아가게 만드는 심각한 생활스트레스 요인들을 관찰했다. 이와 같은 재순환 경험은 개인으로 하여금 "생애재설계(life redesign)"(Super et al., 1996, p. 129)라고 불리는 위기에 직면하게 만드는 불안정한 시기다. 생애재설계 노력의 결과는 개인의 진로성숙도나 직업개발, 그리고 개인이 환경 내에서 활용할 수 있는 자원들에 따라 긍정적일 수도 부정적일 수도 있다. 정당한 편의제공을 위한 직업재활전문가의 자문(Hershenson, 2010)과 편의제공 실시에 있어서 고용주 및 상담가의 지원 등과 같은 자원들은 장애로 인한 진로의 불안정성에 대처하는 장애인을 돕는다(Gates, Akabas, & Kantrowitz, 1996; Johnson, 2016; Leslie et al., 2015). 그러므로 상담사는 장애가 개인의 진로발달을 방해하는 이유뿐만 아니라 상황을 다시 안정시킬 수 있는 보조공학과 직무환경수정, 직무재구조화, 직무지도 등의 방법들을 이해해야 한다(Chapin, 2012; Scherer, 2012; Strauser, 2013; Wehman, 2013). 또한 미네소타 직업적응이론(Minnesota Theory of Work Adjustment: MTWA)을 확대적용한 개인-환경-일치(Person-Environment-Correspondence: PEC) 진로이론(Dawis, 2005)의 개념은 장애로 인해 야기되는 문제의 특성을 규명하는 데 도움을 준다. Dawis(1996, 2005)에 의하면 고용성공(예: 정년보장, 직업유지)은 두 가지 주요 측면에서 개인과 환경의 일치성에 의한 것이다. 첫 번째, 노동자는 고용을 통해 자신의 욕구(예: 선호 강화인자)를 해결할 수 있어야 한다. 왜냐하면 일은 권한, 인정, 보상, 즐거움 등 개인의 욕구를 만족시킬 수 있으며 능력을 사용할 수 있기 때문이다. 두 번째, 직장에서는 고용인의 기술과 능력을 통해 직업적 요구사항을 해결할 수 있어야 한다. 그러므로 장기적인 고용유지를 위해서는 노동자의 만족(satisfaction)과 만족감(satisfactoriness)의 두 가지가 요구된다. 개인의 직업에 대한 만족은 노동자가 자신의 욕구충족 여부를 인식하는 것에 달려 있고 직장의 만족감은 고용주가 노동자 능력이 직업적 요구를 충족시키기에 적절한지를 인식하는 것에 달려 있다. 달리 말하면 개인은 즐길 수 있을 때(만족) 그 직업유지를 원하며 고용주는 고용인이 생산적이라고 생각될 때(만족감), 그 고용인의 고용유지를 원한다.

직장에서 근속의 역동성과 관련하여, Dawis(1996)는 만족감이 감소하면 노동자의 해고가능성이 증가하며 만족이 감소하면 노동자의 사직가능성이 증가한다고 설명한다. 아쉽게도 McMahon과 Strauser(2013)가 언급한 것처럼, 장애는 노동자의 만족과 만족감 둘 다에 영향을 미칠 수 있다. 예를 들어, 장애는 노동자의 역량과 욕구에 객관적, 주관적 영향을 끼친다. 척수손상으로 인한 이동의 제한성은 장애로 인한 객관적 영향의 좋은 예다. 장애의 주관적 영향에는 자신의 생산성과 관련하여 자신감 상실이 포함될 수 있다. 나아가 장애의 존재는 고용주의 태도에 영향을 주고, 고용주와 장애를 가진 고용인 간의 상호작용에 영향을 준다. 다행스럽게도 직업재활서비스 전달체계는 장애물 제거와 편의제공에 대한 자문을 통해 장애로 인해 무너졌던 노동자와 노동환경 간의 일치성을 회복할 수 있게 한다. 일치성 회복과 고용유지에 기여하기 위한 개인별 서비스제공이 주-연방 재활프로그램의 주된 근거가 되기 때문에(Groomes, Shoemaker, Vandergoot, & Collins, 2015) 일치성에 대한 장애의 영향을 명확히 이해해야 한다.

1. 장애의 영향

미네소타 직업적응이론에서는 성인기를 "구조적으로 능력과 요구가 비교적 안정성을 이루고 있는"(Dawis, 1996, p. 92) 시기라고 설명하고 있다. 그러나 Super 등(1996)은 성인기의 안정성은 장애와 같은 사건에 의해 위협을 받는다고 한다. Hershenson(1996)과 동료 연구자들(Power & Hershenson, 2001; Szymanski, Enright, Hershenson, & Ettinger, 2010)은 장애가 노동자-노동환경 간의 적합성을 어떻게 방해하는지를 설명한다. 그들은 우연한 장애가 어떻게 개인의 직업 역량에 영향을 끼치고 그로 인해 직업적 요구와 요구에 부합하는 개인 능력 간에 불균형이 발생하는지를 규명했다. 물론 노동자의 역량에 제한성을 가져오는 선천적 장애는 직장에서 조정될 수 있다. Hershenson(1996)은 직업적 수행능력에 대한 장애의 직접적 영향이 어떻게 직업인성의 다른 요인들에 퍼져가는지를 설명했다. 예를 들면, 개인이 장애관련 요인으로 인해 일을 성공적으로 수행하는 데 어려움을 경험하면 곧바로 부정적 직업자아개념과 제한된 직업목표를 형성한다. 그러므로 장애의 제한성으로 인한 직업적 요구의 저성취가 보조공학이나 직무환경 수정, 직무재구조화, 직무지도와 같은 전략들을 통해 해결되지 않는다면 이는 곧 직업목표와 직업자아개념에 부정적 영향을 끼치고 노동자의 만족과 만족감, 둘 다를 저해하게 된다.

Dobren(1994)은 장애와 진로 관련이론들에 대한 연구를 통해 직업적 성공에 대한 장애의 영향을 다음과 같이 설명한다. 연구자는 먼저, 직업적 행동과 성과는 개인과 환경 변인 간의 상호작용에 의한 것이라는 점을 지적한다. 그러므로 재활서비스들은 직업 기술과 자아개념, 사회적 기술 등과 같은 개인내적 변인의 증진에 초점을 두어야 한다. 또한 연구자는 "장애인의 직업개발을 결정하는 데 있어서 환경적 요인이 내재적 특성 보다 더 중요할 수 있다"(1994, p. 217)는 점을 강조했다. 연구자가 "서비스의 재개념화 (reconceptualization of services)"라고 지칭했던 이 개념에는 "고용주의 편견 감소와 같은 환경적 변화"와 직업 환경 및 직업적 필수기능 성취를 위한 개인의 신체적 접근을 저해 하는 장애물들에 이르기까지 초점을 확대하고 있다(1994, p. 222). 재활상담사의 역할 은 더 이상 단순히 개인과 직업을 연결하는 데 그치지 않고 개인과 환경이 서로의 요구 를 더 잘 해결할 수 있도록 조정하고 편의제공하도록 도와야 한다.

장애인의 직업적 성공에 영향을 주는 요인에 대해 Hershenson과 Dobren, 두 사람 모두 개인과 환경의 문제를 지적한다. 이들은 장애가 먼저 개인의 기능적 능력에 영향 을 주고, 이어서 개인-직업의 균형을 방해한다고 본다. 또한 이들은 편의제공이 개인 의 능력과 직업적 요구 간의 균형회복에 필요한 직업환경의 변화를 이끌어 내어야 한 다고 주장한다. 그러므로 개인-직업의 균형을 재확립하기 위한 논리적 출발점은 장애 가 개인의 기능에 미치는 영향을 이해하는 것이다. 그리고 재활전문가들은 장애인 및 고용주와의 자문을 통해 적절한 편의제공 방법을 선택하고 실행하여 그 직업환경에서 개인의 생산성을 증진시키는 과정을 주도할 수 있다.

Livneh(1992)는 장애의 영향에 대한 구체적 논의를 위해, 기능적 제한성을 야기하는 여러 장애가 어떻게 필수 직업기능 수행을 위한 개인의 능력을 저해하는지 설명한 바 있다. 기능적 제한성과 그 결과를 다음과 같이 11개 범주로 제시한다.

- 이동(mobility) 제한성-신체이동 능력의 제한 또는 불능, 그로 인해 걷기, 달리기, 계단 오르기 등에 어려움을 가짐
- 감각적(sensory) 제한성-감각기관을 통한 환경적 자극이나 정보처리의 불능, 그로 인해 보거나 듣는 데 어려움을 가지고 의사소통과 이동의 문제를 보임
- 의사소통(communication) 제한성-표현 또는 수용 기능의 손상으로 정보의 생성, 전달, 교환 불능, 그로 인해 메시지 수용과 이해에 어려움을 가짐

- **조작**(manipulation) 제한성—손이나 팔 사용 또는 움직임, 사물 조작의 불능, 그로 인해 뻗기, 쥐기, 밀고 당기기 등의 어려움과 다양한 직업 및 일상과제 수행에 어려움을 가짐
- **특이한 외모나 체격**(atypical appearance or physique) 제한성—사회적 기준으로부터 현저한 일탈, 그로 인해 개인적, 사회적 태도장벽을 헤치며 살아가는 데 어려움을 가짐
- **통증**(pain) 제한성—손상이나 질병, 정신적 외상과 관련된 불쾌한 감각처리의 불능, 그로 인해 이동, 앉기, 들기, 구부리기, 집중하기 등에 어려움을 가짐
- **의식**(consciousness) 제한성—자각, 각성, 주의, 현실 감각 유지의 불능, 그로 인해 특정 사건의 기억 및 정신적 표상, 시간과 공간 감각 등과 같은 특정 과제 등에 어려움을 가짐
- **피로**(fatigue) 제한성—과도한 자극 없이는 힘을 쏟지 않아서 그로 인해 자극 집중하기, 각성과 의식 유지하기, 작업에 열중하기, 움직임의 속도나 비율 유지하기 등에 어려움을 가짐
- **지구력**(endurance) 제한성—장시간의 활동이나 유해환경, 신체적 또는 정신적 스트레스를 견디지 못함, 그로 인해 여러 신체활동, 기온 변화에 대한 인내, 환기 부족이나 화학 작용과 같은 상태에 대한 인내 등에 있어서 어려움을 가짐
- **인지적**(cognitive) 제한성—지식의 이해 및 습득과 관련된 정신적 과제의 성공적인 수행과 작동에 있어서의 불능, 그로 인해 새로운 기술학습, 새로운 정보 처리와 습득, 일반화와 변별, 의사결정과 판단 등에 어려움을 가짐
- **사회적**(social) 제한성—의미 있거나 상호 유익한 사회적 대인관계 형성이나 유지에 있어서의 불능, 그로 인해 사회적 상황에서의 위축되는 경향을 보이거나 자신감 결여, 타인에 대한 의존성 등이 나타남

장애 유형과 관련된 기능적 제한성들이 만족스럽지 못한 직업적 성취를 초래할 때 직업재활에서 문제가 된다. 이런 맥락에서 Schneider(1999)는 기능적 제한성(limitation)과 기능적 손상(impairment)의 개념적 구분을 위해, 기능적 손상은 개인이 할 수 있는 것과 환경적 요구 간의 차이를 지칭하는 것으로 구별한다. 그러므로 기능적 손상의 부정적 영향을 해소하기 위해서는 개인의 훈련이나 교육 또는 환경의 개선이 필요하다.

재활전문가들은 어떤 유형의 장애가 어떤 유형의 기능적 제한점을 나타낼 것인지 예상할 수 있다. 따라서 제한점들은 직무특성에 따라 달라지겠지만 특정 유형의 수정을 필요로 하는 기능적 손상으로 나타날 수 있다. 예를 들어, 흔히 신체장애는 환경의 물리적 접근을 개선하기 위한 건축물의 개조 그리고 직무수행을 증진하기 위한 장비의 수정을 요구한다. 한편, 지적장애는 (1) 감독자의 업무 설명이나 피드백 제공방식의 변경 또는 (2) 동료직원이나 직무지도원의 강력한 인적지원이 필요할 수 있다. 학습장애 고용인은 읽기, 쓰기, 셈하기 과제에 대한 도움을 제공하기 위한 소프트웨어 형식의 추가적인 컴퓨터 지원이 필요할 수 있다. 정신장애인의 경우에는 보다 융통성 있는 일정과 보다 지지적인 감독이 필요할 수 있다.

관절염이나 당뇨병, 다발성경화증(MS) 등과 같은 만성질병은 가끔씩 발생하고 예측 불가능한 특성뿐만 아니라 개인에게 전반적이고 다양한 영향을 끼치는 것으로 알려져 있다. 예를 들어 T. J. Murray(2016)는 다발성경화증을 가진 사람들이 경험하는 넓은 범위의 생리적 증상(예: 피로감, 운동장애, 무감각과 아린감[2], 떨림, 시각장애, 배변기능장애, 성기능장애)와 심리적 증상(예: 인지적, 정서적, 적응상의 장애)을 언급한다. Rumrill, Fraser와 Hohnson(2013)은 다발성경화증 환자대상의 연구에서 피로감, 인지적 손상과 감소된 체력 등이 자주 언급되는 주요 증상들이라고 보고한다. 또한 이 연구의 대상자들은 균형감, 협응, 경직, 떨림, 만성통증, 시각의 문제들을 보고했다. 이들은 기본적인 신체적 기능과 인지적 기능 영역에 있어서 성공적인 직무성취를 저해하는 장애물을 평균 9가지 정도 경험한다. 또한 그들은 활용하기 어려운 시간제 근로, 작업장의 뜨거운 열기, 접근이 어려운 작업공간과 공공 영역 등 생산성을 저해하는 다른 방해물들에 대해서도 언급한다. 많은 응답자는 현직의 문제들이 미래에 대한 불확실성, 동료와 감독자들의 반응 그리고 스트레스에 대한 대처 등 다발성경화증으로 인한 심리적 영향과 직접 관련된다고 보고한다. 이와 유사하게 Allaire, Li와 LaValley(2003)는 관절염을 가진 사람들을 대상으로 한 연구를 통해, 만성질병을 가졌지만 대부분 자신의 장애가 경증이라고 생각하는 노동자들도 많은 직업적 장애물에 직면한다는 사실을 확인했다. 직장의 생산성과 관련된 99개의 예상가능한 장애물 목록 중에서 대상자들은 평균 15개의

---

2) tingling, 얼얼하거나 저린 느낌을 일컫는 용어로 신체 어느 부위에서나 가능하지만 주로 손발이나 팔다리에 발생한다.

장애물을 가지는 것으로 보고했다. 관절염을 가진 노동자들은 직장의 온도 변동으로 인해 손으로 조작하기, 장시간 앉아 있기, 8시간 일하기, 무릎 꿇기, 어깨 위로 손 들기, 손 사용, 서기, 허리 굽히기 등과 같이 신체적 기능수행에 어려움을 갖는다.

기질적 뇌 증후군은 개인의 인지적 기능을 저해하며 그로 인해 직업적 성취 또한 제한된다. 예를 들어, 주의력결핍장애(Attention-Deficit Disorder: ADD)는 의식(consciousness)과 인지적 기능(Livneh의 기능영역 목록 참조)에 영향을 끼친다. ADD를 가진 사람은 "발달적으로 적합하지 않은 지속적인 부주의 그리고/혹은 과잉행동–충동성"(Means, Stewart, & Dowler, 1997, p. 13)과 같은 일련의 증상들에 대처해야 한다. ADD를 가진 사람들은 직장의 저성취와 관련하여 자주 의사소통의 어려움, 가만히 있지 못함, 성취의 일관성 결여, 쉽게 산만함, 참을성 부족 등을 나타낸다(Koch & Rumrill, 2016). 또한 ADD를 가진 사람들은 직업과 관련된 읽기, 철자, 셈하기, 기억에 영향을 끼치는 학습장애를 가지는 것으로 보고된다. 학습장애 역시 직업적 편의제공을 통해 해결될 수 있지만 의식과 인지적 기능에 직접 영향을 끼치는 기질적 뇌 증후군이다(Heward, 2006; Wehman, 2013).

Falvo(2014) 및 Andrew와 Andrew(2012)는 인쇄물과 문서상의 장애물, 의사소통상의 장애물, 학습상의 장애물과 같이 학습장애로 인한 전형적인 장애물을 파악함으로써 학습장애의 직업적 시사점을 정리했다. 학습장애인들은 수학의 어려움뿐만 아니라 소셜 미디어와 문자 메시지, 서면 지시서, 전자우편 읽기와 같은 과제 수행에 어려움을 가진다. 또한 학습장애인들은 글씨쓰기, 조직적인 글쓰기, 철자 등의 어려움으로 인해 흔히 관리자 및 동료 직원과의 의사소통에 어려움을 가진다. 마지막으로 학습장애를 가진 고용인들은 새로운 기술과 지식 습득 및 이전에 전달된 정보를 기억하는 데 많은 노력이 필요하기 때문에 이로 인해 직장에서 어려움(학습상의 장애물)에 직면한다.

정신장애는 「ADA」와 「ADAAA」에 근거하여 정당한 편의제공을 받을 자격을 가진다. 일화적이며 매우 개인적이라고 묘사되는 정신장애는 작업을 조직화하고 작업일정을 유지하는 개인의 능력에 영향을 미친다. 정신장애인들은 비판이나 작업의 양과 질, 마감 요구 등과 관련된 압력에 민감할 수 있다(Koch & Rumrill, 2016; Rogers, 1994). MacDonald-Wilson, Rogers와 Massaro(2003)은 다양한 정신장애 고용인을 대상으로 한 연구에서 인지적 제한성(예: 직무 습득, 직무에 집중하기, 일정 따르기 등의 문제)이 작업 성과에 영향을 주는 가장 흔한 증상이라고 보고한다. 또한 사회적, 정서적, 신체적 기능의 문제는 주로 직업적 성공에 영향을 준다. 직장에서 볼 수 있는 가장 흔한 정신장애라고 할 수 있는 우울증이나 정동장애를 예시하면, 우울증을 가진 사람은 정신질환으로 인해 일련의 지시에 대한 집중과 기억, 반응능력의 감소 및 기쁨과 우울감의 균형유지, 다른 사람들과의 성공적인 상호작용 등에 주기적인 영향을 경험한다(Kalb, 2016). 다시 강조하지만 우울증을 가진 고용인들은 직업적 잠재력을 충분히 발휘할 수 있도록 정당한 편의제공을 받을 권리를 가진다.

Andrew와 Andrew(2012) 및 Livneh(1992)는 감각적 제한성 그리고 이로 인한 의사소통과 이동의 문제 나아가 심각하게 영향을 주는 몇몇 영역에 대해 언급했다. 시력이나 청력의 상실이나 제한이 생산성에 어떤 장애물을 야기하는지를 이해하기 위해서는 직장에서의 시각과 청각적 단서의 중요성을 고려해야 한다. 누가 보더라도 분명한 시각장애를 가졌지만, 사용가능한 공학에 대한 정보부족과 설사 파악했다 하더라도 공학 사용에 필요한 자금지원의 부족으로 인해 이 문제에 대한 해결책은 쉽지 않다(Erickson, Lee, & von Schrader, 2014). Kooser(2013)는 농이나 청각장애를 가진 많은 미국인이 직면하는 전반적인 미고용과 불완전고용의 문제는 의사소통의 어려움에 기인한다고 설명했다. 농은 부서-직원 회의 및 현직훈련, 관리나 지시적 상호작용 등과 같은 직장 관련 상황에서 개인의 의사소통 능력에 영향을 준다(Jennings & Shaw, 2008; Scherich, 1996). 의사소통의 어려움들은 직장에서 농인을 돕기 위한 수어통역사 활용의 제한으로 인해 더욱 가중된다(Job Accommodation Network, 2015).

2. 장애: 직업-개인 적합성의 붕괴

예전 자료들에서는 장애와 만성질병들이 진로발달을 어떻게 저해하는지를 명확히 설명하고 있다. Super 등(1996)은 그러한 심한 붕괴적 사건 이후에 흔히 필요하게 되는 생애재설계의 개념 설명을 통해 붕괴의 심각성을 지적했다. Crites(1982) 또한 장애의 침습성(intrusiveness), 즉 이를 개인에게 진로 조정을 요구하는 장애물-유발(barrier-producing) 사건으로 간주하고 있다. Crites는 진로 조정(career adjustment)의 과정을 통해 설명하는데, 여기에는 개인과 조직이 개인의 중요한 진로동기 성취에 방해가 되는 요인들을 감소시키기 위해 노력하는 반응들을 망라한다. Crites는 이 반응들을 노동자로 하여금 만족과 만족감, 둘 다를 유지할 수 있게 하는 구체적인 행동들이라고 설명한다. 한편, 다른 사람들은 이와 같이 직장과 장애, 환경의 요인들을 변화시키기 위한 개인의 끊임없는 적응을 **진로 적응성**(career adaptability; Goodman, 1994) 또는 **진로 적응**(career adaptation; Hershenson, 2010)이라고 지칭한다. 진로 적응성이라는 용어가 문헌에서 잘 언급되지는 않지만 Goodman은 개인의 "직장과 근로 조건의 변화에 대처하기 위한 자발적 노력"(p. 75)에 영향을 주는 요인들을 이해하기 위한 많은 연구가 필요하다고 주장한다. Goodman은 진로 적응성과 동의어로 사용되는 **진로 탄력성**(career resilience)의 개념 모두가 장애의 영향에 대응하고자 정당한 편의제공을 파악하고 실행하는 장애인에게 있어서 필수적 자질인 융통성, 자율성, 창의성, 활력 등의 특성을 포함한다는 점을 강조했다.

Cochran(1994)의 **진로 문제**(career problems) 개념과 같이, 장애노동자는 종종 직장 내 장애물에 대처해야 할 처지에 놓인다. 장애물들은 장애와 관련된 기능적 제한점이나 다른 사람들의 부정적 태도로 인해 발생할 수 있다. 만약 노동자가 장애물로 인해 직업-개인의 적합성에 야기된 혼란을 감소시키거나 제거하기 위한 행동을 취하지 않는다면 최악의 시나리오를 경험하게 될 수도 있다. Nissen과 Rumrill(2016)은 장애인이 직무현장에서 편의제공을 파악하고 시행하는 과정에 대한 책임을 가져야 한다는 점을 강조한다. 장애인은 자신의 건강상 장애로 인한 진로문제 해결에 있어서 재활전문가의 지원에 힘입어 리더십을 가지도록 노력해야 한다. 그러나 상담사는 지원이 일회성에 그치는 것이 아니라 장애인이 장애상태나 직무특성과 같은 직업-개인 관계의 변화에 대처할 수 있게 하는 장기적인 노력으로 인식해야 한다(Antao et al., 2013). Goodman(1994)은 지원의 지속성에 덧붙여 삶에 있어서 전환의 어려움에 직면한 성인들을 돕는 상담사의 중요성을 강조했다. 또한 Goodman은 의료적 모델에서 강조하는 일회성 치료에 대해 비판하며, 대신에 장애인들이 생산적인 삶을 사는 데 필요한 기술들을 배울 수 있는 교육적 모델의 시행을 요청한다. Goodman은 치과 치료에 비유하여, 생의 주기에 따라 주기적으로 점검하고 가능한 가지고 있는 기술들을 검토하거나 새로운 기술을 학습하도록 권장한다.

우리가 이 장을 통해 강조한 바와 같이, 진로문제해결의 어려움은 오로지 장애노동자에게만 달려 있지 않다. 연구들(Driscoll, Rodger, & deJonge, 2001; Gilbride, Sternsrud, Vandergoot, & Golden, 2003; Krause et al., 1997; Leslie et al., 2015)에서는 종종 직업적 업

무유형이 진로문제의 원인이기 때문에 직업환경이 직접적으로 노동자의 요구에 반응할 책임이 있다고 한다. Krause 등(1997)은 42세에서 60세에 이르는 핀란드의 남성 노동집단을 대상으로 한 연구를 통해, 장애로 인해 노동인구에서 은퇴하게 되는 주요 예측요인으로 무거운 작업, 편안하지 않은 자세로 하는 일, 긴 노동시간, 신체 · 육체활동 · 반복적 · 정신적 압박감이 포함되는 일 등을 열거했다. 이처럼 많은 진로문제나 생산성의 장애물들이 일하는 방식의 직접적인 결과이기 때문에 인체공학적 해결책이 필요하다. 따라서 Krause 등은 예방적 "직장 재설계(job redesign)"가 직장 내의 건강증진을 위한 필수적인 요인이라는 점을 지적한다(1997, p. 409). 장애노동자가 고용주로부터 예방적 프로그램을 제공받는 것은 다른 많은 요인과 관련된다.

Gilbride 등(2003)은 고용주 및 장애고용인, 재활전문가와 일련의 포커스 그룹 면담을 통해 "장애인 고용과 지원의 개방성"(p. 130)과 관련하여 고용환경의 3가지 주제를 제시하였다. 지지적 고용환경은 노동문화와 직업일치, 고용주의 경험특성 측면에서 설명된다. 장애인의 성공적인 고용을 이끌어 내는 노동문화에서는 고용인의 다양성과 동등한 대우에 가치를 둔다. 이런 유형의 노동문화에서는 결함과 장애 관리보다는 성취와 능력 증진에 초점을 둔다. 우호적 노동환경에서는 고용인과 고용주가 일자리의 지엽적 기능이 아니라 핵심적 기능 성취를 증진시키는 방법에 초점을 맞춘 직업적 편의제공에 대해 함께 논의한다. 또한 지지적 직업환경은 장애인의 더 나은 편의제공 전략에 대한 재활전문가들의 조언을 수용하여 다양한 노동자를 성공적으로 관리한다. 이 연구의 시사점으로 재활상담사는 내담자가 지지적인 노동환경을 찾도록 도울 필요가 있으며 또한 고용주들이 노동문화와 직업일치, 고용주의 경험적 기준에 부합하는 정책과 실행을 채택할 수 있도록 도울 필요가 있다는 점 등이 포함된다. Antao 등(2013)은 장애인을 위한 편의제공과 고용유지를 보다 잘 이끌어 내는 노동문화의 두 가지 중요한 가정을 제시했다: (1) 장애인은 노동능력이 있으며 그들을 노동 장애의 상황에 내버려 둬서는 안 된다는 믿음과 (2) 장애인은 노동의 권리뿐만 아니라 고용유지에 필요한 서비스와 지원을 받을 권리가 있다는 믿음.

3. 편의제공 서비스: 필수적인 환경 자원

장애 유형별 영향에 대한 Livneh(1992)의 분류는 (1) 노동자 기술과 직업 요구 간의 일치성을 재확립하기 위한 편의제공과 (2) 재활상담사의 주요 기능으로서 편의제공 자문의 필요성을 입증하고 있다. Goldbegr(1992)는 장애인의 진로개발에 대한 연구에 기반하여 재활에 있어서 편의제공 서비스를 지지하는 결과를 보고했다: "자신의 제한점에 현실적으로 대처할 수 있는 기본적 능력을 개발한 장애인은 고용과 고용 유지를 위한 최선의 기회를 가진다"(p. 168). 직업에 있어서 장애관련 제한성에 대처하고자 하는 장애인을 돕는 가장 강력한 방법은 보조공학, 직무환경수정, 직무재구조화, 직무지도와 같은 기법을 사용하는 정당한 편의제공을 제시하는 것이다.

Hershenson(2010)과 Leslie 등(2015)에 따르면, 시의적절한 직업적 편의제공은 장애인의 진로 성공가능성을 높일 수 있다고 한다. 필요한 편의제공을 파악하고 시행하기 위해서는 "물리적 접근성, 강화유형(예: 급여 수준), 직무유형과 같은 직업환경적 특성들"(Szymanski, Hershenson, Ettinger, & Enright, 1996, p. 107)에 대한 분석이 요구된다. 재활상담사는 편의제공을 통해 장애노동자와 환경과의 상응적 관계를 이끌어 냄으로써 개인의 직업 만족과 만족감뿐만 아니라 기업의 전체 생산성과 경쟁력에 긍정적인 영향을 미친다(Swanson & Schneider, 2013).

이 장에서는 장애인이 자신의 편의제공 요구를 충족할 수 있도록 지원하는 재활상담사의 역할을 강조한다. 이 역할은 장애인을 위한 직업적 정당한 편의제공을 보장하고 있는 「ADA」의 1장에 근거한 강력한 법적 제재를 가진다. 전문가들에 의하면 상담사는 편의제공 과정에서 장애인과 고용주, 양쪽 모두에게 자문가의 역할을 한다(Nissen & Rumrill, 2016; Rubin et al., 2016; Strauser, 2013; Szymanski et al., 1996). 상담사는 자문 역할을 통해 개인으로 하여금 편의제공의 요구를 고려하도록 돕고 이에 부응해서 환경이 재구조화하도록 돕는다.

Dobren(1994)은 직업재활상담에서 생태학적 접근을 강조하는 저술을 통해 장애물 파악과 제거를 위한 자문의 중요성을 지지한다. 연구자의 모델에서는 장애의 책임을 개인에서 환경으로 옮겨 갈 것을 주장하며, 상담사에게 자신들의 서비스에 환경적 변화도 포함시킬 것을 주문한다. 그러므로 상담사는 노동자들이 "기능적 제한성을 감소시키거나 제거하기 위해 훈련목표를 선택하는 전통적 활동보다는 직무요구의 맥락에서 제한점을 파악하고 이를 분석하는"(Gates et al., 1996, p. 60) 능력을 개발하도록 도울 수 있다.

Roessler와 Rumrill(1995)은 취업후서비스를 위한 Three-I 접근법에서 제한점을 파악하고 편의제공을 통해 영향을 줄이는 보다 맥락적인 접근법을 조작화했다. 연구자들은 취업후서비스라는 측면에서 상담사의 행동이 협력적인 ADA의 편의제공 요청과정에서 장애고용인을 보다 적극적인 참여자로 만들 수 있다고 한다. Three-I 모델에서, 상담사는 장애고용인이 장애물 감소를 위한 자신의 요구를 **파악**(identify)하고, 고용주에게 정당한 편의제공 요청을 **주도**(initiate)하고, 진로적응과 생산성을 위한 장애-관련 장애물들을 제거하거나 감소시킬 수 있는 편의제공을 고용주와의 협력적 관계에서 **시행**(implement)하도록 도와야 한다.

Three-I 접근법은 상담사들이 자신의 직무를 어려운 사람에게 상담하는 것에 국한하지 않고 목표지향적인 소비자에게 봉사하는 사람으로 정의하도록 주장해 온 Boone와 Wolf(1995)의 권고사항과 일치한다. 이들의 소비자중심 모델에서는 상담사들이 현장에서 장애인의 보조공학 요구에 대한 브레인스토밍과 분쟁해결 과정에 보다 적극적으로 참여하도록 권고한다. 「ADA」 시대, 재활배치전문가의 역할에 대한 논의와 관련하여 Mullins, Rumrill과 Roessler(1995) 및 Nissen과 Rumrill(2016)은 고용주들에게 직접 기술적 지원을 제공할 필요가 있음을 강조한다. Raisner(1992)의 지적에 의하면, 기술적 지원을 위한 역할은 「ADA」 1장의 정당한 편의제공 규정준수와 관련하여 고용주들이 보다 선도적 입장을 갖도록 돕는 것에서부터 시작된다고 한다. Raisner(1992)가 규정하는 고용주의 선도적인 입장에는 다음과 같은 고용주들의 주요 행동들을 포함한다:

- ADA 준수 사무실 설치하기
- 편의제공 방법과 자원에 대해 다른 사업주 및 지역사회 기관들과 의견 나누기
- 고용인의 취업면접, 신체검사, 채용 등과 같은 고려사항과 관련하여 사업체 내 모든 정책이 ADA와 일치하도록 결정하기
- 고용인을 위한 편의제공의 개발과 시행에 대해 재활전문가에게 자문 구하기
- 편의제공을 위한 노력이 기대 효과를 가져왔는지 평가하기

「ADA」와 「ADAAA」는 개인과 직업의 일치를 위한 편의제공이 일회성이 아닌 지속적인 과정임을 명시한다. 그러므로 상담사는 심한 장애와 그로 인한 기능적 영향뿐만 아니라 장애인이 성공적으로 사용할 수 있는 다양한 직업적 편의제공에 대한 지식을 끊임없이 갱신해야 한다. 따라서 상담사는 중증장애를 가진 고용인의 취업성공을 저해하는 환경적 장애물을 더 잘 알기 위해 그리고 장애인의 진로발달 관점에서 장애물들을 감소시키거나 제거할 수 있는 방법을 알기 위해 편의제공과 공학관련 자료들을 열심히 공부해야 한다(Job Accommodation Network, 2015; Scherer, 2012).

직업적 편의제공에 대한 유용한 정보에 접근할 수 있는 몇 가지 방법이 있다. 직업편의제공네트워크(JAN; 2015)는 확실한 정보원 중의 하나다. 상담사는 JAN(1-800-JAN-PCEH; www.jan.wvu.edu)을 통해 장애인들의 광범위하고 다양한 직업적 요구를 다루기 위한 공학사용 아이디어를 얻을 수 있다. 연방-주립 직업재활체계 내의 상담사들은 자문을 위해 집에서 보다 가까운 자원을 이용할 수 있다. 상담사들은 창의적인 직업배치와 관련된 정보를 얻기 위해 자신이 속한 기관에서 성취한 중증장애인의 경쟁고용배치(코드 26, 성공적 종결 상황) 성공담을 청취할 수 있다. 그리고 어떤 공학의 도움으로 사지마비장애인이 그래픽 디자이너로 일하거나 외상성 뇌손상장애인이 생산관리자로 일할 수 있게 되었는지 알기 위해 동료들과 직접 접촉할 수 있다.

4. 고용인 및 고용주와 함께 일하기

재활상담사는 편의제공 과정에서 중증장애를 가진 고용인 및 고용주와 함께 일해야 한다. 때로 상담사는 「ADA」의 고용 지침과 보호책 같은 사안에 대한 이해를 돕기 위해 양쪽 모두에게 일반적 정보를 제공한다. 또 다른 경우에는 필요한 편의제공을 파악하고 시행하기 위해 장애인 및 그의 고용주와 직접 일하기도 한다. 그러므로 상담사는 고용인 및 고용주와 함께 일하는데 필요한 다양한 직무에 대해 미리 준비해야 한다.

1) 고용인과 함께 일하기

중증장애를 가진 예비 고용인들은 원하는 직업의 필수기능을 적절하게 수행할 수 있도록 적합한 편의제공을 모색할 것이다. 현재 고용되어 있는 중증장애인들은 정당한 편의제공의 도움으로 직업을 유지하고 승진하는 데 초점을 둘 것이다. 그러므로 장애인은 자신이 진로발달 스펙트럼의 어디에 있던지 몇몇 영역에 대한 지식을 갖추어야 한다. 장애인들은 「ADA」와 자신의 근로권, 고용기관이나 고용주에게 편의제공 요구를 검토하도록 요청하는 적절한 절차, 생산성의 장애물을 해소하기 위한 편의제공의 범위 등을 이해해야 한다. 또한 직장에서 필요한 편의제공을 모색하기 위한 마음의 준비와 편의제공을 요청하고 시행하는 기술을 가져야 한다.

「ADA」의 보호조항과 절차에 대해 잘 아는 것이 가장 중요하다. 예를 들어, 「ADA」의 1장에 의하면 장애인이 정당한 편의제공의 유무와 관계없이 직무수행 필수기능을 가지고 있다면, 채용과정에서 차별을 받지 않도록 규정하고 있다. 「ADA」에는 편의제공의 유형(예: 새로운 장비 설치, 대안적으로 서면자료 제공받기)뿐만 아니라 채용과정과 취업 후에 필요한 편의제공 요구절차도 상세히 제시한다.

채용 단계에서는 만약 장애인이 편의제공을 필요로 하더라도, 채용기관으로부터 고용 제안을 받은 후에 자신의 장애 여부를 밝혀야 한다. 채용 후기단계의 취업면접에서 채용후보자는 편의제공 없이 필수직무 기능을 수행하기 어렵다는 점을 설명하고, 수행의 요구를 해결할 수 있는 정당한 편의제공을 제안해야 한다. 재활상담사는 장애를 가진 채용후보자에게 필요한 편의제공의 유형뿐만 아니라 요청하는 방법을 이해하도록 도울 수 있다.

또한 개인의 편의제공 필요를 검토하는 과정은 고용 유지나 승진을 위해서도 중요한 부분이다. 중증장애를 가진 고용인은 관리자나 고용주에게 자신의 편의제공 요구를 검토하도록 요청할 수 있고 검토과정을 통해 자신의 장애를 공개해야 한다. 고용인은 고용주가 편의제공을 결정하더라도 자신이 원하는 다양한 편의제공을 제안할 수 있다. 그러므로 정당한 편의제공에 대한 세부적인 지식뿐만 아니라 요청과정이 어떻게 진행되는지 알 필요가 있다(JAN, 2015; Roessler & Rumrill, 2015). 「ADA」에는 요청절차와 편의제공 유형(예: 작업일정 변경, 직무재구조화, 장비의 추가나 개조, 낭독자나 통역사 제공, 직무환경의 물리적 접근성 개선)을 예시하고 있다.

Feldblum(1991)에 따르면 「ADA」의 최초 버전에는 고용인이 서면으로 편의제공 검토를 요청해야 한다고 명시했지만 실제로는 요청과정이 반드시 그러한 공식적 절차에 의해서만 시작되는 것은 아니었다. 결국 2009년 1월 1일부터 발효된 「ADAAA」에서는 구직자나 고용인이 더 이상 서면으로 편의제공을 요청하도록 요구하지 않는다(JAN, 2015). 물론 요청 여부뿐만 아니라 요청 시기를 분명히 할 필요가 있을 때는 편의제공 검토요청을 문서화하는 것이 적절하다. 「ADA」와 「ADAAA」에서는 편의제공 과정의 단계를 다음과 같이 권고한다: (1) 고용인과 고용주가 함께 생산성의 방해물 파악하기, (2) 고용주가 가능한 편의제공 제안하기, (3) 고용주가 각 제안에 대한 비용−효과 사정하기, (4) 고용주가 주도하여 편의제공 실시하기(Feldblum, 1991; Roessler & Rumrill, 2015).

Gate 등(1996)은 편의제공 과정에서 고용인과 고용주 및 관리자 간에 대화 창구를 여는 것이 중요하다고 강조한다. 연구자들은 장애고용인들이 대화를 준비할 수 있도록 상담사들이 고용인들과 함께 효과적인 주장하기와 협상하기 전략에 대해 역할−연기하는 것을 권고했다. Scherich(1996)도 이 주장에 공감하며 대화 과정의 세부사항에 대해 일부 설명을 추가했다. 연구자는 고용인이 대화 과정에서 "편의제공이 필요한 이유, 편의제공의 비용, 편의제공에 대한 기술적 정보, 편의제공이 고용인의 직무 성과를 어떻게 증진시킬 수 있는지"(1996, p. 32) 등과 같은 구체적인 정보를 제공해야 한다는 점을 강조한다. 또한 연구자는 이러한 정보전달은 고용인이 "편의제공 요청에 앞서 자신의 직무성과 증진에 적절하다고 여겨지는 특정의 편의제공을 파악하고 있을 뿐만 아니라 적어도 자신의 직무를 분석하거나 평가할 수 있는"(1996, p. 32) 기술을 가지고 있다는 점을 보여 주는 것이라고 지적했다.

Scherich(1996)는 편의제공의 의사소통 과정을 "마케팅(marketing)"의 관점에서 본다면, 고용인은 편의제공 실시가 어떻게 상호 이익이 되는지를 명확히 설명하는 것이 중요하다고 말한다. 달리 말하면 장애노동자에게 편의제공하는 것은 모두를 위한 상생의 상황이다(Roessler & Rumrill, 2015). 편의제공을 통해 고용인은 더욱 생산적이 되며 일을 통해 더 큰 만족을 찾을 수 있다. 편의제공을 통해 고용주는 자신에게 더 큰 만족감을 가져다주는 보다 생산적인 노동자를 얻게 된다. 이러한 윈−윈 접근의 의사소통에는 다음에 제시된 예와 같이 장애고용인들이 쉽게 따를 수 있는 일련의 행동 단계가 포함된다.

1. 편의제공 필요에 대해 논의하기를 원한다는 이야기와 직무에서 보다 생산적이고자 하는 자신의 욕구 피력하기
2. 가지고 있는 자신의 장애 설명하기

3. 논의하고자 하는 임무나 직무 구체화하기

4. 효과적일 것으로 파악한 편의제공 인용하기

5. 그 편의제공이 직무 수행에 어떤 도움을 주는지 설명하기

6. 편의제공 실시에 도움을 받을 수 있는 활용가능한 자원들과 그 자원의 특성(예: 재정지원, 기술정보, 세액공제)에 대해 설명하기

7. 생각하는 예상 비용 이야기하기

8. 고용주에게 동의를 구하고 긍정적인 말과 함께 동의 확인하기(예: "이것을 해 주시겠습니까?" "좋습니다, 그렇게 해 주시는 것에 대해 감사드립니다")

9. 동의 사항을 다시 말하고, 자신과 고용주의 책임 명확히 하기

10. 편의제공 조정에 대한 긍정적인 말과 함께 고용주가 시간을 배려해 주고 지원해 준 것에 대한 감사를 전하며 대화 종료하기

장애고용인이 편의제공 과정 처리에 있어서 능력에 대한 신뢰를 얻기 위해서는 앞서 언급한 편의제공 요청과정에서 사회적으로 적절한 행동에 대한 지식 및 기술들을 잘 갖추고 있어야 한다. 지식과 기술을 갖추는 것은 자기효능성 기대와 성과 기대라는 두 가지 유형의 기대에 영향을 주기 때문에 편의제공 요청에 대한 정서적 준비를 증진시킨다(Lent, 2013; Strauser, 2013). 행동을 시작하기 위해, 먼저 자신이 그 과제, 즉 일자리 제안을 받은 후나 어느 정도 그 자리에서 일한 후, 편의제공 검토 요청에 필요한 특정 기술을 가지고 있다고 믿어야 한다(자기효능성 기대). 또한 자신의 행동이 목표성취, 즉 필요한 편의제공의 파악, 제공, 시행을 이끌어 낼 가능성이 높다고 믿어야 한다(성과 기대).

편의제공 과정에서 드러나는 개인의 효능성에 대한 신념은 장애와 만성질병의 침습성에 대응하기 위해 필수적인 일종의 자기통제감이다(Devins & Shnek, 2000). 장애나 질병이 일상적 역할참여를 저해하는 정도, 그 자체가 장애의 심각성 및 치료의 요구이며 개인의 사적통제 수준을 말해준다(Bishop, 2012; Fleming, Phillips, Kaseroff, & Huck, 2014; Livneh, 2016). Devins(1989)는 두 가지 요인이 상호 어떻게 관련되는 지 다음과 같이 설명한다. "침습성은 개인이 효과적으로 통제력을 행사할 수 있는 정도에 대해 상한선을 부과할 수 있으며, 역으로 증가된 통제력은 침습성이 생활양식을 저해하는 정도를 최소화할 수 있다"(p. 113). 그러므로 직장에 정당한 편의제공을 시행함으로써 장애인은 다음과 같은 두 가지 중요한 수단을 획득한다. 즉, 장애인들은 장애가 자신의 기

능에 미치는 영향을 줄임으로써 장애의 침습성을 최소화할 수 있으며 그리고 환경적 장애물을 성공적으로 파악하고 제거함으로써 통제감을 다시 획득한다.

또한 우리는 (1)「ADA」/「ADAAA」 1장의 개인의 권리와 편의제공 요청절차에 대해 공부하는 것, (2) 지식과 태도, 행동의 연속체로 구성되는 요청과정에서 개인의 효능성을 믿는 것에 주목해야 한다. 개인은 고용주와의 논의과정에서 야기될 수 있는 갈등을 해소하기 위한 기술들을 가져야 한다. 고용인들은 요청과정의 반대를 다루기 위해 고용주의 반박을 고쳐서 말하고 상호수용가능한 해결책을 모색하는 등의 갈등 해결기술을 사용할 수 있어야 한다. 고용인 또는 채용후보자는 갈등해결기술과 편의제공 요청과정에서 이 기술을 언제, 어떻게 사용하는지를 학습해야 한다. 그리고 이러한 기술들이 원하는 목표를 성취하도록 해 줄 것이라고 믿는 것 역시 중요하다.

C. Palmer(1998)는 장애대학생과 함께 편의제공과정에서 사용하는 적절한 갈등해결기술을 파악하고 기술훈련의 효과를 평가했다(Palmer & Roessler, 2000). 문제가 되는 사회적 상황으로 강의실 편의제공의 요청을 다루기 위해, Palmer는 먼저 장애학생들에게 강의실 편의제공을 요구하는 자기주장방법을 가르쳤다. 또한 학생들의 요구에 대해 교수가 의문을 제기하거나 반대하는 사례를 역할연기 했다. 그는 이와 같은 저항에 직면할 때 학생들이 "다투지 말고 협상하라"는 「ADA」의 충고와 같은 전략 사용을 제안했다. 갈등해결기술들은 장애고용인들이 관리자나 고용주의 저항에 직면하는 고용상황에서 쉽게 일반화할 수 있다. 지금도 여전히 적절한 Palmer의 갈등해결 모델에는 장애고용인들이 쉽게 배울 수 있는 다음과 같은 행동단계를 포함한다.

1. **구체화하기**(specifying)−편의제공과 관련해서 고용주의 반대 요지를 명료화하기 (예: "이 편의제공과 관련해서 당신이 걱정하는 것은 무엇입니까?").
2. **반영하기**(reflecting)−자신이 이해한 반대의 요지에 대해 고용주와 대화하기(예: "당신은 이러한 변화가 주변에 있는 다른 사람들의 작업을 방해할 것이라고 생각하시는군요").
3. **상호적으로 하기**(mutualizing)−양쪽에 공평한 문제해결을 위해서는 책임을 공유해야 한다는 점을 분명히 하기 위해 이전 논의의 관점 통합하기(예: "우리 둘 다 같은 것을 추구하지만, 약간 다른 방향에서 접근하고 있는 것 같군요").
4. **협력하기**(collaborating)−"당신은 나와 맞서고 있군요"의 자세가 아니라 "우리가 문제에 맞서고 있군요"라는 자세로 공유된 해결책을 찾는 과정에 고용주가 동참할

수 있도록 격려하기(예: "머리를 맞대고 생각해 보면, 우리 모두에게 도움이 될 아이디어들이 생각날 겁니다").

5. **창출하기**(inventing)−문제를 해결하기 위해 하나의 답을 찾기보다는 팀접근을 통해 가능한 많은 대안적 해결책 만들기(예: "제가 이전에 효과가 있었던 몇 가지 아이디어를 가지고 있지만, 장담하건대 함께하면 다양한 아이디어를 많이 생각해 낼 수 있을 것 같습니다").

6. **요약하기**(summarizing)−가능한 편의제공의 목록을 우선순위를 정하지 않고 진술하기(예: "자, 이것이 우리가 지금까지 만들어 낸 가능한 해결책입니다").

7. **선택하기**(selecting)−윈-윈 전략에 근거하여 도출된 선택사항들 중에서 시행할 한 두 가지 확인하기, 시행을 위해 선택된 편의제공에 대한 최종 결정권은 고용주에게 있다는 점 상기하기(예: "우리가 논의했던 모든 아이디어 중에서, 어느 것 또는 어떤 것들이 좋은 것 같습니까?").

장애를 가진 고용인들이 자기주장과 갈등해결기술을 익힘으로써, 「ADA」 1장에서 명시한 권리를 누릴 수 있는 더 나은 위치에 놓이게 된다. 또한 고용주에게 자신의 요구를 분명하고 실제적인 방법으로 전달하는 것을 자신이 지속적으로 책임져야 할 부분이라고 인식함으로써 편의제공 과정에 더 잘 대응할 수 있다. Antao 등(2013)은 편의제공을 장기적 과정으로 보는 것이 중요하다고 한다. 왜냐하면 노동자는 자신의 상태가 변하더라도 「ADA」에 근거하여 여러 회복단계를 거쳐 자신의 자리로 돌아가거나 고용을 유지할 권리를 가진다. 특히 이러한 관점은 (1) 최근 여러 만성질환의 출현율 증가 (E. K. Johnson, 2016; Koch & Rumrill, 2016; Leslie et al., 2015), (2) 그 어느 때보다 연령관련 장애에 대처하면서 경력을 지속하고자 노력하는 나이든 노동자를 더 많이 찾는 인구 고령화 추세(Wicker, Dresden, & Rumrill, 2013)의 측면에서 중요하다. 자기주장과 갈등해결기술은 Galvin과 Langton(1998)이 보조공학을 "만능 문제해결 도구(a versatile problem-solving tool)"(p. 16)라고 말하는 것에 비할 수 있다. 또한 연구자들은 다음과 같이 고용인이 편의제공 요청과정을 잘 이끌 수 있도록 준비하는 것이 중요하다고 강조한다. "직무환경에 대한 편의제공 제안을 가지고 고용주에게 접근하기 위해서는 어떻게 최소한의 방해만으로 변화가 가능한지에 대한 전문지식이 필요하다"(p. 19).

물론 직무환경의 수정 방법을 아는 것이 중요하지만 재활 문헌에서 자주 논의하지 않는 또 다른 중요한 문제가 있다. 구체적으로 주립재활기관이나 JAN의 "전화 정보제공 서비스(help line)"를 통해 편의제공 시행을 제공받는 장애고용인들의 경험에 대한 것이다. 상담사는 편의제공을 시작하거나 사용하려고 하는 내담자들의 노력을 방해하거나 장려할 수 있는 요인들을 파악하기 위해 지켜볼 필요가 있다. 또한 그들의 요구에 반응하기 위해서 이와 유사한 정보를 고용주들로부터 얻을 필요가 있다. 이러한 지식은 상담사들이 직무현장에서 편의제공을 선택하고 장기적으로 사용하는 데 있어서 긍정적인 힘으로 작용하기 때문에 일을 보다 잘할 수 있게 한다.

통합환경에서 협력학습을 위한 교실 내 편의제공의 문제가 점차 해결되고 있지만, Bryant와 Bryant(1998)는 재활상담사들이 직장에서 편의제공 전략의 채택과 사용을 증진시키기 위해 사용할 수 있는 방법을 다음과 같이 단계별로 설명한다. 이 전략은 선택, 점검, 평가의 3단계로 구분된다. 선택단계에서, 재활상담사와 장애노동자, 고용주는 과제나 직무의 구체적 요구를 분석하기 위해 협력한다. 이 분석은 노동자의 장애관련 능력과 제한점에 대한 검토와 더불어 역할을 수행하기 위해 갖추어야 하는 기술과 지식에까지 확대된다. 직무의 특성과 개인의 능력 및 제한점이 확인되면, 상담사는 편의제공 전략을 파악하고 시행하기 위한 과정을 시작할 수 있다. 선택단계의 이 부분에 있어서 다음 몇 가지 핵심질문들은 팀이 직업-개인 적합성을 증진시키는 방향으로 나갈 수 있도록 이끌어 준다:

- 편의제공의 수정이 공학적이어서 특정 훈련이나 표준 사양을 수반하는가?
- 시행에 필요한 것은 무엇인가?
- 공학적 수정의 구체적 특성은 무엇인가?
- 그 특성들이 고용인의 능력과 제한점에 어떻게 상응하는가?
- 고용인이나 관리자, 동료 직원에게 훈련이 필요한가?
- 어떤 훈련 접근법과 지원 체계를 활용할 수 있는가? (1998, p. 45)

점검단계 동안, 고용인과 재활상담사, 관리자는 직무환경에서 개인의 편의제공 사용에 따라 다음과 같은 질문들을 활용한다. 예를 들어, 편의제공에 보조공학이 포함되어 있다면, 환경은 기기 사용에 도움이 되는가? 공간, 보관, 가구, 전기 사용의 필요에 대해 고려했는가? 고용인은 적절한 훈련을 받았으며 고용인은 보조공학을 적절히 사용할 수 있는가? 작동해야 하는 장비가 있으며, 고용인은 동료들과 보조를 맞출 수 있는 가?(Bryant & Bryant, 1998)

평가단계에서는 편의제공 시행 이후, 고용인이 생산한 것들의 질과 양에 초점을 둔다. 노동자의 생산성을 평가하기 위해 필요한 정보를 결정하고, 미네소타 직업적응이론에 따라 각 팀원들이 참여해서 노동자가 얼마나 잘했는지(예: 노동자 만족감), 노동자가 자신의 일에 대해 어떻게 생각하는지(예: 노동자 만족)를 판단한다(Swanson & Schneider, 2013). 또한 팀은 평가단계에서 고용인이 혼자 작업할 수 있는지, 다른 사람이 필요한지, 모든 환경적 요구에 잘 따르는 지와 같은 문제들도 확인한다. 그리고 평가단계에서 작업수행의 어떤 문제가 발견되면 당연히 선택과 점검, 평가의 단계를 다시 시작한다.

2) 고용주와 함께 일하기

고용주는 편의제공 과정을 잘 진행하기 위해서 「ADA」와 「ADAAA」의 보호책과 규정을 이해해야 한다. 또한 구직 또는 취업상태에서 직책 유지나 승진 전략을 시도하는 중증장애인을 대하는 방법도 알아야 한다. 고용주들에게 ADA의 보호책과 규정, 법원의 최근 판결에 따른 법적 절차, 편의제공의 비용대비 효과성과 효율성, 작업장 개조에 따른 세금감면 등에 대해 가르치기 위해서는 사실에 기반한 자료가 필요하다(Lengnick-Hall, Gaunt, & Collison, 2003; Rumrill, 2009). 이 정보는 일자리를 잃지 않도록 하거나 직장으로 복귀하는 사람들을 돕기 위한 장애 관리(disability management)와 근로자재해보상(worker's compensation) 서비스 등과 같은 사업체기반 재활프로그램에 널리 사용될 수 있다. 재활상담사는 이 정보들을 고용주들과 공유함으로써, 이들이 권고사항에 대해 적극적인 자세를 가지도록 도울 수 있다.

Roessler와 Sumner(1997)는 대기업 대표들을 대상으로 한 조사연구에서, 고용주의 75%가 「ADA」를 잘 알고 있다는 사실을 발견했다. 그러나 대부분은 직무의 필수 및 부수적 기능을 파악하기 위해 고안된 직무분석에 근거한 문서화된 새로운 직무설명서를 가지고 있지 않다는 사실을 인정했다. 그러나 다른 연구에서는 고용주들이 「ADA」의 시사점을 완전히 이해하지 못하고 있으며 특정 유형의 장애인을 여전히 차별하고 있는 것으로 보고한다. 예를 들어, Hendricks 등(2015)에 의하면 외상성 뇌손상(TBI)을 가진 고용인들의 경우, 고용주들이 자신의 직업적 성공을 저해하는 가장 큰 요인인 TBI에 대한 직장 내 편의제공 방법뿐만 아니라 「ADA」에 대해서도 잘 알지 못한다고 생각한다. Wehman(2013)과 Cimera(2011)에 의하면 지적장애와 발달장애를 가진 사람에 대한 직장 내 차별이 높은 비율로 나타나고 있다고 한다. E. K. Johnson(2016)은 뇌전증을 가진 사람들의 고용주 대부분이 고용인의 장애관련 요구에 대한 대처방법의 이해가 부족하다고 말한다. Roessler, Rumrill, Li와 McMahon(2016)은 다발성경화증(MS)을 가진 사람들이 「ADA」 1장에 근거하여 제기하는 직장 내 차별의 두 번째 주된 이유는 정당한 편의제공이 제대로 제공되지 않았기 때문이라고 보고한다.

Gates 등(1996)은 고용주들이 두 가지 유형의 지식이 부족하다고 지적한다. 많은 고용주는 「ADA」에서 규정하고 있는 정당한 편의제공이 노동자들의 장애 상태가 악화되더라도 계속 일할 수 있도록 적용할 수 있거나 또는 완전히 회복되기 전이라도 편의제공된 직장으로 복귀하고자 하는 노동자들에 적용할 수 있다는 점을 인식하지 못하고 있다. 이에 Gates 등은, "그러므로 편의제공 과정은 탄력적이고 지속적이어야 한다" (1996, p. 60)고 주장한다.

Gates 등은 많은 관리자가 장애가 노동자의 삶에 미치는 영향을 완전히 이해하지 못하고 있다고 지적한다. 이들의 연구에 의하면, 관리자들이 장애의 기능적 영향과 편의제공이 직무성과에 미치는 영향에만 초점을 두기 때문에 장애가 동료노동자와의 작업관계에 미치는 영향은 간과하는 경향을 보인다고 한다. 또한 관리자들은 고용인이 사용하고 있는 모든 편의제공을 알고 있지 못하기 때문에 관리자를 대상으로 활용가능한 다양한 기법과 장애고용인들이 비공식적으로 편의제공을 파악하고 실시하는 방법에 대해서 교육할 필요가 있다. 이러한 관점의 중요성은, 이들 연구자들의 조사에서 고용인들이 4개의 편의제공을 사용하고 있음에도 관리자들은 1개나 2개의 편의제공을 사용하고 있다고 보고한다는 사실을 통해 분명히 알 수 있다. Gates 등은 지금까지 지적한 후속서비스 결여에 대한 대응으로서 관리자들이 내담자의 장애상태와 관련된 변화뿐만 아니라 편의제공의 효과성에 대해 보다 적극적으로 점검하기를 권고한다. Bryant와 Bryant(1998) 및 최근 Leslie 등(2015)이 주장한 직장에서의 보조공학 채택 단계와 유사하게 Gates 등은 관리자들이 다음을 통해 편의제공에서 적극적인 역할을 하도록 권고한다.

1. 장애 상태가 직무성과를 언제 저해하는지에 대해 정확한 사정 실시하기

2. 장애 상태로 인해 야기되는 문제점 파악하기

3. 적절한 편의제공 개발하기

4. 편의제공의 효과 확인을 위해 점검하기

5. 장애노동자와 동료노동자 간의 민감한 대화 확인하기(1996, p. 64)

관리자와 고용주의 일반적인 책임에 대해서 많은 것을 이야기할 수 있지만 특정 장애와 관련하여 그들이 가지고 있는 우려사항에 대해서 아는 것도 중요하다. 예를 들어, 고용주들은 직장에서 정신장애의 예측불가능성에 대해 어떻게 편의제공할 수 있는지에 대해 많이 걱정한다. 여러 연구에서 정신장애를 가진 사람들이 직장에서 상당한 낙인에 직면한다고 보고하는데, 그 이유는 고용주들은 정신장애인들이 예측불가능하고 이러한 장애상태에 대한 편의제공은 존재하지 않는다고 믿기 때문이다(Granger, Baron, & Robinson, 1997; Koch & Rumrill, 2016; Marini & Stebnicki, 2012; Marrone, Gandolfo, Gold, & Hoff, 1998). Rogers(1994)의 지적에 의하면, 정신장애인들의 편의제공에 대해서는 문헌에서 많이 논의하지 않고 있으며 관리자들이 쉽게 상상하기도 어렵다고 한다(예: 덜 "가시적(tangible)"이거나 장비/기구 사용이 적음). JAN(2015)에 의하면, 정신장애를 가진 사람들이 직업적 편의제공으로 가장 많이 사용하는 것은 재발시기 동안 업무일정을 수정하는 것이라고 한다.

5. 직업적 편의제공의 모든 것: 고용인과 고용주를 위한 정보

여러 유형의 장애를 가진 다양한 사람의 직장 내 성공을 돕기 위한 직업적 편의제공에 대해 잘 아는 것은 고용인과 고용주 모두에게 중요하다. 고용인의 경우, 이 정보는 장애의 침습성에 대한 개인의 통제감 회복에 필수적이다. 이 지식은 요청과정의 핵심적인 부분으로, 장애인의 정당한 편의제공 제안을 돕거나 제안요청에 대한 고용주의 대처를 돕는다. 효과적인 편의제공에 대한 정보는 고용주들로 하여금 비용-효과 전략을 사용하여 장애고용인의 생산성을 높이는 것이 현실적이라고 믿도록 하는 데 도움을 준다.

흥미롭게도 많은 고용주들, 적어도 큰 회사의 고용주들은 편의제공에 대해 긍정적 태도를 가지고 있으며 편의제공 비용으로 상당한 돈을 기꺼이 지출하려고 한다는 연구 결과들이 있다. 한 조사연구(Roessler & Sumner, 1997)에 의하면, 고용주의 대다수가 상황에 따라 다를 수 있지만 한 가지 편의제공을 위해 수용가능한 비용 범위로 5백 달러에서 5천 달러까지 고려한다는 말을 했다고 한다. 대부분의 편의제공 비용이 5백 달러를 넘지 않았다는 그들의 보고(예: 25%는 비용을 지출하지 않고 제공했으며 44%는 5백 달러 이하 지출함)에 근거할 때 편의제공 비용에 대한 그들의 수용 정도는 통상적인 편의제공의 경험을 훨씬 넘어서는 것이다. 이러한 편의제공 비용 추정치는 다른 연구 결과와 일치한다. 미국인적자원관리학회(Society for Human Resource Management)에서 고용주를 대상으로 한 조사에 의하면, 편의제공의 38%는 비용지출이 없었고 28%는 1천 달러 이하인 것으로 나타났다(Lengnick-Hall et al, 2003). 25만 건 이상의 편의제공 자문을 해온 JAN에 의하면, 편의제공 중 15%는 비용지출이 전혀 없었고 5백 달러 이상의 비용이 지출된 것은 약 40%에 불과하다고 보고한다(JAN, 2015).

앞서 언급한 연구(Roessler & Sumner, 1997)에서 고용주들은 비용 측면에서 효과적이고 수용할 만하다고 간주하는 다양한 편의제공을 시행하고 있었다. 여기에는 직무환경의 물리적 수정, 보조공학, 일정의 융통성, 사무공간의 물리적 변화, 병가로 인한 편의제공으로 동료직원의 임시 직무전환, 주차 배려 등을 포함한다. 같은 맥락에서 대다수의 고용주는 모든 유형의 편의제공이 정당하다고는 보지 않는다. 재택근무, 오후 휴식이나 낮잠 시간, 회사에서 교통편의 및 낭독자와 통역사, 개별보조원 등을 제공하는 것에 대해 심각한 의구심을 가진다. Rumrill 등(2013)이 수행한 다발성경화증 노동자 대상의 편의제공 연구에 의하면, 고용주들은 주요일정 변경(예: 전일제에서 시간제로 업무시간 감축), 개별 휴가정책의 예외 인정(예: 「가족 및 의료 휴가법[3]」의 범위를 초과하는 무급병가 제공), 출퇴근 교통수단 등의 편의제공 요청에 대해 최소한만 수용하고 있다고 한다.

편의제공에 대한 일반적 정보는 장애노동자와 고용주가 활용가능한 선택의 범위를 가능하는 데 도움을 준다. Livneh(2016)에 의하면 장애의 영향은 장애 그 자체와 장애를 가진 개인에게 있어서 매우 독특하게 나타난다. 그러므로 특정장애 혹은 장애를

---

3) Family and Medical Leave Act, 연방법으로 노동자가 출산과 자녀양육, 입양, 가족의 심각한 질병으로 병간호를 해야 하는 경우, 혹은 자신이 질병으로 일할 수 없는 경우, 12개월 내에 12주까지 무급 휴가를 요청할 수 있도록 보호하는 법.

가진 특정개인의 특정직무 수행을 포함해서 매우 개별화된 초점을 가지고 편의제공을 검토해야 한다. 이와 같이 정밀한 방법으로 편의제공하는 것이 가능하지 않을 수도 있지만, 특정 유형 장애노동자들의 편의제공에 대해서는 논의할 수 있다. 예를 들어, Rumrill, Roessler, Battersby-Longden과 Schuyler(1998)는 맹과 저시력을 가진 35명의 고용인을 대상으로 직장에서 직면하는 장애물과 장애물로 인해 요구되는 편의제공을 결정하기 위한 조사연구를 수행했다. 편의제공 범위는 접근성과 성과 모두에 적용했다. 응답자들은 접근성 개선의 측면에서 믿을 수 있고 여유 있는 운전기사, 카풀, 회사 승합차 지원서비스 등을 통한 교통서비스의 필요성을 언급했으며 청각적 정보전달의 필요성을 강조했고 사내 방송설비와 유도블록 사용을 추천했다. 또한 빛가림 창문과 조명 등의 개선과 그리고 점자나 확대 문자, 고대비(high-contrast) 양식으로 된 식당 메뉴와 같은 일반정보 제공의 개선을 요청했다.

응답자들은 필수기능 수행능력 증진과 관련해서, 서류작업을 위한 컴퓨터 접근성의 개선과 컴퓨터 디스크와 같은 접근가능한 양식으로 자료를 변환해 주도록 제안했다. 그들은 낭독봉사자뿐만 아니라 묵자 입력을 위한 스캐너, 점자 출력, 워드작업과 전자우편을 위한 컴퓨터 음성합성장치, 컴퓨터 모니터의 눈부심 방지장치 등을 포함해서 컴퓨터의 개조를 요구했다. 또한 시력손상 노동자들의 경우에도 직무재구조화, 업무 일정의 융통성, 사무실 물리적 배치의 재설계 등의 도움이 필요하다.

청각장애 노동자를 위한 효과적인 편의제공들이 있다. 예를 들면, Kooser(2013) 및 JAN(2015)은 일정수정, 통역사, 청각적 형식의 메시지를 보거나(섬광등) 느끼는(진동호출기) 대안적 양식으로 전환해서 전달받을 수 있도록 해 주는 기구들, 통신장비들(예: 전화벨 소리를 스크린에서 보여 주기, 비디오 중계시스템, 전화 증폭시스템), 의사소통 보조 기구(예: 자막비디오, 의사소통판), 환경적 수정(예: 방음 칸막이, 청각장애 노동자의 재배치) 등과 같은 몇 가지 유형을 제시한다.

신경학적 장애를 가진 사람들은 인지적 제한성뿐만 아니라 신체적 문제까지 야기하는 질병의 전반적인 영향에 대처해야 한다. Roessler와 Gottcent(1994)는 5명의 다발성 경화증 노동자를 대상으로 「ADA」에서 추천한 7개 유형의 편의제공 전략에 근거하여 편의제공 사례를 연구했다. 예를 들어, 한 참여자는 근력쇠약으로 인해 사무실에 들어갈 수 없어서 시설의 재구조화(예: 자동개폐 출입문 설치)가 필요했다고 보고한다. 한 교사는 직무재구조화 전략(예: 조립작업 감독에서 자습실 감독으로 직무 전환)을 통해 오르거나 서 있는 것을 피할 수 있게 되었다고 한다. 지압사는 피로로 인한 어려움을 하루 중 휴식시간을 적절하게 조정함으로써 8시간 근무시간을 지킬 수 있도록 업무일정을 조정했다. 성과와 안전 모두에 영향을 미치는 피로와 협응−균형 문제를 가진 참여자의 경우, 다른 직책으로 직무전환(목장 노동자에서 목장 관리인이 됨)을 했다. 발 페달 설치와 같은 장비의 개조는 참여자로 하여금 자료를 기록할 수 있게 했고, 다른 참여자의 경우 이와 유사한 기능을 성취하기 위해 새로운 장비를 설치했다(노트북에 프린터를 연결함). 또한「ADA」에서는 다발성경화증의 또 다른 공통특성인 흐린 시력과 관련해서, 노동자는 필요시 자격을 갖춘 낭독자 활용이라는 편의제공을 받을 수 있도록 규정하고 있다(Roessler & Rumrill, 2015).

Rumrill 등(2013)은 오하이오주, Kent 주립대학교의 편의제공을 위한 전화자문 프로그램에 참여한 41명의 다발성경화증 노동자를 대상으로 추수연구를 수행했다. 참여자들이 보고한 편의제공의 40% 이상이 일정조정이었으며 새로운 장비나 보조공학 구입은 15%에 불과했다. 중증 신체장애인의 경우, 인력지원서비스가 또 다른 중요한 편의제공의 유형이다. Nosek과 Foley(1997)은 **인력지원**(personal assistance)을 "기능적 제한점을 보상하기 위해 일상생활활동 수행에 있어서 다른 사람"(p. 63)으로부터 도움 받는 것으로 정의한다. 지원을 필요로 하는 사람의 수는 중요한데 대략 5백만 명 이상의 성인이 한 가지 이상의 주요생활활동 수행에서 도움을 필요로 한다(Andrew & Andres, 2012). 이들 중 상당수가 생산가능인구다. 실제 Marini와 Stebnicki(2012)는 65세 이하의 척수손상, 외상성뇌손상, 관절염과 같은 만성적인 건강 문제로 인해 심한 이동상의 장애를 가지는 미국인이 30%가 넘을 것으로 추정했다. 그러므로 상당히 많은 사람들이 직장에서 인력지원 서비스를 통해 도움을 받을 수 있다.

심한 신체적 제한성을 가진 사람 중 일부는 출근이나 필요한 장비 및 도구 접근 시의 도움과 같이 단지 일부 직무관련 활동에만 인력지원이 필요할 수도 있다. Nosek과 Foley(1997) 및 Nardone 등(2015)에 의하면 이와 같이 비공식적으로도 가능한 가벼운 지원은 장애노동자가 처리할 수도 있다고 한다. 이런 유형의 동료 "지원(assists)"은 분명「ADA」에 명시된 정당한 편의제공 영역의 범위 내에 포함된다. Nosek과 Foley(1997)는 지원의 책임이 동료직원의 직무 지시서에 포함되어 있다 하더라도 고용인과 고용주는 보다 집중적인 도움을 위해 공식적인 조치를 취하도록 권고한다. 그러나 앞서 언급한 바와 같이 때로 고용주들은 편의제공으로서 개별보조원 제공은 자신들의 책임 범위를 넘어서는 것으로 본다(JAN, 2015; Roessler & Sumner, 1997). 이 경우 재활
상담사는 지원을 확보하기 위해 다른 방안을 모색해야 한다.

재활상담사는 중증장애를 가진 사람들이 필요한 인력지원 서비스를 확보할 수 있도
록 돕기 위해 자금 지원처들을 찾아야 한다. Nosek과 Foley(1997)는 재정지원 가능성
있는 Medicaid와 「Title XX」[4], 군인 장애연금, 주립-연방재활기관 등을 확인했다. 그
러나 안타깝게도 인력지원 서비스를 위한 자금의 활용가능성은 요구에 비해 훨씬 적
었으며, 전일제 유급 인력지원이 최선인 경우에 특히 그러하다(Nosek & Foley, 1997).
그러므로 미국장애인협회(American Association of People with Disability, 2016)에서 장
애인 취업의 주요 장애물 중 하나로 유급 인력지원을 활용할 수 없다는 점을 지적한다
는 사실이 별로 놀랍지 않다. 앞서 언급한 바와 같이 정신장애인들은 「ADA」에 근거
하여 취업 시 정당한 편의제공을 받을 자격이 있다. 많은 고용주가 정신적 질환을 가
진 고용인에 대해 부정적 태도를 가지고 있기 때문에(Smart, 2016), 재활상담사는 정신
장애인을 위해 우선 직접적인 고용옹호 준비를 해야 한다. 실제 Koch와 Rumrill(2016)
및 Marrone 등(1998)은 노동자들의 요구를 충족시키고자 한다면 고용옹호가 매우 중
요하다고 주장한다. 또한 그들은 상담사가 직업 자체 또는 직업의 관리 특성과 관련
된 문제를 해결할 수 있는 성공적인 편의제공 전략에 대한 정보를 가지도록 강조한다.
JAN(2015)은 정신질환을 가진 노동자의 요구를 해결할 수 있는 다양한 편의제공 전략
을 추천했다. 여기에는 직장에서의 스트레스와 갈등 감소, 고용인 지원프로그램[5]과 지
역사회 정신보건 서비스제공자에게 의뢰, 필요한 정신적 혹은 약물 치료를 받을 수 있
도록 휴가 제공, 직무지도원, 관리 상황에서 칭찬과 긍정적 피드백 사용, 조용한 장소
에서 휴식 갖는 것 허용, 동료직원들에게 정신장애의 특성과 영향에 대한 교육 실시,
필요시 시간제 작업 선택, 융통성 있는 작업시간, 전자식 시간관리와 직무계획도구 등
을 포함한다. 이와 같이 정신장애인을 위한 편의제공 중 많은 것이 고용주가 비용을 지
불하지 않거나 아주 적은 비용만으로도 활용할 수 있다는 점에 주목할 필요가 있다.

학습장애는 원인이 다양하겠지만 모두가 중추신경계 기능손상으로 인해 수용기술

---

4) 사회보장법의 Title XX를 통해 지역 사회서비스 프로그램에 대한 기금 제공이 가능하며 이 기금은 대상자의 자
 립과 독립 능력을 강화, 복원, 유지 또는 향상시키는 데 사용될 수 있다.

5) Employee Assistance Programs, 직업만족도나 생산성에 부정적 영향을 미칠 수 있는 문제를 극복하도록 제공
 하는 서비스.

과 표현기술 모두에 결함을 가진다. 그 결과 학습장애고용인들은 읽기, 쓰기, 셈하기가 요구되는 직무에 어려움을 가진다. 다행스럽게도 읽기, 쓰기, 셈하기가 요구되는 기술들을 대체하거나 증진시키기 위해 활용할 수 있는 효과적인 편의제공들이 있다(Heward, 2006; Wehman, 2013). 고용주들은 학습장애고용인들의 인쇄물과 읽기 자료의 문제해결을 위해 시각 대신 다른 감각을 통해 정보를 제공할 수 있다. 예를 들어, 전자우편 메시지를 들을 수 있도록 하는 음성출력 컴퓨터 프로그램이나 책을 읽어 주는 스캔 장치를 허용할 수 있다. 학습장애인들의 말과 언어 장애 및 쓰기 표현의 어려움을 보상하기 위해 철자와 문법을 점검해 주는 태블릿 컴퓨터 및 워드프로세스 프로그램을 활용할 수 있다. 또한 쓰기의 초기 계획단계에서 생각을 조직화할 수 있도록 돕는 쓰기 소프트웨어를 사용할 수 있다. 계산의 문제는 요즘 일반적인 스마트폰이나 태블릿, 노트북에 있는 계산기를 사용함으로써 간단하게 해결할 수 있다(Scherer, 2012). JAN(2015)이 학습장애노동자를 지원하기 위해 추천하는 또 다른 편의제공에는 서면이나 전자 매체의 글자 확대와 두 줄 띄기, 컴퓨터 화면의 색채 배합이나 대조 조정, 단어예측 소프트웨어, 문자나 컴퓨터 지시를 받아쓸 수 있도록 하는 음성인지 소프트웨어, 훈련이나 회의 시 녹음하기 등이 포함된다. JAN(2015)는 기질적 뇌질환의 다른 유형인 주의력결핍과잉행동장애(ADHD) 고용인을 위한 다양한 직장 내 편의제공 전략을 추천한다. 여기에는 큰 업무를 몇 개의 작은 과제로 나누기, 업무 점검표, 태블릿 컴퓨터와 스마트폰을 이용한 전자수첩과 일정표 활용, 서면 혹은 전자우편 지시, 새로운 과제에 대해 처리시간 연장, 보수교육, 특정 직무를 위한 구두 혹은 그림 단서, 전자 혹은 출력된 포스트잇, 청각적 산만성을 줄이기 위한 소음제거 헤드셋, 소리 흡착판, 백색 소음기, 산만자극이 없는 장소로 배치전환, 시각적 자극을 줄이기 위한 가림판, 노동자 공간의 어수선함 줄이기 등이 포함된다. 다시 강조하지만 이 집단에 제공된 편의제공의 지출비용은 25%는 비용이 전혀 들지 않았고(예: 환경수정), 44%는 1달러에서 500달러 이내(예: 컴퓨터 소프트웨어, 녹음기, 시한 장치)였다.

6. 편의제공과 승진

재활전문가들이 장애고용인의 편의제공 자문을 특정 시점에서 고용이나 고용유지 요구 충족을 위해 개인-직업 적합성을 증진시키려는 고정적 대응과정으로 인식하는 것은 적절하지 않다. 적절하게 편의제공된 직업들은 장애고용인들이 자신의 노력을 통해 더 높은 수준의 책임과 보수로 도약하게 하는 발판이다. 중증장애인의 발전 가능성을 높이기 위한 두 가지 접근법이 있다: (1) 조직의 변화에 대처하기 위한 개별 기술개발, (2) 고용인의 현장 편의제공 요구에 대한 지속적인 점검을 포함한 고용주가 제안하는 조직의 경력개발 서비스

Dix와 Savickas(1995)는 고용인이 주요 승진후보자가 되기 위해서는 개인기술 개발이 필요하다고 말한다. 이들에 의하면 진취적이고 혁신적인 경력개발 과제는 고용인이 다음 6가지 현직 상황에서 유능하게 반응할 것을 요구한다: 조직 적응성, 직책수행(편의제공을 통해 증진된), 근무 습관과 태도, 동료와의 관계, 승진, 진로 선택과 계획. 다행스러운 것은 Dix와 Savickas(1995) 및 Crites(1982) 등이 제안하는 사정-중재 경험을 통해 이 과제들에 대처할 수 있는 능력증진 방법을 배울 수 있다는 점이다. Crites는 현직의 요구에 대처하는 것을 경력 전문기술(career mastery)이라고 지칭하며 이를 통해 장애고용인이 경력 동기의 성취를 저해하는 요소들을 감소시키거나 제거할 수 있는 능력을 증진시킬 수 있다고 믿었다. 경력개발 기술 중의 한 가지 예로는 개인이 앞으로 필요로 하는 보조공학과 편의제공의 유형을 예상하는 능력을 들 수 있다.

Dix와 Savickas(1995)는 고용인들로 하여금 개발과제들뿐만 아니라 각 과제와 밀접한 연관이 있는 대처반응들(coping responses)과 예시행동들(sample behavior)에 초점을 두게 함으로써 이러한 승진 기술을 가르칠 것을 주장한다. 그들은 성공적인 고용인들을 대상으로 하는 우연학습의 결과에 기초하여, 고용인들이 숙달해야 하는 대처반응과 예시행동을 파악했다. 예를 들어, 그들은 조직 적응성(organizational adaptability) 개발과제를 구성하는 8가지 대처반응들을 찾아냈다. 각 대처반응은 몇 가지 예시행동들로 구성된다. "직무 전문기술 습득(acquire job expertise)"은 조직 적응성을 위한 대처반응 중의 하나이며, 이 반응은 직무에 대한 더 많은 공부와 경험을 통해 습득할 수 있다. 다른 5가지 개발과제 또한 배울 수 있는 대처반응과 예시행동으로 세분된다.

그러나 경력개발의 책임이 장애고용인에게만 있는 것은 아니다. 고용주 또한 의무가 있으며, 인적자원 계발을 위한 조직의 경력관리 접근이 그 하나의 예다(Baruch & Peiper, 2000). 조직의 경력관리 과정에서 고용주의 문제는 어떤 시스템을 사용할 것인가 하는 점이며 이는 고용주의 자원 및 산업 유형, 고용인 요구의 특성에 의해 결정된

다. Baruch와 Peiper(2000)는 개인과 조직 양쪽의 이익을 최대화하기 위한 적극적 관리와 계획 전략의 가치에 대해 논의했다. 사정센터, 멘토관계, 경력연수 등이 적극적 관리체계의 요소다. 적극적 계획전략에는 "개인을 위한 경력계획과 회사를 위한 승계계획을 구체적으로 만드는"(2000, p. 360) 조직이 포함된다. Rumrill 등(2013)의 연구에서 다발성경화증을 가진 고용인들은 현 고용주들의 제시하는 이러한 경력관리서비스의 활용가능성에 대해 만족하지 않았다.

조직의 책임성에 대해 도움이 될 다른 연구들도 있다. 예를 들어, 외상성 뇌손상을 가진 젊은이들의 고용상태 증진 연구는 중증장애 고용인들이 필요로 하는 서비스에 대한 유용한 통찰을 제공한다. Hendricks 등(2015)은 뇌손상을 가진 신입고용인을 돕기 위한 선임 관리자들의 조언과 후원을 강조하는 조직프로그램의 가치에 대해 언급했다. 이 전략들은 다른 장애를 가진 고용인들에게도 쉽게 적용할 수 있다. 조직의 경력개발 기법의 또 다른 예로는 경력계획 세미나, 편의제공 훈련, 경력 전문기술 상담 등을 들 수 있다(Szymanski et al., 1996).

Rumrill 등(1998) 및 Dowler와 Walls(1996), Nissen과 Rumrill(2016), Chapin(2012)은 장애고용인들의 경력개발 증진을 위해 조직이 더 많이 주도하는 강력한 사례를 제시한다. Rumrill 등의 연구에서는 35명 시각장애 고용인들의 직업 불만족에 대한 가장 큰 이유의 하나로 승진기회 부족을 지적한다. 대상의 49%가 현 직업에서 충분한 승진가능성을 가지지 못했다고 보고한다. Dowler와 Walls(1996)는 JAN에서 수행한 394건의 편의제공 지원요청을 검토한 결과, 대부분의 요청은 청각장애인이 적절한 편의제공이 가능한 직장을 얻을 수 있도록 도움을 구하거나 고용된 사람들이 현재 직책을 유지할 수 있도록 도움을 구하는 것이었다고 보고한다. 이에 대해 연구자들은 청각장애 고용인의 승진이 매우 드물거나 승진을 위한 추가적인 편의제공이 필요없거나, 둘 중의 하나라고 결론 내렸다. 장애인들의 불완전고용을 고려할 때, 후자보다는 전자가 JAN에서 청각장애 고용인들의 승진을 위한 편의제공 요청이 거의 없었다는 사실에 대한 보다 합리적인 설명이 될 수 있을 것 같다.

7. 맺음말

　장애인의 미고용과 불완전고용 비율이 시사하듯이, 재활상담사는 장애인들이 직업을 가지고 고용을 유지하고, 선택한 진로에서 승진하도록 돕기 위해 최선의 노력을 쏟아야 한다. 그러나 적어도 최근의 한 가지 희망적인 점은 중증장애인의 고용율이 증가했다는 것이다. 전문가들은 이 성과가 「ADA」와 「개정 ADA」의 제정 그리고 이 법에서 비차별적 고용과 정당한 편의제공을 명시한 덕분이라고 본다.

　「ADA」 1장의 핵심 규정인, 고용에서의 정당한 편의제공에는 보조공학, 직무환경수정, 직무재구성, 직무지도와 같은 전략들을 포함한다. 보조공학은 장애로 인해 손상된 기능을 보완하거나 대체하는 장비와 제품들을 포함한다. 직무환경수정은 환경적 변화를 요구하며 직무재구성은 직업적 필수적 기능의 변화나 그 기능을 동료에게 위임하는 것을 포함한다. 직무지도는 처음 직무를 시작하는 시기나 직장에서 스트레스가 많은 시기에 노동자에게 지원을 제공한다. 이러한 기법들을 적절하게 사용한다면 새로 직업을 갖거나 직업으로 복귀하기 위한 장애인들의 능력에 크게 기여할 수 있다. 그러나 아쉽게도 최근 연구에 따르면 편의제공 전략들이 직장에서의 승진을 위해서는 잘 이용되지 않는다고 한다.

　재활상담사가 직장에서 보다 큰 규모로 정당한 편의제공을 시행하기 위해서는 자신들의 역할에서 자문의 기능을 전적으로 채택해야 한다. 자문은 장애고용인과 고용주 양쪽 모두에게 제공한다. 고용주의 경우, 상담사는 장애를 가진 구직자와 고용인을 위한 「ADA」와 「ADA」의 보호 및 규정에 대한 정보를 제공할 필요가 있다. 정서장애와 같은 일부 장애유형의 경우, 상담사는 지속적으로 고용주들의 부정적 기대와 편견을 반박하고 고용을 강력하게 주장하는 행동을 해야 한다. 다른 사례들의 경우, 상담사는 고용주들이 자격을 갖춘 장애인을 위한 정당한 편의제공의 의무뿐만 아니라 여러 유형의 기능적 제한성을 해소할 수 있는 비용효율이 높고 실제적인 편의제공이 있다는 점을 이해하도록 도울 수 있다. 여러 연구에서 편의제공이 비싸지 않고, 대부분의 비용이 500달러 이하인 것으로 나타났다. 실제 편의제공의 15% 내지 25%는 비용이 전혀 들지 않았다.

　상담사는 정당한 편의제공 과정과 관련하여 내담자에게 유용한 상담서비스를 제공할 수 있다. 우선 내담자들이 글자, 의사소통, 물리적 접근, 학습 상의 장애물 등을 다루는 데 활용할 수 있는 다양한 편의제공을 알도록 도울 수 있다. 장애인들은 이 지식들을 통해 자신이 생산적 노동자로 남을 수 있고 고용주들에게 실행가능한 전략들을 제시할 수 있다는 자신감을 가질 수 있다. 또한 이 지식에 근거한 편의제공의 결과로 장애로 인한 개별적인 침습성을 통제할 수 있다는 것을 배우고 나아가 개별 통제감과 자율성을 강화하는 경험을 한다.

편의제공의 권리와 기법에 대한 지식을 효과적으로 사용하기 위해서, 장애인들은 무엇을 요구해야 하는지 그리고 그것을 어떻게 요구해야 하는지 모두 알고 있어야 하며, 재활상담사는 정보와 훈련을 제공하여 내담자들이 편의제공 요청방법을 배우도록 도울 수 있다. 또한 내담자가 편의제공 검토를 요청할 수 있도록, 「ADA」의 권고 절차와 장애고용인이 가지는 권리를 알려 줄 수 있다. 「ADA」에서 구체화한 것처럼 장애인은 채용제안을 받은 후 또는 채용과정 중 언제라도 필요한 편의제공에 대한 검토를 요청할 수 있다. 일부 전문가들은 장애인이 현재 고용된 상태라면 공식적인 질의서류를 통해 요청할 것을 권고하지만 실제 현장에서 서면 요청은 잘 이루어지지 않는다. 상담사는 장애인에게 편의제공 선택의 최종 결정권은 고용주에게 있으며, 회사에 과도한 부담이 되지 않을 경우에만 고용주가 정당한 편의제공을 할 의무가 있다는 점도 상기시켜야 한다.

재활상담사는 장애인이 편의제공 요청과정을 잘 처리하는 데 필요한 기술을 배우도록 도울 수 있다. 일반적으로 기술은 요청기술과 갈등해소기술의 2가지 범주로 구분된다. 장애인이 고용주에게 편의제공 검토를 요청하기 위해서는, 검토를 공식적으로 요구하고 자신이 직무수행에 영향을 주는 장애를 가지고 있으며 편의제공이 필요하다고 말해야 한다. 상담사는 내담자가 언제 요청하고 과거부터 사용되어 온 가능한 편의제공과 선택된 편의제공의 설치 및 비용, 시행 등에 있어서 어디에서 어떻게 도움을 받을 수 있는지를 제안할 수 있도록 준비시켜야 한다. 물론 이러한 일련의 요청행동은 고용주가 편의제공의 필요성을 받아들인다는 것을 가정한 것이다. 이 같은 요청이 받아들여지지 않을 경우, 장애인은 두 번째 기술, 즉 갈등해결기술이 필요하다.

장애고용인은 고용주와의 대화과정에서 갈등해결기술을 통해 고용주로 하여금 편의제공으로부터 사업상의 수익을 얻는 방법을 이해하게 함으로써 상호도움이 되는 상황을 만들 수 있다. 장애고용인은 요청과정 동안의 갈등을 해소하기 위해 다음과 같은 점의 중요성을 이해해야 한다: 고용주의 반대에 대해 재진술하기; 반대에 접근하기 위해 사람이 아니라 문제에 초점 두기; 상호수용가능한 해결책을 찾기 위한 브레인스토밍 장려하기; 편의제공 혹은 절차적 단계 선택과 관련한 동의 내용 재진술하기. 장애인이 요청 및 갈등해소 기술을 숙달하게 되면 편의제공 모색과정을 효과적으로 이끄는 위치에 놓이게 된다.

재활상담사는 장애인이 편의제공과정을 주도하도록 준비시키는 것과 더불어 편의제공 채택과 관련하여 선택, 점검, 평가의 전 과정 내내 자문 역할을 한다. 상담사는 장애고용인 및 관리자와 함께 팀의 일원으로서 직무요구, 고용인의 강점과 제한점, 직업요구에 대한 고용인의 수행 증진을 위해 필요한 공학유형의 분석을 돕는다. 재활상담사는 고용인의 계획된 편의제공 사용여부와 편의제공을 통한 생산성의 기대효과를 점검하도록 돕는다.

장애인의 생산성을 증진시키기 위한 편의제공의 시행과 점검에 대한 책임이 오로지 고용인과 상담사에게만 주어지는 것은 아니다. 장애인의 편의제공 요구를 파악하고 반응하기 위한 단계를 거치는 것은 고용주에게도 최선의 이익이다. 고용주는 지원 서비스를 제공함으로써 법적 요구를 충족시킬 뿐 아니라 생산성과 신뢰를 갖춘 노동자로 인정되는 노동인력을 이용할 수 있게 된다. 고용주는 편의제공을 위한 선도적 조치를 통해, 보다 많은 기여를 할 수 있는 잘 훈련되고 신뢰할 수 있는 고용인을 선택하고 유지하고 성공을 도울 수 있다. 많은 전문가가 언급한 바와 같이 직업에서의 장애인 편의제공(예: 보조공학, 직무환경수정, 직무재구조화, 직무지도)은 관련된 모두에게 윈−윈 과정이다. 이는 고용의 측면에서 노동자와 고용주 간의 상호 이익의 결과를 산출하는 장기근속의 발판이 된다. 정당한 편의제공은 장애고용인을 보다 생산적이 되게 하며 노동자의 만족과 만족감을 높이는 결과를 가져온다. 만족과 만족감은 한 쌍의 장기근속 예측인자다. 장애인 고용에서 장기근속의 증진은 재활상담사의 업무 중에서 가장 우선하는 것 중의 하나다.

11장

체계적인 사례량관리

Reed Greenwood and Richard T. Roessler

재활상담사는 상담, 사례관리 및 사례량관리 기술을 종합적으로 활용함으로써 넓은 범위의 장애상태에 대처하는 다양한 개인을 돕는다. 사례량관리는 재활상담 분야에서 널리 사용하고 있는 용어지만 전문가들 간에도 적용하는 환경에 따라 다양한 의미를 가진다(Chan et al., 2003; Frankel & Gelman, 2004; Grubbs, Cassell, & Mulkey, 2006; Kolehmainen, Francis, Duncan, & Fraser, 2010, 공공 및 민간 재활, 사회복지, 관리의료[1], 상담, 간호 등과 같은 환경의 사례량관리 참조). 이 장에서는 주로 주립-연방 직업재활체계 내, 특히 주립기관의 상담실무자와 관련하여 설명하지만 직무 환경과는 무관하게 사례량관리의 원칙과 기술들을 재활상담에 적용할 수 있다. 실제 다양한 재활환경에서 일하고 있는 재활상담사들은 사례량관리 기술이 지식과 직무 기능의 중요 영역이지만 자신의 준비가 부족하다고 생각한다(Chan et al., 2003; Lustig & Strauser, 2008).

267

---

1) managed care, 제3자지불제(보험, 정부 등)하에서 각종 시술에 대한 비용을 조정하고 치료형태를 규제하는 데 대한 중재를 마련하는 것으로, 관리진료라고도 함.

문헌에 소개되어 있는 **사례량관리**(caseload management)의 정의는 개별 사례나 상담사의 상담 의무에 대한 관리보다는 일반적으로 상담사가 맡고 있는 전체 사례에 대한 관리에 초점을 둔다(Leahy, Chan, & Saunders, 2003; Leahy et al., 2013; Rumrill & Koch, 2014). 이런 관점에서는 Henke, Connolly와 Cox(1975)의 다음과 같은 사례량관리의 정의가 적절할 것이다.

> 한 번에 한 사례 이상 다룰 수 있는 방법, 어떤 사례를 다룰 것인가를 선택하는 방법, 한 사례에서 다른 사례로 전환해 가는 방법, 모든 사례의 진전을 보장할 수 있는 체계를 수립하는 방법, 설정한 목표들을 달성하는 방법. (1975, p. 218)

이 장에서 사용하는 '사례량관리'는 이 정의와 같은 의미를 가진다.

Grubbs 등(2006)은 사례량관리와 관련하여 사례량관리 모델과 과정에 대한 상담사의 통제, 의사결정, 시간관리, 직업재활과정에서 사례상황(case status)[2] 분류, 사례 진행과정 관리, 사례 기록 및 문서화, 사례 발굴과 같은 관련 활동 등에 대해 논의했다. 체계적인 맥락 내에서 계획진행, 통제, 의사결정, 효율성, 목표 성취의 개념은 효과적인 사례량관리의 핵심이다. 재활상담사가 사례량관리 기술을 가지지 못한다면 가장 효과적인 방법으로 장애인에게 서비스를 제공하고자 하는 자신의 목표를 성취할 수 없을 것이다. 재활상담사는 대개 한 번에 한 사람을 상대하여 직접적인 서비스를 제공하지만 또한 동시에 직업목표 성취를 위해 다양한 상담, 회복 및 훈련서비스 등을 받으며 점진적으로 진전을 보이는 많은 개인의 사례량을 책임지고 있다. 재활상담사의 시간과 활동 관리능력은 재활과정의 효율성과 효과성에 깊은 관련이 있기 때문에 재활상담사는 많은 내담자에게 시간과 서비스를 효과적으로 할당할 수 있는 사례량관리 실무지침을 개발할 필요가 있다. 나아가 많은 사례량의 요구가 상담사의 소진(burnout)과 사직(resignation)의 주요 요인이라는(Frankel & Gelman, 2004) 점을 감안한다면 사례량관리의 요구를 잘 다룰 수 있도록 대비하는 것이 재활상담사 준비과정에서 매우 중요하다.

---

2) 체계적 관리를 위해 직업재활과정을 '00'에서 '32'까지 16개 체계로 나누어 서비스 진행과정에 따라 각 사례에 코드를 부여함.

1. 체계적인 사례량관리

체계적인 사례량관리는 재활상담사가 많은 내담자와 직접 상담관계를 가질 뿐만 아니라 이 외에도 많은 기능과 직무를 수행한다는 가정에 기초한다(Marini & Stebnicki, 2012; Patterson, 2003). 그러므로 상담사는 사례량관리 기능과 직무를 수행하기 위해 자신의 시간과 자원을 어떻게 할당할 것인지 효과적으로 계획해야 하며, 시간을 최대한 활용할 수 있도록 계획을 관리해야 한다. 또한 성과점검 및 기대에 따른 성과의 적합성 판단, 필요시 계획수정 등과 같은 기능을 통해 사례량관리 목표를 성취하고자 하는 노력의 결과를 평가해야 한다. 체계적인 사례량관리를 위한 접근은 전인(whole person) 재활을 강조하는 재활상담의 큰 틀 안에서 이루어진다(Rubin, Roessler, Rumrill, 2016).

체계적인 사례량관리에서 상담사의 역할은 내담자 면접, 내담자와 그 가족에 대한 상담, 재활프로그램 계획, 서비스조정, 다른 서비스제공자와 상호작용, 내담자 배치와 사후지도, 진전 점검, 문제해결 등에 초점을 둔다(Strauser, 2013). 이 외에도 상담사는 사업관리 활동, 전문성 계발 및 관련 직무들에 관여한다(Chapin, 2012). 분명한 것은 재활상담사가 탁월한 계획하기, 관리하기, 평가하기 기술을 가져야 한다는 점이다.

2. 계획하기: 목표, 기능, 직무

상담사가 효과적으로 계획을 수립하려면 서비스 목표와 목표달성에 필요한 행동을 결정해야 하고 사례량을 체계적으로 조사할 수 있는 지식과 도구들을 가져야 한다. 이는 상담사가 재활-상담 기능과 직무들을 이해해야 하고 사례량에 대한 목표설정 체계를 가지고 있어야 한다는 것을 의미한다. 그러므로 상담사는 내담자에게 최대의 이익을 줄 수 있도록 기능들과 직무들에 대한 균형 있는 시간할당 목표를 정기적으로 수립해야 한다.

목표설정은 두 가지 단계, 즉 (1) 성취할 목표들의 선택과 (2) 목표들을 다루는 순서 결정을 포함하는 의사결정과정이다. 목표 중에서 내담자의 서비스와 관련된 것은 내담자와 가족구성원과 함께, 내담자의 서비스와 상담자의 실무에 대해서는 관리자와 함께, 서비스조정에 대해서는 외부 지역사회 서비스 담당자와 함께 협의하여 설정한다. 상담사가 사례량관리를 효과적으로 수행하기 위해서는 각 활동에 균형 있게 시간을 할당할 수 있는 합리적인 판단 연습이 필요하다. 이 장에서는 사례량관리와 관련된 의사결정에서 고려해야 할 요소들에 대해서는 다루지 않는다. 목표설정에 있어 내담자의 복지가 최우선이기 때문에 재활서비스를 계획하고 시작하고 유지하는 데 필요한 상담사의 서비스에 중점을 둔다. 재활상담사의 주요 기능과 직무들을 검토하는 것은 가장 중요한 활동에 목표와 계획의 초점을 두기 위함이다.

재활상담의 사례관리 모델은 재활상담사에게 다섯 가지의 기능을 요구한다:

- **초기면접**(intake interviewing)−내담자의 재활과정 시작과 관련된 정보의 수집과 제공 직무
- **상담 및 재활계획**(counseling and rehabilitation planning)−의료 · 심리 · 직업 평가의 확인, 내담자와 함께 수집된 정보처리, 주요 재활목표, 중간목표, 목표달성 평가계획에 대한 공동 결정
- **재활서비스 준비, 조정, 구매**(arranging, coordinating, or purchasing rehabilitation services)−훈련, 신체적 회복, 교통수단, 주거 등의 서비스를 포함한 재활계획 시행 직무
- **배치 및 사후서비스**(placement and follow-up)−고용과정과 관련된 직무(예: 직무개발, 직무분석, 직업배치 및 고용 혹은 독립생활에 대한 배치 이후의 사후서비스)
- **점검 및 문제해결**(monitoring and problem solving)−내담자 서비스 프로그램에 대한 정보수집 및 재활과정에서 일어나는 문제해결 지원

또한 효과적인 사례량관리를 위해서 재정, 인사관리, 사례기록 · 보고, 사례 처리 및 관련 활동 등의 직무를 포함한 사업관리에 대해 주의를 기울이는 것이 필요하다.

상담사의 역할은 실무환경, 즉 공공기관, 비영리 프로그램 혹은 민간 영리조직의 조건 내에서 성취가능한 목표를 설정하는 것이다. 실무환경은 수행해야 할 기능과 직무의 범위에 영향을 준다. 이 기능과 직무에는 서비스 구매나 서비스의 적격성 결정, 실무의 사업적 운영(민간 영리 재활환경의 경우; Brodwin, 2016 참조)을 위한 재정자원 관리를 포함할 수 있다. 후자의 경우에는 공공 또는 비영리 환경의 상담사들이 하지 않는

회계, 대출 및 기타 요인 등에도 관여해야 한다(Brodwin, 2016, 영리현장의 기능에 대한 논의 참조).

3. 관리하기: 시간 할당

일단 상담사가 재활상담 실무의 계획과정, 기능 및 직무(무엇을, 어떻게)를 이해하면, 효율적이고 효과적인 기능과 직무 수행을 보장할 수 있도록 자신의 책임을 행동과 시간 할당(언제)을 통해 전환할 수 있다. 사례량관리에 있어서 시간은 분명한 제한적인 요소이기에 시간의 중요성에 대한 고려는 상담사가 해야 하는 가장 우선적인 일이다. 기능에 대한 다음 설명들은 상담사의 주요 기능과 관련된 시간적 매개변인들을 보여주고 있다.

1) 초기면접하기

상담사는 기관에 새로 의뢰된 내담자를 가능한 빨리 만나는 것이 좋다. Willey(1979)는 의뢰 이후 재활서비스를 지체 없이 시작하는 신속한 후속조치의 중요성을 강조했다. 그의 주장은 재활에 있어서 조기 개입이 재활과정의 긍정적 성과 증대와 관련된다는 연구결과들에 근거한 것이다(Gardner, 1991; Nissen & Rumrill, 2016). 대부분 내담자의 종합적인 초기면접은 최소한 1시간이 소요된다.

2) 상담과 계획하기

평가정보가 수집되면 상담사는 정보처리에 1시간 이상, 그리고 내담자와 수집된 정보를 검토하기 위한 대면상담에 최소 1시간 정도가 소요될 것으로 계획해야 한다. 내담자의 요구에 따라 재활계획을 최종적으로 확정하기 위한 면담 이전에 추가적인 만남이 필요할 수도 있다. 이 과정에서 내담자 가족들을 만나는 것은 재활노력의 전반적인 성공을 위한 핵심 요소가 될 수 있다(13장 참조).

3) 준비, 조정, 서비스 구매하기

이 서비스들은 대개 상담사가 제공하는 가장 기본적인 상담서비스를 수반한다. 예를 들면, 재활상담사가 초기면접 이후 필요한 사항을 준비하기 위해서 최소한 30분이 필요할 것이다. 이후 상담사는 재활계획 작성을 위한 상담 이전에, 내담자가 고려할 수 있는 대안을 개발하기 위해 정보처리 시간을 가져야 한다. 전체 재활프로그램의 일부로서 지역사회 서비스제공자와 접촉이 종종 필요할 수 있으며, 상담사는 자주 이와 같은 개별사회사업 활동을 처리해야 한다. 마지막으로 보험을 통해 재정지원을 받는 내담자를 돕는 민간기관의 상담사를 포함한, 많은 상담사가 재활서비스 구매 업무를 수행한다.

4) 직업배치와 사후서비스

취업 준비가 된 내담자는 일정 형태의 직업배치 서비스와 점검을 필요로 한다. 비록 배치 요구는 개인에 따라 상당한 차이가 있지만 상담사는 최소한 배치준비에 대한 평가와 내담자에게 가능한 취업기회를 제안하기 위해 시간을 할애해야 한다. 일반적으로 이러한 접촉과 서비스를 위해서 내담자 한 명당 한 달에 최소 1시간 정도가 필요하다. 구직 과정에는 많은 스트레스가 뒤따르며, 상담사는 이 기간 동안 내담자의 진전을 주의 깊게 사정하고 필요한 지원을 제공해야 한다. 초기면접에서 서비스 시작까지의 기간과 배치단계 동안은 내담자를 지지하고, 어려운 의사결정과 스트레스 상황을 극복하도록 돕는 상담사의 개입이 매우 중요하다. 따라서 1주일 단위로 상담사의 주도적인 접촉이 필요하다. 취업한 내담자의 경우, 사후지도와 취업의 성공여부를 판단하기 위해 최소한 취업 후 30일마다 접촉해야 하며 접촉은 내담자당 평균 30분이 필요한 것으로 추정된다.

5) 점검과 문제해결하기

재활계획이 완성되고 서비스가 시작되면 내담자-점검 체계를 구축해야 한다. 이 체계의 강도는 내담자에 대한 서비스 프로그램의 포괄성과 내담자가 필요로 하는 지지

수준에 따라 다양하다. 그러나 재활서비스의 순차적인 흐름을 확인하기 위해서 최소한 달에 한 번의 접촉이 기본적으로 필요하다.

상담사는 서비스 제공과정에서 종종 나타나는 위기에 대응해야 한다(예: 갑자기 내담자가 입원하는 경우나 관리자가 모든 사람이 바쁜 날에 회의를 소집하는 경우 등). 이 같은 우발적 사건들은 예상하지 못한 사건에 대처할 시간관리의 필요성을 시사한다. 우발적 사건에 대처하기 위한 한 가지 방법은 매일 1시간 정도의 시간을 계획되지 않은 활동을 위해 비워 두는 것이다. 만약 그러한 일이 일어나지 않은 날에는 그 시간을 최근의 지역 고용정보를 검토하는 것과 같은 일을 위해 할애하면 될 것이다. 그러나 만약 지원이 필요하다면, 상담사는 적절한 의뢰가 이루어지기 전까지 내담자가 당장의 상황을 처리하도록 돕기 위해 중재를 준비해야 한다. 위기의 중요도 변수에는 상황의 심각성, 위기처리에 활용할 수 있는 시간, 위기의 특성과 관련한 상담사의 전문성, 위기에 대처할 내담자의 현재 역량 등이 포함된다(Frankel & Gelman, 2004).

문제해결과 점검을 위한 면담에는 내담자의 상담 욕구를 해소시킬 만큼 충분히 많은 시간을 할애해야 한다. 특정 면담을 위해 필요한 시간을 예측하는 것이 가능하지 않지만, 어려움에 직면한 많은 경우에 문제해결 활동을 위해 최소 1시간의 시간이 필요하다.

6) 사업관리

인사관리 업무는 재활상담사의 직무 중에 중요한 부분이다. 상담사는 흔히 많은 일상적인 사례를 처리하거나 위임한 사례관리 직무를 수행하는 업무비서나 보조원의 도움을 받기도 한다. 상담사는 업무의 실행가능성과 책무성을 확보하기 위해 이러한 기능에 시간을 할당해야 한다. 업무비서나 보조원 및 관리자와의 상호접촉은 하루 종일 분산되어 있겠지만 최소 하루 30분 이상 소요될 것이다. 또한 상담사는 함께 일한 사례량관리 보조자와 직원의 연간 업적 검토를 위한 시간도 배정해야 한다.

예산 관리는 상당한 금액의 사례서비스 비용을 다루는 주-연방체계의 상담사와 사례비용뿐만 아니라 사업관리까지 해야 하는 민간기관 상담사에게도 요구되는 업무다. 상담사는 정기적으로 사례들과 전체 예산을 검토해야 하는데, 이 일은 무엇을 구매할 것인가를 결정하고 어느 시점에서 불필요한 일을 없애고 자금을 어떻게 다른 필요한 곳으로 재할당할 것인가를 평가하고 사업비용이 계획된 예산에 맞춰 지출되고 있는지를 파악하기 위한 것이다. 상담사는 예산관리 업무에 주당 최소 30분이 필요하다.

마지막으로 사례기록이나 보고, 사례처리 업무는 분명 상담사의 많은 시간을 필요로 한다. 사례기록은 전문직의 필수요건이며 사례에 관여하는 상담사와 다른 전문가들 모두의 필요에 따른 다양한 기능을 한다(Frankel & Gelman, 2004; Lustig & Strauser, 2008). 주립재활기관 상담사는 흔히 연방수준에서 채택된 정책과 규정에 따라 의무적으로 사례기록을 해야 한다. 또한 상담사는 재활과정에 참여하고 있는 다른 지역사회 서비스제공자들에게 활동을 보고한다(Crimando & Riggar, 1996; Kalb, 2016; Rumrill & Koch, 2014). 보험회사 담당자와 다른 제3의 비용부담자에게 정기적인 보고를 하는 것은 민간 상담실무자의 유용성과 관련하여 매우 중요하다(Brodwin, 2016). 사례기록이나 보고, 사례처리 직무는 상담사에게 많은 시간을 요구하는데, 내담자나 지역서비스 제공자와 한 번 접촉할 때마다 15분 이상이 필요하다.

7) 시간관리 원칙

전문 서비스를 제공하는 재활상담사는 새로운 내담자에 대한 서비스를 시작하기 위해서 내담자와의 대면 회의에 많은 시간을 할당해야 하고, 이 회의에 앞선 계획 활동과 회의 이후에 추후 활동이 수반된다는 사실을 알고 있다. 앞서 설명한 원칙들을 분명히 한다면 누구나 쉽게 사례량의 한계를 판단할 수 있다. 상담사들이 스타일과 능률면에서 상당한 차이를 보이고 앞서 제시한 추정치는 최소한만을 시사하는 것이므로, 상담사가 새로운 내담자를 맡게 되면 지속적인 시간할당이 필요하다는 사실을 명확히 인식해야 한다. 양질의 전문 서비스를 위해서 많은 시간이 필요하기 때문에 효과적으로 서비스를 제공할 수 있도록 내담자의 수를 제한해야 한다.

따라서 재활상담사는 자신에게 요구되는 주요 기능과 관련 직무 및 소요 시간에 대한 이해와 더불어 몇 가지 개인적인 체계화 원칙을 통해 도움을 받을 수 있다. 다음과 같은 9가지 원칙은 재활상담사에게 특히 유용하다(Adcock & Lee, 1972): (1) 시간할당 분석하기, (2) 일일계획 세우기, (3) 예기치 못한 일 처리시간 고려하기, (4) 통제할 수 없는 일 평가하기, (5) 일상적, 반복적 업무를 위임하거나 최소한으로 관여하기, (6) 유사업무 통합하기, (7) 가장 능률적인 시간에 중요한 업무를 처리하기, (8) 미루지 않기,

(9) 시간낭비 요소를 파악하고 피하기.

전문가들은 시간을 어떻게 쓰고 있는지에 대한 질문을 받을 때, 흔히 실제와는 상당히 다른 추정치를 제시한다. 상담사는 보다 정확한 시간사용 추정치를 얻기 위해 자신이 수행한 기능과 직무의 소비시간을 일지에 기록하여 시간분석을 할 수 있다. 이 일이 매우 귀찮을 수도 있지만, 이는 바쁜 전문직 종사자에게 매우 유익할 수 있다. 일지에 적힌 자료들은 각 재활업무의 차별적 중요성에 따라 시간 할당이 적절했는지를 평가하는 데 도움이 된다.

연구에 따르면, 매일 계획을 세우는 전문가가 그렇지 않은 사람보다 향후 중요한 업무목표를 더 잘 성취할 수 있다고 한다(Adcock & Lee, 1972; Mackenzie, 1990). 매일 해야 할 일의 목록을 검토하고 수정하는 방법은 사례량관리의 도구로 자주 추천된다(Henke et al., 1975; Texas Rehabilitation Commission for the Blind, 1993). 중기와 장기 일정계획을 위해, 적어도 1년간 매주 중요한 직무를 기입할 수 있는 시간지도(time map)나 달력은 유용한 도구다. 잘 작성된 시간지도는 상담사로 하여금 한눈에 1주간의 업무활동을 파악할 수 있게 하며, 내담자에게 필요한 모든 서비스 목표와 행동계획을 기록할 수 있게 한다. 시간지도는 상담사 및 실무 목표 달성을 위해 할당된 시간을 파악하는 것뿐만 아니라 상담사의 업무 활동계획 시행을 권고하기 위해 관리자와 함께 공유할 수 있다. 앞서 언급한 것처럼 예상치 못한 일들에 대해 처리 시간을 할애하는 것이 피할 수 없는 사건들을 위한 효과적인 대비체계다.

물론 최근의 상담사는 스마트폰, 태블릿 컴퓨터, 노트북을 사용하여 시간 기록과 관리를 가능하게 하는, 스프레드시트, 시간관리 애플리케이션(또는 "앱[apps]"), 달력/알림 소프트웨어와 같은 헤아릴 수 없이 많은 전자 계획도구에 접근할 수 있다(Rubin et al., 2016). 실제로 오늘날의 정보공학과 의사소통공학은 상담사로 하여금 사실상 어느 곳에 있든지 하루 중 어떤 때라도 시간관리와 업무분석 기능을 수행할 수 있게 한다(Scherer, 2012).

상담사가 완전히 통제할 수 없는 외부사건을 처리하기 위한 시간이 필요하다는 점을 이해하는 것도 중요하다. 예를 들면, 상담사는 대개 관리자에 의해 계획된 시간 일정을 가지고 있다. 이와 같은 제한성 내에서, 상담사는 개인적으로 사용할 수 있는 시간이 어느 정도인지를 판단할 수 있고, 이 재량시간의 활용계획을 세울 수 있다. 또한 상담사가 정확한 일정과 시간지도, 서비스 제공 시 예상되는 방해물을 파악하고 있을 때,

중요 서비스에 대한 방해 요소를 최소화할 수 있는 가능성이 커진다. 전날 넘어온 예상하지 못한 사건을 다루기 위해, 시간관리 전문가들(Scanlan, 2003)은 개인들이 매일의 일정에 "마무리(catch-up)" 시간을 포함시키도록 권장한다. 상담사는 이 마무리 시간이 완결하지 못한 것들을 다룰 수 있는 방해받지 않는 시간이기 때문에 잘 지켜야 한다.

또 다른 주요 시간관리 전략은 일상적이고 반복적인 업무를 위임하거나 관여를 최소화하는 것이다. 다행스럽게도 대부분의 재활기관은 상담사에게 스마트폰, 태블릿과 노트북 컴퓨터, 사례량관리 소프트웨어, 사례량 또는 행정 보조인력을 제공함으로써 많은 사무, 보고, 연락 작업이 전자식이나 다른 사람에 의해 처리될 수 있도록 하고 있다. 상담사는 사례기록 업무(서류작업)나 내담자 면담 일정계획, 서비스조정, 내담자의 일상적인 요청에 대한 처리를 위임함으로써 상당한 시간을 자유롭게 사용할 수 있게 된다. 이는 사례량 보조원에게 내담자의 요청 유형별 처리방법과 응대기술을 가르침으로써 가능해진다. 업무 위임만큼 중요한 일은 업무 통합이다. 유사한 업무를 하나로 묶는 것은 시간을 효과적으로 활용하는 데 도움이 된다. 우편(전자, 일반) 검토하기, 전화와 문자 메시지 처리하기, 전자나 서면으로 응신하기, 사례진술을 컴퓨터 사례관리프로그램에 입력하기, 상담서비스에 대한 전자청구서 발부하기, 면담 정리하기 등은 하나의 시간 블록에서 통합해서 수행할 수 있는 업무의 예들이다.

업무 통합이 상담사의 역량과 요구를 늘려 주는 공학으로서 보다 중요해지고 있다는 점은 의심의 여지가 없다. 예를 들면, 갈수록 의사소통이 전자우편과 문자 메시지를 통해 처리되고 있으며 시간관리 전문가들은 이러한 업무 처리의 효율성을 권장한다. 전자우편의 응신 시간을 선택하는 전략과 관련해서, Ganey(2004)는 전자우편 도착 알림음이 너무 잦을 경우 개인의 일이나 사고 흐름을 방해하는 결과를 초래하기 때문에 알림음을 꺼 놓도록 제안한다. 또한 전자우편의 질의에 대해 정확하고 완벽한 반응을 준비하기 위해서는 사전에 계획하는 것이 중요하다는 점도 강조한다. 상담사는 적절한 시간에 반응한 후, 전자우편함을 어지럽히는 스팸메일 처리와 같이 전자우편 파일을 통한 의사소통을 차단해야 한다. 상담사가 문자 메시지와 소셜 미디어를 통해 내담자 및 다른 사회서비스 제공자와 연락할 때도 이와 동일한 전략이 사용된다(Hendricks et al., 2015; Scherer, 2012).

업무 통합에 대한 의사결정과 시간 투자를 시작할 때, 상담사는 개인의 황금시간대, 즉 가장 효과적으로 일을 수행할 수 있는 시간을 염두에 두어야 한다. 어떤 상담사는 아침시간에 가장 효과적으로 일을 수행할 수 있는가 하면 다른 사람들은 한낮이나 오후시간이 피크 타임일 수도 있다. 만약 특정 시간대에 효율성이 가장 크다면 그 시간에 가장 중요한 직무들을 수행할 수 있도록 해야 한다. 재활상담 분야에 있어서 상담사는 일반적으로 자신의 프라임 타임에 내담자 상담이나 관련 직무들을 수행하는 것이 일반적이다.

시간관리에 있어서 보다 어려운 문제 중의 하나는 미루기, 즉 어렵거나 유쾌하지 않거나 흥미롭지 못하거나 해결책이 없는 것 같은 일들을 연기하는 것이다(Grubbs et al., 2006; Mackenzie, 1990). 재활상담사는 흔히 어려운 내담자, 복잡한 보고서, 심하게 비판적인 관리자나 상급자, 거부적인 고용주 등이 포함된 업무에 직면한다. 이와 같은 미루기를 다루는 기법들에는 미리 정한 기간 동안 특정 업무에 주의를 기울이도록 컴퓨터화면에 팝업 메시지를 띄우거나 스마트폰의 호출음과 같이 계속적으로 상기시키는 자극을 제시하는 방법, 누군가와 문제점과 절차를 탐색하는 것에 대해 상의함으로써 그 업무를 덜 위협적으로 생각하게 만드는 방법, 업무를 나누어 한 번에 한 부분씩 작업을 수행함으로써 그 일이 어렵지 않게 생각되도록 하는 방법들을 포함한다. 사무실의 장기 방문자와 같이 시간을 낭비하게 하는 요소들을 피하거나 효과적으로 처리해야 한다. 방문가능 시간을 정하거나 하루 중 정해진 시간에는 문을 폐쇄하거나 사전약속을 잡도록 요청하는 전략들이 문제해결에 도움이 될 수 있다.

4. 평가: 점검하기, 판단하기, 수정하기

재활상담사는 사례서비스 자금이 적절하게 사용되었는지 그리고 내담자가 기대한 진전을 보이는지 확인하기 위해 제공한 서비스를 점검하고 검토해야 할 전문가로서 의무를 가진다(Rumrill & Koch, 2014; Summers, 2001). 나아가 상담사는 내담자를 위한 사례서비스의 주요 목표성취 및 정책과 실무의 부합 정도에 대해 관리자로부터 평가를 받는다. 따라서 평가활동은 상담의 업무계획과 행동의 결과로서 목표가 성취되고 있는지를 이해하는 데 중요하다.

대개 1주일 단위로 진행되는 평가활동은 점검과 판단 및 전략 수정 등을 포함한다. 시간지도는 상담사로 하여금 지도에 기입되어 있는 목표들이 성취되었는지 확인할 수 있게 한다(점검하기). 또한 사례기록은 내담자의 진전 정도를 평가할 수 있는 중요한 도구의 하나다(Frankel & Gelman, 2004). 달성되지 못한 목표는 그 목표를 달성하기 위해 무엇을 해야 하거나 무엇이 변화되어야 하는지를 결정할 수 있도록 분석해야 한다(판단하기). 상담사는 또한 목표성취에 걸림돌이 되는 주된 문제를 확인할 수 있다(즉, 문제가 내담자에게 있는지, 상담사, 제3자, 아니면 여러 사람이 복합적으로 관련되어 있는지?). 이와 같은 검토를 통해 상담사는 자신의 기술 중 심층평가가 필요한 패턴들을 찾아야 한다. 검토를 철저히 수행하려면 주당 1시간정도의 시간을 할애해야 한다. 더불어 계획의 방향을 수정할 때에는 일과 이후 혹은 일과 중에 간단한 검토가 필요하다. 그러나 주간 평가는 성취된 목표의 유형, 직면한 문제, 상담사가 보다 효과적으로 업무를 수행하기 위해 필요한 전문성 개발 등에 대해 좀 더 장시간 검토해야 한다.

상담사는 또한 평가활동을 지원하기 위해 실무현장에서 활용할 수 있는 자원을 분석해야 한다. 업무수행에 대한 부가적인 피드백을 위해 감독자, 동료, 직원 개발인력 등을 활용하는 것이 매우 유용할 수 있다. 문제상황을 감독자에게 설명함으로써 상담사는 문제를 분석하고 해결방법에 대한 토의를 시작할 수 있다. 이는 상담사가 관리자로부터 부정적 평가를 받게 하기보다는 사례관리와 상담에 있어서의 어려운 문제에 대해 도움을 요청하는 위치에 놓이게 한다. 또한 상담사가 관리자로부터 도움을 요청함으로써 관리자의 업무수행에 대한 관점을 이해할 수 있는 기회가 생긴다.

요약하면 평가는 상담사 직무의 세 가지 측면, 즉 업무계획과 성취에 대한 검토에 기반한 점검하기, 판단하기 및 수정하기를 다룬다. 상담사는 어려운 문제나 성취하지 못한 목표를 이해하고 해결책을 찾는 데 도움을 받기 위해 내부 자문가를 활용할 수 있다.

5. 공학 및 사례량 관리

사례량관리를 위해 내담자 및 사업관리절차, 사례조정에 대한 많은 정보를 활용해야 한다. 저비용으로 손쉽게 활용할 수 있는 정보통신공학(예: 스마트폰, 태블릿, 노트북)과 적절한 사례량관리 소프트웨어의 개발을 통해 보다 효율적으로 정보를 저장, 검색 및 분석할 수 있게 되었다. 주립재활기관들은 Chan, McCollum과 Pool(1985)이 개발한 프로그램과 유사한 특징을 가지는 사례량관리를 위한 컴퓨터지원 체제를 채택하고 있다.

이 프로그램은 다음 4가지 모듈을 포함한다: (1) 일반적 용도-규정안내, 양식작성, 달력프로그램, (2) 전문적 자문-장애 및 다른 변인들에 대한 자문, (3) 실행가능성 결정-임상적이고 통계적인 성과 예측 요인과 개입 방법, (4) 직업계획과 배치-직업 연결과 배치. 현재 사례기록과 비용청구 소프트웨어 프로그램은 공공 및 민간 재활기관에서 보편적으로 사용하고 있다. 상용화된 컴퓨터지원 진로 지도 및 탐색 프로그램과 같은 컴퓨터지원 상담프로그램 역시 활용 가능하다(Hartung, 2013; Zunker, 2015).

1990년대 몇몇 연구에서는 재활상담사의 사례량관리 기술을 평가하고 훈련시키기 위해 단일 혹은 복수 사례의 컴퓨터 사례관리 시뮬레이션을 사용했다(Burkhead, 1992; Chan, Berven, & Lam, 1990; Chan, Rosen, Wong, & Kaplan, 1993). 컴퓨터지원 사례량관리 시뮬레이션 활용과 관련하여, Chan 등(1993)은 여덟 명의 모의훈련 사례(1시간 정도 소요됨)를 통해 재활전공 학생들(학사 및 석사 수준)과 현장 재활상담사의 성취를 평가하였다. 내담자들은 다양한 장애유형과 사회경제적 배경을 가지고 있으며, 모의훈련 사례에는 사례기록과 진단평가에서 얻은 정보와 서비스 및 배치 활동의 성과 정보 등을 포함하였다. 연구자들은 다변량분석(판별분석)의 결과에 기초하여 두 집단의 성취는 몇 가지 주요 방법에 있어서 큰 차이가 있다는 점을 파악했다. 경험 있는 재활상담사는 내담자와 일할 때 재활상황체계(status system)를 적절하게 활용할 뿐 아니라 사례가 선호하는 행동을 더 많이 하는 것으로 나타났다. Wheaton과 Berven(1994)은 상담사의 훈련과 경험, 특히 전문직 교육수준이 재활상담사의 사례량관리 성과에 긍정적인 효과를 미친다는 유사한 연구결과를 제시하였다.

Chan 등(1993)의 연구에서는 프로그램에서 사례량관리에 대한 더 많은 훈련이 필요하다는 점을 지적하였고, 대학 및 대학원 재활프로그램은 사례량관리에 있어 상담사가 직면하는 전형적인 문제들을 그대로 반영하고 있는 종합적인 컴퓨터지원 시뮬레이션을 포함해야 한다고 제안한다. 보다 복잡한 사례량 모의훈련을 위해 몇 사례가 필요한지 확신할 수 없지만, Chan 등은 많은 상담사가 경험하는 다양한 사례에 대한 적절한 모의훈련을 위해 여덟 사례(다양한 범위의 사례서비스 선택) 이상이 필요하다는 결론을 내렸다. 또한 모의훈련의 교육적 가치를 높이기 위해서 소프트웨어 프로그램을 통해 훈련참가자에게 사례량관리의 적절성에 대한 즉각적인 피드백을 제공하도록 권고한다.

1990년대 당시의 출판물에서는 컴퓨터화된 사례량관리 훈련에 대한 연구가 유망할 것으로 보였으나, 재활 연구자들은 그 이후 관련 연구가 지속적으로 이루어지지 않은 것으로 판단하고 있다. 21세기의 첫 20여 년 동안 컴퓨터와 디지털 비디오 공학이 기하 급수적으로 확대되고 급증했음에도 역설적으로 2000년 이후 재활 문헌에서 컴퓨터-모의훈련 사례관리 연구들을 찾아볼 수가 없다. 최근 연구에서 이러한 공백은 석사수준 재활상담 프로그램에서 사례량관리 훈련을 위한 최상의 방법이 무엇인지에 대해 의문을 갖게 한다. Lustig와 Strauser(2009)의 연구에 의하면 재활상담 전공의 대학원생과 현장 재활전문가들은 이 중요한 영역에서 자신들이 받았던 훈련의 양과 적절성에 대해 우려를 표하고 있다고 한다. 이 연구의 결과는 상담사들이 자주 직면하는 중요한 사례관리 요구를 준비하기 위해 공학을 어떻게 적용할 것인지, 재고할 필요가 있음을 시사한다.

6. 맺음말

이 책 전체를 통해 개별내담자에 대한 진단, 평가, 처치 및 사후지도를 중요하게 다루고 있다. 이 장에서는 상담사의 계획, 관리 및 평가에 초점을 두면서 사례량관리에 대한 포괄적인 문제를 검토했다. 계획단계에서는 내담자를 위해 수행해야 하는 기능과 직무에 대한 이해를 토대로 하는 상담사의 목표 결정을 포함한다. 효과적인 계획은 다음과 관련된 지식과 기술이 필요하다: (1) 내담자를 위한 상담사의 기능과 직무, (2) 주요 인사(significant other)들과 함께 해야 하는 상담사의 직무, (3) 실무에서의 기록, 보고 및 의사결정 요구, (4) 기능과 직무를 수행할 수 있는 능력적 요구, (5) 재활 과정, (6) 상담사의 직무와 재활과정 간의 관계, (7) 서비스 목표를 점검하고 행동계획을 개발하기 위한 체계적인 과정의 활용, (8) 실무와 개인적 요구, (9) 필요에 따른 우선적 배정과 계획 조정능력.

일단 계획이 수립되면 상담사는 가장 중요한 기능과 직무에 시간을 할당함으로써 효과적으로 관리해야 한다. 상담, 사례관리, 업무관리 기능과 직무를 수행하기 위해 필요한 시간을 파악해야 한다. 상담사는 요구들을 파악하고 사례량 크기의 상한선을 결정할 수 있다. 이에 덧붙여 일반적인 시간관리 원칙은 효율성 증진에 도움이 될 수 있다. 이 원칙에는 다음과 같은 것들을 포함한다: (1) 시간할당 분석하기, (2) 일일계획 세우기, (3) 예기치 못한 일 처리시간 마련하기, (4) 통제할 수 없는 일 사정하기, (5) 일상적, 반복적 업무를 위임하거나 최소한으로 관여하기, (6) 유사업무 통합하기, (7) 가장 능률이 오르는 시간에 중요 업무 처리하기, (8) 미루지 않기, (9) 시간낭비 요소를 파악하고 피하기.

평가는 상담사로 하여금 점검하고 판단하고 수정하도록 요구한다. 점검 활동의 주요 대상은 상담사의 목표, 시간할당 계획 및 사례기록 등이다. 이와 같은 상담사의 점검 결과와 다른 정보들을 통해 진전에 대한 판단을 내리며, 판단에 근거하여 목표나 전략에 대한 수정을 시작한다. 컴퓨터는 상담사를 위해 사례량관리 자료를 저장하고 인출하고 분석할 수 있게 하며 나아가 보다 효율적인 사례량관리를 촉진하는 강력한 도구다. 다양한 측면에서 사례량관리에 도움을 주는 적절한 소프트웨어 프로그램들이 공공이나 민간 재활현장에서 사용되고 있으며 이는 상담사의 업무 효율성에 크게 기여하고 있다. 또한 사례량관리 기술훈련과 관련하여 상담사의 사정과 훈련에 활용할 수 있는 소프트웨어도 있다.

결론적으로 효과적인 사례량관리는 상담사의 기능 및 직무와 관련된 모든 것을 계획하고 관리하고 평가하기 위한 체계적인 과정을 요구한다. 이 장에서 주장하는 과정에는 상담사가 내담자의 사례량을 계획하고 서비스를 제공하고 평가하기 위한 지식과 기술뿐만 아니라 상담, 사례관리, 사업관리를 위한 필수적인 지식과 기술들을 미리 갖출 것을 강조한다. 시간은 분명한 제한적 요소이므로 모든 실무현장에서 양질의 상담서비스를 위해 필요한 시간을 명확히 인식하고 지켜야 한다. 마지막으로 효과적인 사례량관리는 재활상담사의 역할 범위가 확대되고 있는 재활 및 장애관련 다른 서비스들(예: 지원고용, 전환계획, 및 지역사회 통합)의 발달로 인해 그 중요성이 더욱 부각되고 있다는 점을 상기해야 한다.

12장

재활상담 과정에서
다문화적 고려점

Walter Chung, Stanford E. Rubin, and Weihe Huang

Rachel은 뉴욕 브루클린에서 일하는 치료사로 자폐성장애를 가진 남성 내담자와 매주 토요일 그의 집에서 치료하도록 배정받았다. 내담자의 학습을 동기화하는 최적의 도구는 아이패드(iPad)지만 내담자는 안식일인 토요일에는 전자기기뿐만 아니라 샤워나 요리도 하지 않는, 하시디즘 유대교인(Hasidic Jew)이었다. 그러므로 Rachel은 내담자를 위해 전자기기를 사용하지 않는 수용 가능한 대체도구를 찾고 중재를 조정해야 했다. 이러한 Rachel의 경험은 재활현장에서 문화적 감수성의 중요성을 나타낸다.

실제로 다양한 집단구성원과 능숙하게 일하는 것은 장애인에게 서비스를 제공하는 모든 상담전문가와 심리전문가의 윤리적 책임으로 널리 인식되고 있다(예: 미국상담학회[American Counseling Association], 2014; 미국심리학회[American Psychological Association], 2010; 행동분석전문가 인증위원회[Behavior Analyst Certification Board], 2016; 재활상담사 인증위원회[Commission on Rehabilitation Counselor Certification], 2009). 이러한 기대는 지난 30년 동안 미국인구 구성 변화에 기인한 것이며 그 결과로 사회에 다문화주의, 다인종주의, 다언어주의가 더 크게 대두되고 있다(Hill, 2003). 2060년경에는 미국 인구 중, 히스패닉(Hispanic)[1]계가 아닌 백인 집단의 비율이 전체 44%에 미치지 못할 것으로 추정되기 때문에(Colby & Ortman, 2015) 상담사들은 시간이 지날수록 내담자들의 문화적 다양성에 더 많이 노출될 것이다(Hill, 2003; Kim & Abreu, 2001).

예전부터 상담사 훈련은 주로 유럽계 미국인(European American)을 위해 만들어진 이론과 개발된 기법에 초점을 맞추어 왔다(Hill, 2003; Kim & Abreu, 2001). N. R. Hill은 이러한 이론과 기법들은 오늘날 서비스를 받는 여러 내담자의 가치 체계에 항상 부합된다고 볼 수 없는, 주류 문화(예: 단일 문화적)의 가치 체계를 반영해 왔다고 지적한다. 그러므로 "다양성 관련 문제에 대한 더 많은 이해의 요구"와 "유럽계 미국인이 아닌 사람들을 위한 문화적으로 보다 관련성이 높은 서비스" 개발에 부응하는 "단일문화적 관점에서부터 다문화적 상담 관점으로 패러다임 전환"(Hill, 2003, p. 39)에 대한 요구가 있다(Kim & Abreu, 2001, p.394). 다문화적 관점은 상담 분야에 있어서 "행동주의적, 정신역동적, 인본주의적 관점의 기존 세력"을 대신하기보다는 새로운 세력(예: 제4의 힘)을 형성하고 있다고 볼 수 있다(Hill, 2003, p. 39).

다수의 재활상담사가 백인(White) 중산계층 출신으로, 전문가 훈련프로그램에 입문하기 이전부터 단일 문화에 둘러싸여 왔으므로 소수인종 내담자에 대한 그들의 반응은 이미 문화적으로 편향될 성향이 있다(Casas & Vasquez, 1989; Richardson & Molinaro, 1996; Sue & Sue, 2016). Lynch(1992, p. 38)에 의하면 G. Althen은, 단일문화적 관점을 강조하는 백인 중산계층의 가치체계 핵심에는 다음과 같은 것들이 있다고 설명한다:

1. 개인주의와 사생활의 중요성
2. 모든 개인의 동등성에 대한 신념
3. 타인과의 상호작용에서 비격식성
4. 미래, 변화, 진보에 대한 강조
5. 인간의 공동선에 대한 신념
6. 시간과 정확함에 대한 강조
7. 성취, 실천, 일, 물질주의에 대한 높은 평가
8. 직접적이고 주장적인 상호작용 방식에 대한 자부심

---

1) '라티노(Latino)'라고도 불리는 이들은 '스페인어를 사용하는 중남미 출신 이민자나 그 후손'을 가리킨다.

백인 중류층 출신의 재활상담사들이 자신의 문화적 편견을 깨닫지 못할 때, 이것들을 보편적인 가치로 인식할 수 있다(Casas & Vasquez, 1989). 그러나 미국사회 내 소수인종 문화 출신의 내담자들은 이러한 각 가치의 중요성을 비슷한 수준에서 생각하지 못할 수 있다. 예를 들어, 일본인들은 개인주의 가치화에 반하여 다음과 같이 설명되는 amae(아마에)[2]를 가지고 있다.

> amae는 어머니와 장남과의 관계를 지칭하는 말이다. 아들은 자신이 어리고 의존하고 있음에도 어머니가 연로하고 의존하게 될 때를 준비한다. amae 개념의 중요성은 의존성을 건전하고 정상적인 관계 양상이라고 간주하는 사회에서 이것이 다른 많은 관계를 평가하는 기준으로 널리 사용하고 있다는 점이다. (Pedersen, 1987, p. 20)

문화가 다른(다문화)[3] 상담에서 상담사가 자신의 문화적 편향을 드러내면, 상담의 결과에 부정적인 영향을 미친다(Chung & Bemak, 2002; Richardson & Molinaro, 1996; Rubin, Pusch, Fogarty, & McGinn, 1995; Sue & Zane, 1987). 게다가 전문적 수행에 편향을 반영하는 재활상담사들은 다문화상담 상황에서 최적의 역량을 발휘할 수 없다(Cartwright & D'Andrea, 2004; Constantine, 2007; Green, 1995). 가장 큰 문제는 대부분의 상담사들이 일상생활이나 전문적 직업훈련에서 소수민족과 소수인종에 대한 실제적 경험이 부족하다는 것이다(Sue, Arredondo, & McDavis, 1992). Sue와 Zane(1987)는 다문화 서비스전달이 효과를 거두지 못하는 주된 원인이 상담사가 "다양한 소수민족의 문화적 배경과 생활방식"에 친숙하지 못하고, 상담사의 직무 훈련이 "앵글로(Anglo), 혹은 주류[의] 미국인"(p.37)을 상담할 수 있게 준비시키는 데 집중하기 때문이라고 말한다. 그러므로 이러한 비효과성을 피하려면 재활상담사는 "다양한 문화권의 내담자를 상담하는 방법에 대해 배우고자 할 뿐만 아니라, 다양한 문화의 근본적인 핵심가치 구조를 이해하기 위해 노력해야 한다"(Richardson & Molinaro, 1996, p. 238).

백인 치료사와 소수민족 출신의 정신건강 치료사를 비교한 연구(Berger, Zane, & Hwang, 2014)에서, 백인 치료사들은 상대적으로 다문화성에 대한 인식이 부족하고, 치

285

---

2) 일본어 'あまえ(어리광, 응석)'에서 비롯되었으며, 일본의 정신분석학자 Takeo Doi가 일본인들의 인간관계와 관습을 설명하기 위해 사용한 용어다.
3) cross-cultural, '문화가 다른' 등으로 번역한 경우도 있으나 편의를 위해 '다문화'로 번역하였다.

료에 있어 다문화적 체계를 적용하는 데 미숙하며, 다문화권 내담자와 좋지 못한 관계를 형성하는 것으로 나타났다. 백인 주류의 문화에 익숙한 상담사의 편향이 소수민족 문화에 대한 지식의 부족과 더불어 때때로 다문화상담 상황에서 내담자의 행동 원인에 대한 부정확한 귀인(오역)으로 나타날 수 있다(Salzman, 1995). 예를 들어, 성인은 독립을 추구해야 한다는 문화에 익숙한 재활상담사는 "소수민족 출신 내담자가 가족의 상호의존성과 같은 문화적 가치 때문이 아니라 장애관련 기능적 제한성으로 인해 독립 추구를 꺼린다"(Rubin et al., 1995, p. 257)고 잘못 해석할 수 있다. 상담사가 내담자의 행동 원인에 대해 부정확하게 해석하면 상담사에 대한 내담자의 신뢰가 낮아질 수 있다.

상담사와 소수민족 출신 내담자 간의 태도, 가치, 행동에 대한 문화적 차이와 관련하여 재활상담사의 인식이 부족하면 현재의 문제에 대한 오진이나 문제해결을 위한 문화적으로 부적절한 추천 방안 및 받아들일 수 없는 서비스 성과 목표를 야기할 수 있고, 이로 인해 친밀한 관계로의 발전이 제한되거나, 소수민족 내담자에게 꼭 필요한 재활서비스를 받지 못하게 할 수도 있다(Chung & Bemak, 2002; Rubin et al., 1995; Sue & Zane, 1987). 이러한 결과는 다음 가상의 예에서 볼 수 있다.

 사례 연구: Li

....

Li는 천식과 알레르기를 가진 27세의 중국여성으로, 지역 2년제 대학에서 컴퓨터 프로그래머 수업을 받는 것에 대하여 지역 재활상담사에게 상담을 받고 싶었다. 그녀는 현재 15년 전 홍콩에서 미국으로 이민 온 부모님, 5년 전 부모님이 모시고 온 조부모들과 2명의 동생들을 포함한 대가족과 함께 살고 있다. Li와 두 동생들은 10년 전에 부모가 미국으로 데려왔다. 그녀의 가족은 중국식 테이크아웃 식당을 하며, Li는 그곳에서 5년간 전일제로 일했다. Li는 상담사에게 식당에서 일하는 것이 건강 상태 때문에 힘들어졌다고 이야기했다. 그녀의 아버지는 지난 몇 년간 그녀가 식당 운영을 적극 돕지 않는다고 그녀에 대해 아주 비판적이었다.

Li의 적성을 검사한 후, 재활상담사는 Li에게 집에서 160km 떨어진 대학의 컴퓨터공학 학사학위과정에 입학하라고 조언했다. 그리고 Li에게 아버지의 잦은 비판에 맞서고 집을 떠나 대학에 진학하는 독립성을 주장할 수 있도록 자기주장훈련 이수를 권고했다. 그 상담사는 컴퓨터 소프트웨어 전문가로서의 취업과, 자신의 아파트에 독립적으로 거주하는 것이 최적의 재활상담 목표라고 보았다. 상담사는 Li가 가족과 함께 살면서 가족 식당에서 계속 일하는 것이 그녀의 천식과 알레르기를 악화시킨다고 생각했다.

Li는 재활상담사가 자신을 독려하는 것이 굉장히 불편했다. 그의 조언 중 일부는 자신의 문화적 가치에 부합하지 않았다. 예를 들어, 가족 간의 친밀함과 상호의존성은 중국 문화에서 아주 중요한 가치였다. Li는 결혼하기 전까지 가족과 함께 지내야 한다고 교육받아 왔다. 장녀로서, 결혼 후에도 그녀의 조부모, 부모, 두 동생들을 돌볼 수 있도록 가족 근처에서 살아야 한다는 기대를 받고 있기에, 집에서 160km나 떨어진 대학에 가는 것은 Li가 가족에 대한 책임을 다하지 못하게 할 것이다.

게다가, 가족구성원과의 화목을 이루는 것은 중국의 가족 가치체계에서 핵심적인 것이다. 중국 문화에 있어 화목이란 가족구성원 간의 위계적 질서를 잘 따르는 것을 의미한다. 예를 들어, 자녀들은 부모의 뜻을 존중하고 따라야 한다고 요구된다. 상담사가 제안한 대로 자기주장을 배우는 것은 문화적 가치와의 대립을 야기할 것이다.

문화적으로 적절한 해결책은 지역 2년제 대학의 컴퓨터 프로그래머 양성과정에 등록하도록 조언하는 식의 방법이었을 것이다. Li가 대학에 가는 것과 가업에 대한 의무 사이의 잠재적 대립을 피하려는 노력이 있어야 했다. 예를 들어, 그녀는 가업을 도울 수 있는 시간을 확보하기 위해 시간제 학생으로 시작할 수도 있을 것이다. 더불어 그녀를 자기주장훈련에 보내는 대신, 상담사는 Li가 자신과 아버지 사이의 중재자를 찾도록 도울 수도 있었을 것이다. 예를 들어, 상담사는 Li의 어머니나 조부모들을 참여시켜 대립하지 않는 방식으로 갈등을 해결할 수도 있었다.

비록 상담사가 Li에게 그녀의 신체적 상태와 더 잘 맞는 직업을 갖기 위해 훈련을 받도록 격려한 것은 올바른 판단이었지만, 자신의 제안이 그녀의 문화적 가치와 맞지 않는다는 점을 고려하지 못했다. 그 결과 상담사는 Li의 신뢰를 빠르게 잃었고, 그녀는 두 번째 상담에 나타나지 않았다.

Pedersen(1987)은 재활상담사의 효과적이지 못한 개입이 가족구성원으로서의 성실함보다 개인주의가 더 중요하다는 문화적 편향성에서 비롯되었다고 본다. Pedersen이 지적한 대로 이러한 편향은 미국 사회의 추정(presumption)에 나타나 있다.

상담은 주로 가족, 조직, 사회와 같은 개인이나 집단의 단위보다는 개인의 발전을 지향한다. 상담에 사용되는 전문용어를 살펴보면 개인의 복지를 위한 서구식 상담사의 선호가 금방 드러난다. 자기인식, 자아실현, 자기발견이라는 기준은 서구 사회 대부분의 상담에서 중요한 성공 척도다.

중국 문화에서는 가족구성원 개개인의 안녕보다 가족전체의 안녕을 우선하는 것이 당

연하고 자연스러운 일이다. 가족의 건강과 안녕과는 무관하게 개인의 건강과 안녕을 이야

기하는 것은 그런 맥락에서 맞지 않는 일이다. (1987, p. 18)

Li의 사례에서 상담사의 부족했던 공감은 일반적으로 효과적인 상담을 위해 필요한 요소로 간주된다. 내담자가 상담사를 "상징적으로 내담자의 입장에 위치"하고 내담자의 세계를 이해하는 능력을 가졌다고 인식하면 상담 관계에 공감이 형성된다(Chung & Bemak, 2002, p. 154). 그러나 소수민족과 소수인종 내담자를 상담할 때, 내담자들이 세상을 인식하는 가치와 방식에 대한 차이에 대하여 상담사가 충분하게 자각하지 못하기 때문에 내담자들은 그렇게 보지 않음에도 불구하고 주류 백인 재활상담사들은 공감하다고 있다고 생각할 수 있다. 문화적으로 다양한 내담자를 상담할 때 이런 식의 공감은 문화적으로 민감하지 않은 공감으로 분류될 수 있다. R. C. Y. Chung과 Bemak는 상담사들이 문화적으로 민감한 공감적 소통을 위해 고려할 점들을 다음과 같이 제시한다.

- 서로 다른 문화적 배경을 가진 내담자들을 위해 가족과 공동체의 맥락을 이해하고 받아들인다.
- 가능한 경우 내담자의 문화권에서 유래한 토착적 치료 방법을 통합한다(예: 기존의 치료사들과도 협력하고자 하는 내담자의 의사를 존중한다).
- 내담자의 역사적, 정치사회적인 배경에 대한 지식을 갖춘다.
- 한 환경에서 다른 환경으로 이동한 내담자의 심리사회적 적응에 대해서 잘 안다.
- 많은 사람으로부터, 종종 매일 접했을 억압, 차별, 인종주의에 대해 매우 민감하다.
- 내담자를 위한 권한부여를 촉진한다. (2002, pp. 157-158)

문화적 민감성은 미국사회 내에서 자신과는 다른 문화에 대한 지속적인 배움의 과정에서 얻을 수 있다. 이 발견 과정의 궁극적인 성과는 "특정 공동체에서 규정하고 금지하는 가치들에 대해 체계적으로 공부하고 확인한 인식과 그러한 인식과 일치하는 전문적 활동을 수행할 수 있는 능력"(Green, 1995, p. 90)이다. 발견 과정은 재활상담사들로 하여금 "패턴과 가치들을 찾기 위해 상황에 대한 자신의 관점과 다른 사람들의 관점,

둘 다"(1995, p. 84)를 대조하도록 요구하기 때문에 비교의 속성을 갖는다. 이러한 발견 과정에서의 질문은 특정 소수민족집단 출신의 내담자들이 상담 관계를 어떻게 인식하고 아울러 재활상담사에게 무엇을 기대하는지에 초점을 맞출 수 있다. Green은 다음과 같이 말한다.

> 최소한 이것은 …… [서비스 제공자가] …… "상담 관계(counseling relationship)"라고 불리는 사회적 산물을 내담자의 규범적인 기대에 어떻게 맞출 것인지에 대한 감각을 가져야 함을 의미한다. 내담자는 큰 권위를 가지고 있고 위협적일 수도 있는, 다른 인종집단을 대표하는 낯선 사람과의 깊은 개인적인 대화를 정상적이고 수용 가능한 것으로 인식하는가? [서비스 제공자는] …… 존경이나 요구를 적절하게 드러낸 것에 대한 보답으로 가치 있는 무엇-조언, 재화, 혹은 적격성 평가-을 줄 사람으로 여겨지는가? 과업은 무엇이고, 어떻게 실행하는가? (1995, p. 93)

발견 과정에서의 질문은 또한 눈맞춤 같은 비언어적 행동과 개인적 공간 성향에 대한 문화적인 해석과 연관 지을 수 있다. 서로 다른 해석에 대한 상담사의 인식 부족은 다문화재활상담 상황에서 상담사와 내담자의 라포개발을 방해할 수 있다. Sue(1990)는 개인적 공간(personal space)에 대해 다음과 같이 설명한다:

289

> 각 문화는 개인적 공간에 있어 서로 다른 거리를 요구한다. 라틴아메리카인, 아프리카인, 흑인계 미국인, 인도네시아인, 아랍인, 남미인과 프랑스인은 대화를 나눌 때 북서유럽인들이 일반적으로 편하게 생각하는 것보다 훨씬 더 가까운 것을 선호한다. 라틴아메리카인 내담자가 가까이 다가가기 때문에 상담사를 물러나게 할 수 있다. 내담자는 이런 상담사의 행동을 무관심, 냉담함, 혹은 이야기하고 싶지 않음을 의미한다고 생각할 수 있다. 어떤 다문화 상황에서는 심지어 거만함과 우월함의 표시로 인식될 수도 있다. 반면, 상담사는 내담자의 행동을 부적절하게 친밀해지려한 다거나, 강압이나 공격성의 표시로 오해할 수도 있다. 상담사와 다른 문화권의 내담자, 양쪽 모두 공간 설정에 대한 서로의 문화적 반응과 행동을 이해함으로서 이득을 얻을 수 있다. (p. 425)

눈맞춤이 많고 적음은 문화에 따라서 다르게 해석된다. 백인 중산층 미국인들의 대인관계에서는 간헐적인 눈맞춤이 기대된다. 진실성과 신뢰성은 대다수 미국 문화에서 눈맞춤과 관련이 있다. 그러므로 백인 앵글로 색슨(White Anglo-Saxon) 상담사는 내담자가 눈맞춤을 피하는 것을 "수줍음, 소극적, 교활함, 우울함"(Sue, 1990, p. 426)과 같은 부정적인 특성으로 해석한다. 이는 직접적으로 상대방의 눈을 응시하는 것은 호전적인 행동으로 생각하고 "가능한 한 주변을 바라보거나 눈맞춤을 피하는"(1990, p. 426) 나바호족[4]의 전통적인 인식과는 다르다. 문화에 따라 눈맞춤이 다르게 해석될 수 있음을 설명한 Lynch(1992)는 "아프리카계 미국인 사이에서는 권위를 가진 사람과 눈을 마주치는 것이 경멸하는 것으로 보일 수 있다. 아시아계 집단에서 낯선 사람들 간의 눈맞춤은 부끄러운 일로 여겨질 수도 있고, 라티노 문화에서 지속적으로 눈을 마주치는 것은 무례한 것으로 해석될 수 있다"(p. 46)고 하였다. 그러므로 재활상담사들은 다문화상황에서 내담자의 눈맞춤이 부족한 것에 대해 의미 있게 진단하는 것을 주의해야 한다.

1. 집단 내 차이의 중요성: 개인별 주목의 필요성

문화적으로 민감한 재활상담사는 한 개인을 특정 문화집단의 특성만으로 규정하지 않는 사람이다. 이런 경향은 상담사로 하여금 (1) 그 사회의 다른 하위집단(예: 백인 앵글로색슨 집단 같은) 구성원으로부터의 노출에 전혀 영향받지 않은 혹은 (2) 그러한 노출로 인해 완전히 변화된(예: 주류 문화에 적응된) 히스패닉/라틴계와 같은 하위집단 문화에서 한 개인의 정체성을 볼 수 있게 한다. 두 가지 경우 모두 소수민족집단의 대부분 구성원에게 해당되지 않는 경향이 있다.

한 사람을 단일 동질 하위문화의 일부로 보는 경향은 종종 한 문화 내에서 개별적인 차이를 충분히 인식하지 못한 데서 비롯된다. 이러한 문화적 차이는 일반적으로 다른 문화에 대한 노출 및 문화적 환경 변화에 기인하며 불가피하다. 히스패닉 내담자를 예로 들면, Casas와 Vasquez(1989)는 문화 내의 개별적 차이성에 대해 다음과 같이 말한다:

---

4) Navajos, 가장 큰 북미 원주민 부족.

히스패닉 내담자는 오로지 그들 사회문화적 배경의 산물만도 아니고 문헌에 나타난 "평균적인(average)" 히스패닉을 단순히 반영하거나 통계적 추정으로 도출된 것도 아니다. 히스패닉 하위집단을 구별하는 특정한 사회역사적 요인들이 있는 것처럼, 하위집단에 관계없이 히스패닉을 구별하는 독특한 사회역사적 생활 요인도 있다. 이처럼 생활 요인들은 일반대중에게 그렇듯, 개인과 모든 히스패닉의 심리사회적 발달과 적응에 중요한 역할을 한다. 생활 요인은 가족 크기, 출생 순서, 아동기의 질병, 가족 유동성, 가족의 사망, 권위주의적인 양육, 과보호적인 가족과 같이 일상적이고 평범한 것일 수 있고, 인종주의, 차별, 교육 불평등, 건강과 사회서비스에 대한 접근의 불공평, 고용 불평등(혹은 실업), 정치적 권리박탈 같이 등과 같이 극적이거나 사회정치적으로 발생된 것일 수 있다. (p. 166)

특정 문화 출신의 모든 사람을 정확히 같은 사회문화적 배경의 산물로 보는 것은, 개인들이 그들의 환경 안에서 무엇을 중요하게 보고 그러한 환경적 요소에 어떻게 반응하는지의 차이와 같은 개별적 선택 요인을 무시하는 경향이 있다. 결과적으로, 개인들은 문화적 영향에 자신을 노출시킬 것인지와 그 영향을 받은 행동을 받아들일 것인지를 의식적으로 선택할 수 있다. 예를 들어, "멕시칸계 미국인 성인은 앵글로 문화적 관점을 받아들이거나 거절함으로서 주류 앵글로 사회에 동화될 것인가 말 것인가를 '선택'할 수 있다"(Garza & Gallegos, 1995, p. 7). 그러므로 집단 내 다양성은 문화적응과 동화의 다른 수준을 반영한 개인적 선택에 따른다. 실제로, 집단 내 차이는 문화적 집단이 이중문화(예: 히스패닉/라틴아메리칸)인 경우 더 커지는 경향이 있다. 이는 "양쪽 모 문화(parent culture)에서 비전형적으로 나타나는 독특하고 복합적인 특성"(Garza & Gallegos, 1995, p. 13)이 많이 반영된 결과다.

기본적으로, 상담사는 개인과 그의 특정한 생활 경험에 대해 고민함으로써 다문화주의에 대하여 좀 더 배타적인 P. Hays(1996)의 의견을 받아들여야 한다. Hays는 자신의 모델에서 상담사들이 내담자의 연령, 장애, 종교, 민족과 인종, 사회적 지위, 성적 지향, 토착 유산, 출신, 성별 등이 가치, 신념, 태도, 행동에 어떻게 영향을 미치는지 이해해야 한다고 주장한다. 상담사는 내담자뿐만 아니라 자신을 형성한 복합적 요인을 인식함으로써, 다문화상담에서의 역할을 더 잘 준비할 수 있다. 상담사는 개인적 편향성의 잠재성과 그 근원에 대해 이해해야 한다. 또한 상담을 통해 일반적인 문화적 집단의 영향과 내담자의 고유한 개인적 배경요인들의 특징을 탐색할 수 있고 문화적인 요소를 고려한 방식으로 상담하는 데 그 지식을 사용할 수 있다. 이러한 접근은 Sue와 Sue(2016)가 제시한 다문화상담에서의 3자 모델(tripartite model)과도 일치한다. 구체적으로 다문화 상황에 전문성을 가진 상담사들은 내담자에 대해 보편적 수준(예: 자아인식, 언어 사용능력 같은 모든 사람들과 공유하는 특징), 집단적 수준(예: 인종과 성별처럼 특정 집단과만 공유하는 공통점), 개인적 수준(예: 내담자의 고유한 특징과 경험)에 대한 종합적인 이해를 가지고 있어야 한다. 그러한 종합적인 모델은 재활상담사가 장애를 가진 내담자에게 여러 수준의 개입을 제공하도록 이끌어 준다. Sue와 Sue(2016)에 따르면, 4가지 수준의 개입은 개인적(예: 장애를 가진 내담자가 올바른 신념, 태도, 감정, 기술, 행동을 개발하도록 돕는 것), 전문적(예: 재활상담에 있어 문화를 고려한 상담을 권장하는 것), 조직적(예: 장애를 가진 내담자에 대해 차별적인 기관의 정책과 관행의 변화를 지지하는 것), 사회적(예: 장애를 가진 사람들에 대한 의료서비스와 고용의 평등을 제공하는 사회적 정치를 지지하는 것)인 것으로 구성되어 있다.

2. 특정 문화들

이 장의 아프리카계 미국인, 히스패닉/라틴계 미국인, 아시아계 미국인, 북미 원주민에 대한 설명을 따라가다 보면, Sue와 Zane(1987)가 지적한 대로, "소수민족집단과 상담을 진행할 때, 그들의 문화에 대한 지식이 없는 것은 손해가 된다는 사실이 명백해 질 것이다"(p. 39). 그러나 특정 민족집단의 주요 특징에 대한 정보는 그 민족집단 구성원들 간의 개인차로 인해 해당 집단의 특정 구성원을 이해하는 데 항상 도움이 된다고 가정할 수는 없다.

이어지는 부분에서는 4개의 소수민족집단—히스패닉/라틴계 미국인, 아프리카계 미국인, 아시안계 미국인, 북미 원주민—의 핵심적인 특징이 기술되어 있다. 재활상담사들이 각 소수민족의 집단과 관련된 특징들에 대해 인식하고 민감해지는 것이 중요하다. 이론적으로, 다른 소수민족집단은 다른 범주들을 나타낸다고 간주할 수 있으며 그들의 두드러진 특성들은 각 범주의 특성을 정의하는 것으로 볼 수 있다. 이러한 특성이나 특징이 선택되고 조직되는 방식은 이상화(idealization)의 과정이며, 그 과정의 결과물은 한 특정 소수민족집단의 이상화된 모델이다. 모델은 다른 범주(집단들)의 구성원으로부터 한 범주(집단)의 구성원을 구분하기 위해 실제로 중요한 모든 특징을 포함해서 "이상화된(idealized)" 것이다. 예를 들어, 앞으로 제시하는 핵심 특징들은 다른 소수민족 출신 내담자의 반응을 공식화할 때 재활상담사가 중요하게 고려해야 할 가정된 특징을 포함한다.

일반적으로 이상화된 모델은 가장 대표적인 사례들에 잘 작동하며, 이는 간단히 특정 범주의 "최적합(best fit)" 구성원으로 정의할 수 있다. 특정 소수민족집단 중에서 문화적으로 동화되지 않은 구성원(본인의 문화 외 다른 문화에 별로 노출되지 않았거나, 의도적으로 다른 문화에 동화되는 것을 거부한 사람들)이 대표적 예시가 될 수 있다. 그래서 다문화재활상담에 있어서, 소수민족의 핵심특징을 잘 아는 것이 얼마나 유용한가 하는 것은 내담자의 특징이 그 집단의 가장 전형적인 구성원들과 얼마나 일치하는가에 따라 결정된다.

이상화된 모델은 필요에 의해 단순화된 모델이며 모든 사례에 정확히 맞지 않을 수 있다는 태생적인 한계를 가지고 있다(M. Johnson, 1993). 한 범주의 일부 구성원들은 해당 범주에 정의된 것보다 더 많은 특징을 일정기간 동안 안정적으로 가지고 있기에 해당 범주에 가장 잘 부합하는 대표이다. 다른 구성원들은 더 적은 수의 정의된 특징을 가지고 있으며, 덜 대표적인 사례이다. 그러므로 모든 소수민족집단 내에는 집단 차이가 존재한다. 결론적으로 이후에 기술될 소수민족의 핵심적 특성이 특정 구성원들의 일부 행동을 설명해 주더라도, 특정 집단에 속한 모든 구성원의 행동을 설명하기에는 충분하지 않다.

이러한 모델들의 한계와 집단 내 차이의 중요성을 이해하지 않고 이상화된 모델을 적용하는 것은 고정관념의 이론적 근간이 된다. 고정관념은 다문화상담, 특히 다문화재활상담에 부정적인 영향을 미친다. 아프리카계 미국인의 예를 들어 보면, E. Smith(1977)는 일부 전문가들이 해당 집단의 몇몇 문화적 특징을 과도하게 일반화함으로서 아프리카계 미국인 내담자에 대한 고정관념을 형성했고, 그로 인해 과도하게 일반화된 모델을 아프리카계 미국인 내담자의 행동을 설명하고 예측하는 데 사용했다고 밝혔다. 고정관념은 문화적 불리함, 약한 가족 구조, 부정적 자부심, 그리고 비언어적 소통 스타일에 대한 개념을 포함할 수 있다. 따라서 고정관념은 각 내담자의 개인적 특징에 대한 상담사의 인식을 제한함으로써 아프리카계 미국인과의 재활상담 수행에 부정적인 영향을 미칠 수 있다.

이 장에서 논의할 핵심 특징의 설명은 재활상담사들이 소수민족 출신의 내담자를 더 잘 이해하는 데 유용할 수 있다. 그러나 이 특징들을 과도하게 일반화하거나 집단 내 차이와 같은 다른 요인들을 간과하는 경우에는 다문화재활상담의 과정에 해가 될 수 있다.

1) 히스패닉/라틴계 미국인

2016년 기준으로, 히스패닉/라틴계 미국인(Hispanic/Latino Americans) 인구는 5,660만 명에 달할 것으로 예측되었고, 현재 미국에서 가장 큰 소수민족집단이다. 대부분의 히스패닉/라틴계 미국인은 다음의 주에 많이 거주한다: 애리조나, 캘리포니아, 콜로라도, 플로리다, 일리노이, 뉴저지, 뉴멕시코, 뉴욕, 그리고 텍사스. 실제로 캘리포니아, 플로리다, 텍사스에만 54%의 히스패닉/라틴계 미국인이 살고 있다(U.S. Census Bureau, 2016a). Instituto Cervantes가 실시한 연구(Burgen, 2015, 재인용)에 따르면 미국 내에 4천만 명의 스페인어 원어민이 있으며, 스페인어 이민자의 이중언어를 구사하는 자녀들이 최소 1,100만 명에 달해, 미국을 세계에서 두 번째로 스페인어 구사자가 많은 나라로 만들고 있다고 한다.

라티노(Latino)라는 용어는 미국에서 이질적 인구집단을 가리킨다. 이 인구는 중남미와 카리비안에서 이민 온 사람들을 포함한다(Kasturirangan & Williams, 2003). 미국통계국(2016a)에 따르면, 히스패닉/라틴계 미국인 인구의 대부분이 멕시코계 미국인(63.9%), 푸에르토리코인(9.5%), 엘살바도르인(3.8%), 쿠바인(3.7%), 도미니카인(3.2%), 그리고 과테말라인(2.4%)로 구성되어 있다고 한다. 게다가 미국 내 히스패닉/라틴계 인구의 40% 가까이가 "미국 외에서 태어났거나 이민 1세대"(Kasturirangan & Williams, 2003, p. 163)라고 한다. 반면에 이 집단의 어떤 구성원들은 스페인의 식민지 주민 혹은 남서부 인도인의 혈통을 가진 "히스파노(Hispanos)" 혹은 "캘리포니오(Californios)"(Dana, 1993, p. 66)이다. 히스패닉/라틴계 인구는 민족적, 인종적, 문화적으로, 국적 면에서 여러 집단의 사람들을 포함하고(Dana, 1993; Kasturirangan & Williams, 2003), "교육수준, 소득, 사회적 지위"(Dana, 1993, p. 66)에 관련된 집단 내 차이를 포함하기 때문에, 라티노라는 용어는 히스패닉/라틴계의 구성원이지만 라티노가 아닌 개인들의 태도, 가치 혹은 행동에 대한 부정확한 기대를 야기할 수 있다. Wodarski(1992b)가 경고한 대

로, 한 하위집단의 문화적 특징을 자동적으로 다른 하위집단에 일반화해서는 안 된다:

> 푸에르토리코인, 멕시코계 미국인(Chicano), 페루인, 과테말라인과 모든 다른 라틴문
> 화들은 독특한 배경을 가지고 있다. 아르헨티나인은 영국인이 자메이카인과 다른 것처럼
> 푸에르토리코인과 다르다. 아르헨티나인과 푸에르토리코인은 스페인어를 하고 영국인과
> 자메이카인은 영어를 하지만, 이들 모두는 구분되는 역사적 전통을 가지고 있다. (p. 71)

그러나 Dana(1993)는 앞서 이질성을 언급했음에도 불구하고 다음과 같이 지적한다.

> 이 …… [라티노] …… 집단의 문화에는 그들의 정체성, 가치, 신념, 인식, 언어를 포함
> 하는 일관성이 있다. …… 이 모든 것은 스페인어를 구사하는 국가들에게서 왔고, 약 85%
> 가 명목상으로 가톨릭 신자다. …… 영어 단독사용 운동으로 확고해진 국가적 이중언어 반
> 대에도 불구하고, 거의 90%가 일정 수준의 스페인어를 지속적으로 사용하고 있다. (pp.
> 66-67)

그럼에도 불구하고 **라티노**라는 용어가 적용되는 하위문화의 수를 고려할 때, 핵심 특징에 대한 논의에서 제안된 모든 일반화는 히스패닉/라틴계 미국인 내담자와의 경험에 의해 반박하거나 확인될 수 있는, 그 내담자에 대한 잠정적인 가정으로 간주되어야 한다. 재활상담사가 핵심 특징에 대한 정보는 적절하게 사용한다면, 히스패닉/라틴계 내담자와의 재활상담과정의 효율성에 영향을 미칠 수 있는 문화적 문제를 대비하는 데 도움이 될 것이다(Garzon & Tan, 1992).

(1) 핵심 특징

히스패닉/라틴계 미국인의 주요한 특징 중 하나는 개인보다 가족을 중시하는 것, 가족 간의 상호연결성, 가족 지원 및 가족 명예 등 네 가지 요소로 구성된 가족주의[5] 사고방식에 대한 신념이다(Cohen, 2013). 따라서 라티노들은 가족구성원들에게 강한 충성심과 결속을 드러내는 경향이 있다(Gloria & Rodriguez, 2000; Locke, 1992; Marin, 1994;

---

5) familialism, 가족책임주의 또는 가족중심 이데올로기라고도 함.

Smart & Smart, 1995; Wodarski, 1992b). 히스패닉/라틴계 가족은 핵가족구성원과, 조부모들, 삼촌과 고모, 이모, 숙모, 조카, 대부모나 중요한 가족활동과 의사결정에 참여하는 경향이 있는 가족과 가까운 친구들 같은 대리친지들(surrogate relatives)을 포함하는 친족 집단이다(Correa, Bonilla, & Reyes-MacPherson, 2011; Dana, 1993; Wodarski, 1992b). 서로의 삶에 관여할 만큼 상호신뢰를 느끼는 사람들과의 비공식적 네트워크를 형성하는 확대가족은 정서적, 물질적 지원의 원천이다(Dana, 1993; Marin, 1994). "확대가족과의 연결은 지리적 장벽에도 불구하고 형성되고 유지된다"(Kasturirangan & Williams, 2003, p. 164). 핵가족 내에서 위기가 일어나면 이것은 확대가족 네트워크에 의해 중재되곤 한다(Garzon & Tan, 1992). Cohen, Holloway, Dominguez-Pareto와 Kuppermann(2014)은 지적장애 자녀를 둔 84명의 히스패닉/라틴계 어머니들과의 면담을 통해 가족구성원들로부터의 도움에 대한 기대가 어머니들이 인식하는 더 높은 가족의 삶의 질과 정적 관련이 있다고 밝혔다. 히스패닉/라틴계 미국인들에게는 종종 가족의 이해가 개인의 이해보다 우선된다(Dana, 1993; Gloria & Rodriguez, 2000; Kasturirangan & Williams, 2003; Locke, 1992). Wodarski(1992b)는 히스패닉/라틴계 공동체의 강한 결속을 히스패닉/라틴계 미국인과 백인미국인의 가족 가치를 비교하면서 이렇게 기술했다:

> 주류문화의 젊은 성인은 자신의 성숙함과 책임감을 가족으로부터의 물리적 분리와 독립적 생활상황을 만듦으로서 증명한다. [히스패닉/라틴계] …… 사회에서 이러한 행동은 가족에 대한 책임을 무시하는 이기적인 것으로 간주된다. 대신 가정에 머무르면서 가족에 대한 지원활동에 기여하는 것으로 성숙함과 책임감이 표현된다. (p. 92)

히스패닉/라틴계 가족은 가부장적인 경향을 보이며, 어머니는 독재적 가장인 아버지에게 존중을 표한다(Locke, 1992; Wodarski, 1992b). "아내들은 종종 그들의 남편을 존중하고 순종하도록 기대된다"(Kasturirangan & Williams, 2003, p. 164). 아버지의 역할에는 경제적 지원을 제공하고 자녀들을 훈육하는 것이 포함되며, 자녀들의 일상적인 보살핌에는 거의 관여하지 않고(Garzon & Tan, 1992), 장애 자녀의 주양육자가 되는 경향이 있는 어머니에 대해 충분한 정서적 지지를 하지 않는다(Cohen et al., 2014). 어머니의 역할은 집과 자녀들을 돌보는 것과 더불어 "남편의 요구를 해결"해 주고, "그의 행동과 결정을 지지"하는 것이다(Locke, 1992, p.139). 히스패닉/라틴계 문화에서 가족 내 여성의 전통적인 역할을 나타내는 **마리아니즈모**(marianismo)라는 용어가 자주 발견된다. Kasturirangan와 Williams(2003)는 이 용어의 의미를 다음과 같이 설명한다:

> 마리아니즈모는 성모 마리아에 대한 가톨릭의 존경심으로부터 비롯된다. 마리아니즈모 교리에 따라 길러진 여성은 영적으로 더럽혀지지 않고, 높은 도덕성을 가진 성모 마리아의 행동을 본보기로 삼도록 장려된다. …… 여성은 가족을 위해 저항 없이 큰 고통을 감내할 수 있는 것으로 여겨진다. 어머니로서, 여성은 성인들(saints)처럼 자녀들을 위해 모든 것을 희생하면 존경받는다. (pp. 163-164)

히스패닉/라틴계 문화에서 여성은 성모 마리아와의 그들의 관계에 대한 인식 때문에, 남성보다 더 고귀하게 여겨진다(Maples et al., 2001).

히스패닉/라틴계 가정 남성의 성격을 기술하기 위해 문헌상에 **마치즈모**(machismo)[6]라는 용어를 사용하는 것은 드문 일이 아니다. 아쉽게도 이 용어는 비히스패닉/라틴계 사람들에 의해 히스패닉/라틴계 남편 및 아버지가 성격적으로 맹목적 애국주의자이고, 육체적으로 공격적이며, 성적으로 문란하고, 과도하게 술을 마시는 사람을 나타내는 것으로 잘못 해석된다(Baron, 1991; Ruiz, 1981). 그러나 히스패닉/라틴계 문화에서 마치즈모는 남성에 대한 긍정적인 표현으로, 진정한 남성성은 아내와 아이들에 대한 사랑을 드러내고, 다른 사람들에 대한 존경심을 표현하며, 자선을 베풀고, 공손하고 용맹하며 용감한 것을 의미한다(Baron 1991; Ruiz, 1981). Baron은 "마치즈모의 개념에 대한 오해 때문에 라틴계 사람이 종종 비라틴계 사람에 의해 과도하고 맹목적인 남성우월주의를 가진 것으로 여겨진다"고 지적했다(Baron, 1991, p. 177).

히스패닉/라틴계 가족들은 장애를 가진 구성원에게 과보호적이고 온정주의적 방식으로 반응하는 경향이 있다. 이는 특히 선천적 장애를 가진 이들에게 그러하다. 연구에 의하면 히스패닉/라틴계 부모들은 장애를 가진 자녀가 스스로를 돌볼 수 있는 기술을 습득함으로써 독립성을 가지기를 바라기보다 이들을 애지중지하며 양육하는 것을 선호하는 것으로 나타났다(Cohen, 2013). 히스패닉/라틴계 미국인들은 고난과 시련을

---

6) 남성주의, 마키즘

삶의 정상적인 부분 혹은 용기와 위엄을 가지고 견뎌야 할 더 큰 존재나 신이 보낸 형벌로 인식한다. 장애로 인한 어려움에 대해, 개인과 가족은 운명론적인 감수의 태도와 개인 및 가족에 의한 수용, 그리고 상황은 바뀔 수 없다는 믿음을 가질 수 있다(Smart & Smart, 1991). 운명론에 대한 믿음은 히스패닉/라틴계 내담자가 도움을 구하는 것에 대해 수동적인 접근을 취하게 하여 건강과 예방 서비스를 잘 활용하지 않게 할 수 있다(Wilson, Durantinia, Albarracin, Crause, & Albarracin, 2013).

히스패닉/라틴계 가족은 고정적 실체가 아니다. 가족의 우선권에 대한 히스패닉/라틴계 개인의 순종 정도는 다소 백인사회에 대한 개인의 문화적응 수준에 따라 달라진다. 더 많이 적응한 히스패닉/라틴계인들은 결정과 행동에 있어서 자기중심적일 가능성이 높다(Dana, 1993). 미국 이민세대(1세대, 2세대, 3세대 등), 사회경제적 상승, 문화적응 수준, 다른 민족과의 결혼 같은 영향들은 가족 구성과 가치의 변형을 일으키고, 무엇이 전형적인 히스패닉/라틴계 가족인지 규정하기 어렵게 만든다. 이런 영향에 강하게 노출되었을 때도 여전히 히스패닉/라틴계 미국인의 가족중심주의, 충성심, 헌신 등은 문화적응과 동화의 효과에 대체로 면역되어 있는 것으로 보인다(Zuniga, 1992).

히스패닉/라틴계 미국인에 대해 정의된 또 다른 특징은 대인관계에 있어 조화를 원하고 갈등을 피하려는 강한 경향이다. 이런 특징과 일치하는 히스패닉/라틴계 미국인의 경향은 업무 목표의 달성보다 원만한 대인관계를 더 중요시하는 성향을 보인다(Marin, 1994; Wodarski, 1992b). 예를 들어, Locke(1992)에 의하면 히스패닉/라틴계 미국인은 다른 사람과 직접적으로 논쟁하거나 대립하는 것은 무례하고 결례라고 생각한다. 히스패닉/라틴계 미국인들은 상대방을 잘 알지 못하고 요령 있게 반대를 표현할 수 있는 시간이 부족하다면, 보통 진정한 반대의견을 드러내지 않을 것이다. 예의를 갖추기 위해 겉으로만 동의하는 것은 백인과 히스패닉/라틴계 미국인 사이에 "종종 오해를 낳는다"(Locke, 1992, pp. 140-141). 또한 라틴계 사람들은 권위를 가지고 있는 사람과 소통할 때 존경을 표하기 위해 본인의 주장을 덜 표현하도록 권장된다. 그러므로 재활상담사는 히스패닉/라틴계 내담자가 상담 시 말이 없고, 순응적이고, 눈맞춤이 부족하다고 느낄 수 있다(Baruth & Manning, 1992; Casas & Vasquez, 1989).

다른 사람과 소통할 때, 히스패닉/라틴계는 종종 가까운 거리를 유지하고(Baruth & Manning, 1992), 접촉을 통해 수용과 애정을 드러낸다. Grossman(1995)은 히스패닉/라틴계 미국인이 "대화를 나눌 때 상대방의 팔을 잡거나 어깨에 손을 올리는 것은 이상한 일이 아니다"(p. 120)라고 지적한다. 또한 히스패닉/라틴계인이 친구와 만났을 때 키스하는 것도 드문 일이 아니다. "남성들은 악수하는 것은 물론, 서로를 포용하고 등을 두드릴 것이다"(Grossman, 1995, p. 120).

대부분이 가톨릭인 그들의 종교는 히스패닉/라틴계 문화에서 중요한 역할을 한다(Ruiz & Padilla, 1977; Zuniga, 1992). 그러나 가톨릭의 가르침에 대한 신봉은 더 엄격한 윤리기준을 고수하게 하고 후천적 면역결핍증(HIV)과 같은 민감한 건강 문제에 대한 도움을 피하는 결과로 이어질 수 있다(Wilson et al, 2013). 또한 히스패닉/라틴계인은 삶에서 신의 역할이 중요하다고 보며, "삶의 고난을 신의 뜻으로"(Wodarski, 1992b, p. 74) 수용할 수 있다. 그러므로 가톨릭 신자인 히스패닉/라틴계 미국인이 불행한 상황을 바꾸기 위해서 전문가의 서비스보다 전통적인 가톨릭 의식("불가능을 이루기 위해 성유다에게 기도하는 것"과 같은)의 힘에 더 의존하는 것은 이상한 일이 아니다(Wodarski, 1992b, p. 75). Zuniga는 가톨릭 신자인 히스패닉/라틴계 미국인의 삶에서 종교적 믿음과 의식이 갖는 중요성에 대해 다음의 예를 제시한다:

> 부모가 병이나 장애를 가진 아이를 낫게 해 달라고 성모 마리아에게 간청하는 것은 드문 일이 아니다. 만다스(Mandas, 신의 개입을 위해 약속을 하거나 봉헌하는 것)를 사용하는 것은 이 기도의 또 다른 측면이다. 예를 들어, 부모는 성인 혹은 성모 마리아의 중재를 구하며 전통이나 의식을 진행하기로 약속한다. 때때로 부모들은 장애가 신의 뜻의 일부로 보내진 십자가이기 때문에 인간으로서 처한 고통의 일부로 감내해야 하는 것으로 생각하기도 한다. 덜 수용적인 다른 사람들은 그들이 부당한 대우를 받고 있다고 느낄 수도 있고, 이전의 잘못에 대해 벌을 받고 있다고 느낄 수도 있다. (1992, p. 155)

히스패닉/라틴계 문화에서 종교는 장애가 어떻게 인식되는지, 특히 재활의 이유와 동기에 관련하여 분명한 역할을 한다. 장애는 죄에 대한 신의 처벌로 생각될 수 있다. 장애인의 부모인 것을 죄에 대한 결과로 인식하는 것은 드문 일이 아니다(Smart & Smart, 1991, p. 361). "삶의 사건의 방향을 바꾸려는 의식적 시도는 …… 신의 뜻에 반하거나 심한 경우 신의 행세를 하려는 것으로 해석될 수도 있다"(p. 361)는 이유로 장애에 대한 이런 해석은 재활에 대한 관심을 제한할 수 있다.

히스패닉/라틴계 문화에서 **주술사**(curandero), **약제사**(herbalist), **산티쿠아도르**

(santiquador), **심령술사**(spiritist), **산테로**(santero)[7] 같은 전통적 치료사는 질병과 장애를 극복하는 중요한 자원으로 여겨진다. 그들은 "문화적 특성을 가진 방법을 사용하여 질병을 진단하고 치료한다"(Wodarski, 1992b, p. 97). 장애를 가진 사람을 전통적 치료사에게 데려가 또 다른 의견을 구하는 것은 드문 일이 아닐 것이다(Zuniga, 1992). 어느 정도 전통적 치료사의 처치는 질병과 장애를 개선하는 데 있어 신의 도움을 받는 것과 직결된다. 다음 **산티쿠아도르**와 **주술사**에 대한 Wodarski(1992b)의 설명에서 히스패닉/라틴계 문화의 전통적 치료사의 이론과 처치의 "맛(flavor)"을 볼 수 있다:

> 산티쿠아도레스(santiquadores)는 만성 및 장 질환의 치료와 더불어 탈골된 뼈를 치료하고 다양한 형태의 근육과 몸의 통증을 치료하는 데 전문적이다. 산티쿠아도레스의 믿음은 초자연적인 힘이 개인의 문제에 개입될 수 있다는 가능성을 고려하지만 자연주의적 기반을 가지고 있다. 치료는 신의 의지를 꼭 빌어야 한다. 산티쿠아도레스는 다양한 치료 방법을 사용한다. 손을 얹는 것과 마사지, 약초, 기도, 생활습관을 바꾸는 것, 다양한 식단에 대한 조언 등을 포함할 수 있다.
>
> 주술사(curanderismo)는 질병과 액운은 가톨릭교회, 가족, 문화와의 느슨해진 결속에서 기인한다는 것을 전제한다. 그리스도교의 사상이 주술사의 질병과 액운에 대한 생각 대부분에 스며들어 있다. 주술사는 자신의 일이 정통 종교와 조화를 이루고 있다고 보며, 가톨릭과 모순된다고 보지 않는다. …… 문화적으로 개인이 문화 및 신과의 조화를 회복하도록 주술사의 상징적 기술들이 사용된다. (p. 98)

교육수준이 낮은 히스패닉/라틴계인은 미래보다는 현재에 집중하는 경향이 있다. 추상적인 미래의 문제에 집중하기보다는 현재의 구체적인 문제를 고민하는 것에 흥미를 가진다(Casas & Vasquez, 1989). 그러므로 그들의 보다 즉시적이고 구체화된 관점은 복지서비스를 충분히 활용하지 않게 만들 수 있다. 비록 라틴계 사람들이 복지서비스를 이용하지만 백인만큼 자주 이용하지 않으며, 백인미국인보다 서비스 과정을 더 일찍 중단하는 경향이 있다(Flaskerund, 1986; Lopez, 1981).

히스패닉/라틴계인의 제한적 복지서비스 사용에 대한 이유를 찾기 위해 노력해 왔

---

7) 쿠바에서 Santeria 의식을 담당하는 사제.

다. 한 가지 이유는 진단 과정의 오진을 포함한다. 진단 도구의 문화적 편향 때문에, 다른 소수민족들처럼 히스패닉/라틴계 사람들은 인지적, 심리적 문제가 있는 것으로 잘못 진단된다. 이러한 오진은 히스패닉/라틴계 사이에서 심각한 인지장애가 있다는 인상을 야기하는 경향이 있다(Cheung & Snowden, 1990). 이 집단의 어떤 관습적 행동과 감정들은 다면적 인성검사(MMPI) 상에서 병리적 지표처럼 보일 수 있다(Malgady & Rogler, 1987). 오진의 결과로, 히스패닉/라틴계 사람들은 전문가들에게 연락하는 것을 꺼리게 될 수 있다. 마치즈모(machismo, 남성으로서 자부심과 명예) 같은 히스패닉/라틴계 남자들은 남성성을 보이지 않는 활동에 관심이 부족하기 때문에 히스패닉/라틴계 문화의 측면들 역시 보건서비스의 제한적 사용에 기여할 수 있다(Wilson et al., 2013). 게다가 장애와 제공가능한 서비스에 대한 이해부족, 언어장벽으로 인한 서비스 제공자와의 소통 어려움, 차별의 느낌 등은 히스패닉/라틴계 미국인이 건강관리 서비스 사용을 방해한다(Cohen, 2013). 새로운 이민자인 히스패닉/라틴계 사람들은 재활서비스를 포함한 연방프로그램 참여에 필요한 사회보장번호조차도 없을 수 있다(Balcazar et al., 2012).

(2) 히스패닉/라틴계 내담자와 일하는 재활상담사를 위한 지침

히스패닉/라틴계 내담자 및 그 가족들과 일할 때, 처음에는 업무보다 대인관계에 집중하는 것이 중요하다(Zuniga, 1992). Zuniga는 상호작용 초기에 "상담이 진행될 것이라는 분위기를 만드는 …… 친절하고, 편안하며, 여유로운 수다"를 포함한다고 설명한다(p. 164). 재활상담사가 히스패닉/라틴계 내담자 및 그 가족과 친하게 지내는 것의 중요성은 아무리 강조해도 지나치지 않다. 같은 맥락에서, Locke(1992)는 상담사가 히스패닉/라틴계 내담자를 대할 때 이름(first name)을 부르고, 또한 이름으로 자신을 소개하도록 권고했다. Ruiz와 Padilla(1977)도 히스패닉/라틴계 문화에 민감한 상담사는 새로운 히스패닉/라틴계 내담자와 만났을 때 즉시 손을 뻗고, 공식적인 직함이 아닌 이름을 사용하여 자신을 소개한다는 점을 강조한다. 상담사는 히스패닉/라틴계 내담자와 접촉할 때 물리적 근접성을 잘 다루어야 한다. 내담자로부터 누가 봐도 알 수 있게 물러나는 것은 거절, 무관심, 싫어함으로 해석될 수 있다(Sue, 1990). 어떤 상황에서는 상담관계에서 편안하게 대화하기 위한 물리적 거리를 내담자가 설정하도록 허락할 수도 있다(Grossman, 1995). 그러나 재활상담사는 세심한 배려없이 너무 개인적으로 행동하면 히스패닉/라틴계 내담자가 무시한다고 느낄 수도 있음을 알아야 한다. 예를 들어, 어떤 내담자는 만약 상담사가 당신이라고 부르기 위해서 스페인어 단어 usted 대신 격이 없는 단어인 tú를 사용하면 무례하다고 간주할 수 있다. 그러므로 재활상담사는 모든 히스패닉/라틴계 내담자 개인의 감정에 민감해야 한다. 어떤 비히스패닉/라틴계 상담사는 "히스패닉/라틴계 내담자를 상담할 경우에 그들이 주도하게 해야 한다는 것을 배웠다. 그가 나를 tú라고 하면 나도 그를 tú라고 부른다. 그들이 그렇게 하기 전까지는 나는 usted 형태를 사용하며, 그들과 정중한 관계를 유지하며 상담을 진행한다"(Grossman, p. 152).

히스패닉/라틴계 내담자와 상담을 진행할 때, 재활상담사는 재활상담과정에 가족참여의 중요성을 이해해야 하고, 과소평가해서는 안 된다. 가족의 지원은 장애를 가진 히스패닉/라틴계 가족의 스트레스를 경감시키고, 심리적 기능을 개선시키며, 건강정보의 접근을 증대시킨다는 연구 결과가 있으며, 이민자이며 빈곤에 처해 있으며 스페인어만 할 수 있는 히스패닉/라틴계 장애가족이 증가하고 있기 때문에 가족 지원을 동원하는 것이 특히 중요하다(Cohen, 2013). 가족구성원을 재활에 참여시키는 것은 가족주의의 개념과 관련지을 수 있다. 장애를 가진 개인으로 하여금 재활에 적극적으로 참여하는 것이 가족에게 긍정적으로 작용한다는 것을 이해하도록 돕는 것은 내담자가 서비스를 중도에 포기하는 것을 막을 수 있다(Wilson et al., 2013). Cordova 등(2015)의 연구에서, 신체장애를 가진 히스패닉/라틴계 내담자는 가족들의 부적절한 지원 및 가족들에게 도움을 요청할 수 없는 상황, 가족구성원들의 불신으로 인해 재활과 회복이 방해받았다고 보고한다. 이는 장애를 가진 히스패닉/라틴계 내담자는 물론 주 양육자까지 내담자의 요구를 가장 잘 충족할 수 있는 지원 관계를 찾고, 가족구성원들로부터 지원을 끌어내고, 가족의 지원을 받을 수 없을 때 대응전략을 사용하기 위해 재활상담사의 도움이 필요하다는 것을 의미한다(Cohen et al., 2014; Correa et al., 2011). Smart와 Smart(1991)는 가족구성원을 재활상담과정에 참여시키는 것이 번거롭지만, 가족구성원으로서의 그들의 역할이 장애가 있는 가족구성원의 실존과 재활서비스과정의 성과에 영향을 주기 때문에 가족이 참여해야 한다고 주장한다. Smart와 Smart에 따르면 가족구성원을 참여시키는 것은,

가정환경 내에서의 가족들과 더 친숙해지기 위해서 가정 방문을 많이 하는 것을 의미할

수 있다. 성(gender) 역할은 가족환경에서 가장 잘 나타나기 때문에 가족 전체와 함께 일할 때 성역할에 대한 이해가 가장 잘 이루어질 수도 있다. 장애가 전통적인 성역할의 변화를 요구할 때, 가족 전체가 변화에 대해 이해하고 협조적이면 바람직한 적응이 가장 잘 이루어질 수 있다. (1991, pp. 363-364)

그러므로 재활상담사들은 히스패닉/라틴계 내담자와의 상담 회기는 더 많은 시간이 소요될 수 있다는 것에 대해 인식해야 한다(Grossman, 1995). 더구나 히스패닉/라틴계 내담자는 종종 현재에 집중하기 때문에 가족들은 단기 재활목표가 더 바람직하다고 생각하며 따라서 이러한 목표들의 성취를 더 촉구하는 경향이 있다(Cruz & Littrel, 1998; Locke, 1992).

히스패닉/라틴계 문화에서 종교가 중요한 역할을 하기 때문에, 재활상담사는 때로 히스패닉/라틴계 내담자를 성직자 상담서비스에 의뢰하는 것이 유용할 수 있다. James 와 Hastings(1993)는 교회상담을 위해 히스패닉/라틴계 내담자를 성직자에게 시기적절하게 의뢰한 좋은 예를 제공한다:

35세의 멕시코계 미국인 남성은 결혼이 임박해서 멕시코에 있는 부모에게 보낼 수 있는 돈이 줄어들 수 있다는 것 때문에 극심한 불안발작을 호소하고 있다. 그는 이것이 죄가 될 수 있다고 느껴 불안과 죄책감, 후회, 부끄러운 감정에 대처하기 위해 상담을 찾았다. 종교적, 문화적 요소의 영향을 인식하고 있던 상담사는 사제와 이 감정에 대해서 이야기 해 보도록 조언했다. 사제는 상담을 통해 부모에게 보내던 돈을 줄이는 것이 죄가 아니며 그 문제를 부모와 논의하도록 설득했다. 결국 그는 자신이 배은망덕한 아들이 아니라는 점을 받아들이고, 결혼 계획을 지속하고, 부모에게 줄어든 돈을 계속 보냈다. 이 정보와 사제의 도움 덕분에, 그는 불안감에 대응할 수 있었다. (p. 330)

재활상담사들은 히스패닉/라틴계 내담자들이 가지는 전통적 치료자들에 대한 긍정적인 이미지를 드러내 놓고 비판해서는 안 된다. 그러나 장애를 가진 내담자가 전통적 치료자들과 관련되었을 때, 상담사는 내담자의 상태에 따라 금지해야 할 약물이나 중재가 사용되었는지를 판단하기 위해 장애를 가진 내담자에게 개인적 처치에 대한 정보를 수집해야 한다. 이때 내담자나 가족이 방어적이 되지 않도록 긍정적인 방식을 취해야 한다(Zuniga, 1992).

히스패닉/라틴계 내담자를 상담할 때 재활상담사들은 언어 장벽에 대응할 수 있도록 준비해야 한다. Smart와 Smart(1995)는 이것이 영어가 모국어가 아닌 다른 이민자 집단보다 히스패닉/라틴계 이민자 집단의 경우에 더 중요할 수 있다고 보았다:

> 히스패닉은 놀라운 언어 충성도를 보이고 있다. 많은 유럽 이민자 집단이 모국어에 대한 의존을 거둔 지 한참이 지났지만 많은 히스패닉들은 단일어로 스페인어 사용을 지속하고 있다. 지리적으로 근접한 멕시코와 다른 라틴 아메리카 국가들은 최소 부분적으로만 스페인어 사용을 지속하고 있다. (p. 393)

따라서 재활상담사들이 히스패닉/라틴계 내담자의 영어 유창성 수준을 정확히 진단하는 것은 중요하다. Altarriba와 Santiago-Revera(1994)는 다음과 같이 조언한다.

> 언어 숙련도와 유창성은 쓰기, 읽기, 말하기 검사를 통해 측정된다. 일반적인 상담 환경에서 상호작용의 대부분이 언어적임을 고려할 때 대화 능력과 듣기 능력을 모두 평가해야 한다. 숙련도 검사는 제2외국어로서의 영어(English as a Second Language: ESL) 프로그램과 새로 입국한 이민자들을 위한 집중적인 영어 프로그램을 제공하는 기관에서 구할 수 있다. (p. 393)

다음 체크리스트는 재활상담사가 히스패닉/라틴계 내담자의 잠재적인 언어 문제와 편향성을 파악하는 데 유용하다(Murdick, Gartin, & Arnold, 1994, p. 86): "(1) 집에서 말하는 주 언어가 영어인가? (2) 내담자가 다른 언어에 더 유창한가? (3) 내담자는 상담사가 사용하는 언어로 소통할 수 없는가?" 만약 이 질문에 답이 하나라도 "예"라면, 그 재활상담은 내담자가 주로 사용하는 언어로 진행할 필요가 있다.

재활상담사들은 영어를 사용하지만 우세 언어가 스페인어인 히스패닉/라틴계 내담자의 현 상황과 요구를 잘못 이해할 수도 있다는 것을 알아야 한다(Santiago-Rivera, 1995). 내담자가 정확하게 자신의 문제와 요구를 설명하는 것보다 단어와 어구의 정확한 발음에 더 신경을 쓰는 경우에 오해가 발생할 수도 있다(Altarriba & Santiago-Rivera, 1994). 스페인어를 주로 쓰는 어떤 내담자가 감정이 수반된 경험에 대해 영어로 이야기할 때, "그들은 수반되는 감정을 드러내지 않을 수도 있고, 이러한 감정표현의 부족은 감정이 어린 시절 배운 첫 언어에 묶여 있기 때문이다"(Altarriba & Santiago-Rivera, 1994, p. 389)라고 주장되고 있다. 그러나 이는 심리적 문제에 대한 오진을 야기할 수 있다. 예를 들어, 한 연구에서 히스패닉/라틴계 내담자와 영어 및 스페인어로 면접했다. 영어로 면접할 때 그들은 "종종 천천히 말하고 자주 멈추거나 우울한 기분에 기인한 특성을 나타내거나 의사소통하기를 꺼리는 것처럼 보였다"(Altarriba & Santiago-Rivera, 1994, p. 390). 주로 사용하지 않는 언어로 하는 의사소통 방식이 스페인어로 면접했을 때보다 우울, 불안, 정서적 위축 등과 같은 정신병리적 측면을 더 높게 평정하는 결과로 이어졌을 것으로 가정된다(Altarriba & Santiago-Rivera, 1994).

가능하다면 히스패닉/라틴계 내담자와 그 가족을 상담하는 상담사는 그들이 원하는 언어를 사용해야 한다(Columna, Senne, & Lytle, 2013). 히스패닉/라틴계 내담자가 영어에 제한적인 능력을 가지고 있다면, 복지서비스 제공자는 효과적인 소통을 가로막는 언어장벽을 극복하기 위해 다양한 방법을 사용할 수 있다. 내담자와 같은 지역출신의 준전문가를 "전문 용어와 재활상담과정의 핵심 개념에 대해 훈련"하고 스페인어를 못하는 재활상담사의 통역으로 활용할 수 있다(Garzon & Tan, 1992). 물론 통역을 쓰면서 문제가 발생할 수 있다. 예를 들어, 통역이 내담자의 언어 반응을 직역하지 않고 의역하려는 시도를 하면, 내담자의 문제에 대한 잘못된 인식이 발생할 수 있다. Garzon과 Tan(1992)은 정신장애를 가진 내담자의 경우, "만약 통역이 가족구성원이라면, 고의적으로 내담자가 가지고 있는 정신병리적 증상을 최소화하려고 시도할 수 있다"(p. 380)고 지적한다. Altarriba와 Santiago-Rivera(1994)는 "친척이 하게 되면 종종 필요한 질문들을 내담자에게 전달하기보다 내담자를 대신해서 대답할 때가 있다"(p. 390)는 점을 강조했다. 말로 하는 의사소통에 수반되는 문제들을 감소시키기 위해서, 재활상담사는 히스패닉/라틴계 내담자에게 정보를 전달하기 위한 인쇄물(예: 팸플릿)과 공학(예: 소셜 네트워크) 등 다른 형태의 소통도 고려해야 한다(Columna et al., 2013).

재활계획을 수립할 때 언어 선택과 관련하여 히스패닉/라틴계 내담자의 문화적응 수준과 "전통 문화의 가치관, 관습 및 신념"에 대한 명확한 이해가 중요하다(Altarriba & Santiago-Rivera, 1994. p. 394). 이러한 진단적 정보는 특정 직업훈련 상황 및 직업배치에 있어서 내담자의 적응과 성공 가능성을 판단하는 데 매우 중요하다. 히스패닉/라틴계 내담자의 문화적응 수준을 아는 것도 적극적으로 재활계획을 위한 평가에 참여하게 하는 동기 부여의 측면에서 역시 중요하다. Smart와 Smart(1993)에 따르면, 많은 히스패닉/라틴계인들은 검사가 흔하지도 않고, 표준화된 검사결과가 삶에 미치는 잠재적 영향을 이해하는 문화에서 살아오지 않았기에 검사에 충분한 주의를 기울이지 않을 수도 있다. 재활계획을 위한 타당한 사정결과를 얻기 위해서, 재활상담사는 문화적응이 덜된 히스패닉/라틴계인 내담자가 협조하고 적극적으로 평가에 참여하도록 동기부여를 해야 한다. 물론 낮은 수준의 문화적응이 항상 직업재활의 성공가능성을 낮춘다고 가정하는 것은 순진한 생각이다. 예를 들어, 주로 히스패닉/라틴계 소비자에게 제공되는 수리서비스 같은 특정 직업은 문화적응이 덜된 히스패닉/라틴계 재활내담자가 더 효과적으로 수행할 수 있다.

히스패닉/라틴계 미국인을 상담할 때 재활상담사는 사정과 중재에 있어 내담자의 적극적 참여를 촉진하기 위해 노력해야 한다. 예를 들어, 사정 오류를 감소시키기 위해서, 상담사는 히스패닉/라틴계 내담자가 자신의 문제를 자신의 언어로 설명하도록 격려해야 한다(Sue & Sue, 1990). 그리고 나서 상담사는 문제를 확인하기 위해 내담자의 설명을 재진술(rephrase)해 볼 수 있다. 상담사는 또한 히스패닉/라틴계 내담자로 하여금 사정과정에 대한 걱정을 표현하도록 장려해야 한다(Grossman, 1995). 이러한 상담사의 행동은 사정과정에 대한 내담자의 참여와 진단의 정확성을 높일 수 있다. 아동에 대해서는 문화적으로 다른 기대가 있기 때문에, 중재의 목표를 결정할 때 히스패닉/라틴계 부모를 참여시키는 것이 중요하다. 히스패닉/라틴계 부모는 독립성 증진을 위한 자립기술에 집중하는 것보다, 장애를 가진 자녀의 윤리적 행동을 개발하기 위해 사회-정서적 기술을 강조할 수 있다. 문화적으로 역량이 있는 재활상담사는 히스패닉/라틴계 가족에게 사회적으로 중요한 목표행동을 선택할 민감성을 가지고 있을 것이다(Cohen, 2013). 이러한 상황이 고려되었을 때 히스패닉/라틴계 내담자가 복지서비스를 받아들이고 활용할 가능성이 높아질 것이다.

2) 아프리카계 미국인

Colby와 Ortman(2015)에 따르면, 미국 내 4,560만 명의 아프리카계 미국인(African Americans)은 2014년 기준으로 전 인구의 14.3%를 차지한다고 한다. 4,200만 명은 순수 아프리카계 미국인 인종, 360만 명은 다른 인종과 혼혈된 아프리카계미국인이다. 2060년에 이르면, 아프리카계 미국인 인구는 7,450만 명으로 미국의 전체인구의 17.9%를 차지할 것으로 예측된다. 약 2,680만 명(59%)의 아프리카계 미국인들은 캘리포니아, 플로리다, 조지아, 일리노이, 메릴랜드, 뉴욕, 노스캐롤라이나, 펜실베니아, 텍사스, 버지니아 등 10개 주에 거주하고 있다(Deshay, n.d.). 뉴욕의 아프리카계 미국인 인구가 가장 많지만(380만 명), 2013년부터 텍사스의 아프리카계 미국인 인구가 가장 빠르게 늘어나고 있다(U.S. Census Bureau, 2016b).

오랫동안 지속되어 온 사회적, 태도적 장벽들 때문에, 아프리카계 미국인과 백인미국인 사이의 교육, 소득, 고용 부문의 심각한 불평등이 오늘날에도 이어지고 있다. 예를 들어, 2015년 기준, 비히스패닉계 백인성인의 36.2%가 4년 이상의 대학교육을 수료한 반면, 아프리카계 미국인 성인들의 경우 22.5%만이 같은 수준의 대학 교육을 수료하였다(Ryan & Bauman, 2016). 2014년 기준, 연간 평균 수입과 빈곤율은 각각 35,398달러, 26.2%였다. 그러나 비히스패닉계 백인미국인의 경우는 각각 60,256달러, 10.1%였다. 사실, 모든 다른 집단과 비교해도, 아프리카계 미국인들은 가장 낮은 연간 가계수입과 가장 높은 빈곤율을 보이고 있다(DeNavas-Walt & Proctor, 2015). 많은 아프리카계 미국인은 실업과 싸우고 있기도 하다. 미국 노동부에 따르면(2016a), 2015년 기준 아프리카계 미국인의 실업률은 17.4%였고, 반면 비히스패닉 백인미국인과 아시아계 미국인, 히스패닉/라틴계 미국인의 실업률은 각각 9.6%, 7.4%, 13.3%이었다.

2015년 기준, 기본적 기능에 한 가지 이상 어려움을 가지고 있는 성인은 비히스패닉계 미국인 58%, 아시아계 미국인 55%, 아메리카 원주민 51%, 히스패닉/라틴계 미국인은 59%인 데 비해, 아프리카계 미국인은 65%로 보고되었다(U.S. Department of Health & Human Services, 2016). 또 다른 연구에서는 하나 이상의 심각한 장애를 가지고 있는 비율이 아프리카계 미국인 아동의 경우 더 높다고 한다(Waldman, Perlman, & Garey, 2016). 장애를 가진 아프리카계 미국인 성인은 소수민족으로서, 그리고 장애인에 대한 차별을 받는 "이중고(double whammy)"에 직면하고 있다(Feist-Price & Ford-Harris, 1994; Wright, 1988). 연구에 의하면 장애를 가진 아프리카계 미국인은 백인보다 직업재활(VR) 서비스를 거부당할 가능성이 더 높다고 한다. VR서비스의 체계에 받아들여진 아프리카계 미국인들도 백인들에 비해 더 적은 비용과 훈련이 제공되고, 성공적으로 재활하지 않은 상태로 종결되는 비율이 더 높다(Alston & Bell, 1996; Patterson, Allen, Parnell, Crawford, & Beardall, 2000; Wilson, 2002).

아프리카계 미국인은 소득이 적은 직업, 높은 실업, 부족한 복지로 인해 백인미국인들보다 건강보험 혜택과 적절한 의료서비스를 받을 가능성이 적고(McDavis, Parker, & Parker, 1995; U.S. Department of Health & Human Services, 2016), 특정 질병을 경험할 확률이 높다. Dunlop, Song, Manheim, Lyons와 Chang(2003)은 7,690명의 아프리카계, 히스패닉/라틴계, 그리고 백인미국인 성인의 우울증 유병률을 검토한 결과, 아프리카계 미국인이 백인에 비해 상당히 높은 심각한 우울증 유병률을 가진다는 것을 발견했다. 심각한 우울증의 요인들은 부족한 경제적 자원(예: 낮은 소득, 건강보험의 부재), 나쁜 건강상태(예: 만성질환, 기능적 제한), 불리한 사회인구학적 특징(예: 여성, 배우자를 잃었거나 이혼한, 부모를 부양하는) 등이 포함된다. 우울증을 야기하는 아프리카계 미국인 여성들의 또 다른 특이한 원인으로는 빈번한 외상적인(traumatic) 사망과 짧은 기대수명 및 높은 아프리카계 미국인 남성의 투옥률에 기인한 슬픔이다(Hunn & Craig, 2009). 다른 연구 역시 아프리카계 미국인들이 높은 확장기 혈압, HIV/AIDS, 그리고 비호지킨 림프종, 호지킨병, 연조직 육종 같은 위험직군관련 암의 높은 유병률을 보인다고 한다(Briggs et al., 2003; Martin, 2003; Williams, 2003).

아프리카계 미국인 집단이 직면한 문제들을 설명한 여러 모델이 있다(Littlejohn-Blake & Darling, 1993; Wilson & Stith, 1991). 가장 인정받는 모델 중 하나인 결핍모델(deficit model)에서는 "소수 및 저소득층을 괴롭히는 사회적 병폐는 외부요인보다는 내부요인에 기인한다"고 본다(Hill, 1993). 역사적으로, 결핍모델은 복지서비스 중재의 실패에 대해 "피해자를 비난하는(blaming the victim)" 방향으로 이끌어 왔다. 하지만 바람직하지 않은 성과에 대한 책임을 내담자보다는 상담사에게 지우는 노력이 진행되어 왔고, 아프리카계 미국인 문화의 기능적 강점을 인식함으로써 변화가 촉구되었다(Billingsely, 1992; Hill, 1993). R. B. Hill(1971)은 강한 친족 간 연대감, 강한 직업 지향성, 가족역할의 적응성, 강한 성취 성향, 강한 종교적 성향이 아프리카계 미국인 공동체의 많은 구성원의 생존과 발전의 근간이라고 지적했다. 가족에 대해 강점 접근법을 사용한 30명의 아프리카계 미국인 치료사와의 인터뷰를 진행한 Bell-Tolliver, Burgess와 Brock(2009)에 의해 치료를 찾으려 하는 자발성과 가족 구조의 중요성 또한 강점으로 확인되었다. 아프리카계 미국인 문화권에 속한 개인의 특성에 대한 복지서비스 전문가의 가치판단을 부정적인 것에서 중립적으로 바꾸기 위한 노력 또한 결핍모델 사용의 중단에 기여했다. 예를 들어, Sue(1990)는 아프리카계 미국인 내담자가 독특한 의사소통 방식을 가지고 있고, 상담사는 자신들과 다른 소통방식을 기꺼이 받아들여야 한다고 주장했다.

다음에 이어지는 논의에서, 아프리카계 미국인의 핵심 특징들을 강조할 것이며 재활 상담에 있어서 특징의 의미를 설명할 것이다.

(1) 핵심 특징

1700년대 중반부터, 아프리카계 미국인 교회는 탄압과 차별과 투쟁하는 아프리카계 미국인에게 피난처와 공동체 지원을 제공해 왔다(Hunn & Craig, 2009). 그러므로 종교적, 영적 전통과 의식이 지지의 수단으로서, 고난의 시간 동안 완충 역할을 해 왔기 때문에, 대부분의 아프리카계 미국인이 교회에 높은 가치를 두는 것은 당연하다(Bell-Tolliver et al., 2009; Diller, 2004). 아프리카계 미국인은 보통 기독교를 믿지만, 30%는 미국 무슬림이다(Constantine, Lewis, Conner, & Sanchez, 2000). R. B. Hill(1993)은 대규모 설문조사들을 검토한 결과, 아프리카계 미국인의 3/4는 교회에 속해 있으며, 열 명 중 여덟 명은 흑인교회가 자신의 삶을 도왔다고 생각한다고 보고했다. 교회 구성원의 2/3가 10년 이상 자신들의 교회에 다녔고, 1년 미만으로 다닌 경우는 1/10에도 미치지 않는다. Sahgal과 Smith(2009) 역시 모든 집단 중에 87%가 종교가 있다고 말한 아프리카계 미국인이 가장 종교적이라고 확인하였다. 종교적 의식과 관련해서, 미국인의 39%가 보통 일주일에 한 번 정도 종교 의식에 참여하고, 58%가 매일 기도하는 것에 비해, 종교가 있는 아프리카계 미국인은 53%가 적어도 일주일에 한번은 종교 의식에 참여 하고, 76%가 매일 기도하는 것으로 나타났다. 심지어 어떠한 종교에도 속하지 않은 아프리카계 미국인들도 종교가 중요하다고 믿으며, 48%가 매일 기도하며, 28%가 적어도 한 달에 한 번은 종교 의식에 참여한다고 밝혔다.

미국의 영향과 더불어, 아프리카계 미국인의 종교는 아프리카 문화에 그 뿌리를 둔다(Hill, 1993; Willis, 1992). Willis는 아프리카계 미국인의 종교적 기원을 다음과 같이 설명한다:

초기 아프리카의 종교는 지구를 창조한 최고신과 이 창조자가 모든 것에 존재하는 생명력을 가지고 있다는 개념에 중심을 둔다. 조상과 자연의 영혼들에 대한 숭배도 동시에 존재한다. …… 이 종교들은 순수성과 강렬함 때문에 아프리카계 미국인의 예배 기반과 자랑

스러운 유산의 역동적인 부분이 되고 있다. (1992, pp. 126-127)

일부 연구자들은(예: White, 1984) 아프리카 종교의 세계관을 개인과 경쟁보다는 부족과 협력에 대한 강조를 포함한 상호관계성의 개념으로 특징되는 전체적인 관점으로 인지한다. 이러한 세계관의 영향은 현대의 아프리카계 미국인의 문화 안에서 명백하게 드러난다(Rogers-Dulan & Blacker, 1995).

비록 흑인교회의 주요 역할이 아프리카계 미국인의 영적, 윤리적 삶에 영향을 주는 것이지만 사회적, 인도적으로 중요한 기능도 수행한다(Constantine et al., 2000; Lyles, 1992; Rogers-Dulan & Blacker, 1995; Trader-Leigh, 2008). 공동체 의식 혹은 "강인한 조합 교회주의[8]"에 의해 동기 부여된 흑인교회는 지역공동체 서비스의 중심으로 기능한다 (Billingsley & Caldwell, 1991; Trader-Leigh, 2008). Billingsley(1992)는 북동지역의 흑인 교회들이 "아동과 청소년, 성인과 가족, 노인을 위한 프로그램과 여러 종류의 지역사회 개발 프로젝트를 포함하여 광범위한 봉사 활동에 참여하고 있다"(p. 375)고 보고했다. 흑인교회가 제공하는 전형적인 지역공동체 서비스는 빈민에게 음식을 제공하고, 아동을 가르치고, 구직자를 돕고, 노인들에게 봉사하는 것들을 포함하며 이것에만 한정되지 않는다(Morris & Robinson, 1996). 사회적 서비스를 제공하는 것 외에, 흑인교회들은 시민권에 대한 의식을 고양하고 흑인들이 참여하는 사업을 위한 재정적 지원 조직과 같은 사회개혁 활동의 촉매제 역할을 한다(McRae, Thompson, & Cooper, 1999).

연구들에 의하면 아프리카계 미국인은 위기를 겪은 후 신체적, 감정적 문제들에 대응하기 위한 도움을 흑인교회로부터 찾을 가능성이 가장 높다고 한다(Avent, Cashwell, & Brown-Jeffy, 2015; Trader-Leigh, 2008). 특히 대부분의 성직자가 상담교육을 받지 않았음에도 불구하고, 약 40%의 아프리카계 미국인들이 정신건강 문제에 대한 주된 지지 원천으로 성직자들을 찾는다(Anthony, Johnson, & Schafer, 2015). 아프리카계 미국인들의 높은 신앙심과 흑인교회가 제공하는 서비스들은 장애 적응과정에서 긍정적인 기능을 수행한다. 예를 들어, 높은 수준의 신앙심은 아프리카계 미국인의 장애아동 어머니가 백인 어머니들보다 심리적 상황적응에 어려움을 덜 호소하는 이유일 수 있다 (Mary, 1990). 또 다른 연구는 정기적인 교회 방문이 보험이 없거나 만성질환을 앓고 있

8) congregationalism, 각 교회가 독립적으로 운영하는 기독교회의 한 형태.

는 아프리카계 미국인의 혈압측정, 치과 방문 같은 의료 행위에도 긍정적인 영향을 준다는 것을 보여 준다(Aaron, Levine, & Burstin, 2003). 심지어 일부 아프리카계 미국인 남성들은 신앙심이 가족들 간의 건강한 관계와 안정에 도움이 된다고 주장한다(Collins & Perry, 2015).

많은 아프리카계 미국인은 장애인을 포함한 모든 사람이 신의 자녀라고 믿기 때문에, 종교적 믿음은 가족 내 다른 구성원 및 공동체의 장애인에 대한 수용을 촉진할 수 있다(Rogers-Dulan & Blacker 1995). 이것은 아프리카계 미국인이 백인미국인들보다 장애인을 더 잘 수용할 수 있다는 연구결과(Grand & Strohmer, 1983; Pickett, Vraniak, Cook, & Cohler, 1993)를 설명하는 데 도움이 될 수 있다. 아프리카계 미국인의 높은 신앙심은 장애를 가진 아프리카계 미국인이 복지기관을 외면하는 이유도 설명할 수 있다. 예를 들어, Dungee-Anderson과 Beckett(1992)는 장애인(예: 알츠하이머병)이 있는 아프리카계 미국인 가족들이 백인미국인 가족에 비해 보호자의 스트레스 경감을 위해 종교에 매달릴 가능성이 더 높다는 것을 발견했다.

아프리카계 미국인 공동체의 또 다른 핵심 특징은 가족 가치와 실천이다. 한 관점에서는 미국 내 노예제도가 아프리카 문화의 모든 요소를 파괴했기 때문에 아프리카계 미국인 가족은 독특한 가족 가치와 실천이 부족하다고 본다(Frazier, 1939). 또 다른 관점은 많은 아프리카 문화의 요소들이 노예제도의 경험에서도 살아남았고, 현대의 아프리카계 미국인에게도 계속 영향을 미치고 있다고 본다(Herskovits, 1941). 역사적으로 첫 번째 관점이 만연해 있었지만 점점 후자의 관점이 더 많은 실증적 증거에 의해 힘을 얻고 있다(Bell-Tolliver et al., 2009; Billingsley, 1992; Hill, 1993). 아프리카계 미국인 가족이 그들의 (1) 기능(예: 윤리적 가치를 자녀들에게 가르치고, 돌보고, 부양하는 것), (2) 사회적 힘, (3) 구성원에 대한 권위 등을 상실했다는 인식에 대한 대응으로, Marbley와 Rouson(2011)은 아프리카계 미국인 가족은 공동체 내부의 고유한 지지체계로부터 제공된 회복력 덕분에 모든 어려움을 이겨 냈다고 주장한다. 이 지지체계 중 가장 중요한 것은 확대가족(extended family)이다.

현대의 아프리카계 미국인 가족을 이해하려면 아프리카 문화와 관계된 흔적을 아는 것이 필요하다. 아프리카 사회에서, 확대가족은 핵가족에 우선한다. 확대가족은 혈연집단, 부부관계, 형제자매, 조부모-손주관계, 공동체 원로까지 친족의 확대를 포함한다. 노예 시절 동안, 아프리카 가족은 확대가족이 유지되는 것을 소중하게 생각해 왔다. 확대가족의 전통은 노예제의 맥락에서 아프리카계 미국인에 대한 지지체계를 제공하였기 때문에 미국에도 강하게 남아 있다(White, 1984).

아프리카계 미국인 공동체에서 확대가족제 전통은 구전 교육과 실생활 모델을 통해 다음 세대에도 전달되었다. 예를 들어, 현대 아프리카계 미국인의 대다수는 친족이 가까운 거리에 거주한다. 모든 흑인들의 85%는 "같은 도시 내의 다른 주택에서 살고 있는 친척이 있다"(Hill, 1993, p. 105). 확대가족은 중산층 아프리카계 미국인에게도 가치 있는 기능을 제공한다. 예를 들면, 중산층 아프리카계 미국인에 대한 연구에서, McAdoo(1981)는 다음과 같은 사실을 발견했다.

> 개인의 교육과 성공은 종종 확대가족의 지원 없이는 불가능하다. …… 친족 지원네트워크는 예전부터 형성되고 유지되어 왔고, 흑인 가족의 삶에 있어 여전히 작동하고 도움이 되는 문화적 양식을 포함하기 때문에, 이전 세대에서 그랬듯이 지금도 필수적이다. (p. 167)

이러한 문화적 전수(예: 대가족을 소중히 여기는 것)는 현대 아프리카계 미국인 다수의 사회경제적인 계층에 영향을 미친다.

아프리카계 미국인 가족에서, 가족구성원들의 역할은 융통성이 있고(Diller, 2004), 각 가족구성원들은 가족 내에서 다양한 역할을 가질 수 있다(Sue & Sue, 2003). Billingsley(1992)가 지적한 바와 같이, 아프리카 사회에서, "여성의 역할, 남성의 역할, 아이들의 역할이 있지만, 높은 수준의 융통성과 상호교환이 이루어지며, 남성이 여성의 역할을 하거나 그 반대의 경우에도 비난은 없다"(p. 94). 게다가 아프리카 사회에서 조부모들은 자녀 양육 및 다른 책임들을 함께 수행한다. 따라서 아프리카계 미국인 공동체에서도 원로들은 가족구성원들에게 더 존중받는다.

많은 연구가 현대 아프리카계 미국인 가족에서도 역할 융통성이 유지되고 있다고 보고한다(Billingsley, 1992; Hill, 1993; Rogers-Dulan & Blacker, 1995). 아프리카계 미국인 여성은 백인여성보다 가장이 될 가능성이 높고, 아프리카계 미국인 남성은 백인남성보다 집안일을 담당할 가능성이 높다. 이 주제에 대해 발표된 문헌을 보면, Smith(1981)는 약 87%의 아프리카계 미국인 남성이 아내가 필요하고 원하는 일을 하는 것에 동의했고, 백인남성의 경우 48%만이 이러한 입장에 동의했다고 보고한다. R. B. Hill(1993)은 아프리카계 미국인 가정의 역할 융통성과 관련해서, 아프리카계 미국인 노인여성이 백인

여성보다 자녀 양육을 더 많이 돕는다고 보고했다: "흑인가정의 셋 중 하나는 원로여성에 의해 주도되는 데 비해, 백인가정은 열에 하나만 65세 이상의 여성에 의해 주도되고 있다"(p. 111). Alston, McCowan과 Turner(1994)는 가족구성원들이 기꺼이 "비전통적이거나 부가적인 역할을 수행"하는 가족 내의 역할 융통성이 장애인이 있는 아프리카계 미국인 가정의 성공적인 적응을 촉진한다고 지적했다(p. 285).

역할 융통성에 덧붙여, 가족구조가 아프리카계 미국인 가족의 생존을 유지해 온 것으로 밝혀졌다. 아프리카계 미국인 가족구조의 긍정적인 요소에는 강한 위계질서, 가족 체계에 대한 존중, 자치에 대한 임무, 세대 간의 유대감 등을 포함한다(Bell-Tolliver et al., 2009). 그 결과, 장애가 있건 없건 단지 가족이라는 이유만으로도 무조건 가족구성원으로 받아들여질 수 있다(Taylor & Bogdan, 1989).

많은 아프리카계 미국인이 사용하는 의사소통 방식도 또 다른 그들 문화의 핵심 특징이다. E. T. Hall(1976a)에 따르면, 한 문화는 저 혹은 고 맥락의 의사소통[9]을 가질 수 있다고 한다. **저맥락 의사소통**(low context communication)은 대인관계 행동에 적용되는 일반적인 규칙을 강조한다. 의사소통에 있어 언어적인 부분이 비언어적인 부분보다 중요하다고 생각한다. 반면에 **고맥락 의사소통**(high context communication)은 개인이 원하는 대로 하는 상호작용과 비언어적 행동을 강조한다. 앵글로계 미국인의 의사소통은 일반적으로 저맥락이고, 미국 법정(courts)도 저맥락 체계의 예로 볼 수 있다. 아프리카계 미국인 소통 방식의 뿌리는 백인미국인의 것보다 일반적으로 더 고차적 맥락이다. 예를 들어, 대화중에 아프리카계 미국인은 같은 내용을 전달하기 위해 더 적은 단어를 사용한다(Sue, 1990). 이런 차이는 가끔 아프리카계 미국인과 백인미국인 간의 오해로 이어질 수 있다(Hall, 1976b). 상담 중 아프리카계 미국인 내담자가 가까운 대화 거리를 유지하고 많은 신체 움직임을 보이면, 백인 상담사는 이러한 방식을 적대적 의사소통으로 볼 수 있다(Sue, 1990). 이 해석은 당연히 잘못된 것이다.

아프리카계 미국인은 다른 사람과 대화를 나눌 때 모든 시간 동안 항상 눈맞춤을 유지하지는 않는다(Smith, 1981). 아프리카계 미국인이 다른 일을 하면서 또 다른 사람과 대화를 하는 것은 놀라운 일이 아니다. 아프리카계 미국인과의 상담에서 이런 일을 경험할 때, 문화적으로 미숙한 상담사는 이것을 흥미가 없거나 부끄러워하는 것으로 해

---

9) 겉으로 표현된 내용 이면의 맥락 속에 숨은 뜻이 거의 없거나(저맥락) 많은(고맥락) 의사소통.

석할 수 있다.

아프리카계 미국인이 경험한 노예제도와 인종주의는 노예제도 폐지 이후부터 복지기관에 대한 그들의 기대와 믿음에 영향을 미쳤다. 아프리카계 미국인은 특히 백인 상담사를 마주할 때 복지기관에 대한 낮은 기대와 적은 믿음을 가지는 경향이 있다(White, 1984). Thurston과 Phares(2008)는 아프리카계 미국인(n=100)과 백인미국인(n=94) 부모집단 간의 정신건강 서비스 이용에 대한 인식을 비교한 결과, 아프리카계 미국인 부모는 자신을 위해 정신건강 서비스를 받는 것에 대해 매우 부정적인 태도를 지니고 있음을 보고하였다. 이 아프리카계 미국인 부모들은 자녀들의 정신건강 서비스에도 더 많은 장애물을 인식하고 있었다. 그 결과, 아프리카계 미국인 내담자는 백인 내담자에 비해 첫 면접 이후 상담과정을 그만둘 확률이 더 높다(Sue & Sue, 1990). 이 현상에 대한 이유들이 제시되어 왔는데, 예를 들어 Nickerson, Helms와 Terrell(1994)은 아프리카계 미국인의 백인에 대한 불신이 상담에 대한 부정적인 태도와 상담 결과에 대한 낮은 기대의 원인이라는 점을 발견했다. 많은 아프리카계 미국인은 종종 상담과정의 결과물이 상담사의 가치체계를 받아들이는 것이기 때문에, 상담을 통제와 억압의 수단으로 본다(Smith, 1981). 마지막으로 과거, 일부 아프리카계 미국인 내담자들이 다른 학습 경험과 신념 체계 때문에 지적장애나 정신병으로 진단되었다. 이러한 유형의 오진으로 인해, 아프리카계 미국인은 심리측정 검사를 거부하고 상담사와 개인적 정보를 공유하는 것을 기피한다(White, 1984). Smith는 다문화상담 관계에 잦은 어려움을 만드는 불신의 원인을 다음과 같이 간결하게 정리했다:

일상의 미국 사회에서 …… 흑인과 백인 사이에 관찰되는 위기들이 상담에서도 점차 분명하게 증가하고 있다. 역사적으로 흑인과 백인 사이를 갈라지게 했던 세력들, 즉 신뢰의 부족, 문화적 차이를 둘러싼 편견들, 미묘하고 미묘하지 않은 형태의 인종차별이 상담 관계에 영향을 미친 것이다. …… 미국에서 편견은 깊이 각인되었고 없어지지 않는다. 그것은 수 세대에 걸친 "낡은(hand-me-down)" 증오에 의해 길러진다. (1987, p. 141)

(2) 아프리카계 미국인 내담자와 일하는 재활상담사를 위한 지침

많은 아프리카계 미국인의 삶에서 교회가 중심이 된다는 점을 고려할 때, 흑인교회는 재활상담사에게 필수적인 자원이 될 수 있다. 재활상담사가 지역공동체 내 종교기반의 기관과 그들이 장애를 가진 내담자에게 제공할 수 있는 자원을 잘 파악하고 있는 것이 중요하다(Boyd-Franklin, 2010). Pickett-Schenk(2002)는 교회기반의 지지 집단이 정신질환자가 있는 아프리카계 미국인 가족의 대처능력을 향상시킬 수 있다는 것을 발견했다. 그러므로 재활상담사가 아프리카계 미국인 공동체에 재활서비스를 알리기 위해 교회의 게시판과 간증을 이용하는 것이 권고된다. 또 다른 연구에서 McRae 등(1999)은 흑인교회의 치료 기능을 살펴보았는데 교회가 적응행동(예: 사회적 기술) 학습과 한 개인 흑인으로서의 경험을 공고할 수 있는 기회를 제공한다는 점을 확인했다. 또한 재활상담사는 아프리카계 미국인의 신체적, 정신적 건강 향상에 대한 효과성이 입증된 흑인교회의 다양한 건강증진 프로그램을 활용할 수 있다(Hays, 2015). 몇몇 연구자들은(Alston et al., 1994; Anthony et al., 2015; Lyles, 1992) 아프리카계 미국인 내담자의 성직자가 정신적 문제에 대한 도움을 찾는 것과 관련된 낙인을 줄이고, 내담자에 대한 관련 정보를 상담사에게 제공하며, 상담서비스의 본질에 대해 내담자를 이해시킴으로써, 재활상담과정에 도움을 줄 수 있다고 제안한다. 그러므로 재활상담사는 의뢰의 적정 시점에 대해 민감해야 하고, 위기와 트라우마 발생 이전에 성직자들과 긴밀한 관계를 유지해야 한다(Boyd-Franklin, 2010; Lyles, 1992; Plunkett, 2014).

재활상담사들은 아프리카계 미국인 내담자와 효과적으로 상담하기 위해서, 내담자의 신앙심이 문제 제기, 상담사에 대한 기대, 상담결과에 대한 기대 등과 같은 상담과정에 대한 내담자의 인식에 어떤 영향을 미치는지 평가할 필요가 있다(Plunkett, 2014). 재활상담사들은 자신의 해결되지 않은 종교적, 영적 문제, 그리고 종교를 비과학적이나 병적인 것으로 보는 모든 개인적 관점에 주의해야 한다(Frame & Williams, 1996). Alston과 Turner(1994)는 내담자가 대응기제로서 종교적 활동을 이용하지 못하게 하는 것을 피해야 한다고 경고했다. 왜냐하면 재활상담사의 이러한 행동은 본인의 종교에 대한 존중이 부족하고 라포 형성을 저해할 수 있다고 볼 수 있기 때문이다. 반면에 아프리카계 미국인 내담자가 교회나 다른 종교적 단체로부터 도움을 받는 것을 진정으로 인정하고 수용하는 경우 상담사에 대한 신뢰성이 높아지고 그에 따라 라포가 증진된다.

대부분의 아프리카계 미국인은 가족과 공동체를 중시하기 때문에 재활상담사들은 내담자가 이용할 수 있는 확대가족, 흑인교회, 흑인학교를 포함한 토착적 지원체계의 유형을 평가할 필요가 있다(Marbley & Rouson, 2011). 아프리카계 미국인 내담자들이 가족과 공동체로부터의 지원을 활용하도록 격려해야 한다. T. Smith(1981)는 아프리카게 미국인 내담자를 상담할 때 이러한 지원을 사용하도록 격려하는 스트레스-저항 전달 모델(Stress-Resistant Delivery: SRD)을 제시했다. SRD 모델은 3단계로 구성되어 있다: (1) 직업재활계획에 포함되는 최종 목표 결정과 같은 내담자의 스트레스 요인 찾기, (2) 확대가족 혈연 체계나 성직자와 같이 내담자가 스트레스 요인(예: 의사결정)에 대처하도록 도울 수 있는 아프리카계 미국인 문화내의 지원자원 찾기, (3) 서비스 전달전략 결정하기(예: 현장훈련 배치에서 내담자를 돕기 위한 직무지도원과 같은 준전문인력 활용). White(1984)는 집단의 생존과 상호의존성은 아프리카계 미국인의 경험에 중요한 부분이며, 지원 체계의 유지와 다른 사람들과의 상호의존적인 관계를 차단하기보다는 인정해야 한다고 지적함으로써 Smith의 주장을 지지했다. Atkins(1988) 및 Feist-Price와 Ford-Harris(1994)는 아프리카계 미국인 내담자는 공동체 안에서 가장 잘 기능하는 경향이 있다고 주장했다. 장애를 가진 아프리카계 미국인은 대부분 가족구성원과 주요 타인의 조언, 의견, 지원을 중요시한다. 그러므로 재활상담의 과정은 핵가족, 확대가족, 심지어 더 큰 공동체 구성원들을 참여시켜야 한다. Turner와 Alston(1994)은 재활상담사들이 장애를 가진 사람의 요구를 충족시킬 수 있도록 어떻게 도울 수 있는지 알아내기 위해 내담자의 동의하에 핵가족과 확대가족 구성원들을 면담해야 한다고 주장했다.

많은 아프리카계 미국인이 의사소통의 비언어적인 부분에 더 의존하는 경향이 있다. 비언어적 행동은 백인이 말로 나타내는 것보다 아프리카계 미국인에 대한 믿음을 더 정확히 반영한다고 여긴다(Sue, 1990). 아프리카계 미국인 내담자와 상담할 때, 재활상담사들은 자신이 말하는 것뿐만 아니라 말하는 방식이 내담자에게 중요한 영향을 미친다는 것을 인지해야 한다. 예를 들어, 아프리카계 미국인 내담자는 비언어적 단서를 읽고 상담사의 단어들을 들음으로써 백인 상담사의 인종 편견 여부를 빠르게 알아차릴 것이다. 그러므로 재활상담사는 적절하게 자신의 인종적 편견을 다뤄야 하고, 자신의 언어적, 비언어적 의사소통의 영향에 주의를 기울여야 한다.

재활상담사들은 아프리카계 미국인 내담자의 비언어적 행동 해석에도 주의해야 한다(Robinson & Crowe, 1998). 사회경제적 하위계층에 있는 아프리카계 미국인은 "백인들이 하듯이 듣고 있음을 표시하기 위해서 고개를 끄덕이거나 작은 소리를 내지 않는다"(Smith, 1981, p. 155). 그러므로 재활상담 회기에서 아프리카계 미국인 내담자가 "으흠" 소리를 내지 않는 것이 흥미 부족이라고 자동적으로 해석해서는 안 된다. 또한 과도한 신체 움직임 같이 문화에서 기인한 비언어적 행동을 과잉행동으로 잘못 해석할 수 있다는 점도 알아야 한다.

비록 많은 아프리카계 미국인이 의사소통의 비언어적 부분을 강조하고 있지만, 이는 백인과 비교했을 때 의사 표현에 비언어적인 경향이 있다는 것이지, 자신을 표현하는 데 언어적으로 제한된 능력을 가지고 있다는 것을 의미하는 것은 아니다(Smith, 1997). 그러나 다문화상담 상황에서 아프리카계 미국인들이 비언어적이라는 근거 없는 믿음을 받아들인다면, 재활상담사는 라포 형성과 아프리카계 미국인과의 진전 부족을 내담자의 언어적 의사소통 기술부족의 탓으로 볼 수 있다. 비록 이 근거 없는 믿음이 많은 재활상담사에게 어느 정도 편안함을 줄 수도 있지만, 종종 이것은 정확하지 않고 다문화상담 역량 향상을 위한 동기 부여를 저해한다. 비언어적인 "정상(normal)"의 아프리카계 미국인을 만나본 적이 없는 Smith의 경험은 분명하게 이러한 근거 없는 믿음을 약화시킨다. Smith가 말하기를,

나는 이야기하기를 거부하고, 부적절한 방식으로 소통하는 사람들과 만나 왔다. 나는 또한 그들의 입장에서 비언어적이라고 분류된 내담자들이 말을 많이 하지 않도록 교육받았던 삶에 대한 이해를 보여 주면, 실제로 마음을 열고 유창한 화자가 되는 것을 발견했다. 내담자를 비언어적이라고 분류하는 것과 어떤 이유 때문에 이야기하기를 거부하거나 우리가 예상하고 바라는 방식으로 소통하지 않는 것은 차이가 있다. (1977, p. 393)

재활상담사들은 아프리카계 미국인 내담자들과 신뢰 관계를 형성하고 효과적으로 상담하기 위해서, 아프리카계 미국인들이 문화화된 인종주의가 만연한 미국 사회의 맥락에서 살고 있다는 것을 이해해야 한다. 대부분의 아프리카계 미국인은 인종 차별을 경험해왔다. 그들은 부모들이 얼마나 불공평하게 대우받았는지 기억할 수 있고, 자녀들의 미래가 똑같은 인종적 장벽에 부정적인 영향을 받고 있다고 생각할 수 있다. 그 결과, 많은 아프리카계 미국인 내담자들이 백인중심의 문화에 대한 실망, 불신, 우울, 분노 같은 심리적 반응들을 가질 수 있다(White, 1984). 그러므로 재활상담사는 존중을 보여 주고, 칭찬과 격려를 사용하고, 진술하고, 그들의 지난 역사와 지금의 투쟁들을 이해하고 인정하며, 그들의 승리한 이야기를 듣는 등 긍정적인 소통을 통해 아프리카계 미국인 내담자와의 신뢰관계를 형성해야 한다(Bell-Tolliver et al., 2009).

일부 연구자들(예: Jackson, 1991; Smith, 1981)은 개인이 아닌 사회를 문제의 근원으로

보면서, 제도화된 인종차별의 피해자들을 비난하지 않아야 한다고 주장한다. 재활상담사들이 만약 개인은 선택의 자유를 가지고 있으며 그 결과에 대해서 책임져야 한다는 전통적 책임감의 개념을 가지고 있다면, 이러한 측면에서 특히 조심해야 한다. 실제로는 많은 아프리카계 미국인은 그들의 삶에 관한 의사결정에 있어서 아주 제한적인 권한을 가지고 있다. 그들의 상황과 행동에 대해 개인의 책임을 과도하게 강조하고 사회체계의 책임을 과도하게 단순화하는 것은 아프리카계 미국인 내담자와의 라포형성에 장애물이 될 수 있다(Cheatham, 1990; Sue, 1990; Sue & Sue, 2003). 그러므로 만약 재활상담사들이 억압적인 인종주의와 그 영향에 대해 인식하지 못하면 아프리카계 미국인 내담자와 멀어질 수 있다.

T. Smith(1981)는 인종이 다문화상담 관계에서 문제시될 때, 회피하기보다는 오히려 솔직하게 다루어야 한다고 지적한다. 백인 재활상담사의 이러한 능력은 아프리카계 미국인 내담자로 하여금 "상담사가 인종적 배경의 차이를 인지하고 있으며, …… 비록 그러한 감정이 적대적일지라도, 인종과 관련된 내담자의 기분에 대해 이야기하는 것을 두려워하지도 않고, 망설이지도 않는다"(Smith, 1981, p. 174)는 것을 알게 한다. 상담사는 또한 아프리카계 미국인 내담자가 극도로 백인을 선호하고, 아프리카계 미국인을 혐오하는 것에서부터 극도로 아프리카계 미국인을 선호하고, 백인을 혐오하는 것까지 여러 인종적 정체성을 가질 수 있다는 사실에 민감해야 한다. 이러한 극단적 태도는 상담사의 인종에 대한 내담자의 선호도에 영향을 미칠 수 있다. 필요한 경우, 재활상담사들은 내담자의 인종적 정체성 태도를 평가하기 위해 **인종정체성 태도검사**(Racial Identity Attitude Scale: RIAS; Helms & Parham, 1981)를 활용할 수 있다(Alston, Bell, & Feist-Price, 1996).

사정 과정에서 아프리카계 미국인 내담자들에 대한 오진을 방지하기 위해서, 재활상담사들은 문화적 영향을 생각해야 한다. 아프리카계 미국인은 지능 혹은 적성검사에서, 보통 백인미국인보다 15점 낮은 점수를 받는다는 보고가 있었다(Baker & Taylor, 1995). Hinkle(1994)은 편차가 검사 도구 내의 문화적 편견 때문에 일어날 수 있다고 지적했다. 재활계획에서 이러한 요소를 고려하지 않는 것은 아프리카계 미국인 내담자를 위한 최적 직업배치를 실현하지 못하게 할 수 있다. Baker와 Taylor가 말하기를,

일반적성검사(GATB)는 미국고용관리국(USES)이 취업의뢰를 위한 구직자를 선정할

때 사용해 왔다. 다른 능력척도와 마찬가지로 GATB는 평균 점수에 있어 흑인, 히스패닉, 백인이 상당한 차이를 보인다(Hartigan & Wigdor, 1989). 개인들에게 적절한 직무를 결정하는 것이 적성검사에 의해 이루어지기 때문에, 불균형적으로 흑인과 히스패닉이 낮은 수준, 낮은 임금의 일자리에 더 많이 배치되었다. (1995, p. 49)

이전의 연구들도 정신질환을 가진 아프리카계 미국인들이 종종 오진되었다는 것을 발견하였다(Plummer, 1996). 예를 들어, 아프리카계 미국인들은 같은 증상을 가진 백인들보다 조현병으로 진단될 가능성이 높다. 문화적 오해로 인한 오진을 최소화하기 위해서 Plummer는 재활상담사가 아프리카계 미국인의 문화에 대한 내담자의 심리적 유대감과 문화적응 수준을 측정해야 한다고 제안했다. 문화가 내담자의 증상 표출에 어떻게 영향을 미치는지 이해하는 것은 임상 진단의 정확성을 증가시킬 것이다.

재활상담사들은 개인의 가치체계는 일반적인 개인의 상태 및 문화적 전통, 개인적 경험에 의해 영향을 받고 형성된다는 것을 인지해야 한다. 원조 전문가들의 공정한 치료를 위한 초기 공식은 전문가로서 피부색 차이를 고려해서는 안 된다는, 즉 인종차별하지 않는다는 원칙(doctrine of color blindness)을 주장한다(Jackson, 1991). 그러나 "우리 모두 피부 속은 똑같다"거나 "그들이 까맣든, 파랗든, 초록이든, 나는 그들 모두를 똑같이 대한다" 같은 진술은 단순히 생각일 뿐, 현장에서는 다르게 나타날 수 있다(Smith, 1981). 이러한 종류의 진술들은 인종주의의 현실을 무시함으로써 소수인종 내담자들을 향한 비하 메시지를 드러내기 때문에 은밀한 차별[10]의 완벽한 예이다. Constantine(2007)는 아프리카계 미국인 내담자가 은밀한 차별을 인지하면, 백인 치료사의 다문화 역량을 낮게 평가하고 상담 만족도가 낮아지고 나아가 치료사와의 치료적 연대가 감소한다는 것을 발견했다. 비록 사람들은 유전자 구성 같은 어떤 동질성 때문에 일반적인 특정 가치를 공유하지만, 다른 인종의 사람들은 많은 부분(예: 우리가 논의해 온 신념과 가치)에서 서로 다르다.

게다가 개인적 경험은 특정 인종집단의 구성원들 간에도 다양하기 때문에 개인들의 가치체계는 상당히 다르다. E. Smith(1977)는 인종집단을 정형화하는 것의 위험성에 대

10) microaggressions, 특정집단이나 집단에 속한 개인에게 잠재적으로 부정적이고 불쾌한 심리적 영향을 주는 짧고 상투적인 언어적/행동적/환경적 모욕으로, 의도와는 무관하게 적의, 폄하, 인종에 대한 무시, 모욕을 표현하는 것.

해 다음과 같이 경고한다:

> 연구의 어떤 부분에서 주로 한 인종에 초점을 맞출 때마다, 고정관념의 잠재적 위험이 있다. 특정한 인종집단 구성원들의 상황에 대해 다른 사람들을 민감하게 만들고자 노력할 때, 우리는 때때로 개인차를 무시한다—이는 우리가 성취하고자 세웠던 바로 그 목표들을 부분적으로 무산시키는 것이다. (p. 390)

그러므로 재활상담사들은 모든 아프리카계 미국인 내담자들이 같은 가치 체계를 공유할 것이라고 자동적으로 가정할 수 없다(Hays, 1996). 재활상담사들은 내담자 간 가치체계의 다양성에 대해 이해하고 존중하도록 노력해야 한다(Atkins, 1988). Freeman(1990)은 재활상담사들이 내담자의 가치와 신념 이해에 도움이 될 수 있도록, 아프리카계 미국인 내담자에게 미묘하지만 개인적 판단을 피하는 질문을 하도록 제안한다. 예를 들어, 만약 내담자가 주로 흑인교회를 간다고 상담사에게 얘기하면, 그 내담자는 백인교회를 주로 가는 사람보다 아프리카계 미국인 공동체의 전통적 가치를 수용할 가능성이 높다. 재활상담사들은 또한 직접적인 관찰을 통해 아프리카계 미국인 내담자들의 가치체계 이해를 시도할 수 있다(McRoy, 1990). 예를 들어, 흑인 영어를 하는 아프리카계 미국인 내담자는 대개 아프리카계 미국인 공동체 안에 살고, 다른 영어 사용자보다 공동체의 전통적 가치를 수용할 가능성이 높다. 내담자의 가치체계를 파악함으로써, 재활상담사는 재활상담 서비스의 전달 과정에 있어서 가치체계의 영향을 고려할 수 있다(Wilson & Stith, 1991).

3) 아시아계 미국인

아시아계 미국인(Asian Americans)이 종종 하나의 인종 범주로 간주되곤 하지만, 역사적으로 각각의 뿌리를 가지고 있다. 그러므로 현대의 아시아계 미국인은 극동지방, 동남아, 인도 아대륙[11]의 많은 국가에서 온 다양한 문화, 신념, 종교를 대표하는 많은 사람을 포함한다(Hampton, 2000; Pew Research Center, 2013).

---

11) 남아시아에서 인도, 파키스탄, 방글라데시, 네팔, 부탄, 스리랑카 등이 위치한 지역, 인도반도라고도 함.

아시아에서 온 미국 거주자들 중에서, 총 아시아계 미국인 인구의 23%를 차지하는 중국계가 가장 큰 하위집단이다(U.S. Census Bureau, 2014a). 많은 이가 1820년대에 중국에서 이민와서 캘리포니아에 정착한 선조들을 두었다. 미국의 초기 아시아계 이민자들은 합법적으로 시민권을 획득할 수 없었기 때문에 백인 이민자와 구분된다(Lott, 1997). 아시아계 미국인의 수는 1840년대 후반까지 미미했는데, 이후 많은 중국인이 하와이와 미국 대륙에 운 좋은 구직자와 값싼 노동자로 왔다(Kim, 1994). 그들은 서해안의 금광과 하와이 사탕농장, 서부 철도에 고용되었으며 낮은 임금에도 일하려고 했고, 그 결과 유럽계 미국인 노동자의 임금을 깎고, 반중국인 운동을 초래했다(Fong, 1992). 그 운동은 중국인 노동자의 이민을 중단시키는 1882년의 「중국인 배제법(Chinese Exclusion Act)」으로 이어졌다(Kitano & Daniels, 1995). 1882년 이후 많은 숫자의 일본인과 소수의 한국인이 중국인 이민자가 하던 일을 대신하기 위해 미국으로 왔다(Fong, 1992; Kitano & Daniels, 1995). 이 새로운 이민자들 역시 조직화된 유럽계 미국인의 적개심 표적이 되었다. 지속된 아시아계 노동자들에 대한 부정적인 태도는 의회로 하여금 모든 아시아계 이민자들의 미국 이민을 막는 1924년의 「이민법(Immigration Act)」을 통과시키게 하였다(Toupin, 1980).

필리핀인들은 1924년 「이민법」의 예외 규정을 통해 의회로부터 유일하게 허용된 아시아계 미국인 인종 집단이었다. 1934년에 필리핀이 독립을 허가받기까지, 필리핀인은 법적으로 미국 국적으로 취급받았다(Kitano & Daniels, 1995).

1882년 「중국인 배제법」은 미국과 중국 간의 전시 동맹의 일환으로 의회에 의해 1943년에 폐지되었다. 그 결과, 미국정부는 105명의 중국인 이민자들의 연간 쿼터를 설정하였다(Kim, 1994). 1952년의 「McCarran-Walter법」은 미국 이민정책의 모든 인종적/민족적 집단에 대한 배제조항을 제거했으나, 법은 아시아계 이민자들에게 작은 쿼터만을 허용했다(Fong, 1992). 동반구에서 오는 이민자를 연간 17만 명으로 제한하는 아시안 쿼터를 폐지한 1965년의 「이민법」 전까지 많은 아시아계 이민자들은 미국에 들어오는 것이 허용되지 않았다(Fong, 1992; Kitano & Daniels, 1995). 1965년의 「이민법」으로 인해, 미국 내 아시아계 미국인 인구는 크게 증가하였다. 2014년 기준, 아시아계 미국인의 총인구는 1,570만 명에 달한다. 가장 큰 하위 집단을 형성하는 중국인(3,551,337명), 아시아 인도인(3,111,333명), 필리핀인(2,653,959명), 베트남인(1,681,614명), 한국인(1,453,807명), 일본인(779,141명)을 포함, 21개 이상의 국적이 아시아계 미국인 공동체를 대표한다(U.S. Census Bureau, 2014a).

　다음 부분에서, 아시아계 미국인을 상담할 때 고려해야 할 문화적 요인을 설명한다. 그러나 아시아계 미국인 문화들 간의 차이에도 불구하고, 다음 논의들은 주로 유교, 불교, 도교 가르침의 혼합물을 반영하는 전통 중국가치에 영향을 받은 국가들에서 온 아시아계 미국인에게 적용된다. 고대 중국에서 발원된 전통 중국의 가치들은 일본, 한국, 베트남, 라오스, 캄보디아, 싱가포르 같은 국가들에 교육적, 경제적, 정치적 영향을 통해 전파되었다(Lassiter, 1995; Li, 1965).

(1) 핵심 특징

　전통적 중국의 가치는 자연, 사회, 가족과의 조화로운 관계를 강조한다. 자연과 조화를 형성한다는 것은 자연의 두 가지 상반되는 특징인 음과 양의 균형을 잡는 것을 이야기한다. 질병은 인체의 음과 양의 균형이 깨지면 발생되는 것이다(Lassiter, 1995). 개인은 사회 및 가족과의 조화를 이루기 위해 사회구조 안에서 자신의 역할을 다해야 한다. 이 역할은 "윗사람과 아랫사람 사이, 부모와 자녀 사이, 남편과 아내 사이, 형제 사이, 친구 사이"(Chung, 1992, p. 30)인 유교의 5가지 가장 중요한 관계에 의해 주로 정의된다. 예를 들어, 결혼관계에서의 권력 위계로 보면, 남편이 아내에 대한 절대적 권위를 갖고, 아내는 남편에게 순종하고 자녀와 집안일들을 돌보는 것으로 기대된다(Chan, 1992).

　유교는 사람들에게 자연, 사회, 가족 환경과 어떻게 소통하고 조화를 유지하는지에 대해 가르친다. 이 덕목들의 예로는, 집단을 위해 자신을 희생하기, 가족구성원들을 보호하기, 부모와 권위자에게 순종하기, 집단에 협조하기, 실수를 부끄러워하기, 가족구성원 간의 상호의존성에 가치를 두기, 가족에 대한 의무를 다하기, 다른 이의 친절에 보답하기, 감정과 충동을 절제하기, 논쟁 피하기 같은 것들이 있다(Chan et al., 1988; Chung, 1992; Marsella, 1993; Uba, 1994). 마찬가지로, 효도는 아시아계 미국인 문화에서 매우 중요한 가치다. 아시아계 미국인들 사이의 전통적인 부모−자녀 관계는 "부모는 법에서 규정하는 역할을 수행하고 자녀의 역할은 부모를 따르는 것이며, 이는 부모에 대한 자녀들의"(Wodarski, 1992a, p. 49) 의심할 여지 없는 충성심과 헌신을 요구한다. 개인적 권리를 주장하는 개인주의는 막는다. 비록 유교가 3천 년 전에 만들어졌지만, 이 생각은 정치적인 이유 때문에 국가로부터 계속 추진되어 왔고, 많은 일반 시민이 다양한 사회적, 윤리적, 환경적 문제에 대한 영적 자양분을 위해 유교에 귀의하기 때문에 현대의 많은 아시아계 사회에서 아직도 통용된다(Worrall, 2015).

성취는 "개인과 가족의 지위를 높이고, 가족에 대한 의무를 부분적으로 다한 것이며, 같은 맥락에서 개인의 실패는 전체 가족의 부끄러움"(Uba, 1994, p. 18)이라고 여겨지기 때문에, 아시아계 미국인에게 큰 가치를 갖는다. 전통적으로, 아시아계 미국인의 가치관에는 지위와 학업 및 직업적 성취에 대한 존경도 포함한다.

아시아 문화에서 사회화 과정은 구어적 표현의 발달을 일부 억제한다. 예를 들어, 백인미국인은 구어적 자기표현을 중요한 것으로 간주하지만, 일본인은 이해와 통찰 같은 더 조용한 방식을 선호한다. 게다가 일본인은 듣기, 읽기, 쓰기의 유창성이 웅변술보다 중요하다고 생각한다(Oka, 1994).

장애에 대한 아시아계 미국인의 태도 연구가 증가하고 있으며, 대부분의 연구에서 중국인 인구를 포함하고 있다(예: Chan et al., 1998; Chan, Hua, Ju, & Lam, 1984; Jacques, Burleigh, & Lee, 1973; Shokoohi-Yekta & Retish, 1991). F. Chan 등(1988)은 338명의 중국인 학생을 대상으로 **장애인에 대한 태도검사**(Attitudes Toward Disabled Persons: ATDP, Yuker, Black, & Young, 1970)를 사용해서 3개 주요 장애집단(신체, 정서, 지적 장애)에 대한 태도를 연구했다. 중국인 학생들은 지적장애인과 정서장애인에 대해 유사한 태도를 드러냈고, 신체장애인에 대한 태도에 비해 긍정적이지 않았다. Shokoohi-Yekta와 Retish(1991)는 정신질환에 대한 미국인과 중국인의 태도를 비교했다. 83명의 남성 대학생(미국인 41명, 중국인 42명)들이 **정신질환에 대한 인식**(Opinion About Mental Illness: OMI, Cohen & Struening, 1962) 척도를 작성했다. 미국인과 비교했을 때, 중국인은 정신질환이 있는 사람에게 더 권위적이고, 사회적으로 제한적이며, 덜 자애로웠다. 중국인 학생들은 정신질환을 가진 사람들을 열등한 집단으로 보았을 뿐만 아니라 강압적인 취급, 기능에 대한 제한, 강제적인 치료가 필요한 사회의 위협으로 보는 경향이 있었다. 미국에서의 거주기간이 긴 중국 학생들은 기간이 짧은 중국인 학생들보다 정신질환자들에게 덜 권위적이고, 사회적으로 덜 제한적인 태도를 보였다.

Chen 등(2002)은 장애인에 대한 미국인, 대만인, 싱가포르인 학생의 태도를 관찰하였다. **장애인에 대한 태도검사**(ATDP; Yuker, Black & Young, 1970) 척도를 사용하였고, 그 결과 대만과 싱가포르 학생이 미국 학생보다 더 낮은 점수를 받거나 장애인에 대해 덜 친화적인 태도를 가졌다는 점을 발견하였다. 연구자들은 태도의 차이가 다음의 요인에 기인한다고 보았다:

중국문화에서는 장애에 대한 낙인이 특히 강하고 종종 부모의 과거 또는 현재의 죄 때문이라는 믿음과 관련짓는다. 장애에 대한, 특히 정신장애에 대한 지식의 부족은 또한 장애가 후손에 미치는 영향에 대한 잘못된 인식에도 기여한다. (2002, p. 10)

연구 결과들은 일반적으로 장애인, 특히 정신장애를 겪고 있는 사람들에 대한 아시아계 미국인의 태도가 비아시아계 미국인보다 더 부정적이라는 것을 보여 준다. 이러한 부정적인 사회적 태도를 내재화함으로써, 일부 아시아계 미국인 장애인과 그 가족은 가족의 평판을 높게 유지하기 위해, 가족과 장애를 포함한 개인적 문제들에 관해 비밀에 부치는 경향이 있다. 그들은 외부인과 개인적 문제들을 이야기하는 것을 좋아하지 않는다. 실제로 아시아권 문화에서는 "가족의 수치를 남에게 알리지 말라"라는 격언이 있다(Oka, 1994; Sue & Sue, 1995; Wong & Chan, 1994).

그러나 이러한 차이들은 아시아계 미국인이 점차 문화적으로 적응하면서 감소하는 경향이 있다. **문화적응**(acculturation)은 "아시아계 미국인이 백인 주류문화에 통합되고 동일시하는 정도"를 말한다(Leong, 1986). 연구를 통해 아시아계 미국인의 초기 세대와 후기 세대 사이의 적응 정도에서 차이점을 발견했으며, 후기 세대가 미국문화를 더 많이 내재화하고 있음이 밝혀졌다(Leong, 1986).

아시아계 미국인을 "모범적인 소수민족[12]"로 분류하는 현상에도 불구하고, 연구는 아시아계 미국인의 많은 사회적 문제와 경제적 어려움을 밝혀냈다. 많은 아시아계 미국인은 빈곤, 실업, 교육부족, 신체적 질병, 알코올중독, 약물남용, 우울, 조현병 같은 정신건강 문제를 겪고 있다(Doan, 2006; Kim, 1995; Nishio & Bilmes, 1987). 이와 같은 문제들과 아시아계 미국인의 인구가 늘어나고 있음을 고려할 때, 아시아계 미국인 내담자에게 재활서비스를 제공하는 경우가 많아질 것이다.

아시아계 미국인의 신체 및 정신 건강 재활서비스 요구가 높아짐에도 불구하고, 그들은 서비스를 잘 이용하지 않고 있다(Cheung & Snowden, 1990; Loo, Tong, & True, 1989; Uba, 1992; Uba & Sue, 1991). 1990년 기준 아시아계 미국인의 인구가 전체 인구의 3%이지만, 재활서비스체계 내담자의 1.3%만을 차지하고 있다(Hampton, 2003). 덴버

---

12) model minority, 미국 내 아시안들이 열심히 일하고, 교육수준이 높고, 경제적으로도 윤택한 삶을 영위하는 성공적인 집단으로 소수계의 모범이 된다는 뜻.

의 베트남 난민 중 10%만이 아플 때 의료서비스를 이용한다는 보고가 있다(Uba, 1992). Loo 등(1989)은 정신건강서비스 활용에 관련하여 샌프란시스코 차이나타운에 살고 있는 108명의 중국계 미국인 성인을 면담한 결과, 미국인의 1960년대 수준인 겨우 5%만이 서비스를 받았다고 한다. Augsberger 등은 우울과 자살 이력이 있는 701명의 아시아계 미국인 여성에 대한 연구에서, 우울과 자살의 고위험집단에 있는 아시아계 미국인 여성의 60%가 정신건강서비스를 찾지 않았고, 80% 이상이 적절한 최소한의 치료도 받지 않았다고 보고한다(Augsberger, Yeung, Dougher, & Hahm, 2015). 의료서비스 이용에 대한 집단 내 차이점도 밝혀졌다. Lee, Martin과 Lee(2015)는 약물남용장애를 가진 아시아계 미국인의 하위민족집단을 관찰한 결과, 동아시아(예: 중국, 한국)와 동남아시아(예: 베트남, 인도네시아) 사람들은 남아시아(예: 인도, 파키스탄)에서 온 사람들보다 정신건강 의료서비스를 받을 확률이 크게 낮은 것을 발견했다. 연구자들은 이 차이들이 양립할 수 없는 문화와 언어에 기인한다고 보았다.

연구에서는 또한 아시아계 미국인이 의료서비스를 사용할 때 일찍 치료를 중단한다는 것도 밝혔다. 예를 들어, 의료서비스를 찾은 덴버의 베트남 난민집단 중 73%가 후속 치료 전에 치료를 중단했다고 한다(Uba, 1992). 시애틀 지역의 17개 지역정신건강센터에서 진료를 받은 13,198명의 환자에 대한 Sue와 McKinney(1975)의 연구에서, 백인미국인들 중 30%가 초기 진료 후 다시 찾아오지 않은 반면, 아시아계 미국인은 52%가 중단했다는 사실을 확인했다.

Cheung과 Snowden(1990)은 1983년 정신보건기구(Mental Health Organization)의 소수민족 정신건강서비스 사용에 관한 통계를 검토한 결과, 다른 민족집단과 비교했을 때 아시아계 미국인과 태평양 섬주민들의 정신건강서비스 사용률이 전체 인구에서 그들의 비중에 따져 봤을 때 가장 낮다는 것을 발견했다. 이러한 정신건강서비스는 입원치료, 요양치료, 요양지원, 외래진료, 부분진료 등을 포함한다. 아시아계 미국인의 낮은 정신건강서비스 이용률은 "다문화상담이 인구집단의 요구를 충족하지 못했을 가능성이 높다"는 것을 뒷받침한다(Wodarski, 1992a, p. 56).

몇 가지 문화적 요인들이 아시아계 미국인이 의료서비스를 덜 이용하는 것에 대한 이유를 설명한다. 그 중 하나는 정신건강서비스에 대한 세계관과 가치 요구, 기대 사항에 대한 서양과 아시아계 미국인의 불일치이다(Uba & Sue, 1991). 예를 들어, 아시아계 미국인의 인생—특히 인생에서 고통의 필요성—에 대한 시각은 의료서비스를 찾는 것을 망설이게 한다. 그들은 어려움을 견뎌 내고, 스스로에 의해 고통받는 경향이 있다 (Marsella, 1993; Uba, 1992; Wong & Chan, 1994). 게다가 아시아계 미국인은 상담사의 사회적 영향이나 신뢰도를 백인들보다 낮게 보는 경향이 있다(Bhagwat, 2001). 다른 소수민족들이 그렇듯이, 아시아계 미국인 또한 주류사회로부터 차별을 경험해 왔고, 정부 기관으로부터의 도움을 받으려 하지 않는 경향이 있다(Hampton, 2000). 문제가 너무 심각하지는 않은 경우에는, 외부 기관의 도움을 찾기보다는 가족구성원과 친구에게 도움을 청한다. 극도로 심각한 사례의 경우에도 문제를 발견한지 1년 이상이 경과된 후에, 약 20% 정도만이 도움을 구했다는 것이 홍콩에서 보고되었다(Sue & Sue, 1987).

장애와 연관된 낙인과 수치심이 장애를 가진 아시아계 미국인과 가족 모두에게 존재한다. 낙인과 수치심은 새로운 이민자와 1.5세대 혹은 2세대 이민자의 자녀들에게 영향을 미친다(Augsberger et al., 2015). 아시아계 문화에서 질병과 관련된 미신 때문에, 장애 특히 정신질환으로 인해 고통을 받은 아시아계 미국인은 자신들의 장애에 대해 수치심을 느낀다. 불교와 힌두교에 기반한 "개인의 행동으로 야기된 결과는 업보다" (Anees, 2014, p. 33)라는 생각 때문에, 장애를 야기한 원인으로 인식하는 것은 개인이나 조상의 죄, 악마에 의한 빙의, 혹은 자신의 건강에 대한 무책임한 보살핌에 기인한 음과 양의 불균형에 대한 벌이다(Anees, 2014; Lassiter, 1995; Wong & Chan, 1994). Choi와 Miller(2014)는 아시아인들이 정신건강서비스를 찾는 것을 꺼리는 것은 공적인 낙인(예: 상담사를 찾는 것에 관계된 사회적 낙인에 대한 개인의 인식)과 가까운 다른 사람들에 의한 낙인(예: 상담을 받는 것에 대한 가까운 사회관계망 구성원들의 낙인에 대한 개인의 인식)의 조합 때문이다. 장애인과 그 가족에게, 낙인은 장애를 개인과 가족의 실패로 보는 관점을 악화시킨다(Morrow, 1987; Wong & Chan, 1994). 실제로 이러한 낙인은 아주 강하게 인식되어서, 3, 4세대 아시아계 미국인에게도 장애가 비밀로 여겨진다(Sue & Sue, 1987). 그러므로 많은 아시아계 미국인은 가족에게 수치를 안겨 줄지도 모른다는 공포 때문에 사회서비스 찾는 것을 꺼릴 수 있다(Liem, 1993; Uba & Sue, 1991).

몇몇의 연구자들이 지적한 것과 같이, 아시아계 미국인은 권위자와 함께이거나, 비아시아계 미국인이 있는 공적인 자리에서 소극적이 되는 경향이 있다(Sue, Ino, & Sue, 1983). 자기주장을 하지 못하는 것은 소수민족 장애인 개인의 삶의 질(QO) 개선에 장애물이 될 가능성이 높다(Keller & McDade, 1997). Zane, Sue, Hu와 Kwon(1991)은 아시아계 미국인의 자기주장에 관련한 문제들을 검토한 결과, 낯선 사람들이 있는 상황에서 아시아계 미국인이 백인미국인에 비해 자기주장이 약한 것을 발견했을 뿐만 아니라, 이들의 상황적 소극성이 자기주장행동에 대한 자신감 부족과 관련되어 있음을 확인했다. 장애가 있는 아시아계 미국인과 그 가족들이 서비스 기관에 겁을 먹는 경우가 있다는 사실은 도움을 찾는 행동에 부정적인 영향을 끼치고, 전문적 서비스에 대한 접근을 제한한다(Chan et al., 1988).

아시아계 미국인에 대한 재활서비스 제공은 고통에 대한 그들의 태도 및 장애와 연관된 낙인과 수치심, 언어장벽과 활용 가능한 서비스에 대한 지식부족에 의해 지연된다. Pew Research Center(2013)의 조사에 따르면, 약 74%의 아시아계 미국인은 외국에서 태어났고, 그들 중 절반은 유창한 영어를 구사하지 않는다. 아사아인이 미국의 새로운 이민자 중 가장 큰 집단이 됨에 따라, 아시아계 미국인에게 언어장벽은 계속해서 문제가 될 것이다. Smith와 Ryan(1987)은 언어의 다름과 문화적 관점이 발달장애와 재활서비스에 대한 이해에 어떻게 영향을 미치는지 조사하기 위해, 발달장애 자녀를 둔 59명의 중국인 부모를 인터뷰했다. 결과는 언어와 문화적 장벽이 장애자녀와 부모 모두의 장애와 재활서비스에 대한 적절한 정보 획득을 방해하는 것으로 나타났다. 60%의 부모들은 진단에 참여한 전문가가 중국어를 하지 못했고, 전문가들과 소통하지도 못했다고 말했다. Jegatheesan(2009) 또한 발달장애아를 둔 23명의 1세대 아시아계 미국인 어머니들과의 면담을 통해, 어머니들이 의사소통 및 문화적 장애물 때문에 전문적 도움을 받는 데 큰 어려움을 겪었다고 보고했다. 일부 장애물에는 전문가들이 사용하는 의료/기술적 용어들, 번역된 자료의 부족, 기관에서 제공한 자격을 갖추지 못한 통역사들, 전문가의 참을성과 존중의 부족, 아동의 결점에 대한 지나친 강조, 대체치료 사용에 대한 의심, 서비스에 대한 불충분하거나 부정확한 정보 등을 포함한다. 연구참가자들은 단지 전문가를 화나게 하지 않을까 하는 두려움과 자신의 이해부족에 대한 수치심 때문에 전문가의 조언에 순응했다고 밝혔다. 아시아계 미국인 가족들이 겪는 언어와 문화적 장벽은 미국의 체계, 특히 의료와 교육 체계에 대한 이해 부족에 의해 형성된다. 예를 들어, Choi와 Wynne(2000)는 많은 발달장애를 가진 아시아계 미국인과 그 가족들은 적절한 서비스를 받는 데 어려움을 겪었고, 이에 관련해서 다수의 장애물이 있는데 그중 첫 번째가 언어의 어려움과 서비스 전달체계에 대한 지식 부족이었다.

서비스 전달에 있어서 언어적 장벽은 장애를 가진 아시아계 미국인이 필요한 재활서비스를 받을 가능성을 감소시킨다. 영어에 대한 어려움은 활용 가능한 재활서비스에 대한 정보를 얻는 것, 양식을 작성하는 능력, 상담사와 소통하는 능력을 방해한다(Uba & Sue, 1991). 재활상담사와 아시아계 미국인 내담자 간의 소통을 촉진하기 위해 통역이 필요한 것은 때때로 아시아계 미국인이 상담을 계속 찾는 것에 걸림돌이 될 수도 있다. Uba와 Sue는 이 점에 대해 다음과 같이 말한다:

> 영어를 못하는 내담자가 서비스를 찾을 때, 그들은 종종 통역을 할 수 있는 이웃이나 자녀와 다른 시간에 다시 오겠다고 이야기한다. …… 이것은 내담자가 종종 그들의 이웃이나 자녀 앞에서 개인적인 정보 공개를 꺼리기 때문에 서비스 제공받는 것을 방해한다. 영어를 못하는 내담자는 실제로 비밀을 유지할 수 없고, 당황하게 된다. (1991, p. 11)

앞서 언급한 대로, 아시아계 미국인은 활용 가능한 상담에 대한 지식이 부족할 때가 종종 있다. Chan 등(1988)은 비록 아시아계 미국인이 효과적으로 가족구성원 및 친구들의 관계망을 사용할 수 있지만, 기관의 번거로운 절차에 쉽게 겁을 먹을 수 있다. 이에 따라 그들은 이용가능한 직업재활서비스와 같은 사회서비스 관계망을 이용하는 데 덜 효과적인 경향을 보인다. 결과적으로, 장애를 가진 많은 아시아계 미국인이 활용 가능하다고 인식하는 도움은 확대가족 구성원의 도움으로 제한된다.

(2) 아시아계 미국인 내담자와 일하는 재활상담사를 위한 지침

아시아계 미국인을 소수민족에 대한 모델로 인식하는 것은 장애를 가진 많은 아시아계 미국인의 요구를 등한시하는 것으로 이어질 수 있으므로 주의가 필요하다(Doan, 2006). 모든 아시아계 미국인의 재활 요구가 아시아계 재활실무자에 의해 전적으로 충족될 수 있는 것이 아니므로, 특히 로스앤젤레스, 뉴욕, 샌프란시스코, 휴스턴, 시애틀 같은 주요 대도시에 위치한 비아시아계 재활전문가들이 이 집단을 상담할 필요가 있다(Leung & Sakata, 1988; Nishio & Bilmes, 1987). 따라서 이 전문가들은 아시아계 미국인에게 효과적인 재활서비스를 제공하기 위해서 문화적으로 민감해야 한다.

많은 아시아계 미국인이 외부에 도움을 받고, 장애관련 상담을 요구하는 것에 대해 두려움과 혼란을 가지기 때문에, 재활상담사들은 우선 다양한 장애인 관련법에서 보장하는 공식적인 지위에 대해 교육함으로써 내담자들을 격려해야 한다(Hampton & Chang, 1999; Jegatheesan, 2009). 상담사는 장애인과 그 가족구성원들이 상담을 찾아온 것에 대해 긍정적으로 격려하고 재활서비스를 통해 얻을 수 있는 긍정적인 이득을 강조해야 한다. 더불어 재활상담사들은 전문 용어를 피하고 지지하고 존중하는 의사소통을 제공해야 한다(Jegatheesan, 2009). 아시아 문화권에서는 문서를 번역하는 것에 도움을 주거나 직업훈련프로그램에 배치를 촉진하는 등의 구체적 행동은 단순한 말보다 큰 확신을 제공한다(Huang, 1991). 재활상담사들은 또한 자신들이 신뢰받지 못한다는 느낌을 버리고, 아시아계 미국인의 비밀 보장에 대한 강한 요구를 존중할 필요가 있다(Liem, 1993).

재활상담사들은 장애를 가진 아시아계 미국인이 경험하는 낙인과 관련된 심리적, 사회적 압박감에 민감해야 한다. 원격치료/원격의료와 같은 혁신적 접근이나, 1차 의료기관에서 정신건강 선별이나 중재를 제공하는 것은 정신건강상담의 낙인을 감소시키는 데 도움이 될 수도 있다(Augsberger et al., 2015). 다른 전략으로는 지원집단의 활용과 이전 내담자 및 그 가족들의 증언도 활용한다(Miville & Constantine, 2007). 상담사는 아시아계 미국인 내담자가 지인과 마주칠 가능성을 줄이기 위해서, 내담자와의 약속 간격에 추가적으로 20분을 편성할 수도 있다(Zhan, 2003). 팸플릿과 무료 워크숍을 통해 아시아계 미국인 공동체에 접근하는 것과 더불어, 특히 내담자의 문화적 가치를 바꾸려는 시도가 아닌 상담에 대한 내담자의 인식을 바꾸고자 할 때, 상담 초기에 낙인에 대해 언급하는 것은 상담에 대한 긍정적인 태도를 촉진하는 데 도움이 될 수 있다(Choi & Miller, 2014). 정신건강에 대한 아시아계 미국인의 민감성 때문에, 심리평가를 위한 내담자 의뢰 시 조심해야 한다. 많은 아시아계 미국인은 정신건강서비스 제공자, 특히 심리학자와 접촉한 경험이 없다. 그러므로 그들은 심리학자를 만나야 하는 필요성을 이해하지 못할 수도 있다. 재활서비스의 조기 중단으로 이어질 수도 있는 수치심이나 낙인 같은 내담자의 불편한 감정을 자극하지 않도록 자세하게 설명해야 한다.

표준화된 심리검사를 아시아계 미국인 내담자에게 사용할 때 일어나는 문제에 대해서도 고려해야 한다. 예를 들어, 문화적, 언어적 편견 때문에, 겸손함과 효도 같은 아시아계 미국인의 긍정적인 덕목이 때로 인성검사의 부정적인 특성으로 반영되거나 해석된다(Chan et al., 1988; Leong, 1986; Sue & Sue, 1987).

재활상담과정에 있어서, 상담사는 아시아계 미국인의 억제된 언어적, 비언어적 소통을 해석하는 데 주의를 기울여야 한다. 열린 마음, 심리적 마음자세(psychological mindness), 적극성을 강조하는 서양 기준에 따르면, 그들의 억제는 종종 협조 부족으로 잘못 해석될 수 있다. 예를 들어, 아시아계 미국인 내담자를 상담할 때, 재활상담사는 면담 중에 내담자의 언어적 적극성이 잘 나타나지 않는 것을 관심 부족 혹은 재활서비스에 대한 저항으로 해석하지 않아야 한다. 내담자는 가능하면 재활상담사가 적극적으로 정보제공의 역할을 해 주도록 기대할 수 있다. 조용히 있는 것은 상담사에 대한 예의를 표하는 방법이다(Uba & Sue, 1991). 많은 아시아계 미국인은 특히 상담사 같은, 높은 사회적 지위를 가진 사람들과의 눈맞춤이 무례한 것이라고 여긴다. 그러므로 눈맞춤의 부족은 불안과 불신을 나타내는 것이 아닐 수 있다(Chung, 1992; Marsella, 1993). 대화에 참여하면서, 아시아계 미국인 내담자는 동의를 의미하거나 아닐 수도 있지만, 존중과 예의를 표하기 위해 고개를 끄덕일 수도 있다. 이러한 상황과 마주했을 때, 재활상담사들은 내담자의 비언어적 행동의 의미를 분명히 하기 위해서 질문할 수도 있다(Zhan, 2003).

상담사는 또한 정신질환에 대한 낙인과 수치심 때문에 정신적 문제를 신체적 원인에 귀인하는 아시아계 미국인의 성향에 대해서도 민감해져야 한다(Nishio & Bilmes, 1987; Sue & Sue, 1995). 질환에 대한 그들의 원인론을 즉각 직접적으로 비판하기보다는, 상담사는 재활상담과정에서 의료적 평가의 기능을 극대화해야 한다. 상담사는 평가단계에서 내담자가 자신의 문제의 기질적, 비기질적 원인을 구분하고, 치료법이 어떻게 각 원인과 연관되는지를 이해하도록 돕기 위해 의사와 협업할 수 있다. 이는 내담자에 의한 조기 중단의 가능성을 최소화할 수 있다(Sue & Sue, 1995).

Leong(1986)은 아시아계 미국인의 상담 기대에 대한 문헌 검토를 통해 아시아계 미국인을 상담할 때 직접적이고, 아버지 같아야 하고, 권위적이고, 기본적으로 숙련된 사람이 조언과 정보를 주는 과정이어야 한다고 제안한 적이 있다. 그러나 Kim과 Park(2015)은 직접적인 의사소통 방식을 사용하는 것은 개인주의보다 집단주의를 선호하는, 문화적응이 덜 진행된 아시아계 미국인의 경우에만 높은 만족으로 이어진다고 주장했다. 개인주의를 선호하는 문화적으로 적응된 아시아계 미국인의 경우, 상담사가 좀 더 조화로운 의사소통 방식(예: 사려 깊고, 감성적이고, 지지하며, 책임감, 개방성과 동기부여에 관련되어 덜 요구하는)을 사용하도록 기대한다. 문화적응된 대부분의 아시아계 미국인 내담자는 보통 상담사들이 자신의 문제를 "고칠 수 있는(fixing)" 실력자이길 기대하기 때문에(Wodarski, 1992a), 상담사가 초기면접 때, 재활서비스의 전달체계, 과정, 목표들에 대해 많은 정보를 제공하도록 권장한다. 일부 아시아계 미국인은 장애와 재활상담에 대한 지식 부족과 오해를 가지기 때문에 초기면접 시, 활용 가능한 서비스 및 모든 오해와 부정확한 기대들을 분명히 하기 위한 특별한 배려가 필요하다(Ryan & Smith, 1989).

재활상담사는 초기면접 동안 내담자와 가족에 대한 직접적인 질문을 과도하게 사용하는 것을 지양해야 한다. 이를 위해 초기면접 이전에 아시아계 미국인 내담자와 그 가족에 대해 최대한 많은 정보를 확보하도록 노력해야 한다(Wodarski, 1992a). 아시아계 미국인은 상담사가 전문가일 것이라고 기대하기 때문에, 상담사는 자신의 전문적 직책과 자격에 대해 분명하게 설명해야 한다. 예를 들어, 전문적 학위, 상장, 자격증 등이 상담실에 전시되어 있어야 한다(Fugita, Ito, Abe, & Takeuchi, 1991; Huang, 1991). 전문가를 도발하거나 의심하는 것에 대한 두려움을 없애기 위해, 재활상담사는 아시아계 미국인 내담자에게 진단과 제안된 서비스에 대한 걱정과 의견을 표현하도록 격려할 수 있다(Jegatheesan, 2009).

상담사는 이성에 대한 상담에 대해서 주의해야한다. 예를 들어, 아시아계 미국인의 결혼 생활에서의 권력 위계 때문에, 남성 내담자는 여성 상담사의 직접적이고 권위적인 접근을 수용하는 것에 어려움을 느낄 수 있다. 그러므로 전통적인 가치에 크게 영향을 받은 아시아계 미국인 남성에게는 상담사와 내담자의 "성별을 맞추는(gender matching)" 것이 필요할 수 있다(Fugita et al, 1991). 아시아계 미국인의 상담에 있어 성별을 맞추는 것이 성적취향 같은 민감한 주제에 있어 자신을 드러내도록 촉진하는 데 도움이 된다는 연구 결과도 있다(Zane & Ku, 2014). 상담 접근법에 관련해서는 더 구조화되고, 직접적이고, 적극적이고, 해결책 중심의 절차를 진행하는 것이 권장된다(Atkinson & Matsushita, 1991; Leong, 1986; Murase, 1992). 치료는 합리적으로 짧은 기간 내 즉각적인 요구를 해결하는 것을 우선 목표로 해야 한다. 추가적인 치료는 필요한 경우 나중에 논의할 수 있다(Murase, 1992).

아시아계 미국인에게 가족들로부터 더 독립적이 되라고 독려하는 것은 "개인주의가 이기심과 동일시되는 문화적 체계와의 갈등"(Wodarski, 1992a, p. 49)을 초래할 수 있다. 실제로 직업재활 서비스가 가족의 단합에 위협으로 생각되면, 내담자의 재활은 실패로 끝날 가능성이 높다(Wodarski, 1992a). 아시아계 미국인의 삶에 있어서 가족의 지대한 영향을 고려할 때, 재활상담과정에 가족구성원 참여가 권장되며, 내담자가 가족으로부터 독립적으로 행동하는 것을 기대할 수 없다(Liem, 1993; Murase, 1992, Nishio & Bilmes,

1987). 아시아계 미국인은 부모와 가족구성원의 의견을 의무적으로 존중해야하기 때문에, 가족구성원은 상담과정에 영향을 미치는 요인이 될 것으로 예상할 수 있다(Liem, 1993; Wong & Chan, 1994). 재활과정에 가족구성원을 효과적으로 참여시키려면 아시아계 미국인 문화권의 전통적 가족역할을 이해하고 적절한 존중을 보여야 한다. 예를 들어, Wodarski(1992a)는 아버지는 "치료의 모든 측면이나 의사결정에 자신이 참여하지 않으면 쉽게 불쾌해할 수 있다"(p. 59)고 지적했다. 재활상담과정에서 내담자의 가족 내 역할을 강조하는 것은 상담관계를 유지하는 데 필요하다.

재활상담 과정에 가족을 참여시키는 것의 또 다른 장점들이 있다. 연구에 의하면 장애자녀가 있는 아시아계 미국인 부모들은 비아시아계 미국인 부모들보다 부모로서 스트레스를 더 크게 받는다고 한다. 이는 이 집단의 경우, 부모와 장애자녀의 요구를 충족하기 위해 가족중심의 재활이 필요하다는 점을 시사한다(DeLambo, Chung, & Huang, 2011). 상담사는 가족을 참여시킴으로서 가족구성원들을 교육하는 기회를 얻을 수 있다. 이 교육은 내담자의 장애와 관련된 낙인을 줄이고, 재활서비스를 대한 모든 혼란과 편견을 제거하는 데 도움이 된다. 그러므로 부모와 다른 가족구성원들의 참여는 내담자의 협조와 목표한 상담결과의 성취에 잠재적으로 크게 기여할 수 있다. 예를 들어, 가족구성원들은 내담자와 함께 직업목표를 결정하는 데 참여할 수 있다. 이렇게 함으로써, 내담자 개인은 더 높은 학업적 혹은 직업적 목표를 추구하는 것과 같이 가족의 기대 안에서 활동할 수 있다. 더불어 가족구성원들의 기대와 모순된다는 이유로 내담자가 상담을 중단하도록 강요할 가능성을 최소화할 수 있다.

아시아계 미국인 상담의 어려움은 일반적인 문화의 문제를 넘어선다. 상담사는 재활서비스 제공 과정에서 언제나 문화적응, 개별 하위문화의 차이와 같은 사회-환경적인 요인의 영향을 인지해야 한다. 이 요인들은 진단의 정확성과 서비스의 효과성에 크게 영향을 미친다. 문화적응의 수준에 대한 인식은 상담사가 아시아계 미국인 내담자의 요구와 반응에 민감해지는 것에 도움이 된다. 예를 들어, 아시아계 미국인 내담자가 직면한 문제의 본질은 문화적응 수준에 따라 달라진다(Hong, 1993). 문화적응이 덜 진행된 사람들은 정신건강 문제를 겪을 확률이 더 높다(Cheung, 1995). 게다가 문화적응의 정도는 아시아계 미국인 내담자가 도움을 찾는 행동과 상담 과정 및 결과에 대한 반응에 영향을 미칠 수 있다(Kung, 2003). 또한 문화적응이 더 진행된 아시아계 미국인은 직접적이지 않고, 판단하지 않고, 덜 구조화된 상담 접근법에 더 잘 반응할 수 있다(Chan et al., 1988; Leong, 1986). 문화적응 수준은 또한 성별 역할에 대한 아시아계 미국인의 태도에도 영향을 미칠 수 있다(Hsieh, 1995). Nguyen과 Hughes(2013)는 이민자인 부모와 달리, 장애아동의 부모인 1세대 아시아계 미국인은 자신의 과거 잘못된 행동이 자녀의 장애에 기여했다는 생각을 부정하는 경향이 있을 뿐만 아니라, 재활서비스 과정에서 높은 수준의 참여와 자기옹호를 보인다고 보고한다. 그러므로 상담사가 내담자와 그 가족들의 문화적응 수준을 평가하는 것은 중요하다. 이는 내담자의 가족이 미국으로 이민 왔을 때 내담자의 연령, 미국 내에서의 거주기간, 내담자의 배경, 본국의 환경 등과 같은 몇몇의 요인에 근거하여 추정할 수 있다(Sue & Sue, 1995). 아시아계 미국인이 어릴 때 이민 온 경우, 거주기간이 긴 경우, 내담자의 배경 및 본국의 환경과 미국에서의 환경 사이에 일관성이 클 경우에는 문화적으로 더 적응되었을 가능성이 높다. 그러나 재활상담사는 여전히 과도한 일반화를 피하기 위해 개인적 차이를 고려할 필요가 있다.

비록 내담자에 대한 거시문화적 시각이 내담자의 문화적 가치와 사회적 태도에 대한 전반적인 이해에 중요하지만, 상담사는 내담자의 미시적 관점 또한 인지해야만 한다. 예를 들어, 아시아계 미국인은 일반적으로 집단주의를 중요시하는 것으로 생각할 수 있다. 하지만 아시아계 미국인에 대한 미시적 시각에 흥미를 가진 연구자들은 아시아계 미국인 여성이 남성보다 더 집단주의적 경향이 있다고 한다(Atkinson, Wampold, Lowe, Matthews, & Ahn, 1998). 전체적으로 내담자의 미시적 관점은 개인적 경험에 의해 영향을 받는다. 개인의 삶에서 이러한 경험들을 고려하는 것은 일반적인 문화적 고정관념을 적용할 가능성을 최소화한다.

4) 미국원주민

1492년 유럽인들이 도착하기 전에 현재 미국원주민(Native Americans)이라고 불리는, 9백만 명 정도로 추정되는 사람들이 북미 대륙에 살고 있었다(Trimble & Fleming, 1989). 점점 더 많은 유럽인이 이 대륙에 정착하면서, 유럽인들과 미국원주민들 간의 영토에 대한 갈등이 수년간 심각한 전쟁으로 이어졌다. 유럽인들은 저항하는 부족의 소멸과 강압적인 추방을 통해 영토를 점거했고, 많은 미국원주민이 죽임을 당했다. 유럽인들과 평화적으로 함께 거주하고자 했던 미국원주민들은 정식으로 유럽 문화에 편입되고 자신들의 전통을 부정하도록 강요받았다(Dana, 1993; Joe & Malach, 1992). 19세기 말

북미지역에 대한 유럽인의 정복이 완료될 때, 미국원주민들은 먼 황무지인 보호구역으로 이동하여야 했고, 많은 사람이 지금까지 가난하고 어려운 환경에 버려졌다(Joe & Malach, 1992). "12만 5천 명이 넘는 다른 부족출신의 미국원주민들이 여러 주에 있었던 그들의 고향에서 오클라호마의 보호구역으로 이동하도록 강요받았던"(Sue & Sue, 1990, p. 175) 1930년대에도 원치 않는 이주가 여전히 일어나고 있었다.

유럽인들의 등장은 미국원주민들의 경제적 행복에 반하여 영향을 미쳤고, 전쟁, 이주, 새로운 전염병의 전달을 통해 그들의 인구를 크게 감소시켰다(Young, 1994). 1800년대 초반에 이르러, 미국원주민들의 인구는 약 60만 명으로까지 줄어들었고, 19세기 중반에 이르러, 25만 명으로까지 감소했다(Trimble & Fleming, 1989). 그러나 그 흐름은 매 10년 주기로 미국원주민들의 인구가 증가하기 시작한 20세기에 역전 되었고, 1990년대에 이르러 약 190만 명에 이르렀다(Saravanabhavan & Marshall, 1994; Young, 1994). 2014년 기준, 미국원주민들(예: 미국원주민과 알래스카 원주민)은 650만 명에 이르렀는데, 4백만 명은 미국원주민, 250만 명은 다른 인종과의 혼혈이다(Colby & Ortman, 2015). 오클라호마, 캘리포니아, 애리조나, 뉴멕시코, 텍사스, 워싱턴, 알래스카, 미시간, 노스캐롤라이나, 뉴욕, 플로리다, 콜로라도, 미네소타, 오레곤을 포함한 주들이 10만 명 이상의 미국원주민들을 거주자로 포함하고 있다(U.S. Census Bureau, 2014b).

미국에는 연방정부로부터 인정받는 567개의 미국원주민 부족이 있고, 334개의 미국원주민 보호구역이 있으며(National Congress of American Indian, n.d.), 이들 부족에서 200개 이상의 언어들이 발견되고 있다(Walters, Simoni, & Evans-Campbell, 2002). 미국원주민들은 자신의 부족을 강하게 드러내는 경향이 있으며, 보호구역 안이나 근처에 살며, "그들의 자신감, 안전감, 소속감은 부족에 대한 애정을 중심으로 형성된다"(Blount, Thyer, & Frye, 1992, p. 113). 이러한 지역에서 미국원주민들이 자신을 평가하는 데 사용하는 기준은 자신의 행동이 부족에 이익이 되는지 여부이다(Sue & Sue, 1990). 그러나 경제적인 이유로 보호구역에서 멀어지는 미국원주민들의 이주는 종종 부족에 대한 연대와 정체성을 약화시킨다. 이는 이동 비용 때문에, 잦은 방문이 불가능할 때 특히 그렇다(Blount et al., 1992).

미국원주민들은 전통적 미국원주민의 가치와 관습에 대한 인식에서 크게 다양하다. Garrett와 Pichette(2000)는 미국원주민 집단은 문화적 헌신의 수준에 따라 다음과 같이 5개 집단으로 분류할 수 있다고 한다:

1. 전통적(traditional)-일반적으로 그들의 원래 언어로 말하고 생각하며 전통적 신념과 가치만을 실천하는 사람들

2. 주변적/전환적(marginal/transitional)-일반적으로 원래 언어와 영어를 둘 다 말하고, 부족 집단의 유산 전체를 받아들이지 않고, 주류문화도 완전히 받아들이지 않는 사람들

3. 이중문화적(bicultural)-일반적으로 주류사회에 의해 수용되며, 주류와 전통의 가치와 신념을 동시에 알고, 수용하고 실천할 수 있는 사람들

4. 동화된(assimilated)-일반적으로 주류사회에 의해 수용되며, 주류문화만을 수용하는 사람들

5. 범전통적인(pantraditional)-적응되었으나, 사라진 본래 문화, 가치와 관행들을 다시 받아들이며, 영어와 원래 언어를 둘 다 할 수 있는 사람들 (Lafromboise, Trimble, & Mohatt, 1990, p. 638; Garrett & Garrett, 1994, p. 140에서 편집했고, Garrett & Pichetee, 2000, p. 6에서 인용함)

미국원주민 내담자와 그들의 문화에 대한 정체성 수준을 이해하는 것은 문화적으로 민감한 재활서비스를 제공하는 데 필수적이다. 다음의 논의에서 미국원주민의 핵심 특징과 재활상담에 있어서 이러한 특성의 시사점이 강조된다.

(1) 핵심 특징

빈곤, 높은 실업, 제한된 교육이 수십 년 동안 미국원주민 문화의 만성적인 문제가 되고 있다(Blount et al., 1992; Krogstad, 2014). 2012년 American Community Survey[13]에 따르면, 백인의 빈곤율은 11%인 데 비해 미국원주민은 29%에 달했다. 고등학교 중퇴율은 백인이 평균 5%인 데 비해 미국원주민은 11%였다. 고등교육에서도 학사 이상의 학위를 보유한 백인은 33%에 달하는 것에 비해 미국원주민은 17%에 불과하다 (Krogstad, 2014). 이러한 조건은 미국원주민들의 성공적인 진로개발을 막고 지속적으로 저해한다. Austin(2013)은 2009년부터 2011년까지 25~54세 미국원주민의 고용률

---

13) 미국 통계국의 인구조사를 근거로 발표하며, 미국국민들의 생활상을 정확하게 보여 주는 신뢰도 높은 보고서로 알려져 있다.

은 백인에 비해 13.4% 낮은 64.7%라고 보고한다. 모든 요인(예: 연령, 성별, 교육수준, 결혼여부, 거주지)이 통제될 때 미국원주민의 고용 확률은 백인보다 31%가 낮았다. 결론적으로, 빈곤과 고용 및 교육기회의 부족은 미국원주민의 직업세계에 대한 지식을 심각하게 제한하여 좋지 않고 비효과적인 직업적 의사결정을 초래한다(Martin, 1991).

일반 집단과 비교했을 때, 미국원주민은 젊은 인구가 높은 비율을 차지함에도 불구하고, 전체적인 건강은 더 나쁘다(Stock, 1987). 예를 들어, 2014년 National Health Interview Survey에서는 백인미국인의 8.4%에 비해, 14.1%의 미국원주민이 나쁘거나 보통의 건강 상태를 보이고 있다고 보고한다. Indian Health Service(2016)에 따르면, 미국원주민의 기대수명은 미국 전체인구보다 4.4년이 짧다고 한다. 다른 민족집단과 비교해 볼 때, 미국원주민은 다음과 같은 질병으로 인한 사망률이 높다고 한다: 만성간 질환과 간경화, 당뇨, 의도하지 않은 부상, 만성하기도질환.[14]

미국원주민 집단 내의 정신장애 발생은 대부분의 다른 민족집단보다 높다. 이에 기여하는 요인들은 교육과 고용기회 부족, 재정적 어려움, 인종/민족적 거부와 편견, 고립을 포함한다(Nelson, McCoy, Stetter, & Vanderwagen, 1992). 성인과 아동들이 겪는 가장 많은 정신건강 문제는 우울이다(Marshall, Martin, Thomason, & Johnson, 1991; Nelson et al., 1992; Urban Indian Health Institute, 2012; Walters et al., 2002). 2014년 기준 15~24세 인구의 자살률에 관한 전국 자료에 의하면 모든 집단 중 미국원주민 집단이 가장 높은 자살률을 보였다고 한다(U.S. Department of Health & Human Services, 2016).

알코올 중독도 미국원주민 집단의 큰 문제다(Rhodes, Mason, Eddy, Smith, & Burns, 1988; Walters et al., 2002). 1953년에 미국 정부가 미국원주민의 음주를 합법화한 이후로, 미국원주민은 알코올과 관계된 당뇨, 간경화, 태아 기형(May, 1982)에서 1위를 기록하고 있다(1인 기준). 수십 년 동안, 미국원주민의 알코올관련 사망은 전체 인구보다 높았다(Haynes, Haynes, & Smith, 2002; Landen, Roeber, Naimi, Nielsen, & Sewell, 2014).

미국원주민이 겪고 있는, 앞서 언급된 모든 문제는 "믿을 수 없고, 게으르고, 쓸모없다고 기술되며, 세대를 망라하는 알코올중독, 빈곤, 폭력의 역사를 가지고 현대의 유럽계 미국인보다 특권이 적은 삶을 사는 인종집단의 구성원이라는 것" 때문에 자신의 인종을 드러내는 것이 불편할 수 있다(Turner & Hope, 2009). 그러므로 다른 민족집단과

---

14) 만성 기관지염, 폐기종, 만성 폐쇄성 폐질환, 천식, 기관지 확장증을 포함하는 개념.

달리, 트라우마나 위기를 겪고 있는 미국원주민에게 강한 민족 정체성은 심리적 보호를 일으키는 요소가 아닐 수 있다.

미국원주민의 장애 발생률은 높다. 모든 민족집단의 평균이 26.3%인 데 비해, 18세 이상 미국원주민의 약 40%가 적어도 하나 이상의 기능적 장애를 가지고 있는 것으로 알려졌다(U.S. Department of Health & Human Services, 2016). Kenney와 Thierry(2014)는 2009~2010년 특별 건강관리를 필요로 하는 아동(신생아~17세)에 대한 전국조사 자료를 분석하면서, 일상생활에 부담이 되는 큰 질병으로 이어지는 3개 이상의 만성질환과 기능적 장애를 겪고 있는, 특별한 의료관리가 필요한 미국원주민 아동이 백인에 비해 더 많은 것을 발견했다.

부족에 따라 다르기 때문에 미국원주민의 장애에 대한 태도를 결론짓는 것은 어렵다(Ponchillia, 1993). 장애에 관한 시각은 교육과 문화적응 수준에도 영향을 받는다(Marshall, Largo, & Hoskie, 1999). 많은 미국원주민은 개인의 상황은 스스로 결정한다는 믿음 때문에 장애를 가진 사람들에 대해 부정적인 태도를 가지지 않는다. 그러므로 장애를 가지게 된 것은 선택에 의한 것이라고 여긴다(Orlansky & Trap, 1987). 게다가 장애는 개인의 또 다른 개성으로 여겨지며, 미국원주민은 이것이 바람직한 것인지 아닌지에 대한 판단할 필요를 적게 느낀다(Connors & Donnellan, 1993).

그러나 모든 부족이 장애인을 동등하게 받아들이는 것은 아니다. Joe와 Malach(1992)에 따르면, 미국원주민은 대개 장애의 원인을 초자연적인 것과 자연적인 것, 2가지로 인식한다. 장애의 초자연적인 원인은 "마술, 영혼의 상실, 영혼의 침범, 주문, 다양한 비자연적 힘"(1992, p. 106) 등을 포함한다. 장애의 자연적 원인은 무책임한 것으로 여겨지는 개인의 어떤 행동들을 포함한다. 장애를 자연적 원인의 탓으로 돌리는 예는 캐나다의 북서쪽 지방의 Dogrib Dene 공동체에서 찾을 수 있다. 공동체는 개인의 시각장애를 "껍질을 벗기기 전에 스라소니의 눈을 찌르는 것을 소홀히 하거나, 요리하기 전에 북미산 순록의 눈을 찌르지 않은"(Garber-Conrad, 1987, pp. 164-165) 선조들의 행동 결과로 여긴다. 장애의 원인에 대한 미국원주민의 다양한 관점을 아는 것은 재활과정에 있어서 필수적이다. 상담사는 장애와 제공되는 재활서비스의 적정량에 대한 미국원주민 내담자의 특정 반응유형의 근거를 이해하는 것이 필요하다. 예를 들어, 장애는 자연의 법칙을 위배해서 생긴 것이라고 믿는 미국원주민 내담자는 재활서비스들을 받는 동시에 혹은 받기 이전에 자신의 죄를 속죄하기 위해 전통치료사에게서 서비스받는 것을 고집할 수 있다(Joe & malach, 1992; Marshall et al., 1999).

미국원주민의 주립/연방 재활서비스 이용률은 낮다(Marshall et al., 1991). 그 이유 중한 가지는 효과적이지 않은 재활서비스로 귀결되는, 비미국원주민 상담사들의 미국원주민 문화에 대한 불충분한 이해다(Clark & Kelley, 1992). 또 다른 요인은 미국원주민들이 받을 수 있는 이용 가능한 재활서비스에 대한 인식 부족이다(Orr, 1993). 백인 상담사에 대한 불신 또한 재활상담을 적게 이용하는 요인이다(Diller, 2004).

재활서비스 이용수준을 결정하는 또 다른 주요 요인은 미국원주민의 문화적 헌신이다. Price와 McNeill(1992)은 74명의 미국원주민들을 대상으로 미국원주민의 문화적 헌신과 상담서비스를 찾는 태도간의 관계를 조사했다. 미국원주민 문화에 대한 대상자의 헌신이 강하면 강할수록, (1) 상담서비스에 대한 선호, (2) 상담의 필요성에 대한 인식, (3) 상담사에 대한 신뢰는 낮아졌다. 미국 내 미국원주민 인구의 절반이 보호구역 밖에 거주하고 있다. 미국원주민 문화에 대한 동일시의 강도와 가치에 대한 헌신은 미국원주민 내에서도 크게 다르다는 점이 밝혀졌다(Heinrich, Corbine, & Thomas, 1990).

영성(spirituality)은 미국원주민 문화에서 중심적인 요소다(Lowe, 2002), Joe와 Malach(1992)는 "종교는 미국원주민에게 결코 별도의 제도가 아니다. …… 종교 혹은 인간의 영적인 면은 모든 살아 있는 것의 필수적인 부분으로 인지되고 따라서 종교 혹은 영적 믿음은 모든 부족문화에서 필수적인 부분이다"(p. 97)라고 말한다. 미국원주민 영성의 기본이 되는 하나의 개념은 모든 것과 모든 인간은 상호관계적이며, 각 독립체는 우주에서 그것의 특정한 위치를 가진다는 **전체론**[15]이다. 자연적 질서가 존중되고 훼손되지 않으면 생명은 조화롭다. 조화와 건강은 상호관계되어 있으며(Weaver, 2002), 조화를 침해하는 것은 신체적, 정신적 장애를 초래한다(Garrett & Garrett, 1994; Heinrich et al., 1990). 건강에 대한 이와 같은 전체론적 관점은 미국원주민 문화에서 자주 사용되는 메디슨 휠[16](Medicine Wheel)에서 완전히 드러난다. 메디슨 휠은 조화, 균형, 신체적, 정신적, 감정적 상호연결, 삶의 영적 차원 등의 중요성을 강조한다(Hunter & Sawyer, 2006; Urban Indian Health Institute, 2012).

질병의 원인론이 자연적 질서와 복잡하게 관계되기 때문에, 치료는 조화의 복원에 치

---

15) holism, 체계(물리적, 생물학적, 화학적, 사회적, 경제적, 정신적, 언어적 등)와 그 속성은 부분의 집합이 아니라 전체로 봐야 한다는 생각.
16) 신성한 원으로 표현되는 미국원주민의 의식 도구.

중한다. 전통적 질병 치료는 환자의 삶에 있어 조화를 방해하는 것을 찾고, 조화 복원방법을 처방할 치료자를 통해 가능하다. 이 방법에는 약초, 종교적 의식과 의례를 포함할 수 있다(Garrett & Garrett, 1994; Ponchillia, 1993). 많은 미국원주민은 질병을 다루기 위해 신뢰하는 관습에 의지한다(Nelson et al., 1992). 전통치료사를 방문하면 개인정보에 대한 긴 질문 없이 문제가 진단되고 빠르게 해결될 것으로 기대한다(Thomason, 1991).

가족(family)에 대한 미국원주민의 정의는 직계 및 확대가족 구성원, 때로 공동체도 포함한다(Diller, 2004). 미국원주민의 전체론 개념과 연계하여, 가족구성원들은 상호 연결되어 있는 것으로 여겨지며, 각 개인의 요구와 책임은 가족에 의해 공유한다. 예를 들어, 아동들은 부모가 주로 양육하는 것이 아니라 종종 조부모, 숙모, 삼촌들에 의해 양육된다(Brammer, 2004).

또 다른 특징은 풍부한 경험과 권위적인 지위를 가진 나이 많은 사람들에 대한 높은 존경이다. 원로들은 보통 가족과 공동체에서 통솔자 역할을 한다. 그들의 조언은 존중되고 삶의 중요한 문제가 있을 때 찾아간다. 원로들에 대한 높은 존경은 세대에서 세대로 이어지는 가치다(Garrett & Garrett, 1994; McWhirter & Ryan, 1991).

미국원주민 집단은 약 500개의 부족으로 구성되어 있지만, 백인미국인 문화와는 다른 몇 가지 공통 가치를 가지고 있다(Heinrich et al., 1990). 다음은 주류 백인미국인과 미국원주민 문화의 가치 간의 비교 요약이다(Joe & Malach, 1992, p.100; Heinrich et al., 1990, p.129에서 편집함):

미국원주민의 가치	백인미국인의 가치
• 자연과의 조화	• 자연을 정복
• 협력(부족의 평안을 위해 자신을 의식적으로 헌신함)	• 경쟁(각 개인이 자신의 안녕을 최대화하면, 전체의 안녕도 극대화될 것)
• 익명성, 겸손	• 개인, 명성
• 헌신	• 적극성
• 현재의 필요를 위해 일함	• 앞서기 위해 일함
• 재산을 나눔	• 개인 자산, 부의 획득
• 시간은 유동적임	• 시간은 유동적이 않음
• 확대가족에 의지	• 전문가에 의존
• 현재−시간 지향적	• 미래−시간 지향적

'현재-시간 지향적'인 것을 예로 들면, Sue와 Sue(1990)는 미국원주민은 미래를 계획하기보다는, 여기 지금 살고 있는 것을 강조하는 경향이 있다고 말한다. 많은 미국원주민은 장기 계획은 자연의 법칙을 어기는 시도로, 자기중심적 행동이라고 여긴다(Sue & Sue, 1990).

미국원주민의 상호작용에서 핵심적인 특징은 긴장을 줄이고, 직접적으로 표현하면 받아들일 수 없는 메시지를 전하고, 유대감을 가져오는 유머 성향이다. 과장, 우스꽝스럽게 하는 것, 놀림은 웃음을 유발하는 흔한 방법이다(Garrett & Garrett, 1994, Herring, 1994).

미국원주민 상호작용의 또 다른 중요한 특징은 생각과 유대감을 촉진하기 위해 사용하는 침묵이다. 미국원주민이 대답하기 전, 침묵 속에서 생각하는 것은 적절한 반응 양식이다(Orlansky & Trap, 1987; Ponchillia, 1993). 차례대로 이야기하고 다른 사람이 말할 때 침묵 속에서 자신의 차례를 기다리는 것은 가치 있는 일이다(McWhirter & Ryan, 1991). 침묵 속에서 멈춤 없이 바로 말하고, 끊임없이 말하며, 다른 사람의 말을 막는 것은 유치하고 어리석은 것으로 여겨진다(Orlansky & Trap, 1987; Ponchillia, 1993). 직접 대립하는 것은 무례하고 부적절한 것으로 여겨진다(Blount et al., 1992).

미국원주민이 눈맞춤을 피하고, 큰 소리로 말하거나 직접적인 질문을 삼가는 것은 존중을 표하는 방식이다(Haper, 2011; Joe & Malach, 1992; McWhirter & Ryan, 1991; Orlansky & Trap, 1987; Sue, 1990; Thomason, 1991). 예를 들어, 눈을 마주치는 것은 어떤 미국원주민에게는 공격성의 표시로 여겨진다(Blount et al., 1992).

미국원주민의 우회적이고, 미묘하고, 느린 속도의 소통 방식은 백인미국인들의 직접적이고, 대립적이고, 적극적인 방식과 상반된다. 예를 들어, 백인 문화권에서는 솔직하고 거침없이 말하고, 직접적인 질문을 하고, 눈을 마주치는 것을 중요한 의사소통 기술로 여기며, 침묵은 존중이 아니라 불편하게 느껴진다(Sue, 1990).

미국원주민이 백인미국인을 불신하는 것은 특이한 일이 아니다. 이 불신은 주로 미국역사 동안 미국정부가 미국원주민을 대해 온 방식에 의해 형성되었다(Diller, 2004). 예를 들어, 연방정부는 미국원주민들이 자신의 고향에서 쫓겨나 원치 않는 보호구역으로 이동하게 만들며 반복적으로 미국원주민과의 조약을 파기했다(Joe & Malach, 1992). 미국원주민의 백인에 대한 불신은 미국역사에 있어 미국원주민의 성취와 기여를 존중하지 않음으로써 더 커지게 되었을 수 있다. 이들의 성취는 대부분의 미국 역사교과서에서 간과되었을 뿐만 아니라, 구체적으로 부정되어 왔다(Vogel, 1987). 그러므로 재활상담사는 미국원주민 내담자가 신뢰성을 어떻게 인식하는지 아는 것이 중요하다. 상담사는 자동적으로 신뢰할 것이라고 가정하기보다는, 신뢰를 받을 수 있도록 미국원주민 내담자와 강한 라포관계를 형성하는 데 시간을 할애해야 한다(Thomason, 1991).

대개 미국원주민이 받은 재활서비스는 일반적인 미국인 집단들이 받은 것보다 덜 효과적이었다. 예를 들어, 1980년과 1982년 사이, 재활서비스국(RSA)의 자료 분석에 의하면 "재활서비스를 신청한 미국원주민의 약 50%가 상황02(지원)와 상황06(확대평가) 단계에서 종결되었는데 일반집단의 경우는 42%였으며" "서비스를 받은 전체 일반내담자의 경우 62.7%가 성공적으로 재활한 반면 미국원주민 내담자의 경우 52.7%에 그쳤다"(Tanner & Martin, 1986, p. 118에서 재인용)고 한다. Capella(2002) 역시 주립 혹은 연방 직업재활서비스를 받은 미국원주민의 성공적인 취업률은 백인미국인에 비해 상당히 낮았다고 보고했다.

Clark와 Kelley(1992)는 일반집단 장애인과 미국원주민 장애인에 대한 재활서비스 효과성의 차이는 특히 미국원주민 문화에 대한 서비스 제공자의 이해 부족이 그 원인이라고 밝혔다. 또한 재활서비스 제공자의 이해부족이 장애를 가진 미국원주민의 상대적으로 낮은 재활서비스 이용에 기여한다고 주장했다.

다음 예시는 미국원주민 문화에 대한 무지가 미국원주민을 위한 재활서비스의 부정적인 결과로 이어지는 방식을 보여 준다:

> 나바호족 내의 서비스 부족으로, 맹과 시각장애를 가진 아동들은 일반적으로 전문적인 훈련을 받기 위해 5년 혹은 6년간 기숙제 훈련학교로 보내진다. 아동들은 학교에서 나바호족 언어 및 가족, 문화와 소통하는 미묘한 방법들을 잊어버릴 수 있다. 비록 그들 집에 수도설비가 없고, 나무로 난방과 요리를 하더라도, 중산층 도시 공동체에서의 삶과 관련된 일상과 이동기술에 대해 배운다. 성인으로서, 보호구역 내에서의 삶에 대한 준비가 되지 않았고, 대중교통, 전기, 수도 같은 도시의 서비스에 너무 의존하게 되었기 때문에 많은 이가 자신의 집으로 돌아가는 것이 불가능하다는 것을 깨닫는다. 고향 공동체로 돌아가기를 원하는 이들을 위해서는 종종 많은 재훈련이 필요하지만 기회가 많지 않다.
> (Lowrey, 1987)

(2) 미국원주민 내담자와 일하는 재활상담사를 위한 지침

재활상담사는 문화를 고려한 재활상담서비스를 제공하기 위해서 미국원주민 내담자의 문화적 가치와 신념을 존중할 수 있도록 충분히 유연한 태도를 가져야 한다 (Marshall et al., 1991). Nelson 등(1992)이 지적한 대로, 이것은 "500개의 미국원주민 부족은 대부분의 전통 문화를 유지하고 있기 때문에"(p. 257), 특히 중요하다. 미국원주민의 전통 문화에 대한 가치와 신념은 주류문화의 그것과 크게 다르다.

미국원주민이 상담서비스를 적게 이용하는 것은 상담전문가가 상황을 개선하기 위해 주요한 역할을 수행하지 않는 한 계속될 것이다(Trimble & Fleming, 1989). 상담사는 행정절차와 백인미국인 상담사에 대한 두려움과 부정적인 인식을 제거하기 위해서 먼저 내담자와의 신뢰관계를 형성해야한다. 상담사에 대한 신뢰를 증진시키려면 상담 문제를 다루기 전에 관계를 다지는 일에 더 많은 시간을 할애해야 한다(Herring, 1998). 신뢰로운 상담관계를 만들기 위한 또 다른 전략에는 내담자에게 흥미와 민감성을 보이기, 미국원주민 문화에 대한 존중을 표하기, 구체적인 안내 제공하기, 편견이나 무시하는 말을 하지 않기 등을 포함한다(Garrett & Garrett, 1994; Orlansky & Trap, 1987).

상담사는 미국원주민 내담자가 상담과정을 편하게 느끼도록 노력해야 한다. 상담사는 내담자에게 음료나 간식을 제공함으로서 환대를 표할 수 있다(Garrett, 1999). 또 다른 방법은 벽 위의 학위나 증명서들을 미국원주민 공예품으로 교체하고, 편한 옷을 입고, 상담사와 내담자 사이에 책상을 놓는 것을 피하는 등 상담실의 친근한 분위기를 만드는 것이다(Faubion, Roessler, & Calico, 1998). 또한 상담 시간의 길이에 유연해지고, 엄격한 예약 체계를 운영하지 않을 수 있다(Herring, 1998). 미국원주민 내담자와 소통할 때는 공격적이지 않은 접근이 중요하다. 예를 들어, 상담사는 강한 악수와 큰 목소리를 피해야 한다(Heinrich et al., 1990; Orlansky & Trap, 1987). 대부분의 미국원주민은 악수를 할 때 열정적으로 강하게 손을 움켜쥐지 않는다(Garrett, 1999). 미국원주민은 악수를 "다른 사람에 대한 느낌과 접촉으로 보기 때문에, 감성적이고 부드러운 방식으로 이루어져야 한다"(Blount et al., 1992, p. 126).

미국원주민 내담자는 보통 자신의 문제가 빠르게 해결될 것이라고 예상하기 때문에, 초기면접을 진단적 방법과 치료적 방법으로 수행해야 한다. 상담사는 너무 많은 개인적 질문을 함으로서 내담자를 심문하는 것처럼 보이는 것을 피해야만 한다. 그 대신 모델을 제시하고, 내담자가 자신의 개인적 문제를 공유하도록 촉진하기 위해서 자기공개

방법을 사용할 수 있다(Thomason, 1991, p. 323).

상담사들은 또한 내담자의 문화적응 수준에 맞는 상담 방식을 사용함으로써, 미국원주민들의 재활서비스 이용을 높일 수 있다. 예를 들어, 직접적인 상담 접근법은 전통적 문화를 강하게 믿는 미국원주민 내담자들에게 특히 적합하다고 한다(Trimble & Fleming, 1989). 아마도 이것은 권위자를 존중하고 인생의 경험과 지혜가 많은 연장자에게 조언을 구하는 미국원주민의 가치와 연관되어 있을 것이다. 그러나 재활상담사는 **직접적으로 진행한다**(being directive)는 것이 미국원주민에게 거슬릴 수 있는 지시를 내리는 것이 아닌 제안을 제공하는 것이라는 점을 명심해야 한다(Harper, 2001).

그러므로 재활상담사들이 내담자의 문화적응 수준을 정확히 측정하는 것은 중요하다(Herring, 1998). Thomason(2011)은 주로 미국원주민 내담자를 상담해 온 68명의 정신건강전문가들을 대상으로 한 조사연구에서, 전문가의 약 2/3가 내담자의 문화적응 유형을 알 필요가 있다고 한다. 미국원주민과 상담할 때, 재활상담사들은 (1) 문화에 헌신하는 수준, (2) 내담자가 보호구역, 교외, 혹은 도시 등 어디에서 생활하고 있는지, (3) 상황과 관련 있는 부족의 구조, 관습, 신념이 어떠한지 등을 판단해야 한다(Garrett & Garrett, 1994). Garrett와 Pichett(2000)은 미국원주민 내담자의 문화적응 수준을 측정하기 위해서 **미국원주민 문화적응척도**(Native American Acculturation Scale) 사용을 권장했다. 이 도구는 5점 평정척도의 20개 선다형 문항으로 구성되어 있다. 총점 평균이 3점 이상인 사람은 주류문화에 높게 적응되어 있다고 간주된다. 내담자의 문화적응 수준을 정확히 측정하는 것은 상담사의 적절한 상담 목표와 과정 선택을 촉진한다.

장애에 대한 태도와 관련하여, 재활상담사들은 내담자가 속한 부족들의 고유한 문화에 민감해야 한다. 미국원주민 문화에 속해 있는 사람들이 일반적으로 장애가 있는 사람을 차별하지 않는다는 사실은 재활서비스가 필요 없다는 것을 의미하지는 않는다. 가족과 공동체는 전통에 따라 장애인을 돌볼 의무가 있기 때문에, 장애인과 가족구성원들은 재활서비스에 대한 필요성을 알지 못할 수 있다. 그러므로 재활서비스 프로그램은 서비스를 적극 홍보해야 하고, 미국원주민들에게 재활서비스들의 중요성과 효과에 대해 교육해야 한다. 그러나 이 또한 미국원주민 문화의 맥락 안에서 조심스럽게 이루어져야 한다.

장애의 원인에 대한 미국원주민들의 초자연적 관점을 고려한다면, 내담자들이 재활서비스를 찾는 것과 함께 **샤먼**(shaman), **제약사**(Medicine Maker), **사킴**(Sakim)이라는 명칭을 가진 혹은 전통치료사들에게 의지하는 것이 놀랄 일이 아니다(Blount et al., 1992). 문헌에서 이런 상황을 다루는 몇 가지의 조언을 찾을 수 있다. 예를 들어, 재활상담사가 전통 치료에 대해서 자신의 이해부족을 인정하는 것을 두려워하지 않아야 한다. 재활상담사들은 과도하게 참견하기보다 내담자가 재활계획의 모든 서비스들을 잘 조정하기 위해서 전통치료사들을 만날 계획이 있는지를 알아봐야 한다. 만약 재활치료 과정과 충돌하는 전통적 치료접근법의 사용을 자제시켜야 할 필요가 있으면, 상담사는 행동을 취하기 전에 먼저 가족의 동의를 얻어야 한다(Joe & Malach, 1992). 내담자와 가족구성원들이 권장되는 재활서비스 대신, 전통 치료를 고집할 때는 그렇게 하길 원한다는 의향진술서에 서명하게 해야 한다(Garrett & Garrett, 1994).

미국원주민 문화에서 가족의 중대함을 고려할 때, 재활상담사는 가족의 태도가 실현가능한 재활목표 결정에 어떤 영향을 미칠 수 있는지 명확한 그림을 확보해야 한다. 예를 들어 상담사는 종종 예측되듯이, 전통적 미국원주민 가족의 다른 구성원이 장애구성원의 이전 역할을 수행할 것인지에 대해 알아야 한다. 이에 대한 인식 부족은 내담자의 상황에 대한 상담사의 부정확한 진단으로 이어질 수 있다(Ponchillia, 1993). Ponchillia는 캐나다 북서지방의 Dogrib Dene 공동체에서 온 내담자에 관한 다음의 예를 통해 자세히 설명한다:

시각장애인에게 "당신의 식사를 요리할 때 어떤 문제가 있나요?"라고 물었는데 아니라고 대답한다면, 결론은 그 사람의 시력이나 기술이 그 일을 수행하기에 충분하다는 것일 수 있다. 그 사람이 "요리를 하는 데 문제가 없었던" 진짜 이유는, 시력을 잃은 사람은 요리를 하도록 기대되지 않고 다른 가족구성원들이 이 사람의 집안일을 대신 맡았기 때문이다.

만약 그 시력을 잃은 사람이 요리를 하고 장을 보는 등의 행동 수행에 필요한 기술을 다시 배우고자 한다면 두 번째 문제가 생기는데, 내담자가 속한 집단의 구성원들은 이러한 내담자의 "도발(aggravation)"을 경감시키는 것이 자신들의 책임이라고 생각한다. 다시 그 개인을 배제한 다른 사람들과의 소통이 권고되고, 집단의 합의가 이루어지며, 시각장애를 가진 개인을 둘러싼 집단의 구성원들에 의해 상호동의된 목표의 성취와 지원이 이루어진다. (1993, p. 334)

그러므로 상담사는 미국원주민 가족의 역동성이 재활상담과정에 미치는 영향을 인지해야 한다. 내담자가 겪고 있는 여러 가지 만성질환과 기능적 장애가 가족에게 지워진 질병이란 짐을 덜기 위해 적절한 의료와 지원 서비스를 마련해야 한다(Kenney & Thierry, 2014). 또한 가족지향성을 고려해서 내담자와 단독으로 상담하기보다는, 재활상담과 의사결정에 가족구성원들을 참여시키려고 노력해야 한다(McWhirter & Ryan, 1991; Orlansky & Trap, 1987). 가족의 지원은 가족구성원들이 직업탐색과 취업 과정에서 내담자를 도울 수 있기 때문에 필수적이다(Wilder, Jackson, & Smith, 2001). Martin, Frank, Minkler와 Johnson(1988)의 연구에서, 332명의 직업재활상담사들 중 70%가 미국원주민 내담자의 가족구성원과 함께 일하는 것은 중요하다는 것에 동의했다. 그러나 30% 이하의 직업재활상담사들만이 재활과정에서 가족구성원의 도움을 받을 수 있었다고 보고한다.

다음 행동지침은 재활상담과정에 가족구성원을 효과적으로 참여시키고자 할 때 유용하게 사용할 수 있을 것이다:

1. 부모에게 회의에 누구를 참석시키고 싶은지 물어본다. 모든 부모가 확대가족 구성원들을 참석시키고 싶어 할 것이라거나 그 가족구성원들이 모든 회의에 참석하고 싶어 할 것이라고 가정하지 않는다. 모든 가족과 혈연관계가 아닌 친척들을 참석시키는 것도 괜찮다고 부모에게 설명한다. 어떤 가족들은 확대가족 구성원들을 회의 참석시키고 싶어 할 수도 있고, 다른 가족들은 그들이 전문가와 회의를 하고 돌아가 다른 가족구성원들에게 말하고 싶어 할 수도 있다. 가정 방문 시, 가족구성원들은 적극적으로 참여할 수도 있고, 다른 방에서 보거나 듣고 싶어 할 수도 있다.

2. 확대가족 구성원들이 회의에 참여할 때, 소통은 부모나 통역, 혹은 가족 대변인만을 향하지 않고 전체 집단을 향해야 한다. 이것은 가족전체에 대해 존중을 보이는 것이다.

3. 항상 가족을 존중하고 정서적 지지를 제공하라. 이는 가족의 생각을 들어 주고, 그들의 걱정과 감정을 인정하고, 관심을 가지는 가족구성원을 참여시키는 것을 통해 이루어진다. 이러한 접근 방법은 가족이 중재계획에 필수적인 부분이 될 수 있게 한다. (Joe & Malach, 1992, p. 111)

재활상담사들은 일상적 상호작용에서 영어와 그들의 언어를 사용하는 미국원주민 내담자들에게 나타나는 언어적 어려움에 주의해야 한다(Faubion et al., 1998). 두 가지 언어를 쓰는 미국원주민 내담자의 영어유창성이 낮을 때, 영어로만 이루어지는 모든 평가는 내담자의 능력과 잠재력을 저평가하는 결과로 이어질 수 있다. 그러므로 "미국원주민 내담자에 대한 서비스를 개선하기 위해서 행정 정책과 실무에서 언어적으로 공정한 평가기술과 재활방법을 장려해야 한다"(Tanner & Martin, 1986, p. 120). 재활상담사가 미국원주민 내담자의 언어적 문제와 결핍을 인지하는 것은 더 정확한 사정뿐만 아니라 더 효과적인 재활서비스를 제공할 수 있게 한다.

그러므로 재활상담사들은 미국원주민 내담자와 상담할 때 표준화된 검사결과를 조심스럽게 해석해야 한다. 연구에서는 미국원주민들이 보통 **웩슬러 아동용 지능검사-개정판**(WISC-R; Wechsler, 1974)의 언어성 검사보다 동작성 검사에서 높은 점수를 받고, **일반적성검사**(GATB; Rudman, 2012)의 언어적 적성보다 공간적 적성을 더 잘 수행한다고 보고한다(Martin, 1991).

재활상담사들은 또한 미국원주민 내담자의 직업개발 및 배치 과정에서 문화와 환경적 요인들을 고려해야 한다. 예를 들어, 연구들은 발달상 경험의 차이 때문에 미국원주민과 비미국원주민의 직업적 관심이 다르다는 것을 보고했다(Marshall et al., 1991). 보호구역 내의 취업기회 부족은 미국원주민들의 직업세계에 대한 개념을 제한할 뿐 아니라, 취업을 위해 내담자가 보호구역 밖으로 이동해야 함을 의미하게 한다. 그러나 많은 미국원주민 내담자는 가족의 친밀감과 문화적 의식이 보호구역 내에서만 가능하기 때문에 보호구역 밖에서 일하는 것을 망설일 수도 있다(Marshall et al., 1999).

재활상담사는 미국원주민 내담자의 의사소통 스타일에 적합한 방식으로 상호작용할 필요가 있다. 재활상담사는 그들의 눈맞춤 부족과 침묵을 수동적, 흥미 없음, 시무룩함, 협조부족으로 해석하기보다는, 반응이 종종 문화적으로 결정된다는 점을 인식하고 그들의 의사소통 방식에 적응해야 한다(Garrett, 1999). 예를 들어, 지속적인 대화로 침묵의 어색한 시간을 없애려고 노력하기보다는(Orlansky & Trap, 1987), 그럴 때에는 쉬려고 해야 한다(Heinrich et al., 1990; Herring, 1998). 더불어 내담자의 말에 즉각적으로 반응하기보다는 내담자와 가족을 편안하게 만들 수 있도록(Joe & Malach, 1992), 대답하기 전 침묵하며 숙고하는 법을 배울 필요가 있다(Ponchillia, 1993). 내담자와 가족들이 심문을 받고 있다는 기분을 느끼게 하지 않도록 주의를 기울여야 한다(Orlansky & Trap, 1987). 추가적인 질문이 필요할 때는 가족구성원들에게 목적과 배경에 대해 설명하고 질문을 명확히 하기 위해 묻는 것을 허용하거나 질문에 대해 생각할 시간을 더 갖도록 하는 것이 권장된다(Joe & Malach, 1992). 상담사들은 또한 필요한 경우 내담자의 문화에 대한 지식 부족을 표현함으로써 겸손함을 보이는 것에 주저하지 않아야 한다(Heinrich et al., 1990).

마지막으로 재활상담사들은 미국원주민 내담자 상담에 비전통적인 전략 사용을 고려할 수도 있다. 이러한 접근법에는 내담자가 의미를 찾을 수 있는 스토리텔링, 의례(rituals), 의식(ceremonies)과 내담자가 자신, 공동체, 자연에 다시 연결될 수 있도록 돕는 애완동물 혹은 자연적 치료 등을 포함한다(Harper, 2011; Hunter & Sawyer, 2006). 다른 전문가들은 상담사가 도로 공학과 조명 상태를 개선하여 과음하는 사람들로부터 미국원주민 공동체 환경을 더 안전하게 만드는 것과 같은 체계 수준의 변화를 촉구함으로써 내담자 옹호 역할을 하도록 제안한다(Landen et al., 2014).

3. 맺음말

이 장에서, 우리는 아프리카계, 히스패닉/라틴계, 아시아계, 미국원주민의 핵심 특징을 이해하는 데 집중했고 다문화 재활상담의 문제들에 대해 고찰했다. 재활상담사들이 특정 소수민족문화 출신의 내담자와 효과적으로 상담하도록 돕기 위해 문화적 민감성에 부합하는 지침도 제시했다. 많은 재활상담사가 소수민족문화의 핵심 특징에 대한 충분한 지식을 가지고 있지 않고 이러한 문화적 비민감성은 소수민족 출신 장애인의 제한된 재활서비스 이용과 저조한 서비스 성과를 초래했다.

이 장에서 언급한 것과 같이, 많은 소수민족 사람은 전문가들 특히 백인미국인 상담사들을 불신한다. 예를 들어, 재활상담사는 소수민족 출신 내담자의 생각과 행동을 지배사회의 생각, 신념, 행동에 부응하도록 만들기 위해, 이 서비스를 활용하는 주류사회 대리인으로 인지될 수 있다(Sue, 1990). 이 장에서 언급한 각 소수민족집단은 백인미국인들과 역사적으로 신뢰를 약화시키는 상호작용을 해 왔다. 그러므로 재활상담사는 다문화상담 환경에서 더 높은 수준의 신뢰관계를 형성할 수 있도록, 역사적 요인들이 어떻게 내담자와의 관계에 영향을 미치는지 이해해야 한다.

불신 외의 요인들도 소수민족집단 구성원의 제한된 복지서비스 이용에 관련될 수 있다. 예를 들어, 많은 아프리카계 미국인은 필요한 도움을 받기 위해 보통 교회에 의지하기 때문에 서비스들을 잘 이용하지 않는다. 히스패닉/라틴계 문화에서 사람들은 심령술사 혹은 약제사 같은 전통치료사들을 건강문제 도움을 주는 중요 자원으로 인식한다. 아시아계 문화에서는 장애, 특히 정신적 장애로 인한 낙인과 수치심 때문에 서비스를 기피한다. 모든 상황에서, 복지서비스의 제한적인 이용은 소수민족집단의 많은 사람이 계속해서 서비스에 익숙해지지 않는 이유가 된다.

미국 백인 주류문화는 본질적으로 개인주의적이다. 이러한 문화의 유형에서 이상적인 성격 모형은 자립적이고 가족으로부터 독립적인 것이며, 거의 모든 의존성은 부정적으로 인식된다(Rubin & Roessler, 2001). 반면에 많은 소수민족 문화—아프리카계 미국인, 히스패닉/라틴계, 아시아계 미국인, 미국원주민 문화—는 본질적으로 집단주의적이다. 이들 문화에서 심리적, 기능적 단위는 종종 핵가족보다는 확대가족으로 정의되는 가족이 되는 경향이 많다(Sue & Sue, 2016). 그러므로 이 문화들에서 가족구성원들 간의 상호지원은 개인의 정신적, 신체적 안녕에 필수적인 것으로 인식된다. 따라서 개인들은 가족들과 분리되어서는 효과적으로 기능하는 데 중대한 문제를 가질 가능성이 높다. 이는 중요한 의사결정을 할 때 특히 분명하게 드러난다. 예를 들어, 많은 아시아계 미국인 내담자는 가족구성원들과 먼저 논의하지 않고 개인적, 직업적 결정을 내리는 것을 꺼린다.

종교가 4개 소수민족집단 모두에서 중요한 역할을 한다. 예를 들어, 4개 소수민족집단의 공통적인 특징은 활용 가능한 공식적 재활서비스와 더불어 그들의 필요에 의해 대체치료와 도움을 찾는 경향이 있다는 것이다. 대체치료들은 종교의식이거나 전통치료사들에 의해 제공되는 것일 수 있다. 재활상담사들은 모든 대체 자원과 재활상담과정에서 이것들의 영향을 인식하고 있어야 한다.

재활상담과정에서 많은 상담사는 내담자들이 언어적으로 개방되어 분명하게 자신의 생각과 감정을 표현하도록 기대하거나 바란다. 그러나 많은 소수민족 문화에서는 말로 표현하는 것이 백인 주류문화에서처럼 높게 평가되지 않는다. 예를 들어, 아프리카계 미국인들은 의사소통에서 비언어적 행동들이 언어적인 것들보다 더 중요하다고 생각한다. 왜냐하면 전자가 후자보다 더 정확하게 화자의 생각을 반영하기 때문이다(Sue, 1990). 많은 아시아계 미국인들은 말하는 것보다 행하는 것이 더 중요하고, 공적인 자리에서 통제되지 않은 감정의 표현은 무례한 것으로 생각한다.

소수민족집단 출신의 사람들은 상담사가 자신의 생각과 감정을 내담자에게 드러내는 것을 덜 제한하는 적극적, 직접적, 구조화된 상담 접근을 선호한다(Sue, 1990). Sue는 더 적극적인 상담 접근방식을 선호하는 것은 적어도 부분적으로는 의식적 혹은 무의식적으로 인종주의적 태도를 숨기고 있을 것이라는, 백인미국인 상담사에 대한 불신에서 기인한다고 보았다. Sue는 다문화상담에서 종종 나타나는 내담자의 불신을 다음 사례에 제시된 상담사에 대한 소수민족 내담자의 생각을 통해 보여 주고 있다:

> "당신은 나를 억압했던 다른 백인들과 어떻게 다릅니까?" "당신은 당신 선조들로부터 물려받은 인종적 편견에서 자유로운가요?" "나를 보여 주기 전에, 당신이 어디에서 왔는지 알고 싶습니다." "당신은 자신의 인종주의에 얼마나 열려있고, 솔직합니까? 그리고 이것이 우리의 관계를 방해할까요?" "당신은 아시아인, 흑인, 히스패닉, 미국원주민 혹은 다른 인종으로 산다는 것이 무엇인지 진정으로 이해할 수 있습니까?" (1990, p. 430)

따라서 소수민족 출신의 내담자는 상담사를 신뢰할 수 있다고 느낄 때까지 개인정보를 스스로 개방할 가능성은 적다. 상담사가 자신에 대해 내담자가 알도록 허용할 때까지 신뢰가 형성될 가능성이 적으며, 이는 적극적이고 직접적 상담 접근법에서 더 자연스럽게 일어나는 경향이 있다. "충고나 제안하는 것, 해석하는 것, 상담사인 당신이 어떻게 느끼는지 내담자에게 말하는 것"은 내담자가 보기에 상담사가 스스로를 개방하는 행동으로 인식된다(Sue, 1990, p. 430).

비록 4개 모든 소수민족집단이 의사소통 방식에 있어 몇 가지 공통점을 가지고 있지만, 대화에서의 거리, 신체접촉에 대한 해석, 의사소통과정의 신체 움직임에 대해 각각 다른 선호를 가지고 있다. 예를 들어, 아프리카계 미국인과 히스패닉/라틴계 미국인이 포옹, 등 두드림, 열정적인 악수에 대해 편안해하는 경향이 있지만, 많은 아시아계 사람은 이러한 상호작용을 불편해한다. 아시아계 미국인들은 또한 아프리카계, 히스패닉/라틴계 미국인보다 대화할 때 더 먼 물리적 거리를 필요로 한다. 사례 개념화의 과정에서, 재활상담사들은 소수민족 출신의 내담자에 대한 더 정확한 문화적 이해를 얻기 위해, 『**정신질환의 진단 및 통계 편람**(Diagnostic and Statistical Manual of Mental Disorders: DSM-5; American Psychiatric Association, 2013)』에 기술된 문화적 사례를 활용할 수 있다.

다른 문화의 특징에 대한 지식은 재활상담사가 소수민족 출신의 내담자를 이해하는 토대를 제공한다. 그러나 내담자와 다문화 재활상담에 대한 어떠한 문화적 지식기반의 추정도, 각 내담자의 고유한 개인경험에 대한 관찰 없이는 유효하다고 가정할 수 없다. 그러므로 성공적인 다문화재활상담은 집단 간, 집단 내 차이에 대한 이해에 달려 있다. 이는 내담자의 문제가 "개인이 아닌, 조직과 사회체계에 있을 수도 있다는 것"(Sue & Sue, 2016, p. 138)을 인식하도록 도와줄 뿐만 아니라, 장애인의 입장에서 교육, 고용, 자원, 서비스 등에 대한 동등한 접근을 주장함으로써 사회정의적 상담을 잘 실천할 수 있게 한다.

13장

가족중심
재활사례관리

Richard T. Roessler and Walter Chung

　재활과정에서 가족참여의 중요성은 여러 문헌(예: An & Palisano, 2014; Kosciulek, 2007; Law et al., 2003)을 통해 잘 알려지고 입증되고 있다. 예를 들어, 건강하지 않은 가족기능은 중증장애인(예: 외상성 뇌손상; Sander et al., 2002)에게 있어서 낮은 수준의 개인적 독립성 및 고용가능성, 고용과 관련 있다. 역으로 건강한 가족기능은 뇌졸중(Palmer & Glass, 2003)과 척수손상(Murphy & King, 2007)을 회복하는 사람들의 치료 순응도[1] 및 기능적 역량, 정서, 고용성과에 긍정적인 영향을 미친다. 다른 연구들에서도 재활과정에 가족구성원이 참여함으로써 장애를 가진 내담자에 대한 가족의 적응이 촉진되고(Head & Abbeduto, 2007; Moreau & Cousins, 2014), 직업 배치와 성공의 가능성이 증가되고(Drake, McHugo, Becker, Anthony, & Clark, 1996; Murphy & King, 2007), 재활서비스에 대한 만족도가 높아지며(An & Palisano, 2014; Law et al., 2003), 장애인의 치료 순응도와 장애에 대한 적응이 향상된다(Arnold & Orozco, 1988; Jamison & Virts, 1989; Nayeri, Mohammadi, Razi, & Kazemnejad, 2014)

---

1) treatment compliance, 권고된 치료과정을 잘 따르는 것.

고 보고한다. 또한 재활과정에 가족을 성공적으로 참여시킴으로써 장애인 돌봄의 스트레스와 부담이 감소되고 재활 노력과 목표에 대한 가족들의 두려움과 의심이 완화되며, 나아가 재활프로그램의 효과 증대(Albert, Im, Brenner, Smith, & Waxman, 2002; Chan & Sigafoos, 2001; Feldman & Werner, 2002; Moreau & Cousins, 2014) 및 서비스 전달과정에 대한 가족의 만족 증가(King, Teplicky, King, & Rosenbaum, 2004)라는 결과를 얻게 된다.

사실 그동안 재활프로그램에서 가족참여의 필요성이 강하게 주장되어 왔음에도 불구하고, 여러 이유로 인해 서비스 전달과정에서 적절하게 이루어지지 않았다(Head & Abbeduto, 2007; Kosciulek, 2004a; Power, 2013). 늘어나는 사례량과 감소하는 사례관리 비용지원, 스태프 구성의 제한성, 늘어나는 대기자 목록 등이 재활서비스가 보다 가족중심으로 접근하는 데 부정적으로 영향을 끼쳐 왔다(Head & Abbeduto, 2007). 가족서비스에 대한 이러한 실제적 장애물들을 줄이지 못한 것이 내담자보다 가족중심의 관점을 지향하는 연구자와 현장실무자들의 권고 이행에 느린 진전을 가져오게 했다(Bamm & Rosenbaum, 2008). 다행스러운 것은 "성인집단의 돌봄에 있어서 내담자중심에서 가족중심으로의 태도 변화"(Bamm & Rosenbaum, 2008, p. 1619)가 재활전문가들에게서 나타나고 있다는 점이다. 이와 같은 보다 포괄적인 접근은 주 정부에서 운영하는 정신보건시설의 직원 대부분이 내담자 가족들과 접촉을 시도하지 않는다는 이전 연구들의 지적과는 상반된 것으로(Bernheim & Switalski, Cohen & Lavach, 1995에서 재인용), 가족을 "기본 사회적 단위—각 개인의 주 교육자, 지지자, 양성가"(Bamm & Rosenbaum, 2008, p. 1618)로 인정하는 것에서 비롯한다. 안타깝게도 예전 재활현장의 인식은 "내담자 재활에 있어서 가족구성원 참여가 중증정신장애인의 입원기간을 감소시킨다"(Accordino & Hunt, 2001, p. 255)는 결과들이 있었음에도 불구하고, 서비스 전달의 초점을 내담자와 내담자의 사회적 지지연결망보다는 내담자 개인에 두는 것을 강조해 왔다(Accorddino, 1999; Herbert, 1989; Lindenberg, 1980).

가족중심 접근은 생태학적 이론들(Szymanski, Enright, Hershenson, & Ettinger, 2010)과 체계 이론들(Kosciulek, 2004a)처럼 인간 행동과 결과에 영향을 미치는 다양한 요인의 기능을 이해하는 것이 중요하다고 강조한다. 이들 이론들은 장애를 가진 사람의 기능을 개인 및 그가 속한 생태학적 체계 내 여러 수준과의 역동적 상호작용으로 설명한다

(Szymanski, Enright, Hershenson, & Ettinger, 2010). **미시체계**(microsystem)라고 불리는 첫 번째 수준은 장애인의 개인적 특성 및 개인사와 같은 개인 내 요인들로 특징지어진다. 두 번째 수준은 **중간체계**(mesosystem)라고 불리며 가족, 친구, 종교집단, 이웃, 고용주 등과 같이 인접한 사회적 맥락 내의 대인관계에 의해 특징지어진다. 세 번째 수준은 **거시체계**(macrosystem)라고 불리며 다른 두 가지 체계에 영향을 미치는 문화적 가치와 신념 및 사회정책에 의해 특징지어진다(Antao et al., 2013; Lindsay, King, Klassen, Esses, & Stachel, 2012). 그러므로 재활의 효과성은 재활과정에 가족구성원(중간체계)을 참여시키는 것과 같이 여러 수준의 개입을 통해 크게 향상된다.

또한 생태학적 재활접근은 재활상담사로 하여금 미래 내담자의 요구에 대한 더 나은 이해와 해결을 돕는다. 2020년에 이르면 아동들의 50%가 소수인종 출신일 것으로 예상된다. 미국통계국(U.S. Census Bureau)의 2060년 미국 인구구성 프로젝트에 의하면 "다수−소수(majority-minority)" 비율에서 2014년 전체 36%였던 소수인종 사람들이 56%가 될 것으로 전망한다(U.S. Census Bureau, 2015). 미국 내 소수인종 집단뿐만 아니라 최근의 이민가족들(12장 참조)은 강한 가족지향성(family orientation)이라는 공통된 특성을 가지는데 이는 재활프로그램에 있어서 가족참여를 매우 중요하게 고려해야 한다는 것을 의미한다. 가족참여는 재활상담사로 하여금 상당한 문화적 민감성을 요구한다(Suarez-Balcazar et al., 2011). Sue와 Sue(2013)는 **문화적으로 유능한 상담사**(culturally competent counselor)란, "환경적 중재를 이끌어 낼 수 있도록, 적극적으로 체계에 초점을 두고 돕는 역할을 할 수 있는 사람; 전통적인 상담사/치료사의 운영 방식에 한정되지 않는 정신보건전문가"라고 정의한다(p. 23). 상담사는 점차 다양해지는 문화적 세계에 대한 전통적인 사고방식을 탈피해야 한다. 이를 위해 장애의 원인과 의미 그리고 보건서비스의 효용성과 신뢰성에 대한 인식의 측면에서 자신의 신념이 서비스를 제공하는 장애인 및 그 가족들과 어떻게 다른지를 알아야 하며 이는 언어적 차이를 넘어서는 것보다 훨씬 어렵다(Lindsay et al., 2012).

이 장의 목적은 내담자뿐만 아니라 가족과 지역사회에 초점을 두는 가족중심 재활사례관리 접근에 대해 살펴보는 것이다. 이 접근법의 기본 전제는 장애인을 위한 효과적인 재활서비스는 (1) 재활과정에서 상호의존적인 가족구성원들의 참여와 (2) 내담자와 가족의 장애 관련 요구를 충족시키기 위해 가족, 재활기관, 지역사회의 강점을 끌어냄으로써 가능하다는 것이다. 가족중심 재활사례관리에서 **가족**(family)이란 장애인과 그의 핵가족이나 확대가족 중 상호의존적인 집단의 구성원으로 볼 수 있는 모든 사람으로 정의된다. 재활내담자와 마찬가지로 가족구성원들 중 누구라도 가족집단 내의 장애에 영향을 받을 수 있다.

1. 재활에 있어서 가족과 공동체 참여의 필요성

한 사람이 장애를 가지게 되면, 가족단위 내의 상호의존성 때문에 모든 가족구성원이 영향을 받게 된다. 가족구성원들의 충족되지 못한 요구와 해결되지 않은 문제들은 장애에 대한 내담자의 적응과 최상의 직업적 성과를 성취하는 데 방해가 될 수 있기 때문에 재활과정에서 가족참여는 필수적이다(Murphy & King, 2007). 상담사는 가족의 적절한 재활과정 참여를 위해서 장애가 가족구성원들에게 다양하게 영향을 줄 수 있음을 이해해야 한다. 예를 들면, 여러 연구에서는 하나의 장애가 장애를 가진 그 사람의 가정에 경제적, 사회적, 심리적으로 영향을 줄 수 있다고 지적한다(Ziegert, 2011).

1) 경제적 영향

생활비를 위한 소득의 창출은 가정의 중요 문제 중 하나다. 장애는 내담자와 가족구성원들의 경제적 안녕을 저해함으로 스트레스를 야기한다. 실제로 상당수의 장애인 가정이 장애를 가지지 않은 가정에 비해 수입이 현저하게 낮다는 보고가 있다(National Organization on Disability, 2010). Szymanski와 Parker(2010, p. 8)가 "장애는 가난을 야기할 수 있고, 가난은 장애를 야기할 수 있다"라고 지적한 바와 같이, 장애는 주택이나 자동차 구입, 자녀의 대학학비와 노후자금을 위한 저축 등과 같이 현재와 미래의 지출을 위한 가정의 능력에 영향을 미친다. American Community Survey(U.S. Census Bureau, 2014c)에 의하면, 경제활동가능 장애인의 평균 수입은 40,200달러인데 이는 장애인의 약물치료와 의료 비용, 가정의 일상적 요구를 해결하기 어려운 금액이다(Reichman, Corman, & Noonan, 2008). 때로 가정이 직면하는 경제적 스트레스는 더 악화될 수도 있다. 예를 들면, 다발성경화증과 같은 진행성 장애의 합병증이 발생하면, 가족 중 누군가는 일을 할 수 없게 되고 또 다른 누군가는 가정에서 돌봄을 제공하기 위해 근무시간을 줄여야 한다.

2) 사회적 영향

장애는 또한 가정 내에서 사회적 변화를 야기한다. 중요한 사회적 변화 중의 하나는 장애가 내담자의 신체적, 정신적, 사회적 능력에 영향을 끼치면, 가족구성원 내의 통상적인 역할이 바뀐다는 것이다(Kosciulek, 2004a; Thurgate & Warner, 2005). Hornby와 Seligman(1991)은 다음과 같이 지적하였다.

> 장애는 가족구성원들로 하여금 지금까지 예상가능하고 안정감을 주었던 익숙한 역할에서 낯설고 어색하며, 선택하고 싶지 않은 역할을 맡도록 요구한다. 가족의 생계를 책임졌던 사람이 가정의 지원을 필요로 하고, 집안 살림을 맡았던 사람들은 더욱 집 안에만 있게 되거나 혹은 고가의 보조기구나 서비스의 재원 마련을 위해 가족부양에 힘을 보탤 필요가 생길 수도 있다. 가정 내의 주요 변화에 따른 역할 이동이 이루어지지 않을 때 문제가 발생하게 된다. (p. 268)

가정 내의 역할변화는 수용하기가 쉽지 않은데 그 이유는 역할에 따라 사회화되어 온 가치 때문이다. 예를 들어, 신체장애가 있는 여성의 남편은 주부의 역할을 맡아야 하지만 이 새로운 역할은 남자가 가사를 전담하면 안 된다는 자신의 문화적 가치와 갈등을 일으킬 수 있다. 또한 은퇴 준비를 하던 부모들이 부모 역할을 더 연장해야 할 수도 있다(Degeneffe, 2000). 장애 발생으로 인한 가정 내 역할변화는 결국 모든 가족구성원의 스트레스를 누적시키기 때문에 따라서 가족의 정보요구에 부응하고, 모든 가족구성원을 의사결정과 목표설정에 참여시키고, 내담자와 가족의 목표에 부합하는 처치계획을 구체화할 수 있는 가족중심중재의 필요성이 더욱 강조된다(An & Palisano, 2014).

재활내담자가정이 적응해야 하는 또 다른 사회적 변화들이 있다. 일반적인 예로는 사회적 고립의 증가 그리고 구체적으로는 여가활동 참여기회의 감소라는 어려움을 들 수 있다. 2010년 미국장애인조사(2010 survey of American with Disabilities; National Organization on Disability, 2010)에는 사회 내에서 장애인의 상대적 고립이 드러나고 있다. 여러 가지 비교 중에서, 장애인은 친구 만나기, 외식, 교회 참석 등과 같은 사회적 활동참여가 더 적은 것으로 나타났다. 재활내담자가정의 사회적 고립에는 여러 요인이 작용한다. 예를 들면, 가족들이 장애인 돌봄에 대부분 시간과 노력을 쏟게 될 때, 사회적으로 더 고립되고 더 폐쇄된 체계로 운용될 수도 있다. 또한 가족의 고립은 학교와 직장, 여가 환경에서 경험한 낙인과 편견에서 비롯된 결과일 수도 있다. 가족이 스스로 고립하게 되는 다른 요인들로는 자신들의 상황에 대해 공감하는 사람의 부족과 구성원의 장애에 대한 가족들의 곤혹감 등이 포함된다(Thompson, Kerr, Glynn, & Linchon, 2014).

장애는 또한 가족관계에도 변화를 가져온다. 일부 연구자들은 장애로 인해 부부간 적응이 감소하고 의사소통 패턴이 효과적이지 않게 되며 성적기능에 어려움이 생긴다고 보고한다(Bayer, 1996; Palmer & Glass, 2003; Thompson et al., 2014). 부부간의 적응 문제는 늘어난 일과 가사 책임 등의 역할과 생활양식의 변화에 의해 야기될 수 있다(DeSouza & Frank, 2011). 장애인의 배우자가 자신에게 주어진 새로운 기대와 역할, 일상적 경험에 적응하지 못할 때 긴장이 발생한다.

장애는 부부관계뿐만 아니라, 가족관계의 다른 측면에도 영향을 준다. 가족 내에서 장애는 좀 더 나이 든 자녀의 책임감을 증가시키고, 부모로부터 보다 독립적이도록 만든다. 부모가 장애를 가지게 될 때, 자녀들은 위기 대처과정에서 에너지가 소진된 부모로부터 신체적ㆍ정서적 지지를 받지 못하게 될까 봐 두려움을 느낄 수 있다(DeSouza & Frank, 2011). 후천적 장애아동 가정에 대한 연구에 따르면, 장애아동의 형제는 부모로부터 버려진 느낌, 늘어난 책임감에 대한 괴로움, 낮은 자존감, 장애형제에 대한 불안과 분노를 경험할 수 있다고 한다(Degeneffe, 2000; DeSouza & Frank, 2011; Simeonsson & Bailey, 1986).

3) 심리적 영향

많은 가족은 가족구성원들 중 한 사람의 장애로 인해 일련의 정서적인 반응을 경험한다. Power(1988)는 이와 같은 가족들의 전형적인 일련의 반응을 다음과 같이 요약한다.

1. 충격(무력감, 압도감, 계획을 세울 수 없음)
2. 부인(업무, 가정생활, 신체적/정신적 기능에 미치는 사건의 의미 부정)

3. 인정/의미 찾기(가족 붕괴에 대한 분노; 장애가 없어지지 않을 것을 깨달음; 가정의 손실 자각; 미래에 대한 불안; 이해받기 바람; 슬픔). (p. 250)

상담사가 세심하고 시의적절한 중재를 제공하기 위해서, 서비스 초기에 해야 할 중요한 역할 중의 하나는 가족의 정서적 상태를 평가하는 일이다. Kosciulek(2007, p. 84)는 이 과정을 "가족 평가(family appraisal)"라고 불렀으며, 이 평가의 주된 목적은 가족이 장애에 어느 정도 성공적으로 대처할 수 있는지를 판단하기 위함이다. Power(2013)는 가족역동성에 대한 평가가 직업평가과정에서 필수적인 부분이라고 강조했다.

장애인 가족구성원들의 다른 주된 특성은 고통이며(Davidson, 2009; Ergh, Rapport, Coleman, & Hanks, 2002), 이는 전형적이지만 항상 그런 것은 아니며(Davis & Gavidia-Payne, 2009), 장애의 심각성 및 장애인의 정신적 문제나 행동상의 장애와 관련이 있다 (Ergh et al., 2002; Maes, Broekman, Dosen, & Nauts, 2003; Wade et al., 2002). 또한 Elliot와 Shewchuk(2003)도 부정적인 문제해결 성향을 가지고 있는 가정 내 돌봄자들은 고통스러운 경험에 대해 더 취약하다고 보고한다. Corring(2002)은 가족 돌봄자들의 고통스러운 경험은 놀랄 만한 것이 아니며 그들은 장애의 불확실성으로 인해 항상 좌절과 두려움 속에 살고 있다. Corring은 이러한 불확실성의 두려움에 대해 다음과 같이 설명한다:

당신은 항상 달걀 위를 걷는 것처럼 느끼겠지만 물론, 좋은 때도 나쁜 때도 있다. 좋은 시절에 당신은 자신이 누리고 있는 것들에 대해 기뻐하겠지만 한편으로는 그 순간을 너무 많이 누리는 것을 두려워할 것이다. 왜냐하면 길 아래에 또 다른 긴 내리막길이 있다는 것을 알고 있기 때문이다. (p. 353)

가족구성원의 장애 발생에 대한 가족 내 정서반응으로 고통, 무력감, 슬픔, 죄의식, 수치심, 절망감, 위축, 우울, 자기회의감 등이 보고된다(DeSouza & Frank, 2011; Hyde & Goldman, 1993; Kosciulek, 2004a; Marsh, 1992; Reichman et al., 2008; Thurgate & Warner, 2005). Marsh(1992)는 광범위한 문헌연구를 통해, 장애인 가족의 두드러진 정서적 반응에는 분노, 죄책감, 우울, 위축, 감정이입된 고통 등이 포함된다고 결론지었다.

(1) 분노

분노(anger)는 재활내담자 가족들이 장애 적응과정에서 표출하는 공통적인 반응이다. 가족구성원들은 현실을 피폐하게 만드는 장애와 운명이나 신의 불공평함, 장애 발생에 책임이 있다고 믿는 장애인에게 분노를 느낄 수 있다(Bray, 1977; Falvo, 2014; Marsh, 1992). 배우자는 장애아동 돌봄을 맡지 않으려는 상대방을 향해 직접적으로 화를 표출할 수 있고, 이런 경우 이혼이나 별거, 공공지원 의존의 가능성이 커진다(Reichman et al., 2008). 또한 가족구성원들은 만약 상담사가 내담자의 장애를 가족 탓으로 돌리고 있다고 믿게 되면 공공서비스 체계와 의회 의원들에게 분노할 수도 있다(Thurgate & Warner, 2005). 안타깝게도 장애아동 부모들은 이러한 비난에 심하게 상처받을 수 있다. Cohen과 Lavach(1995)가 지적한 바와 같이, 심리치료가 필요한 아동과 관련해서 그 어머니를 비난하는 것은 부모와 전문가 사이의 심각한 긴장과 갈등의 원인이 된다.

(2) 죄책감

장애로 인해 가정의 생활방식에 복잡한 변화가 발생할 수 있고, 가족구성원들의 죄책감(guilt)을 낳을 수 있다. 예를 들면, 가족구성원들은 장애로 인해 가족에게 부가되는 여러 가지 요구에 직면하게 되면 당혹감과 감당할 수 없다고 느낄 수 있다. Reichman 등(2008)의 지적에 의하면, 가족구성원들이 장애에 매달리게 됨으로써 적절한 아동돌봄, 취업과 고용유지, 재정적 채무해결 등의 어려움이 가중된다. 심지어 부모들은 아동의 장애에 대해 자신이 일부 책임이 있다고 느끼기도 한다(Steinhaur, Mushin, & Rae-Grant, 1980). 예를 들어, 인지적 손상처럼 아동의 장애가 선천성일 경우, 부모들은 자신을 용서하는 것이 힘들 수 있다. 많은 경우, 부모들의 죄책감은 다른 사람들의 부정적인 태도로 인해 더욱 강렬해진다(Thompson et al., 2014):

> 병원에서 어떤 정신과 의사가 나에게 성장할 필요가 있다고 말했다. 아이는 문제가 없으며, 문제는 어머니에게 있기 때문이라고. 나는 그때 내가 실패자라고 느꼈다. 나는 한부모(single parent)다. 만약 내 아들이 다른 엄마를 가졌다면 이 아이는 문제가 없었을 것이다. 온갖 죄책감들이 마음을 스쳐 갔다. 내가 무엇을 잘못한 걸까? 내가 이 아이에게 무엇을 한 걸까? 이 아이는 내 인생에서 가장 소중한 존재인데, 내가 뭔가를 잘못했다. 내가

이 아이를 망쳐 놓은 것이다. (Marsh, 1992, p. 87)

(3) 우울

가정 내 장애의 존재는 흔히 어른들의 우울(depression)을 촉발한다(DeSouza & Frank, 2011; Reichman et al., 2008). 죄책감 반응의 사례에서 나타난 것처럼, 우울은 가족체계에서 기대되는 부모로서의 역할수행능력 감소로 인한 무력감에서 비롯될 수 있다. 그리고 이는 일상의 재정적 책무와 아동돌봄의 책임을 다하지 못하기 때문일 수도 있다. Olsson과 Hwang(2001)이 216명의 장애가정 사례와 214명의 통제집단 가정을 대상으로 벡 우울척도(Beck Depression Inventory)를 실시한 결과, 장애아동 어머니의 45~50%가 고위험성 우울증 점수에 해당하는 반면 통제집단의 경우 15~21%로 나타났다. 또한 장애가족의 의존도와 돌봄의 강도가 높을 때 가족들은 우울에 대해 더 취약해진다(Palmer & Glass, 2003). Steinhaur 등(1980)은 우울이란 가족구성원이 장애의 실체와 그것이 가족에게 주는 영향을 수용하는 과정에서 자연스럽게 나타나는 반응으로 간주한다:

> 우리는 영원히 부모 노릇을 해야 할 것 같다. 다른 부모들은 아이들이 자립하고 대학에 가고 결혼하면 편히 쉬거나 할아버지 할머니가 되거나 그저 지켜보면 되겠지만 우리는 평생동안 부모 노릇을 해야 할 것 같다. (Corring, 2002, p. 353)

관련 연구들에서는 우울증 대처의 중요성을 강조하고 있는데, 장애인의 우울 수준을 낮추는 것은 당사자뿐만 아니라 가족구성원들의 적극적 대응전략과 관련 있다고 한다(Ehrensperger et al., 2008).

(4) 위축

위축(withdrawal)은 우울, 죄책감과 관련 있고 장애로 인한 생활의 혼란에 적절히 대처하지 못하는 상황에서 나타날 수 있다. 이는 혼란에 대한 일종의 부정적 적응양식으로, 당면하는 어려움에 성공적으로 대처할 수 있는 능력을 감소시킨다(Davidson, 2009). 사회적 상황에서 위축을 촉진하는 요인들에는 공공장소에서 발생하는 뇌전증이나 문제행동과 같이 가족구성원의 장애로 인한 낙인과 차별의 경험을 포함한다(Thompson et al., 2014). 다음 두 개의 인용 글은 장애인 가족이 경험한 위축감을 설명한다:

거의 항상 그저 혼자 있고 싶다. 그냥 모든 게 귀찮다. 잠도 못 자고 먹지도 못하며 두통이 있다. 다른 사람들과 관계 맺을 수 없다. (Marsh, 1992, p. 87)

그녀가 처음 병원에 입원했을 때, 나는 다 망가진 느낌이었다. 많이 울었고, 모든 사람으로부터 위축되었다. 가족 모두가 이런 과정을 겪었다. (Marsh, 1992, p. 87)

(5) 감정이입된 고통

가족구성원들이 경험하는 감정이입된 고통(empathic suffering)은 장애로 인한 평생 동안의 부정적 결과와 "과거의 가능성과 현재의 피폐함 사이의 불일치"(Marsh, 1992, p. 88)에 대한 인식을 말한다. 감정이입된 고통은 괴롭고 슬프다; "나는 아이를 유산한 적이 있다; 그러나 이것은 더 나쁘다. 왜냐하면 죽음은 끝이라도 있지만 이것은 나로 하여금 아이가 고통받는 모습을 계속해서 지켜보게 한다. 잘생기고 젊고 빛나는 한 인생이 파괴되는 것을 지켜봐야 하는 것이다." 이와 같이 희망하는 것과 현재 가능하다고 생각되는 것 사이의 대비가 감정이입된 고통의 핵심이며 이로 인해 오랫동안 지속되는 슬픔이 생길 수 있으며, 일부 경우에는 부모와 아동 간의 유대 과정에 부정적으로 영향을 끼칠 수도 있다(Thurgate & Warner, 2005).

장애는 분명 개인과 그 가족의 삶에서 경제적, 사회적, 심리적으로 복잡한 결과를 가져오게 하는 중요한 사건이다. 그러므로 재활상담사는 단순히 개인에 초점을 두는 것이 아니라 보다 넓은 시야를 가져야 한다. 상담사는 자신의 역할이 장애가 가족기능에 미치는 영향의 정도를 파악하고 해결하는 것까지 포함한다는 생각으로 행동해야 한다. 그렇지 않으면 가족 내에서 충족되지 못한 요구와 해결되지 못한 문제가 장애인의 재활성과에 부정적인 영향을 미칠 수 있다. 상담사는 재활내담자와 가족의 걱정들을 해결하기 위해 가족중심 사례관리를 어떻게 제공해야 할지 고민해야 한다.

2. 가족중심 재활사례관리

An과 Palisano(2014)는 가족중심 사례관리의 필요성을 강조하기 위해, 가족관계가 재활과정을 향상시키거나 방해하는 방식에 관한 자료들을 검토했다. 전문가—

가족의 협력은 모든 참여자의 심리적 안녕과 만족감을 향상시킬 수 있다. Kelly와 Lambert(1992)는 가족역동성과 장애에 대한 광범위한 문헌연구를 통해, 가족중심의 중재는 내담자의 재활프로그램 참여를 증진시킨다고 보고한다. 또한 풍부한 임상적 경험의 측면에서 볼 때도 개인의 재활프로그램에서 가족중심의 서비스를 제공하는 것이 가치 있다고 말한다. 그러므로 이 장의 핵심 메시지는 내담자와 그 가족은 상호의존적인 개인의 집합체이기 때문에, 상담사는 이들에게 이용 가능한 지역사회 자원을 연계하고 제공해야 한다는 것이다. 이는 장애를 경험하는 대부분의 사람에게 있어서 가장 주된 지지체계인 가족의 평형상태를 유지하거나 회복시키기 위해 필요하기 때문이다. G. Murphy와 King(2007)이 언급한 바와 같이, 장애를 가진 가족구성원의 조기 은퇴를 강화하거나 경제활동 참여를 촉진함으로써 그 가정이 더 나아질 수도 더 나빠질 수도 있다. 또한 이들은 성인장애인을 위한 가장 큰 환경적 지원은 가족, 친구, 지역사회 조직 등을 포함한 직업과 무관한 환경이라고 주장한다.

Chubon(1992)은 재활을 통한 내담자의 이점을 최대화하기 위해서 재활상담사가 여러 당사자(예: 내담자, 내담자가족, 재활기관, 지역사회기관) 사이를 조정해야 한다는 점을 강조한다. 상담사가 조정하는 목적은 내담자와 가족들이 경험하는 장애로 인해 발생하는 요구를 충족시키는 데 있다. 조정이나 가족중심 재활사례관리는 발달장애아동 가족을 위한 돌봄관련 연구에서 비롯된 "가족지지 운동(family support movement)"과 연관된다(Bamm & Rosenbaum, 2008; Thompson et al., 2014). 성공적인 가족중심 재활사례관리의 특징은 오랜 기간에 걸쳐 규명되어 왔다(An & Palisano, 2014; Nayeri et al., 2014; Singer et al., 1993). 그 특징에는 (1) 요구분석, (2) 공식적, 비공식적 서비스자원에 대한 활용가능한 정보의 데이터베이스, (3) 요구와 서비스 자원 간의 연계를 위한 가족구성원과의 의사소통, (4) 가족의 다양한 요구에 대한 "신속한 반응(rapid response)", (5) 가족의 역량강화와 적극적 경청, (6) 오랜 시간동안 내담자와 가족들에게 헌신하고 지켜보는 것 등을 포함한다.

가족중심 사례관리에서는 서비스 계획을 할 때 내담자와 가족의 참여를 촉진한다. 그러므로 상담사가 내담자와 가족구성원들을 대상으로 재활기관과 지역사회의 서비스를 받기 위해 어떤 단계를 거쳐야 하며, 그러한 서비스가 지금의 절박한 요구를 충족시키는 데 어떻게 도움을 주는지 설명하는 것은 매우 중요하다(An & Palisano, 2014; Crimando & Riggar, 2005). 재활상담사는 내담자 및 가족과 함께 일하기 위해서, 내담자와 가족 모두의 요구뿐만 아니라 그러한 요구를 충족시키기 위해 어떤 의뢰가 필요한지도 파악해야 한다. 서비스 프로그램 전달에 방해가 되는 요소를 줄이거나 감소시키기 위해 서비스 수혜의 장애물들(예: 교통수단, 보육, 직장에서 시간 내기 어려움)이나 기관의뢰의 가능성에 대한 가족의 저항 등에 대해 논의해야 한다.

상담사가 제공하는 효과적인 가족중심 사례관리에는 다음과 같은 것들을 포함한다.

- 요구분석(need analysis)-개인과 가족의 요구를 포괄적으로 사정하며, 요구에 대해 기관과 지역사회 서비스가 어느 정도 부응할 수 있는지를 사정하는 상담사의 능력
- 내담자와 가족의 자율성 존중(respect for client and family autonomy)-내담자와 가족을 위한 서비스 정보 "센터(clearinghouse)"가 되고, 정보에 근거한 동의하에 가족참여를 이끌어 내는 상담사의 능력
- 옹호(advocacy)-내담자와 가정이 조정된 서비스를 받을 수 있도록 돕는 제3자로서 상담사
- 지지(support)-내담자가 지지와 조력을 구할 수 있는, 온정적이고 돌보는 사람으로서 상담사
- 문화적 민감성(cultural sensitivity)-지역사회 내 다양한 문화적 배경을 가진 가족들의 기본적 인식과 신념, 경험을 이해하고 풍부한 지식을 갖춘 서비스 제공자로서 상담사

상담사는 요구분석과정에서 내담자와 가족이 논의를 통해 자신들의 요구(예: 가정의 요구)와 그러한 요구를 충족시킬 수 있는 외부 지원에 대한 인식을 명확히 하도록 요청한다. 상담사는 내담자와 가족의 자율성, 옹호, 지지, 문화적 배경 등에 대한 존중을 기반으로 재활과정의 장애인을 지지하기 위한 가족구성원의 "공동전선(united front)"을 촉진하는 사람으로서 역할을 한다. 그러므로 재활상담사는 사례관리과정에서 "전체가족(total household)"의 의견을 받아들여야 한다. 〈표 13-1〉에는 전체 가족의 견해를 이행하기 위해 필요한 가족중심 사례관리의 핵심 기능들이 설명되어 있다.

表 13-1 **내담자와 가족을 위한 가족중심 사례관리의 주요 기능**

1. 상담사는 서비스 계획과정에서 내담자로 하여금 자신과 가족에게 영향을 미치는 긴박한 요구를 파악하도록 도와야 한다. 요구파악은 내담자와 상담사로 하여금 잠재적인 요구영역과 관련 지역사회 자원에 집중하게 하는 접수양식을 통해 촉진할 수 있다.
2. 실제 가족이 접수양식을 완성하거나 혹은 그러한 양식의 논리를 따름으로써, 상담사와 내담자는 내담자와 가족의 요구를 파악한다.
3. 내담자와 가족구성원의 요구를 확인하고 그 순위를 매기고 의뢰를 고려한다.
4. 내담자와 상담사는 의뢰와 기관서비스를 신청하기 위해 내담자와 가족구성원이 해야 할 일을 논의한다. 내담자와 가족의 동의를 얻기 위해 서비스의 목적과 과정을 명확히 설명한다.
5. 서비스를 받는 데 장애가 되는 요인들(예: 교통수단의 부족, 직장에서 근무 중 시간을 내야 하는 필요 등)을 파악하고 해결 방법을 논의한다.
6. 상담사는 내담자와 가족이 서비스를 받는 데 적합한 자격을 갖추었다는 사실을 해당 기관에 알린다. 내담자의 허락하에 의뢰서를 통해 해당 기관과 사례의 자료를 공유한다.
7. 상담사는 내담자와 가족이 재활기관에 접촉하는 것을 확인하고, 접촉이 제대로 이루어지지 않는 경우에는 내담자에 대한 사후관리를 시행한다.
8. 상담사는 개인이나 가족과 관련된 활용할 만한 새로운 정보가 생기면, 관련기관들에게 이를 전달한다.
9. 상담사는 사례의 진전상황을 점검한다.
10. 상담사는 폐업하는 개인기관이나 서비스를 이어 갈 적절한 기관에 대해서도 잘 알고 있어야 한다.
11. 상담사는 접수 과정에서 파악된 최초 요구가 얼마나 충족되었는지를 확인하기 위해 내담자와 가족에 대한 사후관리를 한다. 장기간의 사후관리를 통해 부가적인 서비스를 시행할 수도 있다.

가족중심 재활사례 관리자로서 상담사의 역할은 서비스 계획과정 초기의 문제파악에서 시작해서, 내담자와 가족을 위한 여러 서비스의 성과를 점검하는 것으로 끝난다. 항상 그렇듯이 사례관리는 건실한 상담관계의 맥락에서 발생한다. 가족중심 사례관리 접근에서 상담의 주요 목표는 재활내담자와 가족에게 이해와 지지, 역량강화를 제공하는 것이다(Davis & Gavidia-Payne, 2009; Moreau & Cousins, 2014).

Marshak와 Seligman(1993)은 재활상담사의 가족 개입은 다음의 다섯 가지 수준에서 시행할 수 있다고 한다:

• 수준 1: 내담자 개인에 집중하기(내담자의 요구, 특히 문제점에 초점을 둠, 내담자 가족 관여 없음).

- 수준 2: 가족을 위해 정보 제공하기(내담자 가족관여의 최소화, 의사소통 시 "사실 (fact)"이나 "정보(information)"에 한정함).
- 수준 3: 가족을 위한 정서적 지지 제공하기(가족구성원이 감정을 노출하도록 격려함, 가족구성원에게 정서적 지지와 공감을 보여 주도록 노력함).
- 수준 4: 구조화된 평가와 중재 제공하기(가족의 스트레스와 긴장 감소를 위해 계획된 지지 제공, 장애와 관련된 가족 양식의 변화를 통해 가족의 역량을 강화함).
- 수준 5: 가족치료 제공하기(장애로 인해 역기능이 발생하는 가정을 위한 전문적 중재).

가족중심 재활사례관리에서는 상담사가 수준 4(예: 구조화된 사정 실시, 내담자와 가족에게 정보와 지지, 역량강화를 제공하기 위한 절차 계획, 가족 내의 스트레스와 긴장 감소 돕기)에서 기능하는 것을 강조한다. 상담사는 이러한 절차를 이행하기 위해서 구조적 기술과 인간관계 기술을 가지고 있어야 한다. **구조적 기술**(structural skills)이란 문제나 요구들을 파악하고 결과와 대안을 규정하며, 가족구성원의 저항에 맞서는 상담사의 능력을 지칭한다. **인간관계 기술**(relationship skills)이란 가족들과 라포를 형성하고, 공감적 이해를 보여 주는 능력을 말한다.

Bray(1980)는 장애의 적응에 있어서 급성단계와 확대단계에 따라 상담사의 역할을 차별화하고 있다. 급성단계 동안, 재활내담자와 가족은 장애로 인한 영향이 시작되는 것에 직면하고 이에 대처한다. 이 초기단계에 내담자와 가족은 엄청난 스트레스, 공포, 충격, 고통을 경험한다. 이 단계의 상담사는 경청, 이해, 관찰, 지지, 격려 등을 통한 공감과 더불어 위기중재에 따른 역할을 한다. Power와 Dell Orto(1980c)에 따르면, 급성단계 동안의 상담에는 다음과 같은 목표들을 포함한다.

1. 가족과 신뢰관계 형성하기
2. 가족중재의 초기에 가족구성원들에게 있어서 장애의 의미, 장애인과 서로에 대한 기대, 가족의 목표 알아 가기
3. 가족구성원 간의 자아존중감 형성 시도하기
4. 가족구성원 간의 의사소통 패턴 관찰하기 (p. 356)

상담의 확대단계 동안, 내담자와 가족구성원은 장애에 점차적으로 적응하는 과정을

거친다. 상담사의 역할은 1차적 서비스 전달환경의 외부에 있는 자원(Murphy & King, 2007)과 가족을 적극적으로 연계시키는 자원 제공자와 옹호자(Davis & Gravidia-Payne, 2009)가 되는 것이다. 확대단계의 상담 목표에는 (1) 가족 상호작용 향상시키기, (2) 정보 제공하기, (3) 치료 문제 확인과 우선순위 설정에 가족 참여시키기, (4) 치료계획 개발하기와 실행하기 등을 포함한다(An & Palisano, 2014; Power & Dell Orto, 1980c).

Accordino(1999)는 **관계향상**(Relationship Enhancement: RE)이라고 불리는 행동주의적 가족치료에 대해 "재활상담사가 장애인 가족 내의 상호작용 개선을 돕고자 할 때 활용할 수 있다"라고 설명한다. 이는 "역기능적 증상들을 감소시키기보다 효과적인 관계 기술을 가르치는 것을 강조하는"(Accordino, 1999, p. 288) 가족치료 과정이다. 가족구성원들은 관계향상(RE) 치료의 한 부분으로 공감, 표현, 토의/협상, 문제/갈등 해결, 자기변화, 타인변화, 일반화, 촉진, 유지 등의 9가지 구조화된 기술들을 배운다. 처음 4가지 기술은, 이 기술들을 가족들이 이해하게 되면 "크고 작은 갈등 해결능력과 …… 관계에 있어서 긍정적 감정 교환능력"(1999, p. 289)을 개선하는 결과를 낳기 때문에 관계향상 프로그램의 핵심적인 것으로 간주된다. 이 4가지 기술에 대한 설명은 다음과 같다:

1. **공감**(empathic) 기술−가족구성원들이 다른 사람들의 생각과 감정, 소망을 더 잘 이해하고, 다른 사람들과 숨김없이 솔직하고 덜 방어적으로 의사소통하도록 가르치는 것을 돕는다.

2. **표현**(expressive) 기술−가족구성원들이 자신의 생각과 감정, 소망을 깨닫고 다른 사람들에게 동정을 구하는 방식보다는 효과적으로 자신을 표현할 수 있도록 돕는다.

3. **토의/협상**(discussion/negotiation) 기술−가족구성원이 감정이 실린 주제들을 긍정적으로 토의하게 하고 다른 주제로 벗어나지 않도록 돕는다.

4. **문제/갈등 해결**(problem/conflict resolution) 기술−가족구성원들이 구조화된 단계를 통하여 오랜 시간 동안 힘들었던 대인관계 문제의 해결책 모색을 촉진하고 관련된 개인들의 요구를 최대한 충족할 수 있도록 돕는다. (Accordino, 1999, pp. 288-289)

가족중심 재활사례관리에서 가족들과 건전한 관계를 형성하는 것은 매우 중요하다. 이러한 바람직한 관계의 특징 중 하나는 상담자가 자신들에게 불리하게 일하지 않으며, 자신들의 문제에 대한 해결책을 찾는 데 도움을 준다고 가족구성원들이 느끼는 것이다(Davis & Gravidia-Payne, 2009). 그러므로 상담사는 자신이 가족에게 평가적 감정을 야기할 수 있는 어떤 개인적 편견을 가지고 있는지 알고 있어야 한다. 상담사는 치료 과정에서 가족으로부터 최대한 협조를 얻기 위해 상담관계에서 탓하지 않는 태도를 가져야 한다(Cohen & Lavach, 1995). 예를 들어, 상담사가 장애아동 부모와 소통할 때, Wright는 다음과 같은 제안을 한다:

> 상담사는 부모의 결점을 알고 있을 지라도, 긍정적인 면을 찾아서 존중할 수 있어야 한다. …… 상담사는 부모의 그러한 결점이 자신들에게서 비롯되었다는 점을 인식하고, 이를 조롱해서는 안 되며, 오히려 이를 이해하고 대처하기 위해 노력해야 한다. (G. Wright, 1980, p. 290)

이 장의 나머지 부분에서는 재활서비스를 원하는 내담자와 그 가족 그리고 이용가능한 기관 및 지역사회 자원 등을 모두 망라하는 가족중심 재활사례관리 접근을 어떻게 운용할 수 있는지 논의한다. 또한 (1) 장애인과 가족을 위한 포괄적인 요구분석 시행하기, (2) 장애인과 가족을 기관 및 지역사회 자원과 연결하기, (3) 재활계획 실행하기 및 점검하기, 평가하기 등을 위한 전략들을 소개한다.

3. 요구분석

요구분석(need analysis) 상호작용의 목적은 개인과 가족구성원들이 직면하고 있는 문제를 명확히 설명하는 것이다. 이를 위해 재활상담사는 내담자가 다음의 질문에 상세히 답하도록 돕는다: (1) 무엇이 문제인가? (2) 그것이 왜 문제인가? (3) 가족들은 그 문제로 인해 각각 어떻게 영향을 받고 있는가? (4) 나중에 문제가 개선되거나 제거되었다는 것을 쉽기 알기 위해서 문제해결 목표를 어떻게 진술할 수 있을까?

1) 요구 분석가로서 기술의 개발

"경험을 통해 배운다"는 말은 요구 분석가의 기술 개발과정에도 그대로 적용되는 일종의 민간 지혜다. 재활상담사는 장애인 및 그 가족과 함께 일한 경험을 통해 개인과 가정의 요구를 파악하고 그러한 요구를 연방과 주, 지역사회 프로그램 서비스와 연계시키는 능력을 더욱 발전시키게 된다. 성공적인 문제분석이나 요구분석의 핵심은 장애인과 가족에 의해 제시된 요구의 다양성뿐만 아니라 개인과 가족 전체의 관점에 민감해야 한다는 점이다. 또한 상담사는 확인된 개인과 가족의 요구를 기관의뢰의 단계로 이행해야 한다. 장애인과 가족이 직면하는 전형적인 문제는 대부분의 지역사회에서 이용할 수 있는 보건사회 서비스기관의 범위에 부합하는 다음 여섯 가지 요구영역으로 분류할 수 있다:

- **건강 유지**(Physical Maintenance: PM)는 장애가 아닌 건강상의 요구를 의미한다. 주로 공공보건과 사회서비스(예: 예방접종, 가족계획, 다른 건강보건 모니터링, 사후서비스 등)를 통해 제공하는 서비스와 관련 있다.
- **신체적 장애**(Physical Disabilities: PD)는 일상적인 기능을 방해하는 신체적인 문제를 의미한다. 도움을 줄 수 있는 기관의 범위는 시각 또는 청각장애인을 위한 재활서비스, 아동상담소, 사회서비스, 발달장애서비스 등 다양하다. 술과 약물 남용은 신체적 장애 요구영역에 포함되며 금주모임(Alcoholic Anonymous), 금연모임(Narcotics Anonymous) 및 물질남용 문제가 있는 사람의 가족구성원과 배우자를 위해 다양한 지지집단에 의뢰가 필요할 수도 있다.
- **심리적 적응**(Psychological Adjustment: PA)은 "신체적 장애" 영역에 포함되지 않는 심리적인 문제를 의미한다. 정신건강센터, 심리학자, 정신과의사에게 의뢰할 필요가 있다.
- **상담**(Counseling: C)은 굳이 치료가 권고되지 않더라도 상담과 가족치료를 통해 완화될 수 있는 가족구성원의 문제에 적용한다. 지역사회 프로그램, 학교, 교회 등과 같은 자원으로부터 도움을 받을 수 있다.
- **훈련/교육**(Training/Education: T/E)은 모든 가족구성원에게 필요한 학업적 또는 직업적 준비와 관련된 문제를 말한다. 노동부 직업훈련 프로젝트, 발달장애 프로그

램, 경제기회기관[2] 프로그램, 지역 직업훈련 및 직업전문학교, 중등과정 이후 기관, 지역사회 기관과 공립학교에서 제공하는 청년 서비스 등에 의뢰하는 것이 적절할 수 있다.

- **재정**(Finance: F)은 경제적 빈곤의 결핍에서 벗어나기 위한 요구를 의미한다. 식품구입권, 부양 아동이 있는 가족에 대한 보조금, 주택임대 보조금, 긴급지원 등 재정적 요구에 대한 구체적 대응을 의미한다.

〈표 13-2〉에는 내담자가 자신과 가족의 요구를 표현한 문제 진술이 예시되어 있다. 또한 〈표 13-2〉의 각 사례에는 앞서 진술한 다양한 보건사회 서비스 유형에 따른 적절한 제안 반응이 포함되어 있다. 물론 이러한 문제 진술은 장애인과 가족이 직면한 문제들의 예시일 뿐이다. 또한 여기에서 제시한 잠재적 반응들은 대부분의 지역사회에 있는 전형적인 보건사회 서비스기관에서 제공하는 "일반적(generic)" 서비스다. 재활상담사는 〈표 13-2〉에 언급된 선택가능한 의뢰를 보완하거나 그 이상을 제공할 수 있도록 지역사회 내 이용가능한 서비스의 범위에 대해 매우 잘 알고 있어야 한다.

〈표 13-2〉에 진술된 대부분의 사례에는 몇 가지 문제와 요구가 포함된다. 내담자(주요 인물 #1)는 한 가지 이상의 문제나 요구가 있으며 마찬가지로 내담자의 가족들(#2, #3, #4)도 서비스가 필요한 다양한 문제나 요구가 있을 수 있다. 〈표 13-2〉에 제시된 각 문제 진술에는 그와 관련된 요구 영역의 코드가 기록되어 있다.

---

2) Economic Opportunity Agency(EOA), 저소득층 가정이 빈곤의 고리를 끊을 수 있게 '배우고 연결하고 성공하도록' 종합적인 서비스와 프로그램을 제공하는 기관.

표 13-2 내담자와 가족의 요구 진술

1. #1은 최근에 허리(디스크 파열)를 다쳤고 직무능력에 대해 매우 불안해한다. 그는 수술과 물리치료를 원한다. #2는 3주 전에 유산을 했고 후유증으로 신체적인 합병증을 겪을 수도 있다. 가족은 현재 수입이 없다. #1은 다른 주(州)에서 정신보건 집단치료를 받았고, 정신보건상담사의 도움이 필요하다고 생각한다.

   내담자(#1)의 주된 요구: PD, PA

   가족의 요구: PM, PD, F

2. #1은 43세 한부모 여성으로 만성천식과 알레르기를 가지고 있다. #2는 학습장애로 인해 특수교육을 받고 있으며, 성적은 지난 한 해 동안 향상되었다. #3은 학교 가는 것을 원치 않기 때문에 학교를 그만 두었다.

   내담자의 주된 요구: PD

   가족의 요구: PD, T/E

3. #1은 24세 남성으로 심각한 우울증과 알코올중독을 가지고 있다. 그는 농장에서 일했고, 이 지역에서 직업훈련을 받은 적은 없지만, 자동차 정비관련 직업을 원한다. #2는 #1의 우울증을 감당하는 데 어려움을 느낀다. #3은 1학년을 다시 다녀야 할 수도 있으며 건강이 좋지 않다.

   내담자의 주된 요구: PA, PD

   가족의 요구: C, PM

4. #1은 28세 여성으로 최근에 교통사고로 뇌손상을 입었다. 그녀는 안경조제 가공사로 일한다. 남편(#2)은 비숙련직 일을 했었지만 실업자다. 현재 수입원이 없으며 경제적 지원이 필요하다. #3과 #4는 편도선 수술을 받을 필요가 있으나, 활용할 기금이 없다. #4는 심각한 청각장애를 가지고 있으며, #1에 따르면 이로 인해 학교 학습에 문제가 야기되고 있다. #1은 아이들의 예방접종 상태를 기억하지 못한다.

   내담자의 주된 요구: PD

   가족의 요구: PM, PD, F, T/E

5. #1은 39세 여성으로, 관절과 특히 발의 통증을 일으키는 심각한 라이터 증후군(Reiter's syndrome)을 보이고 있다. 그녀는 오랫동안 서 있지 못하기 때문에 앉아 있거나 가끔 휴식을 취할 수 있는 직업을 가질 수 있도록 훈련을 원한다. #1은 아이(#3)를 위해 면역치료와 가족계획 서비스를 원한다. #2는 음주 문제가 있으며 주립병원에서 치료를 받았다. 비록 #1은 #2가 계속 치료받아야 한다고 생각하지만, #2가 그것을 받아들이지 않을 것이라고 생각한다. #3은 소아당뇨가 있고 치료가 필요하다.

   내담자의 주된 요구: PM, PD, T/E

   가족의 요구: PM, PD, C

주. #1은 내담자, 다른 모든 숫자는 각 가족구성원을 지칭함. PD = 신체적 장애(Physical Disabilities); PA = 심리적 적응(Psychological Adjustment); PM = 건강 유지(Physical Maintenance); F = 재정(Finance); T/E = 훈련/교육(Training/Education); C = 상담(Counseling).

2) 요구분석 자료의 조직화: 접수 양식의 예시

〈표 13-3〉에는 프로그램 개발 양식(Program Development Form)이 예시되어 있다. 상담사는 가족을 위해 프로그램 개발 양식을 작성하거나 아니면 사례 계획을 위해 단순히 이 양식의 논리만을 따를 수도 있다. 처음에 상담사는 가족구성원의 이름, 코드번호, 성별, 인종/문화적 배경, 생년월일, 내담자와의 관계, 교육수준, 신체·정서·지적 장애 여부 등과 같은 가족의 배경정보를 기록한다. 그리고 내담자와 개별 가족구성원의 요구(〈표 13-4〉의 요구분석 질문목록 참조), 내담자가 자신과 가족구성원에 대한 지원을 원하는 지 등에 대해 차례로 논의한다. 재활상담사는 각 가족구성원의 요구를 구체화함으로써 가능한 의뢰기관들을 파악할 수 있으며 가족서비스 프로그램 시작에 대한 개인의 반응을 탐색할 수 있다.

또한 상담사는 재활 과정과 서비스를 알려 주는 것 외에 가족에게 제공할 수 있는 지원의 종류를 설명한다. 상담사는 자신이 내담자와 함께 다음과 같은 일을 하게 될 것이라고 설명할 수 있다.

- 내담자와 가족구성원들이 다양한 지원기관과 접촉하도록 돕기
- 내담자와 가족구성원이 서비스를 신청하기 위해 어떻게 해야 하는지 알려 주기
- 서비스들이 각 가족구성원을 어떻게 도울 수 있는지를 설명하기
- 가족의 요구가 충족되는 진전 정도를 점검하기

물론 상담사는 의뢰를 위해 내담자의 동의를 구해야 하며, 내담자 중 일부는 자신이나 가족구성원에게 제공되는 서비스를 거부하기도 한다.

내담자와 가족구성원이 기관과 접촉하거나 서비스를 받는 데 어려움을 초래하는 장애물들이 발견될 수도 있다. 장애물에 대한 주요 질문에는 그 장애물에 대해 무엇을 할 수 있으며 그것을 누가 할 수 있는가 등을 포함한다. 상담사는 장애물들에 대한 해결책과 장애물의 각기 다른 측면을 제거하기 위해 누가 책임을 져야 하는지(예: 내담자, 가족구성원, 상담사, 기관에 의뢰되는 개인) 등을 조심스럽게 설명해야 한다. 장애물들은 (1) 내담자와 가족구성원들은 어디서 서비스를 받는지 알고 있는가? (2) 적절한 교통수단을 가지고 있는가? (3) 서비스를 받으러 가는 데 어려움이 없는가? 양육지원이 필요하

거나 학교나 직장에서 시간을 조정할 수 있는가? 등의 질문들을 통해 명확해진다. 이 시점에서 상담사의 역할은 재활목표에 책임감을 느끼고 협력할 수 있도록 지지하고 격려하는 것이다.

표 13-3 프로그램 개발 양식

가족사(Family History)							
가족 구성원#	성명	성	인종	생년월일	내담자(#1)와 관계	교육 수준	신체·정서·지적 장애
1	Smith, John	1	1	1-8-1980	–	12	척수손상, 약물중독
2	Smith, Jean	2	1	12-3-1982	배우자	12	손목 터널 증후군
3	Jones, Michel	1	1	10-19-1999	의붓아들	11	없음
4	Jones, Sara	2	1	5-7-2003	의붓딸	7	행동 또는 학습
5	Smith, Tom	1	1	12-20-2005	아들	5	없음
6	Smith, Toby	1	1	12-20-2005	아들	5	없음
7	Smith, Cindy	2	1	7-15-2008	딸	2	없음

가족 요구와 서비스 반응(Family Needs & Services Responses)				
가족 구성원#	요구	의뢰 기관	장애물	진전 사항
1	신체적 장애	금주모임(AA)		AA 참석, 소득보조금 및 식품구입권 받음
2	재정	생활보조금	교통수단	신청서 작성, 대중교통(버스) 이용
3	신체적 장애	재활		
4 & 5	심리적 적응	정신건강센터	교통수단	학교 버스 이용
6 & 7	심리적 적응	아동치료센터		예방접종

표 13-4 가족 요구상황 확인

건강 유지(Physical Maintenance)

• 당신이나 가족구성원에게 어떤 건강 문제가 있습니까?
• 당신이나 가정에 가족계획이나 의료적 진단, 예방접종이 필요합니까?

신체적 장애(Physical Disabilities)

• 당신이나 가족구성원에게 심각한 신체적, 정서적, 학습상의 문제가 있습니까?
• 당신이나 가족구성원에게 약물이나 알코올 중독이 있습니까?

(계속)

표 13-4 (계속)

심리적 적응(Psychological Adjustment)

• 당신이나 가족구성원에게 심리전문가가 필요합니까?

상담(Counseling)

• 상담을 필요로 하는 가정 문제(예: 싸움, 논쟁, 갈등 등)가 있습니까?

훈련/교육(Training/Education)

• 당신이나 가족구성원들은 어떤 직업적 흥미가 있습니까?
• 당신이나 가족구성원들은 이러한 흥미를 좇기 위해 별도의 교육이나 훈련을 원합니까?

재정(Finance)

• 당신은 식품, 주택, 아동양육, 교통수단을 위해 당장 돈이 필요합니까?
• 개인 또는 가족에게 어떤 긴급한 금전적 요구가 있습니까?

---

3) 장애인 및 가족, 기관 및 지역사회 자원의 연계

G. Murphy와 King(2007)은 장애인과 가족이 필요로 하는 다양한 지역사회 및 사회적 서비스 연계를 결정하기 위해 요구사정(needs assessment)을 활용하는 것이 중요하다고 강조한다. 재활상담사가 전체적으로 한 개인을 책임진다고 하더라도 개인의 요구에 맞는 모든 서비스를 제공할 수는 없다. 더구나 자금과 인력의 제한으로 인하여 가족까지 고려한 포괄적인 서비스를 제공하는 것이 어려울 수 있다. 그러므로 만약 재활상담사가 개인과 가족들의 요구에 맞게 포괄적으로 대처하고자 한다면, "기금 제공(paid for)" 주체(예: 재향군인관리국이나 교회 등과 같은 제3자)와 지역사회 프로그램 중 "무료(no-cost)" 서비스 등에 효율적으로 참여해야 한다.

상담사는 서비스 프로그램에 다양한 기관을 참여시키기 위해서 "지역사회 내 다양한 서비스에는 어떤 것들이 있으며 어디에서 어떻게 왜 제공되는지"(Crimando & Riggar, 2005, p. 4) 알 필요가 있다. 상담사는 정보를 내담자 및 가족들과 공유하고 추후 발생할 수 있는 문제를 해결하기 위해 이 기관들을 어떻게 이용할 수 있는지 알려 주어야 한다. 이와 같이 상담사가 독립적인 문제해결 접근방법을 가르침으로써 가족들은 향후 유사한 문제에 직면할 때 잘 해결해 나갈 수 있을 것이다.

이 장의 다른 부분에서 제시한 것처럼 내담자와 가족을 위해 지역사회 자원을 사용하는 과정에는 3단계가 있다. 첫째, 상담사는 건강유지, 장애관련 집중개입, 심리적 적응, 가족상담, 교육과 직업훈련, 기본 생활욕구(예: 의식주)를 위한 재정적 지원 등 여러 영역에 걸쳐 내담자와 가족의 서비스 요구를 사정한다. 그다음으로 상담사는 내담자와 가정을 안정된 상태로 회복시키기 위해 필요한 서비스들을 제공할 수 있는 자원과 기관을 확인한다. 재활상담사는 가족중심 서비스 계획을 잘 조정하기 위해서 지역사회 서비스제공자들에 대해 철저하게 조사해야 한다. 상담사는 기관의 목적, 서비스 자격 요건, 서비스 내용, 직원들의 소지자격, 의뢰절차, 서비스 제공일정, 사후서비스의 유형, 비용 및 이용자들 사이의 평판 등을 알고 있어야 한다(Crimando & Riggar, 2005). 〈표 13-5〉에는 재활프로그램에 활용할 수 있는 잠재적으로 이용가능한 서비스 목록이 제시되어 있다.

상담사가 지역사회 자원을 효과적으로 활용하기 위해서는 내담자와 가족의 요구에 부합하는 지역사회의 무료 서비스를 찾아보는 것도 중요하다. 특히 요구는 늘어나고 재원은 감소하는 현실을 감안할 때 이 일은 매우 중요하다. 종교기반 단체들과 지역사회 정신보건센터들, 시민단체들(예: 로타리 클럽, 상공회의소)은 자선사업, 약물남용 치료, 상습적 범행의 예방, 직업훈련과 배치 등의 중요한 보완적 서비스들/프로그램들을 제공할 수 있다(Shapiro & Wright, 1996; Yancey & Garland, 2014). 이러한 지역사회 활동은 오랜 기간 동안 흑인 교회가 지녀 온 주요 특성이다(Blank, Mahmood, Fox, & Guterbock, 2002).

Treloar(2002)는 30명의 장애인과 그 가족을 면담한 결과, 교회가 다양한 사회적, 실제적 지원을 통해 장애의 의미 이해와 장애에 대한 적응과 대처를 촉진하고 생활이 안정되도록 돕는다고 보고했다. Walters와 Neugeboren(1995)에 따르면, 교회와 유사 교회단체들은 다양한 방법으로 재활서비스를 보완할 수 있다. 예를 들어, 이 프로그램들의 이점은 다음과 같다: (1) 내담자가 상담사로부터 독립할 수 있도록 돕는다. (2) 지역사회에서 내담자의 사회적 네트워크를 확대한다. (3) 내담자가 지역사회로 복귀할 때 직면하게 되는 사회적 낙인을 감소시킨다. (4) 내담자의 사회적 기능(예: 사회적 상호관계, 상호존중)을 향상시키기 위해 비임상적 개입을 제공한다. (5) 교회나 기타 종교단체와 재활기관이 유용한 자원을 서로 교환한다. 또한 Walters와 Neugeboren은 상담사가 다음 방법들을 통해 지역사회 내의 잠재적인 교회 또는 기타 종교단체 자원을 발굴할 수 있다고 제안한다:

1. 소속기관의 직원이나 자원봉사자, 이사 등이 연계 가능한 종교단체에서 활동하는

지 확인한다.

2. 내담자가 어떤 종교단체에 속해 있거나 내담자의 친척 중 종교단체에서 활동하는 사람이 있는지 알아낸다.

3. 지역 교회를 방문한다.

4. 뉴스레터를 교환하고, 성직자나 주요 평신도 지도자를 기관으로 초대하고, 소개 책자를 공유하며, 교회 위원회와 단체에 가서 재활서비스에 대해 이야기할 수 있 는 기회를 요청한다. (1995, p. 54)

재활상담사는 지역사회에서 이용할 수 있는 프로그램에 대해 자세히 알아본 후에 자 원 선택과정을 시작할 수 있다. Crimando와 Riggar(2005)이 주장한 것처럼, 일반적으 로 자원선택은 지역 자원에 대한 상담사의 지식과 활용가능한 프로그램들이 가지고 있 는 제한점을 고려해서 점진적으로 최선의 서비스 패키지를 찾아가는 것이다. 상담사는 먼저 내담자와 가족의 요구를 충족시킬 수 있는 기관을 선택하고, 전화 접촉과 공식적 인 의뢰서를 통해 프로그램에 의뢰한다. 의뢰 시, 의뢰서를 통해 내담자와 가족에 대한 충분한 배경정보를 제공함으로써 기관으로 하여금 대상자들이 서비스를 받기에 적합 한지를 결정할 수 있게 해야 한다. 또한 상담사는 의뢰서에 서비스 요구들을 명시하며, 내담자 및 가족구성원과 함께 일하는 데 도움이 될 수 있도록 기관에서 답변할 수 있는 질문목록을 함께 보낼 수 있다. 의뢰서는 접촉이 이루어졌다는 사실에 대한 증거가 될 수 있으며 접촉의 목적, 내담자의 적격성 결정기한 및 서비스 제공기간 등을 명시한다. 또한 의뢰서에 내담자가 기관과 접촉을 시작하고 유지하기 위해 필요한 지원 서비스의 종류(예: 아동양육, 교통, 주거 등)를 명시할 수 있다.

표 13-5 **자원과 서비스 목록**

보건 및 진단 서비스(Health and Diagnostic Services)
• 재택 보건 서비스(home health services): 기관에서의 관리 대신 가정에 있는 개인을 위한 건강관리와 사회 서비스
• 지역사회 정신보건(community mental health): 약물치료, 약물관리, 집단 · 가족 · 개별 치료를 포함한 종합적이고 지역사회에 기반한 정신건강 서비스
• 통증 클리닉(pain clinics): 만성 통증을 위한 복합처치 및 진통제 사용 감소와 일상 기능 증진을 목적으로 함

(계속)

표 13-5 (계속)

• 알코올-약물 프로그램(alcohol-drug programs): 개인이 술이나 약물에 의존하지 않고 가정과 직장에서의 역할을 재개하도록 돕는 자조, 해독, 심리 및 가정 서비스를 포함함

사회 서비스(Social Services)[3]

• 사회보장국(social Security Administration): 사회보장장애보험(SSDI)과 생활보조금(SSI)을 통해 더 이상 일할 수 없는 장애인과 그 가족을 위해 소득 지원을 제공함. 또한 장애인을 위한 의료 보험 프로그램으로 Medicare와 Medicaid를 제공함
• 아동 및 가족 서비스(children & family services): 각 주의 사회서비스국에서는 입양, 가정위탁, 아동-보호 지원을 제공함
• 여성 센터(woman's centers): 응급 쉼터, 성폭행 위기, 지지 상담, 옹호 서비스를 제공하는 지역사회 기반 시설들
• 가족계획(family planning): 미국가족계획협회와 같이 가족계획, 임신 전·후 상담, 의료상담 및 검사 등을 제공하는 프로그램

재활관련 자원(Related Rehabilitation Sources)

• 재활 시설 및 기관(rehabilitation facilities & agencies): 직업평가, 직업적응 서비스, 계약생산 작업 등을 제공하는 지역사회 기반 프로그램
• 업무능력 강화 프로그램(work hardening programs): 직무에 대한 장애의 영향 평가 및 단계화된 작업활동을 통한 개인의 생산성 증진 프로그램
• 재활 공학/기술 서비스(rehabilitation engineering/technology services): (1) 장애인의 접근과 생산성의 장애물 파악 (2) 보조공학 또는 직무 및 환경수정 전략 제공을 가능하게 하는 프로그램과 상담
• 지원고용(supported employment): 중증장애인 고용의 성공 증진을 위해 현장훈련과 직업지도를 제공하는 프로그램
• 자립생활센터(centers for independent living): 정보, 의뢰 서비스, 상담, 옹호, 독립생활기술훈련 등을 제공하는 프로그램

직업 및 고용 서비스(Vocational and Employment Services)

• 고용안정 직업서비스(employment security job services): 실업자를 위해 직업평가, 직업상담, 직업배치 서비스를 제공하는 미국 노동부 지원프로그램
• 민간 고용 서비스(private employment services): 일반적으로 유료로 (1) 근로자에게 제한된 유형의 서비스(예: 임시직)를 제공하거나 (2) 고용주를 위해 잠재적 고용인을 선별하고 취업자의 고용안정과 향상을 돕는 고용 기관

법률 구조와 옹호(Legal Aid and Advocacy)

• 법률 구조와 공익 옹호(legal aid & public interest advocacy): 저소득 집단의 개인을 위해 법적 상담과 변호를 제공하는 조직

(계속)

---

3) 정부, 민간, 이익 및 비영리 단체가 제공하는 다양한 공공 서비스를 말하며, 교육, 식품보조금, 의료, 경찰, 소방, 직업훈련 및 정부보조 주택 등의 각종 수당과 시설들을 포함한다.

표 13-5 (계속)

- 시민권 및 고용 평등(civil right & equal employment): 고용 차별(고용기회평등위원회), 교통편의 요구(미국교통국), 공공 편의시설 요구(주 법무장관), 정보통신에 대한 요구(연방통신위원회)와 관련된 불만 중재의 목적을 가지는 연방 및 주 정부 프로그램
- 내담자 지원프로그램(clients assistance programs): 주립직업재활 기관에서 서비스를 받는 장애인을 위한 고충처리 지원(예: 서비스 제공과 관련된 갈등 및 서비스 프로그램에 대한 조언)을 제공하는 프로그램

4) 서비스 계획의 시행, 점검, 평가

상담사는 요구와 의뢰기관, 지역사회자원, 장애물 제거방법 등이 확인되면, 가족을 돕기 위한 서비스 계획의 시행을 준비한다. 이 시점에서 상담사는 내담자와 가족의 요구가 변했거나 양질의 서비스를 받는 데 어려움이 있는지를 알기 위해 정기적으로 내담자와 가족의 진전 정도를 점검하는 사후관리에 대해서 설명해야 한다. 상담사는 정보를 점검하기 위해 관련 기관과 접촉하는 것에 대해 허락을 받아야 한다. 또한 가능한 빨리 내담자와 가족이 의뢰에 따르도록 격려해야 한다. 상담사는 내담자에게 계획서 사본을 줄 수도 있고 또는 간단하게 가족들에게 계획의 다음 단계를 검토하게 할 수도 있다. 이후의 주요 단계에는 약속 정하기, 출생증명서나 사회보장번호 확인서 발급받기, 예정된 약속 지키기, 약물과 운동 처방에 관한 충고 따르기 등을 포함한다.

내담자와 가족구성원의 요구가 무엇인지를 구체화하고 다양한 기관과 의뢰 접촉(전화 또는 의뢰서)이 이루어진 후, 상담사는 내담자와 가족의 이후 활동을 점검해야 한다. 내담자는 기관을 방문했는가? 기관에서 내담자를 받아들였는가, 아니면 거절했는가? 내담자의 서비스 계획과 목표는 무엇인가? 서비스를 시작하거나 유지하거나 종료하기 위해 내담자와 가족구성원이 해야 하는 행동 단계는 무엇인가? 기관 서비스의 예상 시작일과 종료일은 언제인가?

상담사는 가족의뢰 과정의 마지막 단계인 장기 점검기간 동안에 내담자의 인식과 의뢰 기관에서의 경험에 대한 정보를 수집해야 한다. 상담사는 내담자가 자신의 욕구가 충족되고 있다고 생각하는지를 탐색할 수 있다. 예를 들어, 상담사는 다음과 같이 논의할 수 있다: "이전에 우리는 당신과 당신 가족의 몇 가지 요구를 확인했습니다. 지금 그 요구들에 대해 어떻게 느끼십니까? 프로그램을 처음 시작했을 때와 비교해 보십시오.

문제들이 훨씬 더 커졌습니까? 커졌습니까? 별 차이가 없습니까? 작아졌습니까? 많이 작아졌습니까?" 상담사는 내담자와 가족이 접촉을 유지하는지, 만족스러운 진전을 보이는지, 권고사항을 따르는지 등을 파악하기 위해 참여기관과 연락을 취할 수 있다.

만약 개인이나 가족의 문제를 해결하는 데 어떠한 진전도 없다고 보고한다면 상담사는 다음 사항들에 대해 질문할 수 있다: (1) 내담자와 가족들은 원한다고 말한 그것을 하고 있는가? (2) 약속 정하기와 지키기, 정해진 행동하기, 처방전 따르기 등을 예정대로 진행하고 있는가? (3) 결과가 내담자와 상담자의 기대와 일치하고 있는가? (4) 계획된 프로그램은 여전히 내담자와 가족이 원하고 필요로 하는 것인가? (5) 내담자와 가족의 요구가 충분히 현실적인가? 만약 내담자가 이런 질문에 부정적으로 응답한다면 내담자는 재활상담사나 직원, 의뢰기관으로부터 추가적인 도움이 필요할 것이다.

또한 상담사는 조정의 필요성을 결정하기 위해 각 의뢰기관을 점검할 필요가 있다. 기관 직원을 통해 조정이 필요한 프로그램, 추가적으로 발생한 문제, 서비스 전달과정에서 해결되지 않은 장애물 등에 대한 정보를 얻을 수 있다. 상담사는 의뢰된 기관에서의 종결 유형과 그러한 종결이 내담자의 재활프로그램에 미친 영향 등을 알기 위해 내담자 및 가족구성원과 접촉을 유지해야 한다. 종결 상태의 유형에는 성공적, 성공적이지 못함, 중도탈락, 서비스 계속 받기 등이 있다.

4. 맺음말

재활을 비판하는 사람들은 장애를 가진 개인만을 개입의 유일한 대상으로 보고 지나치게 개인에 집중하는 것의 위험성을 강조한다. 이들 비평가들은 장애가 개인에게 심각한 영향을 미치지만, 또한 장애가 주변에 있는 가족구성원들과 친구들 모두에게도 영향을 준다는 사실을 지적한다. 실제로 장애는 가족이 경험하는 경제적, 사회적, 심리적 측면에서 희생을 요구한다. 그러므로 재활상담사는 가족중심 재활사례관리 접근을 선택해야 한다.

그러나 한 기관이나 한 명의 상담사가 한 개인이나 그 가족이 경험하는 다양한 요구를 다 충족시킬 수는 없다. 따라서 가족중심 재활사례관리의 관점에서는 장애인과 가족이 원하는 생활양식과 현재 상태와의 차이를 줄이기 위해 이용가능한 연방 및 주 정부, 지역사회 자원의 참여를 강조한다. 재활상담사는 가족들이 장애관련 문제와 개인적 문제에 대처하고 삶의 질(QOL)을 높일 수 있도록 돕는 과정에서 요구분석, 상담, 서비스조정 등을 제공해야 한다.

요구분석은 포괄적인 접수양식(프로그램 개발양식)을 작성함으로써 공식적으로 이루어지거나 지역사회자원과 관련하여 개인과 가족의 요구에 대한 논의를 통해 비공식적으로 이루어질 수 있다. 일단 확인된 요구들은 보건과 건강유지, 물질남용과 신체문제 개선, 심리적 적응, 가족상담과 치료, 교육 및 직업훈련, 재정보조 또는 이것들의 결합 등이 강조된 서비스를 필요로 하게 된다. 그리고 서비스를 받는 데 장애가 되는, 예를 들면 교통수단의 부족, 보육, 직장에서 시간내기 등과 같은 요인들은 내담자와 가족이 서비스계획을 달성할 수 있도록 해결해야 한다.

상담사는 효과적인 요구분석 능력과 더불어 문화적 민감성에 기초한 적극적 경청기술, 명료화, 문제해결 및 계획 기술을 가지고 있어야 한다. 유능한 상담사는 내담자들로 하여금 자신이 무엇을 원하고 이러한 상황을 어떻게 느끼는지 또한 자신과 가족에게 도움을 주는 다양한 기관에 대해 명확히 인식하도록 돕는다. 가족중심 사례관리의 조정 활동은 서비스 초기단계에서 시작하고 서비스 종결단계에서 끝난다. 초기에 장애인과 그 가족들은 기관에 접촉하는 방법과 서비스 신청방법을 알 필요가 있고, 상담사는 내담자와 가족들이 정해놓은 일정에 따라 진행하는지, 약속시간을 지키는지, 추천하는 프로그램과 계획을 따르고 기관 서비스가 종결되었는지를 점검해야 한다. 또한 내담자와 상담사는 요구가 충족되었는지, 부가적인 서비스가 필요한지 등을 함께 결정해야 한다. 가족중심 재활사례관리의 관점에서 볼 때, 서비스의 성공적인 종결이나 만족스러운 참여의 유지는 요구충족, 즉 개인과 가족이 만족스러운 균형 상태로 발전, 유지, 회복하는 것과 동의어다. 균형상태는 내담자의 재활프로그램을 위해 총체적으로 긍정적인 맥락을 제공한다. 결과적으로, 지지적인 가족역동성이 내담자의 긍정적인 재활 참여와 성과의 가능성을 높인다.

사례관리 원리 활용의 실제

제드 피어스(Jed Pierce)[1] 사례

부록에서는 본 교재의 각 장에서 다루었던 원리들을 강화해 주는 일련의 연습들을 포함하고 있다. 각 단계의 지시들을 읽고 각 활동들을 완성하시오.

1 단계: Jed 씨에 대해 알아가기

지시: Jed 씨 사례의 개요를 읽으시오.

개요: Jed 씨는 27세 남성으로 저혈당증, 뇌전증, 조현병, 알코올 및 약물 중독의 병력을 가지고 있다. 의뢰 당시, Jed는 세 번 결혼을 했으며 현재 세 번째 부인과 별거 중이라고 말했다. Jed는 건강 악화와 정서적인 문제로 인해 최근 5년 동안 산발적으로 일을 해 왔다. 구급차 운전기사, 구급차 관리자, 구급차 수행원, 중고차 판매원의 경력을 가

---

1) 이하 'Jed'라 칭함.

지고 있으며 비록 이 직업들을 지속하지는 못했지만 이 직무의 요구들을 충족시킬 수 있는 능력은 가지고 있었다. Jed의 직업적 제한점은 의료 및 심리 문제와 관련된다. 구급차 운전기사로서 업무의 압박감은 의료적 문제를 악화시켰기 때문에 종종 술과 약물을 통해 스트레스에서 벗어나려고 했다.

2단계: 초청하기

지시: Jed는 주치의에 의해 직업재활에 의뢰되었다. 당신이 이 의뢰를 접수했고 Jed가 초기면접을 받으러 올 가능성을 높이고 싶어 한다. Jed가 직업재활에 대해 관심을 가질 수 있도록 상담 예약 안내장을 작성하고, Jed의 상담사가 작성한 예시와 비교하시오.

안내장 예시

성명: Mr. Jed Pierce

예약 유형: 적격성 심의 초기면접

목적: 직업재활이 선생님께 어떤 도움을 줄 수 있는지 논의하고자 합니다.

예약일: 4월 15일(수)

시간: 오후 2시 30분

참석자: Charles Gregson(재활상담사)

장소: LA, Middleletown, Morriss Ave, 1510번지 재활서비스국(전화 871-1415), 안내원 Jan Kirk 씨가 사무실까지 안내해 줄 것입니다. 선생님 댁에서 저희 사무실까지 오실 수 있도록 구글 지도를 동봉했습니다.

추신: 꼭 뵙기를 기대합니다. Dr. Grayburn로부터 선생님께서 직업훈련에 관심을 가지고 있다는 이야기를 들었습니다. 제가 도울 수 있기를 희망합니다.

3단계: 초기면접 계획하기

지시: Jed를 위한 다음의 일반 목표와 구체적 목표를 검토하시오. 추가할 내용은 무엇입니까?

일반 목표

1. 기관의 목적과 도움 제공에 관심이 있음을 알려 준다.

2. 의뢰의 적합성을 결정한다.

3. Jed의 기대와 요구를 확인한다.

4. 초기면접 양식을 작성한다.

5.

6.

구체적 목표

1. 뇌전증에 대한 Jed의 의료 기록을 검토한다.

2. 정신적 장애가 과거 고용에 미친 영향을 파악한다.

3. 적절한 의료적, 심리적 평가를 계획한다.

4.

5.

4단계: 초기면접 정보수집하기

지시: Jed의 초기면접 요약서를 읽고 부족한 정보를 파악하시오. 이 활동을 완수하기 위해 〈표 3-1〉(3장, "초기면접")을 활용하시오.

 사례 연구: Jed Pierce
....

초기면접 요약

Jed는 세 번 결혼한 27세 남성이다. 이전 결혼에서 태어난 아들이 한 명 있으며 현재 세 번째 부인과 그녀의 2세 아들과는 별거 중이다. Jed가 의료적, 심리적 문제 및 경제적 어려움, 꾸준히 일하지 못하는 것 등에 대해 도움을 받을 수 있도록 Jed의 주치의가 주립재활기관에 의뢰했다.

Jed는 16세 때 고등학교를 중퇴했지만 군 생활 동안 재향군인 관리국(VA)을 통해 고등학교 졸업 학력인증서(GED)를 취득했고 2년제 대학을 잠깐 동안 다닌 적이 있다.

Jed가 가지고 있는 심각한 의료적, 심리적 문제는 어릴 때부터 시작된 것이다. 어렸을 때 머리에 심한 충격을 여러 번 받았다. Jed에 의하면 당시 의사들은 이러한 사고로 인해 약간의 영구적인 뇌손상의 가능성을 추측했다고 한다. 게다가 뇌염을 두 번 앓았고 주기적으로 고열과 심한 두통이 나타났다고 한다. 14세에는 위궤양을 앓았다. 이러한 일련의 아동기 질병들로 인해, Jed는 "각성제와 진통제(pep pills and pain pills)"에 의존하게 되었을 뿐 아니라 아픈 것처럼 가장해 다른 사람으로부터 관심 받을 수 있음을 알게 되었다. Jed는 현재 저혈당증과 뇌전증을 자신의 주된 의료적 문제로 생각하고 있다.

어렸을 때 Jed는 아버지로부터 거부당하고 있다고 느꼈다. 아버지와 Jed의 형제 중 한 명이 심한 알코올중독 문제를 가지고 있었다. 아버지는 가족에게 지배적이었고, 어머니는 아버지의 음주와 위압적 행동을 수동적으로 받아들였다. Jed는 형제자매들 중 특별히 친한 사람이 없었고 실제로는 몇몇 형제들이 끊임없이 자신을 본보기로 내세웠기 때문에 그들을 원망하기도 했다. 현재 유일하게 가깝게 지내는 사람은 어머니다. Jed는 자신의 문제 중 일부를 어머니에게 이야기 할 수 있다. 형제자매들은 그를 여전히 직업을 가질 수 없고 가족을 부양할 수 없는 쓸모없는 사람이라고 생각한다. Jed와 별거 중인 부인은 주택 임대료, 공과금과 의료비를 납부할 수 없기 때문에 극심한 경제적 부담을 안고 있다. 현재 그는 저혈당증과 관련된 문제 때문에 일을 하지 않고 있고, 일에 대한 중압감으로 인해 상태는 악화되고 있다.

Jed가 직업재활서비스를 찾은 이유는 (1) 의료적, 심리적 문제, (2) 직업훈련, (3) 경제적 안정, (4) 알코올중독 때문이다. 그는 응급의료 기술자 훈련을 받고 구급차 서비스업에 계속 종사하기를 원하고 있다. 현재 지역 구급차 서비스업계 사람들과는 좋은 관계를 맺고 있으며 자신의 문제들을 조정할 수 있다면 이전 직장으로 복귀할 수 있을 것이라고 말한다. 또한 Jed는 결혼생활 문제를 해결하기 위해 상담 지원이 필요하다. 그와 그의 아내를 현재 상황으로 이끈 Jed의 문제들은 극심한 경제적 압박으로 인해 악화된 것이다. 안정적인 직업을 가진다면 의료비와 생활비를 감당할 수 있을 것이다.

⋯⋯⋯⋯⋯⋯⋯⋯⋯⋯⋯⋯⋯⋯⋯⋯⋯⋯⋯⋯⋯⋯⋯⋯⋯⋯⋯⋯⋯⋯⋯⋯⋯

〈표 3-1〉을 검토한 후, Jed의 초기면접에서 질문하지 않은 것들을 열거하시오.

Ⅰ. 신체적 요인

Ⅱ. 심리사회적 요인

Ⅲ. 교육−직업적 요인

Ⅳ. 경제적 요인

상담사가 수집해야 할 정보:

Ⅰ. 신체적 요인

　A. 답변을 받아야 했던 질문들:

　　1. Jed는 의료적 문제들을 얼마나 오랫동안 가지고 있었는가?

　　2. Jed는 어떤 유형의 치료들을 받았는가?

　　3. Jed의 상태는 악화되고 있는가?

　　4. Jed는 현재 약을 복용하고 있는가? 약물치료는 어떤 효과가 있는가?

　　5. Jed의 의료적 문제는 (현재와 미래) 일상적 기능을 어떻게 제한하는가?

　B. **신체적 프로파일:** Jed의 뇌전증과 위궤양 병력은 아동기에 시작됨. 청소년기와 최근 2년 전 뇌 정밀검사에서 가벼운 뇌전증 성향이 나타남. 현재 저혈당증 치료를 위해 약물 복용과 식이요법을 하고 있음. 가끔씩 비타민과 바륨을 복용하고 있다고 함. 업무 압박감 때문에 약물과 술을 남용하게 되었다고 주장함. 최근 결근을 많이 함.

Ⅱ. 심리사회적 요인

　A. 답변을 받아야 했던 질문들:

　　1. Jed에 대한 최근 심리검사 결과가 있는가? 이 결과들의 시사점은 무엇인가?

　　2. Jed는 현재 심리적 서비스를 받고 있는가?

　　3. Jed의 심리 치료력은 어떠한가? 예를 들면, 치료나 약물 복용 또는 두 가지 모두인가?

　　4. Jed의 부인은 그의 재활프로그램을 지지할 것인가?

　B. **심리적 프로파일:** Jed는 최근 재향군인 사무국(VA)에서 심리평가와 심리치료를 받아 왔다. 또한 재활센터에서 상담도 받고 있으며 재활 사회복귀 시설에서 지낸 적이 있다. Jed는 치료의 일환으로 바륨을 복용해 왔다. 그는 치료와 약물복용은 자신이 느끼고 있는 "불안과 압박감(anxiety and pressure)" 감소에 거

의 도움이 되지 않는다고 주장한다. 현재 아내는 자신이 무엇을 하든지 관심을 가지지 않는다고 말한다.

III. 교육−직업적 요인

    A. 답변을 받아야 했던 질문들:

        1. Jed가 학교에서 좋아했던 것과 좋아하지 않았던 것은 무엇인가?

        2. Jed가 자퇴한 이유는 무엇인가?

        3. Jed의 마지막 3가지 직업은 무엇인가? 다음 질문에 각각 답하시오.

            a. 주급은 얼마였는가?

            b. 얼마 동안 고용되었는가?

            c. 좋아했던 것과 싫어했던 것은 무엇인가?

            d. 직무 중에서 잘했던 것과 잘하지 못했던 것은 무엇인가?

            e. 한 직업에서 다른 직업으로 이직한 이유는 무엇인가?

        4. Jed는 현재 고용되어 있는가?

    B. **교육−직업적 프로파일:** Jed는 중학교 시절 성적이 좋았음에도 불구하고 학교의 통제를 좋아하지 않았다. 고등학교 자퇴 후, 군에 입대하였고 재향군인 사무국(VA)을 통해 고등학교 졸업 학력인증서(GED)를 취득했다. 수학은 Jed가 유일하게 좋아했던 교과목이다. 최근까지 Quick Ambulance 회사의 구급차 운전기사로 일했다. 그 전에는 구급팀 관리자와 구급차 수행원으로 일했으며 중고차 판매원으로도 일한 적도 있다. 잦은 결근으로 인해 구급차 관리자로서 직업을 유지할 수 없었다. Jed는 구급차 업무의 중압감으로 인한 문제를 털어놓았고 이 일을 계속하면서 살 수 없지만 한편으로 이 일 이외의 것도 할 수 없다고 말한다. 현재 Jed는 실직 상태이다.

IV. 경제적 요인

    A. 답변을 받아야 했던 질문들:

        1. Jed는 주된 재정적 지원처는 무엇인가?

        2. Jed는 다른 재정적 지원처가 있는가?

        3. Jed는 큰 채무가 있는가?

B. **경제적 프로파일**: 현재 Jed는 극심한 경제적 어려움에 처해 있다. 식료품 보조와 VA로부터 받는 약간의 보조금을 제외하고는 아무런 재정적 지원이 없다. Jed는 소정의 아동 양육비를 지급해야 하고 계속해서 지불해야 하는 임대료, 공과금, 약값 등이 밀려 있다.

5단계: 추가 평가자료가 요구되는 질문 확인하기

지시: 초기면접의 정보들에서는 Jed가 다수의 장애를 가지고 있음을 시사한다. 통제 가능한 뇌전증과 저혈당증, 약물남용 이력, 반사회적 행동성향을 가지고 있다. 이러한 문제들에 대한 의료적, 심리적 진료확인서가 제출된다면 Jed는 재활서비스를 받을 자격이 있다. 그러나 재활계획 면담을 하기 전에 상담사가 Jed에 대한 보다 구체적인 질문에 답할 수 있도록 의료, 심리, 직업 평가의 도움을 받아야 한다. 〈표 2-1〉을 참고하고(2장, "재활상담사를 위한 직업 및 진로 상담 기술" 참조) 목표설정을 위해 Jed와 만나기 전에 반드시 해야 할 중요한 질문들을 확인하시오. 다음 각 제목 밑에 중요한 질문들 몇 가지씩을 열거하시오.

I. 신체적 요인

II. 심리사회적 요인

III. 교육-직업적 요인

IV. 경제적 요인

Jed를 위한 추가 질문과 간략한 평가 프로파일 예시:

Ⅰ. 신체적 요인

    A. 답변을 받아야 했던 질문들:

        1. 장애는 진행 중인가 또는 안정적인가?

        2. 어떤 의료적 서비스가 필요한가?

    B. **추가 정보:** Jed의 뇌전증은 다일렌틴[2]으로 통제 가능하다. 저혈당증 증세는 약물치료와 규칙적인 휴식, 식이요법(고단백, 저탄수화물 식사)을 통해 감소될 수 있다. 또한 술을 끊어야 한다. Jed는 개인적인 용도로 자동차를 조작할 수는 있으나 운전, 기계사용, 높은 곳에서의 작업을 포함해서 스트레스가 많은 직업에서 일을 해서는 안 된다.

Ⅱ. 심리사회적 요인

    A. 답변을 받아야 했던 질문들:

        1. 내담자는 장애로 인한 불리함에 어느 정도 적응했는가?

        2. 내담자는 현재 직업재활 프로그램에 참여할 만큼 정서적으로 안정되어 있는가?

        3. 개인상담이나 가족상담 서비스가 필요한가?

    B. **추가 정보:** 심리 평가에서 불안과 우울증 병력뿐만 아니라 반사회적 행동(심리적 공격성)도 드러났다. 약물 및 알코올 남용에서 벗어나기 위해서는 구급차관련 직업처럼 스트레스가 높은 직업을 선택하지 않아야 한다. 심리치료 프로그램에 덧붙여 단주 모임(Alcoholics Anonymous: AA)에 참여해야 한다. 뇌전증과 저혈당증이 통제되고 심리적 지지서비스가 수반된다면 다시 직업을 가질 수 있다. 그러나 장애에 대한 적응과 현재 직업 준비도는 서비스를 받는 동안 그리고 프로그램 추수 단계에서 상담사가 관심을 가져야 할 주요 사항이다.

Ⅲ. 교육-직업적 요인

    A. 답변을 받아야 했던 질문들:

---

2) Dilantin, 항경련제인 diphenylhydantoin 제제의 상품명.

1. 내담자는 현재 어떤 직업적 기술을 가지고 있는가?

2. 내담자의 직업 목표는 현 직업 흥미와 일치하는가?

3. 내담자는 근로자로서 현재 가지고 있는 장점과 약점, 직업기술 개발가능성, 미고용의 이유 등에 대해 현실적인 인식을 가지고 있는가?

4. 내담자는 관리감독의 수용, 적절한 생산성 유지 등과 같이 경쟁적 작업의 요구를 충족시킬 수 있는가?

B. **추가 정보**: 평가결과들은 응급의료 전문가가 되고자 하는 Jed의 희망을 지지하지 않는다. 그러나 Jed가 영업이나 사무직을 잘 해낼 수 있다는, 예를 들면 충분한 일반적 · 언어성 · 수학적 인지능력과 사무적 지각능력에 대한 증거들이 있다. 직업적 흥미 또한 자동차 판매를 하는 사람들과 일치한다. 그러므로 Jed가 직무의 수행 요구를 충족시키는 조정력과 능숙성을 갖추고 그 직업에서 기계를 다루는 직무가 포함되지 않는다는 것을 전제한다면 판매직, 사무직, 그리고 좀 더 숙련된 직업을 직업대안으로 설정할 수도 있을 것이다.

6단계: 직업적 가설 설정하기

지시: 상담사는 Jed에 대한 정보처리를 시작하기 전에, 실현가능한 몇 가지 직업대안을 먼저 선정해야 한다. Jed의 실현가능한 직업들은 그의 신체적, 심리사회적, 교육－직업적 영역의 강점 및 제한점과 일치해야 한다. Jed의 지역사회 내에서 가능한 다음 36가지 직업을 검토하고 Jed가 고려하기 적절한 3가지 직업을 선택하시오. 적절성의 순서에 따라 3가지 직업을 열거하시오. 당신이 선택한 각 직업에 대한 진단적 근거를 간략히 제시하시오.

자동차 정비사	배차원
군인	디젤 기계공
우편배달원	제도(도면) 담당자
세탁소 직원	건물 관리원
벽돌공	TV 수리기사
전화교환원	일정 관리자
전기 기사	용접공

검표원	은행원
2년제 대학생	해충구제사
판매원	자동차 판매원
인쇄업자	재단사
목수	산업 서비스 종사자
본체 및 범퍼 수리기사	조립라인 노동자
차량 부품 판매원	요양관리사
자료입력 사무원	택시기사
문서 처리 사무원	요리사
사회복지사	페인트공
회계장부 기입자	배관공

• 첫 번째 선택: ＿＿＿＿＿＿＿＿＿＿＿＿＿＿＿＿＿＿＿＿＿＿＿＿

근거: ＿＿＿＿＿＿＿＿＿＿＿＿＿＿＿＿＿＿＿＿＿＿＿＿＿＿＿＿＿

＿＿＿＿＿＿＿＿＿＿＿＿＿＿＿＿＿＿＿＿＿＿＿＿＿＿＿＿＿＿＿＿

• 두 번째 선택: ＿＿＿＿＿＿＿＿＿＿＿＿＿＿＿＿＿＿＿＿＿＿＿＿

근거: ＿＿＿＿＿＿＿＿＿＿＿＿＿＿＿＿＿＿＿＿＿＿＿＿＿＿＿＿＿

＿＿＿＿＿＿＿＿＿＿＿＿＿＿＿＿＿＿＿＿＿＿＿＿＿＿＿＿＿＿＿＿

• 세 번째 선택: ＿＿＿＿＿＿＿＿＿＿＿＿＿＿＿＿＿＿＿＿＿＿＿＿

근거: ＿＿＿＿＿＿＿＿＿＿＿＿＿＿＿＿＿＿＿＿＿＿＿＿＿＿＿＿＿

＿＿＿＿＿＿＿＿＿＿＿＿＿＿＿＿＿＿＿＿＿＿＿＿＿＿＿＿＿＿＿＿

다음 목록을 통해 당신의 선택이 활동 중인 상담사들의 선택과 얼마나 일치하는지 검토하시오.

재활상담사들이 선택한 Jed의 첫 번째 직업대안(N = 38)

직업	%
자동차 정비사	21
우편배달원	5
점원	5
본체 및 범퍼 수리기사	5
자동차 부품 판매원	13
회계장부 기입자	5
배차원	3
디젤 기계공	3
TV 수리기사	3
용접공	3
해충 구제원	3
자동차 판매원	11
산업 서비스 종사자	3
택시기사	8
요리사	3

Jed가 자동차 정비사로 일할 때 직면할 수 있는 문제들은 무엇인가? 자동차 판매원 또는 자동차 부품 판매원은 어떤가? 36개 직업을 다시 검토하시오. Jed에게 가장 부적절한 직업을 2가지 선택하고 왜 이 직업이 Jed에게 맞지 않는지 간략한 진단적 근거를 제시하시오.

• 가장 적절하지 않은 선택: _____

근거: _____

• 두 번째로 적절하지 않은 선택: _____

근거: _____

다음 목록을 보고 당신의 선택과 활동 중인 재활상담사들의 선택이 얼마나 일치하는지 검토하시오.

재활상담사들이 선택한 Jed에게 가장 부적절한 직업대안(N = 38)

직업	%
군인	5
전기 기사	5
2년제 대학생	5
사회복지사	17
택시기사	37

7단계: 정보 처리하기

지시: 정보처리 요약서(8장 "재활프로그램 준비와 계획"의 〈표 8-1〉 참조)에 근거하여 다음과 같이 Jed의 상담사가 처리한 것에 대해 검토하시오.

정보처리 요약서

성명: Jed Pierce

1. 평가 자료에 근거해서 제안된 가능한 직업적 목표

a. 최적: 새 자동차와 중고 자동차 영업사원

(이전에 내담자가 제안한 적이 있는가? 예 _____ 아니요 __×__)

근거 평가자료:

신체적. Jed의 신체적 장애는 자동차 판매영업직으로 복귀하는 것을 방해하지 않을 것이다. 그러나 이 직무의 속도와 스트레스는 약간의 문제를 야기할 수 있다. 예를 들어, 그는 규칙적으로 식사하고 약을 복용해야 한다.

심리사회적. 이 직업, 특히 일정이 스트레스가 많고 불규칙적이라면 Jed의 정서적 기능을 손상시킬 수 있다. 다시 약물과 알코올 남용에 빠지지 않도록 직무에 대한 그의 반응과 가족들과의 갈등을 지켜봐야 한다.

교육-직업적. Jed는 훌륭한 사무적 기술과 계산능력을 가지고 있다. 일반적성검사(GATB) 결과, 소매업의 기준점수를 상회하고 있다. 흥미 프로파일은 자동차 판매원의 흥미와 유사하다. 특히 자동차 판매직은 능력 발휘, 성취, 보상의 수단을 제공하며, 다른 사람의 일을 감독하지 않아도 된다.

특별한 고려점: 없음

b. **두 번째:** 자동차 부품 판매원
(이전에 내담자가 제안한 적이 있는가? 예 ____ 아니요 __×__)

근거 평가자료:

신체적. Jed는 이 직업을 할 수 있는 신체적 능력을 가지고 있다. 스트레스 수준과 작업 일정이 적절하다. 이 직업 수행에 필요한 컴퓨터 소프트웨어 프로그램 사용법을 배울 수 있다.

심리사회적. 지속적인 상담서비스를 통해 가족 및 일과 무관한 갈등이 직무 수행에 영향을 미치지 않도록 이것들을 다루는 방법을 배워야 한다.

교육-직업적. Jed는 평균 정도의 인지능력과 언어성 지능, 사무적 지각, 계산 영역에서 적절한 기술을 가지고 있다. 이 직업이 주는 성취, 능력 발휘, 보상에 관심을 가지고 있다. 이 직업에서 판매와 고객 서비스의 두 가지 직무가 가능하기 때문에 선호하는 직업적 보상을 제공받을 수 있다.

특별한 고려점: 없음

c. **세 번째:** 해충 구제사
(이전에 내담자가 제안한 적이 있는가? 예 ____ 아니요 __×__)

근거 평가자료:

신체적. Jed는 다양한 상가 및 거주 지역에 맞게 살충제를 혼합하고 살포하는 지시 일정을 따를 수 있다. 이 직무 중에서 신체적으로 할 수 없는 것은 없다.

심리사회적. 이 직무는 안정적이고 잘 구조화되어 있기 때문에 Jed가 해 왔던 어떤 일보다 스트레스가 적다. 이 일은 직업 외적인 문제에 대처하는 능력을 향상시킬 수 있다.

교육–직업적. Jed의 GATB 결과에 의하면, 이 직업과 관련된 모든 적성의 기준점수를 상회한다. 또한 이 직업은 지역사회에서 취업가능성이 높기 때문에 추천되었다. 작업시간과 보수의 규칙성뿐만 아니라 작업환경의 다양성도 좋아할 것이다. 이 직업이 Jed가 원하는 능력 발휘와 성취 기회를 제공할 수 있는 지는 확실하지 않다.

특별한 고려점: 없음

2. 직업목표 성취에 필요한 서비스들

a. 최적: 자동차 영업사원

신체적. 저혈당증에 대한 식이요법 유지 및 뇌전증 조절을 위한 약물 복용에 대한 교육을 포함한 의료 서비스.

심리사회적. 개별 심리치료와 가족상담. 재무상담, 단주모임(AA).

교육–직업적. 현장훈련.

특별한 고려점: 없음

b. 두 번째: 자동차 부품 판매원

신체적. '최적' 내용 참조.

심리사회적. '최적' 내용 참조.

교육–직업적. '최적' 내용 참조.

특별한 고려점: 없음

c. 세 번째: 해충 구제사

신체적. '최적' 내용 참조.

심리사회적. '최적' 내용 참조.

교육-직업적. '최적' 내용 참조.

특별한 고려점: 없음

1. 평가 자료에 근거해 볼 때 적절하지 않지만 내담자에 의해 언급된 직업적 목표에 대해 논의하시오. 논의:

응급의료 전문가가 되고자 하는 Jed의 희망은 몇 가지 이유로 인해 적절하지 않아 보인다. 먼저 GATB 점수는 Jed가 그러한 직업의 요구를 따를 수 있는 인지적 능력을 갖추고 있음을 시사하지 않는다. 또한 이 직업은 심리적 평정심을 유지하는 Jed의 능력에 부담을 가중시킬 수 있는 스트레스가 많은 직종이다. 과거, 그는 스트레스에 대한 인내력 부족으로 인해 한계를 초과하게 되면 술이나 약물을 통해 스트레스를 해소해 왔다. 그리고 이 직업의 스트레스는 배우자와 가족들과의 관계를 악화시킬 수 있다.

8단계: 재활계획 면접에 Jed 참여시키기

지시: 이제 상담사는 Jed와 함께 평가 단계의 결과들을 검토해야 한다. 앞서 언급한 바와 같이 한 가지 방법은 정보처리 요약서의 논리를 따르는 것이다. 상담사와 내담자는 평가 자료에 대해 논의하고 다양한 직업에 있어서 그 결과들의 의미에 특히 주의를 기울여야 한다. 이러한 논의의 한 과정으로 Jed는 대차대조표(〈표 A-1〉 참조)를 작성했다. Jed는 몇 가지 직업대안에 대한 고려를 바탕으로 자동차 영업직에 복귀하기로 결정했다. 계획 과정에서 그다음은 목표분석(〈표 A-2〉 참조)을 완성하고 계획서 작성을 위한 일련의 중간 목표들을 선택하는 것이다. 상담사의 도움으로 Jed는 자신의 재활 프로그램을 위해 다음과 같은 목표를 설정했다.

직업 목표: 10월 10일까지 월 4,300$의 자동차 영업사원직 취업하기.

신체적 목표: 7월 1일부터 뇌전증 발작 없이 90일 동안 지내기. 7월 11일까지 매일 하

루 3번 고단백 저탄수화물 식사하기.

심리사회적 목표: 8월 10일부터 60일 동안 우울증으로 인한 결근을 4회 이하로 줄이기. 10월 10일까지 결혼생활의 문제는 참을 만하며 이혼은 고려하지 않는다고 말하기.

교육-직업적 목표: 8월 10일까지 자동차 영업직 현장훈련 수료하기.

표 A-1 대차 대조표: Jed Pierce

고려점	대안 1		대안 2		대안 3	
	신차 및 중고차 영업사원	중요도 척도	자동차 부품 판매원	중요도 척도	해충 구제사	중요도 척도
자신의 이득	위탁수수료 획득 기회 일에 대한 흥미 새로운 사람과의 만남	5 5 4	안정적 직업 좋은 급여	4 4	안정적 직업 규칙적 급여	4 3
자신의 손실	스트레스가 많은 일 불규칙한 일과	−3 −3	계산대 뒤의 업무	−2	변화 없는 업무	−4
타인의 이득	수입 증대 기회 고객에 대한 서비스	5 4	가족을 위한 소득 규칙적인 일과 대인 서비스 제공	4 4 4	가족을 위한 소득 규칙적인 일과 대인 서비스 제공	4 4 3
타인의 손실	−		−		−	
사회적 승인	'부랑자' 취급받지 않음	5	'부랑자' 취급받지 않음	5	'부랑자' 취급받지 않음	4
사회적 불승인	−		−			
자신의 승인	일을 하고 싶어 함	4	일을 하고 싶어 함	4	일을 하고 싶어 함	4
자신의 불승인			부품이 아니라 자동차 판매를 원함	−3	중요하지 않은 일	−4
긍정적 기대 관련 합계		32		29		26
부정적 기대 관련 합계		−6		−5		−8
최종 점수		26		24		18

표 A-2 **목표분석: Jed Pierce**

취업 목표: 자동차 영업사원			
의료적 상태 (신체적)	개인적 문제 (심리사회적)	교육-직업적	특별한 고려점
안정적 혈당 유지	부인과의 문제해결을 위한 훈련	현장 훈련 실시	없음
기절발작 통제	알코올과 약물 중독자로 되돌아가지 않기(AA 참여)		
	불안과 우울에 대한 도움받기(상담사 만나기)		

참
고
문
헌

Aaron, K. F., Levine, D., & Burstin, H. R. (2003). African American church participation and health care practices. *Journal of General Internal Medicine, 18*, 908-913.

Accordino, M. P. (1999). Implications of disability for the family: Implementing behavioral family therapy in rehabilitation education. *Rehabilitation Education, 13*, 287-293.

Accordino, M. P., & Hunt, B. (2001). Family counseling training in rehabilitation counseling programs revisited. *Rehabilitation Education, 15*, 255-264.

Adcock, R. L., & Lee, J. W. (1972). Principles of time management. In A. C. Beck & E. D. Hillmer (Eds.), *A practical approach to organization development through MBO* (pp. 282-285). Reading, MA: Addison-Wesley.

Albert, S. M., Im, A., Brenner, L., Smith, M., & Waxman, R. (2002). Effect of a social work liaison program on family caregivers to people with brain injury. *Journal of Head Trauma Rehabilitation, 17*, 175-189.

Allaire, S., Li, W., & LaValley, M. (2003). Work barriers experienced and job accommodations used by persons with arthritis and other rheumatic diseases. *Rehabilitation Counseling Bulletin, 46*(3), 147-156.

Allen, H., & Miller, D. (1988). Client death: A national survey of the experiences of certified rehabilitation counselors. *Rehabilitation Counseling Bulletin, 32*, 58-64.

Alston, R. J., & Bell, T. J. (1996). Cultural mistrust and the rehabilitation enigma for African Americans. *Journal of Rehabilitation, 62,* 16-20.

Alston, R. J., Bell, T. J., & Feist-Price, S. (1996). Racial identity and African Americans with disabilities: Theoretical and practical considerations. *Journal of Rehabilitation, 62,* 11-15.

Alston, R., McCowan, C. J., & Turner, W. L. (1994). Family functioning as a correlate of disability adjustment for African Americans. *Rehabilitation Counseling Bulletin, 37,* 277-289.

Alston, R., & Turner, W. L. (1994). A family strengths model of adjustment to disability for African American clients. *Journal of Counseling and Development, 72,* 378-383.

Altarriba, J., & Santiago-Rivera, A. L. (1994). Current perspectives on using linguistic and cultural factors in counseling the Hispanic client. *Professional Psychology: Research and Practice, 25,* 388-397.

Althen, G. (1988). *American ways–a guide for foreigners in the United States.* Yarmouth, ME: Intercultural.

Amble, B., & Peterson, G. (1979). Rehabilitation counselors: The use of psychological reports. *Rehabilitation Counseling Bulletin, 23,* 127-130.

American Counseling Association. (2014). *ACA code of ethics.* Retrieved from https://www.counseling.org/resources/aca-code-of-ethics.pdf

American Medical Association. (1989). *Encyclopedia of medicine.* New York, NY: Random House.

American Medical Association. (2016). American Medical Association information and referral website. Retrieved from http://www.ama-assn.org/ama

American Psychiatric Association. (2013). *Diagnostic and statistical manual of mental disorders* (5th ed.). Arlington, VA: Author.

American Psychological Association. (2010). *Ethical principles of psychologists and code of conduct.* Retrieved from http://www.apa.org/ethics/code/principles.pdf

Americans With Disabilities Act of 1990, 42 U.S.C. § 12101 *et seq.* (1990)

An, M., & Palisano, R. (2014). Family-professional collaboration in pediatric rehabilitation: A practice model. *Disability and Rehabilitation, 36,* 434-440.

Andrew, J. (Ed.). (2004). *Disability handbook.* Osage Beach, MO: Aspen.

Andrew, J., & Andrew, M. J. (2012). *Disability handbook.* Linn Creek, MO: Aspen.

Anees, S. (2014). Disability in India: The role of gender, family, and religion. *Journal of Applied Rehabilitation Counseling, 45,* 32-38.

Angell, D. L., De Sau, G. T., & Havrilla, A. A. (1969). Rehabilitation counselor versus coordinator: One of rehabilitation's great straw men. *NRCA Professional Bulletin, 9.*

Antao, L., Shaw, L., Ollson, K., Reen, K., Tu, F., Bossers, A., & Cooper, L. (2013). Chronic pain in episodic illness and its influence in work occupations. *Work, 44,* 11-36.

Anthony, J. S., Johnson, A., & Schafer, J. (2015). African American clergy and depression: What they know; what they want to know. *Journal of Cultural Diversity, 22*, 118–126.

Arnold, B., & Orozco, S. (1988). Physical disability, acculturation, and family interaction among Mexican Americans. *Journal of Applied Rehabilitation Counseling*, *20*(2), 28–32.

Arnold, J., & Partridge, D. (1988). A note concerning psychological well-being and client experiences at an Employment Rehabilitation Centre. *Journal of Occupational Psychology, 61*, 341–346.

Aronson, K. (1997). Quality of life among persons with multiple sclerosis and their caregivers. *Neurology, 48*(1), 74–80.

Arvey, R., & Campion, J. (1982). The employment interview: A summary of recent research. *Personnel Psychology*, *35*, 281–322.

Assouline, M., & Meir, E. (1987). Meta-analysis of the relationship between congruence and well-being measures. *Journal of Vocational Behavior, 31*, 319–332.

Atkins, B. J. (1988). An asset-oriented approach to cross-cultural issues: Blacks in rehabilitation. *Journal of Applied Rehabilitation Counseling*, *19*, 45–49.

Atkinson, D. R., & Matsushita, Y. J. (1991). Japanese–American acculturation, counseling style, counselor ethnicity, and perceived counselor credibility. *Journal of Counseling Psychology*, *38*, 473–478.

Atkinson, D. R., Wampold, B. E., Lowe, S. M., Matthews, L., & Ahn, H. (1998). Asian American preferences for counselor characteristics: Application of the Bradley-Terry-Luce model to paired comparison data. *The Counseling Psychologist, 26*(1), 101–123.

Augsberger, A., Yeung, A., Dougher, M., & Hahm, H. C. (2015). Factors influencing the underutilization of mental health services among Asian American women with a history of depression and suicide. *BMC Health Services Research, 15*, E1–E11. doi:10.1186/s12913-015-1191-7

Austin, A. (2013). *Native Americans and jobs: The challenge and the promise*. Washington, DC: Economic Policy Institute. Retrieved from http://www.epi.org/publication/bp370-native-americans-jobs/

Avent, J. R., Cashwell, C. S., & Brown-Jeffy, S. (2015). African American pastors on mental health, coping, and help seeking. *Counseling and Values, 60*, 32–47. doi:10.1002/j.2161-007X.2015.00059.x

Baker, C. K., & Taylor, D. W. (1995). Assessment of African American clients: Opportunities for biased results. *Vocational Evaluation and Work Adjustment Bulletin*, *29*, 46–51.

Balcazar, F. E., Suarez-Balcazar, Y., Adames, S. B., Keys, C. B., García-Ramírez, M., & Paloma, V. (2012). A case study of liberation among Latino immigrant families who have children with disabilities. *American Journal of Community Psychology, 49*, 283–293. doi:10.1007/s10464-011-9447-9

Bamm, E., & Rosenbaum, P. (2008). Family-centered theory: Origins, development, barriers and supports to implementation in rehabilitation medicine. *Archives of Physical Medicine and Rehabilitation, 89*, 1618-1624.

Barkley, R. A., & Murphy, K. R. (2010). Impairment in occupational functioning and adult ADHD: The predictive utility of executive function (EF) ratings versus EF tests. *Archives of Clinical Neuropsychology, 25*(3), 157-173.

Baron, Jr., A. (1991). Counseling Chicano college students. In C. C. Lee & B. L. Richardson (Eds.), *Multicultural issues in counseling: New approaches to diversity* (pp. 171-184). Alexandria, VA: American Counseling Association.

Baruch, Y., & Peiper, M. (2000). Career management practices: An empirical survey and implications. *Human Resource Management, 39*, 347-366.

Baruth, L. G., & Manning, M. L. (1992). Understanding and counseling Hispanic American children. *Elementary School Guidance and Counseling, 27*, 113-122.

Bayer, D. (1996). Interaction in families with young adults with a psychiatric diagnosis. *The American Journal of Family Therapy, 24*, 21-30.

Bayes, M. (1972). Behavioral cues of interpersonal warmth. *Journal of Counseling Psychology, 39*, 333-339.

Beardsley, M., & Rubin, S. (1988). Rehabilitation service providers: An investigation of generic job tasks and knowledge. *Rehabilitation Counseling Bulletin, 37*, 122-139.

Becker, D., & Drake, R. (1994). Individual placement and support: A community mental health center approach to vocational rehabilitation. *Community Mental Health Journal*, 30, 193-206.

Behavior Analyst Certification Board. (2016). *BACB professional and ethical compliance code for behavior analysts*. Retrieved from http://bacb.com/ethics-code/

Bellini, J., & Rumrill, P. (2009). *Research in rehabilitation counseling* (2nd ed.). Springfield, IL: Charles C. Thomas.

Bell-Tolliver, L., Burgess, R., & Brock, L. J. (2009). African American therapists working with African American families: An exploration of the strengths perspective in treatment. *Journal of Marital & Family Therapy, 35*, 293-307. doi:0.1111/j.17520606.2009.00117.x

Benjamin, A. (1981). *The helping interview* (3rd ed.). Boston, MA: Houghton Mifflin.

Bennet, G. K., Seashore, H. G., & Wesman, A. G. (1990). Differential aptitude tests (DAT) with career interest inventory-5th edition. *Psychology Resource Centre*. Retrieved from http://psycentre.apps01.yorku.ca/drpl/commercial-test/differential-aptitude-tests-dat-career-interest-inventory-5th-edition

Berger, L. K., Zane, N., & Hwang, W. C. (2014). Therapist ethnicity and treatment orientation differences in multicultural counseling competencies. *Asian American Journal of Psychology, 5*, 53-65. doi:10.1037/a0036178

Bernheim, K. F., & Switalski, T. (1988). Mental health staff and patient's relatives: How they view each other. *Hospital and Community Psychiatry, 39*(1), 63-68.

Bernstein, L., Bernstein, R., & Dana, R. (1974). *Interviewing: A guide for health professionals* (2nd ed.). New York, NY: Appleton-Century-Crofts.

Beveridge, S., & Fabian, E. (2007). Vocational rehabilitation outcomes. *Rehabilitation Counseling Bulletin, 50*(4), 238-256.

Bhagwat, A. A. (2001). *Cultural variables salient to the social influence model of counseling: The case of Asian Americans.* Columbus, OH: Ohio State University.

Biller, E., & White, W. (1989). Comparing special education and vocational rehabilitation in serving persons with specific learning disabilities. *Rehabilitation Counseling Bulletin, 33*(1), 4-17.

Billingsley, A. (1992). *Climbing Jacob's ladder.* New York, NY: Simon & Schuster.

Billingsley, A., & Caldwell, C. H. (1991). The church, the family, and the school in the African American community. *Journal of Negro Education, 60*, 427-440.

Bishop, M. (2004). Determinants of employment status among a community-based sample of people with epilepsy: Implications for rehabilitation interventions. *Rehabilitation Counseling Bulletin, 47*, 112-120.

Bishop, M. (2012). Quality of life and psychosocial adaptation to chronic illness and acquired disability: A conceptual and theoretical synthesis. In I. Marini & M. A. Stebnicki (Eds.), *The psychological and social impact of illness and disability* (6th ed., pp. 179-191). New York, NY: Springer.

Bishop, M., Rumrill, P. D., & Roessler, R. T. (2015). Quality of life among people with multiple sclerosis: Replication of a three-factor prediction model. *Work, 52*(4), 757-765. doi:10.3233/WOR-152203

Blank, M., Mahmood, M., Fox, J., & Guterbock, T. (2002). Alternative mental health services: The role of the Black church in the South. *American Journal of Public Health, 92*, 1668-1672.

Bloom, K., Buhrke, R., & Scott, T. (1988). Burnout and job expectations of state agency rehabilitation counselors in North Dakota. *Journal of Applied Rehabilitation Counseling, 19*, 32-36.

Blount, M., Thyer, B., & Frye, T. (1992). Social work practice with Native Americans. In D. Harrison, J. Wodarski, & B. Thyer (Eds.), *Cultural diversity and social work practices* (pp. 107-134). Springfield, IL: Charles C. Thomas.

Bolton, B. (1981). Assessing employability of handicapped persons: The vocational rehabilitation perspective. *Journal of Applied Rehabilitation Counseling, 12*, 40-44.

Bolton, B., & Roessler, R., (1986a). *The work personality profile.* Fayetteville, AR: Research and Training Center in Vocational Rehabilitation, University of Arkansas, Fayetteville and Arkansas Rehabilitation Services.

Bolton, B., & Roessler, R. (1986b). *The employability maturity interview*. Fayetteville, AR: Arkansas Research and Training Center in Vocational Rehabilitation.

Bonaccio, S., Reeve, C. L., & Winford, E. C. (2012). Test anxiety on cognitive ability test can result in differential predictive validity of academic performance. *Personality and Individual Differences, 52*(4), 497-502.

Boone, R., & Wolfe, P. (1995). Emerging roles of the vocational rehabilitation counselor with regard to the ADA. *Journal of Applied Rehabilitation Counseling, 26*(3), 6-12.

Borgen, W., Amundson, N., & Biela, P. (1987). The experience of unemployment for persons who are physically disabled. *Journal of Applied Rehabilitation Counseling, 18*, 25-32.

Bowe, F. (1987). *Out of the job market: A national crisis*. Washington, DC: President's Committee on Employment of People with Disabilities.

Boyd-Franklin, N. (2010). Incorporating spirituality and religion into the treatment of African American clients. *The Counseling Psychologist, 38*, 976-1000. doi:10.1177/0011000010374881

Brammer, R. (2004). *Diversity in counseling*. Belmont, CA: Brooks/Cole.

Bray, G. P. (1977). Reactive patterns in families of the severely disabled. *Rehabilitation Counseling Bulletin, 20*, 236-239.

Bray, G. (1980). Team strategies for family involvement in rehabilitation. *Journal of Rehabilitation, 46*, 20-23.

Briggs, N. C., Levine, R. S., Hall, H. I., Cosby, O., Brann, E. A., & Hennekens, C. H. (2003). Occupational risk factors for selected cancers among African American and White men in the United States. *American Journal of Public Health, 93*, 1748-1752.

Brodwin, M. (2016). Rehabilitation in the private for-profit sector: Opportunities and challenges. In S. E. Rubin, R. T. Roessler, & P. D. Rumrill, *Foundations of the vocational rehabilitation process* (7th ed., pp. 465-483). Austin, TX: PRO-ED.

Brodwin, M., Parker, R. M., & DeLaGarza, D. (1996). Disability and accommodation. In E. M. Szymanski & R. M. Parker (Eds.), *Work and disability* (pp. 165-207). Austin, TX: PRO-ED.

Brodwin, M., Parker, R., & DeLaGarza, D. (2003). Disability and accommodation. In E. Szymanski & R. Parker (Eds.), *Work and disability* (2nd ed., pp. 201-246). Austin, TX: PRO-ED.

Brodwin, M., Parker, R., & DeLaGarza, D. (2010). Disability and reasonable accommodation. In E. Szymanski & R. Parker (Eds.), *Work and disability* (3rd ed., pp. 281-324). Austin, TX: PRO-ED.

Brown, S., & Lent, D. (Eds.). (2013). *Career development and counseling* (2nd ed.). Hoboken, NJ: John Wiley.

Bryant, D., & Bryant, B. (1998). Using assistive technology adaptations to include students with learning disabilities in cooperative learning activities. *Journal of Learning Disabilities, 31*(1),

67–82.

Bureau of Labor Statistics. (2016). *Persons with a disability: Labor force characteristics*. Retrieved from http://www.bls.gov/news.release/disabl.nr0.htm

Burkhead, J. (1992). Computer applications in rehabilitation. In R. M. Parker & E. M. Szymanski (Eds.), *Rehabilitation counseling: Basics and beyond* (2nd ed., pp. 365–400). Austin, TX: PRO-ED.

Bush, D. W. (1992). Consulting psychologists in rehabilitation services. *Rehabilitation Education, 6*, 99–104.

Buys, N. J., & Rennie, J. (2001). Developing relationships between vocational rehabilitation agencies and employers. *Rehabilitation Counseling Bulletin, 44*(2), 95–104.

Campbell, A. (1981). *The sense of well-being in America*. New York, NY: McGraw-Hill.

Capella, M. E. (2002). Inequities in the VR system: Do they still exist? *Rehabilitation Counseling Bulletin, 45*, 143–153.

Cardoso, P., Goncalves, M. M., Duarte, M. E., Silva, J., & Alves. (2016). Life design counseling outcome and process: A case study with an adolescent. Journal of Vocational Behavior, 88, 58–66.

Cartwright, B., & D'Andrea, M. (2004). Counseling for diversity. In T. F. Riggar & D. R. Maki (Eds.), *Handbook of rehabilitation counseling* (pp. 171–187). New York, NY: Springer.

Casas, J. M., & Vasquez, M. J. (1989). Counseling the Hispanic client: A theoretical and applied perspective. In P. B. Pedersen, J. G. Draguns, W. J. Lonner, & J. E. Trimble (Eds.), *Counseling across cultures* (pp. 153–175). Honolulu, HI: University of Hawaii.

Case, J., Blackwell, T., & Sprong, M. (2016). Rehabilitation counselor ethical considerations for end-of-life care. *Journal of Rehabilitation, 82*(1), 47–60.

Chan, F., Berven, N. L., & Lam, C. S. (1990). Computer-based, case management simulations in the training of rehabilitation counselors. *Rehabilitation Counseling Bulletin, 33*, 212–228.

Chan, F., Hua, M. S., Ju, J. J., & Lam, C. S. (1984). Factoral structure of the Chinese scale of attitudes toward disabled persons: A cross cultural validation. *International Journal of Rehabilitation Research*, 7, 317–319.

Chan, F., Lam, C. S., Wong, D., Leung, P., & Fang, X. S. (1988). Counseling Chinese Americans with disabilities. *Journal of Applied Rehabilitation Counseling, 19*(4), 21–25.

Chan, F., Leahy, M., Chan, C., Lam, C., Hilburger, J., & Jones, J. (1998). Training needs of rehabilitation counselors in the emerging mental health/managed care environment. *Rehabilitation Education, 12*, 333–345.

Chan, F., McCollum, P. S., & Pool, D. A. (1985). Computer-assisted rehabilitation services: A preliminary draft of the Texas casework model. *Rehabilitation Counseling Bulletin, 28*, 219–232.

Chan, F., Rosen, A., Wong, D., & Kaplan, S. (1993). Evaluating rehabilitation counseling caseload management skills through computer simulations. *Journal of Counseling and Development*, 71, 493-498.

Chan, F., Shaw, L. R., McMahon, B. J., Koch, L., & Strauser, D. (1997). A model for enhancing rehabilitation counselor-consumer working relationships. *Rehabilitation Counseling Bulletin*, *41*, 122-137.

Chan, J. B., & Sigafoos, J. (2001). Does respite care reduce parental stress in families with developmentally disabled children? *Child and Youth Care Forum*, *30*, 253-263.

Chan, S. (1992). Families with Asian roots. In E. W. Lynch & M. J. Hanson (Eds.), *Developing cross-cultural competence: A guide for working with young children and their families* (pp. 181-257). Baltimore, MD: Brookes Press.

Chan, T. (2003). *Recruiting and retaining professional staff in state VR agencies: Some preliminary findings from the RSA evaluation study*. Washington, DC: American Institute for Research.

Chapin, M. (2012). The role of participation of people with disabilities in the new American workplace. In P. J. Toriello, M. L. Bishop, & P. D. Rumrill (Eds.), *New directions in rehabilitation counseling: Creative responses to professional, clinical, and educational challenges* (pp. 236-254). Linn Creek, MO: Aspen.

Chartrand, J. (1991). The evolution of trait and factor career counseling: A person-environment fit approach. *Journal of Counseling and Development*, *69*, 518-524.

Cheatham, H. E. (1990). Empowering Black families. In H. E. Cheatham & J. B. Tewart (Eds.), *Black families: Interdisciplinary perspectives* (pp. 373-393). New Brunswick, NJ: Transaction Press.

Chen, R. K., Brodwin, M. G., Cardozo, E., & Chan, F. (2002). Attitudes toward people with disabilities in the social context of dating and marriage: A comparison of American, Taiwanese, and Singaporean College students. *Journal of Rehabilitation*, *68*(4), 5-12.

Cherry, C. E. Jr., (1997). *Perceptual modality preferences survey*. Maryville, TN: Institute for Learning Styles Research.

Cheung, F. K., & Snowden, L. R. (1990). Community mental health and ethnic minority populations. *Community Mental Health Journal*, *26*, 277-291.

Cheung, P. (1995). Acculturization and psychiatric morbidity among Cambodian refugees in New Zealand. *International Journal of Social Psychiatry*, *41*, 108-119.

Chiu, C.Y., Sharp, S. Pfaller, J., Rumrill, P., Cheing, G., Sanchez, J., & Chan, F. (2015). Differential vocational rehabilitation service patterns related to the job retention and job placement needs of people with diabetes. *Journal of Vocational Rehabilitation*, *42*(2), 177-185.

Choi, K. H., & Wynne, M. E. (2000). Providing services to Asian Americans with developmental disabilities and their families: Mainstream service providers' perspective. *Community Mental Health Journal, 36*, 589-595.

Choi, N. Y., & Miller, M. J. (2014). AAPI college students' willingness to seek counseling: The role of culture, stigma, and attitudes. *Journal of Counseling Development, 61*, 340-351. Retrieved from http://dx.doi.org/10.1037/cou0000027

Chubon, R. (1992). Defining rehabilitation from a systems perspective: Critical implications. *Journal of Applied Rehabilitation Counseling, 23*(1), 27-32.

Chung, D. K. (1992). Asian cultural commonalities: A comparison with mainstream American culture. In S. M. Furuto, R. Biswas, D. K. Chung, K. Murase, & F. Ross-Sheriff (Eds.), *Social work practice with Asian Americans* (pp. 27-44). Newbury Park, CA: Sage Publications.

Chung, R. C. Y., & Bemak, F. (2002). The relationship of culture and empathy in cross-cultural counseling. *Journal of Counseling and Development, 80*, 154-159.

Cichy, K., Li, J., McMahon, B., & Rumrill, P. (2015). The workplace discrimination experiences of older workers with disabilities: Results from the national EEOC ADA research project. *Journal of Vocational Rehabilitation, 43*(2), 137-148.

Cimera, R. E. (2011). Does being in sheltered workshops improve the employment outcomes of supported employees with intellectual disabilities? *Journal of Vocational Rehabilitation, 35*, 21-27. doi:10.3233/JVR-2011-0550

Cimera, R., Rumrill, P., Chan, F., Kaya, C., & Bezyak, J. (2015). Vocational rehabilitation services and outcomes for transition-age youth with visual impairments and blindness. *Journal of Vocational Rehabilitation, 43*(2), 103-112.

Clark, S., & Kelley, S. D. (1992). Traditional Native American values: Conflict concordance in rehabilitation. *Journal of Rehabilitation, 58*(2), 23-28.

Cochran, L. (1994). What is a career problem? *Career Development Quarterly, 42*, 204-215.

Code of professional ethics for rehabilitation counselors. (1988). *Rehabilitation Counseling, 31*, 255-268.

Coelho, T. (1997). *Employment post the Americans with Disabilities Act.* Speech presented at the National Press Club, Washington, DC.

Cohen, J., & Streuning, E.L. (1962). Opinions about mental illness in the personnel of two large mental hospitals. *Journal of Abnormal Social Psychology, 64*, 349-360.

Cohen, R., & Lavach, C. (1995). Strengthening partnerships between families and service providers. In P. Adams & K. Nelson (Eds.), *Reinventing human services: Community and family centered practice* (pp. 261-277). New York, NY: Aldine de Gruyter.

Cohen, S. R. (2013). Advocacy for the "Abandonados": Harnessing cultural beliefs for Latino families and their children with intellectual disabilities. *Journal of Policy and Practice in Intellectual Disabilities, 10*, 71-78.

Cohen, S. R., Holloway, S. D., Dominguez-Pareto, I., & Kuppermann, M. (2014). Receiving or believing in family support? Contributors to the life quality of Latino and non-Latino families of children with intellectual disability. *Journal of Intellectual Disability Research, 58*, 333–345. doi:10.1111/jir.12016

Colby, S. L., & Ortman, J. M. (2015). *Projections of the size and composition of the U.S. populations: 2014-2060.* Retrieved from http://www.census.gov/content/dam/Census/library/publications/2015/demo/p25-1143.pdf

Colling, K., & Davis, A. (2005). The counseling function in vocational rehabilitation. *Journal of Applied Rehabilitation Counseling, 36*, 6-11.

Collins, W. L., & Perry, A. R. (2015). Black men's perspectives on the role of the Black church in healthy relationship promotion and family stability. *Social Work & Christianity, 42*, 430–448.

Columna, L., Senne, T. A., & Lytle, R. (2013). Communicating with Hispanic parents of children with and without disabilities. *Journal of Physical Education, Recreation & Dance, 80*, 48–54. doi:10.1080/07303084.2009.10598310

Commission on Rehabilitation Counselor Certification (CRCC). (2009). *Code of professional ethics for rehabilitation counselors.* Retrieved from https://www.crccertification.com/filebin/pdf/CRCCodeOfEthics.pdf

Commission on Rehabilitation Counselor Certification (CRCC). (2016). *Who we serve.* Retrieved from https://www.crccertification.com/

Commission on Rehabilitation Counselor Certification (CRCC). (2017). *CVE/CWA/CCAA Certificant Information.* Retrieved from https://www.crccertification.com/cve-cwa-ccaa-designations

Connors, J. L., & Donnellan, A. M. (1993). Citizenship and culture: The role of disabled people in Navajo society. *Disability, Handicap and Society, 8*, 265–280.

Constantine, M. G. (2007). Racial microaggressions against African American clients in cross-racial counseling relationship. *Journal of Counseling Psychology, 54*, 1–16. doi: 10.1037/0022-0167.54.1.1

Constantine, M. G., Lewis, E. L., Conner, L. C., & Sanchez, D. (2000). Addressing spiritual and religious issues in counseling African Americans: Implications for counselor training and practice. *Counseling and Values, 45*, 28–38.

Cook, J. (2003). One-year follow-up of Illinois state vocational rehabilitation clients with psychiatric disabilities following successful closure into community employment. *Journal of Vocational Rehabilitation, 18*, 25-32.

Cooper, C., & Marshall, J. (1978). Sources of managerial and white collar stress. In C. Cooper & R. Payne (Eds.), *Stress at work* (pp. 81-105). New York, NY: Wiley.

Cardoso, P., Goncalves, M., Duarte,M., Silva, J., & Alves, D. (2016). Life design counseling outcome and process: A case study with an adolescent. *Journal of Vocational Behavior, 93*,

58–66.

Cordova, D., Parra-Cardona, J. R., Blow, A., Johnson, D. J., Prado, G., & Fitzgerald, H. E. (2015). 'They don't look at what affects us': The role of ecodevelopmental factors on alcohol and drug use among Latinos with physical disabilities. *Ethnicity & Health, 20*, 66–86. doi:10.1080/1355 7858.2014.890173

Corey, G. (2013). *Theory and practice of counseling and psychotherapy.* Sydney, Australia: Brooks/Cole/Cengage Learning.

Cormier, S., & Hackney, H. (2016). *Counseling strategies and interventions* (8th ed.). Upper Saddle River, NJ: Pearson.

Cormier, W. H., & Cormier, L. S. (1979). *Interviewing strategies for helpers: A guide to assessment, treatment, and evaluation.* Monterey, CA: Brooks/Cole.

Correa, V. I., Bonilla, Z. E., & Reyes-MacPherson, M. E. (2011). Support networks of single Puerto Rican mothers of children with disabilities. *Journal of Child & Family Studies, 20*, 66–77. doi:10.1007/s10826-010-9378-3

Corring, D. J. (2002). Quality of life: Perspectives of people with mental illness and family members. *Psychiatric Rehabilitation Journal, 25*, 350–358.

Cranswick, K. (1997). Burnout: A study of levels of burnout and factors responsible for burnout in rehabilitation workers. *Journal of Rehabilitation Administration, 19*, 119–134.

Crimando, W. (1996). Case management implications. In W. Crimando & T. F. Riggar (Eds.), *Utilizing community resources: An overview of human services* (pp. 7–17). Prospect Heights, IL: Waveland Press.

Crimando, W., & Riggar, T. (1996). *Utilizing community resources.* Delray Beach, FL: St. Lucie Press.

Crimando, W., & Riggar, T. (2005). *Community resources: A guide for human service workers.* Long Grove, IL: Waveland Press.

Crisp, R. (1990). Return to work after spinal cord injury. *Journal of Rehabilitation, 56*, 28–35.

Crites, J. (1982). Measurement of career development. In B. Bolton & R. Roessler (Eds.), *Proceedings of the symposium on applied research methodology* (pp. 1–8). Fayetteville, AR: Arkansas Rehabilitation Research and Training Center.

Cruz, J., & Littrel, J. M. (1998). Brief counseling with Hispanic American college students. *Journal of Multicultural Counseling and Development, 26*, 227–239.

Crystal, R., & Espinosa, C. T. (2012). Individuals with disabilities and the American healthcare system. In P. J. Toriello, M. L. Bishop, & P. D. Rumrill (Eds.), *New directions in rehabilitation counseling: Creative responses to professional, clinical, and educational challenges* (pp. 140–163). Linn Creek, MO: Aspen.

Cutler, F., & Ramm, A. (1992). Introduction to the basics of vocational evaluation. In

J. Siefken (Ed.), *Vocational evaluation in the private sector* (pp. 31-66). Menomonie, WI: University of Wisconsin-Stout.

Dana, R. H. (1993). *Multicultural assessment perspectives for professional psychology.* Needham Heights, MA: Allyn & Bacon.

Danek, M., Conyers, L., Enright, M., Munson, M., Brodwin, M., Hanley-Maxwell, C., & Gugerty, J. (1996). Legislation concerning career counseling and job placement for people with disabilities. In E. M. Szymanski & R. M. Parker (Eds.), *Work and disability* (pp. 39- 78). Austin, TX: PRO-ED.

Danek, M., Wright, G. N., Leahy, M. J., & Shapson, P. R. (1987). Introduction to rehabilitation competency studies. *Rehabilitation Counseling Bulletin, 31,* 84-93.

Davidson, J. (2009). Family-centered care: Meeting the needs of patients' families and helping families adapt to critical illness. *Critical Care Nurse, 29,* 28-34.

Davis, K., & Gavidia-Payne. S. (2009). The impact of child, family, and professional support characteristics on the quality of life in families of young children with disabilities. *Journal of Intellectual and Developmental Disability, 34,* 153-162.

Dawis, R. (1976). The Minnesota theory of work adjustment. In B. Bolton (Ed.), *Handbook of measurement and evaluation in rehabilitation.* Baltimore, MD: University Park Press.

Dawis, R. (1996). The theory of work adjustment and person–environment–correspondence counseling. In D. Brown, L. Brooks, and Associates (Eds.), *Career choice and development* (3rd ed., pp. 75-120). San Francisco, CA: Jossey-Bass.

Dawis, R. (2002). Person–environment–correspondence theory. In D. Brown & Associates (Eds.), *Career choice and development* (4th ed., pp. 427-464). San Francisco: Jossey-Bass.

Dawis, R. (2005). The Minnesota theory of work adjustment. In S. Brown & R. Lent (Eds.), *Career development and counseling: Putting theory and research to work* (pp. 3-23). Hoboken, NJ: Wiley.

Dawis, R., & Lofquist, L. (1984). *A psychological theory of work adjustment.* Minneapolis, MN: University of Minnesota Press.

Degeneffe, C. E. (2000). Family caregiving and traumatic brain injury. *Health and Social Work, 26,* 257-268.

DeLambo, D., Chung, W., & Huang, W. (2011). Stress and age: A comparison of Asian American and non-Asian American parents of children with developmental disabilities. *Journal of Developmental & Physical Disabilities, 23,* 129-141. doi:10.1007/s10882-010-9211-3

DeLoach, C., & Greer, B. (1979). Client factors affecting the practice of rehabilitation counseling. *Journal of Applied Rehabilitation Counseling, 10,* 53-59.

DeNavas-Walt, C., & Proctor, B. D. (2015). *Income and poverty in the United States: 2014.* Retrieved from http://www.census.gov/content/dam/Census/library/publications/2015/

demo/p60252.pdf

Deshay, A. (n.d.). *African American population by state*. Retrieved from http://
blackdemographics.com/population/black-state-population/

DeSouza, L., & Frank, O. (2011). Patient's experiences of the impact of chronic back pain on family
life and work. *Disability and Rehabilitation, 33*, 310–318.

Devins, G. (1989). Enhancing personal control and minimizing illness intrusiveness. In
N. Kutner, D. Cardenas, & J. Bowen (Eds.), *Maximizing rehabilitation in chronic renal
disease* (pp. 109–135). New York, NY: PMA.

Devins, G., & Shnek, Z. (2000). Multiple sclerosis. In R. Frank & T. Elliott (Eds.), *Handbook
of rehabilitation psychology* (pp. 163–184). Washington, DC: American Psychological
Association.

Dew, D., Alan, G. M., & Tomlinson, P. (Eds.). (2008). *Recruitment and retention of vocational
rehabilitation counselors* (Institute on Rehabilitation Issues Monograph No. 33). Washington,
DC: George Washington University, Center for Rehabilitation Counseling Research and
Education.

Dijkers, M. (1997). Measuring quality of life. In M. J. Fuhrer (Ed.), *Assessing medical rehabilitation
practices: The promise of outcome research* (pp. 153–179). Baltimore, MD: Brookes.

Dillahunt-Aspillaga, C., Jorgenson-Smith, T., Ehlke, S., Hanson, A. Sosinski, M., & Gonzalez,
C. (2015). Disability adjustment and vocational guidance counseling for individuals with
traumatic brain injury. *Journal of Applied Rehabilitation Counseling, 46*, 3–13.

Diller, J. V. (2004). *Cultural diversity: A primer for the human services* (2nd ed.). Belmont, CA:
Brooks/Cole.

Ditty, J., & Reynolds, K. (1980). Traditional vocational evaluation: Help or hindrance? *Journal of
Rehabilitation, 46*, 22–25.

Dix, J., & Savickas, M. (1995). Establishing a career: Developmental tasks and coping responses.
Journal of Vocational Behavior, 47, 93–107.

Doan, K. (2006). A sociocultural perspective on at-risk Asian-American students. *Teacher
Education and Special Education, 29*, 157–167.

Dobren, A. (1994). An ecologically oriented conceptual model of vocational rehabilitation of
people with acquired midcareer disabilities. *Rehabilitation Counseling Bulletin, 37*(3), 215–
228.

Dowler, D., & Walls, R. (1996). Accommodating specific job functions for people with hearing
impairments. *Journal of Rehabilitation, 62*(3), 35–43.

Drake, R. E., McHugo, G. J., Becker, D. R., Anthony, W. A., & Clark, R. E. (1996). The New
Hampshire study of supported employment for people with severe mental illness. *Journal of
Consulting and Clinical Psychology, 64*, 391–399.

참고문헌

409

Driscoll, M., Rodger, S., & deJonge, D. (2001). Factors that prevent or assist the integration of assistive technology into the workplace for people with spinal cord injuries: Perspectives of the users and their employers and co-workers. *Journal of Vocational Rehabilitation, 16,* 53–66.

Dungee-Anderson, D., & Beckett, J. O. (1992). Alzheimer's disease in African American and White families: A clinical analysis. *Smith College Studies in Social Work, 62,* 155–168.

Dunlop, D. D., Song, J., Manheim, L. M., Lyons, J. S., & Chang, R. W. (2003). Racial/ethnic differences in rates of depression among preretirement adults. *American Journal of Public Health, 93,* 1945–1952.

Dunn, E., Wewiorski, N., & Rogers, S. (2008). The meaning and importance of employment to people in recovery from serious mental illness: Results of a qualitative study. *Psychiatric Rehabilitation Journal, 32,* 59–62.

Dutta, A., Gervey, R., Chan, F., Chou, C., & Ditchman, N. (2008). Vocational rehabilitation services and employment outcomes for people with disabilities: A United States study. *Journal of Occupational Rehabilitation, 18,* 326–334.

D'Zurilla, T., & Nezu, A. (1999). *Problem solving therapy.* New York, NY: Springer.

Ehrensperger, M., Grether, A., Romer, G., Berres, M., Monsch, A., Kappos, L. & Steck, B. (2008). Neuropsychological dysfunction, depression, physical disability, and coping processes in families with a parent affected by multiple sclerosis. *Multiple Sclerosis, 14,* 1106–1112.

Elliott, T. R., & Shewchuk, R. M. (2003). Social problem-solving abilities and distress among family members assuming a caregiving role. *British Journal of Health Psychology, 8,* 149–163.

Emener, W., & Rubin, S. E. (1980). Rehabilitation counselor role and functions and sources of role strain. *Journal of Applied Rehabilitation Counseling, 11,* 57–59.

Engblom, E., Hamalainen, H., Ronnemaa, T., Vanttinen, E., Kallio, V., & Knuts, L. (1994). Cardiac rehabilitation and return to work after coronary artery bypass surgery. *Quality of Life Research, 3,* 207–213.

Equal Employment Opportunity Commission (EEOC). (2016). *Enforcement guidance: Preemployment disability-related questions and medical examinations.* Retrieved October from https://eeoc.gov/policy/docs/preemp.html

Ergh, T. C., Rapport, L. J., Coleman, R. D., & Hanks, R. A. (2002). Predictors of caregiver and family functioning following traumatic brain injury: Social support moderates caregiver distress. *Journal of Head Trauma Rehabilitation, 17,* 155–174.

Erickson, W., Lee, C., & von Schrader, S. (2014). *2012 disability status report: United States.* Ithaca, NY: Cornell University Employment and Disability Institute.

Estrada-Hernandez, N., & Saunders, J. L. (2005). Consultation in rehabilitation: Implications for rehabilitation counselor educators. *Rehabilitation Education, 19*(1), 25–35.

Fabian, E. S., & Coppola, J. (2001). Vocational rehabilitation competencies in psychiatric rehabilitation education. *Rehabilitation Education, 15,* 133-142.

Falvo, D. R. (1999). *Medical and psychosocial aspects of chronic illness and disability* (2nd ed.). Gaithersburg, MD: Aspen.

Falvo, D. R. (2014). *Medical and psychosocial aspects of chronic illness and disability* (5th ed.). Burlington, MA: Jones & Bartlett.

Farr, J., & Ludden, L. (2009). *Enhanced occupational outlook handbook* (7th ed.). Indianapolis, IN: JIST Works.

Farr, J., & Shatkin, L. (2006). *New guide for occupational exploration: Linking interests, learning, and careers.* Indianapolis, IN: JIST Works.

Faubion, C. W., Roessler, R. T., & Calico, J. (1998). Meeting the needs of underserved populations: Vocational rehabilitation and the Cherokee Nation 130 Project. *Rehabilitation Counseling Bulletin, 41,* 173-189.

Feist-Price, S., & Ford-Harris, D. (1994). Rehabilitation counseling: Issues specific to providing services to African American clients. *Journal of Rehabilitation, 60,* 13-19.

Feldblum, C. (1991). Employment protections. In J. West (Ed.), *The Americans with Disabilities Act: From policy to practice* (pp. 81-110). New York, NY: Milbank Memorial Fund.

Felder, R.M. & Soloman, B. A. (1999). *Index of Learning Styles.* http://www4.ncsu.edu/unity/ lockers/users/f/felder/public/ILSdir/styles.htm

Feldman, M. A., & Werner, S. E. (2002). Collateral effects of behavioral parent training on families of children with developmental disabilities and behavior disorders. *Behavioral Interventions, 17,* 75-83.

Feller, R., & Gray Davies, T. (2004). Contemporary issues changing the career planning context. In T. Harrington (Ed.), *Handbook of career planning for students with special needs* (3rd ed., pp. 199-228). Austin, TX: PRO-ED.

Felton, J. S. (1993a). Medical terminology. In M. G. Brodwin, F. Tellez, & S. K. Brodwin (Eds.), *Medical, psychological and vocational aspects of disability* (pp. 21-34). Athens, GA: Elliot & Fitzpatrick.

Felton, J., Perkins, D., & Lewin, M. (1969). *A survey of medicine and medical practice for the rehabilitation counselor.* Washington, DC: Rehabilitation Services Administration, Department of Health, Education and Welfare.

Fitzgerald, S. M., Li, J., Rumrill, P., Bishop, M., & Merchant, W. R. (2015). Examining the factor structure and psychometric properties of the quality of life scale among people with multiple sclerosis. *Rehabilitation Research, Policy, and Education, 29*(2), 165-182.

Flanagan, J. (1978). A research approach to improving our quality of life. *American Psychologist, 33,* 138-147.

Flaskerund, J. H. (1986). The effects of culture-compatible intervention on the utilization of mental health services by minority clients. *Community Mental Health Journal, 22*, 127-141.

Fleming, A. R., Fairweather, J. S., & Leahy, M. J. (2013). Quality of life as a potential rehabilitation service outcome: The relationship between employment, quality of life, and other life areas. *Rehabilitation Counseling Bulletin, 57*(1), 9-22. doi:10.1177/0034355 213485992

Fleming, A., Phillips, B., Kaserhoff, A., & Huck, G. (2014). A qualitative study of job placement provider decisions in vocational rehabilitation. *Rehabilitation Counseling Bulletin, 58*, 7-19.

Fleming, N. D., & Mills, C. (1992). Not another inventory, rather a catalyst for reflection. *To Improve the Academy, 11*.

Fong, R. (1992). A history of Asian Americans. In S. M. Furuto, R. Biswas, D. K. Chung, K. Murase, & F. Ross-Sheriff (Eds.), *Social work practice with Asian Americans* (pp. 3-26). Newbury Park, CA: Sage.

Ford, L., & Swett, E. (1999). Job placement and rehabilitation counselors in the state-federal system. *Rehabilitation Counseling Bulletin, 42*(4), 354-365.

Frame, M. W., & Williams, C. B. (1996). Counseling African Americans: Integrating spirituality in therapy. *Counseling and Values, 41*, 16-28.

Frankel, A., & Gelman, S. (2004). *Case management* (2nd ed.). Chicago, IL: Lyceum Press.

Fraser, R., McMahon, B., & Danczyk-Hawley, C. (2003). Progression of disability benefits: A perspective on multiple sclerosis. *Journal of Vocational Rehabilitation, 19*(3), 173-179.

Frazier, E. F. (1939). *The Negro family in the United States*. Chicago, IL: University of Chicago Press.

Freeman, E. M. (1990). Theoretical perspectives for practice with Black families. In S. M. L. Logan, E. M. Freeman, & R. G. McRoy (Eds.), *Social work practice with Black families: A culturally specific perspective* (pp. 38-52). White Plains, NY: Longman Press.

Fugita, S., Ito, K. L., Abe, J., & Takeuchi, D. T. (1991). Japanese Americans. In N. Mokuau (Ed.), *Handbook of social services for Asian and Pacific Islanders* (pp. 61-77). Westport, CT: Greenwood Press.

Gade, E., & Toutges, G. (1983). Employers' attitudes toward hiring epileptics: Implications for job placement. *Rehabilitation Counseling Association, 26*, 353-356.

Galassi, J. P., & Galassi, M. D. (1978). Preparing individuals for job interviews: Suggestions from more than 60 years of research. *Personal Guidance Journal, 57*, 188-192.

Galvin, J., & Langton, A. (1998). *Designing and delivering quality assistive technology services*. Tucson, AZ: CARF, The Rehabilitation Accreditation Commission.

Ganey, J. (2004). Your mail: 5 shortcuts that save time. *Essence, 35*, 256.

Garber-Conrad, B. (1987). Rehabilitation in Canada's north. *Journal of Visual Impairment and Blindness, 81*, 164-165.

Gardner, J. (1991). Early referral and other factors affecting vocational rehabilitation outcomes for Workers' Compensation clients. *Rehabilitation Counseling Bulletin, 34,* 197-209.

Garrett, J. T., & Garrett, M. W. (1994). The pathway of good medicine: Understanding and counseling Native American Indians. *Journal of Multicultural Counseling and Development, 22,* 134-144.

Garrett, M. T. (1999). Understanding the "medicine" of Native American traditional values: An integrative review. *Counseling and Values, 2,* 84-98.

Garrett, M. T., & Pichette, E. F. (2000). Red as an apple: Native American acculturation and counseling with or without reservation, *Journal of Counseling and Development, 78,* 3-13.

Garza, R., & Gallegos, P. (1995). Environmental influences and personal choice: A humanistic perspective on acculturation. In A. M. Padilla (Ed.), *Hispanic psychology* (pp. 3-14). Thousand Oaks, CA: Sage.

Garzon, F., & Tan, S. Y. (1992). Counseling Hispanics: Cross-cultural and Christian perspectives. *Journal of Psychology and Christianity, 11,* 378-390.

Gatens-Robinson, E., & Rubin, S. E. (2001). Societal values and ethical commitments that influence rehabilitation service delivery behavior. In S. E. Rubin & R. T. Roessler, *Foundations of the vocational rehabilitation process* (5th ed., pp. 185-202). Austin, TX: PRO-ED.

Gates, L., Akabas, S., & Kantrowitz, W. (1996). Supervisors' role in successful job maintenance: A target for rehabilitation counselor efforts. *Journal of Applied Rehabilitation Counseling, 27*(3), 60-66.

Genther, R. W., & Moughan, J. (1977). Introverts' and extroverts' responses to non-verbal attending behaviors. *Journal of Counseling Psychology, 24,* 144-145.

George, R. L., & Cristiani, T. (1995). *Counseling: Theory and practice* (4th ed.). Boston, MA: Allyn & Bacon.

Gilbride, D., & Stensrud, R. (1992). Demand-side job development: A model for the 1990s. *Journal of Rehabilitation, 58,* 34-39.

Gilbride, D., & Stensrud, R. (2003). Job placement and employer consulting: Services and strategies. In E. Szymanski & R. Parker (Eds.), *Work and disability* (2nd ed., pp. 407-440). Austin, TX: PRO-ED.

Gilbride, D., Stensrud, R., Ehlers, C., Evans, E., & Peterson, C. (2000). Employers' attitudes toward hiring persons with disabilities and vocational rehabilitation services. *The Journal of Rehabilitation, 66,* 17-23.

Gilbride, D., Stensrud, R., Vandergoot, D., & Golden, K. (2003). Identification of characteristics of work environments and employers open to hiring and accommodating people with disabilities. *Rehabilitation Counseling Bulletin, 46*(3), 130-137.

Gill, W. S. (1972). The psychologist and rehabilitation. In J. G. Cull & R. E. Hardy (Eds.),

Vocational rehabilitation: Profession and process (pp. 470-483). Springfield, IL: Charles C. Thomas.

Glasser, W. (1981). *Stations of the mind.* New York, NY: Harper & Row.

Gloria, A. M., & Rodriguez, E. R. (2000). Counseling Latino university students: Psychosociocultural issues for consideration. *Journal of Counseling & Development, 78,* 145-154.

Glosoff, H., Herlihy, B., & Spence, E. B. (2000). Privileged communication in the counselor-client relationship. *Journal of Counseling and Development, 78,* 454-462.

Goldberg, R. (1992). Toward a model of vocational development of people with disabilities. *Rehabilitation Counseling Bulletin, 35*(3), 161-173.

Goldberg, R., Bigwood, A., MacCarthy, S., Donaldson, W., & Conrad, S. (1972). Vocational profile of patients awaiting and following renal transplantation. *Archives of Physical Medicine and Rehabilitation, 53,* 28-33.

Gomez, J., & Michaels, R. (1995). An assessment of burnout in human service providers. *Journal of Rehabilitation, 61*(1), 23-26.

Good Housekeeping. (1989). *The Good Housekeeping family health and medical guide.* New York, NY: Hearst Press.

Goodman, J. (1994). Career adaptability in adults: A construct whose time has come. *Career Development Quarterly, 43,* 74-84.

Goodman, J. (2001). Basic counseling skills. In D. Locke, J. Meyers, & E. Herr (Eds.), *The handbook of counseling* (pp. 237-256). Thousand Oaks, CA: Sage.

Goodyear, D. L., & Stude, E. W. (1975). Work performance: A comparison of severely disabled and non-disabled employees. *Journal of Applied Rehabilitation Counseling, 6,* 210-216.

Gottfredson, G., & Holland, J. (1996). *Dictionary of Holland occupational codes* (3rd ed.). Odessa, FL: Psychological Assessment Resources.

Grand, S. A., & Strohmer, D. C. (1983). Minority perceptions of the disabled. *Rehabilitation Counseling Bulletin, 27,* 117-119.

Granger, B., Baron, R., & Robinson, S. (1997). Findings from a national survey of job coaches and job developers about job accommodations arranged between employers and people with psychiatric disabilities. *Journal of Vocational Rehabilitation, 9,* 235-251.

Granovetter, M. (1979). Placement as brokerage information problems in the labor market for rehabilitation workers. In D. Vandergoot & J. D. Worrall (Eds.), *Placement in rehabilitation* (pp. 83-101). Baltimore, MD: University Park Press.

Green, J. W. (1995). *Cultural awareness in the human services: A multi-ethnic approach* (2nd ed.). Boston, MA: Allyn & Bacon.

Greenwood, R., Johnson, V., & Schriner, K. (1988). Employer perspectives on employerrehabilitation partnerships. *Journal of Applied Rehabilitation Counseling, 19*(1), 8–12.

Griffiths, J., Hatch, R. A., Bishop, J., Morgan, K., Jenkinson, C., Cuthbertson, B. H., & Brett, S. J. (2013). An exploration of social and economic outcome and associated health-related quality of life after critical illness in general intensive care unit survivors: A 12-month follow-up study. *Critical Care, 17*(3), R100. doi:10.1186/cc12745

Groomes, D., Shoemaker, M., Vandergoot, D., & Collins, S. (2015). Excellence is within your reach: The importance of planning for performance in the state-federal vocational rehabilitation program. *Journal of Rehabilitation, 81*(2), 29–46.

Grossman, H. (1995). *Educating Hispanic students: Implications for instruction, classroom management, counseling and assessment* (2nd ed.). Springfield, IL: Charles C Thomas.

Groth-Marnat, G. (1984). *Handbook of psychological assessment.* New York, NY: Van Nostrand Reinhold.

Grubbs, L. R., Cassell, J. L., & Mulkey, S. W. (2006). *Rehabilitation caseload management: Concepts and practice.* New York, NY: Springer.

Gruman, C., Shugrue, N., Koppelman, J., Schimmel, J., Porter, A., & Robison, J. (2014). The impact of benefits counseling and vocational rehabilitation on employment and earnings. *Journal of Rehabilitation, 80*(3), 21–29.

Hagner, D. (2003). Job development and job search assistance. In E. Szymanski & R. M. Parker (Eds.), *Work and disability* (2nd ed., pp. 343–372). Austin, TX: PRO-ED.

Hagner, D. (2010). Role of naturalistic assessment in vocational rehabilitation. *Journal of Rehabilitation, 76*, 28–34.

Hagner, D., Butterworth, J., & Keith, G. (1995). Strategies and barriers in facilitating natural supports for employment of adults with severe disabilities. *Journal of the Association of Persons With Severe Handicaps, 20*(2), 110–120.

Hagner, D., Fesko, S. L., Cadigan, M., Kiernan, W., & Butterworth, J. (1996). Securing employment: Job search and employer negotiation strategies in rehabilitation. In E. M. Szymanski & R. M. Parker (Eds.), *Work and disability* (pp. 309–340). Austin, TX: PRO-ED.

Hagner, D., Kurtz, A., May, J., & Cloutier, H. (2014). Person-centered planning for transition-aged youth with autism spectrum disorders. *Journal of Rehabilitation 80*(1), 4–10.

Hall, E. T. (1976a). *Beyond culture.* Garden City, NY: Anchor Press.

Hall, E. T. (1976b). How cultures collide. *Psychology Today, 10*, 66–74.

Hall, J., Kurth, N., & Hunt, S. (2013). Employment as a health determinant for working-age dually eligible people with disabilities. *Disability and Health Journal, 6*, 100–106.

Halpern, D. F. (2014). *Thought and knowledge: An introduction to critical thinking* (5th ed.). New York, NY: Psychology Press.

Hampton, N. Z. (2000). Meeting the unique needs of Asian Americans and Pacific Islanders with disabilities: A challenge to rehabilitation counselors in the 21st century. *Journal of Applied Rehabilitation Counseling, 31*, 40–46.

Hampton, N. Z. (2003). Asian Americans with disabilities: Access to education, health care, and rehabilitation services. In L. Zhan (Ed.), *Asian Americans: Vulnerable populations, model interventions, and clarifying agendas* (pp. 69–88). Boston, MA: Jones & Bartlett.

Hampton, N. Z., & Chang, V. (1999). Quality of life as defined by Chinese Americans with disabilities: Implications for rehabilitation services. *Journal of Applied Rehabilitation Counseling, 30*, 35–41.

Hanley-Maxwell, C., Bordieri, J., & Merz, M. A. (1996). Supporting placement. In E. M. Szymanski & R. M. Parker (Eds.), *Work and disability* (pp. 341–364). Austin, TX: PRO-ED.

Hanley-Maxwell, C., Maxwell, K., Fabian, E., & Owens, L. (2010). Supported employment. In E. Szymanski & R. Parker (Eds.), *Work and disability* (3rd ed., pp. 415–453). Austin, TX: PRO-ED.

Hanna, J., & Rogovsky, E. (1991). Women with disabilities: Two handicaps plus. *Disability, Handicap, and Society, 6*(1), 49–63.

Hanna K., & Guthrie, D. (2000). Adolescents' perceived benefits and barriers related to diabetes self-management? Part 1. *Issues in Contemporary Nursing, 23*, 165–174.

Hansen, R. (2003). *10 ways to develop job leads.* DeLand, FL: Quintessential Careers.

Harper, F. G. (2011). With all my relations: Counseling American Indians and Alaska natives within a familial context. *The Family Journal: Counseling and Therapy for Couples and Families, 19*, 434–442. doi:0.1177/1066480711419818

Harrington, P., Fogg, N., & McMahon, B. T. (2010). The impact of the Great Recession upon the unemployment of Americans with disabilities. *Journal of Vocational Rehabilitation 33*, 193–202.

Harrington, T., & O'Shea, A. (1984). *Guide for occupational exploration* (2nd ed.). Circle Pines, MN: American Guidance Service.

Hartigan, J., & Wigdor, A. (1989). *Fairness in employment testing: Validity generalizations, minority issues, and the GATB.* Washington, DC: National Academy Press.

Hartung, P. (2013). The life-span, life space theory of career. In S. Brown & D. Lent (Eds.), *Career development and counseling* (2nd ed., pp. 83–114). Hoboken, NJ: John Wiley.

Hartung, P., Savickas, M., & Walsh, B. (2014). *Handbook of career interventions.* San Francisco, CA: American Psychological Association Press.

Haynes, G. W., Haynes, D. C., & Smith, V. (2002). Poverty status and substance abuse treatment need on Native American reservations. *Consumer Interests Annual, 48*, 1–14.

Hays, K. (2015). Black churches' capacity to respond to the mental health needs of African Americans. *Social Work & Christianity, 42*, 298-312.

Hays, P. (1996). Addressing the complexities of culture and gender in counseling. *Journal of Counseling and Development, 74,* 332-337.

Head, L., & Abbeduto, L. (2007). Recognizing the role of parents in developmental outcomes: A systems approach to evaluating the child with developmental disabilities. *Mental Retardation and Developmental Disabilities Research Reviews, 13*, 293-301.

Heinrich, R. K., Corbine, J. L., & Thomas, K. R. (1990). Counseling Native Americans. *Journal of Counseling and Development, 69*, 128-133.

Heinssen, R., Levendusky, P., & Hunter, R. (1995). Client as colleague: Therapeutic contracting with the seriously mentally ill. *American Psychologist, 50*(7), 522-531.

Hendricks, D. J., Sampson, E., Rumrill, P., Leopold, A., Elias, E., Jacobs, K., . . . Stauffer, C. (2015). Activities and interim outcomes of a multi-site development project to promote cognitive support technology use and employment success among postsecondary students with traumatic brain injuries. *Neurorehabilitation, 37*, 449-458.

Henke, R. O., Connolly, S. G., & Cox, J. G. (1975). Caseload management: The key to effectiveness. *Journal of Applied Rehabilitation Counseling, 6*, 217-227.

Heppner, P., & Krauskopf, C. (1987). An information processing approach to personal problem solving. *The Counseling Psychologist, 15*, 371-447.

Heppner, P., Wampold, B., Owen, J., Thompson, M., & Wang, K. (2015). *Research design in counseling* (4th ed.) Independence, KY: Cengage Learning.

Herbert, J. T. (1989). Assessing the need for family therapy: A primer for rehabilitation counselors. *Journal of Rehabilitation*, 55(1), 45-51.

Hernandez, B. (2009). The Disability and Employment Survey: Assessing employment concerns among people with disabilities and racial minorities. *Journal of Applied Rehabilitation Counseling, 40*(1), 4-13.

Hernandez, B., Keys, C., & Balcazar, F. (2000). Employer attitudes toward workers with disabilities and their ADA employment rights: A literature review. *Journal of Rehabilitation*, 66(4), 4-16.

Herr, E. (1987). Education and preparation for work: Contributions of career education and vocational education. *Journal of Career Development, 13,* 16-30.

Herring, R. D. (1994). The clown or contrary figure as a counseling intervention strategy with Native American Indian clients. *Journal of Multicultural Counseling and Development,* 22, 153-164.

Herring, R. D. (1998). Native American Indian college students: Implications for college counseling practice. *Journal of College Counseling,* 1, 169-180.

Hershenson, D. (1988). Along for the ride: The evaluation of rehabilitation counselor education.

Rehabilitation Counseling Bulletin, 31, 204–217.

Hershenson, D. (1996). A systems reformulation of a developmental model of work adjustment. *Rehabilitation Counseling Bulletin, 40*, 2–9.

Hershenson, D. (1998). A systemic, ecological model for rehabilitation counseling. *Rehabilitation Counseling Bulleting, 42*, 40–50.

Hershenson, D. (2005). INCOME: A culturally inclusive and disability-sensitive framework for ongoing career development concepts and interventions. *The Career Development Quarterly, 54*, 150–161.

Hershenson, D. (2010). Career counseling with diverse populations: Models, interventions, and applications. In E. Szymanski & R. Parker (Eds.), *Work and disability* (3rd ed., pp. 163–202). Austin, TX: PRO-ED.

Hershenson, D. (2015). The Individual Plan for Retirement: A missing part of plan development with older consumers. *Rehabilitation Counseling Bulletin, 59*, 9–19.

Herskovits, M. J. (1941). *The myth of the Negro past.* Boston, MA: Beacon Press.

Hesketh, B., & Dawis, R. (1991). The Minnesota theory of work adjustment: A conceptual framework. In B. Hesketh & A. Adams (Eds.), *Psychological perspectives on occupational health and rehabilitation* (pp. 1–16). New York, NY: Harcourt Brace Jovanovich.

Heward, W. (2006). *Exceptional children: An introduction to special education* (8th ed.). Upper Saddle River, NJ: Pearson/Merrill/Prentice Hall.

Highlen, P. S., & Baccus, G. K. (1977). Effect of reflection of feeling and probe on client self-referenced affect. *Journal of Counseling Psychology, 24*, 440–443.

Hill, C. E., & Gormally, J. (1977). Effects of reflection, restatement, probe, and nonverbal behavior on client affect. *Journal of Counseling Psychology, 24*, 92–97.

Hill, N. R. (2003). Promoting and celebrating multicultural competence in counselor trainees. *Counselor Education and Supervision, 43*, 39–49.

Hill, R. B. (1993). *Research on the African American family: A holistic perspective.* Westport, CT: Auburn House.

Hill, R. B. (1971). *The strengths of Black families.* New York, NY: Emerson Hall.

Hinkle, J. S. (1994). Practitioners and cross-cultural assessment: A practical guide to information and training. *Measurement and Evaluation in Counseling and Development, 27*, 103–115.

Hobfoll, S., Schwarzer, R., & Koo Chon, K. (1998). Disentangling the stress labyrinth: Interpreting the meaning of the term stress as it is studied in a health context. *Anxiety, Stress, and Coping, 11*, 181–212.

Holland, J. L., & Messer, M. A. (2013). *The self-directed search* (5th ed., Form R). Odessa, FL: Psychological Assessment Resources.

Homa, D., & DeLambo, D., (2014). Vocational assessment and job placement. In R. Escorpizo, S.

418

Brage, D. Homa, & G. Stucki (Eds.), *Handbook of vocational rehabilitation and disability evaluation* (pp. 161–186). Basel, Switzerland: Springer International.

Hong, G. (1993). Contextual factors in psychotherapy with Asian Americans. In J. L. Chin, J. H. Liem, M. D. Ham, & G. Gong (Eds.), *Transference and empathy in Asian American psychotherapy: Cultural values and treatment needs* (pp. 3–14). Westport, CT: Greenwood Press.

Hornby, G., & Seligman, M. (1991). Disability and the family: Current status and future developments. *Counseling Psychology Quarterly, 4*, 267–271.

Hsieh, M. (1995). *Sociocultural factors influencing career indecision of Asian/Asian-American female college students: A cross-cultural comparison* (Doctoral dissertation, the University of Utah). Dissertation Abstracts International, A4325.

Huang, K. (1991). Chinese Americans. In N. Mokuau (Ed.), *Handbook of social services for Asian and Pacific Islanders* (pp. 79–96). Westport, CT: Greenwood Press.

Hunn, V. L., & Craig, C. D. (2009). Depression, sociocultural factors, and African American women. *Journal of Multicultural Counseling and Development, 37*, 83–93.

Hunter, D., & Sawyer, C. (2006). Blending Native American spirituality with individual psychology in work with children. *The Journal of Individual Psychology, 62*, 234–250.

Hyde, A., & Goldman, C. (1993). Common family issues that interfere with the treatment and rehabilitation of people with schizophrenia. *Psychosocial Rehabilitation Journal, 16*(4), 63–74.

Hylbert, K., Sr., & Hylbert, K., Jr. (1979). *Medical information for human service workers* (2nd ed.). State College, PA: Counselor Education Press.

Indian Health Service (2016). *Disparities*. Retrieved from https://www.ihs.gov/newsroom/factsheets/disparities/

Isett, R., & Roszkowski, M. (1979). Consumer preferences for psychological report contents in a residential school and center for the mentally retarded. *Psychology in the Schools, 16*, 402–407.

Ivey, A. (1971). *Microcounseling: Innovations in interviewing training*. Springfield, IL: Charles C. Thomas.

Ivey, A. E., Ivey, M. B., & Zalaquett, C. P. (2010). *Intentional interviewing and counseling: Facilitating client development in a multicultural society* (7th ed.). Belmont, CA: Brooks/Cole.

Jackson, T. (1991). *Guerrilla tactics in the new job market*. New York, NY: Doubleday.

Jacques, M. E., Burleigh, D. L., & Lee, G. (1973). Reactions to disabilities in China: A comparative, structural, and descriptive analysis. *Rehabilitation Counseling Bulletin, 16*, 206–217.

Jagger, L., Neukrug, E., & McAuliffe, G. (1992). Congruence between personality traits and chosen occupation as a predictor of job satisfaction for people with disabilities. *Rehabilitation Counseling Bulletin, 36,* 53-60.

James, W. H., & Hastings, J. F. (1993). Cross-cultural counseling: A systematic approach to understanding the issues. *International Journal for the Advancement of Counseling, 16,* 319-332.

Jamison, R., & Virts, R. (1989). The influence of family support on chronic pain. *Behavioral Research and Therapy, 28,* 283-287.

Janis, I., & Mann, L. (1977). *Decision-making.* New York, NY: Free Press.

Jegatheesan, B. (2009). Cross-cultural issues in parent-professional interactions: A qualitative study of perceptions of Asian American mothers of children with developmental disabilities. *Research & Practice for Persons with Severe Disabilities, 34,* 123-136.

Jennings, M., & Shaw, L. (2008). Impact of hearing loss in the workplace: Raising questions about partnerships with professionals. *Work, 30*(3), 289-295.

Job Accommodation Network. (2015). *Workplace accommodations: Low cost, high impact.* Retrieved from http://AskJAN.org/media/lowcosthighimpact.html

Joe, J. R., & Malach, R. S. (1992). Families with Native American roots. In E. W. Lynch & M. S. Hanson (Eds.), *Developing cross-cultural competence: A guide for working with young children and their families* (pp. 89-119). Baltimore, MD: Brookes Press.

Johnson, E. K. (2016). Perspectives on work for people with epilepsy. In I. Schultz & R. Gatchel (Eds.), *Handbook of return to work: From research to practice* (pp. 617-632). New York, NY: Springer.

Johnson, K., Amtmann, D., Klasner, E., & Kuehn, C. (2004). Medical, psychological, social, and programmatic barriers to employment for people with multiple sclerosis. *Journal of Rehabilitation, 70*(1), 38-49.

Johnson, M. (1993). *Moral imagination.* Chicago, IL: The University of Chicago Press.

Johnson, V., Greenwood, R., & Schriner, K. (1988). Work performance and work personality: Employers' concerns about workers with disabilities. *Rehabilitation Counseling Bulletin, 32*(1), 50-57.

Jome, L., & Phillips, S. (2013). Interventions to aid job finding and choice implementation. In S. Brown & D. Lent (Eds.), *Career development and counseling* (2nd ed., pp. 595-620). Hoboken, NJ: John Wiley.

Kadushin, A. (1972). *The social work interview.* New York, NY: Columbia University Press.

Kalb, R. (2016). Living with multiple sclerosis: The psychosocial challenges for patients and their families. In B. Giesser (Ed.), *Primer on multiple sclerosis* (2nd ed., pp. 483-498). New York, NY: Oxford University Press.

Kaplan, R. M., & Saccuzzo, D. P. (2013). *Psychological testing: Principles, applications, and issues* (8th ed.). Belmont, CA: Wadsworth Cengage Learning.

Kasturirangan, A., & Williams, E. N. (2003). Counseling Latina battered women: A qualitative study of the Latina perspective. *Journal of Multicultural Counseling and Development, 31,* 162–178.

Kaufman, A. S. (2004). *Kaufman brief intelligence test: KBIT2 manual.* New York, NY: Pearson

Keller, J., & McDade, K. (1997). Cultural diversity and help-seeking behavior: Sources of help and obstacles to support for parents. *Journal of Multicultural Social Work, 5,* 63–78.

Kelley, S., & Lambert, S. (1992). Family support in rehabilitation: A review of research, 1980–1990. *Rehabilitation Counseling Bulletin, 36,* 98–119.

Kenexa IBM (2017). Kenexa prove it! (data entry alpha numeric test). Retrieved May 19, 2017, from https://www-01.ibm.com/software/smarterworkforce/products.html [for employer]; https://www.jobtestprep.com/kenexa-test?gclid=CJfpoa2o-tMCFZWHa Qodgcw Krg [pre-employment].

Kenney, M. K., & Thierry, J. (2014). Chronic conditions, functional difficulties, and disease burden among American Indian/Alaska Native Children with special health care needs, 2009–2010. *Maternal and Child Health Journal, 18,* 2071–2079. doi:10.1007/s10995-014-1454-7

Kim, B. S. K., & Abreu, J. M. (2001). Acculturation measurement: Theory, current instruments, and future directions. In J. Ponterotto, J. M. Casas, L. A. Suzuki, & C. M. Alexander (Eds.), *Handbook of multicultural counseling* (2nd ed., pp. 394–424). Thousand Oaks, CA: Sage.

Kim, B. S. K., & Park, Y. S. (2015). Communication styles, cultural values, and counseling effectiveness with Asian Americans. *Journal of Counseling & Development, 93,* 269–279. doi:10.1002/jcad.12025

Kim, H. C. (1994). *A legal history of Asian Americans, 1790–1990.* Westport, CT: Greenwood Press.

Kim, Y. O. (1995). Cultural pluralism and Asian Americans: Culturally sensitive social work practice. *International Social Work, 38*(1), 69–78.

King, S., Teplicky, R., King, G., & Rosenbaum, P. (2004). Family-centered services for children with cerebral palsy and their families: A review of the literature. *Seminars in Pediatric Neurology, 11,* 76–86.

Kirchman, M. (1986). Measuring the quality of life. *The Occupational Therapy Journal of Research, 6*(1), 21–31.

Kirsch, B. (2000). Work, workers, and workplaces: A qualitative analysis of narratives of mental health consumers. *Journal of Rehabilitation, 66*(4), 24–30.

Kitano, H., & Daniels, R. (1995). *Asian Americans: Emerging minorities* (2nd ed.). Upper Saddle River, NJ: Prentice Hall.

Koch, L., & Rumrill, P. (2016). *Rehabilitation counseling and emerging disabilities: Medical, psychosocial, and vocational aspects.* New York, NY: Springer.

Koch, L., Rumrill, P., Roessler, R., & Fitzgerald, S. (2001). Illness and demographic correlates of quality of life among people with multiple sclerosis. *Rehabilitation Psychology, 46*(2), 154–164.

Kolehmainen, N., Francis, J., Duncan, E., & Fraser, C. (2010). Community professionals management of client care: A mixed methods systematic review. *Journal of Health Services Research and Policy, 15*(1), 47–55.

Kooser, C. (2013). Hearing loss and employment in the United States. *Work, 46*(2), 181–186.

Kosciulek, J. (2003). An empowerment approach to career counseling with people with disabilities. In N. Gysbers, M. Heppner, & J. Johnston (Eds.), *Career counseling: Process, issues, and techniques* (2nd ed., pp. 139–153). Boston, MA: Allyn & Bacon.

Kosciulek, J. (2004a). Family counseling. In F. Chan, N. Bervin, & K. Thomas (Eds.), *Counseling theories and techniques for rehabilitation health professionals* (pp. 264–281). New York, NY: Springer.

Kosciulek, J. (2004b). Research applications of the longitudinal study of the vocational rehabilitation services program. *Rehabilitation Counseling Bulletin, 47,* 173–180.

Kosciulek, J. (2004c). Theory of informed consumer choice in vocational rehabilitation. *Rehabilitation Education, 18,* 3–12.

Kosciulek, J. (2005). Structural equation model of the consumer-directed theory of empowerment in a vocational rehabilitation context. *Rehabilitation Counseling Bulletin, 49,* 40–49.

Kosciulek, J. (2007). The social context of coping. In E. Martz & H. Livneh (Eds.), *Coping with chronic illness and disability* (pp. 73–88). New York, NY: Springer.

Kosciulek, J., & Wheaton, J. (2003). Rehabilitation counseling with individuals with disabilities: An empowerment framework. *Rehabilitation Education, 17,* 207–214.

Krause, J., & Crewe, N. (1987). Prediction of long-term survival of persons with spinal cord injury. *Rehabilitation Psychology, 32*(4), 205–214.

Krause, N., Lynch, J., Kaplan, G., Cohen, R., Goldberg, D., & Salonen, J. (1997). *Scandinavian Journal of Work Environment and Health, 23,* 403–413.

Krogstad, J. M. (2014). *One-in-four Native Americans and Alaska Natives are living in poverty.* Retrieved from http://www.pewresearch.org/fact-tank/2014/06/13/1-in-4-native-americans-and-alaska-natives-are-living-in-poverty/

Kunce, J. (1969). Vocational interest, disability, and rehabilitation. *Rehabilitation Counseling Bulletin, 12,* 204–210.

Kunce, J., & Angelone, E. (1990). Personality characteristics of counselors: Implications for rehabilitation counselor roles and functions. *Rehabilitation Counseling Bulletin, 34*(1), 4–15.

Kung, W. W. (2003). Chinese Americans' help seeking for emotional distress. *Social Service*

Review, 77, 110-134.

LaCrosse, M. B. (1975). Nonverbal behavior and perceived counselor attractiveness and persuasiveness. *Journal of Counseling Psychology, 22,* 536-566.

LaFromboise, T. D., Trimble, J. E., & Mohatt, G. V. (1990). Counseling intervention and American Indian tradition: An integrative approach. *The Counseling Psychologist, 18,* 628-654.

Landefeld, J. (1975). Speaking therapeutically. *Human Behavior, 9,* 56-59.

Landen, M., Roeber, J., Naimi, T., Nielsen, L., & Sewell, M. (2014). Alcohol-attributable mortality among American Indians and Alaska Natives in the United States, 1999-2009. *American Journal of Public Health, 104,* S343-S349. doi:10.2105/AJPH.2013.301648

Landy, F. (1985). *Psychology of work behavior.* Homewood, IL: Dorsey.

Langton, A., & Ramseur, H. (2001). Enhancing employment outcomes through job accommodation and assistive technology resources and services. *Journal of Vocational Rehabilitation, 16,* 27-37.

Lassiter, S. M. (1995). *Multicultural clients: A professional handbook for health care providers and social workers.* Westport, CT: Greenwood.

Law, M., Hanna, S., King, G., Hurley, P., King, S., Kertoy, M., & Rosenbaum, P. (2003). Factors affecting family-centered service delivery for children with disabilities. *Child: Care, Health and Development, 29,* 357-366.

Leahy, M. J., Chan, F., & Saunders, J. L. (2003). Job functions and knowledge requirements of certified rehabilitation counselors in the 21st century. *Rehabilitation Counseling Bulletin, 46*(2), 66-81.

Leahy, M., Chan, F., Shaw, L., & Lui, J. (1997). Preparation of rehabilitation counselors for case management practice in health care settings. *Journal of Rehabilitation, 63*(3), 53-59.

Leahy, M. J., Chan, F., Sung, C., & Kim, M. (2013). Empirically derived test specifications for the certified rehabilitation counselor examination. *Rehabilitation Counseling Bulletin, 56*(4), 199-214. doi:10.1177/0034355212469839

Leahy, M., Shapson, P., & Wright, G. (1987). Rehabilitation practitioner competencies by role and setting. *Rehabilitation Counseling Bulletin, 31*(2), 119-130.

Leahy, M., Szymanski, E., & Linkowski, D. (1993). Knowledge importance in rehabilitation counseling. *Rehabilitation Counseling Bulletin, 37*(2), 130-145.

Lee, S. Y., Martins, S. S., & Lee, H. B. (2015). Mental disorders and mental health service use across Asian American subethnic groups in the United States. *Community Mental Health Journal, 51,* 153-160. doi:10.1007/s10597-014-9749-0

Lehman, A. (1983). The well-being of chronic mental patients. *Archives of General Psychiatry, 40,* 369-373.

Lehman, A., Ward, N., & Linn, L. (1982). Chronic mental patients: The quality of life issue.

American Journal of Psychiatry, 139, 1271-1276.

Lengnick-Hall, M., Gaunt, P., & Collison, J. (2003). *Employer incentives for hiring individuals with disabilities.* Alexandria, VA: Society for Human Resource Management.

Lent, R. (2013). Social cognitive career theory. In S. Brown & R. Lent (Eds). *Career development and counseling: Putting theory and research to work* (pp. 115-146). Hoboken, NJ: John Wiley.

Leong, F. T. (1986). Counseling and psychotherapy with Asian Americans: Review of the literature. *Journal of Counseling Psychology, 33,* 196-206.

Leslie, M., Kinjanui, B., Bishop, M., Rumrill, P., & Roessler, R. (2015). Patterns in workplace accommodations for people with multiple sclerosis to overcome cognitive and other disease-related limitations. *Neurorehabilitation, 37,* 425-436.

Leung, P., & Sakata, R. (1988). Asian Americans and rehabilitation: Some important variables. *Journal of Applied Rehabilitation Counseling, 19*(4), 16-20.

Lewis, F., Hinman, S., & Roessler, R. (1988). Assessing TBI client's work adjustment skills: The work performance assessment (WPA). *Rehabilitation Psychology, 4,* 213-220.

Lewis, R. (1998). Assistive technology and learning disabilities: Today's realities and tomorrow's promises. *Journal of Learning Disabilities, 31*(1), 16-26.

Li, D. J. (1965). *Ageless Chinese: A history.* New York, NY: Charles Scribner's Sons.

Liem, J. H. (1993). Linking theory and practice. In J. L. Chin, J. H. Liem, M. D. Ham, & G. Hong (Eds.), *Transference and empathy in Asian American psychotherapy: Cultural values and treatment needs* (pp. 121-137). Westport, CT: Greenwood.

Lindenberg, R. (1980). Work with families in rehabilitation. In P. Power & A. Dell Orto (Eds.), *Role of the family in the rehabilitation of the physically disabled* (pp. 516-525). Austin, TX: PRO-ED.

Lindsay, S., King, G., Klassen, A., Esses, V., & Stachel, M. (2012). Working with immigrant families raising a child with a disability: Challenges and recommendations for health care and community service providers. *Disability and Rehabilitation, 34,* 2007-2017.

Lindstrom, L., Kahn, L. G., & Lindsey, H. (2013). Navigating the early years: Barriers and strategies for young adults with disabilities. *Journal of Vocational Rehabilitation, 39*(1), 1-12.

Littlejohn-Blake, S. M., & Darling, C. A. (1993). Understanding the strengths of African American families. *Journal of Black Studies, 23,* 460-471.

Livneh, H. (1986). A unified approach to existing models of adaptation to disability: Part I-A model adaptation. *Journal of Applied Rehabilitation Counseling, 17*(1), 5-16.

Livneh, H. (1992). A preliminary model for classifying functional limitations. *Rehabilitation Education, 6,* 319-334.

Livneh, H. (2016). Quality of life and coping with chronic illness and disability: A temporal perspective. *Rehabilitation Counseling Bulletin, 59*(2), 67-83. doi:10.1177/003435 5215575180

Locke, D. C. (1992). *Increasing multicultural understanding: A comprehensive model.* Newbury Park, CA: Sage.

Locke, E., Saari, L., Shaw, K., & Latham, G. (1981). Goal setting and task performance: 1969-1980. *Psychological Bulletin, 90*, 125-152.

Loo, C., Tong, B., & True, R. (1989). A bitter bean: Mental health status and attitudes in Chinatown. *Journal of Community Psychology, 17*, 283-296.

Lopez, S. (1981). Mexican-American usage of mental health facilities: Underutilization considered. In A. Baron (Ed.), *Explorations in Chicano psychology* (pp. 139-164). New York, NY: Praeger Press.

Lott, J. T. (1997). *Asian Americans: From racial category to multiple identities.* Walnut Creek, CA: Altamira Press.

Louis Harris & Associates. (1987). *The ICD Survey II: A nationwide survey of 920 employers.* New York, NY: International Center for the Disabled.

Lowe, J. (2000). Balance and harmony through connectedness: The intentionality of Native American nurses. *Holistic Nursing Practice, 16*(4), 4-11.

Lowrey, L. (1987). Rehabilitation relevant to culture and disability. *Journal of Visual Impairment and Blindness, 81*(4), 162-164.

Luecking, R., & Mooney, M. (2002). Tapping employment opportunities for youth with disabilities by engaging effectively with employers. *Research to Practice Brief, 1*(3), 1-6.

Lustig, D., & Strauser, D. (2008). The relationship between degree type, certification status, and years of employment and the amount of time spent on rehabilitation counseling tasks in state-federal rehabilitation. *Rehabilitation Counseling Bulletin, 52*(1), 28-34.

Lustig, D. C., & Strauser, D. R. (2009). Rehabilitation counseling graduate students' preferences for employment: Agreement between actual and perceived job tasks of state-federal vocational rehabilitation counselors. *Rehabilitation Counseling Bulletin, 52*(3), 179-188.

Lyles, M. R. (1992). Mental health perceptions of Black pastors: Implications for psychotherapy with Black patients. *Journal of Psychology and Christianity, 2*, 368-377.

Lynch, E. W. (1992). Developing cross-cultural competence. In E. W. Lynch & M. J. Hanson (Eds.), *Developing cross cultural competence: A guide for working with young children and their families* (pp. 35-59). Baltimore, MD: Brookes Press.

MacDonald-Wilson, K., Rogers, S., & Massaro, J. (2003). Identifying relationships between functional limitations, job accommodations, and demographic characteristics of persons with psychiatric disabilities. *Journal of Vocational Rehabilitation, 18*, 15-24.

Mace, R. (1980). *Focus on research: Recreation for disabled individuals.* Washington, DC: George

Washington University, Regional Rehabilitation Research Institute.

Mackenzie, A. (1990). *The time trap.* New York, NY: American Management Association.

Maes, B., Broekman, T. G., Dosen, A., & Nauts, J. (2003). Caregiving burden of families looking after persons with intellectual disability and behavioural or psychiatric problems. *Journal of Intellectual Disability Research, 47,* 447–455.

Mager, R. (1984). *Goal analysis* (2nd ed.). Belmont, CA: Fearon Press.

Maki, D., Pape, D., & Prout, H. (1979). Personality evaluation: A tool of the rehabilitation counselor. *Journal of Applied Rehabilitation Counseling, 10,* 119–123.

Malgady, R. G., & Rogler, L. H. (1987). Ethnocultural and linguistic bias in mental health evaluation of Hispanics. *American Psychologist, 42,* 228–234.

Maples, M. F., Dupey, P., Torres-Rivera, E., Phan, L. T., Linwood, V., & Garrett, M. T. (2001). Ethnic diversity and the use of humor in counseling: Appropriate or inappropriate? *Journal of Counseling and Development, 79,* 53–60.

Marbley, A. F., & Rouson, L. (2011). Indigenous systems within the African-American Community. *Multicultural Education, 18,* 2–9. Retrieved from http://files.eric.ed.gov/ fulltext/EJ963743. pdf

Marin, G. (1994). The experience of being a Hispanic in the United States. In W. Lonner & R. Malpass (Eds.), *Psychology and culture* (pp. 23–27). Boston, MA: Allyn & Bacon.

Marini, I., & Stebnicki, M. (2012). *The psychological and social impact of illness and disability* (6th ed.). New York, NY: Springer.

Marrone, J., Gandolfo, C., Gold, M., & Hoff, D. (1998). Just doing it: Helping people with mental illness get good jobs. *Journal of Applied Rehabilitation Counseling, 29*(1), 37–48.

Marsella, A. J. (1993). Vietnamese Americans. In N. Mokuau (Ed.), *Handbook of social services for Asian and Pacific Islanders* (pp. 117–130). Westport, CT: Greenwood Press.

Marsh, D. (1992). *Families and mental illness: New directions in professional practice.* New York, NY: Praeger Press.

Marshak, L., & Seligman, M. (1993). *Counseling persons with physical disabilities.* Austin, TX: PRO-ED.

Marshall, C. A., Largo, J., & Hoskie, R. (1999). Disability and rehabilitation: A context for understanding the American Indian experience. *Lancet, 354,* 758–760.

Marshall, C. A., Martin, W. E., Thomason, T. C., & Johnson, M. J. (1991). Multiculturalism and rehabilitation counselor training: Recommendations for providing culturally appropriate counseling services to American Indians with disabilities. *Journal of Counseling and Development, 70,* 225–234.

Martin, A. H. (2003). Ethnic differences among patients with chronic heart failure. *Dimensions of Critical Care Nursing, 22,* 274.

Martin, W. (1991). Career development and American Indians living on reservations: Cross-cultural factors to consider. *The Career Development Quarterly, 39,* 273-283.

Martin, W. E., Frank, L. W., Minkler, S., & Johnson, M. (1988). A survey of vocational rehabilitation counselors who work with American Indians. *Journal of Applied Rehabilitation Counseling, 19*(4), 29-34.

Martin, W., & Swartz, J. (1996). Inclusion of cultural and contextual differentials in the rehabilitation assessment and placement process. *Journal of Job Placement, 2*(1), 23-27.

Martz, E., & Livneh, H. (Eds.). (2007). *Coping with chronic illness and disability.* New York, NY: Springer.

Mary, N. L. (1990). Reactions of Black, Hispanic, and White mothers to having a child with handicaps. *Mental Retardation, 28,* 1-5.

Mathews, S., & Fawcett, S. (1984). Building the capacities of job candidates through behavioral instruction. *Journal of Community Psychology, 12,* 123-129.

May, P. (1982). Substance abuse and American Indians: Prevalence and susceptibility. *The International Journal of the Addictions, 17*(7), 1201.

McAdoo, H. P. (Ed.). (1981). *Black families.* Beverly Hills, CA: Sage.

McCarthy, A. (2014). Relationships between rehabilitation counselor efficacy for counseling skills and client outcomes. *Journal of Rehabilitation, 80*(2), 3-11.

McClanahan, M. L., & Sligar, S. R. (2015). Adapting to WIOA 2014: Minimum education requirements for vocational rehabilitation counselors. *Journal of Rehabilitation, 81*(3), 3.

McDavis, R. J., Parker, W. M., & Parker, W. J. (1995). Counseling African Americans. In N. Vacc, S. Devaney, & S. Wittner (Eds.), *Experiencing and counseling multicultural and diverse populations* (pp. 217-250). London, UK: Accelerated Development.

McGinley, H., LeFevre, R., & McGinley, P. (1975). The influence of a communicator's body position on opinion change in others. *Journal of Personality and Social Psychology, 31,* 686-690.

McGowan, J. F., & Porter, T. L. (1967). *An introduction to the vocational rehabilitation process.* Washington, DC: Department of Health, Education and Welfare, Vocational Rehabilitation Administration.

McMahon, B. (1979). A model of vocational redevelopment for the mid-career physically disabled. *Rehabilitation Counseling Bulletin, 23,* 35-47.

McMahon, B., West, S. L., Mansouri, M., & Belonia, L. (2006). Workplace discrimination and diabetes. In B. McMahon (Ed.), *Workplace discrimination and disability* (pp. 37-48). Richmond, VA: Virginia Commonwealth University.

McRae, M. B., Thompson, D. A., & Cooper, S. (1999). Black churches as therapeutic groups. *Journal of Multicultural Counseling and Development, 27* (4), 207-220.

McRoy, R. G. (1990). A historical overview of Black families. In S. M. L. Logan, E. M. Freeman, & R.

G. McRoy (Eds.), *Social work practice with Black families: A culturally specific perspective* (pp. 3-17). White Plains, NY: Longman Press.

McWhirter, J. J., & Ryan, C. A. (1991). Counseling the Navajo: Cultural understanding. *Journal of Multicultural Counseling and Development, 19,* 75-82.

Means, C., Stewart, S., & Dowler, D. (1997). Job accommodations that work: A follow-up study of adults with attention deficit disorder. *Journal of Applied Rehabilitation Counseling, 28*(3), 13-17.

Merriman, J. (2015). Prevention-based training for licensed professional counselor interns. *Journal of Professional Counseling: Practice, Theory & Research, 42*(1), 40-53.

Miller, J. (2000). *Coping with chronic illness.* Philadelphia, PA: Davis Press.

Miller, L. (1972). Resource-centered counselor-client interaction in rehabilitation settings. In J. Bozarth (Ed.), *Models and functions of counseling for applied settings and rehabilitation workers.* Fayetteville, AR: University of Arkansas, Arkansas Rehabilitation Research and Training Center in Vocational Rehabilitation.

Miller, L., & Roberts, R. (1979). Unmet counselor needs from ambiguity to the Zeigarnik effect. *Journal of Applied Rehabilitation Counseling, 10,* 60-65.

Millington, M., Miller, D., Asner-Self, K., & Linkowski, D. (2003). The business perspective on employers, disability, and vocational rehabilitation. In E. Szymanski & R. Parker (Eds.), *Work and disability* (2nd ed., pp. 317-342). Austin, TX: PRO-ED.

Minton, E. (1977). Job placement: Strategies and techniques. *Rehabilitation Counseling Bulletin, 21,* 141-149.

Miville, M. L., & Constantine, M. G. (2007). Cultural values, counseling stigma, and intentions to seek counseling among Asian American college women. *Counseling and Values, 52,* 2-11.

Moore, C., Ferrin,J., Haysbert, N., Brown, S., Cooper, P., Deibel, J., . . . Cantrell, C. (2009). Employment rates of African American versus White consumers of vocational rehabilitation services: A meta-analysis. *Rehabilitation Counseling Bulletin, 40,* 4-10.

Moreau, K., & Cousins, J. (2014). Making program evaluation activities family centered: A qualitative study. *Disability and Rehabilitation, 36,* 948-958.

Morris, J. R., & Robinson, D. T. (1996). Community and Christianity in the Black church. *Counseling and Values, 41,* 59-69.

Morrow, R. D. (1987). Cultural differences–be aware! *Academic Therapy, 23*(2), 143-149.

Mueller, J. (1990). *The workplace workbook: An illustrated guide to job accommodation and assistive technology.* Washington, DC: Dole Foundation.

Mullahy, C. M. (1995). *The case manager's handbook.* Gaithersburg, MD: Aspen.

Mullins, J., Rumrill, P., & Roessler, R. (1995). The role of the rehabilitation placement professional in the ADA era. *Work: A Journal of Prevention, Assessment and Rehabilitation, 6,* 3-10.

Mund, S. (1981). Creativity and innovation in vocational rehabilitation counseling. *Journal of Applied Rehabilitation Counseling, 12*, 32–35.

Murase, K. (1992). Models of service delivery in Asian American communities. In S. M. Furuto, R. Biswas, D. K. Chung, K. Murase, & F. Ross–Sheriff (Eds.), *Social work practice with Asian Americans* (pp. 101–120). Newbury Park, CA: Sage.

Murdick, N. L., Gartin, B. C., & Arnold, M. B. (1994). A method for the reduction of bias in educational assessment. *Journal of Instructional Psychology, 21*(1), 83–89.

Murphy, G., & King, N. (2007). Clinical data indicating the need for greater involvement of behaviorally oriented psychologists in the design and delivery of rehabilitation services. *The Behavior Analyst Today, 8*, 273–283.

Murphy, S. (1988). Counselor and client views of vocational rehabilitation success and failure: A qualitative study. *Rehabilitation Counseling Bulletin, 31*(3), 185–197.

Murray, T. J. (2016). The history of multiple sclerosis: From the age of description to the age of therapy. In B. Giesser (Ed.), *Primer on multiple sclerosis* (2nd ed., pp. 3–10). New York, NY: Oxford University Press.

Muthard, J. E., & Salomone, P. R. (1969). The roles and functions of the rehabilitation counselor. *Rehabilitation Counseling Bulletin, 13*(Special issue).

Nagi, S. (1969). *Disability and rehabilitation.* Columbus, OH: Ohio University Press.

Nardone, A., Sampson, E., Stauffer, C., Leopold, A., Jacobs, K., Hendricks, D., . . . Rumrill, P. (2015). Project Career: A qualitative examination of five college students with traumatic brain injuries. *Neurorehabilitation, 37*, 459–469.

Nary, D., White, G., Budde, J., & Yen Vo, H. (2004). Identifying the employment and vocational rehabilitation concerns of people with traditional and emerging disabilities. *Journal of Vocational Rehabilitation, 20*, 71–77.

National Center for O*NET Development (2001). *O*NET interest profiler.* U.S. Department of Labor, Washington, D.C.

National Congress of American Indians (n.d.). *Tribal Nations and the United States.* Retrieved from https://view.publitas.com/ncai/tribal-nations-and-the-united-states-an-introduction/page/1

National Organization on Disability. (1998). *Closing the gaps: 1998.* Washington, DC: Author.

National Organization on Disability. (2002). *Closing the gap.* Washington, DC: Author.

National Organization on Disability. (2004). *The 2004 N.O.D./Harris Survey of Americans with disabilities.* Washington, DC: Author.

National Organization on Disability. (2010). *The ADA, 20 years later: Survey of Americans with disabilities.* Washington, DC: Kessler Foundation/National Organization on Disability.

Nauta, M. (2013). Holland's theory of vocational choice and adjustment. In S. Brown & D. Lent (Eds.), *Career development and counseling* (2nd ed., pp. 55–82). Hoboken, NJ: John Wiley.

Nayeri, N., Mohammadi, S., Razi, S., & Kazemnejad, A. (2014). Investigating the effects of a family-centered care program on stroke patients' adherence to their therapeutic regimens. *Contemporary Nurse, 47*(1/2), 88–96.

Neath, J., Roessler, R., McMahon, B. & Rumrill, P. (2007). Patterns in perceived employment discrimination for adults with multiple sclerosis. *Work: A Journal of Prevention, Assessment, and Rehabilitation, 29*(3), 255–274.

Nelson, S. H., McCoy, G. F., Stetter, M., & Vanderwagen, W. C. (1992). An overview of mental health services for American Indians and Alaskan natives in the 1990s. *Hospital and Community Psychiatry, 43*, 257–261.

Nguyen, Q., & Hughes, M, (2013). Perspectives of first generation Asian American parents towards children with disabilities and their educational programs, *The Journal of Special Education Apprenticeship, 2*. Retrieved from http://josea.info/archives/vol2no2/vol2no2-4-FT.pdf

Nickerson, K. J., Helms, J. E., & Terrell, F. (1994). Cultural mistrust, opinions about mental illness, and Black students' attitudes toward seeking psychological help from White counselors. *Journal of Counseling Psychology, 4*(1), 378–385.

Nishio, K., & Bilmes, M. (1987). Psychotherapy with southeast Asian American clients. *Professional Psychology: Research and Practice, 18*(4), 342–346.

Nissen, S., & Rumrill, P. (2016). Employment and career development considerations. In B. Giesser (Ed.), *Primer on multiple sclerosis* (2nd ed., pp. 499–514). New York, NY: Oxford University Press.

Nosek, M., & Foley, C. (1997). Personal assistance: A key to employability. In J. Lonsdale (Ed.), *Vocational and career counseling* (pp. 63–77). New York, NY: Hatherleigh Press.

Nuehring, M., & Sitlington, P. (2003). Moving from high school to an adult vocational service provider. *Journal of Disability Policy Studies, 14*(1), 23–35.

Nufer, N., Rosenberg, H., & Smith, D. H. (1998). Consumer and case manager perceptions of important case manager characteristics. *Journal of Rehabilitation, 64*(4), 40–45.

Nugent, F. A. (1990). *An introduction to the profession of counseling.* Columbus, OH: Merrill Press.

O'Brien, J. K. (1996). Rehabilitation facilities. In W. Crimando & T. F. Riggar (Eds.), *Utilizing community resources* (pp. 131–142). Prospect Heights, IL: Waveland Press.

Occupational Outlook Handbook. (Annual). Retrieved from Department of Labor Web site, http://bls.gov/OCO

Office of Disability and Employment Policy. (2014). U.S. Department of Labor. Retrieved October 29, 2014, from http://www.dol.gov/odep/

Oka, T. (1994). Self-help groups in Japan: Trends and traditions. *Prevention in Human Services, 11*(1), 69–95.

O'Keeffe, J. (1994). Disability, discrimination, and the Americans with Disabilities Act. In S. Bruyere & J. O'Keeffe (Eds.), *Implications of the Americans with Disabilities Act for psychology* (pp. 1-14). Washington, DC: American Psychological Association.

Okun, B. (1976). *Effective helping: Interviewing and counseling techniques*. North Scituate, MA: Duxbury Press.

Olsheski, J., & Growick, B. (1987). Factors related to the acceptance of rehabilitation services by injured workers. *Journal of Applied Rehabilitation Counseling, 18*, 16-19.

Olsson, M. B., & Hwang, C. P. (2001). Depression in mothers and fathers of children with intellectual disability. *Journal of Intellectual Disability Research, 45*, 535-543.

Orlansky, M. D., & Trap, J. J. (1987). Working with Native American persons: Issues in facilitating communication and providing culturally relevant services. *Journal of Visual Impairment and Blindness, 81*, 151-155.

Orr, A. L. (1993). Training outreach workers to serve American Indian elders with visual impairment and diabetes. *Journal of Visual Impairment and Blindness, 87*(9), 336-340.

Ottomanelli, L., Barnett, S., Goetz, L., & Toscano, R. (2015). Vocational rehabilitation in spinal cord injury: What vocational service activities are associated with employment program outcome. *Topics in Spinal Cord Injury Rehabilitation, 21*(1), 31-39.

Palmer, C. (1998). *Self-advocacy and conflict resolution: Requesting academic accommodations in postsecondary education institutions* (Unpublished doctoral dissertation). University of Arkansas, Fayetteville.

Palmer, C., & Roessler, R. (2000). Requesting classroom accommodations: Self-advocacy and conflict resolution training for college students with disabilities. *Journal of Rehabilitation, 66*(3), 38-43.

Palmer, S., & Glass, T. A. (2003). Family function and stroke recovery: A review. *Rehabilitation Psychology, 48*, 255-265.

Parent, W., & Everson, J. (1986). Competencies of disabled workers in industry: A review of business literature. *Journal of Rehabilitation, 52*, 16-23.

Parker, R. M., & Patterson, J. B. (2012). *Rehabilitation counseling: Basics and beyond* (5th ed.). Austin, TX: PRO-ED.

Parker, R., & Schaller, J. (1996). Issues in vocational assessment and disability. In E. M. Szymanski & R. M. Parker (Eds.), *Work and disability* (pp. 127-164). Austin, TX: PRO-ED.

Patterson, C. H. (1960). Psychological testing and the counseling process. In C. H. Patterson (Ed.), *Readings in rehabilitation counseling*. Champaign, IL: Stipes Press.

Patterson, C. H. (1970). Power, prestige and the rehabilitation counselor. *Rehabilitation Research and Practice Review, 1*, 1-7.

Patterson, J. (2003). Occupational and labor market information: Resources and applications. In E. Szymanski & R. Parker (Eds.). *Work and disability: Issues and strategies in career development and job placement* (2nd ed., pp. 247–280). Austin, TX: PRO-ED.

Patterson, J. B., Allen, T. B., Parnell, L., Crawford, R., & Beardall, R. L. (2000). Equitable treatment in the rehabilitation process: Implications for future investigations related to ethnicity. *Journal of Rehabilitation, 66,* 14–18.

Patterson, J. B., & Marks, C. (1992). The client as a customer: Achieving service quality and customer satisfaction in rehabilitation. *Journal of Rehabilitation, 58*(4), 16–21.

Peck, B., & Kirkbride, L. (2001). Why businesses don't employ people with disabilities. *Journal of Vocational Rehabilitation, 16,* 71–75.

Pederson, P. (1987). Ten frequent assumptions of cultural bias in counseling. *Journal of Multicultural Counseling and Development, 15*(1), 16–24.

Petcu, S., Chezan, L., & Van Horn, M. (2015). Employment support services for students with intellectual and developmental disabilities attending postsecondary education programs. *Journal of Postsecondary Education and Disability, 28,* 359–374.

Pew Research Center (2013). *The rise of Asian Americans.* Retrieved from http://www.pew socialtrends.org/2012/06/19/the-rise-of-asian-americans/

Pickett, S. A., Vraniak, D. A., Cook, J. A., & Cohler, B. J. (1993). Strength in adversity: Blacks bear burden better than Whites. *Professional Psychology: Research and Practice, 24,* 460–467.

Pickett-Schenk, S. A. (2002). Church-based support groups for African American families coping with mental illness: Outreach and outcomes. *Psychiatric Rehabilitation Journal, 26,* 173–180.

Pimentel, R. (1995). *The return to work process: A case management approach.* Chatsworth, CA: Milt Wright & Associates.

Plummer, F. M. (1996). Projective techniques. In B. Bolton (Ed.), *Handbook of measurement and evaluation in rehabilitation* (pp. 117–132). Baltimore, MD: University Park Press.

Plunkett, D. P. (2014). The Black church, values, and secular counseling: Implications for counselor education and practice. *Counseling and Values, 59,* 208–221. doi:10.1002/j.2161-007X.2014.00052.x

Ponchillia, S. V. (1993). The effect of cultural beliefs on the treatment of Native people with diabetes and visual impairment. *Journal of Visual Impairment and Blindness, 87,* 333–335.

Pope, M. (2014). Career intervention: From the industrial to the digital age. In P. Hartung, M. Savickas, & B. Walsh (Eds.), *APA handbook of career intervention* (pp. 3–20). Washington, DC: American Psychological Association.

Power, P. (1988). The family and the rehabilitation process: Counselor roles and functions. In S. Rubin & N. Rubin (Eds.), *Contemporary challenges to the rehabilitation counseling profession* (pp. 243–258). Baltimore, MD: Brookes.

Power, P. (2011). *A guide to career management and programming for adults with disabilities: A 21st century perspective*. Austin, TX: PRO-ED.

Power, P. (2013). *A guide to vocational assessment* (5th ed.). Austin, TX: PRO-ED.

Power, P., & Dell Orto, A. (1980c). Particular disabilities and family influences. In P. Power & A. Dell Orto (Eds.), *Role of family in the rehabilitation of the physically disabled* (pp. 235-241). Baltimore, MD: University Park Press.

Power, P., & Hershenson, D. (2001). Assessment of career development and maturity. In B. Bolton (Ed.), *Handbook of measurement and evaluation in rehabilitation* (3rd ed., pp. 339-364). Austin, TX: PRO-ED.

Price, B. K., & McNeill, B. W. (1992). Cultural commitment and attitudes towards seeking counseling services in American Indian college students. *Professional Psychology: Research and Practice, 23*, 376-381.

Principe, J. M., Marci, C. D., Glick, D. M., & Ablon, J. S. (2006). The relationship among patient contemplation, early alliance, and continuation in psychotherapy. *Psychotherapy: Theory, Research, Practice, Training, 43*(2), 238-243. doi:10.1037/0033-3204.43.2.238

Pumpian, I., Fisher, D., Certo, N., & Smalley, K. (1997). Changing jobs: An essential part of career development. *Mental Retardation, 35*(1), 39-48.

Putnam, M., Geenen, S., Powers, L., Saxton, M., Finney, S., & Dautel, P. (2003). Health and wellness: People with disabilities discuss barriers and facilitators to well-being. *Journal of Rehabilitation, 69*(1), 37-45.

Ra, Y., & Kim, H. (2016). Impact of employment and age on quality of life of individuals with disabilities: A multilevel analysis. *Rehabilitation Counseling Bulletin, 59*, 112-120.

Raisner, J. (1992). How to survive the new ADA litigation. *HR Magazine, 37*(6), 78-83.

Raven, J., & Court, J. H. (1996). *Manual for Raven's progressive matrices and vocabulary scale: Standard progressive matrices*. Oxford, United Kingdom: Oxford Psychologists Press.

Reichman, N., Corman, H., & Noonan, K. (2008). Impact of child disability on the family. *Maternal Child Health Journal, 12*, 679-683.

Reinke-Scorzelli, M., & Scorzelli, J. (2004). Development, intervention, and career planning. In T. Harrington (Ed.), *Handbook of career planning for students with special needs* (3rd ed., pp. 111-124). Austin, TX: PRO-ED.

Reitan, R. (1985). *Halstead-Reitan neuropsychological test battery*. Tucson, AZ: Reitan Neuropsychology.

Reitan, R. (1986). *Trail making test: Manual for administration and scoring*. Mesa, AZ: Reitan Neuropsychology.

Remley, T. (1993). Rehabilitation counseling: A scholarly model for the generic profession of counseling. *Rehabilitation Counseling Bulletin, 37*(2), 182-186.

Reynolds, C. R. (2003). *RIAS (Reynolds intellectual assessment scales) and the RIST (Reynolds intellectual screening test): Professional manual.* Lutz, FL: Psychological Assessment Resources.

Rhodes, E. R., Mason, R. D., Eddy, P., Smith, E. M., & Bums, T. R. (1988, November/December). The Indian health service approach to alcoholism among American Indians and Alaskan Natives. *Public Health Reports, 103,* 621–627.

Richardson, T. Q., & Molinaro, K. (1996). White counselor self-awareness: A prerequisite for developing multicultural competence. *Journal of Counseling and Development, 74,* 238–242.

Richmond, C. J., Jordan, S. S., Bischof, G. H., & Sauer, E. M. (2014). Effects of solution-focused versus problem-focused intake questions on pre-treatment change. *Journal of Systemic Therapies, 33*(1), 33–47. doi:10.1521/jsyt.2014.33.1.33

Riggar, T. F., Flowers, C. R., & Crimando, W. (2002). Emerging workforce issues: Empowering change. *Journal of Rehabilitation Administration, 26,* 143–156.

Rigger, J. (2003). The consumer/counselor relationship: An example of how well it can work. *American Rehabilitation, 27*(1), 34–35.

Robinson, R., & Drew, J. (2014). *Foundations of forensic vocational rehabilitation.* New York, NY: Springer.

Robinson, T. L., & Crowe, T. A. (1998). Culture-based considerations in programming for stuttering intervention with African Americans clients and their families. *Language, Speech, and Hearing Services in Schools, 29,* 172–179.

Roessler, R. (1995a). Quality of life: The ultimate outcome in rehabilitation. *Directions in Rehabilitation Counseling, 6*(3), 1–10.

Roessler, R. (1995b). *The work experience survey.* Fayetteville, AR: Arkansas Research and Training Center in Vocational Rehabilitation.

Roessler, R., Fitzgerald, S., Rumrill, P., & Koch, L. (2001). Determinants of employment status among people with multiple sclerosis. *Rehabilitation Counseling Bulletin, 45,* 31–39.

Roessler, R., & Gottcent, J. (1994). The Work Experience Survey: A reasonable accommodation/career development strategy. *Journal of Applied Rehabilitation Counseling, 25*(3), 16–21.

Roessler, R., Hennessey, M., Neath, J., Rumrill, P., & Nissen, S. (2011). The employment discrimination experiences of adults with multiple sclerosis. *Journal of Rehabilitation, 77*(1), 20–30.

Roessler, R., & Johnson, V. A. (1987). Developing job maintenance skills in learning disabled youth. *Journal of Learning Disabilities, 20*(7), 428–432.

Roessler, R., & Rubin, S. E. (2006). *Case management and rehabilitation counseling: Procedures and techniques* (4th ed.). Austin, TX: PRO-ED.

Roessler, R., & Rumrill, P. (1995). Promoting reasonable accommodations: An essential postemployment service. *Journal of Applied Rehabilitation Counseling, 26*(4), 3-7.

Roessler, R., & Rumrill, P. (2015). *Enhancing productivity on your job: The win-win approach to reasonable accommodations* (6th ed.). New York, NY: National Multiple Sclerosis Society.

Roessler, R., Rumrill,P., Li, J., & McMahon, B. (2016). The workplace discrimination experiences of people with multiple sclerosis across three phases of Americans with Disabilities Act implementation. *Journal of Vocational Rehabilitation, 45*(1), 27-41.

Roessler, R., & Sumner, G. (1997). Employer opinions about accommodating employees with chronic illnesses. *Journal of Applied Rehabilitation Counseling, 28*(3), 29-34.

Rogers, E. (1994). The impact of the Americans with Disabilities Act upon rehabilitation research. *Journal of Disability Policy Studies, 5*(2), 26-43.

Rogers-Dulan, J., & Blacker, J. (1995). African American families, religion, and disability: A conceptual framework. *Mental Retardation, 33*, 226-238.

Rohe, D., & Athelstan, G. (1982). Vocational interests of persons with spinal cord injury. *Journal of Counseling Psychology, 29*, 283-291.

Roid, G. H., & Barram, R. A. (2004). *Essentials of Stanford- Binet intelligence scales (SB5) assessment.* Hoboken, NJ: John Wiley & Sons.

Rosen, D. C., Nakash, O., & Alegría, M. (2016). The impact of computer use on therapeutic alliance and continuance in care during the mental health intake. *Psychotherapy, 53*(1), 117-123. doi:10.1037/pst0000022

Rosenthal, M., & Ricker, J. (2000). Traumatic brain injury. In R. Frank & T. Elliott (Eds.), *Handbook of rehabilitation psychology* (pp. 49-74). Washington, DC: American Psychological Association.

Rubenfeld, P. (1988). The rehabilitation counselor and the disabled client: Is a partnership of equals possible? In S. Rubin & N. Rubin (Eds.), *Contemporary challenges to the rehabilitation counseling profession* (pp. 31-44). Baltimore, MD: Brookes.

Rubin, S. (1979, April). *Identification of essential diagnostic, counseling, and placement competencies: Implications for rehabilitation counselor education.* Paper presented at the American Personnel and Guidance Association Convention, Las Vegas, NV.

Rubin, S. E., Chan, F., Bishop, M., & Miller, S. M. (2003, April/May/June). Psychometric validation of the sense of well-being inventory for program evaluation in rehabilitation. *The Rehabilitation Professional*, 54-59.

Rubin, S. E., & Emener, W. G. (1979). Recent rehabilitation counselor role changes and role strain-a pilot investigation. *Journal of Applied Rehabilitation Counseling, 10*, 142-147.

Rubin, S. E., & Farley, R. C. (1980). *Intake interview skills for rehabilitation counselors.* Fayetteville, AR: University of Arkansas, Arkansas Rehabilitation Research and Training Center.

Rubin, S. E., Matkin, R., Ashley, J., Beardsley, M., May, V. R., Onstott, K., & Puckett, F. D. (1984).

Roles and functions of certified rehabilitation counselors. *Rehabilitation Counseling Bulletin,* *27*, 199–224, 239–243.

Rubin, S. E., Pusch, B. D., Fogarty, C., & McGinn, F. (1995). Enhancing the cultural sensitivity of rehabilitation counselors. *Rehabilitation Education, 9*, 253–264.

Rubin, S., & Roessler, R. (2001). *Foundations of the vocational rehabilitation process.* Austin, TX: PRO-ED.

Rubin, S. E., Roessler, R. T., & Rumrill, P. D. (2016). *Foundations of the vocational rehabilitation process* (7th ed.). Austin, TX: PRO-ED.

Rudman, J. (2012). *General aptitude test battery.* Syosset, NY: National Learning Corp.

Rudstam, H., Golden, T., Gower, W., Switzer, E., Bruyere, S., & Van Looy, S. (2014). Leveraging new rules to advance new opportunities: Implications of the Rehabilitation Act Section 503 new rules for employment service providers. *Journal of Vocational Rehabilitation, 41*(3), 193–208.

Ruiz, R. A. (1981). Cultural and historical perspective in counseling Hispanics. In D. W. Sue (Ed.), *Counseling the culturally different: Theory and practice* (pp. 186–216). New York, NY: Wiley.

Ruiz, R., & Padilla, A. (1977). Counseling Latinos. *Personnel and Guidance Journal, 55*, 401–408.

Rumrill, P. (2009). *Fast facts regarding tax incentives and options for employers who hire and accommodate workers with disabilities.* Richmond, VA: Virginia Commonwealth University Rehabilitation Research and Training Center on Workplace Supports.

Rumrill, P., Fraser, R., & Johnson, K. (2013). Employment and workplace accommodation outcomes among participants in a vocational consultation service for people with multiple sclerosis. *Journal of Vocational Rehabilitation, 39*, 85–90.

Rumrill, P., & Koch, L. (2014). Vocational rehabilitation counseling. In P. Hartung, M. Savickas, & B. Walsh (Eds.), *American Psychological Association handbook of career intervention* (pp. 139–155). San Francisco, CA: American Psychological Association Books.

Rumrill, P., & Roessler, R. (1999). New directions in vocational rehabilitation: A career development perspective on closure. *Journal of Rehabilitation, 65*(1), 26–30.

Rumrill, P., Roessler, R., Battersby-Longden, J., & Schuyler, B. (1998). Situational assessment of the accommodation needs of employees who are visually impaired. *Journal of Visual Impairment and Blindness, 92*, 42–54.

Rumrill, P., Roessler, R., & Fitzgerald, S. (2004). Vocational rehabilitation-related predictors of quality of life among people with multiple sclerosis. *Work, 20*, 155–164.

Rumrill, P., Roessler, R., Li, J., Daly, K., & Leslie, M. (2015). The employment concerns of Americans with multiple sclerosis: Perspectives from a national sample. *Work, 52*(4), 735–748.

Ryan, A. S., & Smith, M. J. (1989). Parental reactions to developmental disabilities in Chinese American families. *Child and Adolescent Social Work, 6*, 283–299.

Ryan, C. L., & Bauman, K. (2016). *Educational attainment in the United States: 2015.* Retrieved from http://www.census.gov/content/dam/census/library/publications/2016/demo/p20-578.pdf

Ryan, D. (2004). *Job search handbook for people with disabilities* (2nd ed.). Indianapolis, IN: JIST.

Rybarczyk, B., Szymanski, L., & Nicholas, J. (2000). Limb amputation. In R. Frank & T. Elliott (Eds.), *Handbook of rehabilitation psychology* (pp. 29–48). Washington, DC: American Psychological Association.

Sackett, C., & Lawson, G., (2015). The working alliance and experiences of clients and counselors-in-training. *Journal of Humanistic Counseling, 54*, 104–123.

Safilios-Rothschild, C. (1970). *The sociology and social psychology of disability and rehabilitation.* New York, NY: Random House.

Sahgal, N., & Smith, G. (2009). *A religious portrait of African-Americans.* Retrieved from http://www.pewforum.org/2009/01/30/a-religious-portrait-of-african-americans/

Salomone, P. (1996). Career counseling and job placement: Theory and practice. In E. M. Szymanski & R. M. Parker (Eds.), *Work and disability* (pp. 365–420). Austin, TX: PRO-ED.

Salomone, P., & Usdane, W. (1977). Client centered placement revisited: A dialogue. *Rehabilitation Counseling Bulletin, 21*, 85–91.

Salzman, M. (1995). Attributional discrepancies and bias in cross-cultural interactions. *Journal of Multicultural Counseling and Development, 23,* 181–193.

Sander, A. M., Caroselli, J. S., High, W. M., Becker, C., Neese, L., & Scheibel, R. (2002). Relationship of family functioning to progress in a post-acute rehabilitation programme following traumatic brain injury. *Brain Injury, 16*, 649–657.

Santiago-Rivera, A. L. (1995). Developing a culturally sensitive treatment modality for Spanish-speaking clients: Incorporating language and culture in counseling. *Journal of Counseling and Development, 74*, 12–17.

Saravanabhavan, R. C., & Marshall, C. A. (1994). The older Native American Indian with disabilities: Implications for providers of health care and human services. *Journal of Multicultural Counseling and Development, 22*, 182–194.

Satcher, J., & Dooley-Dickey, K. (1992). *College students' guide to the Americans with Disabilities Act of 1990 (Title I).* Jackson, MS: Mississippi State University, Career Development Project.

Savickas, M. (2013). Career construction theory and practice. In S. Brown & D. Lent (Eds.), *Career development and counseling* (2nd ed., pp. 147–186). Hoboken, NJ: John Wiley.

Scanlan, L. (2003). Managing yourself. *Healthcare Financial Management, 58*(8), 94–96.

Scherer, M. J. (2012). *Assistive technologies and other supports for people with brain impairment*. New York, NY: Springer.

Scherich, D. (1996). Job accommodations in the workplace for persons who are deaf or hard of hearing: Current practices and recommendations. *Journal of Rehabilitation, 62*(2), 27-35.

Schneider, M. (1999). Achieving greater independence through assistive technology, job accommodation, and supported employment. *Journal of Vocational Rehabilitation, 12*, 159-164.

Schrank, F. A., Mather, N. & McGrew, K. S. (2014). *Woodcock-Johnson IV tests of achievement*. Rolling Meadows, IL: Riverside.

Schultz, I., & Gatchel, R. (2016). *Handbook of return to work: From research to practice*. New York, NY: Springer.

Shapiro, J., & Wright, A. (1996, September 9). Can churches save America? *U.S. News and World Report*, 46-53.

Shokoohi-Yekta, M., & Retish, P. M. (1991). Attitudes of Chinese and American male students towards mental illness. *The International Journal of Social Psychiatry, 37*, 192-200.

Simeonsson, R., & Bailey, D. (1986). Siblings of handicapped children. In J. Gallagher & P. Vietze (Eds.), *Families of handicapped persons* (pp. 67-77). Baltimore, MD: Brookes Press.

Simmons, R., Tribe, K., & McDonald, E. (2010), Living with multiple sclerosis: Longitudinal changes in employment and the importance of symptom management. *Journal of Neurology, 257*, 926-936.

Singer, G., Irvin, L., Irvine, B., Hawkins, N., Hegreness, J., & Jackson, R. (1993). Helping families adapt positively to disability. In G. Singer & L. Powers (Eds.), *Families, disability, and empowerment* (pp. 67-83). Baltimore, MD: Brookes Press.

Sink, J. M., Porter, T. L., Rubin, S. E., & Painter, L. C. (1979). *Competencies related to the work of the rehabilitation counselor and vocational evaluator*. Athens, GA: University of Georgia and the McGregor Company.

Sligar, S. R., & Betters, C. J., (2012). The state of state vocational evaluators: A national survey. *Journal of Rehabilitation, 78*(4), 21-30.

Sligar, S., Cawthon, S., Morere, D., & Moxley, A. (2013). Equity assessment for individuals who are deaf or hard of hearing. *Journal of the American Deafness & Rehabilitation Association, 47*(1), 110-127.

Sligar, S., & Thomas, S., (2015). What counselors should know about vocational assessment and evaluation. In I. Marini & M. A. Stebnicki (Eds.), *The professional counselor's desk reference* (2nd ed., pp. 337-350). New York, NY: Springer.

Smart, J. (2016). *Disability, society, and the individual* (3rd. ed.). Austin, TX: PRO-ED.

Smart, J. F., & Smart, D. W. (1991). Acceptance of disability and the Mexican American culture. *Rehabilitation Counseling Bulletin, 34,* 357–367.

Smart, J. F., & Smart, D. W. (1993). Vocational evaluation of Hispanics with disabilities: Issues and implications. *Vocational Evaluation and Work Adjustment Bulletin,* 26(3), 111–122.

Smart, J. F., & Smart, D. W. (1995). Acculturative stress of Hispanics: Loss and challenge. *Journal of Counseling and Development, 73,* 390–396.

Smith, A., & Chemers, M. (1981). Perceptions of motivation of economically disadvantaged employees in a work setting. *Journal of Employment Counseling, 18,* 24–33.

Smith, E. (1977). Counseling Black individuals: Some stereotypes. *The Personnel and Guidance Journal, 55,* 390–396.

Smith, M. J., & Ryan, A. S. (1987). Chinese-American families of children with developmental disabilities: An exploratory study of reactions to service providers. *Mental Retardation,* 25(6), 345–350.

Smith, T. (1981). Employer concerns in hiring mentally retarded persons. *Rehabilitation Counseling Bulletin, 24,* 316–318.

Smith, T. J., Dillahunt-Aspillaga, C. J., & Kenney, R. M. (2016). Implementation of customized employment provisions of the Workforce Innovation and Opportunity Act within vocational rehabilitation systems. *Journal of Disability Policy Studies,* 1–8. doi:10.1177/1044207316644412

Smith, T. J., Reid, J. A., Henry, R. G., Dixon, C. G., & Wright, T. J. (2013). Evaluating curricular influence on preparation for practice, career outcomes, and job satisfaction: Results from an alumni survey of a 40-year rehabilitation and mental health counseling program. *Rehabilitation Research, Policy, and Education,* 27(1), 43–57.

Smits, S., & Ledbetter, J. (1979). The practice of rehabilitation counseling within the administrative structure of state–federal programs. *Journal of Applied Rehabilitation Counseling, 10,* 79–84.

Solly, D. (1987). A career counseling model for the mentally handicapped. *Techniques: A Journal for Remedial Education and Counseling, 3,* 294–300.

Steinhaur, P., Mushin, D., & Rae-Grant, Q. (1980). Psychological aspects of chronic illness. In P. W. Power & A. E. Dell Orto (Eds.), *Role of the family in the rehabilitation of the physically disabled* (pp. 128–144). Austin, TX: PRO-ED.

Stewart, C. J., & Cash, W. (1994). *Interviewing: Principles and practices.* Madison, WI: WCB Brown & Benchmark.

Stock, L. (1987). Native Americans: A brief profile. *Journal of Visual Impairment and Blindness, 81,* 152.

Stone, C. I., & Sawatzki, B. (1980). Hiring bias and the disabled interviewee: Effects of manipulating work history and disability information of the disabled job applicant. *Journal of Vocational Behavior, 16*, 96–104.

Stone, J., & Gregg, C. (1981). Juvenile diabetes and rehabilitation counseling. *Rehabilitation Counseling Bulletin, 24*, 283–291.

Strauser, D. (2013). *Career development, employment, and disability in rehabilitation.* New York, NY: Springer.

Strauser, D., & Lustig, D. (2001). The implications of posttraumatic stress disorder on vocational behavior and rehabilitation planning. *Journal of Rehabilitation, 67*(4), 26–36.

Suarez-Balcazar, Y., Balcazar, F., Taylor-Ritzler, T., Portillo, N., Rodakowsk, J., Garcia-Ramirez, M., & Willis, C. (2011). Development and validation of the Cultural Competence Assessment Instrument: A factorial analysis. *Journal of Rehabilitation, 77*(1), 4–13.

Sue, D. W. (1990). Culture-specific strategies in counseling: A conceptual framework. *Professional Psychology: Research and Practice, 21*, 424–433.

Sue, D. W., Arredondo, P., & McDavis, R. J. (1992). Multicultural counseling competencies and standards: A call to the profession. *Journal of Multicultural Counseling and Development, 20*, 64–88.

Sue, D., Ino, S., & Sue, D. M. (1983). Nonassertiveness of Asian Americans: An inaccurate assumption? *Journal of Counseling Psychology, 30*, 581–588.

Sue, D., & Sue, S. (1987). Cultural factors in the clinical assessment of Asian Americans. *Journal of Consulting and Clinical Psychology, 55*, 479–487.

Sue, D. W., & Sue, D. (1990). *Counseling the culturally different: Theory and practice* (2nd ed.). New York, NY: Wiley.

Sue, D., & Sue, D. M. (1995). Asian Americans. In N. A. Vacc, S. B. DeVaney, & J. Wittmer (Eds.), *Experiencing and counseling multicultural and diverse populations* (3rd ed., pp. 63–89). Bristol, England: Accelerated Development.

Sue, D. W., & Sue, D. (2003). *Counseling the culturally diverse: Theory and practice* (4th ed.). New York, NY: John Wiley & Sons.

Sue, D., & Sue, D., (2008). *Foundations of counseling and psychotherapy: Evidence-based practices for a diverse society.* Hoboken, NJ: John Wiley & Sons.

Sue, D. W., & Sue, D. (2016). *Counseling the culturally diverse: Theory and practice* (7th ed.). Hoboken, NJ: John Wiley & Sons.

Sue, S., & McKinney, H. (1975). Asian Americans in the community mental health care system. *American Journal of Orthopsychiatry, 45*, 111–118.

Sue, S., & Zane, N. (1987). The role of culture and cultural techniques in psychotherapy: A critique and reformulation. *American Psychologist, 42*, 37–45.

Summers, N. (2001). *Case management practice.* Belmont, CA: Wadsworth Press.

Super, D., Savickas, M., & Super, C. (1996). The life-span, life-space approach to careers. In D. Brown, L. Brooks, & Associates (Eds.), *Career choice and development* (3rd ed., pp. 121-178). San Francisco, CA: Jossey-Bass.

Swanson, J., & Schneider, M. (2013). Minnesota theory of work adjustment. In S. Brown & R. Lent (Eds.), *Career development and counseling: Putting theory and research to work* (pp. 29-54). Hoboken, NJ: John Wiley.

Sweetland, J., Riazi, A., Cano, S., & Playford, E. (2007). Vocational rehabilitation services for people with multiple sclerosis: What patients want from clinicians and employers. *Multiple Sclerosis, 13*, 1183-1189.

Szymanski, E. (2000). Disability and vocational behavior. In R. Frank & T. Elliott (Eds.), *Handbook of rehabilitation psychology* (pp. 499-518). Washington, DC: American Psychological Association.

Szymanski, E., Enright, M., Hershenson, D. & Ettinger, J. (2010). Career development theories and constructs. In E. Szymanski & R. Parker (Eds.), *Work and disability* (3rd ed., pp. 87-132). Austin, TX: PRO-ED.

Szymanski, E., & Parker, R. (2010). Work and disability: Basic concepts. In E. Szymanski & R. Parker (Eds.), *Work and disability* (pp. 1-15). Austin, TX: PRO-ED.

Tache, J., & Selye, H. (1978). Our stress and coping mechanisms. In C. Spielberger & I. Sarason (Eds.), *Stress and anxiety* (Vol. 5). New York, NY: Wiley.

Tanner, D. C., & Martin, W. E. (1986). Services and training needs in communicative problems and disorders for rehabilitation professionals serving Native Americans. *Journal of Rehabilitation Administration, 10*, 117-122.

Taylor, S. J., & Bogdan, R. (1989). On accepting relationships between people with mental retardation and non-disabled people: Toward an understanding of acceptance. *Disability, Handicap & Society, 4*, 21-36.

Texas Rehabilitation Commission for the Blind. (1993). *Caseload management.* Austin, TX: Author.

The Psychological Corporation. (1987*). Clerical abilities battery.* San Antonio, TX: Author.

Thomas, T. D., Thomas, G., & Joiner, J. G. (1993). Issues in the vocational rehabilitation of persons with serious and persistent mental illness: A national survey of counselor insights. *Psychosocial Rehabilitation Journal, 16*(4), 129-134.

Thomas, S. (1986). *Report writing in assessment and evaluation.* Menomonie, WI: Materials Development Center, University of Wisconsin–Stout.

Thomason, T. C. (1991). An introduction for non-Native American counselors. *Journal of Counseling and Development, 69*, 321-327.

Thomason, T. C. (2011). Assessment and diagnosis of Native American clients: Results of a survey. *Journal of Rural Mental Health, 35*, 24-34.

Thompson, R., Kerr, M., Glynn, M., & Linehan, C. (2014). Caring for a family member with intellectual disability and epilepsy: Practical, social, and emotional perspectives. *Seizure, 23*, 856-863.

Thurer, S. (1980). Vocational rehabilitation following coronary bypass surgery: The need for counseling the newly well. *Journal of Applied Rehabilitation Counseling, 1*(1), 94-98.

Thurgate, C., & Warner, H. (2005). Living with disability: Part I. *Paediatric Nursing, 17*(10), 37-42.

Thurston, I. B., & Phares, V. (2008). Mental health service utilization among African American and Caucasian mothers and fathers. *Journal of Consulting and Clinical Psychology, 76*, 1058-1067. doi:10.1037/a0014007

Tidwell, P., Kraska, M., Fleming, C., & Alderman, L. A. (2016). Identifying the referral process, practices, knowledge, training and technical assistance needed for quality transition assessments. *Journal of Rehabilitation, 82*(1), 3-11.

Toriello, P. J., & Keferl, J. E. (2012). A renaissance of consumer autonomy: Moving from self-determination theory to therapy. In P. J. Toriello, M. L. Bishop, & P. D. Rumrill, (Eds.), *New directions in rehabilitation counseling: Creative responses to professional, clinical, and educational challenges* (pp. 1-24). Linn Creek, MO: Aspen.

Toupin, E. S. (1980). Counseling Asians in psychotherapy in the context of racism and Asian American history. *American Journal of Orthopsychiatry, 50*(1), 76-86.

Trader-Leigh, K. (2008). *Understanding the role of African American churches and clergy in community crisis response.* Washington, DC: Joint Center for Political and Economic Studies. Retrieved from http://jointcenter.org/sites/default/files/UnderstandingRoleof Churches.pdf

Treloar, L. L. (2002). Disability, spiritual beliefs and the church: The experience of adults with disabilities and family members. *Journal of Advanced Nursing, 40*, 594-603.

Trimble, J. E., & Fleming, C. M. (1989). Proving counseling services for Native American Indians: Client, counselor, and community characteristics. In P. B. Pedersen, J. G. Draguns, W. J. Lonner, & J. E. Trimble (Eds.), *Counseling across cultures* (pp. 177-204). Honolulu, HI: University of Hawaii Press.

Turner, S. L., & Hope, M. (2009). North America's Native peoples: A social justice and trauma counseling approach. *Journal of Multicultural Counseling and Development, 37*, 194-205.

Turner, W. L., & Alston, R. J. (1994). The role of the family in psychosocial adaptation to physical disabilities for African Americans. *Journal of the National Medical Association, 86*, 915-921.

Uba, L. (1994). *Asian Americans.* New York, NY: Guilford.

Uba, L., & Sue, S. (1991). Nature and scope of services for Asian and Pacific Islander Americans. In N. Mokuau (Ed.), *Handbook of social services for Asian and Pacific Islanders* (pp. 3-19). Westport, CT: Greenwood Press.

Unger, D., Kriegel, J., Wehman, P., & Brooke, V. (2001). *Employers' views of workplace supports*. Richmond, VA: Rehabilitation, Research and Training Center on Workplace Supports.

Upton, T. D., & Beck, R. (2002). Case management: Rehabilitation applications and administrative implications. *Journal of Rehabilitation Administration, 26*(1), 39–46.

Urban Indian Health Institute, Seattle Indian Health Board. (2012). *Addressing depression among American Indians and Alaska Natives: A literature review*. Seattle, WA: Urban Indian Health Institute.

U.S. Census Bureau. (2014a). *2010–2014 American Community Survey 5-year estimates*. Retrieved from http://factfinder.census.gov/faces/tableservices/jsf/pages/productview.xhtml

U.S. Census Bureau. (2014b). *American Indian and Alaska Native heritage month: November 2014*. Retrieved from http://www.census.gov/content/dam/Census/newsroom/facts-for-features/2014/cb14ff-26_aian_heritage_month.pdf

U.S. Census Bureau. (2014c). *American Community Survey: Median Household Income*. Washington, DC: Disability Statistics Online resource for U.S. Disability Statistics. Retrieved from http://www.disabilitystatistics.org

U.S. Census Bureau. (2015). *Projections of the size and composition of the U. S. population: 2014–2060*. Retrieved from https://www.census.gov/newsroom/press-releases/2015/cb15-tps16.html

U.S. Census Bureau. (2016a). *FFF: Hispanic heritage month 2016*. Retrieved from http://www.census.gov/newsroom/facts-for-features/2016/cb16-ff16.html

U.S. Census Bureau. (2016b). *FFF: Black (African-American) history month: February 2016*. Retrieved from http://www.census.gov/newsroom/facts-for-features/2016/cb16-ff01.html

Usdane, W. M. (1976). The placement process in the rehabilitation of the severely handicapped. *Rehabilitation Literature, 37*, 162–167.

U.S. Department of Health & Human Services. (2016). *Health, United States, 2015*. Retrieved from http://www.cdc.gov/nchs/data/hus/hus15.pdf

U.S. Department of Labor, U. S. Employment Service. (1947). *General aptitude test battery (GATB)*. Retrieved May 19, 2017 from https://psychology.iresearchnet.com/counseling-psychology/career-assessment/general-aptitude-test-battery/

U.S. Department of Labor. (2003b). *Work place accommodation process*. Retrieved December 10, 2003, from www.dol.gov/dep

U.S. Department of Labor. (2016a). Fact Sheet #39: The Employment of Workers with Disabilities at Subminimum Wages. (2008, July). Retrieved October 25, 2016, from https://www.dol.gov/whd/regs/compliance/whdfs39.pdf

U.S. Department of Labor. (2016b). *Occupational outlook handbook*. New York, NY: Skyhorse.

U.S. Department of Labor. (2017). *O*NET interest profiler*. Retrieved May 19, 2017, from https://

www.mynextmove.org/explore/ip

U.S. Office of Personnel Management. (2003). *Appendix T: Job family position classification standard for professional and administrative work in the medical sciences group.* Retrieved December 15, 2003, from http://www.opm.gov/fedclass/0600pa/AP_T.asp

Valpar International Corporation. (2017). *Valpar component work sample eight* (VCWS 8). Retrieved May 19, 2017, from http://www.thevalpar.com/index.htm

Van der Bijl, J., van Poelgeest-Edltink, A., & Shortridge-Baggett, L. (1999). The psychometric properties of the diabetes management self-efficacy scale for patients with type 2 diabetes mellitus. *Journal of Advanced Nursing, 30*(2), 352-359.

Vandergoot, D., & Engelkes, J. (1980). The relationship of selected rehabilitation counseling variables with job-seeking behaviors. *Rehabilitation Counseling Bulletin*, 24, 173-177.

Vander Kolk, C. (1995). Future methods and practice in vocational assessment. *Journal of Applied Rehabilitation Counseling, 26*(2), 45-50.

Van Reusen, A. K., (1996). The self-advocacy strategy for education and transition planning. *Intervention in School and Clinic*, *32*(1), 49-54.

Vash, C. (1984). Evaluation from the client's point of view. In A. Halpern & J. Fuhrer (Eds.), *Functional assessment in rehabilitation* (pp. 253-267). Baltimore, MD: Brookes Press.

Vogel, V. J. (1987). The blackout of Native American cultural achievements. *American Indian Quarterly*, *11*(1), 11-35.

Wade, S. L., Taylor, H. G., Drotar, D., Stancin, T., Yeates, K. O., & Minich, N. M. (2002). A prospective study of long-term caregiver and family adaptation following brain injury in children. *Journal of Head Trauma Rehabilitation*, *17*, 96-111.

Wagner, C., & McMahon, B. (2004). Motivational interviewing and rehabilitation counseling practice. *Rehabilitation Counseling Bulletin, 47*, 152-161.

Wagner, S. L., Wessel, J. M., & Harder, H. G. (2011). Worker's perspectives on vocational rehabilitation services. *Rehabilitation Counseling Bulletin*, *55*, 46-61.

Wagner, S., Wessel, J., & Harder, H. (2016). Workers' perspectives on vocational rehabilitation services. *Rehabilitation Counseling Bulletin 55*, 46-61.

Waldman, H. B., Perlman, S. P., & Garey, M. (March, 2016). African American children with disabilities. *Exceptional Parent Magazine*. Retrieved from http://www.eparent.com/uncategorized/african-american-children-with-disabilities/

Walls, R., & Dowler, D. (1987). Client decision making: Three rehabilitation decisions. *Rehabilitation Counseling Bulletin, 30*(3), 136-147.

Walters, J., & Neugeboren, B. (1995). Collaboration between mental health organizations and religious institutions. *Psychiatric Rehabilitation Journal*, *19*, 51-57.

Walters, K. L., Simoni, J. M., & Evans-Campbell, T. (2002). Substance use among American Indians and Alaska Natives: Incorporating culture in an "indigenist" stress-coping paradigm. *Public Health Report, 117*, S104–117.

Weaver, H. N. (2002). Perspectives on wellness: Journeys on the red road. *Journal of Sociology and Social Welfare, 29*, 5–15.

Wechsler, D. (1974). The *Wechsler intelligence scale for children–revised*. San Antonio, TX: The Psychological Corporation.

Wechsler, D. (2008). *Wechsler Adult Intelligence Scale–Fourth Edition: Administration and scoring manual*. San Antonio, TX: The Psychological Corporation.

Wehman, P. (2011). *Essentials of transition planning: Brookes transition to adulthood series*. Baltimore, MD: Brookes.

Wehman, P. (2013). *Life beyond the classroom*. Baltimore, MD: Brookes.

Wehman, P., Arango-Lasprilla, J. C., Kunz, R., & Targett, P. (2016). Return to work for individuals with moderate-to-severe brain injury. In I. Schultz & R. Gatchel (Eds.), *Handbook of return to work: From research to practice* (pp. 593–616). New York, NY: Springer.

Wehman, P., Sima, A., Ketchum, J., West, M., Chan, F., & Luecking, R. (2015). Predictors of successful transition from school to employment for youth with disabilities. *Journal of Vocational Rehabilitation, 25*, 323–334.

Weldon, K., & McDaniel, R. (1982). The effectiveness of the testing orientation procedure on achievement scores of disadvantaged youths. *Vocational Evaluation Work Adjustment Bulletin, 15*, 94–97.

Wheaton, J., & Berven, N. (1994). Education, experience, and caseload management practices of counselors in a state vocational rehabilitation agency. *Rehabilitation Counseling Bulletin, 38*(1), 44–58.

White, J. L. (1984). *The psychology of Blacks: An Afro-American perspective*. Englewood Cliffs, NJ: Prentice Hall.

Whitehouse, F. A. (1975). Rehabilitation clinician. *Journal of Rehabilitation, 41*, 24–26.

Whitney, M., & Upton, T. (2004). Assistive technology: Unequal access in postsecondary education. *Journal of Applied Rehabilitation Counseling, 35*(1), 23–28.

Wickert, K., Dresden, D., & Rumrill, P. (2013). *The sandwich generations' guide to eldercare*. New York, NY: Demos.

Wilder, L. K., Jackson, A. P., & Smith, T. B. (2001). Secondary transition of multicultural learners: Lessons from the Navajo Native American experience. *Preventing School Failure, 45*, 119–224.

Wilkinson, G., & Robertson, G. (2006). *Wide range achievement test* (4th ed.). Lutz, FL: PAR.

Willey, D. A. (1979). Caseload management for the vocational rehabilitation counselor in a state agency. *Journal of Applied Rehabilitation Counseling, 9*, 152–158.

Williams, P. B. (2003). HIV/AIDS case profile of African Americans. *Family Community Health, 26*, 289-306.

Willis, W. (1992). Families with African American roots. In E. W. Lynch & M. J. Hanson (Eds.), *Developing cross-cultural acceptance: A guide for working with young children and their families* (pp. 121-150). Baltimore, MD: Brookes Press.

Wilson, K. B. (2002). Exploration of VR acceptance and ethnicity: A national investigation. *Rehabilitation Counseling Bulletin, 45*, 168-176.

Wilson, K., Durantinia, M. R., Albarracin, J., Crause, C. & Albarracin, D. (2013). Reducing cultural and psychological barriers to Latino enrollment in HIV-prevention counseling: Initial data on an enrollment meta-intervention. *AIDS Care, 25*, 881-887. doi:10.1080/09540121.2012.729803

Wilson, L. L., & Stith, S. M. (1991). Culturally sensitive therapy with Black clients. *Journal of Multicultural Counseling and Development, 19*, 32-43.

Wise, R., Charner, I., & Randour, M. (1976). A conceptual framework for career awareness in career decision-making. *Counseling Psychology, 6*, 47-52.

Wodarski, J. (1992a). Social work practice with Asian Americans. In D. F. Harrison, J. Wodarski, & B. Thyer (Eds.), *Cultural diversity and social work practice* (pp. 45-69). Springfield, IL: Charles C. Thomas.

Wodarski, J. (1992b). Social work practice with Hispanic Americans. In D. F. Harrison, J. Wodarski, & B. Thyer (Eds.), *Cultural diversity and social work practice* (pp. 71-105). Springfield, IL: Charles C. Thomas.

Wolffe, K. E. (2012). *Career counseling for people with disabilities: A practical guide to finding employment* (2nd ed.). Austin, TX: PRO-ED.

Wong, D., & Chan, C. (1994). Advocacy on self-help for patients with chronic illness: The Hong Kong experience. *Prevention in Human Services, 11*(1), 117-139.

World of Work, Inc. (2017). *World of work inventory* (WOWI). Retrieved May 19, 2017 from https://www.wowi.com/

Worrall, S. (2015). Why is Confucius still relevant today? His sound bites hold up. *National Geographic.* Retrieved from http://news.nationalgeographic.com/2015/03/150325-confucius-china-asia-philosophy-communist-party-ngbooktalk/

Wright, B. (1968). The question stands, should a person be realistic? *Rehabilitation Counseling Bulletin, 11*, 291-296.

Wright, B. (1980). Developing constructive views of life with a disability. *Rehabilitation Literature, 41*, 274-279.

Wright, G. (1980). *Total rehabilitation.* Boston, MA: Little, Brown & Company.

Wright, G. N., Leahy, M. J., & Shapson, P. R. (1987). Rehabilitation Skills Inventory: Importance of counselor competencies. *Rehabilitation Counseling Bulletin, 31*(2), 107-118.

Wright, T. J. (1988). Enhancing the professional preparation of rehabilitation counselors for improved services to ethnic minorities with disabilities. *Journal of Applied Rehabilitation Counseling, 19,* 4-10.

Yancey, G., & Garland, D. (2014). Christian congregations as contexts for social work. *Social Work & Christianity, 41,* 279-307.

Young, T. K. (1994). *The health of Native Americans: Toward a bicultural epidemiology.* New York: Oxford University Press.

Yuker, H., E., Black, J. R., & Young, J. H. (1970). *The measurement of attitudes toward disabled persons.* Albertson, NY: INA Mend Institute at Human Resources Center.

Zadny, J. (1980). Employer reactions to job development. *Rehabilitation Counseling Bulletin, 24,* 161-169.

Zadny, J., & James, L. (1977). Time spent on placement. *Rehabilitation Counseling Bulletin, 21,* 31-35.

Zane, N., & Ku, H. (2014). Effects of ethnic match, gender match, acculturation, cultural identity, and face concern on self-disclosure in counseling for Asian Americans. *Asian American Journal of Psychology, 5,* 66-74. doi:10.1037/a0036078

Zane, N. W. S., Sue, S., Hu, L., & Kwon, J. (1991). Asian American assertion: A social learning analysis of cultural differences. *Journal of Counseling Psychology, 38,* 63.

Zanskas, S., & Leahy, M. (2007). Preparing rehabilitation counselors for private sector practice within a CORE accredited generalist educational model. *Rehabilitation Education, 21*(3), 204-214.

Zhan, L. (2003). Culture, health, and health practice. In L. Zhan (Ed.), *Asian Americans: Vulnerable populations, model interventions, and clarifying agendas* (pp. 3-17). Boston, MA: Jones and Bartlett.

Ziegert, K. (2011, May). Maintaining families well-being in everyday life. *International Journal of Qualitative Studies on Health and Well-being.* doi:10.3402/qhw.v6i2.7206

Zola, I. K. (1993). In the active voice: A reflective review essay on three books. *Policy Studies Journal, 21*(4), 802-805.

Zuniga, M. E. (1992). Families with Latin roots. In E. W. Lynch & M. Hanson (Eds.), *Developing cross-cultural competence: A guide for working with young children and their families* (pp. 151-179). Baltimore, MD: Brookes.

Zunker, V. G. (2002). *Career counseling: Applied concepts of life planning* (6th ed.). Pacific Grove, CA: Brooks/Cole.

Zunker, V. G. (2015). *Career counseling: A holistic approach* (9th ed.). Boston, MA: Cengage Learning.

찾아보기

　　Richard T. Roessler는 미국 Arkansas 대학교의 교육·보건대학 내 재활·인적자원·의 사소통장애 학과의 명예교수이며 Arkansas 직업재활 연구·훈련센터의 선임 연구위원과 재활교육 프로그램의 코디네이터를 역임했다. Roessler 박사는 200편 이상의 article과 book chapter, monograph, 그리고 4권 교재 등의 주저자 또는 공동저자이며, 저술한 『Foundations of the Vocational Rehabilitation Process』(7th ed.)와 『Case Management and Rehabilitation Counseling』(5th ed.)는 대학원 과정에서 널리 사용되고 있다. Roessler 박사는 미국 직업평가 및 직업적응협회(VEWAA)에서 발간한 『Richard J. Baker Memorial Monographs』의 공저자이기도 하다.

　　Roessler 박사는 미국특수아동협회(CEC)의 생활중심 진로교육(LCCE) 개발에 기여했으며 재활문제 연구소의 연구 그룹에 2번 참여했다. 미국재활상담협회(ARCA)로부터 4개 연구에 대한 시상이 있었고, 교육·보건대학, Arkansas 대학 동창회, 전국재활교육협회(NCRE) 및 미국재활상담협회로부터 연구, 봉사, 경력과 관련한 상을 받았다. Roessler와 동료들은 전국대학행정가협회(NASPA)로부터 Project Career에 대한 혁신 프로그램 상도 받았다. Roessler 교수는 『Return-to-Work』『Occupational Choice Strategy』『Vocational Coping Training』『Getting Employment Through Interview Training』『Goal-Setting Module』 등의 훈련 프로그램을 공동 저술했다. 그리고 'Work Personality Profile(WPP; 1986a)' 'Employability Maturity Interview(EMI; 1986b)' 'Work Performance Assessment(WPA; 1988)' 'Work Experience Survey(1995b)' 등의 재활 평가 도구 개발에도 참여했다. 최근에는 다발성경화증(MS)과 같은 중증 만성질환을 가진 사람들의 고용차별과 정당한 편의제공 요구에 대한 연구 활동을 하고 있다.

　　Stanford E. Rubin 명예교수는 1980년부터 2005년까지 미국 Carbondale에 있는 Southern Illinois 대학교 재활연구소의 재활학 박사과정 교수와 코디네이터로 근무했다. 그 전에는 Arkansas 직업재활 연구·훈련센터의 선임 연구위원과 Wright 주립대학교의 상담사로 일했다. Rubin 박사는 재활 분야에서 37년 동안 일했고 100편 이상의 전문 저술을 남겼다. Rubin 교수는 『Foundations of the Vocational Rehabilitation Process』와 『Case Management and Rehabilitation Counseling』(Roessler & Rubin, 1982, 1992, 1998), 『Facilitative Management in Rehabilitation Counseling: A Casebook』(Bozarth & Rubin, 1972)을 공동으로 집필했고 『Contemporary Challenges to the Rehabilitation Counseling Profession』(Rubin & Rubin, 1988)

을 공동 편집했다. 또한 재활상담사 실습에 널리 사용되고 있는 종합적인 현장훈련 패키지들을 저술했다. Rubin 박사는 미국재활상담협회 회장(1982~1983), 공인재활상담사 인증위원회 위원(1980~1986), 재활교육 및 연구재단 이사(1995~2000), 2개 전문저널의 편집위원장, 『Journal of Applied Rehabilitation Counseling and Rehabilitation Education』의 편집위원 등을 역임했다. Rubin 박사는 재활 및 상담전문가 협회들로부터 여섯 차례 전국 규모 학술상을 받은 바 있다. 최근에는 재활 철학, 장애인의 권리문제, 사례관리 실제, 재활교육을 위한 교육과정 설계, 다문화 재활상담, 재활상담사의 역할, 조사연구 방법 등의 영역에 특히 관심을 기울이고 있다. 또한 Rubin 박사는 재활상담사들이 사례관리 과정에서 발생하는 윤리적 딜레마를 효과적으로 다룰 수 있도록 준비시키는 윤리교육 자료의 개발과 평가에 참여하고 있다.

Phillip D. Rumrill, Jr는 미국 Kent 주립대학교 재활상담 프로그램 및 장애학 센터의 교수와 코디네이터로 일하고 있다. Rumrill 박사는 250편 이상의 전문 저널 article과 book chapter의 주저자 및 공동저자, 24개 전문저널 특별호의 초청 편집인, 『Research in Rehabilitation Counseling』(2nd ed.) 『Foundations of the Vocational Rehabilitation Process』(7th ed.) 『Medical, Psychosocial, and Vocational Aspects of Emerging Disabilities』를 포함한 14권 책의 저자이기도 하다. 현재 중등이후 외상성 뇌손상(TBI) 학생들의 인지적 지원기기(cognitive support technology) 사용을 조사하는 연방정부 지원의 장애 및 재활 프로젝트와 전국다발성경화증협회의 지원을 받아 「미국장애인법(ADA)」이 다발성경화증을 가진 사람들의 고용 문제에 미치는 영향을 연구하는 프로젝트를 수행하고 있다.

Rumrill 박사는 전국대학행정가협회, 국제 사회과학 및 행동연구협회, 전국 TRIO 재단 등으로부터 업적을 인정받아 상을 받았다. 미국 Ohio 주립대학교와 Hawaii 대학교, 영국 Leeds Medical School 대학교, 스코틀랜드의 Glasgow 대학교, 핀란드의 Arla 연구소 등에서 초청 강연자 및 방문 교수를 지냈으며, 2005년 전국재활교육협회로부터 올해의 재활연구가로 선정되기도 했다. 또한 2010년 Kent 주립대학교의 우수학자상, 2010년 Arkansas 대학교 교육·보건대학의 우수동문상, 2016년 미국재활상담협회의 James F. Garrett 재활연구 우수상 등을 수상했다.

**역자
소개**

이상훈(Lee Sang Hoon)

대구대학교 대학원에서 정서·학습장애아교육을 전공했다. 국제재활원 교육재활교사와 대구대학교 정서·학습장애아교육센터 및 특수교육재활과학연구소 등에서 연구원으로 근무했다. 최근에는 중등특수교사(직업교육) 양성과 발달장애인의 먹고, 자고, 일하고, 사랑하는 일상에 관심을 쏟고 있다. 한국직업재활학회 이사, 보건복지부 장애인직업재활시설 평가위원, 한국장애인직업재활시설협회 경영자문위원을 역임했으며, 현재 가톨릭대학교 특수교육과 교수, 한국정서행동장애학회장을 맡고 있다.

재활상담과 사례관리

Case Management and Rehabilitation Counseling:
Procedures and Techniques, Fifth Edition

2019년 8월 15일 1판 1쇄 인쇄
2019년 8월 20일 1판 1쇄 발행

지은이 • Richard T. Roessler · Stanford E. Rubin · Phillip D. Rumrill, Jr.
옮긴이 • 이상훈
펴낸이 • 김진환
펴낸곳 • ㈜ 학지사

　　　　04031 서울특별시 마포구 양화로 15길 20 마인드월드빌딩
대표전화 • 02-330-5114　　팩스 • 02-324-2345
등록번호 • 제313-2006-000265호

홈페이지 • http://www.hakjisa.co.kr
페이스북 • https://www.facebook.com/hakjisa

ISBN 978-89-997-1890-8　93370

정가 24,000원

이 도서의 국립중앙도서관 출판시도서목록(CIP)은 서지정보유통지
원시스템 홈페이지(http://seoji.nl.go.kr)와 국가자료공동목록시스템
(http://www.nl.go.kr/kolisnet)에서 이용하실 수 있습니다.
(CIP 제어번호: CIP2019030814)

출판 · 교육 · 미디어기업 학지사

간호보건의학출판 학지사메디컬 www.hakjisamd.co.kr
심리검사연구소 인싸이트 www.inpsyt.co.kr
학술논문서비스 뉴논문 www.newnonmun.com
원격교육연수원 카운피아 www.counpia.com